Schulz · Goethe

*Karlheinz Schulz*

# Goethe

Eine Biographie
in 16 Kapiteln

Philipp Reclam jun.
Stuttgart

Universal-Bibliothek Nr. 9745
Alle Rechte vorbehalten
© 1999 Philipp Reclam jun. GmbH & Co., Stuttgart
Umschlaggestaltung: Stefan Schmid, Stuttgart
Gesamtherstellung: Reclam, Ditzingen. Printed in Germany 1999
RECLAM und UNIVERSAL-BIBLIOTHEK sind eingetragene Marken
der Philipp Reclam jun. GmbH & Co., Stuttgart
ISBN 3-15-009745-2

# Inhalt

NEUNTES KAPITEL

## *Klassischer Gipfel?*

281

Schiller – »Die Horen« – Professur in Jena – Goethe-Lob –
Kommerzialisierung des Buchmarkts – Bürger-Kritik –
Ökonomische Aspekte des Schreibens –
Publikumsverachtung – Polemik in den »Xenien« – Die
Literatur wird kriegerisch – Jean Paul und Friedrich
Hölderlin – Ertrag des Bundes – Die ›Ausflucht‹ nach
Jena – »Die Propyläen« – »Die natürliche Tochter« –
Zeitläufe und -wirren – Krisenzeichen

ZEHNTES KAPITEL

## *Ruhm und Streitigkeiten*

317

Unpopuläre Literatur – Goethe wird Kulturgut – Die
Romantiker – Die Brüder Schlegel – Eine literarische
Diktatur – Unterdrückung der Kritik – Der
Erfolgsschriftsteller Kotzebue – Kotzebue in Weimar –
Skandal und Goethe-Persiflage – Die ›Fichtischen
Angelegenheiten‹ – Die ALZ wandert ab – Todesneurose –
Beginnende Stilisierung – ›Weimarer Klassik‹ und
die Nachwelt

ELFTES KAPITEL

*»Die unendliche Langeweile
des täglichen Lebens«*

349

Alltag und Besatzung – Kriegstrauung – Krasse Mesalliance –
Autobiographische Stilisierungen – Napoleon –
Apologie des Kaisers – Das Kreuz der Ehrenlegion –
Rückzug und neue Freundschaften – Sulpiz Boisserée –
Ludwig van Beethoven – Gunstbezeugungen und
Eitelkeiten – Zelter und die Weimarer Musikkultur –
Geselligkeit und Lieder – Differenzen mit Reichardt –
Gesellschaftliche Resonanz

ZWÖLFTES KAPITEL

*»Temporäre Verjüngung« und Erneuerung*

381

Zacharias Werner – »Die Wahlverwandtschaften« –
Gegenromantische Wendung – ›Ausfälle‹ und ›Intoleranz‹ –
Hierarchischer Blick auf den Literaturbetrieb – »Der West-
östliche Divan« – Ein ›Fünfziger‹, kein ›Dreiundsiebenziger‹

# Vorwort

Man machte sich in Deutschland oft übertrieben optimistische Vorstellungen von dem Wissen, das man über Goethe hat und haben kann. Der Philosoph Karl Jaspers meinte etwa: »Es ist, als ob einmal ein Mensch so gründlich kennbar sein sollte, dass nichts mehr verborgen scheint [...]. Goethe ist *kein Mythos*, sein Leben *keine Legende*, er ist nachweisbare Realität, von einem hellen, aufgeklärten Zeitalter und gemäss seinem eigenen Willen in allen Einzelheiten bewahrt, Gegenstand grenzenloser Erforschbarkeit.«[1]

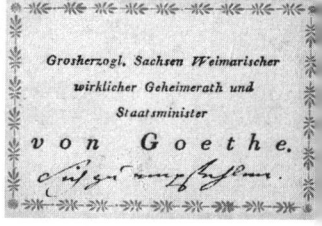

*Goethe empfiehlt sich*
*Visitenkarte vom Sommer 1816*

Die Äußerung mag auf den ersten Blick plausibel scheinen, da Goethes Leben in so vielen Einzelheiten dokumentiert ist, daß man es vielfach von Tag zu Tag, in den späten Jahren manchmal von Stunde zu Stunde verfolgen kann. Bei näherer Betrachtung erweist sich diese Behauptung jedoch als irrig. Denn der Schriftsteller selbst überarbeitete im Alter bereits das Bild, das die Nachwelt einmal von ihm haben sollte, und daher sind nach seinem eigenen Willen keineswegs »alle Einzelheiten« bewahrt worden. Er vernichtete eine ganze Reihe authentischer Dokumente und setzte selbsterstellte Zeugnisse, insbesondere seine autobiographischen Schriften, an deren Stelle. Er verwischte originäre Züge seiner Gestalt

und übermalte sie mit einem stilisierten Selbstporträt,
das ihn und sein Leben so darstellte, wie es ihm im
Rückblick erscheinen wollte – wir werden darauf noch
zurückkommen.[2] Der Dichter wurde damit zum Weg-
bereiter seines eigenen Mythos und sorgte dafür, daß es
kein authentisches Bild mehr von ihm gab. Er filterte das
überlieferte Material und bereitete es so auf, daß sich die
grenzenlose Erfaßbarkeit und Erforschbarkeit, die Jaspers so optimistisch annahm, als ein Trugbild erweist,
das eine persönliche Nähe zu Goethe suggerieren soll,
die es in Wirklichkeit nicht gibt.

Zur Aufbereitung der Zeugnisse durch ihn selbst
kamen später weitere Verformungen hinzu. Die Nachkommen, und zwar vor allem die deutschen Nachkommen, hatten über mehr als ein Jahrhundert keinerlei Interesse an einer realistischen Sicht Goethes. Sie zogen ein
mythisch verbrämtes Bild des größten Dichters ihrer
Nation bei weitem vor; diese Tendenz beherrschte auch
den überwiegenden Teil der älteren Goethe-Philologie
und stempelte verhältnismäßig realistisch und nüchtern
vorgehende Autoren, wie den verdienstvollen Wilhelm
Bode, ehedem zu krassen Außenseitern, die von der akademischen Zunft kaum beachtet wurden. Das schon stilisierte Porträt wurde auf diese Weise noch einmal mit
weiteren Schichten übermalt, oft mit so vielen, daß es bis
zur Unkenntlichkeit entstellt wurde. Und Goethe befand sich demzufolge keineswegs in dem hellen, klaren
Licht der Aufklärung, das Jaspers über ihm vermutete,
sondern viel eher in einem unregelmäßigen Halbdunkel
aus gesicherten Fakten einerseits, Verschleierungen und
Legenden andererseits.[3]

Zu den Nachwirkungen des deutschen Klassik-Mythos und Goethe-Kults gehörte es, daß man den Schriftsteller und sein Werk immer wieder aus den Verwerfun-

gen seiner Epoche herauszulösen suchte. Der Terminus
der Goethezeit diente dabei als harmonisierender, über
all den Wandlungen der Ära eine Einheit stiftender Rahmen. Da sich dieser Begriff freilich kaum beseitigen lassen dürfte,[4] liegt es nahe, ihn auf seine verhältnismäßig
einfachen historischen Grundlagen zu reduzieren. Die
Jahre vor, um und nach 1800 werden in Deutschland vor
allem deshalb als Goethezeit bezeichnet, weil der berühmte Dichter angesichts von Aufklärung, Sturm und
Drang, Französischer Revolution, der Napoleonischen
Kriege, der Freiheitskriege und der darauf folgenden
Restauration als eines der wenigen all diese Wechselfälle
überdauernden Phänomene erscheint. Die Epoche bietet
also das Bild eines lang andauernden und tiefgreifenden
Umbruchs, und die Auswirkungen einer derartigen, sich
wiederholt und abrupt wandelnden Krisenzeit erfaßten
selbstverständlich auch Goethe, und zwar den Schriftsteller ebenso wie den Menschen.

Das primäre Kennzeichen seines Lebenslaufes waren
daher nicht die Kontinuitäten, obwohl es sie gab, sondern die Wechsel und Kehrtwendungen, die manchmal
sehr einschneidend ausfielen. Damit ist nicht nur die
Flucht nach Italien im Jahr 1786 gemeint, mit der der der
hohe Weimarer Staatsbeamte seine bisherigen Pflichten
einfach hinter sich ließ und im Süden entschwand (– und
zwar, anders als heute, ohne die Möglichkeit einer
schnellen Rückkehr). Die grundlegenden Wandlungen
betrafen neben der bürgerlichen Laufbahn noch andere
Seiten seines Denkens, seines Werks und seiner Existenz. Einschneidende Veränderungen erfolgten etwa in
den politischen Auffassungen Goethes: ein Aspekt, der
im Gefolge der späteren Selbststilisierung und des daran
anschließenden Klischees vom unpolitischen Dichter un-
beachtet blieb.[5]

Im Jahrzehnt nach der Rückkehr aus Italien erfaßte der Umbruch auch Lebensstil und Lebensweise Goethes, und schließlich wurde auch sein Schaffen davon tangiert. Der Schriftsteller geriet in eine literarische Produktionskrise, und es ist eines der wesentlichen Anliegen dieses Buchs, deutlich zu machen, daß das Dezennium des Bundes mit Schiller keine glänzende Ära darstellte, sondern in die große Krisenzeit seines Lebens fiel.[6]

Die Ausführung dieses Vorhabens steht natürlich unter einem historischen bzw. hermeneutischen Vorbehalt: sie erfolgt, so weit es die Quellen und die immer begrenzten Kenntnisse des Verfassers zulassen. Und wir wollen dabei keinen von vornherein feststehenden Vorsatz, keine vorab gefaßte Meinung oder Theorie beweisen, sondern nach aller Möglichkeit nur herausfinden, was denn unter den mehr als ein Jahrhundert angesammelten, heute teils schon abgebröckelten, teils immer noch an Goethe haftenden Mythen steckt oder, kurz gesagt, was für ein Mensch er eigentlich war.

ERSTES KAPITEL

# Das lernende Genie

Johann Wolfgang Goethe wurde am 28. August 1749 in der Freien Reichsstadt Frankfurt am Main geboren und stammte nicht aus einem Patrizier-Geschlecht, wie er in späteren Jahren gelegentlich glauben machen wollte: »Ja es war mir selber so wohl in meiner Haut, und ich fühlte mich selber so vornehm, daß, wenn man mich zum Fürsten gemacht hätte, ich es nicht eben sonderlich merkwürdig gefunden haben würde. Als man mir das Adelsdiplom gab, glaubten viele, wie ich mich dadurch möchte erhoben fühlen. Allein, unter uns, es war mir nichts, gar nichts! Wir Frankfurter Patrizier hielten uns immer dem Adel gleich, und als ich das Diplom in Händen hielt, hatte ich in meinen Gedanken nichts weiter, als was ich längst besessen.«[1]

Goethes Elternhaus
nach dem Umbau
von 1755/56

Goethes Mutter Katharina Elisabeth (1731–1808), bei der Geburt des Sohns knapp achtzehnjährig, war die älteste Tochter des Schultheiß Johann Wolfgang Textor (1693–1771), der zwar zu den höchsten Würdenträgern der Stadt gehörte, aber nicht zu den Patriziern, jener Reihe von Familien, die von Geburt an bestimmte Privilegien innehatten. Und der Vater Johann Caspar (1710–1782), bei der Geburt des ersten Nachkommen fast vierzigjährig, hatte mit diesen noch weniger zu tun: er war der Sohn eines Schneiders, der es zu Wohlstand gebracht hatte.

Der Großvater Friedrich Georg (1657–1730), der seinen Nachnamen ›Göthé‹ schrieb, war ein sehr tüchtiger und angesehener Frankfurter Schneidermeister gewesen. Den Grund zum künftigen Wohlstand aber legte er, als er 1705 zum zweitenmal heiratete. Denn die Großmutter des Dichters, Cornelia (1668–1754), brachte einen sehr respektablen Gasthof, den »Weidenhof« an der Zeil, damals wie heute Frankfurts größter Geschäftsstraße, in die Ehe mit. Und in den nächsten 25 Jahren kamen beide als angesehene Gastwirte zu einigem Vermögen, von dem es auch im Elternhaus des Dichters am Hirschgraben noch Zeugnisse gab. Denn dieses Gebäude besaß einen ungewöhnlich großen und tiefen Keller, in dem in mächtigen Fässern einige der besten und teuersten alten Weine gelagert waren. Sie hatten neben Geld und Liegenschaften zu dem Erbe gehört, das die Großeltern hinterließen und das sich insgesamt auf rund 90 000 Gulden belief.

Ihr Sohn, Johann Caspar Goethe, der die alte Schreibweise des Namens (Göthé bzw. Göthe), in die neue umwandelte, verwaltete das Erbe zeitlebens nur und zehrte es zu einem Teil bereits wieder auf. Er übte keinen Beruf aus, der Titel, den er führte, »Kaiserlicher Rat«, war nur gekauft und weder mit Verpflichtungen noch mit irgendeinem Entgelt verbunden. Johann Caspar hatte zwar Jurisprudenz studiert und eine Studienreise nach Italien unternommen; er war also für einen gesellschaftlichen Aufstieg vorbereitet, den aber nicht er, sondern erst sein Sohn vollziehen sollte. Johann Caspar führte ein Dasein als Partikulier und Privatier. Er kaufte sich, aus Italien zurückgekehrt, für eine Gebühr von 313 Gulden und 30 Kreuzern den genannten Titel, den sonst nur die höchsten Würdenträger Frankfurts führten, und schloß sich damit endgültig von einer regulären Amtslaufbahn in der Reichsstadt aus, die natürlich von unten beginnen mußte.[2] Er begab sich, nach den späteren Worten des Sohns, »unter die Zurückgezogenen«,[3] diejenigen, die in der Gesellschaft der Stadt eher am Rand standen. Da Johann Caspar jedoch wohlhabend war und der Schultheiß Textor vier Töchter besaß, deren Versorgung bzw. Verheiratung nicht ganz einfach war, erhielt er Katharina Elisabeth zur Frau.

Auch in der Ehe widmete er sich überwiegend privaten Geschäften, seinen Liebhabereien und Sammlungen und dem Umbau des ererbten Anwesens. Dieser wurde 1755, nach dem Tod seiner Mutter, begonnen und fiel ausgesprochen aufwendig aus. Auf dem Grund zweier kleiner Häuser in alter deutscher Bauweise mit steilen Treppen und engen kleinen Zimmern wurde ein repräsentatives Gebäude hochgezogen, wie es sonst nur hohe Würdenträger oder ausgesprochen reiche Leute besaßen. Zu beiden gehörte Johann Caspar jedoch nicht. Es gab damals in Frankfurt 183 Familien, die über ein Vermögen von mehr als 300 000 Gulden bzw. 200 000 Reichstalern verfügten, darunter acht, die mehr als eine Million besaßen; sie bildeten die Gruppe der wirklich reichen Leute. – Mit den Zahlenwerten ist das Umrechnungsverhältnis zwischen den im Süden gebräuchlichen Gulden und den in Weimar üblichen Talern angegeben, das etwa 3:2 betrug.

Die Liebhabereien und Sammlungen Johann Caspar Goethes berührten vielerlei Bereiche: Landkarten, alte Gewehre, venezianische Gläser, Becher und Pokale, Naturalien, Elfenbeinarbeiten, Bronzen, die Edikte und Dekrete des Frankfurter Rats »und hundert andere Dinge«,[4] darunter Bücher, juristische wie literarische, und

Gemälde. Da er den durchaus modernen Grundsatz vertrat, daß man die lebenden Künstler fördern solle, gab er
bei einer ganzen Anzahl von Frankfurter Malern Bilder
in Auftrag. Sein Interesse für die Kunst und sein Mäze-
natentum müssen sich in einer Mischung aus schön-
geistiger Liebhaberei und trockener Pedanterie geäußert
haben: er verwaltete seinen kunstsinnigen Erwerb in
»wohlaufgeputzten und meist verschlossenen Staatszim-
mer[n]«[5], und alle Störungen seines Tagesablaufs waren
ihm ein Ärgernis. Als 1759, im Gefolge des Siebenjährigen Kriegs, ein französischer Offizier bei ihm einquartiert wurde, geriet er in immer größeren Unmut. Der
Offizier, ein Hauptmann namens de Thoranc, hatte eine
hohe Stellung in der französischen Militärverwaltung
der Stadt inne, und in Johann Caspar Goethes Haus gingen daher große Veränderungen vor. Es durfte nicht
mehr abgeschlossen werden, sondern erhielt eine Schildwache vor die Tür, und Tag für Tag liefen Leute ein und
aus, die mit irgendwelchen Angelegenheiten zu Hauptmann de Thoranc geführt wurden. Für den eben zehn-
jährigen Sohn muß diese Zeit, in der immer neue und
andere Menschen in das sonst stille Elternhaus kamen,
sehr interessant gewesen sein. Da der Hauptmann aber
gerade die sonst verschlossenen Repräsentationszimmer
in Beschlag genommen hatte und sie über einen Zeitraum von zweieinhalb Jahren belegte, begann der Vater gegen diesen Eindringling verständlicherweise einen
wachsenden Groll zu hegen. Er wurde, nach den nicht
eben einfühlenden Äußerungen in der Autobiographie
seines Sohns, zu »einem verdrießlichen, täglich mehr sich
hypochondrisch quälenden Hausherrn.«[6]

Auch bei der Erziehung und Ausbildung der Kinder,
des künftigen Dichters und dessen Schwester Cornelia
(1750–1777), die unter insgesamt sechs Nachkommen als

einzige die hohe Säuglings- und Kindersterblichkeit der
Zeit überstanden, nahm Johann Caspar eine wichtige
Rolle ein. Der Sohn wurde nur für kurze Zeit, etwa ein
dreiviertel Jahr, in eine Elementarschule geschickt, in der
er Schreib- und Rechenunterricht erhielt. Dann wurden
ein Schreib-, ein Latein- und ein Französischlehrer ins
Haus geholt, und einen Großteil des weiteren Unter-
richts übernahm der Vater selbst. Er war auch dabei
Liebhaber und Pedant zugleich und ließ sich viel mehr
von seinen eigenen, wechselnden Neigungen leiten als
ein Pädagoge. Der Sohn nannte seinen Unterricht später
eine Reihe von »fremdartigen Beschäftigungen und Arbeiten, die so schnell auf einander folgten, daß man sich
kaum besinnen konnte, ob sie zulässig und nützlich wären.«[7] Andererseits war Johann Caspar bei der Behandlung der einzelnen Materien wieder so starr und pedantisch, daß von einem leichten Lernen auch keine Rede
sein konnte. Die Kinder begannen unter ihm als stren-
gem Lehrer zu leiden, und daraus entstand eine Konstellation, die in *Dichtung und Wahrheit* so beschrieben
wird: »ein zwar liebevoller und wohlgesinnter, aber ern-
ster Vater, der, weil er innerlich ein sehr zartes Gemüth
hegte, äußerlich mit unglaublicher Consequenz eine
eherne Strenge vorbildete, damit er zu dem Zwecke gelangen möchte, seinen Kindern die beste Erziehung zu
geben, sein wohlgegründetes Haus zu erbauen, zu ordnen und zu erhalten; dagegen eine Mutter, fast noch ein
Kind, welche erst mit und in ihren beiden Ältesten zum
Bewußtsein heranwuchs; diese drei, wie sie die Welt mit
gesundem Blicke gewahr wurden, lebensfähig und nach
gegenwärtigem Genuß verlangend. [...] Unter diesen
Umständen war es natürlich, daß Bruder und Schwester
sich fest an einander schlossen und sich zur Mutter hielten, um die im Ganzen versagten Freuden wenigstens

einzeln zu erhaschen.«[8] Man schloß sich gegen die Herrschaft des Vaters zusammen, die um so drückender empfunden wurde, als dieser alle Energie darauf verwandte,
sein Haus und seine Familie ganz nach seinem Sinn zu
leiten.

Goethe zeigte in späteren Jahren dennoch viele Ge-
meinsamkeiten mit seinem Vater. Er verfolgte ebenfalls
zahlreiche Liebhabereien, er liebte das Sammeln ebenso wie das Verwalten und Ordnen seiner Schätze, und
er begann ähnliche Züge von Pedanterie und Autokratie
zu entwickeln; denn auch bei ihm sollte ein »sehr zartes Gemüth« mit größter Konsequenz zu äußerlicher
Strenge und Unnahbarkeit »vorgebildet« werden. Die
Ähnlichkeiten zwischen ihm und seiner Mutter sind hingegen viel schwerer zu fassen. Überlieferte Porträts zeigen offenkundige Übereinstimmungen in den Gesichts-
zügen, und Goethe sprach später einmal sehr allgemein
von einigen »genialen Eigenheiten« der Mutter und seiner »große[n] Ähnlichkeit mit ihr«.[9] Außerdem muß sie
eine hervorragende Geschichtenerzählerin gewesen sein.
Neben Überlieferungen von Bettina Brentano-von Arnim[10] (1785–1859) gibt es dafür ein Zeugnis des Schriftstellers Friedrich Maximilian Klinger (1752–1831), der
aus Frankfurt stammte und einen Teil seiner Kindheit
und Jugend in unmittelbarer Nachbarschaft des Goetheschen Hauses am Hirschgraben verbrachte. Er schrieb in
einem Brief aus dem Jahr 1776 über die Mutter des Dichters: »Wie manche Stunde hab ich vertraut bey ihr auf den
Stuhl genagelt zugebracht und Märchen gehört.«[11]

Aber damit ist unser Wissen über Katharina Elisabeth
fast schon zu Ende. Denn der Sohn retuschierte und stilisierte ihr Bild später systematisch und daraus entstand
das überlieferte Porträt der stets heiteren Mutter. Auch
ihre teilweise ausgesprochen originellen Briefe stellen

nur einen kleinen Bruchteil einer Korrespondenz dar, von der der weitaus größte Teil vernichtet wurde. Überdies gibt es Zeugnisse, die geeignet sind, die Stilisierungen des Sohns in Frage zu stellen. Als der Bankier Abraham Mendelssohn (1776–1835), der spätere Vater von Felix Mendelssohn-Bartholdy (1809–1847), im Jahr 1797 bei einem Aufenthalt in Frankfurt das Theater besuchte, begegnete er dem Dichter und dessen Mutter. Und obwohl er gewiß kein übelwollender Beobachter war, beschrieb er diese auf eine Weise, in der man eigentlich nur ›komische Alte‹ charakterisiert. Mendelssohn nannte sie kurz »eine alte geschminkte prätensionsvolle Frau«.[12]

Während hier die Brüche zwischen der stilisierten Darstellung des Sohns und authentischen Zeugnissen kaum zu überbrücken sind, lassen sich die Ähnlichkeiten zwischen dem Schriftsteller und dem Vater bis in Einzelheiten verfolgen. Als Johann Caspar einmal einen Zeichenlehrer ins Haus holte, begann er sich ebenfalls auf diesem Gebiet zu betätigen und entwickelte viel Fleiß und Ausdauer, während seine Kinder bald die Lust verloren. Goethe attestierte den Resultaten dieser künstlerischen Bemühungen des Vaters später zwar »größte Reinlichkeit« und fand sie »durchaus zart«, fügte gleichwohl aber hinzu: »weil er die Härte vermeiden wollte«, brachte er »keine Haltung in seine Blätter«.[13] Diese Charakterisierung paßt in erstaunlich guter Weise auch auf viele seiner eigenen Zeichnungen. Denn der Dichter begann in späteren Jahren einen ähnlichen, ja noch ausgeprägteren Hang zur bildenden Kunst und zum Zeichnen zu entwickeln, und auch seine Schöpfungen wirken »durchaus zart«, haben oft jedoch zu wenig »Haltung«.

Der Zeichenunterricht im väterlichen Haus hätte dem Sohn die Gelegenheit geboten, sich all die technisch-handwerklichen Fähigkeiten anzueignen, die ein Maler

damals haben mußte, aber er ließ sie ungenutzt. Erst
später sollte er sich über Jahre, ja Jahrzehnte hinweg
wieder mit dieser Materie beschäftigen und gelegentlich
sogar hoffen, das in der Jugend Versäumte nachzuholen.
So hieß es in einer Äußerung aus dem Jahr 1772: »Er
denkt noch ein Maler zu werden«.[14] Damit war nicht
etwa gemeint, daß Goethe je ernsthaft daran dachte,
den Beruf des Kunstmalers zu ergreifen. Die Äußerung
wollte nur sagen, daß er sich die entsprechenden Fähigkeiten erwerben wollte, neben dem Schreiben auch die
Talente bzw. Künste eines Zeichners und Malers zu besitzen wünschte. Und es sollte lange dauern, bis er einsah, daß ihm dies nur noch in einer eingeschränkten,
liebhabermäßigen Art gelingen würde.[15]

Neben der bildenden Kunst betrieb Goethe in jungen
Jahren musikalische Übungen. Er erhielt – neben dem
Unterricht im Fechten und Reiten – im Elternhaus Stunden im Tanzen und Klavierspielen, und ein paar Jahre
später dilettierte er vorübergehend auf dem Violoncello.
Aber auch daraus ging kein entscheidender Anstoß, gingen nicht einmal dauerhafte Grundlagen hervor. Der
Schriftsteller verfaßte später zwar Texte zu Singspielen; gleichwohl mußte er eingestehen, daß sein Weimarer Kollege Herder »eine musicalischere Natur«[16] als er
selbst sei.

Nur auf einem Gebiet verschaffte sich Goethe von
Kindheit und Jugend an höchst solide Grundlagen, auf
dem des Schreibens und der Literatur. Hier erwarb er sich
frühzeitig und aus eigenem Antrieb wahrhaft fundierte
Kenntnisse und erlernte in nahezu systematischer Weise
alles, was für eine künftige Tätigkeit als Literat nötig
und nützlich schien. Es begann in kindlichen Jahren mit
dem Verfassen von Aufsätzen und schriftlichen Darstellungen, mit denen er ähnliche Versuche seiner Altersge-

nossen bald übertraf. Sehr zur Freude seines Vaters, der dies mit Genugtuung sah und mit »manchem, für einen Knaben bedeutenden, Geldgeschenke belohnte.«[17] Zum Schreiben kam das Lesen hinzu und beides ergänzte sich und trat in gegenseitige Wechselwirkung.

Der junge Goethe begann alle für ihn erreichbare Literatur zu verschlingen und suchte das Aufgenommene in eigenen Fassungen wieder zu reproduzieren. Er selbst schrieb, daß er sich durch das Lesen stets dazu angetrieben fühlte, »diesen Erwerb zu verarbeiten, zu wiederholen, wieder hervorzubringen.«[18] In seiner Autobiographie taucht daher eine lange Reihe von Mustern und literarischen Vorbildern auf, mit denen er sich von früher Jugend an beschäftigte. Es war eine Schule der Einübung und Erprobung, in der nacheinander all die Genres und Themen auftauchten, die in der damaligen Literatur gepflegt wurden: Stoffe, die aus der Bibel kamen, Gestalten und Motive der Antike, des klassischen französischen Theaters und jener frühaufklärerischen und spätbarocken deutschen Romane, die damals populär waren.[19] Das Wiederhervorbringen der angeeigneten Formen hatte anfangs kindliche Züge. Es waren Anfängerübungen, von denen nur einiges zufällig erhalten ist, etwa *Poetische Gedanken über die Höllenfahrt Christi*[20], eine Arbeit des Sechzehnjährigen. Doch allmählich wurden in diesen Exerzitien auch jene Sujets aufgegriffen, mit denen man sich in einem Zeitalter religiöser Tradition und des Rokoko immer wieder beschäftigte. So schrieb der angehende Poet Schauspiele mit biblischen Themen, ein komisches Epos, gesellige Lieder in der anakreontischen Tradition und ein Schäferstück. Mit diesen Jugendwerken ist man schon in der Leipziger Zeit, den Jahren 1765–68, angelangt.

1765 verließ der Sechzehnjährige zum erstenmal das

Frankfurter Elternhaus und begab sich ins sächsische
Leipzig, um dort nach dem Willen des Vaters Jurisprudenz zu studieren. Er selbst dachte allerdings mehr an
den »Lorbeerkranz« des Dichters.[21] Er hatte das Gefühl,
sein Fach schon gewählt zu haben, und seine Wahl war
nicht auf die Rechtsprechung, sondern auf die Literatur
gefallen. Aber Leipzig schien auch dafür passend. Die
Stadt galt damals als Wirtschafts- und Kulturzentrum,
als eine Stadt des Handels und der Aufklärung, doch
auch des Rokoko, der Mode und der Eleganz, und nicht
zufällig wurde sie daher das »Klein-Paris« Deutschlands
genannt.

Goethe fuhr im Herbst 1765 mit Johann Georg Fleischer (gest. 1796) nach Leipzig, einem Frankfurter Buchhändler, d. h.: Verleger, denn ein solcher handelte damals
stets mit seinen jeweiligen Erzeugnissen. Der junge
Dichter mietete sich in demselben Haus ein, in dem Fleischer zu den Messezeiten wohnte, und bezog, wie es in
der Autobiographie heißt, »ein paar artige Zimmer, die
in den Hof sahen«[22]. Es dürften wohl zwei Zimmer gewesen sein, von denen er während der Buchmessen jeweils eines an Fleischer abtrat. Er war dennoch ausgesprochen komfortabel untergebracht und besaß einige
Zeit sogar ein eigenes Klavier, das er jedoch wenig be-
nutzte und später verschenkte. Er konnte sich solchen
Komfort und solche Generosität leisten, da er vom Vater
reichlich versorgt wurde: Johann Caspar Goethe war für
die Erziehung des Sohns nur das Beste gut genug. Er
sandte ihm monatlich 100, jährlich also 1200 Gulden zu,
eine beträchtliche Summe, wenn man bedenkt, daß die
Ausgaben für sich und sein ganzes Frankfurter Anwesen
zwischen rund 2000 und etwas über 3000 Gulden pro
Jahr schwankten. Er mußte für den kostspieligen Bil-
dungsweg seines Sohnes auf die Substanz des ererbten

Vermögens zurückgreifen. Dieses sollte vor allem durch den repräsentativen Umbau des Frankfurter Anwesens und die reichlichen Wechsel, die der Sohn erhielt, zu seinen Lebzeiten von ursprünglich 90 000 auf etwa 70 000 Gulden zusammenschmelzen.[23] Während der von den Großeltern angehäufte Wohlstand auf diese Weise zu schwinden begann, erweckte der junge Dichter damit andererseits den Eindruck, einem ungeheuer reichen Elternhaus zu entstammen. Auf Grund seines Auftretens und Finanzgebarens wurde sein Vater häufig als wesentlich reicher eingeschätzt als er tatsächlich war.[24]

Vor der Abreise hatte Johann Caspar Goethe seinen Sohn auch mit einem Kleidervorrat aus sehr soliden Stoffen, jedoch etwas altmodischen Zuschnitts versehen, und damit begann sich dieser im modebewußten Leipzig bald etwas zurückgesetzt zu fühlen. Als er, nach eigenen Angaben, den »Dorfjunker«, sprich: Dorftrottel, in einer ähnlichen Aufmachung auf dem Theater erscheinen sah, tauschte er den ganzen Vorrat kurz entschlossen gegen einen modischen Anzug ein. Dadurch schrumpfte seine Garderobe »freilich sehr zusammen«[25], wie er selbst bemerkte, und es ist gut möglich, daß er bei dieser Gelegenheit kräftig übervorteilt wurde. Doch dafür besaß er einen Anzug nach der jüngsten Mode, und ein neuer Goethe trat hervor: ein Stutzer und Geck und ein Prahler und Protzer dazu.

Noch nicht lange in Leipzig, schrieb er an den etwas älteren Freund Johann Jacob Riese (1746–1827) in Frankfurt: »Ich mache hier große Figur! [...] In Gesellschaften, Concert, Comoedie, bei Gastereyen, Abendessen, Spazierfahrten so viel es um diese Zeit angeht.« Das Geld wurde dabei nicht geschont, und dies wußte er schon recht plastisch zu beschreiben: »Ha! das geht köstlich. Aber auch köstlich, kostspielig. Zum Hencker

das fühlt mein Beutel. Halt! rettet! haltet auf! Siehst
du sie nicht mehr fliegen? Da marschierten 2 Louisdor.
Helft! da ging eine. Himmel! schon wieder ein paar.«²⁶
Zum Schluß prahlte er noch mit seinem Küchenzettel,
auf dem angeblich nur noch ausgesuchte Leckerbissen
standen, und an seine Schwester machte er die Andeutung, daß er großen Erfolg bei den Mädchen habe: »Mit
jungen schönen W – doch was geht dich das an! Fort!
fort fort! Gnug von Mädgen.«²⁷

Die Jugend kopierte damals, sofern sie es sich leisten
konnte, die galante Rokokokultur der Erwachsenen. Die
Kopie war in der Regel harmlos, eine Einübung in spätere Verhaltensformen und ein Spiel, bei dem, wie bei allen Anfängerübungen, Fehler gemacht wurden. Die Rollen der Angebeteten und des Liebhabers saßen noch
nicht so recht, und ihre Darstellung wurde oft übertrieben. Wer sie am meisten verfehlte, war jedoch der junge
Goethe. Schon sein Aufzug war der bunteste und auf-
fälligste von allen. »[...] alle seine Kleider«, schrieb ein
Zeitgenosse, waren, »so schön« sie auch sein mochten,
von einem »närrischen« Geschmack. Und um seiner Angebeteten zu gefallen, gab er sich wie »ein Narr«. Er
legte sich ein besonders gespreiztes Auftreten und einen
– vermutlich – gockelhaft stolzierenden Gang zu, den
derselbe Beobachter »ganz unerträglich« fand.²⁸

Das Spiel, den Galan zu markieren, mißlang ihm völlig. Er traf den rechten Ton so wenig, daß anstelle des
galanten jungen Herrn, den er verkörpern wollte, ein
greller Stutzer auftrat. Die Äußerungen der Zeitgenossen über den Leipziger Goethe sind daher ausgesprochen negativ. Im Jahr 1772, als er Mitarbeiter der *Frankfurter Gelehrten Anzeigen* geworden war, schrieb Karl
Wilhelm Jerusalem (1747–1772), der mit ihm zusammen
studiert hatte: »Er war zu unserer Zeit in Leipzig und

ein Geck. Jetzt ist er noch außerdem Frankfurter Zeitungsschreiber.«[29] Die Äußerung ist nicht schmeichelhaft, dürfte aber nicht böswillig erfunden sein; ähnlich ungünstige Urteile anderer Zeitgenossen sprechen dagegen. Goethe sollte erst Jahre später, im Kreis des Sturm und Drang, sehr viel günstiger beurteilt werden und erste Bewunderung erregen.

Neben dem Stutzer und Geck war der junge Dichter aber auch ein gutwilliger und braver Adept der schönen Künste. Nicht lange nach seiner Ankunft in Leipzig begann er Zeichenunterricht bei Adam Friedrich Oeser (1717–1799) zu nehmen, der Direktor einer 1764 gegründeten Zeichenakademie und ein Freund Johann Joachim Winckelmanns (1717–1768) war, des Begründers der deutschen Kunstgeschichtsschreibung und der neuhumanistischen Griechenlandverehrung. Oesers praktische Fähigkeiten wurden von Goethe später nicht sehr hoch eingeschätzt. In der Autobiographie heißt es, »daß er, bei einem sehr schönen Naturell, seine jungen Jahre nicht in genugsamer Thätigkeit verwendet, deßwegen er auch nie dahin gelangt sei, die Kunst mit vollkommner Technik auszuüben«.[30] Ein strenges Urteil, das der Kunst- und Zeichen-Dilettant Goethe über seinen alten Lehrer fällte und das in manchem für ihn selbst vielleicht noch besser gepaßt hätte.

Der Unterricht, den Oeser in Privatstunden erteilte, muß sehr locker verlaufen sein. Er scheint nur einige recht allgemeine Winke und Hinweise gegeben zu haben, um seine zahlenden Schüler nicht zu verprellen. Dennoch übte er auf Goethe eine entscheidende Wirkung aus. Oeser vermittelte ihm die Verehrung der Antike und insbesondere der alten Griechen, zu der der Schriftsteller im Lauf seines Lebens immer wieder zurückkehrte.

Noch wichtiger als die bildende Kunst war für den angehenden Poeten jedoch die schöne Literatur, von der sich in Leipzig mehrere prominente Vertreter fanden. Der älteste unter ihnen war Johann Christoph Gottsched (1700–1766), der in den dreißiger Jahren als der große Reformer der deutschen Poesie hervorgetreten war. Mittlerweile war sein Ruhm freilich sehr abgeblaßt, so verblaßt, daß der junge Goethe keinerlei Respekt mehr vor ihm zeigte.

Der Verleger Breitkopf hatte Gottsched eine sehr komfortable Wohnung auf Lebenszeit zur Verfügung gestellt. Es war ein Dank dafür, daß ihm dieser mit seinen Werken in der ersten Hälfte des Jahrhunderts viel Geld eingebracht hatte. Denn Honorare waren damals noch nicht üblich gewesen, das Verhältnis zwischen Autor und Verleger war vollkommen ungeregelt, und bei manch anderem hätte Gottsched aus seinen literarischen und kritischen Arbeiten vielleicht keinerlei materiellen Profit ziehen können. Aber Breitkopf erwies sich als ein generöser Mann und ließ seinen ehemaligen Erfolgsautor auch im Alter nicht im Stich.

Solche Pietät gegenüber vergangenen Verdiensten lag dem jungen Goethe fern. Als er nach Leipzig kam, heiratete Gottsched eben ein zweites Mal, und in demselben Brief, in dem der angehende Poet damit prahlte, daß er eine große Figur mache, zog er auch über den überholten Vertreter der Aufklärungsliteratur her: »Er hat wieder geheurathet. Eine Jfr. Obristleutnantin. Ihr wißt es doch. Sie ist 19 und er 65 Jahr. Sie ist 4 Schue groß und er 7. Sie ist mager wie ein Häring und er dick wie ein Federsack.«[31] Während er hier seinen Spott ausließ, verhielt er sich einem anderen gegenüber weitaus respektvoller. Neben dem alten Gottsched gab es in Leipzig damals noch ein viel helleres Licht der Poesie: Christian

Fürchtegott Gellert (1715–1769) war zu jener Zeit ein hochberühmter Mann.

Gellert hatte für die deutsche Literatur des 18. Jahrhunderts tatsächlich einige Bedeutung. Er erreichte als erster das Ziel, daß seine Werke nicht nur im Bürgertum, sondern auch bei der Aristokratie Anerkennung fanden, obwohl sich diese überwiegend an der französischen Hofkultur orientierte. Sein Ruhm sollte später freilich verblassen, weil er dieses Ziel nur mit einer »kleinen«, didaktischen Gattung, der Fabel, erreicht hatte und weil er erfolgreichere Nachfolger fand. Der herausragendste unter ihnen war niemand anders als Goethe.

In dessen Leipziger Jahren waren die Verhältnisse aber noch umgekehrt: Gellert galt als eine große Leuchte der Poesie, Goethe war ein junger Anfänger, der davon träumte, einmal neben Männern wie ihm zu stehen.[32] So steht es in *Dichtung und Wahrheit*, und da Gellert von Beruf Professor für Poesie und Beredsamkeit, kurz: für Rhetorik, an der Leipziger Universität war, heißt dies wohl, daß Goethe ebenfalls an eine akademische Laufbahn dachte.[33] Er muß tatsächlich große Erwartungen sowohl auf die Universität wie auf Gellert gesetzt haben, aber er wurde von beiden sehr enttäuscht. Er besuchte natürlich die Lehrveranstaltungen des berühmten Mannes und versuchte sich ihm persönlich zu nähern. Dies war schon deshalb schwierig, weil sich Gellert, ebenso wie dies spätere Berühmtheiten taten, von zwei Gehilfen, zwei »Famuli«[34], abschirmen ließ. Als Goethe dennoch zu ihm durchgedrungen war, fiel die Enttäuschung um so größer aus. Denn, so erzählte er, »wenn er uns einmal vor sich ließ«, so pflegte er nur »mit gesenktem Köpfchen und der weinerlich angenehmen Stimme zu fragen [...], ob wir denn auch fleißig in die Kirche gingen, wer unser Beichtvater sei und ob wir das heilige

Abendmahl genössen?«[35] Von Poesie war nicht die Rede.
Und in den Übungen, die er für eine größere Zahl von
Schülern abhielt, war Gellert ausgesprochen trocken. Er
ließ ausschließlich prosaische Aufsätze anfertigen, die er
streng und genau korrigierte; von Poesie war wiederum
nicht die Rede.

Der angehende Dichter schaffte es also nicht, vor dem
prominenten älteren Zeitgenossen eine gute Figur zu
machen oder gar mit seinem Talent zu glänzen. Aber die
Universität insgesamt enttäuschte ihn ebenfalls. Goethe
bekam eine so schlechte Meinung von ihr, daß sein be-
rühmtestes Werk, der *Faust*, mit einer Satire auf den
Wissenschaftsbetrieb beginnt.

Gellert und die Universität blieben nicht die einzigen
Enttäuschungen der Leipziger Jahre. Die Einübung in
die galante Kultur des Rokoko mißglückte dem jungen
Poeten so sehr, daß es zuletzt beinahe zu einer Katastrophe gekommen wäre. Er verliebte sich heftig, während
die drei Jahre ältere Anna Katharina Schönkopf (1746–
1810), nach damaligen Begriffen in einem reifen und unbedingt heiratsfähigen Alter, das Verhältnis unmöglich
ernst nehmen konnte. Der angehende Dichter schien
jedoch außerstande, die Situation realistisch einzuschätzen. Diese muß man sich so vorstellen, daß er als Student in der galanten Rokokokultur einem reiferen Mädchen natürlich den Hof machen konnte. Dies wurde zunächst als Kompliment betrachtet und auch dann nicht
ernst genommen, wenn eine Liebelei daraus entstand.

Eben dieser Punkt schien dem jungen Poeten jedoch
zu entgehen. Katharina Schönkopf galt als eine ange-
nehme, aber nicht ungewöhnliche Erscheinung; sie war
eher klein, mit einem freundlichen, etwas rundlichen
Gesicht, und als Tochter eines Gastwirts war sie es zudem gewohnt, daß ihr die Männer Aufmerksamkeiten

zukommen ließen. Als der aus Frankfurt stammende Johann Georg Schlosser (1739–1799) bei einer Leipziger Visite im Gasthaus der Schönkopfs logiert hatte, legte Goethe im Jahr 1766 seinen Mittagstisch dorthin und wurde allmählich zu einem Hausfreund, dessen Neigung zur Tochter der Familie sich in einem konventionellen Rahmen zu bewegen schien. Aber der angehende Dichter nahm eben diese Konventionen nicht wahr und begann sich in eine immer größere Leidenschaft hineinzusteigern.

In einem langen Brief vom 10. November 1767 sieht man den nunmehr Achtzehnjährigen wie einen Halbverrückten durch die Gegend laufen. Er war kurz vorher vom Pferd gestürzt und etwas angeschlagen, und er übergab Katharina Schönkopf einen Brief. Daraufhin geschah folgendes: »[…] mein Mädgen laß [las] ihn und anstatt daß sie mich für mein Kommen belohnen, mir für meine Zärtlichkeit dancken sollte, begegnete sie mir mit solchem Kaltsinn daß es der Obermann so wohl, als ihrem Bruder mercklich werden mußte. Diese Aufführung die sie den ganzen Abend, und den ganzen Montag fortsetzte verursachte mir solches Aergerniß, daß ich Montags Abends in ein Fieber verfiel, das mich diese Nacht mit Frost und Hitze entsetzlich peinigte, und diesen ganzen Tag zu Hause bleiben hieß –.«

Es muß deutlich geworden sein, daß seine Neigungen den konventionellen Rahmen des Verhältnisses längst überschritten hatten, und daher war eine abwehrende Reaktion erfolgt. Aber der angehende Poet verstand auch diesen Zusammenhang nicht:

[…] diesen Abend schicke ich hinunter, um mir etwas holen zu lassen. Meine Magd kommt und bringt mir die Nachricht, daß Sie mit Ihrer Mutter

in der Comödie sey. Eben hatte das Fieber mich
mit seinem Froste geschüttelt, und bey dieser
Nachricht wird mein ganzes Blut zu Feuer! Ha! In
der Comoedie! Zu der Zeit da sie weiß daß ihr Ge-
liebter kranck ist. Gott. [...] Ich kleide mich an,
und renne wie ein toller nach der Comödie. Ich
nehme ein Billiet auf die Gallerie. Ich bin oben. Ha!
ein neuer Streich. Meine Augen sind schwach, und
reichen nicht biß in die Logen. Ich dachte rasend zu
werden, wollte nach Hause laufen, mein Glas zu
holen. Ein schlechter Kerl, der neben mir stand riß
mich aus der Verwirrung, ich sah daß er zwey hatte,
ich bat ihn auf das höflichste, mir ein's zu borgen,
er taht's. Ich sah hinunter, und fand ihre Loge – Oh
Behrisch – [...]
Sie saß an der Ecke, neben ihr ein kleines Mädgen,
Gott weiß wer, dann Peter, dann die Mutter. – Nun
aber! Hinter ihrem Stuhl Hr. Ryden, in einer sehr
zärtlichen Stellung. Ha! Dencke mich! Dencke
mich! auf der Gallerie! mit einem Fernglaß – das
sehend! Verflucht! Oh Behrisch ich dachte mein
Kopf spränge mir für Wuht. [...] Bald trat er zurück, bald lehnte er sich über den Stuhl und sagte
ihr was, ich knirschte die Zähne und sah zu. Es kamen mir Tränen in die Augen, aber sie waren vom
scharfen Sehen, ich habe diesen ganzen Abend noch
nicht weinen können. – [...] So saß ich eine Viertelstunde und sah nichts als was ich in den ersten
fünf Minuten gesehen hatte. Auf einmal faßte mich
das Fieber mit seiner ganzen Stärcke, und ich dachte in dem Augenblicke zu sterben; ich gab mein
Glaß an meinen Nachbaar, und lief, ging nicht aus
dem Hause – und binn seit zwey Stunden bey dir.
Kennst du einen unglücklicheren Menschen, bey

solchem Vermögen, bey solchen Aussichten, bey solchen Vorzügen, als mich, so nenne mir ihn und ich will schweigen. Ich habe den ganzen Abend vergebens zuweinen gesucht, meine Zähne schlagen an einander, und wenn man knirscht, kann man nicht weinen [...].

Zuletzt heißt es: »Ich binn nicht mehr Herr über mich. [...] Ich binn vielleicht nicht der herzhafteste, binn nur gebohren in Gefahr herzhaft zu werden. Aber ich binn jetzt in Gefahr, und doch nicht herzhaft. Gott! Freund! weißt du was ich meyne? Gute Nacht. Mein Gehirn ist in Unordnung.«[36]

Das Verhalten des jungen Dichters zeigt einen gravierenden Mangel an Realitätssinn. Eine Erklärung dafür kann man in der Erziehung finden, die ihm in seinem Frankfurter Elternhaus zuteil geworden war. Goethe hatte eine wohlbehütete und umsorgte Kindheit und Jugend hinter sich, in der er von der Außenwelt regelrecht abgeschirmt worden war. Und wenn er die väterliche Erziehung auch pedantisch und streng fand, so war er von der Mutter doch so verwöhnt und verhätschelt worden, daß er ganz und gar zu dem wurde, was man landläufig ein »Muttersöhnchen« nannte. Es fiel ihm daher schwer, außer mit seiner Schwester noch mit anderen Kindern umzugehen; er fand sie fast immer zu roh und zu grob, und er wurde von diesen, die ihn von seinem ganzen Verhalten her sofort als Weichling einstuften, bei jeder Gelegenheit gehänselt und geplagt.[37]

Auch der Schwester Cornelia sollte die überaus wohlbehütete Erziehung des Frankfurter Elternhauses im späteren Leben schwer zu schaffen machen. Ihr fehlte alle praktische Orientierung, und sie war daher kaum in der Lage, einem Haushalt vorzustehen, obwohl sie nur in ge-

ringem Maß das zu verrichten hatte, was man gemeinhin
unter Hausfrauenpflichten versteht. Denn ihr Ehemann,
Johann Georg Schlosser, war nicht arm, und so hatte sie
zwei Mägde, die ihr die Grob- und Handarbeiten weitgehend abnahmen. Dennoch fürchtete sie sich, wie Schlosser berichtete, »vor Keller und Küche«, und er nannte
dieses Verhalten unter solchen Umständen vielleicht
nicht ganz zu Unrecht einen »Fehler ihrer Erziehung«.[38]

Die ungewöhnlich verwöhnende und verweichli-
chende Erziehung, die Goethe in seinem Elternhaus zuteil wurde, machte ihn auch äußerlich zu einer etwas
merkwürdigen Erscheinung. Er pflegte schon als Knabe
von zwölf Jahren einen silbrigen Degen zu tragen und
größten Wert auf seine Kleidung zu legen, die er oft
mehrmals täglich wechselte. Er war eitel, altklug, weltfremd und so von sich eingenommen, daß ihn die Zeitgenossen in Leipzig auch den »ungemein aufgeblasenen
Studenten Goethe« nannten.[39]

Die Folgen der Mißdeutungen, denen der junge Dichter im Verhältnis zu Anna Katharina Schönkopf erlag,
waren gravierend. Es kam zu einer schweren Krise, über
die Goethe im Rückblick schrieb: »[...] die Tollheit, mit
der ich meinen Fehler an mir selbst rächte, indem ich auf
mancherlei unsinnige Weise in meine physische Natur
stürmte, um dem sittlichen etwas zu Leide zu thun, hat
sehr viel zu den körperlichen Übeln beigetragen, unter
denen ich einige der besten Jahre meines Lebens verlor;
ja, ich wäre vielleicht an diesem Verlust völlig zu Grunde
gegangen, hätte sich nicht hier das poetische Talent mit
seinen Heilkräften besonders hülfreich erwiesen.«[40] An
dieser Selbsteinschätzung ist die psychosomatische Komponente bemerkenswert, die Selbstverständlichkeit, mit
der hier psychische und physische Faktoren miteinander
verbunden werden.

Die äußeren Ereignisse verliefen so, daß Goethe im Spätsommer 1768 »gleichsam als ein Schiffbrüchiger«[41] wieder nach Frankfurt zurückkehrte. Er verfaßte dort noch eine Reihe von Briefen an Katharina Schönkopf, in denen er einen distanziert-freundschaftlichen Tonfall anzunehmen suchte. In anderen Schreiben hieß es zur gleichen Zeit jedoch: »Meine Liebe, diese unglückliche Leidenschafft, die mich zuviel, zuviel gekostet hat, als daß ich sie je vergessen sollte, ist verscharrt, tief in mein Gedächtniß begraben, kalte Zerstreuung drüber geworfen [...]«[42]. Auch Jahre später war von diesen Geschehnissen noch in ähnlicher Weise die Rede. Am 13. April 1772 schrieb Karoline Flachsland (1750–1809), die Braut und spätere Frau Herders, über Goethe: »Der arme Mensch erzählte meiner Schwester und mir [...], daß er schon einmal geliebt hätte, aber das Mädchen hätte ihn ein ganzes Jahr getäuscht und dann verlassen.«[43] Hier wurde die Beziehung schon in einer umgedeuteten Fassung wiedergegeben, so, als ob nicht er sich, sondern Katharina Schönkopf ihn getäuscht habe.

Im Winter 1768/69 erkrankte Goethe. Es war eine der schwersten Krankheiten, wie sie ähnlich bis zum beginnenden Alter, bis zum Jahr 1801, nicht mehr auftraten, zugleich eine große Krise und einer der absoluten Tiefpunkte im Leben des Dichters. Noch in einem Brief vom 7. Dezember 1783, als er schon seit Jahren in Weimar lebte, schrieb der Schriftsteller an seine Mutter: »Hätte man Ihnen in dem bösen Winter von 69 in einem Spiegel vorausgezeigt, daß man wieder auf solche Weise an den Bergen Samariä Weinberge pflanzen und dazu pfeifen würde, mit welchem Jubel würden Sie es angenommen haben.«[44] Gegenüber jenem Tiefpunkt seines Lebens, der 1769 eingetreten war, stellte das Weimarer Dasein trotz mancherlei Unannehmlichkeiten doch immer einen großartigen Aufschwung dar.

Auf dem Gebiet der Belletristik war Goethe in den
Leipziger Jahren noch ein Lernender. Er blieb in dieser
Zeit ein ausgesprochener Vielleser, der gewaltige Mengen von Literatur in sich aufnahm, um sie zu verarbeiten
und in eigener, meist mehr oder minder bruchstückhaf-
ter Form wieder hervorzubringen. Er muß eine Vielzahl
von literarischen Arbeiten und eine noch größere Anzahl von Ansätzen zu poetischen Werken verfaßt haben. In dem autobiographisch gefärbten Roman *Wilhelm
Meisters theatralische Sendung*, der in den Jahren 1776–
1785 entstand, hat die Hauptfigur, der junge Dichter
und leidenschaftliche Theaterliebhaber Wilhelm Meister,
»viele Plane, viele einzelne Szenen, angefangene Stücke«
vorzuweisen,[45] und »doch ist das nur der hundertste
Theil was ich geschrieben und der tausendste deß, was
ich erdacht habe.«[46] Ähnlich dürfte es bei Goethe selbst
gewesen sein. Warum von alledem, von diesen unzähligen Versuchen, sein Metier zu erlernen, kaum etwas
übriggeblieben ist?

Der Schriftsteller verbrannte den größten Teil seines
Jugendwerks. Zu einem bestimmten Zeitpunkt seines
Leipziger Aufenthalts hielt er gleichsam inne, blickte zurück und befand den größten Teil seiner bisherigen literarischen Versuche für ungenügend. Am 12. Oktober
1767 schrieb er an die Schwester: »Belsazer, Isabel, Ruth,
Selima, ppppp haben ihre Jugendsünden nicht anders als
durch Feuer büsen können.« Die Bibeldramen – es muß
sich um eine ganze Reihe gehandelt haben – kamen zuerst in den Ofen. Und wie zum Abschluß dieser Epoche
seines Lebens und seiner literarischen Lehrzeit fand
etwa zwei Jahre später noch einmal »ein großes Haupt-
Autodafé«[47] statt, wie Goethe es in der Autobiographie
nannte. Damit war fast das gesamte umfangreiche Ju-
gendwerk des Dichters in Feuer und Rauch aufgegan-

gen: was trotzdem erhalten blieb, stellte die geringfügigen Überreste einer langen Lehrzeit dar.

In ihrer letzten Phase zielte diese Lehrzeit darauf, die zeitgenössischen Schriftsteller und ihre Werke und literarischen Techniken kennenzulernen. Bei diesem Vorhaben galt es einige Hindernisse zu überwinden, weil sich damals nur wenige öffentliche Bibliotheken fanden und die Preise der Bücher so hoch lagen,[48] daß diese auch für einen jungen Mann aus gutsituiertem Haus nur in begrenzter Zahl erschwinglich waren. Aber die damaligen Literaturliebhaber standen alle vor ähnlichen Problemen und hatten Wege und Verhaltensformen gefunden, mit denen sie sich behelfen konnten. Eine davon war der Büchertausch, der fast systematisch betrieben wurde: man lieh das, was man selbst hatte, immer wieder gegen das aus, was andere besaßen.[49] Besonders fleißige Anhängerinnen und Jünger der Belletristik verfertigten darüber hinaus noch handschriftliche Kopien.

Das Erstellen und Sammeln von Abschriften spielte selbst im letzten Viertel des 18. Jahrhunderts noch eine beträchtliche Rolle. Da Goethe während seines ersten Weimarer Jahrzehnts, von 1775 bis 1786, kaum etwas publizierte, machten seine literarischen Arbeiten damals in handgefertigten Kopien die Runde. Und dem Fleiß, den besonders Eifrige im Abschreiben entwickelten, verdankt die Nachwelt in zwei Fällen sogar die Überlieferung von Erstfassungen seiner Werke. Der sogenannte *Urfaust*[50] und der Roman *Wilhelm Meisters theatralische Sendung* sind nur in Abschriften von literaturbegeisterten Zeitgenossen erhalten.

Der Fleiß, mit dem Barbara Schultheß (1745–1818) und ihre Tochter in Zürich das ihnen vom Schriftsteller zugesandte, umfangreiche Manuskript der *Theatralischen Sendung* in verhältnismäßig kurzer Zeit zu ihrem

Privatgebrauch noch einmal abschrieben, wirkt heute
schon erstaunlich. Und er war in der Tat ein Zeichen für
die Begeisterung, die man der schönen Literatur im letzten Drittel des 18. Jahrhunderts entgegenbrachte und die
heute meist anderen, moderneren Medien, wie zum Beispiel dem Film, gilt. Der Kult, der um die Belletristik
betrieben wurde, übte auch auf die Autoren starke Wirkung aus. Um Goethe und seine frühe Neigung zur Literatur verstehen zu können, muß man sich deutlich
machen, daß mit einem Dichter und dessen Status ganz
andere Vorstellungen verbunden waren als heute. Die
Honorare waren zwar verschwindend gering, aber dafür
übte das Gebiet, dem er sich zuwandte, auf die bürgerliche Jugend die größte Faszination aus. In seinem Roman
*Die Leiden des jungen Werthers* von 1774 zeigt ein jun-
ges Paar angesichts eines stimmungsvollen Landschafts-
bilds nach einem Gewitterregen folgende Reaktionen:
»[...] ich sah ihr Auge thränenvoll, sie legte ihre Hand
auf die meinige, und sagte – Klopstock! – Ich erinnerte
mich sogleich der herrlichen Ode, die ihr in Gedanken
lag, und versank in dem Strome von Empfindungen, den
sie in dieser Losung über mich ausgoß.«[51] Die Stelle
verdeutlicht den ungeheuren Enthusiasmus, mit dem die
die Werke des damals unbestritten ersten unter den
deutschen Schriftstellern, Friedrich Gottlieb Klopstock
(1724–1803), aufgenommen wurden. Und der Traum
vom »Lorbeerkranz des Dichters«, den der junge Goethe hegte, meinte nichts Verstaubtes oder gar seltsam
Entrücktes, wie man angesichts des altmodisch wirkenden Symbols heute vielleicht meinen könnte. Er zielte
vielmehr auf einen unmittelbaren Erfolg, ja auf jene Art
von Star-Ruhm, wie sie heute den Repräsentanten moderner Medien und damals den namhaftesten Autoren
zukam.

Vorerst war Goethe aber noch ein Lernender, und um sich sein Studium zu erleichtern, schloß er Freundschaften mit anderen Literaturenthusiasten, die über Bücher und handgefertigte Abschriften verfügten. Eine solche, überwiegend literarisch motivierte Freundschaft verband ihn mit Johann Georg Schlosser, der rund zehn Jahre älter und ihm in Kenntnissen zunächst weit voraus war. Er hatte sehr viel mehr gelesen und verfügte zudem über eine große Anzahl handschriftlicher Kopien. In Goethes Autobiographie heißt es dazu: »Aus dem großen Vorrath von Papieren, die er bei sich führte, ließ er mir sodann poetische und prosaische Aufsätze in allen Sprachen sehen, die, indem sie mich zur Nachahmung aufriefen, mich abermals unendlich beunruhigten [!]. Doch wußte ich mir durch Thätigkeit sogleich zu helfen. Ich schrieb an ihn gerichtete deutsche, französische, englische, italiänische Gedichte, wozu ich den Stoff aus unseren Unterhaltungen nahm [...].«[52] Es war wieder jenes Verfahren der Rezeption und anschließenden Reproduktion, das sich in der gesamten Jugend- und Lehrzeit des Dichters fand. Als Schlosser ein paar Jahre später, 1773, dessen Schwester Cornelia heiratete, sah jener eine literarisch begründete Freundschaft auf einmal in einen persönlichen Bereich verschoben. Und er scheint sehr überrascht und irritiert gewesen zu sein, den vormaligen Literaturfreund nun als Schwager vor sich zu sehen.

Die Nachwelt erklärte Goethe zu einem Originalgenie, das voraussetzungslos aus sich selbst produzierte. In Wirklichkeit durchlief er eine lange Lehr- und Lernzeit und nahm auch im späteren Leben dem Handwerklichen in der Kunst gegenüber nie eine negative Haltung ein.[53]

Erst 1769, in der Zeit der Rekonvaleszenz in Frankfurt, entstand mit der Komödie *Die Mitschuldigen* die erste einigermaßen eigenständige literarische Arbeit des

Dichters. Aber auch dieses Stück war noch von angeeigneten Einflüssen geprägt und alles andere als das Werk
eines Originalgenies. Nach Goethes eigenen Angaben
hatte ihn das Vorbild von Gotthold Ephraim Lessings
(1729–1781) *Minna von Barnhelm* (1767) angeregt, und
sein Stück beginnt mit demselben Schauplatz: im Wirts-
haus. Es ist aber viel konventioneller als Lessings berühmte ernste Komödie: das Rokoko und dessen Konventionen spielen noch eine dominierende Rolle. Von
den vier Figuren des Stücks hat eine Geld entwendet,
doch die drei anderen verdächtigen sich wechselseitig, so
daß der wahre Sachverhalt nur durch einen Zufall entdeckt wird – daher auch der Titel »Die Mitschuldigen«.
Doch Sprache und Versbau des Stücks wirken gekonnt
und elegant und weisen auf den künftigen Meister. Als
sich die Verhältnisse klären, sagt Söller, der nun als der
Übeltäter entlarvt wird, zu seinem Gegenspieler:

> O Herr Alcest! wir wissen ja, wie's steht.
> Nur still! ein bißchen still! Wir wollen uns
>           vergleichen,
> Und da versteht sich schon, die Herren Ihres
>           Gleichen.
> Die schneiden meist für sich das ganze Kornfeld um,
> Und lassen dann dem Mann das Spicilegium
>           [Ährenlese].[54]

Von Duktus und Haltung nehmen sich diese Sentenzen fast wie eine Vorübung zu manchen Stellen des wenige Jahre später begonnenen *Faust* aus, dessen Knittel-
verse freilich prägnanter wirken.[55]

Mit dem Ende der langen Lehrzeit verschwand auch
die Vielleserei Goethes. Der junge Dichter hatte so lange
ein Unzahl von Büchern verschlungen, wie er selbst in
der Literatur noch ein Lernender war. Nach dem Ende

dieser Phase begann sein Interesse an den Werken anderer Schriftsteller und insbesondere denen seiner Zeitgenossen rapide zu schwinden. In einem späteren Zeugnis, das von Eckermann überliefert wird, heißt es dazu lakonisch: »Ich ließ die deutsche Literatur und das Studium derselben bald hinter mir [...].«[56] Lapidarer ließ sich der grundlegende Umschwung, der nun stattfand, kaum beschreiben.

Es ist bekannt, daß Goethe nie einen Schriftsteller entdeckte und daß er bedeutende Talente der jungen Generation mehrfach weit unterschätzte, ja verkannte. Die Ursachen dieses Verhaltens gehen bis auf jene Wende zurück, die mit dem Ende seiner Lehrzeit einsetzte und die zu einem stark nachlassenden Interesse für die literarischen Produktionen der Zeitgenossen führte. Denn von diesem Zeitpunkt an begann sich Goethe überwiegend mit sich und den eigenen Werken zu beschäftigen, und er gestand diese Konzentration auf sein Schaffen ganz unumwunden ein. Über Karl Immermann (1796–1840) äußerte er im Jahr 1824 etwa: »Wie kann ich über ein erst Werdendes, Problematisches urteilen? Habe ich nicht mit meinem eignen *Werden* genug zu tun?«[57]

Seine Aufnahmebereitschaft für die Arbeiten anderer Schriftsteller wurde immer geringer, und in späteren Jahren bedurfte es oft schon besonderer Ausnahmesituationen, damit er deren Werke überhaupt noch richtig rezipierte. Ein derartiger Moment wurde von dem eineinhalb Jahrzehnte älteren Weimarer Dichterkollegen Christoph Martin Wieland (1733–1813) festgehalten. Wieland las sein Versepos *Oberon* vor, während Goethe einem Maler Modell saß, und in dieser eher langweiligen Situation fand er den jüngeren Schriftsteller ungewöhnlich aufnahmebereit. Er berichtete in aufschlußreicher Weise: »Zum Glück mußte sich's treffen, daß der fast immer wütige Mensch diesen Tag gerade in seiner besten, rezeptivsten Laune und so amusable war wie ein Mädchen von sechzehn. Tag meines Lebens hab ich niemand über das Werk eines andern so vergnügt gesehen, als er es mit dem *Oberon* durchaus, sonderlich mit dem fünften Gesang war [...]. Es war eine wahre Jouissance für mich [...]. Ein paar Tage darauf gestund er selbst, daß er in drei Jahren vielleicht nicht wieder in diesen Grad von Rezeptivität und Offenheit [...] kommen würde.«[58] Wieland räumte mit der ihm eigenen »launigen Offenheit«[59] ein, daß Autoren die Werke unmittelbarer Zeitgenossen, sofern sie nicht durch eine persönliche Freundschaft mit ihnen verbunden sind, selten enthusiasmiert zu begrüßen pflegen. Und er hielt fest, daß er einen besonders glücklichen Moment getroffen hatte, einen der seltenen Augenblicke, in denen der jüngere Kollege überhaupt noch bereit war, die literarische Arbeit eines anderen richtig zur Kenntnis zu nehmen.

Goethe pries den *Oberon* in den darauffolgenden Jahren wie kaum ein anderes Werk seiner Zeitgenossen; er rühmte ihn als »Meisterstück poetischer Kunst«.[60] Sollte auch dieses Lob nur eine Folge der ungewöhnlich günstigen Umstände gewesen sein, unter denen er Wielands Versepos kennengelernt hatte? Es spricht vieles für eine solche Annahme. Denn in späteren Jahren fiel sein Urteil über den *Oberon* nicht mehr so günstig aus. Obwohl er »die anmutige, sinnliche und geistreiche Ausführung« immer noch pries, machte er nach einem Zeugnis Eckermanns nun die schwerwiegende Einschränkung, »daß das Fundament schwach sei und der Plan vor der Ausführung nicht gehörig gegründet worden.«[61]

## ZWEITES KAPITEL

## Der Durchbruch

Aus Leipzig zurückgekehrt, verbrachte Goethe ab September 1768 einhalb Jahre, zuerst kränkelnd, dann schwer krank und schließlich als Rekonvaleszent wieder im Frankfurter Elternhaus am Hirschgraben. Die Komödie *Die Mitschuldigen*, die in dieser Zeit entstand, blieb lange unveröffentlicht und ihr Autor unbekannt. Er war noch nicht einmal in die zeitgenössische Literatur eingetreten, geschweige schon eine ihrer namhaften Gestalten. Der Vater begann indessen über die immer länger werdende Unterbrechung des bürgerlichen Lebenslaufs seines Sohns unwillig zu werden, und es traten immer größere Spannungen auf, bis dieser im Frühjahr 1770 nach Straßburg fuhr, um das unterbrochene Studium zu beenden.

*Goethe 1779
Kreidezeichnung
von J. Juel*

In Straßburg deutete zunächst nichts darauf hin, daß etwas Besonderes geschehen sollte. Am 19. April 1770 schrieb Goethe, er finde die Stadt »nicht ein Haar besser noch schlimmer als alles was ich auf der Welt kenne, das heißt sehr mittelmäßig«.[1] Auch im Oktober sprach er noch von einem »Mittelzustand«.[2] Selbst die Kathedrale, die er später so rühmte, war für ihn keine besondere Attraktion. Goethe bestieg zwar schon am Tag seiner Ankunft ihren Turm – so berichtet es die Autobiographie, in den Briefen steht davon nichts –, aber dies geschah vor allem der schönen Aussicht und einer Gewohnheit wegen, die er noch auf der späteren Italienreise pflegte: in fremden Städten zur besseren Orientierung bald einen hohen Aussichtspunkt zu erklimmen.[3]

Einige Jahre später sollten sich kunstsinnige Reisende ganz anders verhalten. Als der Däne Jens Baggesen (1764–1826) im Jahr 1789 auf einer Fahrt in die Schweiz über Straßburg kam, richtete er schon aus weiter Ferne den Blick auf den hohen Turm des Münsters und sank vor der Fassade auf die Knie.[4]

Ein solches Verhalten war erst nach einer Revolution der Geschmacksnormen denkbar, die sich bei Goethe im Jahr 1770 noch vollziehen mußte. Er kam als Anhänger Oesers und Winckelmanns nach Straßburg und ihn interessierten zunächst ganz andere Dinge als das gotische Münster. Die junge österreichische Erzherzogin Marie Antoinette reiste damals auf dem Weg zu ihrem künftigen Ehemann, zu Ludwig XVI., über Straßburg und sollte dort, am Grenzübergang zu ihrem künftigen Heimatland Frankreich, würdig empfangen werden. Daher schaffte man einige Gobelins aus Paris herbei, die teilweise nach Gemälden von Raffael angefertigt waren, und Goethe schonte seinen Geldbeutel nicht, um in den Saal zu gelangen, in dem sie hingen. In einem Brief an Langer schrieb er: »Es ist ein Abgrund von Kunst so ein Stück. [...] Nach Italien Langer! Nach Italien! [...] Paris soll meine Schule seyn, Rom meine Universität.«[5] Die Darstellungen Raffaels machten noch in der vergröbernden Abbildung der Gobelins einen nahezu unglaublich starken Eindruck auf ihn. Daneben konnte ihm die Kathedrale freilich nicht gefallen. Nach den klassizistischen Anschauungen, denen er anhing, war ›gotisch‹ eine Art Schimpfwort, das ungefähr so viel wie barbarisch bedeutete.

Im Herbst 1770 lernte er jedoch Johann Gottfried Herder (1744–1803) kennen. Obwohl in jungen, nach heutigen Vorstellungen sehr jungen Jahren, war Herder in literarischen Kreisen schon eine bekannte Gestalt, und die daraus resultierende Anerkennung und Bewunderung schlug sich auch in seinem Auftreten nieder. Er hielt sehr auf sich und sein Äußeres und war eine elegante Erscheinung, während er in späteren Jahren eher vierschrötig wirkte.

Seine Veröffentlichungen, die *Fragmente über die neuere deutsche Literatur* (1767) und die *Kritischen Wälder* (1769), die ihm ersten Ruhm eingetragen hatten, galten zwar der Literaturkritik. Aber zwischen literarischer Praxis und Theorie bestanden damals enge Verbindungen. Es gab vielleicht kein Zeitalter, das mehr Wert auf Kunsttheorie gelegt hatte als diese Epoche, und nicht selten waren bedeutende Leistungen auf diesem Gebiet mit einem ausgeprägten literarischen Talent verbunden: Lessing und der berühmte französische Aufklärer Voltaire (1694–1778) hatten in sehr unterschiedlichen Ausprägungen den Typus des Schriftstellers *und* Theoretikers verkörpert.

Herder gehörte, obwohl er auch literarische Werke verfaßte, eher zu den letzteren. Er, der einmal erklärte, daß »eigentliche Gelehrsamkeit« dem Charakter des Menschen »so unnatürlich« sei, daß man sie sich nur »aus Not« aneignen dürfe,[6] war ein ausgesprochener Gelehrter. Schon in jungen Jahren war er so belesen, daß er klagte, »ein Tintenfaß«, »ein Wörterbuch«, »ein Repositorium« voller »Papiere und Bücher«[7] zu sein. Der Ruf nach Originalität, Genie und Natur, der so großen Widerhall fand, kam aus dem Mund eines Vielbelesenen.

Herder hatte die Maximen und Leitlinien, mit der die zeitgenössische Literatur erneuert werden sollte, auch nicht erfunden. Die englische Literaturkritik und -theorie hatte sie schon vor ihm aufgestellt, und Herder hatte sie natürlich gelesen, ebenso wie die französische Theorie und Kritik, die ihm jedoch weniger zukunftsträchtig schien.

Originalität, Genie und Natur waren also literarische Kategorien. Herder führte seine Schüler nicht in die Natur, sondern vermittelte ihnen ästhetische Normen, die aus einem Rückgriff auf ältere, aber neu entdeckte Dichter, vor allen Homer, Pindar und Shakespeare, hervorgingen. Diese Muster lösten bei Goethe, dem bisherigen Anhänger Oesers, Winckelmanns und Ovids, einen gewaltigen Umbruch aus. Doch Herder brachte seinem Schüler auch eine rationalere, kühlere Haltung zur Kunst und ihren Mitteln bei. Goethes Autobiographie hält aus dem weiten Abstand von Jahrzehnten fest, daß Herder, der seinen Anhängern und Schülern gern laut vorlas, jedes Werk mit dem scharfen Auge des Kritikers »bloß als Kunstproduct« ansah, während er selbst, der fünf Jahre jüngere, sich von der unmittelbaren Wirkung mitreißen ließ und alles nur als »lebendig, wahr, gegenwärtig« empfand. In solchen Fällen pflegte Herder eine »gewaltige Strafpredigt« über den »Stumpfsinn«[8] seiner Zuhörer anzustimmen und schwer zu rügen, daß diese den Gebrauch der jeweiligen Kunstmittel wieder einmal völlig übersehen hätten.

Von ganz unmittelbarer Wirkung war, daß Herder eine Kunstform neu entdeckte: das Volkslied. Er prägte dieses Wort, das später auch in andere Sprachen einging, und schon bei den Gedichten, die Goethe in Straßburg schuf, übte die neue Gattung entscheidenden Einfluß aus. Neben regelrechten Volkslied-Adaptionen, wie dem

*Heidenröslein,* handelte es sich meist um eigene Erfindungen in einfachen, volksliedartigen Strophen. Es war der Beginn einer Tradition, die in Deutschland von Herder und Goethe über die Romantiker, Heine und Mörike bis hin zu späten Nachformungen bei Rilke und Hesse eine große Wirkung ausübte.

Die in Straßburg entstandenen Lieder waren zu einem Teil Liebesgedichte. Goethe hatte in dem nahe gelegenen Sesenheim die Pfarrerstochter Friederike Brion (1752–1813) kennengelernt. In *Dichtung und Wahrheit* wurde diese Episode breit ausgemalt. Friederike Brion tritt dort als die beschauliche Jugendliebe auf, derer man sich gern erinnert, und der alte Dichter beschreibt mit offenkundigem Wohlgefallen, daß sie sich in der freien Natur noch besser ausgenommen habe als in abgeschlossenen Räumen. Es handelte sich um eine stilisierte Darstellung aus dem Rückblick, eine literarische Idylle. Aber auch die in Straßburg entstandenen Gedichte stellten kein Abbild der Wirklichkeit dar. Das *Mailied* beginnt mit den Versen:

> Wie herrlich leuchtet
> Mir die Natur!
> Wie glänzt die Sonne!
> Wie lacht die Flur![9]

Dabei handelt es sich, so einfach es klingen mag, um Kunst: Goethe hatte gelernt, die Mittel der Naturpoesie zu gebrauchen. Die Realität sah anders aus: er war noch immer stark von der Beziehung zu Katharina Schönkopf belastet. Ende des Jahres 1772, also bereits nach der Straßburger Zeit und der Sesenheimer Episode, äußerte Caroline Flachsland, die spätere Frau Herders: »Uns Mädchen und Weiber ist er auch besser wie sonst und ist uns herzlich gut, aber überhaupt lieben – dazu liegt noch zu viel Asche von seiner ersten Liebe in seinem Herzen [...]«.[10] Die erste Liebe war die zu der Leipziger Gastwirtstochter gewesen. Und der Schriftsteller selbst schrieb ein paar Jahre später, 1779, anläßlich eines Besuchs in Sesenheim: »Die Zweite Tochter vom Hause hatte mich ehmals geliebt schöner als ichs verdiente, und mehr als andre an die ich viel Leidenschafft und Treue verwendet habe [...]«.[11]

In Sesenheim entwickelten sich die Verhältnisse in eine andere Richtung. Die jüngere Tochter des Hauses faßte eine Neigung zu Goethe. Doch dieser war, obwohl äußerlich mittlerweile gewandt auftretend, innerlich immer noch zu verschlossen, ja verstockt. In seinen Briefen vom Mai/Juni 1771 findet sich die Bemerkung: »die Kleine fährt fort traurig kranck zu seyn, und das gibt dem Ganzen ein schiefes Ansehn.«[12] Die »Kleine« war Friederike Brion. Während sie »traurig kranck« blieb, vergnügte sich Goethe mit ihrer größeren Schwester: »Getanzt hab ich und die Aeltste, Pfingstmontags, von zwey Uhr nach Tisch bis 12 Uhr in der Nacht, an einem fort, ausser einigen Intermezzos von Essen und Trinken.« Aber er war kein Bonvivant, dem dabei wohl wurde, und er fügte an: »Und doch wenn ich sagen könnte: ich bin glücklich, so wäre das besser als das alles.« Für Friederike Brion muß die Beziehung und ihr baldiges Ende eine ziemliche Enttäuschung gewesen sein; andererseits gab es nichts, was einige Jahre später, 1779, einen recht unverbindlichen Besuch Goethes in Sesenheim hätte verhindern können. Erst die Nachwelt hat im Anschluß an die stilisierte Darstellung der Autobiographie aus dieser Episode eine rührselige Liebesgeschichte gemacht, die einige der kitschigsten Produkte des deutschen Goethe-Kults hervorbrachte, etwa Franz Lehárs (1870–1948) Operette *Friederike* (1928).

Der eigentliche Zweck des Straßburger Aufenthalts war der Studienabschluß, bei dem sich einige Schwierigkeiten ergaben. Goethe reichte eine Dissertation ein, die von der Fakultät jedoch abgelehnt wurde, weil sie einen allzu religionskritischen Standpunkt vertrat. Nach einem überlieferten Zeugnis soll die nicht erhaltene Arbeit dargelegt haben, »daß Jesus Christus nicht der Begründer unserer Religion gewesen sei, sondern daß irgendwelche andere Gelehrte sie unter seinem Namen gemacht hätten.«[13] Diese scharf aufklärerische Religionskritik brachte den jungen Dichter, einem anderen Zeugnis zufolge, in den Ruf eines »überwitzigen Halbgelehrten« und »wahnsinnigen Religions-Verächter[s]«.[14] Wie immer es sich verhalten haben mag – für die Fakultät kam die Annahme einer so freigeistigen Arbeit schon deshalb nicht in Betracht, weil sie einen Skandal verursacht und die Kirchenaufsicht auf den Plan gerufen hätte.

Aber man erhielt in Straßburg durch eine Dissertation ohnehin nur ein sogenanntes Lizentiat. Die Promotion, die zur Führung des Doktortitels berechtigte, war ein zusätzliches Zeremoniell, für das man eine nicht unbeträchtliche Gebühr zu entrichten hatte. Und das Lizentiat, die Voraussetzung dazu, ließ sich auch ohne Dissertation erreichen. Man konnte sich mit einer Disputation begnügen, einer mündlichen Verteidigung einer Reihe von Thesen in lateinischer Sprache. Da das Niveau solcher Disputationen meist nicht hoch war, wurden diese von den nicht wenigen deutschen Studenten, die sich damals in Straßburg befanden, auch als »gallisches Marionettentheater« bespöttelt.[15]

Aber all diese Regelungen waren im Grunde nicht für Straßburg im besonderen, sondern für die Mißstände im allgemeinen kennzeichnend, die es an den Universitäten des 18. Jahrhunderts gab. Man fand regelrechte Erbpro-

fessuren ebenso wie Regelungen, die Studienabschlüsse
nicht nach Leistungen, sondern nach der Entrichtung
bestimmter Gebühren ermöglichten. Diese Mißstände
boten dem jungen Goethe einen bequemen Ausweg: als
seine Dissertation abgelehnt worden war, reichte er einfach eine Reihe von Thesen für eine Disputation nach.
Die bemerkenswerteste unter ihnen war, daß er in der
damals eben in Gang geratenen Diskussion über die Todesstrafe gegen deren Abschaffung plädierte: »Poenae
capitales non abrogandae«, heißt es bei ihm.[16] Auch
sonst waren seine Thesen, die bestimmte Rechtspositio-
nen seiner Zeit wiedergaben, teilweise bloße Zitate darstellten, eher konservativ gehalten. Daneben finden sich
noch einige offenbar nicht ganz ernst gemeinte Bemerkungen, die möglicherweise wiederum anstelle von allzu
religionskritischen Äußerungen eingerückt wurden.

Goethe bestand dennoch ohne Schwierigkeiten. Er
wurde von der Universität einige Zeit später sogar auf-
gefordert, doch noch die Promotion abzulegen. Man
wollte einfach die entsprechende Gebühr in der Kasse
haben, aber der junge Dichter weigerte sich nun. Er
hatte genug von der Universität und vertrat den Standpunkt, daß ein Lizentiat doch ebenso viel wert sein
müsse wie eine Promotion, die man nur aufgrund der
Entrichtung einer bestimmten Geldsumme erhielt. Und
in seinem weiteren Leben sollte tatsächlich kaum je Auf-
hebens darum gemacht werden, daß er diese Zahlung
verweigert hatte und nicht zum Doktor promoviert
worden war; in nicht wenigen Fällen wurde ihm der fehlende Titel einfach untergeschoben.

Nach Frankfurt zurückgekehrt, bewarb Goethe sich
um eine Zulassung als Rechtsanwalt. Er übernahm in
den folgenden vier Jahren, die er hauptsächlich in der
Reichsstadt verbrachte, aber nur wenige juristische Ver-

fahren, und überließ ihre Bearbeitung teilweise seinem Vater. Seine Hauptbeschäftigung war die Literatur. Als er 1772 nach Wetzlar kam, um am dortigen Reichskammergericht, einer der höchst schwerfälligen Institutionen des alten Deutschen Reichs, ein juristisches Praktikum zu absolvieren, schrieb Johann Christian Kestner (1741–1800), der bald näher mit ihm bekannt werden sollte: »Im Frühjahr kam hier ein gewisser Goethe aus Frankfurt, seiner Hantierung nach Dr. juris, 23 Jahr alt, einziger Sohn eines sehr reichen Vaters, um sich hier, dies war seines Vaters Absicht, in praxi umzusehen, der seinigen nach aber, den Homer, Pindar p. zu studieren und was sein Genie, seine Denkungsart und sein Herz ihm weiter für Beschäftigungen eingeben würde.«[17]

Durch die Vermittlung des Literaturfreunds Schlosser war Goethe inzwischen Mitarbeiter einer Zeitschrift, der *Frankfurter Gelehrten Anzeigen*, geworden. Außerdem begannen Herders Hinweise auf Shakespeare Früchte zu tragen. Im Herbst 1771 schrieb er in nur 6 Wochen ein Stück, das ihm einen sensationellen Auftritt in der deutschen Literatur verschaffte; doch dies geschah freilich erst nach einem Zeitraum von beinahe zwei weiteren Jahren. In der Originalfassung lautete sein Titel: *Geschichte Gottfriedens von Berlichingen mit der eisernen Hand. Dramatisiert.* Das Werk war nach dem Vorbild von Shakespeares Dramen verfaßt oder vielmehr nach dem Vorbild dessen, was man sich damals unter den Stücken des englischen Dichters vorstellte.

Denn das Theater der Epoche war eine Illusions- und Guckkasten-Bühne, die vom französischen Drama und von gesellschaftlichen Konventionen beherrscht wurde, und Shakespeares Werke schienen dafür ungeeignet. Die Zeitgenossen glaubten infolgedessen nicht, daß seine Dramen überhaupt zum theatralischen Gebrauch verfaßt worden seien. Man hielt sie für den Ausdruck eines ungebärdigen Genies, an dem man sich nur bei der Lektüre zu erfreuen habe.

Auch Goethes *Götz von Berlichingen* wurde ursprünglich nicht für die Bühne konzipiert; die bekannten Kraftausdrücke waren als reines Lesevergnügen gedacht. Das Stück erhielt daher eine eher unförmige, für das deutsche Theater mit seinem langsamen Sprechtempo schon viel zu breite Gestalt, und es lassen sich auch sonst gewisse Mängel finden. Als Götz sich vor Gericht rechtfertigen soll und ihm persönliche Übergriffe angedroht werden, ruft er aus: »Wer kein Ungrischer Ochs ist, komme mir nicht zu nah. Er soll von dieser meiner rechten eisernen Hand ein solche Ohrfeige kriegen, die ihm Kopfweh, Zahnweh und alles Weh der Erde aus dem Grund kuriren soll.«[18] Der Satzbau wirkt schwerfällig und nach heutigem Verständnis unkorrekt, die Kraftmeiereien sind übertrieben und plump.

Als Goethe das Werk an Herder sandte, äußerte sich dieser sehr kritisch. Daß ihn »Shakespeare ganz verdorben« habe, muß er geschrieben haben, wie aus der Rückantwort des jungen Dichters hervorgeht.[19] Damit kam der erste Mißklang in die bisher mit großem Enthusiasmus gepflegte Freundschaft. Denn Goethe konzedierte in seinem Antwortschreiben zwar, daß das Urteil richtig sei, und meinte, sein Stück müsse »eingeschmolzen, von Schlacken gereinigt, mit neuem edlerem Stoff versetzt und umgegossen werden«. Aber die beiderseitige Freundschaft trübte sich doch, und Herders strenge Kritik war auch unvorsichtig, ja unklug gewesen. Gegenüber seiner Braut, Karoline Flachsland, äußerte er sich weit günstiger. Wie viele Zeitgenossen war Herder hier der Meinung, daß im *Götz von Berlichingen* »ungemein viel deutsche Stärke, Tiefe und Wahrheit drin« sei.[20] Vor dem jungen Goethe liebte er es dagegen, den Kritiker zu spielen, und daher war er in einer merkwürdigen Umkehrung der Gepflogenheit, daß miteinander befreundete Schriftsteller noch ihre schwächsten Werke gegeneinander loben, vor dem Autor strenger wie vor anderen Leuten.

Goethe geriet dadurch in eine unangenehme Lage. Denn das Rohe und die Ungebärdigkeit seines Stücks mitsamt den Kraftmeiereien machte im Grunde dessen Reiz aus und war kaum zu beheben, ohne auch die Stärken anzugreifen. Er zögerte die versprochene Umarbeitung des Werks immer wieder hinaus, mehr als ein Jahr lang. Aber ein solches Vorsichherschieben brachte ihn nicht weiter, und an die Stelle Herders, des allzu gestrengen Kritikers, mußte schließlich ein anderer treten. Es war der Darmstädter Johann Heinrich Merck (1741–1791), den Goethe wiederum durch Schlossers Vermittlung kennenlernte und der ebenfalls als Schriftsteller wie als Theoretiker hervortrat. Seine Aufmerksamkeit galt insbesondere dem Roman, der damals oft noch als bloße Unterhaltungsware und unliterarisches Genre galt. Merck war in diesem Punkt anderer Meinung und wurde zu einem wichtigen Förderer der jungen Gattung.

Der erste Wink, den er Goethe gab, war allerdings, an seinem *Götz von Berlichingen* nur nicht allzuviel herumzufeilen. »Bei Zeit auf die Zäun', so trocknen die Windeln!« lautete sein sprichwörtlicher Ratschlag, den der Dichter noch in der späteren Autobiographie mit Vergnügen zitierte.[21] Und die Bearbeitung des Stücks, die im Jahr 1773 erfolgte, begnügte sich dann mit einigen kleineren Eingriffen und Straffungen.

Nun gab es noch ein Problem, jenes, vor dem viele junge Schriftsteller stehen: wie war ein Einstieg in die Literatur, wie ein Verleger zu finden, der sein Werk auf

den Buchmarkt brachte? Goethe hätte schon seine Komödie *Die Mitschuldigen* gerne gedruckt gesehen und
bot sie deshalb dem Frankfurter Buchhändler Johann
Georg Fleischer an, in dessen Gesellschaft er ehedem
nach Leipzig gefahren war. Aber Fleischer lehnte ab,
und bei seinem neuen Werk, an das er »so viele Neigung
verwendet« hatte, hegte er daher die Befürchtung, sich
von den Verlegern »vielleicht gar eine abschlägige Antwort zu holen«.[22]

Merck wußte auch in diesem Punkt Rat. Er hatte einen
Hang zu geschäftlichen Unternehmungen, ja Spekulationen, und das recht ungewöhnliche Manuskript des *Götz
von Berlichingen* schien ihm dafür gerade geeignet. Er
schlug Goethe vor, es doch im Selbstverlag zu publizieren, und der junge Dichter folgte seinem Wink. Sein
Stück erschien daher mehr als eineinhalb Jahre nach der
ersten Niederschrift ohne Verfassernamen und ohne
Orts- und Verlagsangabe, nur mit dem Untertitel »ein
Schauspiel« und der Jahreszahl 1773 auf dem Titelblatt.

In kommerzieller Hinsicht wurde die Publikation im
Selbstverlag ein vollkommener Fehlschlag. Merck begab
sich damals auf eine größere Reise, und der Autor stand
der Aufgabe, sein Werk zu expedieren und auf den
Buchmarkt zu bringen, recht hilflos gegenüber. Goethe
hatte seine erste Publikation, die Flugschrift *Von deutscher Baukunst*, in der er dem Straßburger Münster und
dessen Baumeister, Erwin von Steinbach, nachträglich
ein enthusiastisches Lob zollte, im Jahr 1772 nach Art
wohlbemittelter literarischer Dilettanten auf eigene Kosten drucken lassen und im Freundes- und Bekannten-
kreis verteilt und versandt. Bei seinem *Götz von Berlichingen* ging er kaum anders vor. Freunden und bekannten Zeitgenossen wurden Autorenexemplare zugesandt,
einem Göttinger Buchhändler 150 Stück der Auflage

ohne irgendwelche Zahlungsverpflichtungen überlassen, und als sich ein Erfolg abzuzeichnen begann, traten die damals allzeit bereiten Raubdrucker auf und lenkten die Erträge, die dem Autor zugestanden hätten, in ihre Taschen. Goethes Einnahmen blieben daher so gering, daß er, nach eigenen Angaben, kaum das Papier bezahlen konnte, auf das sein Werk gedruckt worden war.

Aber dafür stellte sich wenigstens der sehnlich erwünschte Erfolg ein. Der *Götz von Berlichingen* erwies sich als literarische Sensation und machte Goethe innerhalb kürzester Zeit zum berühmtesten Schriftsteller einer neuen Generation, der des Sturm und Drang. Daß das Stück derart gepriesen wurde, oft noch mehr als der literarisch bedeutendere *Werther* von 1774, lag gewiß daran, daß dem Drama damals ein weit höherer Stellenwert zugemessen wurde als dem Roman. Der Schriftsteller hatte also in der richtigen Gattung reüssiert.

Zudem verkörperte das Werk von seiner ganzen Anlage und Gestalt her das Buch einer neuen literarischen Generation. Es zeigt die Geschichte eines freien Ritters des 16. Jahrhunderts, der sich mit allen Mitteln gegen die aufstrebende absolutistische Macht der Fürsten zur Wehr setzt. Die Behauptung der Freiheit war also das große Thema, auch wenn dieses nur diffus, nur im Hinblick auf den zuletzt doch vergeblichen Widerstand eines Einzelnen beschrieben wurde. Doch gerade diese etwas vage Behandlung des Stoffs gestattete dem Publikum einen allgemeinen Konsens. Alle, die aus irgendwelchen Gründen gegen den Absolutismus eingestellt waren, konnten in Goethes Stück eine Verkörperung ihrer Wünsche und Sehnsüchte sehen, die Brüder Christian und Friedrich Leopold Graf zu Stolberg (1748–1821; 1750–1819) ebenso wie junge Vertreter des Bürgertums. Die Grafen Stolberg entstammten dem alten Reichsadel, der

vom aufkommenden Absolutismus in seinen Rechten
und Befugnissen erheblich eingeschränkt worden war
und der diesen daher am liebsten zugunsten einer Restauration der früheren Zustände rückgängig gemacht hätte.
Im Bürgertum war man aus gänzlich anderen Gründen
gegen den Absolutismus: man stieß sich an den Hinder-
nissen, die er der sozialen und politischen Emanzipation
des dritten Stands entgegensetzte, an den oft undurch-
schaubaren Privilegien und den Resten des Feudalismus,
die immer noch konserviert wurden. Von Goethes Stück
waren beide Seiten begeistert, und im übrigen hat der
Kampf eines ganz auf sich gestellten Einzelnen ja auch
in den Genres der modernen Unterhaltungskultur und
-industrie seine Faszination behalten, nicht zuletzt für
die Jugend. Und diese entschied schon im Fall des *Götz
von Berlichingen* über den Erfolg.

Denn im Sturm und Drang setzte sich zum erstenmal
eine neue Generation bewußt von der Welt der Erwachsenen ab und baute eine Gegenkultur mit eigenen Normen und Idealen auf. Natur und Originalität, diese
zunächst literarischen Kategorien, wurden zu Losungs-
worten für ein Verhalten, das bewußt gegen geltende gesellschaftliche Konventionen verstieß. Bei den Älteren,
auch bei den Schriftstellern, weckte die neue Bewegung
daher oft Skepsis. Die Ablehnung war verständlich, weil
die Verkörperung von Natur und Originalität, die die
junge Generation auf ihre Fahnen schrieb, oft merkwürdige, ja skurrile Züge annahm. Man war gegen den Absolutismus und gegen die an Frankreich orientierte höfische Kultur; diese Haltungen wurden auch von dem
Protagonisten in Goethes *Götz von Berlichingen* verkörpert. Was man an deren Stelle setzte, bestand jedoch
aus einem Rückgriff auf eine Tradition, die nicht eben als
kultiviert gelten konnte. Denn gegenüber der »Höflich-

keit«, einer Errungenschaft der französischen Hofkultur, setzte man wieder auf die alten deutschen Sitten, die auch als »fränkisch« oder »altdeutsch« bezeichnet wurden und den Kleinbürgern und Biedermännern bis weit ins 18. Jahrhundert hinein als durchaus rechtens gegolten hatten.[23] Diese Sitten waren jedoch, kurz gesagt, sackgrob gewesen, und wenn die jungen Stürmer und Dränger sie nun aufgriffen und wieder in gut »altdeutscher« Manier fluchend und polternd durch die Lande zogen, erweckten sie einen wunderlichen Eindruck. Die aristokratischen Schichten, die sich an der verfeinerten französischen Hofkultur orientierten, reagierten nur mit Spott und Verachtung, aber auch das zur Aufklärung neigende Bürgertum verhielt sich reserviert, ja ablehnend.

Und für die weitere Laufbahn Goethes sollte es eine entscheidende Rolle spielen, daß er sich von den Idealen, die der *Götz von Berlichingen* in so beispielhafter Weise verkörpert hatte, bald wieder abwandte. Doch der Schriftsteller war ohnehin nie ein ausschließlicher Vertreter einer bestimmten literarischen Richtung, sondern zeigte in seinem ganzen Leben immer wieder eine erstaunliche Flexibilität und Wandelbarkeit.

Nach seinem altdeutschen Ritterstück, das eines der Hauptwerke des Sturm und Drang darstellte und eine literarische Modewelle auslöste, schrieb er zu Beginn des Jahres 1774 in wenigen Monaten einen Roman, in dem die zeitgenössische Empfindsamkeit in den Mittelpunkt trat: *Die Leiden des jungen Werthers*. Auch dieses Werk schlug wieder große Wellen.

Goethe hatte als Praktikant am Wetzlarer Reichskammergericht die Braut des bereits erwähnten Johann Christian Kestner, Charlotte Buff (1753–1828), kennengelernt. Er wußte beim ersten Treffen nicht, daß sie schon mit Kestner verlobt war, und wurde ihr Verehrer. Kestner nahm ihm dieses Verhalten nicht übel. Der »gleiche Geschmack«[24], wie er sagte, machte sie nicht schon zu Feinden. Dennoch entstanden Irritationen, über die es in seinem Tagebuch hieß: »Er liebt sie, und ob er gleich ein Philosoph ist und mir gut ist, so sieht er mich doch nicht gerne kommen, und mit meinem Mädchen vergnügt sein. Und ich, ob ich ihm gleich recht gut bin, so sehe ich es doch auch nicht gern, daß er bei meinem Mädchen allein bleiben, und sie unterhalten soll.«[25] Kestners Tagebuch verzeichnet die weitere Entwicklung des angehenden Dreiecksverhältnisses. Am 13. August 1771 schrieb er: »Abends das Geständnis von einem Kuß. Kleine Brouillerie mit Lottchen; welche andern Tags wieder vorbei war.«[26] Drei Tage später: »Den 16. Bekam Goethe von Lottchen gepredigt; sie deklarierte ihm, daß er nichts als Freundschaft hoffen dürfe; er ward blaß und sehr niedergeschlagen pp.«[27] Charlotte Buff hatte sich, wohl auf Kestners Zureden, erklärt, und Goethe behagte das erzwungene Zurückstehen nicht. Ein paar Wochen später war er verschwunden und hinterließ nur ein paar kurze Zeilen. Einige Leute mokierten sich über dieses Verhalten, Kestner verteidigte es. Es schien ihm natürlich, vielleicht die beste Auflösung der Geschehnisse, die angefangen hatten, sich zu verwickeln, und er und Goethe blieben noch über Jahre hinweg freundschaftlich verbunden.

So erfuhr der Schriftsteller, daß sich Ende 1772 in Wetzlar der junge Legationssekretär Karl Wilhelm Jerusalem, dem wir weiter oben schon einmal begegnet sind, aus unglücklicher Liebe erschossen hatte. Er hatte am Abend vor seinem Ende Kestner für eine angeblich bevorstehende Reise um dessen Pistolen gebeten. Und da man zu dieser Zeit auf Grund des weit verbreiteten Räuber- und Bandenwesens in vielen Gegenden nur mit Waffen oder als Wohlhabender sogar nur unter Begleit-

schutz reiste, hatte Kestner keinen Grund gesehen, den
Wunsch abzulehnen. Am nächsten Morgen fand man Jerusalem aber nur noch röchelnd auf dem Fußboden seines Zimmers liegen. Goethe, der durch Kestner informiert wurde, machte daraus nach mehr als einem Jahr
den Schluß seines *Werthers*. Dort heißt es wörtlich:
»Morgens um sechse tritt der Bediente herein mit dem
Lichte, er findet seinen Herrn an der Erde. [...] er rö-
chelt nur noch.«[28]

Der Schriftsteller verwendete also unmittelbar authentisches Material, und dies trug zweifellos zum Erfolg seines Buches bei. Der *Werther* erzielte einen für damalige
Verhältnisse riesigen Publikumserfolg. Nach modernen
Schätzungen wurde er in etwa 9000 Exemplaren auf dem
Buchmarkt verbreitet,[29] ehe er in die späteren Werkaus-
gaben des Dichters einging. Diese Auflage erscheint
heute gering, selbst wenn man berücksichtigt, daß die
meisten Bücher durch das verbreitete gegenseitige Aus-
leihen mehrere Leser fanden.[30] Doch beim *Götz von Berlichingen* belaufen sich ähnliche Schätzungen auf rund
5000 Exemplare, und selbst diese Zahl muß noch als
hoch gelten. Die Auflagenhöhe war generell sehr niedrig
und ging nur bei erfolgreichen Titeln über 1000 Stück
hinaus.

Die Verwendung eines authentischen Stoffs als
Grundlage für einen Roman war dem zeitgenössischen
Publikum so ungewohnt, daß sofort gewaltige Miß-
verständnisse entstanden. Die quasi-dokumentarische
Form des Werks – die Briefe Werthers werden nur von
gelegentlichen Bemerkungen eines »Herausgebers« unterbrochen, der zum Ende fast unvermerkt den Faden
der Erzählung übernimmt – vermittelte den Eindruck,
daß es sich nicht um Fiktion, sondern um ein tatsächli-
ches Dokument handelte. Das Buch löste daher nicht

nur eine Modewelle aus, in der man wie Werther einen blauen Frack – damals Alltagskleidung –, gelbe Hosen, eine gelbe Weste, braune Stulpenstiefel und einen runden grauen Hut trug, sondern auch eine Reihe von Selbstmorden, in der sich unglücklich Liebende nach dem Vorbild ihres hier geschilderten Leidensgenossen erschossen. Es waren Begleiterscheinungen, die den zweiten großen Auftritt Goethes in der deutschen Literatur noch spektakulärer machten als den ersten, den seines *Götz von Berlichingen.*

Der Detailrealismus des Romans traf auch einige unmittelbar Beteiligte. Als Kestner den *Werther* gelesen hatte, protestierte er heftig. Denn er erkannte sich, Charlotte Buff und Goethe in den Romanfiguren Albert, Lotte und Werther wieder, aber diese Gestalten entsprachen doch nicht der Wirklichkeit. Besonders störend war für ihn, daß Lottes Verlobter, der Albert des Romans, einerseits beträchtliche Ähnlichkeiten mit ihm selbst aufwies, andererseits Züge eines richtigen Spießers trug. Nach dem Konzept seines Briefs, das allein überliefert ist, muß er an Goethe ungefähr geschrieben haben: »Und das elende Geschöpf von einem Albert! Mag es immer ein eignes nicht kopiertes Gemälde sein sollen, so hat es doch von einem Original wieder solche Züge (zwar nur von der Außenseite, und Gott sei's gedankt, nur von der Außenseite) daß man leicht auf den würklichen fallen kann. Und wenn Ihr ihn so haben wolltet, mußtet Ihr ihn zu so einem Klotze machen? damit Ihr etwa auf ihn stolz hintreten und sagen könntet, seht was ich für ein Kerl bin!«[31] Kestner traf den Nagel auf den Kopf. Er protestierte nicht gegen eine vermeintliche Kopie der Realität, denn er sah sehr wohl, daß kein bloßes Abbild vorlag. Es konnte aber keinen Zweifel geben, daß seine Person in ziemlich kompromittierender Weise

weiterverwendet worden war: ihm war die undankbare
Rolle zugefallen, die äußere Hülle für einen Spießer zu
liefern. Und Goethe konnte in seinem Antwortbrief
vom 21. November 1774, der eine Unmenge von Gedankenstrichen und Ausrufungszeichen enthielt, denn auch
nur schreiben: »Werther muss – muss seyn!«, und Kestner noch einmal versichern, daß er nicht Albert sei, was
dieser aber schon gewußt hatte und was zu behaupten er
sich wohl nie hätte einfallen lassen.

Aber Kestner war nicht nur kein Spießer, er war auch
gutmütig und verzieh Goethe die wenig schmeichelhafte
Weiterverwendung seines Äußeren zuletzt. Eine bemerkenswerte Großzügigkeit! Ein moderner Autor hätte
bei einem ähnlich offenkundigen und unschmeichelhaften Gebrauch eines nahen Bekannten als Romanfigur
mit einiger Wahrscheinlichkeit einen Prozeß wegen Verletzung von Persönlichkeitsrechten zu fürchten. Doch
im Jahr 1774 war das Verfahren, authentisches Material
zur Grundlage eines literarisch-fiktiven Werks zu machen, freilich ganz neu. Wahrscheinlich schlug sich in
dieser Entwicklung der Einfluß Johann Heinrich Mercks
nieder. Denn Merck hatte für den Roman, in den er, anders als die Vertreter der akademischen Ästhetik, große
Erwartungen setzte, immer wieder Realitätsnähe und
Detailarbeit gefordert, und Goethe bescheinigte ihm
später einmal, daß er »auf mein Leben den größten Einfluß gehabt« habe.[32] Man kann allerdings nicht mehr sagen, worin dieser im einzelnen bestand, weil der Dichter
die Briefe Mercks später ausnahmslos vernichtete.

Neben der realitätsnahen Darstellungsweise, die beim
zeitgenössischen Publikum die größte Sensation hervorrief, enthielt der kleine Roman aber noch zahlreiche weitere literarische Neuerungen. Man übersieht sie
heute deshalb leicht, weil sie in zwei Jahrhunderten bür

gerlicher und anti-bürgerlicher Literatur in unzähligen
Varianten immer wieder aufgegriffen und zu gängiger
Alltagsware wurden. Doch der *Werther* steht am Beginn
der Geschichte des bürgerlichen Individualismus und
Subjektivismus, und diese Stellung wird schon in seiner
äußeren Form deutlich. Die Briefromane des 18. Jahrhunderts fügten meist die Schreiben einer Reihe verschiedener Verfasser zu einem Mosaik zusammen und
boten damit ein Abbild der damaligen Gesellschaftskultur. In Goethes Roman wurden alle Perspektiven wegge-
strichen bis auf eine einzige, die Werthers: das Individuum trat in den Mittelpunkt der Kunst und Literatur.
   Diese Konzentration auf das Subjekt zog eine ganze
Reihe von Problemen nach sich, vor allem den Konflikt
zwischen Individuum und Gesellschaft. Als weitgehend
isoliertes Wesen leidet Werther darunter, daß sein radikaler Selbstverwirklichungsdrang nicht mit der Misere
zu vereinbaren ist, die ihm als gesellschaftliche Realität
gegenübertritt, und daraus resultiert seine Klage über
das »Joch« der bürgerlichen Pflichten.[33] Er sollte unzäh-
lige Nachfolger in unzähligen Varianten finden, die alle
vom Thema der Unvereinbarkeit der Ansprüche des
Subjekts mit der bestehenden Gesellschaftsordnung
handeln. Damit einher ging das Thema des Künstlers als
Außenseiter, das ebenso viele Nachfolger haben sollte.
Der von Thomas Mann immer wieder beschriebene Typus, der sich einerseits isoliert fühlt, andererseits doch
dem Bürgertum verhaftet bleibt, gehört ebenso dazu
wie der Poète maudit, der Bürgerschreck in der Art
Verlaines und Rimbauds.
   Damit sind die literarischen Neuerungen von Goethes
Roman aber noch nicht erschöpft. Auch Motive der To-
dessehnsucht und Grabromantik finden sich in ihm,[34]
und selbst Elemente des Pathologischen spielen schon

eine Rolle. Das Werk wird zu einem Ausdrucksmittel für psychische Probleme: es ist der Beginn einer Entwicklung, die sich in der Moderne verstärkt und in ein eigenes Untergebiet der Kunst und Literatur mündet.[35]

In den Jahren, in denen Goethes *Götz* und sein *Werther* auf dem Buchmarkt erschienen, begann der Autor zum erstenmal Bewunderung hervorzurufen. Seine Anhänger gehörten überwiegend zum Kreis des Sturm und Drang; denn Außenstehende nahmen an der Gestalt des Dichters nach wie vor seltsame und bizarre Züge wahr. Der bürgerlich geprägte, aber liberal und tolerant gesonnene Kestner versuchte in seinem Tagebuch eine Charakterisierung Goethes, und er war dabei ersichtlich um eine ausgewogene Beurteilung bemüht. So sprach er ihm zunächst »eine ganz außerordentlich lebhafte Einbildungskraft« zu, meinte, daß er »in seinen Affekten heftig«, aber »ein Mensch von Charakter« sei und »edle Denkungsart« habe. Natürlich fehlte auch das »Genie« nicht, aber dieses Prädikat war zur damaligen Zeit ein überaus gängiger Modeartikel. Man griff daher bald zu Steigerungen wie »großes Genie«, die aber auch nicht viel mehr besagen wollten, als daß der Betreffende in der vordersten Linie des Sturm und Drang zu finden sei. Kurz: der Begriff wurde so inflationär gebraucht wie heute die Worte Star, Kult oder Legende.

Neben diesen nicht ungünstigen Eigenschaften fand Kestner an Goethe auch Züge, die er »bizarre« nannte: er habe »in seinem Betragen, seinem Äußerlichen verschiedenes, das ihn unangenehm machen könnte. Aber bei Kindern, bei Frauenzimmern und vielen andern ist er doch wohl angeschrieben.«[36] Damit war Kestners Charakterisierungskunst erschöpft; leider versuchte er nicht, die bizarren oder gar unangenehmen Züge, die er an dem Schriftsteller bemerkte, genauer zu beschreiben.

Als Goethe mit seinem *Götz* erste öffentliche Aufmerksamkeit erregte, befand sich unter denen, die sich ihm zuwandten, auch ein Mann, der gewissermaßen berufsmäßig ein Gespür für besondere Begabungen kultivierte. Es war der Züricher Theologe Johann Caspar Lavater (1741–1801), der für eine vermeintlich wissenschaftliche Physiognomik eintrat, eine Lehre, die Anlage, Talente und Charakter eines Menschen aus dessen Gesichtsbildung erschließen wollte. Er fand damit bereits unter den Zeitgenossen zahlreiche Gegner, unter ihnen auch Herder. Einer der schärfsten und ätzendsten Kritiker Lavaters war der Göttinger Physiker und Schriftsteller Georg Christoph Lichtenberg (1742–1799), der selbst unter körperlichen Mißbildungen litt und in der Physiognomik ein Unding sah, das er mit allen Mitteln lächerlich zu machen suchte.

Trotz dieser namhaften Gegner war Lavater im Jahr 1773 aber noch erheblich prominenter als Goethe, und als er ihm nach der Lektüre des *Götz von Berlichingen* einen Brief sandte, der um seine Freundschaft ersuchte, war er wohl die erste, zumindest zeitgenössische Berühmtheit, die den jungen Dichter wie einen Ebenbürtigen behandelte. Daraus ging eine intensive, stark empfindsam geprägte Freundschaft hervor, eine der engsten, die Goethe je pflegte, die aber nicht sehr lange dauerte. Der Schriftsteller fungierte auch als Mitarbeiter an einem der großen Werke Lavaters, den *Physiognomischen Fragmenten*, die 1775–79 in vier großen Prachtbänden erschienen und die Kupferstiche mehr oder minder berühmter Frauen und Männer mit erläuternden Texten im Sinn der beabsichtigten Lehre verbanden.

Das literarische Bündnis zwischen Goethe und Lavater beruhte auf Übereinstimmungen in gewissen Grundüberzeugungen. Der Physiognomik lag die Idee zugrunde, daß sich der Geist des Menschen auch in seinem Äußeren ausdrücken müsse. Diese Vorstellung entsprach dem Gedankengut der Mystik, nach der Wesen und Außenseite bzw. Form einer Sache stets gewisse Korrespondenzen aufweisen. Und Goethe, der sich nach seiner Rückkehr aus Leipzig intensiv mit Problemen der Weltanschauung beschäftigt hatte, war dabei so stark von mystischen Vorstellungen beeinflußt worden,[37] daß er in der Folge eine große Neigung zu ihnen und zu verwandten Denkweisen empfand.

Des sachlichen Zusammenhangs wegen sei hier bemerkt, daß auch spätere Begriffsbildungen Goethes, wie etwa das »anschauende Urteilen«[38], oft noch unter dem Einfluß der Mystik standen. Denn auch ein solches, bei einer bloßen Betrachtung einsetzendes Enträtseln eines Sachverhalts kann nur stattfinden, wenn Hülle und Kern eines Gegenstands eine wesensgemäße Übereinstimmung aufweisen.

Die öffentliche Aufmerksamkeit, die ihm von verschiedenen Seiten zukam, begann den Schriftsteller so stark zu beanspruchen, daß eine gewisse Hektik in sein Leben kam. Die Jahre von 1773 bis 1775, die er mit zahlreichen Unterbrechungen im Frankfurter Elternhaus zubrachte, gehören zu den unruhigsten seines Lebens. Aber dazu trug er freilich selbst bei. Schon den Zeitgenossen fiel auf, daß der mittlerweile recht bekannte ›Sturm und Drang‹-Autor immer noch in seinem Elternhaus wohnte, und dieser selbst fühlte sich dort so eingeengt, daß er jede Gelegenheit wahrnahm, um fortzukommen.

Schon im Herbst 1771 hatte er, eben aus Straßburg zurückgekehrt, geklagt: »Frankfurt bleibt das Nest. Nidus wenn Sie wollen. Wohl um Vögel auszubrüten, sonst auch figürlich spelunca, ein leidig Loch. Gott helf aus

diesem Elend. Amen.«[39] Am liebsten hätte er sich gewiß
selbständig gemacht, aber allein von seinen Buchhonora-
ren konnte er nicht leben. Goethe hatte nach dem Erfolg
seines *Götz von Berlichingen* zwar kein Werk mehr zu
einem geringen Preis aus der Hand gegeben. Er forderte
stets möglichst hohe Summen, und die Verleger begannen schon bald zu klagen, »daß der Herr Dr. Goethe die
Buchhändler so quälen will.«[40] Das Honorar, das August
Mylius, der Goethes *Stella* publizierte, im Jahr 1775 zu
diesem Stoßseufzer veranlaßte, betrug allerdings gerade
20 Taler. Es war ein lächerlicher Betrag angesichts dessen, daß man für ein halbwegs auskömmliches bürgerliches Leben als Alleinstehender mindestens 300–400 Taler im Jahr benötigte und für ein komfortables, in manchem luxuriöses Dasein, wie Goethe es gewohnt war,
noch erheblich mehr.

Die Unruhe der Frankfurter Jahre nach dem Studienabschluß wurde dadurch vergrößert, daß der junge
Dichter eine ausgesprochen polemisch-satirische Ader
an den Tag legte und in dem sich eben entwickelnden
Literaturbetrieb Auseinandersetzungen vom Zaun brach,
die einiges Aufsehen erregten. Am bekanntesten dürfte
die Farce *Götter, Helden und Wieland* sein, in der die
griechischen Heroen, die hier im ›Sturm und Drang‹-
Ton reden, darüber spotten, daß die Antike in Wielands
*Alceste* gar so rokokohaft-galant einherkommt.

Neben Ansätzen zu bedeutenden Werken, wie *Egmont* und *Faust*, die erst in späteren Jahren weiter ausgeführt wurden, entstanden in dieser Zeit, vermutlich vor
allem der Honorare wegen, einige rasch angefertigte Gelegenheitsarbeiten – neben der bereits erwähnten *Stella*
etwa der *Clavigo*, der nach Goethes Angaben in nur acht
Tagen niedergeschrieben wurde. Diese Entstehungs-
weise ist dem Werkchen, das Freund Merck kurzerhand

einen »Quark« nannte, aber auch deutlich anzumerken. Der Schriftsteller hat Merck diese Kritik in späteren Jahren sehr verübelt und ihn im Rückblick seiner Autobiographie dann einen »Mephistopheles« genannt, der ihm auch »Schaden« zugefügt habe.[41] Nach Angaben von Zeitgenossen soll Merck, der über einen scharfen Verstand und ein strenges, manchmal verletzendes Urteil verfügte, gelegentlich auch Neigungen eines Kritikasters gezeigt haben, eines Menschen, der es liebte, andere Leute auf kleine Mängel und Unzulänglichkeiten hinzustoßen, über die diese lieber stillschweigend hinweggegangen wären, und er soll mit diesen Charakterzügen auch für den Mephisto von Goethes *Faust* Pate gestanden haben.[42]

Seine Charakterisierung des *Clavigo* war indessen nicht verfehlt gewesen. Denn dieses Stück, das auf eine Episode aus den damals erscheinenden Memoiren von Beaumarchais zurückgeht, verwendet seine Vorlage auf eine auch in späteren Zeiten sehr gebräuchliche Weise: es wandelt sie so ab, daß das ganze Geschehen sowohl reißerischer wie realitätsferner als das erscheint, was sich in der Wirklichkeit zugetragen hat. Es handelt sich also um jene Form der trivialisierenden Adaption, die auch in der modernen Unterhaltungskultur und -industrie eine große Rolle spielt. Wenn der *Clavigo* trotzdem öfter auf das Theater kommt, so mag es daran liegen, daß sich in diesem Fall das Bedürfnis nach etwas Trivialem einmal mit dem Namen Goethe verbinden läßt.

Zu den Abwechslungen, mit denen der Schriftsteller das beengte Dasein im Frankfurter Elternhaus zu unterbrechen suchte, gehörte eine Fahrt an den Rhein, die er im Juni 1774 mit Lavater und Johann Bernhard Basedow (1723–1790), einem der bekanntesten Pädagogen der Aufklärungszeit, unternahm. Aber es gefiel ihm schon

nicht mehr, nur als Anhängsel zweier prominenter Zeitgenossen behandelt, »bloß als [...] Dunstschweif jener
beiden großen Wandelsterne« betrachtet zu werden, wie
es in *Dichtung und Wahrheit* heißt.[43] Seine Eitelkeit verhinderte, daß er die Reise so unbeschwert genoß, wie er
sie als aufstrebender junger Mann in Begleitung zweier
älterer Berühmtheiten hätte genießen können. Das wichtigste Ereignis dieser Fahrt war wohl die Begegnung mit
Friedrich Heinrich Jacobi (1743–1819), aus der eine
empfindsam geprägte, aber, anders als im Fall Lavaters,
sehr dauerhafte Freundschaft hervorging.

Die Eitelkeit machte sich damals auch in Goethes Äußerem stark bemerkbar. Im Herbst 1775 schrieb er an
die Brieffreundin Auguste zu Stolberg – es war die
Schwester der Brüder Stolberg, der er niemals persönlich
begegnen sollte: »Ich habe mir in Kopf gesezt mich heut
wohl anzuziehen. Ich erwarte einen neuen Rock vom
Schneider den ich mir hab in Lion sticken lassen, grau
mit blauer Bordüre, mit mehr Ungedult als die Bekandt-
schafft eines Manns von Geist der sich auf eben die
Stunde bey mir melden lies. Schon ist was missglückt.
Mein Perückenmacher hat eine Stunde an mir frisirt und
wie er fort war riss ich's ein, und schickte nach einem andern [...]«.[44] Mit »Lion« war Lyon gemeint, über Jahrhunderte eines der großen Handelszentren für Stoffe
und Seidenwaren. Auguste zu Stolberg schrieb zurück:
»Dank mein Lieber Goethe für Ihr Blätgen, daß mir
sehr lieb war, aber auch herzlich mußte ich lachen, da Sie
sagen ein neues Kleid mache Ihnen so viel Freude, und
eine mislungene Frisur verdruß – bin ich doch ein Mädchen Goethe, und kaum geht's so weit bey mir –«.[45]

Im Jahr 1775 kamen die Brüder Augustes, die Grafen
Christian und Friedrich Leopold zu Stolberg, zu einem
Besuch nach Frankfurt, und bei dieser Gelegenheit be-

gann es bald recht lustig zuzugehen. In *Dichtung und Wahrheit* findet sich folgende Schilderung:

> Die Gebrüder kamen an [...]. Sie wohnten im Gasthofe, waren zu Tische jedoch meistens bei uns. Das erste heitere Zusammensein zeigte sich höchst erfreulich; allein gar bald traten excentrische Äußerungen hervor.
>
> Zu meiner Mutter machte sich ein eigenes Verhältniß. Sie wußte in ihrer tüchtigen, graden Art sich gleich ins Mittelalter zurückzusetzen, um als Aja bei irgend einer lombardischen oder byzantinischen Prinzessin angestellt zu sein. Nicht anders als Frau Aja ward sie genannt, und sie gefiel sich in dem Scherze und ging so eher in die Phantastereien der Jugend mit ein, als sie schon in Götz von Berlichingens Hausfrau ihr Ebenbild zu erblicken glaubte.
>
> Doch hiebei sollte es nicht lange bleiben; denn man hatte nur einige Male zusammen getafelt, als schon nach ein und der andern genossenen Flasche Wein der poetische Tyrannenhaß zum Vorschein kam, und man nach dem Blute solcher Wüthriche lechzend sich erwies. Mein Vater schüttelte lächelnd den Kopf; meine Mutter hatte in ihrem Leben kaum von Tyrannen gehört, doch erinnerte sie sich in Gottfrieds Chronik dergleichen Unmenschen in Kupfer abgebildet gesehen zu haben: den König Kambyses, der in Gegenwart des Vaters das Herz des Söhnchens mit dem Pfeil getroffen zu haben triumphirt [...]. Diese und ähnliche, aber immer heftiger werdende Äußerungen ins Heitere zu wenden, verfügte sie sich in ihren Keller, wo ihr von den ältesten Weinen wohlunterhaltene große Fässer

verwahrt lagen. Nicht geringere befanden sich daselbst, als die Jahrgänge 1706, 19, 26, 48, von ihr selbst gewartet und gepflegt, selten und nur bei feierlich bedeutenden Gelegenheiten angesprochen.
Indem sie nun in geschliffener Flasche den hochfarbigen Wein hinsetzte, rief sie aus: Hier ist das wahre Tyrannenblut! Daran ergötzt euch, aber alle Mordgedanken laßt mir aus dem Hause![46]

Die Prosa des alten Dichters vermag nur eine recht gravitätische und schwerfällige Beschreibung der lebhaften Geschehnisse seiner Jugendzeit zu geben, und bei näherem Hinsehen stellt sich die Frage, wer denn hier mit »man« gemeint ist? Sollten die Brüder Stolberg so grob gewesen sein, als Gäste Rodomontaden über »Tyrannenhaß« anzustimmen, ohne daß »man« sie irgendwie dazu ermuntert hätte? Es drängt sich der Verdacht auf, daß das hier eigentlich angebrachte »wir« durch eine abschwächende Form ersetzt wurde, um die frühere politische Einstellung, die im übrigen ohnehin als »Phantasterei« der Jugend abgetan wird, zu verunklären und zu verwischen.
Den Beiträgen zu Lavaters *Physiognomischen Fragmenten* läßt sich entnehmen, daß es Goethe mit seinen politischen Auffassungen einmal sehr ernst gewesen sein muß. Neben einem Artikel über Newton, in dem dieser auch als »Republikaner«[47] gerühmt wird, findet man einen über Brutus. Er gilt nicht dem Mörder Caesars, der von Radikalen als der letzte Verteidiger der römischen Republik gegen die heraufziehende Tyrannis glorifiziert wurde. So weit ging Goethe nicht! Er begann in den Frankfurter Jahren nach dem Studium an einem Stück über Caesar zu arbeiten, in dem dieser in ›Sturm und Drang‹-Manier als »sakerments Kerl«[48] bezeichnet wird.

Wenn das Werk auch nicht über ein paar Fragmente hin-
auskam, so verdeutlicht es doch, daß der junge Dichter
für große historische Persönlichkeiten Bewunderung
empfand und sich kaum auf die Seite radikaler Tyran-
nenmörder geschlagen hätte.

Und der Artikel der *Physiognomischen Fragmente* gilt
daher nicht dem Gegner Caesars, sondern dem sogenannten älteren Brutus, dem legendären Begründer der
römischen Republik. Diesen rühmt der Schriftsteller
nun freilich vorbehaltlos und uneingeschränkt: »Er kann
keinen Herrn haben, kann nicht Herr seyn. Er hat nie
seine Lust an Knechten gehabt. Unter Gesellen mußt' er
leben, unter Gleichen und Freyen.« Und über den Begründer der Republik, der die alte Königsherrschaft gestürzt hatte, heißt es: »Er hat nicht die hinlässige Verachtung des Tyrannen, er hat die Anstrengung dessen, der
Widerstand findet, dessen, der sich im Widerstande bildet [...]«.[49]

Goethe, der im Ruf eines schlechterdings unpolitischen Dichters steht, verfaßte in jungen Jahren also ein
ausdrückliches Lob des Widerstands gegen die Tyrannei
und vertrat äußerst progressive republikanische Auffassungen. Auch seine damaligen Reisen hatten zum Teil
politische Motive; etwa jene in die Schweiz, die er mit
den Brüdern Stolberg nach ihrem Besuch in Frankfurt
unternahm.

Fahrten in dieses Bergland stellten in der zweiten
Hälfte des 18. Jahrhunderts für fortschrittliche Intellektuelle eine Art Verpflichtung dar. Sie wurden unternommen, um sich zu bilden und den Horizont zu erweitern,
und zwar auch in politischer Hinsicht. Denn sie galten
meist nicht nur der schönen Landschaft, sondern auch
der Verfassung des gebirgigen Staats. Die Schweiz stand
im Ruf, der Hort der Freiheit in Europa zu sein, und die

Reisenden interessierten sich neben der Natur auch für die demokratisch-republikanischen Regierungsformen, die man dort fand. Und bei zwei der drei Reisen, die Goethe in die Schweiz unternahm, denjenigen der Jahre 1775 und 1779, machten sich daher politische Motive bemerkbar.

Die erste Fahrt dorthin, 1775, verlief, mit den jungen Grafen Stolberg unternommen, noch viel genialischer als die Rheinreise mit Lavater und Basedow im Vorjahr. Die Brüder Stolberg badeten am hellen Tag in der freien Natur und erregten, da sie nicht schwimmen konnten und der Badeanzug erst im 19. Jahrhundert erfunden wurde, die Empörung der zwar politisch unabhängigen, aber sittsamen Schweizer. Und der Schriftsteller reimte sehr ausgelassen: »Ohne Wein kan's uns auf Erden / Nimmer wie dreyhundert werden / Ohne Wein und ohne Weiber / Hohl der Teufel unsre Leiber.«[50]

Der literarische Ertrag der Reise war nicht sehr bedeutend, aber Goethe begegnete auf ihr ein weiteres Mal dem acht Jahre jüngeren Herzog Carl August von Sachsen-Weimar (1757–1829), mit dem er schon 1774 in Frankfurt, durch die Vermittlung von Carl Ludwig von Knebel (1744–1834), zum erstenmal zusammengetroffen war. Damit erschien am Horizont die Möglichkeit einer Übersiedlung nach Weimar und ein Ende dieser unruhigen Periode seines Lebens.

In der späteren Autobiographie schrieb der Schriftsteller über diese Jahre in der Er-Form: »[...] so hatte er einen höchst bedeutenden, bald erfreulichen, bald unerquicklichen, immer aber zerstreuenden Zudrang zu erfahren. Denn es lagen angefangene Arbeiten genug vor ihm, ja es wäre für einige Jahre hinreichend zu thun gewesen, wenn er mit hergebrachter Liebe sich daran hätte halten können; aber er war aus der Stille, der Dämmerung, der Dunkelheit, welche ganz allein die reinen Produktionen begünstigen kann, in den Lärmen des Tageslichts hervorgezogen, wo man sich in andern verliert, wo man irre gemacht wird [...]«.[51]

Die Unruhe dieser Zeit hielt Goethe auch von der Vollendung größerer literarischer Arbeiten ab. Warum ihm bei seiner dichterischen Produktion die Zerstreuung so schädlich und die Ruhe so überaus nötig war, erläuterte er mit folgenden Sätzen: »Meine Sachen, die so viel Beifall gefunden hatten, waren Kinder der Einsamkeit, und seitdem ich zu der Welt in einem breitern Verhältniß stand, fehlte es nicht an Kraft und Lust der Erfindung, aber die Ausführung stockte, weil ich weder in Prosa noch in Versen eigentlich einen Stil hatte, und bei einer jeder neuen Arbeit, je nachdem der Gegenstand war, immer wieder von vorne tasten und versuchen mußte.«[52] Es ist durchaus bemerkenswert, daß sich der größte deutsche Dichter keinen persönlichen Stil zuschrieb. Seine Haltung entsprach ganz der traditionellen Auffassung, nach der ein Stil als ein Mittel der literarischen Darstellung galt, das man je nach Intention und Inhalt eines Werks ändern und abwandeln konnte.

## DRITTES KAPITEL

# *Weimar*

Vom Herbst des Jahres 1775 an, in dem er Frankfurt verließ, verbrachte Goethe sein Leben in Weimar, mit etlichen, oft langen Unterbrechungen freilich und nicht immer voll Vergnügen über diesen Ort. Dennoch war der

Wechsel dorthin natürlich. Er
war eine Konsequenz aus der
eingeengten Lage im Frankfurter Elternhaus, die, je länger
sie dauerte, immer unbequemer
wurde und zuletzt fast unerträglich schien. Hatte der junge
Dichter schon kurz nach der
Rückkehr aus Straßburg Klagen angestimmt, daß ihm Gott
»aus diesem Elend«[1] helfen möge, so hieß es fast vier Jahre
später, im Sommer 1775, an die

*Das 1774 abgebrannte Schloß
in Weimar*

Brieffreundin Auguste zu Stolberg: »– Lang halt ich's
hier nicht aus ich muss wieder fort – Wohin! –
– – – – – – – – – – – – – – Ich mache Ihnen Striche denn
ich sas eine Viertelstunde in Gedancken und mein Geist
flog auf dem ganzen bewohnten Erdboden herum.«[2]

Nun mag der Geist des Dichters zwar über eine Reihe
von Orten hinweggeflogen sein, er bekundete aber auch
wenig Willen, sich an einem von ihnen niederzulassen,
um etwa ein Amt auszuüben. Als Kestner, der inzwischen in der hannoveranischen Heimat eine Stellung

innehatte, Ende 1773 anfragte, ob er denn nicht eine
Amtstätigkeit übernehmen wolle, entgegnete Goethe:
»Kestner, die Talente und Kräffte die ich habe, brauch
ich für mich selbst gar zu sehr, ich binn von ieher gewohnt nur nach meinem Instinkt zu handeln, und damit
könnte keinem Fürsten gedient seyn. Und dann biss ich
politische Subordination lernte –«.[3]

Das Erlernen politischer Subordination sollte im Leben des Schriftstellers tatsächlich eine wichtige Rolle spielen und ein lang dauernder Prozeß werden. Am Beginn
stand jedoch eine durchaus werthersche Haltung: Goethe
hatte keine Lust, sich mit irgendwelchen bürgerlichen
Pflichten abzuplagen, sondern wollte lieber seinen »In-
stinkten« folgen. Er wurde ganz von jenem radikalen
Drang nach Selbstverwirklichung bestimmt, der auch die
Titelgestalt seines *Werthers* beherrschte. Bei einer derartigen Haltung und den damals sehr geringen Buchhonora-
ren war es freilich schwierig, sich vom Frankfurter Elternhaus zu lösen. Erst die Einladung des Herzogs Carl
August von Sachsen-Weimar bot die ersehnte Möglichkeit fortzukommen, und neben dieser konkreten Aussicht auf eine eigenständige Existenz mußten alle anderen
Umstände und Begleiterscheinungen in den Hintergrund
treten.

Demgegenüber war es fast sekundär, daß Weimar tatsächlich klein, ärmlich und unansehnlich war. Es hatte
nur etwa 6000 Einwohner, während man in der Reichsstadt Frankfurt rund 35 000 zählte, und es war ein Pro-
vinznest mit engen, krummen und unzureichend gepfla-
sterten Gassen. Auch die meisten Häuser waren klein;
das Städtchen bestand überwiegend aus jenen Handwer-
ker- und Bürgerhäuschen in alter deutscher Bauart, die
nur enge steile Treppen und winzige Zimmer besaßen
und sich im Winter freilich ökonomisch beheizen ließen.

Es gab daher über Jahrzehnte hinweg das Problem, daß für die höheren Beamten des Hofs und der Regierung zu wenig komfortable und standesgemäße Wohnungen aufzutreiben waren.

Die kleine Residenzstadt hatte lange Zeit nur wie ein Anhängsel der Wilhelmsburg ausgesehen, des Schlosses der Weimarer Fürsten, das durch zahlreiche Um- und Anbauten zu einem umfangreichen Komplex angewachsen war und das, hinter einem Befestigungswall und einem Wassergraben verschanzt, mit seinen Türmen alle anderen Gebäude überragte. Doch 1774, ein Jahr vor Goethes Ankunft, hatte ein Gewitter dem Bau ein Ende gemacht; nach einem Brand, der in ganz Deutschland Aufsehen erregte, war nur noch eine Ruine übrig, und nun wirkte der Ort noch ärmlicher und trauriger.

Das Territorium Sachsen-Weimars befand sich zudem in einer geographisch und verkehrsmäßig ungünstigen, weil abgelegenen Lage. Die großen Handels- und Verkehrsstraßen, wie die zwischen Frankfurt und Leipzig, liefen an seinen Rändern vorbei: durch das nahe gelegene Erfurt hindurch, das, vom Handel begünstigt, seit alters als eine blühende und wohlhabende Stadt galt. Die Folge dieser Abseitslage war, daß es in Weimar kaum Handel und Verkehr gab und daß sich der Kleinstaat mit seiner ganzen, überwiegend agrarisch geprägten Wirtschaftsstruktur in altertümlicher Weise auf eine halb autarke Selbstversorgung stützte. Da das eigene Land die wichtigsten Grundnahrungsmittel in der Regel günstig hergab, ging selbst in der Hof- und Residenzstadt ein Großteil der Handwerker und Kleinbürger einem landwirtschaftlichen Nebenerwerb nach. Der morgendliche und abendliche Viehtrieb durch die Gassen gehörte daher zum Alltagsbild. Alle Dinge, die nicht zu den Grundnahrungsmitteln zählten oder nicht selbst hergestellt werden konnten, und das hieß: fast alle höheren Konsum- und Luxusgüter mußten hingegen importiert werden und waren ausgesprochen teuer. Aus diesem Grund stimmte Friedrich Schiller (1759–1805) noch in den Jahren nach 1800 Klagen darüber an, daß sich in Weimar nicht wohlfeil leben ließe.[4]

Dem ausgesprochen empfindlichen und von Kindheit an das milde Klima im Rhein-Main-Gebiet gewohnten Goethe behagte schließlich auch die Witterung nicht, die in den thüringischen Hügelgegenden herrschte. Auf der großen Reise, die ihn 1786 nach Italien führte, monierte er ausdrücklich den »bösen Himmel«[5], der ihm sein meist ohnehin nicht sehr freudenreiches Dasein weiter vergällt hatte.

Bei all diesen Mängeln konnte man sich in Weimar eigentlich nur eines Vorzugs rühmen: daß man kulturell aufgeschlossen war. Schon Carl Augusts Mutter, Anna Amalia, die nach dem frühen Tod ihres Mannes im Jahr 1758 die Regentschaft übernommen hatte, holte 1771 die Seylersche Theatertruppe in ihr Ländchen. Diese Truppe stellte die Überreste jenes Hamburger Nationaltheaters dar, das 1766 Lessing als Dramaturgen und theoretischen Kopf verpflichtet hatte, sich auf Grund kommerzieller Schwierigkeiten aber nicht lange halten konnte. Die Schauspieler mußten daher als Wandertruppe weiterziehen, bis ihnen Anna Amalia wieder einen festen Spiel- und Standort anbot. Damit besaß Weimar die wohl beste deutsche Bühne seiner Zeit, zu deren Mitgliedern auch der damals berühmteste Schauspieler Deutschlands, Konrad Ekhof (1720–1778), gehörte. Der Zutritt zu den Aufführungen war überdies kostenfrei, weil der Unterhalt des Hoftheaters von der Regentin bestritten wurde.

Daß gerade das kleine und über nur sehr beschränkte Mittel verfügende Weimar eine solche Bühne hatte, er-

klärt sich daraus, daß das deutsche Theater, ebenso wie
die deutsche Literatur und die deutsche Sprache, damals in einem sehr geringen Ansehen stand. Höfe, die
entsprechende finanzielle Mittel besaßen, hielten sich
eine italienische Oper. Für Kapellmeister, Komponisten,
Textdichter, Sängerinnen und Sänger wurden in Wien
oder Dresden oft regelrechte Stargagen von über 3000 Talern pro Jahr ausgegeben, denn »Oper und Ballett waren
Hofkünste und teuer bezahlt.«[6]

Einen solchen Luxus hätte man sich in Weimar nie leisten können. Doch es zeigte sich, daß der Unterhalt der
teuren Repräsentationskultur der Zeit nicht unbedingt
das zukunfsträchtigste Unterfangen war. Indem der
Kleinstaat auf die wenig angesehene und daher preis-
werte deutsche Kultur setzte, erwarb er sich allmählich
eine Reputation, die keiner der größeren deutschen Staaten der Zeit auch nur annähernd erreichte.

Im Jahr 1772 berief Anna Amalia zur weiteren Ausbildung ihres Sohnes Carl August mit Christoph Martin
Wieland einen der damals angesehensten deutschen
Schriftsteller an ihren Hof. Wieland hatte ursprünglich
von Wien geträumt, aber dort dominierte die italienische
Oper, und daher hatte Pietro Metastasio (1698–1782),
der Verfasser zahlreicher, bis zu Mozart hin immer wieder vertonter Opernlibretti,[7] die Stellung des Hofdich-
ters inne. Wieland mußte sich mit Weimar begnügen und
als Autor der Seylerschen Truppe fungieren. So entstand
1773 der Text zu einer der ersten deutschen Opern, zu
jener *Alceste*, die von dem ›Sturm und Drang‹-Schrift-
steller Goethe so heftig kritisiert wurde. Aber Wieland
war nicht nur auf diesem Gebiet aktiv. Er begann im
gleichen Jahr eine Monatsschrift herauszugeben, den
*Teutschen Merkur*, mit dem Weimar auch publizistisch
hervortrat. Und es gab damals schon die ersten Besucher,

die überwiegend der Kultur wegen dorthin kamen. Der
Brand von 1774 versetzte dem kulturellen Aufschwung
jedoch einen schweren Rückschlag. Mit dem Schloß
brannte auch der Theatersaal ab, und die Seylersche
Truppe mußte entlassen werden. Die materiellen Sorgen
überschatteten alles andere. Der Hof hatte die nächsten
Jahrzehnte in einer behelfsmäßigen Residenz zuzubrin-
gen. An den Bau eines neuen Schlosses war nicht zu
denken, schon zur Instandsetzung des alten mangelte es
an Mitteln und Energie.

Carl August von Sachsen-Weimar-Eisenach erlangte
im September 1775, als er 18 Jahre alt wurde, nach einem
von seinem Vater erwirkten kaiserlichen Dekret Volljäh-
rigkeit und Regentschaft. Er war sorgfältig erzogen worden, und doch geschah eben das, was man hatte verhindern wollen: er ließ erst einmal die Zügel schleifen und
genoß seine Unabhängigkeit. Spiele, Feste und nicht zuletzt die Jagd, ein Vergnügen, das man ihm vergebens
hatte ausreden wollen, waren seine ersten Interessen.

Als Goethe im November 1775 nach Weimar kam,
ging es bald recht munter zu: man spielte »Blindekuh«[8]
und Plumpsack und benahm sich überhaupt recht unge-
zwungen. Doch der Schriftsteller vermehrte das allgemeine Durcheinander noch. Er begann den ›Sturm und
Drang‹-Ton einzuführen, und die Brüder Stolberg, die
dem thüringischen Hof Ende des Jahres 1775 einen Besuch abstatteten, halfen ihm dabei. Als auch die beiden
jungen Grafen als Genies auftraten, griff der junge Herzog, der gerade sein eigener Herr geworden war, den
neuen Ton begeistert auf. Er begann ebenfalls zu poltern
und zu fluchen und wollte von den höfischen Anstands-
formen, in die man ihn seit seiner Kindheit eingewiesen
hatte, nichts mehr wissen.

Für Stadt und Land waren diese Geschehnisse weniger erfreulich. Man verschwendete nicht nur Geld, es gab auch Geschäfte, die nur unzureichend erledigt wurden. Die höheren Beamten, die ihre Stellungen seit Anna Amalias Zeit innehatten, schoben wichtige Dinge möglichst auf die lange Bank und warteten auf die personellen und sachlichen Entscheidungen, die der neue Regent irgendwann einmal treffen mußte. Die Einführung des ›Sturm und Drang‹-Tons machte schließlich einen allgemeinen Skandal; in halb Deutschland wurde von der »Wirtschaft in Weimar«[9] gesprochen, und es zirkulierten allerlei Gerüchte, die die Geschehnisse noch schlimmer darstellten, als sie in Wirklichkeit waren.

Den Urheber des ›Sturm und Drang‹-Tons, Goethe, traf besondere Kritik. Der damals erste unter den deutschen Dichtern, der alte Klopstock, schickte ihm einen Brief, in dem er ihn in einem väterlichen Ton ermahnte, die Verbindung eines Fürsten mit einem Schriftsteller bzw., wie Klopstock schrieb, mit einem »Gelehrten« nicht in Mißkredit zu bringen. Goethe reagierte gereizt; er wollte sich nicht wie ein Schuljunge behandeln lassen, und seine Verbindung zu Klopstock, die eben erst begonnen hatte – im Oktober 1774 war dieser durch Frankfurt gekommen, und er hatte nicht versäumt, ihm seine Aufwartung zu machen – ging darüber jäh zu Bruch.

Am meisten mißfielen die neuen Sitten der alteingesessenen Weimarer Aristokratie. Man ließ sogar den Oberstallmeister von Stein, den Ehemann Charlotte von Steins, auf einer Reise bei Goethes Vater in Frankfurt vorsprechen. Auch dieser war über das, was man ihm erzählte, empört; der Sohn ließ sich durch seine Vorhaltungen aber nicht beirren. Er beharrte in einem Schreiben nach Frankfurt auf dem Rechtsstandpunkt: man solle den Vater nur schimpfen lassen, er sei ihm doch

»Ausstattung und Mitgift schuldig«.[10] Auf dessen finanzielle Zuwendungen konnte er um so weniger verzichten, als er noch keine feste Stellung hatte.

Die Absichten, die Goethe mit der Einführung des ›Sturm und Drang‹-Tons verfolgte, lassen sich einem Brief entnehmen, den er während der Weihnachtstage des Jahres 1775 an den Herzog schrieb. Carl August machte damals gerade einen Besuch im benachbarten Gotha, das als ein Muster der einschlägigen höfisch-aristokratischen Tugenden der vornehmen Dezenz und Zurückhaltung galt. Gegenüber diesen Normen beschwor Goethe in seinem Brief Bilder eines »natürlich guten Menschen« und einer »homerisch einfachen Welt«.[11] Er suchte der Hofsphäre mit ihren streng geregelten Verhaltensmustern und Zwängen also das Bild eines einfachen, natürlichen und guten Menschseins entgegenzustellen.

Diese Ideen gingen auf Jean-Jacques Rousseau (1712–1778) zurück, der den Zwiespalt zwischen der Natur und den Zwängen und Verderbnissen der Zivilisation entdeckt hatte, von seinen Zeitgenossen aber sofort mißverstanden wurde. Denn Rousseau war weit davon entfernt, eine einfache Rückkehr zur Natur zu predigen. Er hatte zwar gesehen, daß der Mensch durch den Fortschritt der Kultur in neue Fesseln geriet, und war damit zu einem Befund gelangt, den die moderne historische Soziologie im großen und ganzen bestätigt.[12] Aber er hatte keineswegs geglaubt, daß sich diese Zwänge ohne weiteres wieder abschütteln ließen. Er hatte vielmehr darauf hingewiesen, daß die ›Großen der Welt‹ durch noch stärkere Bande gefesselt seien als die übrigen Menschen. Es war die richtige Einsicht gewesen, daß diese in ein noch dichteres soziales Netz aus Pflichten und Vergünstigungen, aus Belohnungen und Repressionen eingebunden waren als andere Leute und daß eine grundlegende Veränderung ihres Verhaltens, ein Abweichen von den vorgegebenen Rollenmustern, daher um so unwahrscheinlicher wurde. Die Zeitgenossen wollten Rousseau und sein Gedankengut aus einer ganz anderen Perspektive sehen: die Rückkehr zur Natur wurde für sie zu einem Losungswort und Ideal, das sie persönlich zu verwirklichen suchten.

Goethe verbrachte daher die ersten Weimarer Jahre zumeist in einem Gartenhaus etwas außerhalb der Stadt, das das erste größere Geschenk Herzog Carl Augusts für ihn darstellte. Er nahm gern kalte Bäder – auch im Winter – und pflegte in warmen Sommernächten bis über sein 30. Lebensjahr hinaus mit Vorliebe unter freiem Himmel zu schlafen: das Gartenhäuschen hatte im ersten Stock eine kleine Veranda, auf der er sich, in einen Mantel eingewickelt, auf einem Strohsack niederließ. Diese romantisch anmutende Verwirklichung rousseauistischer Naturideale trug natürlich dazu bei, ihn in Weimar, und insbesondere bei den alteingesessenen Aristokraten, zu einem notorischen Außenseiter zu machen.

Ein anderer wenig bekannter Zug des Schriftstellers ging auf die gleichen Ideale zurück: er war in seinen jungen Jahren für damalige Verhältnisse ungewöhnlich sportlich. Die Neigung zur Natur und die Vorstellungen von einer natürlichen Lebensweise brachten ein neues Verhältnis zur Leibesertüchtigung mit sich, und einer der Söhne Charlotte von Steins berichtete später: »Durch Goethen kamen gymnastische Übungen in Schwung, woran man früher in höheren Zirkeln nicht anders gedacht hatte als an unschickliche Beschäftigungen. Wir lernten also auch auf Stelzen gehen, baden, schwimmen«[13] – und natürlich das Schlittschuhlaufen, das in bürgerlichen Kreisen bereits durch Klopstocks Ode *Der Eislauf* aus dem Jahr 1764 salonfähig geworden war.

Auch das Wandern und Bergsteigen oder vielmehr Bergwandern, das den Dichter im nahe gelegenen winterlichen Harz auf den Brocken oder in der landschaftlich schönen Schweiz auf damals kaum begangene Pfade trieb, war etwas Neues: Reisen galt von alters her als eine unangenehme Sache, und jedermann suchte die Entfernung zwischen zwei Orten so rasch und in einem so bequemen Gefährt zurückzulegen, wie er es sich nur leisten konnte. Daß man freiwillig aussteigen und zu Fuß gehen könne, um die Natur zu betrachten und seinen Körper zu ertüchtigen, war ein Gedanke, der erst mit den Ideen der jungen Generation aufkam.

Aber es waren nicht nur Natur- und Natürlichkeitsideale, die Goethe bewegten. Im letzten Drittel des 18. Jahrhunderts gab es geradezu verwegene Hoffnungen auf grundlegende Veränderungen der Politik und der Gesellschaft. Als der aufgeklärt erzogene Carl August den jungen Dichter nach Weimar holte, schnellten die Erwartungen mancher Zeitgenossen in schier unglaubliche Höhen. Johann Georg von Zimmermann (1728–1795), ein namhafter Arzt und Schriftsteller, der kein ›Sturm und Drang‹-Genie und auch kein Jüngling mehr war, äußerte an seine Patientin Charlotte von Stein etwa die Hoffnung, Goethe könne »neben einem so weisen, scharfsichtigen und aufgeklärten Fürsten, wie der Herzog ist, bei Ihnen ein Goldenes Zeitalter hervorrufen, das in der Geschichte Epoche machen und bei der Nachwelt die sogenannten großen Taten der großen Höfe und großen Nationen auslöschen wird«![14] Es waren nahezu phantastische Hoffnungen: daß in Weimar ein »goldenes Zeitalter«, eine aufgeklärt-humane Regentschaft beginnen könne, die zuletzt die »sogenannten großen Taten« anderer Staaten, d. h. deren Eroberungen und Kriege, in den Schatten stellen würde. In der Auf-

klärung wurden dezidiert pazifistische Vorstellungen
verfochten: anstatt Eroberungen zu machen, sollten sich
die Herrscher lieber um das Wohl ihrer Länder und Untertanen kümmern. Zimmermann drückte das letzte,
höchste Ideal seiner Zeit aus: Macht und Politik den
Forderungen der Vernunft und der Moral zu unterwerfen, und Goethe scheint sie lange geteilt zu haben. In
dem Gedicht *Auf Miedings Tod* aus dem Jahr 1782 heißt
es jedenfalls:

> O Weimar! dir fiel ein besonder Loos!
> Wie Bethlehem in Juda, klein und groß.[15]

Damit war jener Beginn einer neuen Ära der Gesellschaft und Politik gemeint, an den man im Zeitalter
der Aufklärung dachte.[16] Der verwegenen Hoffnung, in
Weimar die Geburtsstunde einer Synthese von Herrschaft, Vernunft und Moral zu erleben, standen freilich
schon skeptische Stimmen gegenüber. Christoph Martin
Wieland hatte als Erzieher Carl Augusts bereits seine
Erfahrungen gemacht und schrieb an Lavater: »[...] war
ich nicht schon 38 Jahr alt, da ich mich noch durch eine
magische Einbildung und die noch stärkere Magie des
verführ[er]ischen Gedankens, *viel Gutes*, im *Großen*,
auf *Jahrhunderte* zu tun, an diesen Hof ziehen, in dieses
gefahrvolle [...] und beim Tagslicht besehn *doch immer
unmögliche* Abenteuer verwickeln ließ? Goethe ist erst
26 Jahr alt. Wie sollt er, mit dem Gefühl *solcher* Kräfte,
einer *noch größern* Reizung widerstehen können?«[17]

Wieland hatte recht, und Goethe geriet bald in eine
zweischneidige Lage. Der erste Fehler, den er machte,
war wohl schon die Einführung des ›Sturm und Drang‹-
Tons. Denn in dem Moment, in dem die Umbruchphase
vorüber war und Herzog Carl August sich um die Regentschaft und sein Land zu kümmern begann, geriet

der Schriftsteller in ein Dilemma: wie sollte er auf den jungen Fürsten, den er zuvor in seinem Draufgängertum bestärkt hatte, nun mäßigend wirken?

Die erste wichtige politische oder eigentlich personalpolitische Maßnahme, um die Goethe sich kümmerte, war die Berufung Herders in das vakante Amt des Weimarer Superintendenten. Im April 1776 erhielt er selbst die erhoffte Anstellung und das für seine Selbständigkeit unabdingbare Gehalt. Er wurde zum Geheimen Legationsrat und zum Mitglied des fürstlichen Rats oder Conseils ernannt, des höchsten, unmittelbar dem Herzog unterstehenden Regierungsorgans von Sachsen-Weimar-Eisenach.

Seine Ernennung verursachte in den aristokratischen Kreisen große Empörung; Jakob Friedrich Freiherr von Fritsch (1731–1814), der bisherige Vorsitzende des fürstlichen Rats, äußerte auch ernste Bedenken. Fritsch war kein richtiger Aristokrat, er war der Sohn eines hohen sächsischen Staatsbeamten und Staatsreformers, der aus einer Leipziger Buchhändlerfamilie stammte und auf Grund seiner Verdienste geadelt worden war. Fritsch, der, für den Aufklärer typisch, auch Vorsitzender der Weimarer Freimaurerloge war, bemängelte an Goethes Ernennung vor allem, daß nun ein Mann ohne jede Regierungs- und Verwaltungserfahrung befördert werden sollte, während andere, die Qualifikation und Diensterfahrung vorzuweisen hatten, zurückstehen mußten. Es waren Einwände, die ganz und gar auf den Grundsätzen der Aufklärung beruhten! Die Aufklärer hatten immer wieder verlangt, Beförderungen nur nach Fähigkeiten und Leistungen vorzunehmen, und damit gegen die unklare und undurchschaubare Günstlingswirtschaft der absolutistischen Fürsten opponiert. Fritsch nahm die aufklärerischen Prinzipien sehr ernst und drohte für den

Fall, daß Carl August auf der Ernennung eines Günstlings bestehen sollte, mit seinem Rücktritt. Doch Anna Amalia, die sah, daß ihr Sohn nicht mehr aufzuhalten war, aber Fritsch auf Grund seiner langen Erfahrung unbedingt sein Amt behalten sollte, überredete ihn, dennoch zu bleiben. Goethes Laufbahn begann also ganz im Zeichen einer altmodischen Günstlingswirtschaft, die zu einer späten Stunde einem ihrer Favoriten noch einmal eine aussichtsreiche Laufbahn eröffnete.[18]

Seine Besoldung betrug anfangs 1200 Taler pro Jahr; eine nicht eben geringe Summe, wenn man bedenkt, daß Immanuel Kant (1724–1804) als Königsberger Professor im Jahr 1770 ein Gehalt von jährlich 400 Talern erhielt.[19] Es reichte trotzdem nicht. Seiner romantisch anmutenden Lebensweise in einem Gartenhaus vor den Toren der Stadt ungeachtet, verbrauchte Goethe viel Geld. Er selbst schrieb: »ich vertändle viel von meinem Einkommen«.[20] Er gab immer mehr aus, als er einnahm. Nach Schätzungen[21] fast das Doppelte seines Gehalts, etwa 2000–2400 Taler pro Jahr. Zur Finanzierung dieser »herrschaftlichen Lebenshaltung«[22] mußten immer wieder Zuschüsse aus dem Frankfurter Elternhaus herhalten, und das ererbte Familienvermögen schrumpfte dadurch bis zum Tod der Mutter im Jahr 1808 schon auf knapp die Hälfte, auf etwa 44 000 Gulden, zusammen.[23] Selbst diese regelmäßigen Hilfen reichten aber noch nicht, und der Schriftsteller machte daher mehr oder minder kleine Gelegenheitsschulden, die er lange, manchmal über Jahre hinaus, nicht beglich. In einigen Fällen wurden auch diese wieder vom Frankfurter Elternhaus bereinigt.[24]

Vergegenwärtigt man sich diese Zahlen und Gegebenheiten, so wird deutlich, daß Weimar bald zur unabdingbaren materiellen Grundlage der kostspieligen Existenz Goethes wurde. Da trotz der im Lauf der Jahre ständig steigenden Bezüge des anfänglichen Legations- und späteren Geheimrats das väterliche Erbe bis zum Jahr 1808 schon halb verbraucht war, gab es faktisch keine Alternativen mehr – es sei denn, er hätte seinen Lebensstil grundlegend verändert und sich radikal eingeschränkt.

Doch Goethes Ausgabefreudigkeit diente nicht nur ihm selbst. Er verschwendete zwar Geld, gebrauchte es aber auch zu karitativen Zwecken und begann Bedürftige zu unterstützen, in manchen Fällen über Jahre hinaus. Es gab etwa den Fall eines gewissen Johann Friedrich Krafft (gest. 1785), dem er jährlich einen Teil seines Einkommens, etwa 100–200 Taler, zukommen ließ, damit dieser sich davon über Wasser halten konnte. Die Summe lag knapp über dem Existenzminimum, eine bürgerliche Lebensführung war davon nicht möglich; und was sich der Schriftsteller bei diesen Zuwendungen, die den Empfänger in vollkommener Abhängigkeit von ihm selbst hielten, eigentlich dachte, ist unklar.

In anderen Fällen nahm sich Goethes karitative Ader weniger merkwürdig aus: etwa wenn er sich mit anderen Gönnern zusammentat, um unbemittelte Künstler zu unterstützen und ihnen ein Stipendium für einen Studienaufenthalt in Italien zu verschaffen. So geschah es etwa bei seinem Generationsgenossen Friedrich Müller (1749–1825), der Maler Müller genannt wurde, obwohl er auch als ›Sturm und Drang‹-Autor hervortrat und eine Dramatisierung des Faust-Stoffs schuf.

In den ersten Jahren hatte Goethe mit der Administration nicht allzu viel zu tun. Die Sitzungen des fürstlichen Rats, an denen er teilnahm, fanden nur ein- bis zweimal pro Woche statt, so oft, wie Herzog Carl August sie eben für nötig oder nützlich erachtete. Sachsen-Weimar wurde auf eine altertümliche Weise regiert: der Fürst setzte sich mit seinen juristisch gebildeten Räten zusammen, um mit ihnen die wichtigsten Angelegenheiten zu erörtern und danach seine Entscheidungen zu treffen. Diese Art der Regentschaft verschlang schon durch den mündlichen Vortrag aller anstehenden Materien eine Menge Zeit und war in dem rational organisierten Militärstaat Preußen daher durch eine sogenannte Kabinettsregierung ersetzt worden, bei der sich der König alle wichtigen Schriftstücke vorlegen ließ. Dies sparte Zeit und ermöglichte dem Herrscher, entsprechende Fähigkeiten vorausgesetzt, eine effizientere Kontrolle seines Regierungs- und Verwaltungsapparats.

Zu den Angelegenheiten, die im Weimarer Rat erörtert wurden, gehörte auch ein Todesurteil über eine ledige Mutter, die in einer Notlage ihr Kind umgebracht hatte. Die Bestätigung dieses Urteils durch Goethe wird nicht selten als erschreckend empfunden. Die Sachlage war jedoch ausgesprochen kompliziert und verwickelt gewesen: das zuständige Gericht hatte das Todesurteil bereits gefällt, Herzog Carl August stand als Landesherr jedoch ein nachgeordnetes Begnadigungsrecht zu, und er ersuchte seine juristisch gebildeten Räte nun um eine Stellungnahme, ob er es ausüben sollte oder nicht. Die beiden älteren Mitglieder des Conseils, Fritsch und Schnauß, lehnten dies ab, und Goethe schloß sich ihnen nach einigem Zögern an; er wollte ursprünglich ein eigenes Votum abgeben, rückte davon aber wieder ab. Die Sache dürfte ihm unangenehm gewesen sein.[25] Er hatte in seiner Straßburger Disputation zwar die juristische These formuliert, daß die Todesstrafe nicht abzuschaffen sei, kurz danach, an der Jahreswende 1771/72, in Frankfurt aber die Verurteilung und Hinrichtung einer Magd namens Susanna Margaretha Brandt erlebt, die verführt worden war und die, »um der Scham und dem Vorwurf der Leute zu entgehen«[26], ihr eigenes Kind getötet hatte.

Die öffentliche Exekution der Verurteilten mit dem
Schwert hinterließ tiefe Spuren: noch der Schluß des ersten Teils seines *Faust* wurde davon geprägt. Wenn der
Dichter in Weimar dennoch nicht gegen seine beiden älteren Kollegen stimmen wollte, die als geübte Juristen
daran denken mochten, daß der Herzog das bereits ge-
fällte Urteil seines Gerichts nicht nachträglich wieder
einkassieren sollte, so entsprach dies vielleicht einer Einsicht in die eigene, schwächere Position, vielleicht auch
einer allmählichen Anpassung an die ›Staatsräson‹, die
nicht unbedingt durch humanitäre Positionen charakterisiert wurde und wird.

   Die Tätigkeit Goethes im fürstlichen Rat betraf nur
sehr selten derart schwerwiegende und problematische
Fälle, wie die Vollstreckung oder Aussetzung eines To-
desurteils. Zumeist standen kleinere Aufgaben an. Da
Spezialisierung und Arbeitsteilung unbekannt waren,
mußten auch die hohen Weimarer Beamten ihre Akten
selbst anlegen, und ihr Inhalt galt oft sehr unbedeuten-
den Dingen. Als ein Musterbeispiel findet sich in der
Goethe-Literatur die Lederhose eines entlaufenen Husaren,[27] der der mittlerweile zum Geheimrat ernannte
Goethe ein höchstpersönlich abgefaßtes Amtsschreiben
widmete. Und da dieses in dem altertümlich-verschnör-
kelten Kanzleistil gehalten war, der zu jener Zeit als
Amtssprache diente, wurde die Diskrepanz zwischen der
Bedeutung der Materie und der Mühe, die die Ausfertigung des entsprechenden Schriftstücks forderte, noch
größer.

   Der Kanzleistil war für den thüringischen Kleinstaat
schon deshalb unpraktisch, weil auch die Behörden der
unterschiedlichen Landesteile, die Weimars einerseits,
Eisenachs andererseits, im gegenseitigen Amtsverkehr
zu ihm verpflichtet waren. Herzog Carl August schlug

daher im Jahr 1785 eine Reform vor, aber seine bürgerlichen Räte protestierten gegen diesen Plan, unter ihnen
auch Goethe, der die sinnigen Sprüche dichtete:

> Es erben sich Gesetz' und Rechte
> Wie eine ew'ge Krankheit fort;
> Sie schleppen von Geschlecht sich zum Geschlechte,
> Und rücken sacht von Ort zu Ort.
> Vernunft wird Unsinn, Wohltat Plage;
> Weh dir, daß du ein Enkel bist!
> Vom Rechte, das mit uns geboren ist,
> Von dem ist leider! nie die Frage.[28]

Diese Sentenzen finden sich in dem »Faust«-Frag-
ment, das 1790 veröffentlicht wurde, nicht aber im *Ur-
Faust*, und dürften auf die Erfahrungen des ersten Weimarer Jahrzehnts zurückgehen. Der Schriftsteller wird
nicht wenige Gesetze gefunden haben, die sich »wie eine
ew'ge Krankheit« fortschleppten und das Regieren und
Verwalten des Kleinstaats zu einer mühsamen Angelegenheit machten. Dennoch war er in seinen literarischen
Äußerungen erheblich progressiver wie als Beamter.
Während er in der zitierten Passage Mephistopheles
nach dem Naturrecht fragen läßt, das immer wieder als
Hebel gegen überlieferte Mißstände fungierte, lehnte er
als Amtsträger ebenso wie die anderen Mitglieder des
Weimarer Conseils den durchaus vernünftigen Vorschlag
des Herzogs ab. Der altertümliche Kanzleistil blieb daher noch einige Jahre erhalten, bis er zuletzt doch refor-
miert wurde.

Dieses bloße Hinausschieben einer an und für sich
sinnvollen Reform hing damit zusammen, daß der
Kleinstaat Sachsen-Weimar ein altertümliches Gebilde
war. In ihm wurden, von der Regierungsweise angefangen, spätmittelalterlich-barocke Traditionen konserviert,

die in den rational-effizient organisierten größeren Territorien des Reichs, voran Preußen, längst abgeschafft worden waren. Äußerlichkeiten und reine Repräsentationsformen spielten noch eine große Rolle. Im Jahr 1778 wurde sogar eine Kleiderordnung erlassen![29] Diese spätmittelalterlich anmutende Maßnahme sollte den Erhalt der ständisch-hierarchischen Gesellschaftsordnung im äußeren Erscheinungsbild der Einwohnerschaft sichern. Dahinter stand, daß mit dem Aufkommen eines relativ billigen bedruckten Baumwollstoffs, des Kattuns, die kleinen Leute die Möglichkeit erhalten hatten, sich in der Kleidung den höheren Ständen anzupassen. Dies verwischte die gesellschaftlichen Schranken, galt als unerwünscht und sollte durch die Kleiderordnung verhindert werden. In der Regel waren derartige Erlasse aber nur für das symptomatisch, was sie verhindern wollten.

Die Bedeutung, die man Äußerlichkeiten und Repräsentationsformen noch zumaß, schloß aber auch aus, daß man an den Kosten für die Hofhaltung sparte. In einem solchen Fall hätte wohl nicht nur Carl August, sondern hätten auch dessen bürgerliche Räte geradezu eine Beschneidung der fürstlichen Herrschaftsgewalt befürchtet. Zu den Merkmalen des altmodischen Stils, der in Weimar ebenso wie in der Reichsstadt Frankfurt herrschte, gehörte es auch, daß Goethe den Herzog immer wieder auf dessen Reisen begleiten mußte, daß er als Günstling also Präsenzpflichten zu erfüllen hatte.

Daneben fiel ihm in den ersten Jahren noch die Rolle eines *maître de plaisir* zu. Er wurde mit den Erwartungen einer höfischen Umwelt konfrontiert und sollte zu allen möglichen Gelegenheiten poetische Gebrauchstexte liefern. Und der ›Sturm und Drang‹-Autor, der in seinem *Götz von Berlichingen* das Hoftreiben verurteilt und ihm die Welt des biederen, tüchtigen altfränkischen

Ritters entgegengestellt hatte, konnte sich diesen Anforderungen um so schwerer entziehen, als seine sonstigen Belastungen zu dieser Zeit verhältnismäßig gering waren: an die Stelle der offiziellen Verpflichtungen, die ihm erspart blieben, traten daher informelle.

Er begann die Texte zu liefern, die man von ihm erwartete, und daraus sollte sich eine Gewohnheitspflicht entwickeln, die bis in sein Alter hinein bestehen blieb. Der Schriftsteller kam ihr immer wieder nach, wenn auch oft nur unter Murren und Mißvergnügen,[30] und sein Werk besteht daher zu einem nicht geringen, heute kaum noch gelesenen Teil aus matten und schwachen Pflicht- und Gelegenheitsarbeiten zur höfischen Unterhaltung, die mit seinem eigentlichen literarischen Schaffen kaum zu vergleichen sind. Es war eine Folge des Erwartungsdrucks und der Anpassungszwänge, die ihm die höfische Umwelt auferlegte.

In den ersten Weimarer Jahren betätigte sich der Dichter nicht nur als Verfasser von Sing-, Schau- oder Maskenspielen, sondern war häufig auch an ihrer Realisierung beteiligt. Denn von Carl Augusts Regierungsantritt bis zum Jahr 1782 gab es aus Sparsamkeitsgründen nur ein Liebhabertheater, auf dem Goethe wiederholt auftrat.

Sein politischer Ehrgeiz richtete sich indessen auf bürgerlich-aufklärerische Ziele. Zu ihnen gehörte das damals weitverbreitete Ideal, nach dem der Fürst als ein milder und patriarchalisch für sein Land und dessen Bewohner sorgender Haus- und Landesvater tätig sein sollte. Die sehr bürgerliche Vorstellung, daß die Fürsten wie gute Väter für ihre Untertanen sorgen sollten, spielte im letzten Drittel des 18. Jahrhunderts eine große Rolle. Es war ganz im Sinn dieser Auffassung, wenn Goethe in der frühen Weimarer Zeit immer wieder hoffte, daß sich im dortigen Fürstenhaus auch ein bür-

gerliches Eheglück einstellen würde. Denn dieses hätte
der Entwicklung Carl Augusts zum braven Haus- und
Landesvater gewiß nur förderlich sein können. Im September 1776 meinte der Schriftsteller, Herzog Carl August und dessen Gattin Luise sollten »noch eins der
Glücklichsten Paare werden wie sie eins der besten sind,
nichts menschliches steht dazwischen.«[31] Doch die Verbindung der empfindsamen und spröden Luise mit dem
lebhaften und sehr irdischen Carl August wollte sich
nicht fügen; die Charaktere paßten nicht recht zueinander, und es blieb bei einer fürstlichen Konventionsehe
ohne das erhoffte bürgerliche Eheglück.

Dieser Enttäuschung folgten bald weitere. Aber Goethe, der von aufklärerischen Hoffnungen auf eine
grundlegende Erneuerung der Politik und Gesellschaft
durch ein neues Menschsein, durch bürgerlich-moralische und empfindsame Ideen geleitet wurde, wollte nur
ungern zur Kenntnis nehmen, daß seine Erwartungen
zu hoch gesteckt waren. Ein zeitgenössischer Beobachter
aus dem Kreis der Weimarer Aristokratie, ein Graf Putbus, vermerkte schon im Sommer 1776 in treffender
Weise: »Er hält sich für einen Alkibiades [. . .]. Ein maßloser Ehrgeiz wird ihn jederzeit hindern, völlig glücklich
zu sein.«[32]

Im März 1779 schrieb der Schriftsteller an Charlotte
von Stein: »Wenn nur die Fürsten seyn könnten wie
Bürger wo doch einer des Vaters Gartenhäuser wenn er
einigermassen kan in Baulichem Wesen erhält.«[33] Hier
wurde die erhoffte Wandlung des Herzogs ausdrücklich
benannt: er sollte wie ein »Bürger« werden. In dieser
Zeit fand die Absicht, den Herrscher den moralischen
Normen der Aufklärung zu unterwerfen, auch einen literarischen Niederschlag. Unter all den Gebrauchstexten
für den Weimarer Hof und dessen »Liebhaber-Thea-

ter«[34] entstand ein Werk, das später berühmt wurde: die
*Iphigenie auf Tauris.*

Dieses Schauspiel hatte eine interessante Vorgeschichte. Es gab an der Weimarer Liebhaberbühne auch
eine professionelle Darstellerin: Corona Schröter (1751–
1802), der als Künstlerin letztlich eine unglückliche
Laufbahn beschieden war. Denn ihre eigentlichen Fähigkeiten hatten ursprünglich auf dem Gebiet des Gesangs
gelegen; dort hatte sie in ihrer Jugend als eine ganz große
Hoffnung gegolten. Doch ihre Stimme ließ bald nach –
aus unbekannten Gründen –, sie trug nicht mehr richtig,
und so wurde sie nicht an eine der großen Opernbüh-
nen der Zeit engagiert, sondern gelangte in die musikalische Provinz. Sie wurde in Weimar zu einem Gehalt von
400 Talern pro Jahr angestellt, nominell als Hofsängerin,
aber sie hatte auch als Schauspielerin zu fungieren, als
die einzige professionelle Darstellerin auf einem Theater,
das sonst aus lauter Laien bestand.

Dabei muß sie eine attraktive Frau gewesen sein, und
Herzog Carl August interessierte sich ebenso für sie wie
Goethe. Über die Spannungen, die daraus entstanden,
hieß es im Tagebuch des Schriftstellers am 10. Januar
1779: »Abends nach dem Conzert eine radicale Erklärung mit [Carl August] über Cr. [= C. Schröter]. Meine
Vermuthungen von bisher theils bestätigt theils vernichtet.«[35] Genauere Erläuterungen gibt es nicht. Aber die
*Iphigenie auf Tauris* entstand unmittelbar danach in den
Monaten Februar und März 1779, und Corona Schröter
spielte in den Aufführungen des Stücks stets die Titel-
rolle. Wo der Schnittpunkt zwischen dem literarischen
Werk und der zeitgenössischen Realität liegt, ist daher
nicht schwer auszumachen.

Der König der Taurer, Thoas, will zu Beginn die
Griechin Iphigenie zur Frau. Der Taurerkönig ist, wie es

heißt, vor allem unter deren Einfluß, schon ein recht zivilisierter Herrscher geworden. Aber seine Leidenschaft ist beträchtlich, und als sich Iphigenie sträubt, schreckt er auch vor einer Nötigung nicht zurück. Er führt die schon einmal abgeschafften Menschenopfer wieder ein, obwohl oder gerade weil er weiß, daß Iphigenie sie verabscheut. Dieses Verhalten stellt einen eindeutigen Rückfall in den Despotismus dar. Es galt als gefürchtete Willkürmaßnahme despotischer Herrscher, ein schon abgeschafftes oder außer Gebrauch gekommenes Gesetz plötzlich wieder einzuführen. Und als Thoas sich zu seiner Rechtfertigung auf das Gesetz berufen will, hält Iphigenie ihm denn auch vor:

> Wir fassen ein Gesetz begierig an,
> Das unsrer Leidenschaft zur Waffe dient.[36]

Die Querelen am Weimarer Hof um Corona Schröter hatten Goethe also einen Anlaß gegeben, ein Drama zu schaffen, das den rechten Gebrauch der Macht zum Thema hatte und das jene politischen Probleme ansprach, die die Zeitgenossen am meisten bewegten: die der gerechten Herrschaft und des Despotismus.

Nach Thoas' Entschluß, die Menschenopfer wieder einzuführen, liegt der dramatische Konflikt zunächst bei Iphigenie; sie muß entscheiden, ob sie ihm gehorchen will oder nicht. Diese Entscheidung wird für sie um so schwieriger, als die ersten, die das wieder eingeführte Opfer treffen soll, Griechen sind und sich dann sogar als ihr Bruder Orest und dessen Freund Pylades erweisen. Damit liegt eigentlich eine Notwehrsituation vor. Es ist von Iphigenie schlechterdings nicht zu verlangen, daß sie ihren Bruder opfert, und der Pragmatiker Pylades kann ohne Gewissensbisse vorschlagen, König Thoas einfach zu hintergehen und zu fliehen. In der griechischen *Iphigenie* des Euripides, die Goethe natürlich kannte, schlägt Pylades sogar vor, den Taurerkönig zu erschlagen, aber Iphigenie lehnt ab, und Thoas wird zuletzt mit Hilfe der Göttin Athene hintergangen. Eine derartige Lösung war für Goethe im Jahr 1779 nicht mehr akzeptabel. Sie hätte den König, dem schon im Hinblick auf die Interessen Herzog Carl Augusts nicht allzu schlimm mitgespielt werden durfte, am Ende ganz übel aussehen lassen. Zudem wäre sie zu pessimistisch gewesen: der Mechanismus oder Kreislauf des Bösen, nach dem Leidenschaften und ungerechte Handlungen stets wieder ebensolche Gegenreaktionen hervorrufen, widersprach dem aufklärerischen Optimismus, mit dem der Schriftsteller die politischen Probleme der Zeit zu lösen gedachte.

Dieser Mechanismus taucht in seinem Werk daher nur als Vorgeschichte auf, als der zu Beginn erzählte Mythos des Atriden-Geschlechts. Iphigenie tritt hingegen an dessen Ende und erhält eine Schlüsselfunktion: ihr obliegt es, den Kreislauf des Bösen zu unterbrechen. Sie erlöst daher nicht nur Orest, den Rächer seines Vaters Agamemnon, der, von den Furien verfolgt, dem Wahnsinn nahe ist, von seinen Leiden. Sie sucht auch das Unheil zu stoppen, das durch Thoas willkürliche Wiedereinführung der Menschenopfer auszubrechen droht.

Iphigenie sträubt sich von Anfang an gegen Pylades' Plan zur Flucht, findet zunächst aber keine andere Lösung und willigt widerstrebend ein. – Ein denkbarer Ausweg wäre übrigens gewesen, daß sie unter der Bedingung, daß die Menschenopfer doch nicht eingeführt werden, einwilligt, Thoas' Frau zu werden. Der schon recht zivilisierte König hätte eine solche Konzession seinerseits nicht bis zur letzten Konsequenz, bis zu einer tatsächlichen Verehelichung, durchfechten müssen; auf

jeden Fall wäre damit aber eine andere Iphigenie entstanden. – In Goethes Schauspiel besteht der nächste
Schritt des Geschehens darin, daß Thoas den Plan von
Pylades durchschaut und im selben Moment über die
von ihm bisher so geschätzte Iphigenie in Verbitterung
gerät. Er äußert, daß »[...] ich sie zum Verrath / Durch
Nachsicht und durch Güte bildete«, und fügt hinzu:

> Zur Sklaverei gewöhnt der Mensch sich gut
> Und lernet leicht gehorchen, wenn man ihn
> Der Freiheit ganz beraubt.[37]

Hier wird das Problem der guten und gerechten Regentschaft aus der Sicht des Königs dargestellt. Thoas
führt ein Argument an, das letztlich anthropologischer
Natur ist: der Mensch tauge nicht für die Freiheit, weil
ihn diese korrumpiere; daher müsse man ihn in den Ban-
den einer strengen Herrschaft halten. Es handelt sich um
ein indirektes Zitat aus der politischen Diskussion der
Zeit: Thomas Hobbes (1588–1679) hatte mit dem Argument, daß der Mensch im Naturzustand nur über sich
und seinesgleichen herzufallen pflege, die Notwendig-
keit einer unbegrenzten Gewalt des Herrschers über
seine Untertanen begründet. Wie immer man dieses Argument, das der heutigen westlichen Welt sehr fern gerückt ist, beurteilen mag, im Mund von Thoas wäre es
jedenfalls geeignet, dessen Haltung als absoluter Regent
zu rechtfertigen und auch der Gewalt, die er über Iphigenie auszuüben trachtet, eine hinlängliche Begründung
zu verschaffen. Der König macht davon im weiteren
aber doch keinen Gebrauch.

Als Iphigenie bemerkt, daß Thoas die Absicht der
Griechen durchschaut hat, entschließt sie sich zu einer
»unerhörten That«[38]. Sie entdeckt ihm die wahren Verhältnisse – daß Orest ihr Bruder ist – und bittet ihn um

Gnade. Pikanterweise geschieht dies erst in einem Moment, in dem der König die gegen ihn gerichtete Intrige schon erkannt hat und Iphigenie eigentlich nichts anderes mehr übrigbleibt, als um seine Gnade zu suchen. Dennoch bittet sie nicht nur, sondern äußert einen moralischen Appell: »Verdirb uns – wenn du darfst.«[39]

Damit ist der Konflikt auf Thoas übertragen. Er muß nun entscheiden, ob er sich als »Barbar«[40] verhalten soll, wie er sich im ersten Zorn auf Iphigenies Forderung um Nachsicht bezeichnet, oder ob er doch nachgibt. Seine Reaktion deutet den weiteren Verlauf der Dinge freilich schon an. Ein wahrer Despot hätte Iphigenie kurzerhand das Wort abgeschnitten, ein weniger um zivilisatorische Entwicklung und eine aufklärerische Haltung bemühter Herrscher ihre Argumente einfach beiseite gewischt. Allein König Thoas fühlt sich berührt und wird erst zornig, dann entschließt er sich, trotz einer weitgehenden Verletzung seiner eigenen Interessen doch Gnade walten zu lassen.

Er hat Iphigenie einst zwar das Versprechen gegeben, sie heimkehren zu lassen, wenn sich eine Möglichkeit dafür ergebe, und Iphigenie beruft sich nun darauf.[41] Aber bei jeder nur halbwegs realistischen Einschätzung der Stellung eines absoluten Regenten und der Gewalt, die er über seine Untertanen auszuüben vermag, dürfte ein solches Versprechen in der entstandenen Situation ein sehr schlechter Garant sein. Welcher unbeschränkte Herrscher würde nach einem vagen Versprechen und vor allem einer aufgedeckten Verschwörung gegen ihn selbst eine so weitgehende Verletzung seiner persönlichen Interessen in Kauf nehmen?

Der Taurerkönig tut gerade dies, und Th. W. Adorno meinte daher, daß er mit dem Ende von Goethes *Iphigenie* um etwas gebracht werde.[42] Richtiger müßte man

sagen, daß er sich selbst um etwas bringen läßt, denn
schließlich liegt es allein an ihm, ob er nun nachgibt oder
nicht. Er handelt sich mit seiner Nachsicht und Güte
freilich auch etwas ein, einen Lohn, der allerdings reichlich abstrakt ist: mit dem Verzicht auf Iphigenie und
seine Leidenschaft tritt er am Schluß des Stücks als ein
milder und tugendhafter Herrscher hervor. Nach den
moralischen Regeln der Ständegesellschaft hatte der Hö-
herstehende auch ein größeres Maß an Pflichten als der
Geringere. Iphigenie appelliert, um Thoas zur Einhal-
tung seines Versprechens zu bewegen, daher an seine
Herrschertugenden:

> Ein König sagt nicht, wie gemeine Menschen,
> Verlegen zu, daß er den Bittenden
> Auf einen Augenblick entferne; noch
> Verspricht er auf den Fall, den er nicht hofft:
> Dann fühlt er erst die Höhe seiner Würde,
> Wenn er den Harrenden beglücken kann.[43]

Aber die moralischen Regeln der Ständegesellschaft
bildeten nur einen Ehrenkodex, der im Zweifelsfall noch
öfter verletzt wurde als das kodifizierte Recht. Der Gedanke, daß ein wirklicher Herrscher in einer derartigen
Lage auf seine Ansprüche verzichtet hätte, erscheint
höchst unrealistisch. Goethes *Iphigenie* will ein lehrhaf-
tes Beispiel geben, und diese Absicht tritt gegen Ende
des Stücks auch überdeutlich hervor. Iphigenie sagt zu
Thoas: »[...] Du hast nicht oft / Zu solcher edeln That
Gelegenheit.«[44] Ein noch eindeutigerer Wink ließe sich
kaum geben. Auch dem heutigen Publikum entgeht der
zeigefingerhafte Charakter dieser Äußerung oft nicht –
und in einer modernen Aufführung des Stücks war, wie
Verf. sich erinnert, im Zuschauerraum denn auch deut-
liches Amüsement zu vernehmen.

Daß König Thoas schließlich doch nachgibt, daß er sich den an ihn gestellten moralischen Forderungen freiwillig unterwirft, verleiht dem Werk zum Schluß einen unrealistischen, utopischen Zug. Der Mißbrauch politischer Macht, der schon mit Thoas' Versuch beginnt, Iphigenie unter Druck zu setzen, um sie entgegen ihren Neigungen doch zur Frau zu bekommen, war in Wirklichkeit durch einen bloßen Appell an die Moral kaum zu verhindern. Wie unwahrscheinlich dies war, hielt ein anderer berühmter Schriftsteller einige Jahrzehnte später fest. Der Italiener Alessandro Manzoni setzte sich nicht ganz fünfzig Jahre nach Goethes *Iphigenie* in seinem 1827 erschienenen Roman *Die Verlobten* erneut mit dem Thema des Machtmißbrauchs in einer Gesellschaft auseinander, in der die persönliche Verfügungsgewalt des Herrschenden durch keine Kontrollinstanzen beschränkt wurde. Und er kam zu dem Schluß: »es war geradezu unvorstellbar, daß ein Mächtiger waffenlosen Bitten nachgeben und eine Gewalttat aus reiner Gefälligkeit unterlassen würde, ohne dazu gezwungen zu sein.«[45] Manzoni konzedierte hier, daß ein Mißbrauch der Macht realistischerweise nur dann zu verhindern war, wenn die Herrschenden gewissen Kontrollinstanzen unterworfen wurden. Und diese Einsicht hat auch die weitere historisch-politische Entwicklung entscheidend geprägt.

Das utopische Modell, das in der *Iphigenie* entworfen wurde, war ein literarisches Abbild der politischen Hoffnungen und des Optimismus, den Goethe in seinem ersten Weimarer Jahrzehnt hegte. Bürgerlich-aufklärerische Vorstellungen von einem fürsorglichen Haus- und Landesvater und das Idealbild eines milden und tugendhaften Herrschers sollten Herzog Carl August leiten. Kurz vor der Uraufführung der *Iphigenie*, im März 1779, bat Goethe den ersten Darsteller des

Thoas, Carl Ludwig von Knebel, mit dem ihn nicht die
intensivste, wohl aber die längste Freundschaft seines
Lebens verband: »auch noch dieses Abenteuer zu bestehen [...] und einige Hände Salz ins Publikum zu werfen.«[46] Und wie wirkte das Salz nun auf den, dem es in
erster Linie zugedacht war? Nach einer späteren Lesung
des Stücks vermerkte der Autor: »Dem Herzog wards
wunderlich dabey zu Muthe.«[47] Eine gewisse Wirkung
scheint es schon gehabt zu haben; Carl August war kein
so tumber Tor, daß ihm die Absichten des Werks völlig
entgehen konnten. Aber wahrscheinlich fielen ihm die
etwas dick aufgetragenen Appelle eher unangenehm auf;
den Gefallen, sich nach König Thoas' Vorbild zu einem
milden und tugendsamen Regenten zu wandeln, tat er
Goethe jedenfalls nicht.

Herzog Carl August von Weimar fühlte sich als Herrscher den fortschrittlichen Prinzipien seiner Zeit verpflichtet und bekannte sich nach dem Vorbild des aufgeklärten Königs schlechthin, Friedrichs II. von Preußen,
dazu, stets zum Wohl und Besten seiner Untertanen und
seines Landes wirken zu wollen. Seine Neigungen gingen so weit, daß er beim Ausbruch der Französischen
Revolution im Einklang mit den progressiven Kräften
darüber zu jubeln begann, daß »doch endlich einmal
der Unverstand, die schändlichsten Niedrigkeiten und
lasterhaftesten Unsinne ihren Lohn bekommen«.[48] Die
Revolution galt in ihrer Anfangsphase als eine gerechte Empörung gegen die seit Ludwig XV. allgemein
bekannte Mißwirtschaft der französischen Könige, und
Carl August stand nicht davon ab, die Kritik an seinen
verrufenen Standesgenossen und die Freude über die
Revolte gegen sie zu teilen.

Doch seine aufklärerische Denkweise machte ihn
nicht zu einem Herrscher nach dem Ideal eines milden

und fürsorglichen Haus- und Landesvaters. Sein Lebensstil entsprach nicht Maximen bürgerlicher Moral, sondern den Gepflogenheiten eines Kleinstaatfürsten. Er hatte großes Gefallen am Militär, liebte Hetzjagden, teure Pferde, die er sich eigens aus England kommen ließ, und große Hunde, die sich um die fürstliche Tafel lagerten und die man nicht unsanft behandeln durfte – dergleichen nahm er sehr übel auf.[49] Aufklärung und Moral durchdrangen also nicht, wie Goethe und viele seiner Zeitgenossen hofften, die gesamte Person und die Lebensweise des Herzogs. Carl August verhielt sich als Regent aufgeklärt, blieb als Mensch jedoch ein Kleinstaatfürst.

Im Herbst 1779, nicht lange nach der ersten Niederschrift der *Iphigenie*, unternahm Goethe noch einen gut durchdachten Versuch, auf den Herzog einzuwirken; er fuhr mit ihm in die Schweiz. Die Reise galt einmal der schönen Natur und der Körperertüchtigung, die von Rousseau inspiriert war. Sie umfaßte daher auch lange Gebirgswanderungen, das Ersteigen diverser Aussichtsberge und die Überquerung einiger hoch gelegener Pässe, insbesondere des schon schneebedeckten Furkapasses hin zum St. Gotthard. Dabei bedienten sich Goethe und sein Fürst natürlich einheimischer Führer, zweier tritt- und steigsicherer Älpler, von denen der eine vor und der andere hinter ihnen ging. Der vordere bahnte die Spur, er machte die Fußstapfen, denen zu folgen nur noch einen Bruchteil der Kraft kostete, die das stete Niedertreten des Schnees erforderte, der hintere paßte nicht nur auf, daß keiner vom Weg abkam, sondern trug auf den Schultern in einem großen Sack auch das Gepäck der Herrschaften. Trotz dieser beiden Begleiter, die die unmittelbare Gefahr sehr begrenzten, war der Weg im Herbst und zumal im Schnee für verweich-

lichte Rokoko-Naturen wie Herzog Carl August schon
ein anstrengendes Unterfangen und eine respektable
Leistung. Das eigentliche Bergsteigen war noch unbekannt (die Erstbegehung des Montblanc erfolgte erst
1786), und die Überquerung des über 2400 Meter hoch
gelegenen Furkapasses vom Tal der Rhône aus konnte
schon als Abenteuer gelten, das bei stubenhockerisch
veranlagten Intellektuellen nur bedenkliches Kopfschüt-
teln auslöste.

Neben Leibesertüchtigungen und Naturerlebnissen
galt die Reise aber auch der Politik, vor allem der glücklichen Freiheit, die sich in den Schweizer Kantonen fand.
Goethe vermerkte in einem Brief an Charlotte von Stein
ausdrücklich, daß Bern durch seine »bürgerliche Gleichheit« die schönste Stadt sei, die er je gesehen habe; nichts
erinnerte ihn hier an den verhaßten »Despotismus«[50],
der in so vielen anderen Ländern herrschte. Auch im
Jahr 1779 war der Schriftsteller also noch ein erklärter
Anhänger solcher politischen Ideale, und zwar – was der
Sache eine aparte Note gibt – selbst als Reisebegleiter eines deutschen Kleinstaatfürsten. Er sollte erst später von
ihnen abrücken, und es ist nicht überflüssig, darauf hinzuweisen, wo sie sich sonst noch finden. 50 Jahre später
äußerte Heinrich Heine im dritten Teil seiner *Reise-
bilder* ebenfalls die Auffassung, daß die »bürgerliche
Gleichheit« eines der großen Ziele seiner Epoche sei.[51]
Die gleichen Vorstellungen standen aber auch am Beginn der Französischen Revolution. Nach den erhaltenen Beschwerdeheften, die den Abgeordneten der Gene-
ralstände mitgegeben wurden, ertönte aus dem dritten
Stand die große Forderung nach der Beseitigung des
hergebrachten Ständestaats mit seinen Privilegien, seinen überholten, vollkommen ungleich verteilten Rechten und Vergünstigungen.[52] Das wesentliche Ziel war

also eine neue Gesellschaft, die auf Gleichberechtigung
beruhte, auf Goethes und Heines »bürgerlicher Gleichheit«. Die Frage nach der Art der Regierung spielte hingegen eine verhältnismäßig geringe Rolle; die exekutive
Gewalt des Königs sollte zu Beginn der Revolution
nicht angetastet werden. Ähnliche Vorstellungen fanden
sich später bei Heine; auch dieser bezeichnete sich als
»Anhänger des Königtums, des monarchischen Prinzips«[53] und betonte, daß er nur gegen Aristokratismus
und Klerikalismus bzw. Staatskirchentum opponiere.
Daß das tatsächliche historische Endergebnis anders
ausfiel, hing, wie bei der Französischen Revolution, damit zusammen, daß sich die Monarchie an den seit Jahrhunderten zur Stütze der Krone herangezogenen Adel
klammerte.[54]

Betrachtet man Goethes Stellung in der zeitgenössischen politischen Diskussion, so fällt als erstes auf, daß er
trotz einer manchmal drastischen Kritik an der Aristokratie, wie sie insbesondere in der *Theatralischen Sendung* hervortrat, gelegentlich eine erstaunlich und widersprüchlich anmutende Vorliebe für sie zeigte. Nach einer
ersten Verteidigung, die sich schon 1772 in den *Frankfurter Gelehrten Anzeigen* fand,[55] betonte er ein Jahrzehnt
später noch einmal seine Neigung »für die nach meiner Überzeugung von Gott eingesetzte Aristokratie«.[56]
Außerdem nahm er es mit den historisch-politischen
Gegebenheiten nicht sehr genau. Die Zustände in der
Schweiz waren damals nicht ganz so, wie Goethe sie beschrieb. Die Herrschaft befand sich in vielen Fällen in den
Händen einiger Patriziergeschlechter, es gab abhängige
Untertanengebiete, und die »bürgerliche Gleichheit«, die
er 1779 reklamierte, wurde tatsächlich erst 1798, nach
dem Einmarsch der französischen Revolutionsarmee,
zum Allgemeingut der neuen Helvetischen Republik.

Andererseits bot die Schweiz natürlich auch im Jahr
1779 schon einen scharfen Kontrast zu den ständisch-
aristokratischen Gesellschaften anderer Länder. Und vor
dem Hintergrund dieses krassen Gegensatzes wird man
die ebenso progressiven wie vagen politischen Vorstellungen Goethes sehen müssen: sie zielten auf einen
Wandel des Bestehenden, waren aber ebenso utopisch
wie diffus. Die Schweiz fungierte als Gegenbild und
-entwurf zu den sonstigen Verhältnissen; wie sich tatsächliche Veränderungen bewerkstelligen ließen, blieb
unklar bzw. im Bereich der politischen Utopie der Aufklärung.

Zuletzt führte die Reise zu dem damals noch hochge-
schätzten Lavater in Zürich. Denn diesem traute Goethe
das Kunststück zu, das ihm selbst nicht recht gelingen
wollte: aus Carl August einen fürsorglichen Landesvater
zu machen. Und anscheinend verstand Lavater es, mit
den Menschen und mit den Fürsten umzugehen. Denn
von seinem Herzogtum viele hundert Kilometer entfernt und ohnehin zu den Prinzipien der Aufklärung
neigend, war Carl August im Moment der Begegnung
sehr beeindruckt. Goethe rühmte Lavater zu dieser Zeit
gewaltig: »Er ist der beste grösste weiseste innigste aller
sterblichen und unsterblichen Menschen die ich kenne«,
schrieb er nach dem Besuch in Zürich.[57] Der Schriftsteller glaubte, daß ein wirklicher Durchbruch geschehen
sei, daß sich der Herzog gebessert und gewandelt habe
und daß »gewiss eine neue Epoche seines und unsers Lebens sich davon anfängt«.[58] Unmittelbar nach der Rückkehr nach Weimar vermerkte er in seinem Tagebuch
stolz, die Reise sei »ein Meisterstück!« gewesen.[59]

Dieses Selbstlob ist verständlich, weil man in den
konservativen aristokratischen Kreisen, zeitgenössischen
Vorstellungen entsprechend, angenommen hatte, daß der

kleine und eher etwas kränkliche Herzog nach der weiten Reise und den vielen Strapazen, die ihm sein Günstling zumutete, nicht anders als völlig entkräftet und vielleicht schon halbtot wieder nach Hause kehren würde. Doch natürlicherweise war das Gegenteil geschehen: die Anstrengungen hatten den noch jungen Fürsten gestärkt, und er kam sichtlich munter zurück. Und Goethe konnte mit Stolz vermerken, daß nun auch die Weimarer Aristokraten einsehen mußten, daß seine rousseauistischen Ideale nicht geradewegs ins Verderben führten.

Wenig später, am 13. Februar 1780, stellte er in einem sehr respektvollen Brief an Fritsch, den »Meister vom Stuhl« der Weimarer Loge, ein Gesuch um die Aufnahme in den Freimaurer-Orden. Das Datum des Schreibens lag nicht zufällig kurz nach der Reise in die Schweiz, mit der dem bisherigen Außenseiter ein erster allgemein anerkannter Erfolg gelungen war. Es war naheliegend, diesen auch gesellschaftlich zu nutzen, und der Eintritt in den Orden bot sich insofern an, als dort, wenigstens den formellen Bestimmungen nach, brüderliche Gleichheit herrschen sollte. Daß es in der Praxis doch anders aussah, mag zu der bald vernehmlichen Enttäuschung des Schriftstellers über das Freimaurerwesen beigetragen haben.[60]

Aber nicht nur der Orden enttäuschte ihn. Je länger sich Carl August wieder in seinem Land aufhielt, um so mehr begannen die Dinge in die alten Gleise zurückzukehren, zeigte sich der vermeintlich gebesserte Mensch wieder als der alte Kleinstaatfürst. Gelegentlich äußerte Goethe sogar einiges Verständnis für diesen Assimilationsprozeß, der Rousseaus These von der Unentrinnbarkeit der gesellschaftlichen Zwänge bestätigte. Er schrieb an Lavater: »Den guten Lands und Hausvater würdest du näher, mehr bedauern. Was da auszustehn ist spricht kein Zeuge aus. Herrschafft wird niemand ange-

bohren, und der sie ererbte, muss sie so bitter gewinnen
als der Eroberer, wenn er sie haben will, und bitterer.«[61]
Bis zu der Einsicht, daß Carl August seiner Rolle als Regent und Fürst kaum entgehen konnte, mochte er sich
nicht durchringen. Er schien nicht begreifen zu können
oder zu wollen, daß man von einem Herzog schlechterdings nicht erwarten durfte, daß er freiwillig all den Vergünstigungen und Privilegien entsagte, die die ständische
Gesellschaft für ihn bereit hielt. Und doch wäre dies fast
so gewesen, wie wenn man einem Reichen zugemutet
hätte, nicht nur ein paar Almosen zu spenden, sondern
sein ganzes Vermögen zugunsten anderer aufzuteilen.

## VIERTES KAPITEL

# *Charlotte von Stein*

Die Hofdame Charlotte von Stein (1742–1827) muß zu jener Zeit, zu der Goethe nach Weimar kam, fast als eine Art »Wunder« gegolten haben. Sie beherrschte die aristokratischen Umgangsformen perfekt und übte sie, was als sehr wichtig galt, mit vollkommener Leichtigkeit und Eleganz aus. Sie war gebildet und begabt, sie zeichnete, musizierte und galt als ausgezeichnete Tänzerin. Friedrich Schiller schrieb später zwar einmal: »Schön kann sie nie gewesen sein«.[1] Aber diese Äußerung stammt aus dem Jahr 1787, als Charlotte von Stein 45 Jahre alt war und sich äußerlich bereits beträchtlich verändert haben muß. Schon im Jahr 1781 vernahm man aus den Weimarer höfisch-aristokratischen Kreisen das sehr nüchterne Urteil, es sei verwunderlich,

*Charlotte von Stein*
*Selbstporträt (?)*

daß Goethes Beziehung zu ihr so lange dauere, ›da sie zusehends häßlicher werde‹.[2] Charlotte von Stein war damals 39 Jahre alt.

Zuvor muß sie eine sehr interessante Erscheinung gewesen sein. Denn in jüngeren Jahren wurde sie als ausgesprochen attraktiv geschildert, obwohl sie nicht dem Frauentyp entsprach, den die Zeitgenossen in der Regel

bevorzugten. Sie wirkte mit ihren schwarzen Augen und
Haaren sehr dunkel, beinahe südländisch, und ihre Figur
war, wie bei guten Tänzerinnen häufig, ausgesprochen
zierlich. Magerkeit galt in der damaligen Zeit aber als
unattraktiv; man bevorzugte bis weit in das 19. Jahrhundert hinein junonisch-üppige Erscheinungen.

Als begabte Zeichnerin fertigte Charlotte von Stein ein
Selbstporträt an, das zwar nicht hundertprozentig stimmen kann, denn die Nase scheint ein wenig zu weit herabgezogen und der Mund ist zu sehr nach vorne gerutscht.
Aber im Gegensatz zu den steifen, puppenhaften Bildern,
über die auch viele professionelle Maler der Epoche nicht
hinauskamen, wirkt es erstaunlich lebendig und macht
verständlich, daß sie eine gewisse Faszination ausgeübt haben muß. Eine eingehendere Beschreibung Charlotte von
Steins verfaßte ihr Arzt, Johann Georg von Zimmermann:

> Sie hat überaus große schwarze Augen von der
> höchsten Schönheit. Ihre Stimme ist sanft und bedrückt. [...] Die Hofmanieren, die sie vollkommen
> an sich hat, sind bei ihr zu einer sehr seltenen hohen
> Simplizität veredelt.
> Sie ist sehr fromm und zwar mit einem rührend
> schwärmerischen Schwung der Seele. Aus ihrem
> leichten Zephirgang und aus ihrer theatralischen
> Fertigkeit in künstlichen Tänzen würdest Du nicht
> schließen, was doch sehr wahr ist, daß stilles Mondenlicht und Mitternacht ihr Herz mit Gottesruhe
> füllt.
> Sie ist einige und dreißig Jahre alt, hat sehr viele
> Kinder und schwache Nerven. Ihre Wangen sind
> sehr rot, ihre Haar ganz schwarz, ihre Haut italienisch wie ihre Augen. Der Körper mager; ihr ganzes Wesen elegant mit Simplizität.[3]

Daß Charlotte von Stein Einfachheit und Eleganz miteinander verband, war nach zeitgenössischen Vorstellungen eines der denkbar größten Komplimente. Denn die aristokratischen Normen der Zeit, die dem Auftreten und der Verhaltensweise einer Person größten Wert beimaßen, gipfelten in der Verbindung dieser Eigenschaften. Daß Diener und Kompliment steif, unbeholfen oder geziert ausgeführt wurden, war stets ein Kennzeichen plumper bürgerlicher Nachahmung.

Die Beschreibung Zimmermanns kann in zwei Punkten in die Irre führen. Fromm war vor allem Charlotte von Steins Erziehung gewesen, später lockerte sich die religiöse Bindung. Und von den insgesamt sieben Kindern sollten nur drei Söhne aufwachsen, alle anderen wurden ein Opfer der hohen Säuglings- und Kindersterblichkeit. Ihre sieben, dicht aufeinander folgenden Schwangerschaften und Geburten waren für Charlotte von Stein allerdings eine schwere Last. Ihre Erziehung war in diesem Punkt jedoch so fromm gewesen, daß erst der Arzt Zimmermann Abhilfe schuf. Nachdem sie ihn konsultiert hatte, hörte die Reihe der Geburten, die in die Jahre 1765 bis 1774 gefallen war, schlagartig auf. Was geschehen war, liegt nahe: nachdem die fromme Erziehung auf diesem Gebiet wohl wenig Aufgeklärtes geboten hatte, dürfte der Arzt Zimmermann biologische Gegebenheiten menschlicher Fortpflanzung und Verhütungsmöglichkeiten erläutert haben.

Im übrigen war Charlotte von Stein, zeitgenössischen aristokratischen Maßstäben folgend, vorzüglich verheiratet worden. Ihr Mann, der Oberstallmeister Josias von Stein (1735–1793), stand bei Carl August seit dessen Jugend in solchem Ansehen, daß er ebenfalls zu seinen »Günstlingen« gerechnet wurde. Und er galt unter den Zeitgenossen »in jeder Wortbedeutung als ein vollkom-

mener Kavalier, aber ohne Anspruch auf geistige Eigenschaften«.[4] Er muß, was die Beherrschung aristokrati-
scher Lebensformen betraf, also ein männliches Pendant
zu seiner Frau gewesen sein. Sein Charakter wurde
überdies als gutmütig und umgänglich beschrieben.
Charlotte von Stein sollte auch in späteren Jahren nie
negativ über ihn urteilen, sondern schrieb, »daß sie allen
guten Frauen ein gleiches Betragen von ihren Männern
wünsche«.[5] Daß die Verbindung immer wieder als unglücklich bezeichnet wurde, dürfte auf der Anwendung
jener Kategorie des bürgerlichen Eheglücks beruhen, das
sich, Goethes Hoffnungen zum Trotz, beim Weimarer
Fürstenpaar nicht einstellen wollte und das man auch
hier nicht fand. Charlotte von Stein war eine Aristokratin durch und durch, und ihr Verhalten zu ihrem Mann
und ihren Kindern entsprach nicht bürgerlichen Normen. Sie umsorgte auch ihren Nachwuchs nicht so, wie
es im Bürgertum üblich war, und dies entsprach schlicht
aristokratischen Gepflogenheiten, nach denen Kinder oft
schon in jungen Jahren aus dem Haus und z. B. als Pagen
an den Hof gegeben wurden.

Charlotte von Stein hatte aber auch Eigenschaften,
die ihr das Leben nicht unbedingt leichter machten. Sie
neigte zu einer realistischen und nüchternen Sicht der
Dinge einerseits, war andererseits eine Dame mit sehr
hohen Ansprüchen vor allem im geistig-moralischen
Sinn – eine nicht ganz einfache Kombination.

Goethe hatte von Charlotte von Stein bereits gehört,
bevor er nach Weimar kam. Denn unter den Physiogno-
mien, die Lavater sammelte oder sammeln ließ, befand
sich ein Porträt der von den Zeitgenossen bewunderten Aristokratin und Hofdame. Auch für diese war der
Schriftsteller kein Unbekannter mehr, als er im Herbst
1775 in Weimar anlangte. Sie wußte bereits, wie ihn die

Zeitgenossen beschrieben und wie er ungefähr aussah. Ein Beobachter aus der hohen Aristokratie, Herzog Carl August von Sachsen-Meiningen, bemerkte anfangs 1775: »Er ist groß und gut gewachsen«.[6] Goethe war groß, wenn auch kein Riese. Wilhelm Bode schätzte ihn wohl zutreffend auf knapp unter einen Meter und achtzig,[7] ein für die damalige Zeit beträchtliches Maß, denn der Durchschnitt dürfte nicht viel größer als 1,60 m gewesen sein. Den ausgesprochen zierlichen Herzog Carl August von Sachsen überragte der Schriftsteller auf zeitgenössischen Scherenschnitten um mehr als einen halben Kopf. Dies war ebenso wie der gute Wuchs – die angeblich zu kurzen Beine dürften auf einer Täuschung späterer Betrachter beruhen, die von der damals sehr ausgeprägten Fettleibigkeit Goethes hervorgerufen wurde[8] – gewiß kein Nachteil. In Preußen liebte man es bekanntlich sogar, aus langen Kerls Regimenter zusammenzustellen. Außerdem war er sehr schlank, manche Zeitgenossen sagten mager, aber in diesem Punkt muß man seine damals unübliche Neigung zu sportlicher Betätigung berücksichtigen. Er hatte große Augen, eine ziemlich lange Nase und kleine Pockennarben oder -grübchen von der in der Kindheit so häufigen Krankheit. Rundum besehen, war er ein ziemlich gutaussehender Mann, und die Mädchen schwärmten damals mächtig von ihm. Caroline Michaelis (1763–1809), die später als die Frau des Schriftstellers August Wilhelm Schlegel nach Jena und Weimar kam, berichtete 1783, daß es die jungen Damen in Göttingen nur mit »schwerem Herzen« aufnahmen, als sie gerade an dem Tag eine Landpartie unternehmen sollten, an dem Goethe zu einem zweitägigen Besuch in ihre Stadt kam. Aber er war ja den folgenden Tag auch noch dort zu finden, und an diesem, so schrieb sie, »ward denn ein bißchen geschwärmt, aber nicht tragisch, versteht sich«.[9]

Diese Beschreibungen Charlotte von Steins und Goethes wurden absichtlich vorangestellt, um deutlich zu machen, warum die beiderseitige Begegnung von einigen Zeitgenossen bereits mit Spannung erwartet und auch mit allerlei Scherzen kommentiert wurde. Als Charlotte von Stein von ihrem Arzt Zimmermann einige Informationen über den Schriftsteller haben wollte, antwortete dieser unter anderem: »Eine Frau von Welt, die ihn oft gesehen hat, hat mir gesagt, daß Goethe der schönste, lebhafteste, ursprünglichste, feurigste, stürmischste, sanfteste, verführerischste und für ein Frauen*herz gefährlichste* Mann sei, den sie in ihrem Leben gesehen habe.«[10] Zimmermann, der Goethe von einer Begegnung in Straßburg kannte, übertrieb gern ein wenig, aber er galt auch als guter Psychologe und gesellschaftlich versierter Mensch, als ein Mann, der im persönlichen Umgang rasch für sich einzunehmen wußte, und seine Äußerungen sind vor allem dafür kennzeichnend, daß man es im Zeitalter des ausgehenden Rokoko liebte, mit derartigen Dingen seine Scherze zu treiben. Etwas später schrieb er an seine Patientin noch: »Er wird sicherlich kommen, Sie in Weimar zu besuchen. Dann erinnern Sie sich daran, daß alles, was ich ihm von Ihnen in Straßburg erzählt habe, ihm drei Nächte lang den Schlaf geraubt hat.«[11]

Als das Ereignis, das auf diese Weise schon seine Schatten vorausgeworfen hatte, endlich stattfand, dürfte vor allem Goethe beeindruckt gewesen sein. Denn der altdeutsch bzw. pöbelhaft auftretende Stürmer und Dränger wird sich von dem galanten Ehemann eher negativ abgehoben haben. Aber der Schriftsteller begann, nicht zuletzt Charlotte von Steins wegen, sein Verhalten bald zu ändern. Er wurde zu ihrem Verehrer, was allgemein bekannt war und nichts Negatives an sich hatte. Charlotte von Stein konnte jedoch nicht entgehen, daß der Schriftsteller sich anderen Frauen gegenüber kaum anders verhielt und überhaupt sehr damit zu kokettieren pflegte, daß er den Damen so gut gefiel.

Goethe befand sich damals gewissermaßen in der galanten Zeit seines Lebens. Diese hatte schon mit dem Verhältnis zu Anna Elisabeth – Lili – Schönemann (1758–1817) im letzten Frankfurter Jahr begonnen. Der Maler Georg Melchior Kraus (1733–1806) berichtete damals über Goethe, er mache »den Galanten beim schönen Geschlecht: das war er sonsten nicht«.[12] Elisabeth Schönemann war ein umschwärmtes, noch sehr jugendliches Mädchen von knapp siebzehn Jahren aus einem reichen kalvinistischen Elternhaus. Goethe selbst sprach von »einer niedlichen Blondine«, der er »mit allem Interesse des Leichtsinns [...] den Hof«[13] mache. Die Angaben, die sich in *Dichtung und Wahrheit* zu der daraus entstehenden Freundschaft finden, sind jedoch unzuverlässig. Er war insbesondere nicht, wie es dort heißt, mit Elisabeth Schönemann verlobt.[14] Als die beiden jungen Leute wohl einmal vom Heiraten sprachen und Elisabeth Schönemanns Mutter von diesem Thema vernahm, zog diese, zeitgenössischen Berichten zufolge, einen sehr energischen Schlußstrich. Sie lud Goethe zu einer größeren Gesellschaft ein und erklärte, »daß sich die Heirat wegen der Verschiedenheit der Religion nicht wohl schicke«.[15] Die Gräben zwischen den Konfessionen waren damals teils noch ausgeprägt, insbesondere in Frankfurt, das in dieser Hinsicht einen altmodischen und rückständigen Ruf besaß. Andererseits lebte man im Zeitalter der Aufklärung, und Hindernisse hätten sich überwinden lassen, wenn Elisabeth Schönemanns Mutter derartigen Bestrebungen nicht gleich einen Riegel vorgeschoben hätte.

Und es ist äußerst zweifelhaft, ob ihre Tochter dem Schriftsteller je den Vorschlag machte, nach Amerika auszuwandern, wie es in der späteren Autobiographie in recht gewundenen Sätzen heißt: »Wohlwollende hatten mir vertraut, Lili habe geäußert, indem alle die Hindernisse unsrer Verbindung ihr vorgetragen worden: sie unternehme [es] wohl aus Neigung zu mir[,] alle dermaligen Zustände und Verhältnisse aufzugeben und mit nach Amerika zu gehen.«[16] Es soll sich um Äußerungen gehandelt haben, die Goethe nur durch Mittelspersonen zukamen – eine unwahrscheinliche Konstellation. Da Elisabeth Schönemann zum Zeitpunkt der Veröffentlichung dieses Teils von *Dichtung und Wahrheit* bereits verstorben war, konnte sie freilich weder dementieren noch bestätigen. Es ist jedoch eine Tatsache, daß ihr erster Verlobter, ein Straßburger Bankier, im Jahr 1776 Hals über Kopf nach Amerika entfloh, weil er kurz vor dem Bankrott stand. Und von daher mag das Thema Amerika mit einigen Abwandlungen in die Autobiographie des Schriftstellers eingegangen sein.

Eine weitere Tatsache ist es, daß Goethe, als er Ende 1775 nach Weimar ging, von der umschwärmten Elisabeth Schönemann erstaunlich leichten Herzens Abschied nahm. Am 30. Oktober 1775 schrieb er in sein Tagebuch: »Adieu Lili [. . .]. Es hat sich entschieden – wir müssen einzeln unsre Rollen ausspielen. Mir ist in dem Augenblick weder bange für dich noch für mich, so verworren es aussieht!«[17] Als ein gutes halbes Jahr später die Nachricht kam, daß sie sich verlobt habe – mit jenem Bankier, der bald darauf nach Amerika entschwand –, hieß es: »Gestern Nachts lieg ich im Bette schlafe schon halb, Philip bringt mir einen Brief, dumpfsinnig les ich – dass Lili eine Braut ist!! kehre mich um und schlafe fort. – Wie ich das Schicksaal anbete dass es so mit mir verfährt! – So alles zur rechten Zeit –«.[18] Goethe reagierte mit Erleichterung; er war froh, daß sich alles so natürlich wieder gelöst hatte.

Charlotte von Stein fand an dem Verhalten, das der Schriftsteller zu jener Zeit den Damen gegenüber an den Tag legte, jedoch kein sonderliches Gefallen. Als man sie damit neckte, daß er ihr den Hof mache, entgegnete sie spitz, er verhalte sich zu so und so vielen anderen ebenso und sei überhaupt eine richtige »Kokette«.[19] Sie hatte recht; der Dichter schrieb beispielsweise noch im Mai des Jahres 1781 an sie: »Die Schröter kommt zu Mittage. Ich bin und bleibe einmal der Frauen Günstling, und als einen solchen mußt du mich auch lieben.«[20]

Es gab allerdings Frauen, zu denen sich Goethe anders verhielt. Zu ihnen gehörte Maria Antonia Marchesa von Branconi (1746–1793), die von vielen Zeitgenossen als eine der größten Schönheiten gerühmt wurde und die zudem als liebenswürdig, geistreich und gebildet galt. Sie war 1746 als Tochter eines deutschen Offiziers und einer Italienerin in Genua geboren und 1758, als Kind von zwölf Jahren, an einen Herrn von Branconi in Neapel verheiratet worden, von dem sie zwei Kinder hatte. 1766, mit zwanzig Jahren, war sie schon Witwe und lernte den eben nach Neapel kommenden Braunschweigischen Erbprinzen Karl Wilhelm Ferdinand kennen. Sie wurde über zehn Jahre, bis 1777, dessen Mätresse. Der Erbprinz sorgte während dieser Zeit in der denkbar besten Weise für sie und ließ ihr all jene Annehmlichkeiten zukommen, die der keineswegs unehrenhafte Stand einer fürstlichen Mätresse haben konnte.

Die Silhouette dieser Dame befand sich ebenfalls in Lavaters Sammlung, und als Goethe im Herbst des Jahres 1779 mit Herzog Carl August in die Schweiz reiste, besuchte er in Lausanne auch Frau von Branconi. Er berichtete danach: »Sie kommt mir so schön und angenehm vor dass ich mich etlichemal in ihrer Gegenwart stille fragte, obs auch wahr seyn möchte dass sie so

schön sey. Einen Geist! ein Leben! einen Offenmuth!
dass man eben nicht weis woran man ist.«²¹ Frau von
Branconi zeigte sich ihrerseits nicht uninteressiert. Goethe schrieb an Lavater: »Sie war so artig mir wenigstens
glauben zu machen dass ich sie interessire, und ihr
mein Wesen gefalle, und das glaubt man diesen Sirenen
gerne.« Doch er verhielt sich eher reserviert und bemerkte dazu: »Mir ist herzlich lieb dass ich nicht an
Matthäis Plaz bin denn es ist ein verfluchter Posten das
ganze Jahr per devoir wie Butter an der Sonne zu
stehn.«²² Karl Matthäi (1744–1830) war der Erzieher des
Sohns, den Frau von Branconi mit Karl Wilhelm Ferdinand, dem Erbprinzen, hatte, und den dieser in den
Stand eines Grafen von Forstenberg hatte erheben lassen. Goethe wollte nicht an Matthäis Platz stehen, und
das war vielleicht verständlich, aber er wollte sich auch
nicht näher an Frau von Branconi anschließen, und dies
Verhalten nimmt sich, vor allem angesichts der üblichen
Neigungen der Männer zu möglichst brillanten Vertrete-
rinnen des schönen Geschlechts, schon ein wenig merkwürdig aus.

Seine zögerliche Haltung ließ auch nicht nach, als Frau
von Branconi im nächsten Jahr, 1780, auf der Rückreise
von Halberstadt, in dessen Nähe ihr das Rittergut Lan-
genstein gehörte, über Weimar kam und dort gerade am
Vorabend seines Geburtstags, also am 27. August, eintraf. Er vereinbarte mit ihr, daß sie auf der Weiterreise
seine Mutter in Frankfurt besuchen sollte, und sandte
ihr noch an seinem Geburtstag einen Brief hinterher,
in dem sich einige kunstvoll formulierte und schmeichelhafte Komplimente fanden: »In Ihrer Gegenwart
wünscht man sich reicher an Augen, Ohren und Geist,
um nur sehen, und glaubwürdig und begreiflich finden
zu können, dass es dem Himmel, nach so viel verun-

glückten Versuchen, auch einmal gefallen und geglückt hat etwas Ihresgleichen zu machen.«[23]

Die nicht erhaltene Antwort Frau von Branconis wurde ihm zugestellt, als er in dem südlich von Weimar gelegenen Ilmenau gegen Abend die höchste dortige Erhebung, den Gickelhahn, bestiegen und sich in einem »Jagdhäusgen« niedergelegt hatte: »Es war schon dunckel, der volle Mond herauf«[24], und er war unversehens eingeschlafen, als auf einmal ein Bedienter mit einem »Korb mit Proviant«[25] kam, auf dem sich obenauf »ein Brief von der schönen Frau«[26] fand. Nachdem er ihn geöffnet hatte, war wohl nicht so rasch wieder ans Einschlafen zu denken, und in dieser Situation schrieb er an die Bretterwand des Häuschens jenes Gedicht, das später zum berühmtesten der deutschen Literatur wurde:

> Über allen Gipfeln
> Ist Ruh,
> In allen Wipfeln
> Spürest du
> Kaum einen Hauch;
> Die Vögelein schweigen im Walde.
> Warte nur, balde
> Ruhest du auch.[27]

Obwohl Frau von Branconi möglicherweise zur Entstehung dieses Gedichts beitrug, wollte die beiderseitige Bekanntschaft nicht einmal zu einer Freundschaft gedeihen. An Lavater, dem Goethe von ihrem Besuch in Weimar erzählt hatte und der daraufhin neugierig geworden war, hieß es ausweichend: »Deine Frage über die Schöne kann ich nicht beantworten. Ich habe mich gegen sie so betragen, als ich's gegen eine Fürstinn oder eine Heilige thun würde. Und wenn es auch nur Wahn wäre, ich mögte mir solch ein Bild nicht durch die Gemeinschafft einer flüchtigen Begierde besudlen. Und Gott bewahre uns für einem ernstlichen Band, an dem sie mir die Seele aus den Gliedern winden würde.«[28] Hier trat eine merkwürdig anmutende Lebens-Diätetik hervor: eine engere Verbindung mit der Marchesa, so befand der Schriftsteller, sei schon deshalb nichts für ihn, weil sie – um seine poetischen Ausdrücke in moderne und nüchterne umzuwandeln – seine Nerven zu stark strapazieren würde.

Der Brief geht aber noch weiter; er gehört zu den aufschlußreichsten Zeugnissen, die aus Goethes jüngeren Jahren überliefert sind: »Das Tagewerck das mir aufgetragen ist [...], erfordert wachend und träumend meine Gegenwart[;] diese Pflicht wird mir täglich theurer, und darinn wünscht ich's den grössten Menschen gleich zu thun [...]. Diese Begierde, die Pyramide meines Daseyns, deren Basis mir angegeben und gegründet ist, so hoch als möglich in die Lufft zu spizzen, überwiegt alles andre und lässt kaum Augenblickliches Vergessen zu. Ich darf mich nicht säumen, ich bin schon weit in Jahren vor [...].« Der Schriftsteller war eben 31 Jahre alt geworden; die Einschätzung der Altersstufen war damals offenbar eine andere als heute. Noch bemerkenswerter ist der Ehrgeiz, der hier hervortritt: er war so brennend, daß Goethe das Gefühl hatte, keinesfalls in seinem Weg innehalten zu dürfen, auch nicht einer schönen Frau von Branconi wegen. Und schließlich bekannte er noch einen Grund, warum er sich nicht näher an die Marchesa anschließen wollte: »Auch thut der Talismann iener schönen Liebe womit die Stein mein Leben würzt sehr viel. Sie hat meine Mutter, Schwester und Geliebten nach und nach geerbt, und es hat sich ein Band geflochten wie die Bande der Natur sind.«

Frau von Branconi scheint sich irgendwann um ein paar Jahre jünger gemacht zu haben, als sie tatsächlich war; man findet als Geburtsjahr auch die Angabe 1751.[29] Richtig ist ein früheres Datum: 1746.[30] Sie war also drei Jahre älter als Goethe, aber vier Jahre jünger als Charlotte von Stein. Außerdem war sie seit 1777 vollkommen unabhängig, die Weimarer Hofdame hingegen eine verheiratete Frau. Trotz alledem blieb die Beziehung zu Frau von Branconi Episode, während das Verhältnis zu Charlotte von Stein in Goethes Leben Epoche machte. Das Schauspiel *Torquato Tasso*, in dem der Dichter zwischen der Prinzessin Leonore von Este und der Hofdame Leonore Sanvitale steht, ist freilich ein literarisch-fiktives Abbild der Stellung des noch jungen Schriftstellers zwischen zwei reiferen Damen.[31]

Im Jahr 1781 begannen in der Beziehung zu Charlotte von Stein grundlegende Veränderungen vorzugehen. Die Koketterie, die lange darin geherrscht hatte, verschwand allmählich, und es hieß in nur unterschiedlichen Varianten am 9. Oktober 1781: »Ich bin ganz dein und habe ein neu Leben und ein neu betragen gegen die Menschen seit ich weis daß du davon überzeugt bist«. Am 15. Mai 1782: »Wer dich gefunden hat weis warum er in der Welt ist.« Schon ein paar Monate vorher, am 27. Januar 1782, hatte der Schriftsteller geschrieben: »Heute früh eh es Tag wurde wacht ich auf und rekapitulirte mein ganzes Leben, es ist sonderbar genug und sehr glücklich da es mich zu dir geführt hat.« Goethe sollte sich nur sehr selten in seinem Leben glücklich fühlen; als er sein Dasein ganz mit dem Charlotte von Steins verbunden hatte, traf dies wenigstens vorübergehend zu.

Der Psychoanalytiker Karl Robert Eissler hat eine umfangreiche, teilweise recht interessante Studie geschrieben, die vorwiegend der Beziehung des Schriftstellers zu Frau von Stein gilt und in deren Mittelpunkt die These steht, daß Goethe an einer Sexualhemmung litt, die durch diese geheilt wurde, und daß er erst während der Italienreise im Jahr 1787, also mit 38 Jahren, zum erstenmal eine sexuelle Beziehung unterhalten habe. Letzteres ist unwahrscheinlich, weil Erotik und Sexualität gegen Ende des 18. Jahrhunderts als natürliche Dinge galten. Als Herder im Jahr 1788, in dem Goethe eben aus Italien zurückkehrte, seinerseits in den Süden fuhr, schrieb ihm seine Frau hinterher: »Goethe scherzte letzthin, es würde Dir nicht eher wohl werden in Rom, bis Du liebtest. Gebe das gute Schicksal Dir gute Stunden für manches lange Leiden; nur sei klug und vorsichtig [...]«.[32] Auch die Frau eines protestantischen Superintendenten betrachtete derlei Dinge damals unter vorwiegend praktischen Gesichtspunkten: für die im Zeitalter der Kutsche zwangsläufig sehr lange Abwesenheit wurde dem Ehemann eine Art Dispens erteilt, aber er sollte »vorsichtig« sein.

Weitere Einblicke erhält man, wenn man sich vergegenwärtigt, was Herder nicht etwa in Italien zustieß, denn er war sehr auf seinen Stand und seine Würde bedacht, sondern schon auf der Reise dorthin. Er befand sich in Begleitung des Trierer Domherrn Hugo von Dalberg (1760–1812), der ihn zu dieser Fahrt eingeladen hatte. Daß ein protestantischer Superintendent und ein katholischer Domherr gemeinsam nach Italien reisten, war im Zeitalter der Aufklärung völlig in Ordnung. Nicht so ganz in Ordnung war, daß Herder, ohne etwas davon zu wissen, nicht dessen einzige Begleitung bleiben sollte. Denn unversehens schloß sich dem Domherrn noch die Witwe des 1785 verblichenen ehemaligen Weimarer Kammerherrn und preußischen Gesandten im fränkischen Reichskreis, des Freiherrn von Seckendorff, an. Herder, der vorwiegend an italienische Kunst und Kultur gedacht haben mochte, sah sich zu seinem Ver-

druß auf einmal als das Rad am Wagen einer Gesellschaft, die noch andere Genüsse im Sinn hatte. Und leider war es weder seine Sache, rasche Entschlüsse zu fassen und – sei es auf Grund irgendeines Vorwands – die
so unerwartet vergrößerte Gruppe zu verlassen, noch
gelang es ihm, gute Miene zum bösen Spiel zu machen
und sich als das moralische Aushängeschild dieser Reise-
gesellschaft tüchtig durchfüttern zu lassen und sonst um
nichts zu bekümmern. Er fraß seinen Ärger vielmehr in
sich hinein und fühlte sich dann oft sehr unwohl.

Dieser erstaunliche Fall zeigt einen Grundzug im Verhalten der damaligen Zeit zu Erotik und Sexualität: man
war unter allen und sei es auch noch so eigenartigen
Umständen darauf bedacht, die Diskretion und den äußeren Anschein zu wahren. Denn jeder Anflug eines bösen Verdachts, den der Anblick eines recht jungen Domherrn und einer etwas reiferen Witwe bei argwöhnischen
Betrachtern erwecken mochte, konnte in Begleitung eines strengen, älteren protestantischen Superintendenten
doch gar nicht erst aufkommen. Angesichts eines so ausgeprägten Hangs zur Diskretion nimmt es nicht wunder,
daß die überlieferten schriftlichen Zeugnisse zur Sexualität in keinem Verhältnis zu der natürlichen Haltung
standen, die man diesem Bereich gegenüber einnahm.

Im Jahr 1784 stellte Goethe an Gemälden des Malers
Wilhelm Tischbein (1751–1829) einen Mangel an Sinn-
lichkeit fest. Er schrieb an den Herzog von Gotha, den
wichtigsten Gönner des Malers: »Darf ich aber Ew.
Durchl. etwas in's Ohr sagen, so finde ich in diesen Gestalten die Unschuld der Sitten unsres Künstlers. Hätte
er die Reize des weiblichen Körpers mit Leib und Seele genossen, würde er nach diesem schönen Theile der
Schöpfung mit unwiderstehlichen Trieben hingerissen,
gewiß seine Gemälde würden mehr Leben und Wollust

athmen, und er würde keinen räthselhaften Zwitter pro-
duciren.«[33] Die Aristokratie hatte eine lockerere Moral
als das Bürgertum und scheute auch Erörterungen über
Erotik und Sexualität viel weniger.

Daher finden sich auch in Goethes Briefen an Herzog
Carl August entsprechende Hinweise. Am 29. Dezember 1787 schrieb der Schriftsteller aus Rom: »Mich hat
der süße kleine Gott [Amor] in einen bösen Weltwinckel
religirt. Die öffentlichen Mädchen der Lust sind unsicher wie überall. Die Zitellen (unverheurathete Mädchen) sind keuscher als irgendwo, sie lassen sich nicht
anrühren [...]. Das sind denn alles böse Bedingungen.«
Eineinhalb Monate später, am 16. Februar 1788, wurde
ein ganz anderer Ton angeschlagen: »Ich war gutmüthig
genug, bey Lesung Ihres Briefs, den mir der Curier
brachte, an Hämorrhoiden zu dencken und sehe nun
freylich daß die Nachbarschaft gelitten hat. Wenn nur
durch diese verdrüßliche Inoculation alles Böse aufein-
mal aus dem Körper getrieben worden ist. [...] Sie
schreiben so überzeugend, daß man ein *cervello tosto*
sein müßte, um nicht in den süßen Blumen Garten ge-
lockt zu werden. Es scheint daß Ihre gute Gedancken
unterm 22. Jan. unmittelbar nach Rom gewürckt haben,
denn ich könnte schon von einigen anmutigen Spazir-
gängen erzählen.«[34]

In den Briefen an Charlotte von Stein finden sich nur
wenige, versteckte Anspielungen auf den Bereich der Sexualität. Die Hofdame war zwar Aristokratin, aber sie
hatte Rousseau und die zeitgenössische Empfindsamkeit
rezipiert, und die Beziehung zwischen ihr und Goethe
war auf die schwer zu erreichende und fast ebenso
schwer zu bewahrende Übereinstimmung zweier Seelen
ausgerichtet.[35] Dennoch hieß es in einem Brief vom
12. März 1781 an sie: »Ich wollte daß es irgend ein Ge-

lübde oder Sakrament gäbe, das mich dir auch sichtlich und gesezlich zu eigen machte, wie werth sollte es mir seyn. Und mein Noviziat [!] war doch lang genug um sich zu bedencken.« In einem kurzen Schreiben aus demselben Jahr, das von den Editoren auf den 23. März datiert wurde, verabschiedete sich der Schriftsteller mit den knappen Worten »Adieu meine neue«. Die Überlegungen des Psychoanalytikers Eissler,[36] daß damit keinesfalls ein Hinweis auf eine intime Verbindung verbunden sein könne, weil ein solcher ziemlich unzart gewesen wäre, sind vor allem für den überaus bürgerlichen Horizont kennzeichnend, dem dieser selbst verhaftet ist.[37]

Folgt man den Quellen, dann hatte Frau von Stein eine Vorgängerin gehabt. Die wirklich nicht sehr zarte Wendung des zuletzt genannten Briefs stellte eine Rückkehr in der alten Gewohnheit des selbstgefälligen Kokettierens dar, die der kultivierten und auf aristokratische Dezenz bedachten Hofdame schon zu Beginn der beiderseitigen Bekanntschaft unangenehm aufgefallen war.

Nach Charlotte von Steins wahrscheinlichster Vorgängerin muß man nicht lange suchen. Am 26. März 1781 spielte Goethe in einem Brief an sie mit dem Gedanken, »einmal die Schröter einzuladen die in 8 Wochen nicht bey mir war«. Dieser mindestens kokett zu nennende Plan wurde jedoch wieder fallengelassen mit der ausdrücklichen Versicherung: »Leb wohl, und wisse wie sehr du mich glücklich machst.« Sich 8 Wochen nicht zu sehen, kann als kurz oder lang empfunden werden, je nach Art einer Beziehung. Der Schriftsteller empfand die Frist offenbar als sehr lang. Zudem gibt es ein undatiertes Schreiben an Corona Schröter, das nach den Angaben der Editoren ebenfalls in das Jahr 1781 zu datieren ist und mit den Worten beginnt: »Wie offt hab ich nach der Feder gegriffen mich mit dir zu erklären! Wie offt hat

mirs auf den Lippen geschwebt. Ich habe gros Unrecht,
daß ich es solang habe hängen lassen und kan mich nicht
entschuldigen ohne an Saiten zu rühren die zwischen uns
nicht mehr klingen müssen. Wollte Gott du mögtest
ohne Erklärung Friede machen und mir verzeihen.«[38]
Daß Goethe eine »Erklärung« scheute, scheint für ihn
typisch, da er persönliche Auseinandersetzungen nach
Möglichkeit mied. Und daß Corona Schröter sehr auf
Anstand bedacht war und daher etwa, wie die Zeitgenossen berichten, niemals allein, sondern stets nur in Begleitung aus dem Haus ging, bedeutete nur, daß sie die
gesellschaftlichen Regeln ihrer Epoche kannte und penibel darauf bedacht war, die äußeren Formen zu wahren.
Trotzdem ist in diesem Fall, anders als bei der Verbindung Goethes mit Charlotte von Stein, die man entgegen den Quellen[39] und der Plausibilität immer wieder
ins Platonische umzudeuten suchte, die Angelegenheit
nicht eindeutig; es gibt einfach zu wenig Zeugnisse, die
Rückschlüsse zuließen.

Aller Maßregeln unerachtet, sollte das Verhältnis zu
Charlotte von Stein doch das nach sich ziehen, was Goethe bei einer größeren Aufmerksamkeit für Frau von
Branconi befürchtet hatte: eine gewisse Beeinträchtigung
seiner Tätigkeit für Herzog Carl August. Der Schriftsteller hatte vor allem keine Lust mehr, den Fürsten auf
seinen Reisen zu begleiten, weil er dadurch ja immer
wieder von Charlotte von Stein getrennt wurde. Schon
im Jahr 1781 kam eine erste Weigerung. Goethe schrieb
im April an Charlotte von Stein: »Hierbey ist eine Epi-
stel wenn Sie meynen so schicken Sie das Blat dem Herzog, reden Sie mit ihm und schonen Sie ihn nicht. Ich
will nichts als Ruhe [!], und daß er auch weis woran er
ist. Sie können ihm auch sagen, daß ich Ihnen erklärt
hätte, keine Reise mehr mit ihm zu thun. Mach es nach

leiner Klugheit und Sanftheit.«⁴⁰ Der abschließende Wechsel zwischen Sie und Du ist besonders auffällig. Die gebildete, die aristokratischen Umgangsformen perfekt beherrschende Hofdame scheint nach dem Empfang dieses Briefs mit einigem Geschick vorgegangen zu sein; Herzog Carl August unternahm die geplante Reise nach Dessau jedenfalls ohne seinen Günstling und langjährigen Reisebegleiter.

Dennoch kam es in dieser Zeit zu ersten Verstimmungen. Dem Schriftsteller begann es auf die Nerven zu gehen, daß seine Versuche, den Fürsten zu einem braven Haus- und Landesvater zu bilden, so wenig fruchten wollten, und er lamentierte: »Mich wundert nun gar nicht mehr daß Fürsten meist so toll, dumm, und albern sind. Nicht leicht hat einer so gute Anlagen als der Herzog, nicht leicht hat einer so viel verständige und Gute Menschen um sich und zu Freunden als er, und doch wills nicht nach Proportion vom Flecke, und das Kind und der Fischschwanz gucken eh man sich's versieht wieder hervor.«⁴¹ Aber auch Carl August fand am Verhalten des Dichters einiges auszusetzen. In einem Brief an Charlotte von Stein berichtete Goethe: »Er wirft mir vor daß ich ans Brod gewöhnt sey, und mich deswegen nicht weit verläufen mögte.«⁴² Der Fürst sah es gar nicht gern, daß ihn der Schriftsteller nicht mehr auf seinen Reisen begleiten wollte, und begann ihm Vorwürfe über seinen Hang zur Bequemlichkeit zu machen. Und dieser konzedierte in freilich nicht eindeutiger Form: »Es kan seyn daß auch das unter den neun und neunzig keine der geringsten Ursachen ist.«⁴³

Die Spannungen fielen in die Entstehungszeit der ersten Fassung des *Torquato Tasso*, die sich über etwas mehr als ein Jahr von 1780 bis in den Sommer des Jahres 1781 hinzog. Diese nicht überlieferte Version des Stücks

war anders als das spätere Schauspiel noch in Prosa verfaßt, und der Schriftsteller folgte in ihr der alten, halb
legendären Biographie Torquato Tassos (1544–1595), die
dessen Zeitgenosse und persönlicher Bekannter Gio-
vanni Battista Manso (1561–1645) verfaßt hatte. Der zu
Goethes Zeit hochberühmte italienische Dichter hatte
am Hof von Ferrara gelebt und sich mit seiner Umgebung überworfen. Er muß ein Sonderling gewesen sein,
verschlossen, mißtrauisch, mit homophilen Neigungen
und dazu noch mit psychischen Problemen belastet, und
nach einigen Auseinandersetzungen steckte ihn der Fürst
Alfons von Este kurzerhand in eine Zelle im Keller. Später hieß es, dies sei zu seiner Heilung geschehen, aber dabei handelte es sich natürlich um eine offiziöse Version,
denn durch den Aufenthalt im Kellerverließ wurde der
Gesundheitszustand Tassos nur noch schlechter.[44]

Der Biograph Manso versuchte diese üble Geschichte
durch einige romantische Zusätze zu verbrämen. Nach
seiner Darstellung soll Tasso durch eine unglückliche
Liebe zu einer Schwester des Fürsten, zu Leonore von
Este, ins Elend geraten sein. Diese Liebesgeschichte
hatte es in Wirklichkeit nie gegeben, sie war ein erfunde-
ner, romantisierender Zusatz. Goethe dürfte sich nicht
nur dafür, sondern auch für die Schwierigkeiten interessiert haben, die zwischen dem Dichter und seiner höfischen Umgebung auftraten und die es bei ihm in ähnlicher Weise ebenfalls gab. Er galt zu dieser Zeit immer
noch als Außenseiter. Im Jahr 1779 hatte Wieland vermerkt, daß der Haß der höfisch-aristokratischen Kreise
gegen ihn »auf eine Höhe« gestiegen sei, »die nahe an
die stille Wut grenzt.«[45]

Derartige Spannungen öffentlich darzustellen, widersprach allerdings dem höfisch-aristokratischen Gebot
der Dezenz ebenso wie den Wünschen und Vorstellun-

gen Herzog Carl Augusts. Als dieser vom *Tasso* vernahm, riet er von dem ganzen Vorhaben kurzerhand ab,
wie aus einem sehr viel späteren Brief Goethes eindeutig
hervorgeht.[46] Und der Schriftsteller führte auch nur die
ersten beiden Akte aus und ließ sie über Jahre liegen, bevor er sie unter ganz anderen Umständen wieder aufnahm und vollkommen überarbeitete.

In der folgenden Zeit versuchte sich Goethe zurückzuziehen und schrieb in einem Brief vom Herbst 1782
an Knebel: »Seit einiger Zeit lebe ich sehr glücklich. Ich
komme fast nicht aus dem Hause, versehe meine Arbeiten und schreibe in guten Stunden die Mährgen auf die
ich mir selbst zu erzählen von jeher gewohnt bin.«[47]
Nach dieser Anspielung auf den Roman *Wilhelm Meisters theatralische Sendung* heißt es weiter: »Abends bin
ich bei der Stein und habe nichts verborgnes vor ihr. [...]
Und so fange ich an mir selber wieder zu leben [...]«.
Das bürgerlich-häusliche Glück, das der Schriftsteller
seinem Fürsten gewünscht hätte, erlangte er selbst in der
Verbindung mit einer verheirateten Aristokratin, und er
versicherte dieser auch ganz ausdrücklich: »ich bin dir
mein Glück zu Hause [...] schuldig.«[48] Aus Anlaß der
nächsten Reise mit dem Fürsten, die ihn nach Erfurt,
Neunheiligen und Leipzig führte, hieß es kurz vor
Weihnachten 1782: »Liebste Lotte. Ich kann dir nicht
helfen um acht uhr komme ich und klopfe an deiner
Thüre, wenigstens noch deine Stimme zu hören. Wenn
ich es noch zu thun hätte ich ginge nicht weg, wie leer
und kalt ist es in der Welt draussen wie voll und warm
bey dir.«[49]

Zwei Jahre später kam, wiederum in der Weihnachtszeit, die ausdrückliche Weigerung, den Fürsten weiter
auf seinen Reisen zu begleiten. Am 26. Dezember 1784,
dem zweiten Weihnachtsfeiertag, schrieb Goethe an

Herzog Carl August: »[...] ich freue mich sehr daß Sie
meine Weigerung nicht übel aufgenommen haben, denn
ich konnte nach meiner Überzeugung aus mehr als einer
Ursache den Ort nicht verlassen.« Die Ablehnung war
schon vorher erfolgt, in einem Schreiben vom 6. Dezember 1784: »Soviele innre sowie äußere Ursachen halten
mich ab, daß ich Ihrem Rufe nicht folgen kann. [...]
Mich heist das Herz das Ende des Jahres in Sammlung
zubringen, ich vollende mancherley im Thun und Lernen und bereite mir die Folge einer stillen Thätigkeit
aufs nächste Jahr vor, und fürchte mich vor neuen Ideen
die ausser dem Kreise meiner Bestimmung liegen.« Die
genannten Gründe bewegten sich ganz und gar im Vagen
und Allgemeinen. Hinter ihnen stand das konkrete, aber
nicht ausgesprochene Faktum, daß der Schriftsteller sich
über die Weihnachtszeit und das Jahresende nicht von
Charlotte von Stein trennen lassen wollte, deren Geburtstag überdies gerade auf den 25. Dezember fiel.

Dem Fürsten waren diese Gründe natürlich bekannt
und vielleicht reagierte er darum so verständnisvoll,
ohne einen ausgesprochenen Tadel. Hinter seiner Reaktion stand aber nicht nur das Gebot höfischer Zurückhaltung;[50] es gehörte schlichtweg nicht zu den Charakter-
eigenschaften Herzog Carl Augusts, seinen Untergebenen ihre Unartigkeiten penibel wieder zurückzuzahlen.
All dieser fürstlichen Liberalität unerachtet war er über
das Verhalten seines Günstlings keineswegs erfreut, und
in der darauffolgenden Zeit – ab 1785 – erfolgte eine Abkühlung der beiderseitigen Beziehungen. Der Auslöser dafür war allerdings nicht der Herzog, sondern der
Schriftsteller gewesen, der seinem Gönner die Gefolg-
schaft verweigert hatte.

Und wenn Carl August sich zu dieser Zeit auch kon-
ziliant verhielt, so konnte er in einer sehr viel späteren

Äußerung aus dem Jahr 1828 einen alten Unwillen doch nicht verbergen. Er bemerkte über Goethe nun: »Seine längste Liebschaft, die Frau von Stein, sei eine recht gute Frau gewesen, aber eben kein großes Licht. Die Vulpius habe alles verdorben, ihn der Gesellschaft entfremdet [...].«[51] Es handelt sich um die Aussage eines Höflings, die halb verdeckt und verschlüsselt, aber doch vielsagend ist. Die Schuld an den Unstimmigkeiten, die sich im beiderseitigen Verhältnis ergaben, wird ganz auf die aus niederem Stand stammende spätere Frau Goethes geschoben, auf Christiane Vulpius. Charlotte von Stein wird im Verhältnis zwar geschont, aber doch mit sehr herablassenden Ausdrücken bedacht. Daß sie »kein großes Licht« gewesen sei, kann nach zeitgenössischem Sprachgebrauch ihr Äußeres ebenso wie ihren Verstand gemeint haben. In beiden Fällen[52] liegt eine kaum verhohlene Animosität vor, die es Charlotte von Stein noch nach vielen Jahrzehnten zu verübeln schien, daß sie Goethe aus der im Sturm und Drang begründeten, kameradschaftlichen Verbindung zu seinem Fürsten herausgelöst und an ihr erstaunlich anmutendes, weil ohne alle Formalitäten und ungeachtet schon vorhandener Bindungen bestehendes häusliches Glück gefesselt hatte.

Im Jahr 1783 nahm der Schriftsteller Charlotte von Steins Lieblingssohn Fritz (1772–1844) in sein Haus auf und begann ihn mit ihrem Einverständnis nach dem »innern Sinn« von Rousseaus Lehren zu erziehen.[53] Rousseau war in diesen Jahren sowohl der Heros Goethes wie der Charlotte von Steins, und auch Herzog Carl August verehrte ihn so sehr, daß er es auf der Reise, die ihn 1779 in die Schweiz führte, nicht versäumte, jene Orte am Genfer See zu besuchen, die der Handlung seines bekanntesten Romans, der *Neuen Héloïse*, als Kulisse dienten.

Nach einer späteren Äußerung Charlotte von Steins versprach Goethe ihr, nie zu heiraten und einst ihren Sohn Fritz als Erben zu betrachten.[54] Die Briefe des Dichters an sie sind voller Versicherungen ewiger Treue.[55] Sie häufen sich gelegentlich so sehr, daß sie für den historischen Betrachter, der immer schon weiß, daß die Verbindung doch nur ein paar Jahre Bestand hatte, fast etwas Peinvolles bekommen. Auch im *Tagebuch der italiänischen Reise für Frau von Stein*, das im Herbst 1786 niedergeschrieben wurde, hieß es noch: »Laß uns keinen andern Gedancken haben als unser Leben miteinander zu endigen.«[56]

Goethe äußerte sich in den Briefen an seine »Freundin und Geliebte«[57] aber auch offener als anderen Menschen gegenüber. Er trat gewissermaßen mit einem weniger verschlossenen Visier auf, und seine Charakterzüge prägten sich hier deutlicher aus als sonst.

Der spätere Goethe-Mythos hat die Persönlichkeit des Schriftstellers bis zur Unkenntlichkeit verzerrt und entstellt. Der Germanist Hermann August Korff gebrauchte den häßlichen Ausdruck, daß der Dichter »ein Vollmensch« gewesen sei[58] – gerade so, als ob es demgegenüber eine Art Teilmensch gäbe. Der Philosoph Karl Jaspers verklärte Goethe zum »reichsten Menschen«[59]. Auch der Psychoanalytiker Kurt Robert Eissler war noch von derartigen Vorstellungen geprägt und sprach davon, daß »Goethes Größe in der Ganzheit seines Lebens« liege. Er verwendete dafür auch den schönen Ausdruck, daß sein Dasein »ein prächtiges Gebäude«[60] gewesen sei. Und Korff betonte mit einigem Nachdruck, daß der Schriftsteller »kein Sonderling« gewesen sei.[61]

Nun ist eben dies freilich ein Mythos, und in Wirklichkeit traf das genaue Gegenteil zu: Goethe war ein Sonderling und er gestand dies wiederholt ein. Er bemerkte einmal, daß er für seinen »wunderlichen Eigensinn« bekannt gewesen sei und nannte sich einen »seltsamen Menschen«[62]. An Charlotte von Stein schrieb er während des Aufenthalts in Italien: »behalte mich sehr lieb, ob ich gleich so wunderlich bin.«[63] In der Autobiographie gebrauchte er einen sehr entlegenen Ausdruck und sprach von seiner »vielfachen Excentricität«[64]. Die Nachkommen machten Goethe also zum Gegenteil dessen, was er tatsächlich gewesen war: man formte aus dem Sonderling ein Muster des Menschseins und ging dabei auch über dessen eigene Äußerungen vollkommen hinweg.

Aber wie machten sich die Wunderlichkeiten des Schriftstellers bemerkbar? Auf einer Reise in den Harz im Winter des Jahrs 1777 stellte Goethe in einem Brief an Charlotte von Stein folgende Überlegungen an: »Wenn ich so allein bin, erkenn ich mich recht wieder wie ich in meiner ersten Jugend war, da ich so ganz allein unter der Welt umhertrieb. Die Menschen kommen mir noch eben so vor, nur mach ich heut eine Betrachtung. Solang ich im Druck lebte, solang niemand für das was in mir auf und abstieg einig Gefühl hatte, vielmehr wie's geschieht, die Menschen erst mich nicht achteten, dann wegen einiger widerrennender Sonderbaarkeiten scheel ansahen, hatte ich mit aller Lauterkeit meines Herzens eine Menge falscher, schiefer Prätensionen – Es lässt sich nicht so sagen, ich müsste ins Detail gehen – da war ich elend, genagt, gedrückt, verstümmelt wie Sie wollen.«[65]
Es fiel Goethe in diesem Rückblick, der bis in die Zeit der »ersten Jugend« – wohl in die Leipziger Jahre – zurückging, sichtlich schwer, sich genau auszudrücken. Aber die Schwierigkeiten, unter denen er wegen »einiger widerrennender Sonderbarkeiten« so lange zu leiden gehabt hatte, schienen nun wenigstens teilweise behoben.

Der Grund dafür war einfach, daß Weimar und die dortige Laufbahn sein Lebensgefühl gehoben hatten. Bevor er im Jahr 1779 anläßlich der Reise mit Carl August in die Schweiz wieder nach Frankfurt zurückkehrte, schrieb er an die dort wohnende Mutter: »ich käme das erstemal ganz wohl und vergnügt und so ehrenvoll als möglich in mein Vaterland zurück.«[66] Jede frühere Heimkehr war weniger erfreulich gewesen, die erste, die aus Leipzig, nahezu eine Katastrophe. Doch mittlerweile hatte er es ja zu etwas gebracht: nach seinem 30. Geburtstag, kurz vor der Reise in die Schweiz, hatte ihn der Herzog zum Geheimrat ernennen lassen, und Goethe schrieb: »[...] es kommt mir wunderbar vor dass ich so wie im Traum, mit dem 30ten Jahre die höchste Ehrenstufe die ein bürger in Teutschland erreichen kan, betrete.«[67]

Trotz seiner erfolgreichen Laufbahn war Goethe aber nach wie vor ein Außenseiter und Sonderling, und er vermerkte dies sehr genau. Als er im Herbst 1777 nach Eisenach kam, wo die Tagung der Landstände die Anwesenheit des Herzogs und seiner obersten Beamten erforderte, wurde er auf der Wartburg einquartiert, auf der schon Luther eine Zeit gelebt und die Bibel ins Deutsche übersetzt hatte. Dort oben gefiel es ihm recht gut; er rühmte den Blick über das Städtchen, über die Wiesen, Felder und Wälder, notierte aber auch: »ich habe mit den Leuten unten, die ganz gute Leute seyn mögen[,] nichts gemein«.[68] In seinem Tagebuch drückte er sich noch deutlicher aus: »die Klufft zwischen mir und denen Menschen allen fiel mir so grass [kraß] in die Augen«.[69]

Zwischen dem Dichter und anderen Leuten befand sich stets ein Graben, zu dem es in einem Schreiben an Charlotte von Stein aus dem Jahr 1780 hieß: »Unbegreifflich ists, was Dinge die der geringste Mensch leicht begreifft, sich drein schickt, sie ausführt, dass ich wie durch eine ungeheure Klufft davon gesondert bin.«[70] Erläuternd fügte Goethe hinzu: »Die grösste Schwürigkeit ist dass ich das Gemeine kaum fassen kan.« Der Begriff des »Gemeinen« bezeichnete nach damaligem Sprachgebrauch in der Regel das Einfache und Gewöhnliche, dasjenige, was eigentlich jedermann faßbar war, womit der Schriftsteller aber seine Schwierigkeiten hatte. Zu den Irritationen, die oft schon durch alltägliche Vorkommnisse ausgelöst wurden, kam eine gewisse Schwerfälligkeit oder Schwerblütigkeit hinzu. Goethe mußte bedauernd konzedieren, er habe »weder Leichtigkeit noch Offenheit [...] mit den Menschen sogleich zu leben«.[71] An »Leichtigkeit« fehlte es ihm ganz und gar. Er hatte überhaupt nichts von jenem sanguinischen Temperament an sich, das dazu verhilft, unbeschwerter durchs Leben zu kommen. In seinem *Tasso* wußte er den Mangel in dichterischen Worten folgendermaßen auszudrücken:

> [...] Dieß Gemüth ist nicht
> Von der Natur bestimmt, ich fühl es leider,
> Auf weichem Element der Tage froh
> Ins weite Meer der Zeiten hinzuschwimmen.[72]

Dieser Charakterzug des Dichters Torquato Tasso war auch Goethe selbst eigen. In dem vorher zitierten Brief hieß es weiter: »Es ist mir auch ein Unglück, ich habe gar keine Sprache für die Menschen wenn ich nicht eine Weile mit ihnen bin.« Er war auch kein offener oder mitteilsamer Mensch. Er konnte wohl über Dinge, über die er Bescheid wußte, reden, manchmal sogar sehr gut reden, aber jenes Sich-Mitteilen, das für die zwischenmenschliche Kommunikation so wichtig ist, bereitete ihm immer wieder Schwierigkeiten. Goethe wirkte da-

her oft ausgesprochen zugeknöpft und unzugänglich.
Und seine literarische Produktion stellte, psychologisch
gesehen, nicht etwa den Ausdruck eines rede- oder mit-
teilungsfreudigen Menschen, sondern im Gegenteil eher
eine Kompensation für eine zu gering entwickelte Kom-
munikationsfähigkeit dar.

Zu den genannten Eigenheiten kam noch eine überaus
große Empfindlichkeit, ja extreme Reizbarkeit hinzu. In
seiner Autobiographie sprach Goethe von seinem »über-
zarten Gefühl« und bemerkte, daß ihn beim Rezitieren
eigener Werke schon Kleinigkeiten außerordentlich irritieren konnten: »Denn mich hinderten leicht gewisse ge-
genwärtige Personen, denen mein überzartes Gefühl vielleicht Unrecht thun mochte; ich ward manchmal mitten
im Recitiren irre und konnte mich nicht wieder zurecht
finden. Wie oft bin ich nicht deßhalb des Eigensinns und
eines wunderlichen grillenhaften Wesens angeklagt worden!«[73] Bereits die Gegenwart einer Person, die ihm nicht
ganz behagte, konnte ihn vollkommen durcheinander
bringen, und andere Menschen, die sich kaum vorstellen
konnten, daß jemand so empfindlich sein mochte, hielten
ihn darum für einen wunderlichen Zeitgenossen.

Die überaus große Empfindlichkeit dürfte einerseits
im Zusammenhang mit dem hochentwickelten Sinn für
die Sprache stehen, den der Dichter Goethe immer wieder zeigt. Dessen Fähigkeit, poetische Ausdrucksmög-
lichkeiten des Deutschen in den verschiedensten Formen zu finden und zu realisieren, wurde kaum je wieder
erreicht. Andererseits bereitete ihm seine Reizbarkeit im
Alltagsleben oft Schwierigkeiten. Dinge, die von anderen Menschen als Lappalien oder sogenannte unvermeidliche Begleiterscheinungen des Lebens aufgenommen wurden, konnten ihn stark irritieren, vermochten
sein überaus labiles inneres Gleichgewicht schon ins

Schwanken zu bringen. In seinem Tagebuch hieß es dazu bildlich, aber aussagekräftig: »Ich bin nicht zu dieser Welt gemacht, wie man aus seinem Haus tritt geht man auf lauter Koth.«[74]

In jungen Jahren führte die große Empfindlichkeit nicht selten zu einer gewissen Launenhaftigkeit, zu einem ständigen Umschwung seiner Stimmungen, der auf Umwelt und Mitmenschen unangenehm wirken konnte. Im Lauf seines Lebens suchte Goethe das ihm selbst lästige Schwanken seines empfindlichen Gleichgewichts durch verschiedene Mittel auszugleichen oder zu unterdrücken. Auch darüber gibt die Korrespondenz mit Charlotte von Stein Auskunft.

Im Jahr 1778 hieß es in der typisch poetischen Ausdrucksweise, die sich in Goethes Briefen nur gelegentlich findet: »Sonst war meine Seele wie eine Stadt mit geringen Mauern, die hinter sich eine Citadelle auf dem Berge hat. Das Schloss bewacht ich, und die Stadt lies ich in Frieden und Krieg wehrlos, nun fang ich auch an die zu befestigen«.[75] Was mit dem Ausdruck »Citadelle« bzw. »Schloß« und der Äußerung, daß er diese gut bewacht habe, gemeint ist, läßt sich leicht erklären: er achtete darauf, niemandem zu nahe zu kommen. Dies galt auch für die Liebe, und der Dichter ging darum in seiner galanten Zeit, in der er den Damen so gut gefiel, allen allzu engen Bindungen vorsichtig aus dem Weg. Aus diesem Grund war ihm der Abschied von der jugendlichen und umschwärmten Elisabeth Schönemann auch so leichtgefallen.

Neben dem Vermeiden allzu enger Bindungen gab es einen weiteren, bewußt gesteuerten Vorgang, der in diesem Brief mit dem Wort »befestigen« umschrieben wurde: Goethe begann sich allmählich in sich selbst einzuschließen und nach außen abzukapseln. Er suchte eine

Art Schutzwall um sich zu errichten, der verhindern sollte, daß sein äußerst verletzliches inneres Gleichgewicht bereits durch Kleinigkeiten vollkommen durcheinander gebracht wurde.

Dieses In-Sich-Zurückziehen wurde ein für Goethes ganzes Leben kennzeichnender Vorgang. Er taucht daher in den folgenden Kapiteln immer wieder auf. Einige der Ergebnisse dieses Prozesses seien hier, der Klarheit halber, jedoch schon vorweggenommen. Das ständige Sich-Abschotten zog im Lauf der Jahre auch eine totale Veränderung der äußeren Erscheinung des Schriftstellers mit sich. Es führte allmählich dazu, daß Goethe ein immer unbeweglicheres und starrer werdendes Äußeres zur Schau trug, das ihm zuletzt wie eine Maske anhaftete und kaum noch einen Blick auf sein ursprüngliches Wesen gestattete. So wurde aus dem überaus empfindlichen und verletzbaren jungen Schriftsteller schließlich jener zugeknöpfte, in sich verschlossene und bis zur Schwerfälligkeit steife und unnahbare Geheimrat und Minister, als der der alte Dichter seinen Zeitgenossen immer wieder entgegentrat.

Diese auf den ersten Blick unkünstlerisch anmutende Erscheinung entsprach keineswegs seinem ursprünglichen Naturell. Sie war das Resultat jenes jahrzehntelangen systematischen Sich-Abkapselns gegen die Außenwelt, das ihn vor ständigen Irritationen bewahren sollte und das allmählich auch sein Äußeres vollkommen verwandelte. Im ersten Weimarer Jahrzehnt, in der vielfältigsten und arbeitsreichsten Epoche seines Lebens muß Goethe hingegen noch anders gewirkt haben. Zwar hafteten ihm damals schon gewisse Merkwürdigkeiten und Sonderlichkeiten an. Zu ihnen gehörte etwa, daß er in Gesellschaft ihm unbekannter Personen oft sehr zugeknöpft wirkte. Eine von zwei Damen, die im Jahr 1784 zu einem

Diner bei Charlotte von Stein eingeladen waren, berichtete, daß sie »zu Ende desselben den Geheimen Rat Goethe hineintreten sahen. Er ist in dem Hause des Herrn von Stein sehr bekannt. Er hat etwas entsetzlich Steifes in seinem ganzen Betragen und spricht gar wenig. Es war mir immer, als ob ihn seine Größe verlegen machte.«[76] Es dürfte weniger der unter den Zeitgenossen schon als beträchtlich geltende Wuchs als vielmehr die allzu offenkundige Entdeckung seiner Rolle als Hausfreund gewesen sein, die den Schriftsteller in Verlegenheit setzte.

Dessen ungeachtet war Goethe wohl zu kaum einer Zeit seines Lebens zugänglicher und umgänglicher als damals. Die Brüder Stolberg, die im gleichen Jahr 1784 wieder nach Weimar kamen, staunten darüber, daß sich der Schriftsteller seit ihrem letzten Besuch, seit 1776, nur in positiver Weise verändert zu haben schien. Er war inzwischen weniger wechsel- und launenhaft geworden als früher, ansonsten aber ganz der alte geblieben, und Friedrich von Stolberg erging sich im empfindsamen Ton der Zeit in den größten Lobeserhebungen über ihn.[77] Ein entscheidender Anstoß für diesen Wandel war von Charlotte von Stein ausgegangen; Goethe schrieb am 9. April 1782 an sie ausdrücklich: »[. . .] hätt ich wohl ohne dich ie meinen Lieblingsirrthümern entsagen mögen.«

Als Schiller 1787 zum erstenmal nach Weimar kam, berichtete er: »Goethe wird von sehr vielen Menschen [. . .] mit einer Art von Anbetung genannt, und mehr noch als Mensch denn als Schriftsteller geliebt und bewundert.«[78] Später war es umgekehrt. Im Alter wurde der Dichter bewundert, aber der Mensch Goethe war nur noch wenigen zugänglich. Die Veränderungen, die durch den bewußten, fast über das ganze Leben hinweg betriebenen Vorgang der Abkapselung nach außen bewirkt wurden, waren tatsächlich so groß, daß man in

dem alten Dichter kaum noch den jungen wiederer-
kannte. Im Jahr 1812 schrieb Charlotte Schiller, mittlerweile schon die Witwe des Schriftstellers, etwas melan-
cholisch: »Wie interessant war der Meister ehemals, wie
weich, wie hat er geliebt, und wie konnte sich das ändern!
Es ist mir ein Rätsel, diese Natur«.[79] In einem noch späteren Zeugnis aus dem Jahr 1828 äußerte Herzog Carl
August über seinen mittlerweile hochberühmt gewordenen Günstling sogar, er sei innerlich kühl, ein Mensch
ohne starke Emotionen und habe »eigentlich große Leidenschaft nicht empfunden«.[80] Die Vorstellungen des
Herzogs von »großer Leidenschaft« wurden von dem bestimmt, was er selbst für die gut 20 Jahre jüngere Weimarer Schauspielerin Caroline Jagemann (1777–1848) empfunden hatte, die 1802 seine offizielle Mätresse geworden
war. Um sie und um die drei gemeinsamen Kinder kümmerte er sich fast schon mit der Fürsorglichkeit eines bürgerlichen Hausvaters. Die Einschätzung seines alten
Günstlings war jedoch falsch. Der Herzog vermochte die
Veränderungen, die im Lauf der Zeit mit diesem vorgegangen waren, nicht richtig einzuschätzen. Während
Charlotte Schiller sehr wohl begriff, wie sehr sich dieser
gewandelt hatte und wie völlig anders er ehedem gewesen
war, nahm Carl August, der Goethe nun schon so und so
viele Jahre nicht anders als distanziert und in sich verschlossen erlebt hatte, an, er müsse innerlich kühl und ein
Mensch ohne größere Emotionen sein. Er sah nicht, daß
unter diesem starren Äußeren eine ganz anders geartete
Persönlichkeit steckte, daß dieses Benehmen nur eine an-
genommene Attitüde der Zurückhaltung und Distanziertheit war, die der Schriftsteller so lange aufrecht gehalten hatte, bis sie ihm zu einer zweiten Natur geworden
war und sein ursprüngliches Wesen vollkommen ver-
deckte.

## FÜNFTES KAPITEL

# »– – Regieren!!« – Goethes Tätigkeit als Weimarer Beamter

In Goethes Tagebuch findet sich schon im Jahr 1777 der emphatische Ausruf: »– – Regieren!!«[1], der seine damaligen Wünsche und Hoffnungen kennzeichnet. Aber das Regieren oder vielmehr Verwalten erwies sich in der Praxis oft als eine mühsame und verwickelte Angelegenheit. Der thüringische Kleinstaat Sachsen-Weimar-Eisenach war bei aller Enge der Verhältnisse ein kompliziertes Gebilde. Sein Territorium war durch Erbteilungen, die später nur teilweise rückgängig gemacht wurden, aufgesplittert worden und setzte sich aus mehreren räumlich und organisatorisch voneinander getrennten Gebieten zusammen.

*Rekrutenaushebung*
*Federzeichnung Goethes*
*März 1779*

Weimar und die Stadt Jena mit ihrem Umland bildeten den einen Teil, das westlich hinter Erfurt liegende Eisenach samt Umgebung den anderen; zu beiden kam noch das kleine, weiter südlich zum Thüringer Wald hin gelegene Amt Ilmenau hinzu. Der Weimar-Jenaer und der Eisenacher Teil hatten verschiedene Regierungen, die sowohl für das Gerichtswesen wie für die Verwaltung zuständig waren, denn eine Gewaltenteilung im modernen Sinn kannte man nicht. Aber es gab nicht nur verschiedene Oberbehörden, in

den einzelnen Landesteilen war auch sonst bis in kleinste Kleinigkeiten hinein vieles verschieden. Sie hatten
teilweise verschiedene Maße und Gewichte und Pfarrer,
die an verschiedenen Seminaren ausgebildet wurden –
Weimar und Eisenach erkannten erst nach 1806 ihre
Theologen gegenseitig an.

Vor allem aber besaßen sie unterschiedliche Gesetze. Es
galt jeweils das, was die Regierungen im Lauf der Jahre erlassen hatten und was mit den Bestimmungen im anderen
Landesteil nicht übereinstimmen mußte. Es gab also ein
Weimarer und ein Eisenacher Recht, und die Sachlage
wurde dadurch noch komplizierter, daß die jeweiligen Zustände nicht kodifiziert, nicht in Gesetzbüchern festgehalten waren. Es mußte stets auf die Originaledikte zurück-
gegriffen werden, zu denen es wiederum spätere Ergänzungen geben konnte, ohne daß dies irgendwo außer in
diesen selbst vermerkt wurde. Die Lage war so, daß der
Rechts- und Verfassungshistoriker Fritz Hartung mit
Recht bemerkte: es war »eine fast unlösbare Aufgabe, die
Landesgesetze sämtlich zu kennen«.[2] Und eine Verbesserung war nicht in Sicht, weil die Bewältigung einer derartigen Aufgabe das Leistungsvermögen des Kleinstaats
erheblich überforderte. Erst in den Jahren 1800 bis 1805
erschien eine Zusammenstellung der Gesetze Weimars in
zehn Bänden, die jedoch keine offizielle Kodifikation,
sondern eine private Sammlung darstellte, und auf eine
entsprechende Edition des Eisenacher Rechts mußte man
noch länger warten.

Trotz dieser Rechtsunsicherheit konnte man nicht von
einer schrankenlosen Willkürherrschaft sprechen. Der
Kleinstaat des 18. Jahrhunderts hatte längst nicht das
Maß an Verfügungsgewalt über die Einwohner, das
heute selbstverständlich geworden ist. So gab es etwa
schon deshalb keine Einkommenssteuer im modernen

Sinn, weil es als nicht opportun galt, genauer zu unter-
suchen, wieviel ein beliebiger Untertan denn verdiente.
Dergleichen gehörte zur Privatsphäre, die strikt respektiert wurde, und zwar bis in Bereiche hinein, in denen es
heute seltsam wirkt: auch von Vorschriften zur Regulierung des Gesundheitswesens wurde oft Abstand genommen, weil diese ja private Dinge betroffen hätten.

Zudem waren Regierung und Verwaltung des Territoriums zweigeteilt. Neben dem Fürsten gab es die Stände,
die sich längst bürokratisiert und eigene Verwaltungs-
organe gebildet hatten. Daher fand man in Sachsen-Weimar-Eisenach mit seinen insgesamt rund 90 000 Einwohnern neben den fürstlichen noch die ständischen Behörden. Und da die deutsche Landkarte von Klein- und
Zwergstaaten übersät war, die alle ähnliche Strukturen
aufwiesen, galt das alte deutsche Reich als ein Musterland
des Bürokratismus und des Beamtentums. Dieser Ruf
hielt sich lange; er ließ noch Dostojewskij (1821–1881) in
dem 1868 erschienenen Roman *Der Idiot* sagen, es sei alles »nach dem schönsten deutschen Muster«[3], wenn er
darauf hinweisen wollte, daß Behördengeist und -apparat
nun auch in Rußland immer mehr überhand nahmen.

Die Zweiteilung der Regierung und Verwaltung zwischen dem Fürst und den Ständen schuf andererseits ein
Korrektiv zu den unsicheren Rechtsverhältnissen. In den
großen Territorien des Reichs, voran in Preußen, hatten
die Herrscher die Stände bereits entrechtet und ihre
Funktionen den eigenen, fürstlichen Behörden übertragen, die dadurch immer mächtiger wurden. In den kleineren Staaten war eine derartige, natürlich rechtswidrige
Machtusurpation nicht möglich. Die Stände konnten bei
einer Verletzung ihrer Rechte an das oberste Reichsge-
richt, den Reichshofrat in Wien, appellieren, der in der
Regel zu ihren Gunsten entschied. Und gab der Fürst

dann nicht nach, drohte ihm sogar eine Reichsexekution, eine Durchsetzung des Gerichtsbeschlusses mit einem vom Reich aufgestellten Heer. Ein derartiges Vorgehen hatten natürlich nur die Herrscher der Klein- und Mittelstaaten zu fürchten, die in einem solchen Fall zur Beute ihrer größeren Nachbarn wurden, und daher blieben ihnen ihre Stände zwangsläufig erhalten.

In all den kleineren und mittleren Territorien des Reichs war daher lediglich ein sehr eingeschränkter Absolutismus zu finden. Nur auf ihrem eigenen Besitz und gegenüber ihren eigenen Untertanen konnten die Fürsten absolutistisch auftreten. Zu letzteren gehörten allerdings auch die Beamten, die damals noch als die persönlichen Diener ihrer Herren betrachtet wurden, und dieser Status konnte recht unangenehme Folgen haben. Nicht in Weimar, wo spätestens seit Anna Amalia aufgeklärte Herrscher regierten. Aber es gab bis über das Jahr 1800 hinaus Potentaten, die ihre Beamten sogar ohrfeigten, wenn sie in Wut gerieten, und aus solchen und ähnlichen Vorkommnissen entstand schon im späten 18. Jahrhundert das Schreckbild des deutschen Kleinstaat-Despotismus. Dieses Schreckbild ist bürgerlichen Ursprungs. Es wurde von jenem Bürgertum geschaffen, aus dem auch die Beamten hervorgingen, die manchmal so schmerzhaft unter ihren Fürsten zu leiden hatten, und daher betonte es in einseitiger Weise die negativen Seiten der Kleinstaaterei. In Wirklichkeit fielen die Zustände sehr unterschiedlich aus. In der unmittelbaren Nähe despotisch veranlagter Fürsten gab es sowohl in den kleinen wie in größeren Staaten krasse Mißstände,[4] manche Kleinstaaten wurden hingegen vorbildlich regiert, und ihre Einwohner lebten vielfach ruhiger, bequemer und besser als die der großen Territorien des Reichs. Denn Militär und Kriegswesen spielten hier nur eine untergeordnete Rolle und die Privatsphäre wurde sehr genau respektiert.

Der ehrgeizige junge Herzog Carl August mußte bald feststellen, daß die insgesamt drei Ständevertretungen Sachsen-Weimar-Eisenachs seinem Tatendrang enge Grenzen zogen. Das kleine Ilmenau besaß zwar keine eigenen Stände und wurde ebenso wie Jena vom Weimarer Regierungskollegium betreut. Aber die Universitätsstadt Jena war durch eine Erbteilung, die später rückgängig gemacht wurde, einmal unabhängig geworden, und besaß seitdem ein Ständekollegium, das in den Belangen der Staatsverwaltung ebenso gehört werden wollte wie die Vertreter der anderen Landesportionen.

Der Angelpunkt der gesamten Kleinstaatpolitik war das Finanzwesen, das ebenfalls dualistisch organisiert war. Neben der fürstlichen Finanzverwaltung, der sog. Kammer, gab es eine ständische, die Landschaftskasse. Die Steuern waren aus Finanzhilfen der Stände für die notorisch geldknappen Fürsten hervorgegangen und ursprünglich befristet gewesen. Die Befristung war längst weggefallen, aber das Recht auf Steuerbewilligung und der Steuereinzug lagen immer noch bei den Ständen, die damit jede allzu große Machtentfaltung des Regenten sehr wirksam begrenzen konnten.

Die Finanzlage war seit dem Regierungsantritt Carl Augusts das drängendste Problem Sachsen-Weimars. Denn nun war eine doppelte Hofführung zu bezahlen, die des Herzogs ebenso wie die seiner Mutter Anna Amalia, und dafür reichte der Etat nicht aus. Die Herzoginmutter war mit der verhältnismäßig bescheidenen Summe von 40 000 Talern pro Jahr ausgekommen – während ihr Mann Ernst August Constantin einst über 80 000 Taler verbrauchte – und hatte damit sogar noch kulturelle Aktivitäten fördern können. Aber für zwei

Hofhaltungen forderten alle Kalkulationen mindestens die Summe von 54 000 Talern, die Einnahmen des Haushalts beliefen sich aber nur auf 44 000. Die Aufgabe diese Lücke zu schließen oder zu überbrücken, war in Goethes erstem Weimarer Jahrzehnt das größte Problem der Staatsverwaltung, das mittelbar alle anderen Bereiche, insbesondere die soziale Frage und die Gestaltung des Steuerrechts betraf.

Herzog Carl August ernannte kurz nach seinem Regierungsantritt einen neuen Kammerpräsidenten, einen neuen Leiter des fürstlichen Finanzwesens. Es war Johann August von Kalb (1747–1814), der eine anspruchsvolle Reform durchsetzen wollte. Er beabsichtigte, die Armen zu entlasten und zugleich die Einnahmen zu erhöhen. Der Vorsatz war insofern nicht völlig unrealistisch, als die Steuern damals geringfügig, ja im Vergleich zur Gegenwart fast lächerlich niedrig waren. Zudem war das ganze Steuersystem noch viel weniger als heute darauf ausgerichtet, die Untertanen nach ihren jeweiligen Einkünften an den Staatsfinanzen zu beteiligen. Privilegien bei den direkten Steuern wie bei den indirekten – in der Art, wie sie heute für Diplomaten existieren, aber damals ganze Klassen der Bevölkerung erfaßten – durchlöcherten es systematisch. Dazu kam, daß der Steuereinzug ineffektiv und das Rechnungswesen so unterentwickelt war, daß Unterschlagungen gang und gäbe waren. Das ständige Versickern eines Teils der Einnahmen innerhalb des Steuersystems galt als so selbstverständlich, daß es mit dem beschönigenden Namen »Propre-Rest« umschrieben wurde.

Gegen all diese Mißstände konnte Kalb nur ein paar kleine Reformen durchsetzen. Er erreichte, daß künftig nur noch ein Steuereinnehmer (und -»hinterzieher«) auftrat, derjenige der Landschaftskasse, und nicht mehr zwei, wie bisher. Und ihm gelang die Abschaffung einer Sonderabgabe, die gerade die Armen getroffen hatte, die Strumpfwirker in Apolda. Diese sind nachgerade zu einiger Berühmtheit gelangt, weil Goethe, als er im März 1779 an seiner *Iphigenie* arbeitete, die Bemerkung machte: »Hier will das Drama gar nicht fort, es ist verflucht, der König von Tauris soll reden als wenn kein Strumpfwürcker in Apold[a] hungerte.«⁵ Man hat diese Äußerung auch so aufgefaßt, als ob in seinem Schauspiel die sozialen Belange verdrängt werden sollten. Diese Sichtweise wird der *Iphigenie auf Tauris* als literarischem Werk allerdings nicht gerecht: das Stück war nicht als Sozialdrama konzipiert und hätte sich von seiner ganzen Anlage her nicht dazu geeignet. Und wenn es auch nicht in dieser Richtung orientiert war, so griff es doch ein anderes politisches Thema der Zeit auf: das der gerechten Herrschaft und des Despotismus.

Die Strumpfwirker von Apolda arbeiteten nach dem Verlagssystem, d. h. sie wurden mit dem Rohstoff beliefert, aus dem sie in Heimarbeit die Fertigwaren herstellten, die ihnen die Unternehmer dann wieder abnahmen und verkauften. Dieses System war häufig von sozialen Mißständen begleitet, von einem »übermäßig lange[n] Arbeitstag« und von »Kinderarbeit«⁶ – denn das Entgelt war so niedrig, daß die Kinder meist mitarbeiten mußten. Da die Unternehmer immer möglichst geringe Löhne zahlten, war die Hausindustrie typischerweise in Gegenden angesiedelt, in denen es einen Überschuß an billigen Arbeitskräften gab, in denen also Armut herrschte. Dies galt neben dem Thüringer Wald auch für Apolda, das wirtschaftlich noch ungünstiger gestellt war als die fürstliche Hof- und Residenzstadt Weimar.

Da die Apoldaer Webstühle in diesen Jahren das »bedeutendste wirtschaftliche Unternehmen im weimari-

schen Staate«[7] darstellten, war ihr Niedergang um so
unerfreulicher. Schon 1779, als Goethe an der *Iphigenie*
arbeitete, gab es einen Einbruch, der vor allem durch
den Bayerischen Erbfolgekrieg bedingt war. Nach dessen Ende folgte noch einmal eine Erholung, aber ab dem
Jahr 1784 mußte der größte Teil der Anlagen stillgelegt
werden. Bereits 1779 hatte ein Weimarer Aristokrat und
hoher Beamter, der Präsident des Oberkonsistoriums
und Direktor der Landschaftskasse, Karl Friedrich Freiherr von Lyncker, vorgeschlagen, den Betrieb der Webstühle doch von dieser Kasse, dem Organ der ständischen Finanzverwaltung, übernehmen zu lassen. Es war
eine Art Sozialisierungsplan, von dem sich in Goethes
Unterlagen eine Abschrift findet und der die Strumpfwirker »dem bisherigen enormen Druck der Verleger
und dem Bettelstab«[8] entziehen sollte. Er wurde aber
nicht realisiert und wäre wahrscheinlich auch nicht reali-
sierbar gewesen. Denn im System der Hausindustrie
wurde eine schwindende Nachfrage stets an die Heimar-
beiter weitergegeben, und die Landschaftskasse hätte die
Waren, die die Unternehmer nicht verkaufen konnten,
gewiß ebenso wenig absetzen können. Die Entlastung
der Apoldaer Strumpfwirker, die Kalb durchsetzte, war
also nicht viel mehr als der sprichwörtliche Tropfen auf
dem heißen Stein, der den Niedergang des Gewerbe-
zweigs nicht aufhalten konnte.

Kalbs Pläne hatten andererseits auf eine Erhöhung
der Einnahmen abgezielt. Ein durchaus natürlicher Vorgang, denn die damaligen Staaten wiesen alle einen stets
wachsenden Finanzbedarf auf. An erster Stelle stand
wiederum der aufgeklärte Militärstaat Preußen. Dort
wurde, nicht zuletzt aufgrund des riesigen Heeres,[9] das
man unterhielt, in Form einer Akzise ein besonders aus-
geklügeltes und bei der Bevölkerung ausgesprochen ver-

haßtes Umsatzsteuersystem eingeführt. Den Preis für die Großmacht- und Expansionspolitik des Hauses Hohenzollern hatten auf diese Weise die Untertanen zu bezahlen, und da er über Verbrauchssteuern zu entrichten war, traf er die Ärmsten am härtesten.[10]

Einem derart rigiden Umsatzsteuersystem hätten die Weimarer Stände natürlich nie zugestimmt, und Kalb dachte daher auch nur an eine Handelsakzise auf Luxuswaren und Importgüter, die das hier ohnehin nicht wohlfeile Leben für die Begüterten noch etwas teurer gemacht hätte. Zunächst sah es so aus, als ob die überwiegend aus Rittergutsbesitzern bestehenden Stände Weimars und Eisenachs dieser merkantilistischen Maßnahme zustimmen würden. Aber dann monierte das Jenaer Kollegium, daß eine solche Akzise Teuerungen auslösen und die Studenten aus der Universitätsstadt vertreiben würde, und weil sich die übrigen Ständevertretungen dieser schwer nachprüfbaren Argumentation anschlossen, war Kalbs Vorschlag erledigt.

Zur notdürftigen Überbrückung der Haushaltslücken wurde daher eine Personensteuer eingeführt, die zwar nach einer ungefähren Schätzung des jeweiligen Vermögens gestaffelt war, aber auch die kleinen Leute traf, und somit das Gegenteil der von Kalb angestrebten Entlastung der Armen bewirkte. Ein Ausgleich des Etats wurde dennoch nicht erreicht. Die Ausgaben überstiegen weiterhin die Einnahmen, und 1779 stand die Kammer kurz vor der Zahlungsunfähigkeit. Man nahm daher einen Kredit über 50 000 Taler bei der reichen Stadt Bern auf, aber ein paar Jahre später war man kaum noch in der Lage, die Zinsen dafür aufzubringen.

Der erste eigene Geschäftsbereich, den Goethe 1777 übernahm, war die Bergwerkskommission, die den vor Jahren eingestellten Silberabbau in Ilmenau wiederbele-

ben sollte. Dieses Vorhaben war ein Lieblingsprojekt des
Schriftstellers, das seinen aufkommenden Interessen an
den Naturwissenschaften und insbesondere der Geologie
entsprach. Zur Eröffnung des Bergwerks sollte es allerdings erst im Jahr 1784 kommen, und ein Grund dafür
war vielleicht, daß der Kammerpräsident von Kalb den
romantisch gefärbten Vorstellungen des Dichters über die
Wiederbelebung des Bergbaus skeptisch gegenüberstand.
Dieser hatte Ende 1778 in seinem Tagebuch jedenfalls ein
»hundsfüttisches Votum von K in der Bergw. Sache« zu
beklagen.[11] Es dürfte der Beginn gewisser Animositäten
gegen den Kollegen gewesen sein, den Goethe seit der
›Sturm und Drang‹-Zeit kannte und daher auch duzte.[12]

Im Jahr 1779 übernahm der Schriftsteller die Kriegs-
und die Wegebaukommission. In der Kriegskommission
hatte er im Bedarfsfall Rekruten auszuheben, und dieser
Aufgabe wegen war er zu Beginn des Jahres 1779, während der Niederschrift der *Iphigenie*, auch in Apolda gewesen. Eine umfassendere und wichtigere Aufgabe bot
die Wegebaukommission.[13] Denn das Straßennetz befand sich damals in ganz Deutschland in einem, gegenüber den westlichen Nachbarn Frankreich und England,
ausgesprochen rückständigen Zustand. Und auch die
geographische Randlage und Weltabgeschiedenheit des
Herzogtums Sachsen-Weimar war darauf zurückzuführen, daß die Verbindungen zu anderen Territorien und
zu den großen Verkehrsadern sehr schlecht waren.

Der Physiker und Schriftsteller Georg Christoph
Lichtenberg veranschaulichte die Mängel des deutschen
Transport- und Beförderungswesens in einer hübschen
Satire. Er spottete, daß es in Deutschland schon deshalb
keine richtigen Romane geben könne – als führend galten damals die Engländer –, weil Entführungen und das
sog. Durchbrennen aufgrund der üblen Straßenverhält-

nisse verhindert würden: »Wenn ein Mädchen mit ihrem Liebhaber aus London des Abends durchgeht, so kann sie in Frankreich sein, ehe der Vater aufwacht [. . .]. Hingegen in Deutschland, wenn auch der Vater den Verlust seiner Tochter erst den dritten Tag gewahr würde, wenn er nur weiß, daß sie mit der Post gegangen ist, so kann er sie zu Pferde immer noch auf der dritten Station wieder kriegen.«[14]

Man darf sich unter dem Weimarer Wegenetz nichts vorstellen, was allzu große Ähnlichkeit mit modernen Straßen gehabt hätte. Verkehr und Transport waren zu einem großen Teil noch auf altertümliche Geleisewege angewiesen, d. h. auf Trassen, die seit jeher von Gefährten aller Art genutzt wurden und auf denen sich im Lauf der Zeit im Abstand der Wagenräder daher Geleise herausgebildet hatten. Auch diese Wege unterlagen ständiger Abnutzung und mußten immer wieder saniert werden. An manchen Stellen wurden die Fahrrinnen von den Wagenrädern so tief eingegraben, daß Löcher entstanden, die von den Arbeitern wieder eingeebnet werden mußten, damit sich bei feuchter Witterung kein Wasser in ihnen sammelte und Morastlöcher bildete oder die Trasse bei Frost sogar aufsprengte. Diese archaisch anmutende Tätigkeit hieß man das Einziehen der Geleise; es war die grundlegende Pflege- und Konservierungsmaßnahme, die im Weimarer Wegenetz immer wieder anfiel.

Die Tätigkeit in diesem wichtigen Bereich wurde Goethe dadurch erleichtert, daß er in dem Ingenieur de Castrop (1731–1785) lange einen fähigen Mitarbeiter zur Verfügung hatte, der alle Arbeiten zuverlässig ausführen ließ; er selbst hatte nur die Direktiven festzulegen, zu bestimmen, wo und in welchem Umfang gearbeitet wurde. In den Jahren von 1779 bis 1781 befleißigte er sich dabei größter Sparsamkeit. Er hielt sich strikt an den ihm zustehenden Etat, ja beanspruchte teilweise weniger Mittel, als bewilligt worden waren. Dies wurde von Herzog Carl August sehr beifällig aufgenommen, verhinderte aber alle größeren Bauvorhaben und zwang zu einer Beschränkung auf reine Reparatur- und Erhaltungsmaßnahmen.

Im Jahr 1782 entließ Herzog Carl August den bisherigen Kammerpräsidenten von Kalb. Der junge Fürst schrieb kurzweg, »durch den Abgang des vormaligen Präsidenten von Kalb« sei »das Directorium in Euerm Collegio erledigt«.[15] Und er verfügte, daß er Goethe »Gelegenheit« geben wolle, »sich mit denen Cammerangelegenheiten näher bekannt zu machen und Uns in diesem Fach in der Folge nützliche Dienste zu leisten«[16].

Was im einzelnen geschah, ist nicht klar. Kalb hatte Spekulationen unternommen, die Geld einbringen sollten, aber mißglückten und die Kasse noch mehr belasteten. Persönliche Unregelmäßigkeiten wurden ihm zwar nachgesagt, aber es gab keine belegbaren Vorwürfe, und er wurde auch nicht unehrenhaft entlassen, sondern erhielt die für seine wenigen Dienstjahre sehr ordentliche Pension von jährlich 1000 Talern. Am merkwürdigsten nimmt sich daher die Art aus, wie der junge Herzog die Stelle des obersten Beamten seines Finanzwesens kurzerhand einkassierte und im weiteren seinen Günstling als dessen behelfsmäßigen Leiter fungieren ließ. Goethe äußerte zu dem Wechsel: »Diesmal muß mirs nun freylich Ernst und sehr Ernst seyn denn mein Herr Vorgänger hat saubre Arbeit gemacht.«[17] Es ist die unmittelbarste Äußerung,[18] die zunächst auf die personalpolitischen Veränderungen verweist, die damals in Weimar vor sich gingen. Der Einfluß von Fritsch ließ nach, und der Günstling des Herzogs, Goethe, übernahm nacheinander einige der wichtigsten Funktionen.[19]

Dieser Wandel läßt sich aus einer weiteren Perspektive beleuchten. Auf dem Wilhelmsbader Freimaurerkonvent von 1782 war es zu starken Spannungen und einer Diskreditierung des bisherigen Systems der ›strikten Observanz‹ gekommen. Danach gelang es dem Illuminaten-Orden unter der Führung seines Begründers Adam Weishaupt (1748–1830) und des überaus eifrigen Adolf Freiherr von Knigge (1752–1796) zahlreiche Maurer an sich zu ziehen. Unter denen, die wechselten, befanden sich Herzog Carl August, Goethe und Fritsch. Doch dieser, der der »Meister vom Stuhl« der Weimarer Loge gewesen war, erhielt jetzt nur noch den Rang eines »illuminatus minor«, während der Schriftsteller schon bei seinem Eintritt den eines »illuminatus major« bekam und bald weiter aufstieg. Wenn man mit D. W. Wilson[20] annimmt, daß die Ordenshierarchie stets auch die gesellschaftliche Bedeutung ihrer Mitglieder widerspiegelte, dann müssen in Weimar damals ganz erhebliche Veränderungen vor sich gegangen sein.

An erster Stelle stand für Goethe das Problem der Finanzen.[21] In seinem Tagebuch hatte er dazu schon 1779 bemerkt: »Dunckler Plan der Red[uzicrung] des Mil[itärs]«.[22] Und im Januar 1782 fand sich anläßlich eines Gesprächs mit dem Fürsten der Eintrag: »Sehr ernstlich und starck über Oekonomie geredet und wider eine Anzahl falsche Ideen[,] die ihm nicht aus dem Kopf wollen.«[23] Die Vorstellungen, die, um den Ausdruck umzudrehen, nicht in Herzog Carl Augusts Kopf hineingehen wollten, beruhten auf dem einfachen Grundsatz, daß man nicht mehr Geld ausgeben könne als man habe. Dieses Prinzip, an das sich Goethe in seinem privaten Finanzgebaren überhaupt nicht hielt, verfocht er gegenüber seinem Fürsten ganz nachdrücklich. In einem Brief an Knebel versuchte er es durch ein regelrechtes Katastrophen- und Verelendungsbild der sozialen Lage Sachsen-Weimars zu untermauern: »So steig ich durch alle Stände aufwärts, sehe den Bauersman der Erde das Nothdürftige abfordern, das doch auch ein behäglich auskommen wäre, wenn er nur für sich schwizte. Du weißt aber wenn die Blattläuse auf den Rosenzweigen sitzen und sich hübsch dick und grün gesogen haben, dann kommen die Ameisen und saugen ihnen den filtrirten Safft aus den Leibern. Und so gehts weiter, und wir habens so weit gebracht, daß oben immer in einem Tage mehr verzehrt wird, als unten in einem organisirt/beygebracht werden kann.«[24]

Dieses Bild der Ausbeutung und Verelendung der Untertanen stimmte – glücklicherweise – nicht ganz mit der Realität überein. Sachsen-Weimar gehörte zwar zu den ärmeren Territorien des Reichs, aber neben wirklichem Elend, wie dem der Apoldaer Strumpfwirker, gab es damals auch einen langsam wachsenden Wohlstand. Der thüringische Kleinstaat war überwiegend agrarisch geprägt und profitierte daher von der Agrarkonjunktur, die gegen Ende des 18. Jahrhunderts einen Boom erlebte.[25] Dieser sanierte auch die Weimarer Staatsfinanzen; er brachte Geld in die Kassen, in die der Kammer, die ihre Einnahmen größtenteils aus den Erträgen der fürstlichen Güter, der Domänen, bezog, ebenso wie in die der Stände. Ende der achtziger Jahre war die Lage so günstig geworden, daß man einen Neubau des fürstlichen Schlosses in Angriff nehmen konnte. Damit wurde der Etat freilich wieder arg strapaziert, und mit dem Ende der Agrarkonjunktur brach gleich die nächste Finanzkrise aus, die auch den Schloßbau gefährdete. Carl August mußte daher im Jahr 1802 einen heimlichen Kredit über 60 000 Taler bei Preußen aufnehmen, um den Fortgang der Arbeiten zu sichern.

Doch wir sind vorausgeeilt. In den Jahren 1782/83, in denen die Kammer kaum noch die Zinsen für das Darlehen der Stadt Bern aufbringen konnte, mußte gehandelt werden. Und dem von ihm verfochtenen Prinzip der Sparsamkeit entsprechend, nahm Goethe nun eine einschneidende Reduzierung des Militärs vor. Das Artilleriekorps, das aus einem Offizier und 8 Soldaten bestand und über eine Haubitze verfügte, die vermutlich vorwiegend zum Salut-Schießen diente, wurde ganz aufgelöst. Die Infanterie wurde von einem Stand von 19 Offizieren und 500 Mann, der vorübergehend bis auf 800 Mann aufgestockt worden war, auf 6 Offiziere und 136 Mann herabgesetzt. Nur ein Husarenkorps aus 38 Mann und einem Offizier, das mit seinen Pferden eine besondere Liebhaberei Carl Augusts darstellte, aber auch Kurierdienste verrichtete, blieb unverändert bestehen. Damit wurde die desolate Finanzlage wenigstens so weit gebessert, daß die aus Kalbs mißglückter Reform hervorgegangene Personensteuer wieder abgeschafft werden konnte.

Es war die wichtigste politische Maßnahme, die Goethe je durchsetzte und die außer einer Lösung der dringendsten Finanzprobleme Weimars auch eine aufklärerisch-erzieherische Komponente besaß. Nach den pazifistischen Ideen der Aufklärung brauchte ein guter Fürst, der sich fürsorglich um das Wohl seines Landes kümmerte, keine Soldaten, und der Schriftsteller nahm mit der Reform dem acht Jahre jüngeren Herzog auch das militaristische Spielzeug weg, mit dem sich dieser immer wieder gern beschäftigt hatte. Carl August hatte im Jahr 1778 auf einer Reise nach Berlin und Potsdam das preußische Militär und dessen Reglement kennen und bewundern gelernt. Danach hatte er seine Streitkräfte aufgestockt, sich selbst zu ihrem Oberbefehlshaber ernannt und angefangen, sie mit großem Eifer zu exerzieren.

Nach der Finanzreform und der Reduzierung der Soldatenzahl auf ein Häuflein von 136 Mann konnte er daran
nicht mehr viel Freude haben.

Goethes Reform hatte aber auch ihre Schattenseiten.
Da es keine Polizei im heutigen Sinn gab, dienten die
Garnisonen der Aufrechterhaltung der inneren Sicherheit, und die 136 Soldaten, die nach der Finanz- und Militärreform übrigblieben, stellten das Minimum dessen
dar, was man in den räumlich voneinander getrennten
Landesportionen Sachsen-Weimar-Eisenachs vernünftigerweise benötigte. Oder vielleicht schon etwas weniger.
Denn da man, um Geld zu sparen, die Männer auch
möglichst spät pensionierte, überalterten die Garnisonen bald, und es ergaben sich Situationen, die eines humoristisch-grotesken Einschlags nicht entbehrten.

Als es im Jahr 1792 zu Auseinandersetzungen mit den
Jenaer Studenten kam, wurden aus allen Landesteilen
Soldaten in die Universitätsstadt geschickt. Die Zwistig-
keiten entstanden, drei Jahre nach Ausbruch der Französischen Revolution, nicht etwa aufgrund politischer
Umtriebe, sondern weil man sich entschlossen hatte, gegen das allzu häufige Duellieren vorzugehen. Die Studenten ließen sich einen solchen Eingriff in die akademische Freiheit aber nicht bieten: sie zogen in einer fast ge-
schlossenen Schar aus Jena fort und drohten, an andere
Universitäten zu wechseln. Bei den anschließenden Verhandlungen war man daher genötigt, ihren Forderungen
in fast allen Punkten nachzugeben. Es war eine ausgesprochene Blamage für die Weimarer Obrigkeit, die um
so größer wurde, als gleichzeitig die Eisenacher Stände
gegen die völlige Entmilitarisierung ihres Territoriums
zu protestieren begannen. Der dortigen Garnison war
durch die Entsendung ihrer besten Soldaten nur noch
ein Häuflein von Veteranen und Halbinvaliden geblie-

ben, und dabei gab es, wie gesagt, keine Polizei. Fritz Hartung schrieb: »Als im Jahr 1792 die eisenachische Kompanie ihre zehn besten Soldaten nach Jena hatte schicken müssen, blieben ihr noch 23 Krieger, die sämtlich das 50. Lebensjahr überschritten hatten und zum Teil bereits dem patriarchalischen Alter von 70 Jahren nahe waren.«[26]

Neben dieser Minderung der Staats- und Polizeigewalt im Inneren bewirkte die Reduzierung der Soldatenzahl aber auch eine Schwächung nach außen. Und der militarisierte Riese im Norden, Preußen, hatte bereits 1779, im Gefolge des Bayerischen Erbfolgekriegs, erste Pressionen vollführt: die berüchtigten preußischen Werber hatten auch auf Weimarischem Territorium Soldaten ausgehoben. Der Protestbrief, mit dem Carl August sich verbat, seine Untertanen in die preußische Armee einzuziehen, wurde mit dem Argument der Staatsräson beiseite gewischt: Preußen könne nicht darauf verzichten, hieß es lapidar. Eine weitere Eskalation wurde nur deshalb verhindert, weil sich nach der von Carl August vorgeschlagenen dilatorischen Behandlung der Angelegenheit zeigte, daß dieser sogenannte »Kartoffelkrieg« unter all den vielen Kabinettskriegen des 18. Jahrhunderts zu den harmlosesten gehörte.

Schon damals war im Weimarer Conseil ein Plan aufgetaucht, der für die Klein- und Mittelstaaten große Bedeutung hätte haben können: der zu einem Bund, mit dem man sich künftig vor solchen Pressionen würde schützen können. Von wem der Vorschlag stammte, ist nicht klar, der wahrscheinlichste Urheber war jedoch der damals maßgebende Mann des fürstlichen Rats, Fritsch.[27] Doch die Sache gedieh mangels Unterstützung nicht. Erst nachdem Baden im Jahr 1782 mit einem ähnlichen Plan hervorgetreten war, griff Herzog Carl August den

Vorschlag auf. Durch Goethes Reduzierung der Soldatenzahl beschäftigungslos geworden und von der Un-
beweglichkeit der Verhältnisse im Inneren seines Länd-
chens enttäuscht, wandte er sich der Außenpolitik zu
und wurde ab 1784 zu einem der eifrigsten Fürsprecher
des Fürstenbunds.[28]

Der Plan, einen Bund der Klein- und Mittelstaaten zu
bilden, fußte auf der realistischen Annahme, daß diese
andernfalls immer mehr ins Schlepptau der großen
Mächte geraten würden. Ob der tatsächliche Verlauf,
nach dem sie zuletzt sogar von diesen aufgesogen wurden, einer jener geschichtlichen Notwendigkeiten entsprach, die sich im Zweifelsfall immer leicht konstruie-
ren lassen, kann man auch bezweifeln. Denn unter Ein-
beziehung eines Bundes aus Klein- und Mittelstaaten
hätte sich gewiß ebenfalls ein deutscher Nationalstaat
bilden lassen, und wenn er nur ein wenig anders ausgesehen hätte als das militaristische Kaiserreich von 1871,
wäre es gar kein Schaden gewesen.

Der Fürstenbund, der 1782 von Baden initiiert worden war, geriet rasch in die Fänge der Großmachtpolitik.
Es gelang Preußen, ihn zu einem Instrument seiner eigenen Interessen zu machen. Herzog Carl August von
Weimar spielte dabei unfreiwillig eine Helferrolle, weil
er aufgrund seiner Verwandtschaft zum Herrscherhaus
der Hohenzollern, er war ein Großneffe Friedrichs II.,
viel zu optimistisch glaubte, sich sowohl an Preußen an-
lehnen als auch die Interessen der Kleinstaaten wahren
zu können.

Anfang 1785 ging an Carl August und Herzog Ernst
von Gotha (1745–1804) die unbestimmte Offerte, ein
Truppenkontingent von 3000 Mann aufzustellen – ein
Vielfaches der inzwischen kaum noch 200 Weimarer Soldaten! Preußen, ließ man andeuten, werde sämtliche Ko-

sten übernehmen und Herzog Carl August könne an die Spitze treten. Der Weimarer Herzog ging zwar nicht auf dieses Angebot ein, glaubte aber dennoch, daß der preußische König kein »Privatinteresse« habe, sondern sich den »Namen eines Beschützers des Vaterlandes« erwerben wolle, wie er Vertretern anderer Kleinstaaten in geradezu naiver Weise versicherte.[29]

Er hätte wohl nicht so geurteilt, wenn im Hintergrund nicht der berüchtigte Plan zu einem Ländertausch aufgetaucht wäre: Kurfürst Karl Theodor (1724–1799) sollte Belgien erhalten und dafür Bayern und die Oberpfalz an Österreich abtreten. Dieses Tauschprojekt war schon der Anlaß zum Bayerischen Erbfolgekrieg von 1778/79 gewesen und geriet 1785 erneut auf die politische Bühne. Hinter ihm stand Kaiser Joseph II. (1741–1790), einer der aufgeklärtesten Monarchen, der je einen Thron innehatte, durch egoistisches, radikales und ungeschicktes Vorgehen jedoch in den Ruf geriet, einer der schlimmsten Despoten seiner Zeit zu sein. Im Jahr 1785 hieß es, daß er das Tauschprojekt auch über den Kopf Max Josephs von Zweibrücken (1756–1825), des Erbfolgers von Herzog Karl Theodor von Bayern, durchsetzen wolle. Die Lage war insofern undurchsichtig, als Österreich im Konzert der europäischen Mächte eine so gewaltsame Verschiebung der Landkarte zwar unmöglich im Alleingang erzwingen konnte, aber weder die Haltung Rußlands noch die Frankreichs völlig klar schien. Max Joseph von Zweibrücken und sein Minister Hohenfels sahen sich daher zur Gegenwehr veranlaßt. Sie wandten sich an Friedrich II. von Preußen, und damit geriet der Fürstenbund, der neben Baden, Dessau und Weimar auch von Zweibrücken unterstützt worden war, endgültig in den Sog der Großmachtpolitik.

In Wien wurden die Tauschpläne mittlerweile schon

wieder dementiert, aber das half nicht mehr viel. Es gehörte zu den Finessen der Diplomatie und der Kabinettspolitik des 18. Jahrhunderts, daß derjenige, der in einer bestimmten Angelegenheit zu weit vorgeprescht war, daraufhin oft einen um so stärkeren Rückschlag einstecken mußte. Eben so geschah es nun mit Österreich: Preußen nutzte die Gunst der Stunde und gründete im Sommer 1785 zusammen mit Hannover und Sachsen einen Bund, der seine eigene Machtposition im Reich erheblich verstärkte und in dem die Kleinstaaten nur noch ein unbedeutendes Anhängsel waren.

Diese Wendung entsprach nicht dem Sinn des Planes von 1782. Goethe, der Carl August im Jahr 1784 auf verschiedenen Missionen begleiten mußte, die er in Angelegenheiten des Fürstenbunds unternahm, hatte zu dieser Zeit schon von der ganzen Sache abgeraten. Aber er hatte damals auch keine Lust zum Reisen; es war eben die Zeit gewesen, in der er völlig von Charlotte von Stein eingenommen war und jede Trennung von ihr scheute. Es mag etwas merkwürdig scheinen, daß eine vernünftige Weimarer Außenpolitik dadurch verhindert wurde, daß Carl August aufgrund seiner Verwandtschaft zum preußischen Herrscherhaus ständigen Täuschungen über seine politischen Möglichkeiten erlag und sein wichtigster Berater sich nicht von seinem häuslichen Glück trennen mochte – aber derartige Belange mögen oft eine größere Rolle spielen, als den rein historisch-politischen Quellen zu entnehmen ist. Schon Lichtenberg schrieb: »Was mir an der Art Geschichte zu behandeln nicht gefällt, ist, daß man in allen Handlungen Absichten sieht, und alle Vorfälle aus Absichten herleitet. Das ist aber wahrlich ganz falsch. Die größten Begebenheiten ereignen sich ohne alle Absicht; der Zufall macht Fehler gut, und erweitert das klügst angelegte Unternehmen.

Die großen Begebenheiten in der Welt werden nicht gemacht, sondern finden sich.«[30]

Carl August griff in seiner Fürstenbundpolitik auch auf ein damals verbreitetes Mittel zurück, auf die Geheimbünde. Er suchte im September 1784 den Kronprinz von Preußen, den künftigen König Friedrich Wilhelm II., für die Illuminaten zu gewinnen. Er wußte allerdings nicht, daß dieser bereits Mitglied des Rosenkreuzer-Bundes war. Herzog Ernst II. von Gotha, der im Illuminatenorden eine führende Stelle einnahm und Vorsteher der 2. Inspektion, Abessinien (d. h. Ober- und Niedersachsen), war, mußte über Carl Augusts Versuche, den Kronprinzen zu gewinnen, deshalb berichten: »[...] Er beharrete, auf seinem wiedrigen Vorurteile gegen uns, und wollte sich zu keinerley Art von Revers oder Zusage gegen uns verbinden.«[31] Diese Absage des preußischen Kronprinzen war wohl die Ursache dafür, daß die nach Meinung Herzog Ernsts von Gotha immer schon ziemlich lauen Gefühle Carl Augusts für die Illuminaten gänzlich zu erkalten begannen.

Im nächsten Jahr entstand dann folgende Situation: Als der Ingolstädter Professor Adam Weishaupt, der Gründer des Ordens, anfangs 1785 in Bayern relegiert wurde, sollte er nach dem Willen des Gothaer Herzogs an die Universität Jena berufen werden. Die Voraussetzung dafür war allerdings, daß Weimar zustimmte. Man begann infolgedessen zu sondieren, wie Carl August und Goethe diesem Plan gegenüberstanden. Der wichtigste der Weimarer Illuminaten, der als Übersetzer Sternes, Goldsmiths und Fieldings hervorgetretene Johann Joachim Bode (1730–1793), schrieb in einem Brief vom 4. April 1785 an Ernst II. von Gotha: »Er [Goethe] meinte, S[erenissimus] Eschilus [Carl August] [...] würde gar gerne sehen, daß Spartac[us] [Weishaupt] her käme [...].« Soweit Goethes Äußerung über seinen Landesherrn. In Bodes Brief folgt noch die Bemerkung: »Es war mir darum zu thun des Abaris [Goethes] eigene Meynung darüber zu erfahren, weil ich ihn sehr lange nicht gesprochen hatte. Er schien mir aber auch gänzlich für Spartacum zu seyn.«[32]

Es handelt sich um zwei Äußerungen: um Goethes eigenes Urteil in der Sache und um seine Meinung über Herzog Carl Augusts Auffassung. Seine eigene Haltung war nach Bode »gänzlich für« Weishaupt, und es ist unwahrscheinlich, daß der Schriftsteller ihn täuschte. Man weiß aus Zeugnissen anderer Zeitgenossen, daß Goethe kein Talent hatte, ›politische‹ Antworten zu geben: das Gegenteil von dem zu sagen, was er dachte, und dabei so auszusehen, als ob es ihm vollkommen ernst sei. Die strikt bürgerlich-aufklärerische und im Grunde sehr moralische Haltung, die zu den Grundschichten seiner Persönlichkeit gehörte, stand dem entgegen. Er begann in solchen Fällen immer Ausflüchte zu suchen und wurde sehr schnell unglaubwürdig.

Bodes Äußerung, daß er »gänzlich für« Weishaupt war, dürfte folglich zutreffend gewesen sein. Es stellt sich jedoch die Frage, ob bei der Äußerung des Schriftstellers über die Auffassung seines Fürsten nicht die eigenen Wünsche Pate standen. Denn als Bode zehn Tage später Herzog Carl August befragte, führte dieser »Privatgründe« gegen eine Berufung Weishaupts nach Jena an und versicherte, daß Goethe seine Bedenken teile.[33] Die Privatgründe Carl Augusts bestanden in den Rücksichten, die er Preußen gegenüber schuldig zu sein glaubte. Er hielt die guten Beziehungen zu den Hohenzollern für das Rückgrat seiner Politik und wollte, nachdem er die Abneigung des Kronprinzen gegen den Illuminatenorden kennengelernt hatte, dessen Begründer nicht mehr nach Jena holen. Die Versicherung, daß Goethe seine Haltung teile, dürfte einer der ersten Fälle gewesen sein, in denen der junge Herzog die abweichende Meinung seines Günstlings einfach beiseite schob. Die Vorgänge spielten sich Mitte April 1785 ab, und im Mai erhielt der Schriftsteller eine erneute Gehaltszulage von 200 Reichstalern. Sein Einkommen stieg damit, da er bereits 1780 eine erste Zulage bekommen hatte, auf 1600 Taler im Jahr. Goethe bemerkte zu diesem Vorgang in einem Brief an Charlotte von Stein in ausgesprochen sarkastischen Worten: »Der Herzog der wie bekannt ein groser Freund von Gewissensreinigungen ist, hat mir vor seiner Abreise noch eine Besoldungszulage von 200 rh gemacht [...].«[34] Die Angelegenheit ist nicht völlig klar; aber die glatte Lüge des Herzogs Bode gegenüber, daß Goethe seine Bedenken geteilt habe, wäre ein für eine solche »Gewissensreinigung« sehr passender Anlaß.

Doch zu den übrigen Zweigen von Goethes Amtstätigkeit zurück: Im Jahr 1782, in dem er die Leitung der Kammer übernahm, änderte er auch seine Direktiven für den Wegebau. Hatte er sich bisher größter Sparsamkeit befleißigt, so schlug er nun die entgegengesetzte Richtung ein. Er erstellte für die Bestandspflege des Weimarer Wegenetzes eine ausgeklügelte, aber aufwendige Organisation. Er unterteilte dieses in verschiedene Distrikte, die jeweils einem Aufseher unterstanden, und die Distrikte wieder in einzelne Abschnitte, für die bestimmte Wegearbeiter zuständig waren. Gleichzeitig begann er das Straßenbauprogramm in einer Weise auszudehnen, die die Weimarer Finanzen überforderte. Er ließ sowohl den Ausbau der Verbindung von Erfurt nach Weimar wie den der Strecke nach Jena in Angriff nehmen. Darüber hinaus gab es den Plan, die Straße in

Richtung Naumburg neu anzulegen. Diese Strecken
sollten im Gegensatz zu den sonstigen Weimarer Wegen
mit richtigen Trassen aus einem mehrschichtigen Aufbau
versehen werden, wie er den neuesten Prinzipien des
Straßenbaus entsprach. Es waren die Hauptverbindun-
gen in der Ost-West-Richtung, und dahinter stand der
Gedanke, wenigstens einen Teil jenes Handelsverkehrs,
der bisher auf der Strecke Frankfurt – Leipzig das alte
Erfurt passierte und dann im Norden an Sachsen-Weimar vorbeilief, durch dieses hindurchzuleiten. Aber dieses anspruchsvolle Vorhaben, das die geographische und
verkehrsmäßige Lage des eigenen Territoriums verbessern wollte, war mit gravierenden Problemen verbunden. Das erste war, daß die großen Verkehrsströme auf
einer Vielzahl von jeweiligen Rechten und gegenseitigen
Abkommen beruhten und von Weimar nicht im Alleingang über Abzweigungs- oder Umleitungsstraßen geleitet werden konnten. Dazu kamen arbeitstechnische Probleme, und in dieser Hinsicht erwies es sich schon als
ungünstig, mit zwei Bauvorhaben zugleich zu beginnen.
Es verursachte hohe Kosten und außerdem mußten zwei
unfertige Trassen mehrmals überwintern und im Frühjahr erst wieder von Witterungsschäden befreit werden.
Am Ende des Geschäftsjahrs 1785/86, nach vierjähriger
Tätigkeit, war dann keine der beiden Straßen fertig, der
Etat für den Wegebau jedoch vollkommen überzogen.

Der Bericht, den Goethe am 9. Juni 1786 als Leiter
dieses Bereichs abgab,[35] glich einer verschleierten Bank-
rotterklärung, in der er die aufgetretenen Schwierigkeiten dem Widerstand der Materie anzulasten suchte. Als
er wenig später nach Italien fuhr, griff man in seiner
Abwesenheit zu radikalen Maßnahmen: man schuf seine Einteilung der Bestandspflege in Distrikte wieder ab
und stellte vorübergehend alle weiteren Baumaßnahmen

ein – auch die an der Trasse nach Erfurt –, um wenigstens die Straße von Weimar in das nicht einmal zwanzig Kilometer entfernte Jena zu beenden.

Man kann über Goethes Motive nur Mutmaßungen anstellen: Ehrgeiz und der Wille, etwas für das Land Nützliches und Wichtiges zu leisten? Derart gut gemeinten Vorsätzen stand ein mangelndes Einschätzungsvermögen der realen Schwierigkeiten gegenüber. Es blieb nicht der einzige Mißerfolg. Auch das 1784 eröffnete und mit großen Vorschußlorbeeren bedachte Bergwerk brachte nie ein positives Resultat. Weimar hätte eine Stärkung des gewerblichen Wirtschaftszweigs und eine neue Einnahmequelle ebenso brauchen können wie bessere Straßen. Aber man muß bezweifeln, daß Goethe das Vorhaben jemals mit gehörigem Realismus und mit nüchterner wirtschaftlicher Kalkulation verfolgte. Die Geologie gehörte zu seinen Steckenpferden und das Ilmenauer Silberbergwerk war ein Lieblingsprojekt, das er über Jahre mit Hingabe verfolgte. Rein ökonomisch gesehen war es ein vollkommener Fehlschlag, der eine Menge Geld verschlang, etlichen Bergleuten das Leben kostete und nie etwas einbrachte.

Die Resultate der Bemühungen des hohen Beamten Goethe um den Weimarer Staat waren also nicht durchweg positiv. Neben einer aufklärerischen Finanz- und Militärreform, die auch ihre Schattenseiten hatte, standen eklatante Fehlschläge, und der Schriftsteller zog aus der für ihn selbst nicht zufriedenstellenden Bilanz seiner Amtstätigkeit schließlich radikale Konsequenzen: er floh im September 1786 Hals über Kopf nach Italien.

Es mögen sich neben Goethe freilich andere hohe Beamte gefunden haben, die sich in ihren Planungen verkalkulierten. Gleichwohl stellt sich die Frage, warum man ihn zu einem Staatsmann emporzustilisieren suchte.[36] Man findet dafür eigentlich nur eine Erklärung. Es war die Verkörperung eines Wunschtraums: in der Vita eines Schriftstellers einmal die Verwirklichung eines bürgerlichen Erfolgslebens zu finden. Gegenüber all den schlecht angepaßten Künstlern, die Außenseiter waren und am Rand der Gesellschaft standen, sollte mit Goethe einmal einer hervorgetreten sein, der neben seinem literarischen Werk eine erfolgreiche Laufbahn vorweisen konnte und der zudem noch der größte deutsche Dichter war. Bei ihm sollte der Zwiespalt zwischen Kunst und Leben, der sonst so häufig hervortrat, auf eine modellhafte Weise überbrückt worden sein.

Dieser Mythos konnte sich auf eines berufen: daß Goethes Laufbahn tatsächlich erfolgreich war. Aber den Erfolg, um den ihn nicht wenige Zeitgenossen beneideten, verdankte er vor allem der Gunst Herzog Carl Augusts. Dieser nicht sehr gebildete und trotz seiner aufgeklärten Denkweise oft mehr an Tieren, Jagden und am Militär als an höherer Kultur interessierte Fürst hatte einige für seine Untertanen sehr vorteilhafte Seiten. Zu ihnen gehörte der bemerkenswerte Zug der Billigkeit, der Konstanz und der Verläßlichkeit gegenüber seinen Untergebenen. Goethe selbst schrieb einmal: »ein großer Herr will gehorcht seyn. Sie sind nicht alle wie der Herzog von Weimar, der ieden gerne auf seine Weise das Gute thun läßt und doch daran Theil nimmt.«[37] Carl August war das absolute Gegenteil eines launischen und wetterwendischen Vorgesetzten. Er ließ seine Untergebenen in liberaler Weise gewähren und rückte auch nach Mißerfolgen nicht gleich von ihnen ab. Johann Jakob von Fritsch, über lange Zeit der erste Mann im Weimarer Staat, meinte in späteren Jahren, daß der Fürst in diesen Eigenschaften der Toleranz und Billigkeit oft zu weit gegangen sei. Er schrieb: »daß Sie [d. h.: Seine Durchlaucht], wenn Sie auch sahen und sogar höchst unzufrieden mit jemand von Ihrer Dienerschaft waren [...] einmal an ihn gewöhnt und für ihn eingenommen, sich nicht von ihm separieren, sich ihn nicht vom Halse schaffen konnten.«[38] Wie immer man diese Eigenschaft des Herzogs beurteilen mag, für Goethe war sie ausgesprochen günstig. Die menschliche Verläßlichkeit, die Carl August ihm gegenüber immer wieder bewies, war seine stärkste Stütze und bewährte sich auch in der Zeit, in der er endgültig die Lust an den Amtsgeschäften verlor.

Die Schwierigkeiten, die Goethe mit seinen beruflichen Pflichten hatte, gingen zu einem großen Teil auf ihn selbst zurück. Auch in den Jahren der überwiegenden Amtstätigkeit konnte er den Zwiespalt zwischen den mittlerweile recht umfangreichen Pflichten und seinen individuellen Neigungen nicht überbrücken. 1782 schrieb er voller Selbstzweifel an Charlotte von Stein: »Wieviel wohler wäre mir's wenn ich von dem Streit der politischen Elemente abgesondert, in deiner Nähe meine Liebste, den Wissenschafften und Künsten wozu ich gebohren bin, meinen Geist zuwenden könnte.«[39] Er hatte viele, vielleicht allzu viele Interessen und Neigungen, die er nicht vernachlässigen wollte, und äußerte: »Staatssachen sollte der Mensch der drein versetzt ist, sich ganz wiedmen, und ich mögte doch soviel anders auch nicht fallen lassen.«[40]

Es war wirklich erstaunlich, mit wie vielen Dingen er sich neben der Finanzverwaltung, dem Berg- und Wegebau und anderen Belangen des Amts noch beschäftigte. Neben seinem Interesse an der Geologie erwachte auch das an anderen Naturwissenschaften, vor allem an der Anatomie und Botanik. Der hohe Staatsbeamte ließ sich von Jenaer Professoren Privatissima über Osteologie halten oder sezierte mit ihnen Leichen und gab seine neuerworbenen Kenntnisse gleich weiter, indem er an

der Weimarer Akademie, wie man die dortige Zeichen-
schule nach zeitgenössischem Brauch nannte, Vorträge
über Grundlagen der Anatomie hielt. Ein besonderes
Interesse nahm er an Knochen. Er ließ sich verschieden-
artige Schädel zusenden, und Freund Merck sollte ihm
Auskünfte über den Zusammenhang von Nasenknochen
und Horn beim Rhinozeros beschaffen. Die Naturforschung wirkte damals in Modewellen auf das Publikum
ein, und je nach den Entdeckungen, die gerade gemacht
wurden, begann sich auch eine Schar von Laien mit den
Problemen des Ballonflugs, der Elektrizität, der Geologie oder der Astronomie abzugeben. Dieses Reaktions-
muster findet man auch bei Goethe: 1783 demonstrierte
ihm Lichtenberg in Göttingen das Prinzip der Montgol-
fière, bald darauf experimentierte oder dilettierte er in
Weimar selbst mit Gas und Heißluftballon; später erwarb er nacheinander sowohl ein Mikroskop wie Fern-
rohre zur Beobachtung des Sternenhimmels. Eine besondere Neigung hegte er schließlich für spekulative
Überlegungen zur Bildung der Erdkruste.[41]

Auf dem Gebiet der Anatomie gelang dem Schriftsteller jedoch eine kleine, aber nicht unbedeutende Entdeckung, bei der ihm freilich kein absoluter Primat zukam. Denn der französische Anatom und Zoologe Felix
Vicq d'Azyr (1748–1794) hatte schon 1780 den richtigen Zusammenhang gefunden.[42] Immerhin kam Goethe,
ohne dessen Arbeiten zu kennen, im Jahr 1784 ebenfalls zur Entdeckung des Zwischenkieferknochens beim
Menschen. Er blieb zunächst vorsichtig und schrieb:
»Ich werde nur erst abwarten wie es die Herren vom
Handwercke aufnehmen daß ein Laye in einem so bekannten Lande eine neue Entdeckung gemacht haben
will.«[43] Er mußte leider die Erfahrung machen, daß sie
nicht gut aufgenommen wurde.

Daneben waren die Jahre bis 1782, also diejenigen, in denen die Amtstätigkeit noch keine dominierende Rolle spielte, auch eine literarisch fruchtbare Zeit. Außer Gedichten, den Erstfassungen der *Iphigenie* und des *Tasso* begann Goethe an einem Roman zu schreiben, der ihn beinahe das ganze erste Weimarer Jahrzehnt beschäftigte: *Wilhelm Meisters theatralische Sendung.* In diesem Werk trat der Gegensatz zwischen den subjektiven Ansprüchen des Individuums und den bürgerlichen Pflichten, der schon im *Werther* aufgetaucht war, noch einmal hervor. Der Held, Wilhelm Meister, sagt im zweiten, vorwiegend im Jahr 1782 entstandenen Buch des Romans zu seinem Freund Werner über seine eigene künstlerisch-literarische Tätigkeit: »Wie irre bist du, lieber Freund, wenn du glaubst, daß eine solche Arbeit, deren Vorstellung die ganze Seele füllt, könne in unterbrochnen zusammengegeizten Stunden hervorgebracht werden. Nein, der Dichter muß ganz sich, ganz in seinem geliebten Gegenstande leben. Er, der vom Himmel inwärts auf das köstlichste begabet ist, der einen unzerstörlichen Reichthum von der Natur erhalten hat, er muß auch inwärts ungestört mit seinen Schätzen in der Glückseligkeit leben [. . .].«⁴⁴

Goethe schrieb dies ungefähr zu der Zeit, zu der seine intensive Beschäftigung mit dem Weimarer Finanzwesen und die starke Ausdehnung der Tätigkeit der Wegebaukommission begann. An Charlotte von Stein hieß es damals: »Heute früh habe ich das Capitel im Wilhelm geendigt wovon ich dir den Anfang dicktirte. Es machte mir eine gute Stunde. Eigentlich bin ich zum Schriftsteller gebohren.«⁴⁵ Während er die Weimarer Finanzen zu ordnen und den Wegebau voranzutreiben suchte, stellte er fest, daß er eigentlich für ein anderes Metier geschaffen sei. Und er arbeitete gleichzeitig an einem Roman, in dem ausdrücklich die Unvereinbarkeit von künstlerischer Produktion und der ständigen Ausübung bürgerlicher Pflichten betont wurde.

Ein Nebeneinander so widersprüchlicher Haltungen
war auf Dauer nicht durchzuhalten, und die Zeitgenossen erzählten sich von der Amtsführung des Schriftstellers bald wunderliche Dinge. Karl Freiherr von Lyncker,
der Sohn des Konsistorialpräsidenten und Direktors der
Landschaftskasse, berichtet in seinen Erinnerungen folgende Anekdote: »Wirklich wollte man behaupten, daß
der der Direktion des nunmehrigen Geh. Legationsrat
Goethe übergebene Ilmenauer Bergbau sowie seine Behandlung des Chausseewesens und der Wasser- und
Uferbauten unverhältnismäßiges Geld gekostet und dafür doch nicht den erwünschten Erfolg gehabt hatten.
Possierlicherweise hatte das Hofpferd, auf welchem
Goethe in vorbenannten Angelegenheiten umherritt,
den Stallnamen *Poesie* erhalten, und wo dieses Pferd mit
seinem geistreichen Reiter erschien, da, sagte man, gab es
wunderbare Veranstaltungen.«[46] Das Pferd, das einen so
sinnigen Namen hatte, war eines der Geschenke Carl
Augusts für seinen Günstling. Die hübsche Anekdote
wäre nur halb so viel wert, wenn Goethe sie in seinen
Briefen nicht bestätigen würde. In seiner eigenen, poetischen Ausdrucksweise nehmen sich die gleichen Vorgänge freilich etwas anders aus: »wenn ich dencke ich
sizze auf meinem Klepper und reite meine pflichtmäsige
Station ab, auf einmal kriegt die Mähre unter mir eine
herrliche Gestalt, unbezwingliche Lust und Flügel und
geht mit mir davon.«[47] Der dichterisch-literarische Höhenflug und die nüchtern-geschäftsmäßige Haltung, die
nur den Ertrag zählte, waren schwer miteinander zu
vereinbaren. Goethe selbst schrieb im Herbst 1782 an
Charlotte von Stein: »Ich binn recht zu einem Privat

menschen erschaffen und begreife nicht wie mich das Schicksal in eine Staatsverwaltung und eine fürstliche Familie hat einflicken mögen.«[48]

Nicht nur die politischen, auch die künstlerisch-literarischen Zielsetzungen Goethes im ersten Weimarer Jahrzehnt waren äußerst ehrgeizig, ja hochfliegend. Wie man dem Roman mit dem programmatischen Titel der *Theatralischen Sendung* entnehmen kann, schwebte ihm nichts Geringeres als die Begründung eines neuen »großen National=Theaters«[49] vor. Gleichzeitig beschäftigte er sich mit der Staatsverwaltung, gleichzeitig begann sein Interesse an den Naturwissenschaften immer größer zu werden. Sein Ehrgeiz schien immens und auf ein universales Geniedasein abzuzielen; aber es zeigte sich schließlich, daß ein solches Ziel nicht mehr zu erreichen war.

Im Jahr 1785 begann sich der Schriftsteller neben seinen anspruchsvollen politischen und literarischen Plänen noch auf ein etwas geringeres, aber recht extravagant anmutendes Feld zu verlegen. Er beabsichtigte, mit dem Komponisten Philipp Christoph Kayser (1755–1823) zusammen als Erneuerer des deutschen Singspiels aufzutreten. Kayser war der Sohn eines Frankfurter Organisten und hatte sich in den Jahren 1771–75 dem Kreis der dortigen ›Sturm und Drang‹-Genies angeschlossen, zu dem auch Friedrich Maximilian Klinger gehörte. Klinger war einer der ersten gewesen, die von den karitativ-gönnerhaften Zügen Goethes profitierten. Obwohl der junge Schriftsteller selbst nur über geringe Mittel verfügte, griff er Klinger, der aus ganz bescheidenen Verhältnissen stammte, wiederholt unter die Arme. Eine ähnlich geartete Beziehung entstand etwas später zu dem literarisch noch begabteren Jakob Michael Reinhold Lenz (1751–1792), und als Goethe Ende 1775 nach Weimar ging, folgten im nächsten Jahr auch Klinger und

Lenz. Aber der Dichter war zu dieser Zeit in dem thüringischen Ländchen nur ein Außenseiter, und seine Jünger mußten Weimar bald wieder verlassen.[50]

In den Jahren nach 1780 war Kayser daher der letzte und der jüngste aus dem Kreis des Sturm und Drang, der ihm noch verblieben war und dem er nun all die Wohltaten zuteilen wollte, die er den beiden anderen ein paar Jahre früher nicht hatte zukommen lassen können. Kayser war ein richtiger Protegé: Goethe unterstützte ihn bei seinen Studienreisen, wünschte, daß er sich in Wien und in Italien weiterbildete, und wollte ihm zuletzt eine Anstellung als Hofkomponist in Weimar vermitteln. Aber Kayser war wenig produktiv, allein seine Komposition des Goetheschen Singspiels *Scherz, List und Rache* (1784), das schon im Blick auf ihn entworfen worden war, zog sich über Jahre hin. Dennoch wünschte der Dichter, daß Kayser auch all seine übrigen Singspiele vertonte, und dieses Unternehmen sollte dem Theaterkalender, der nach seiner Auffassung »leer, schaal, abgeschmackt und abscheulich«[51] war, wieder aufhelfen und dem deutschen Singspiel neue Impulse verschaffen.

Er versicherte Kayser in einem langen Brief, es sei »auf Jahre hinaus Arbeit«, und fügte an: »Es kommt nur drauf an wenn unser erstes Stück fertig ist, daß wir uns ein Publikum suchen, damit alles lebendig werde und auch etwas eintrage.«[52] Das Vorhaben sollte natürlich auch Geld und Erfolg bringen; Goethe träumte davon, die großen Musikbühnen seiner Zeit zu erobern. Mit welchem Eifer er sich diesen Plänen widmete, kann man seinen bedauernden Worten darüber entnehmen, daß er das für die Oper so wichtige Italienisch nicht hinreichend beherrschte. Der Schriftsteller schrieb an Kayser: »Könnte ich nur um Ihrentwillen meine Sprache zur Italiänischen umschaffen, damit ich Sie schneller in's große

Publicum brächte.«[53] Wie wenn es vor allem an der Sprache gelegen hätte! Doch an Charlotte von Stein hieß es ganz ähnlich: »Hätte ich nur vor zwanzig Jahren gewusst was ich weis. Ich hätte mir wenigstens das Italiänische so zugeeignet, daß ich fürs Lyrische Theater hätte arbeiten können, und ich hätte es gezwungen.«[54] Man muß es schon eine Manie, fast einen Tick nennen, wenn der große deutsche Dichter nun so heftig bedauerte, keine italienischen Texte für die Opera buffa verfassen zu können, und er selbst schrieb: »Wahrlich bin ich an der Operette kranck.«[55]

Auch als Ende 1785 Mozarts *Entführung aus dem Serail* auf das Weimarer Theater kam, wurde Goethe noch nicht abgeschreckt. Er war über das Werk und dessen Erfolg im ersten Moment nicht eben erfreut, weil es ihm als schwere Konkurrenz erschien. Aber dann bildete er sich die Meinung, daß der Text der *Entführung* »sehr schlecht«[56] und für ihn und Kayser ein weites Betätigungsfeld geblieben sei. Der Gedanke, daß er zur Verwirklichung derartiger Pläne erst einmal eine Verbindung zu einem bedeutenden Komponisten gebraucht hätte, kam ihm nicht. Er arbeitete alle seine Singspiele um und holte 1787, während seines Aufenthalts in Italien, auch Kayser zu sich nach Rom.

Noch im hohen Alter äußerte er bedauernd: »Die Entführung aus dem Serail schlug alles nieder, und es ist auf dem Theater von unserm so sorgsam gearbeiteten Stück niemals die Rede gewesen.«[57] Damit war sein Singspiel *Scherz, List und Rache* gemeint. Daß sein Vorhaben für ihn als Textdichter kein geeigneter Plan gewesen war, wollte er auch jetzt nicht sehen; er gestand wie andere ungern Irrtümer ein.

## SECHSTES KAPITEL

## *Flucht nach Italien*

Im Sommer 1786 hatte Goethe endgültig die Lust verloren, sich weiter mit den Weimarer Amtsgeschäften abzugeben. Im Juli dieses Jahres faßte er in einem Brief an Charlotte von Stein die Erfahrungen, die er während eines Jahrzehnts gemacht hatte, in den Maximen zusammen: »Es lässt sich in dieser Werckeltags Welt nichts außerordentliches zu Stande bringen. [...] ich sage immer wer sich mit der Administration abgiebt, ohne regierender Herr zu seyn, der muß entweder ein Philister oder ein Schelm oder ein Narr seyn.«[1] Und da er weder ein Regent war noch sich für Philister oder gar einen Narren hielt, ging er einige Zeit später einfach fort. Er hatte

*Italienische Küstenlandschaft
Pinselzeichnung von Goethe
Sommer 1787*

für ein paar Wochen Urlaub genommen und brach heimlich nach Italien auf: »D[en] 3. Sept. früh 3 Uhr stahl ich mich aus dem Carlsbad weg, man hätte mich sonst nicht fortgelassen«.[2] So steht es am Beginn des *Tagebuchs der Italiänischen Reise für Frau von Stein*, der unmittelbarsten Quelle.

Goethe hatte die Reise nach Italien in aller Heimlichkeit vorbereitet. Philipp Seidel (1755–1820), der Bedienstete und Sekretär, der noch aus dem Frankfurter Elternhaus stammte und allmählich ein Vertrauter geworden war, wußte als einziger, wo er sich aufhalten würde, und war beauftragt, sich um die Weimarer Wohnung und um Charlotte von Steins Sohn Fritz zu kümmern. Dann machte sich der Schriftsteller unter falschem Namen – als Johann Philipp Moeller aus Leipzig[3] – und wie auf der Flucht davon. In Regensburg wurde er zufällig von einem Ladendiener erkannt, der früher in Weimar gearbeitet hatte. Anstatt irgend etwas Harmloses oder einfach gar nichts zu sagen – was ging es einen Ladendiener an, wo Goethe herumreiste –, leugnete er ihm ins Gesicht, daß er derjenige sei, als der er entdeckt worden war. Dann fuhr er schnell weiter, aber noch auf dem Marktplatz von Bozen plagte ihn Furcht, erkannt zu werden und er brach rasch wieder auf. Etwas später, in Trient, bemerkte er: »[...] wenn ich es recht gestehe; so ist es der Trieb und die Unruhe die hinter mir ist; denn ich hätte gern mich ein wenig umgesehen [...].«[4]

Aus Verona schrieb er an Carl August: »Wo ich bin verschweig ich noch eine kleine Zeit.«[5] Erst als er Ende Oktober in Rom angekommen war, erklärte er dem staunenden Weimar, wo er sich aufhielt. Daß insbesondere Charlotte von Stein und Herzog Carl August sich etwas düpiert fühlen könnten, entging ihm nicht ganz. Aber er schrieb an das Ehepaar Herder eher leichthin: »Versöhnt mir Fr. v. Stein und den Herzog, ich habe niemand kräncken wollen [...].«[6] Er selbst sollte erst später größere Anstrengungen unternehmen, um sich mit beiden wieder zu versöhnen.

Bevor er sich auf die Reise begab, hatte der Dichter mit dem Leipziger Verleger Georg Joachim Göschen (1752–1828) eine achtbändige Edition seiner *Schriften* vereinbart, für die er ein Honorar von 2000 Talern bekam. Sie sollte neben seinen früheren Werken auch die Arbeiten enthalten, mit denen er sich im ersten Weima-

rer Jahrzehnt beschäftigt hatte, die teilweise aber unvoll-
endet geblieben waren. Goethe plante zunächst, seinen
*Egmont*, das Schauspiel *Torquato Tasso* und den *Faust*
als Fragmente zu publizieren. Daß ein noch lebender, ja
verhältnismäßig junger Schriftsteller seine Werke in un-
vollständiger Form veröffentlichen wollte, dürfte ein bis
dahin beispielloser Vorgang gewesen sein und war der
unmittelbarste Ausdruck jener Krise, in die die unver-
einbare Vielfalt der Interessen, Neigungen und Beschäftigungen gegen Ende des ersten Weimarer Jahrzehnts geführt hatte. Nach einem Zeugnis Eckermanns äußerte
Goethe das Urteil, »daß ich in den ersten zehn Jahren
meines weimarischen Dienst- und Hoflebens so gut wie
gar nichts gemacht« habe und »daß die Verzweiflung
mich nach Italien getrieben«.[7] Tatsächlich war das erste
Weimarer Jahrzehnt das inhaltsreichste seines Lebens
und auch eine literarisch fruchtbare Epoche gewesen –
vor allem wenn man es mit den Jahren nach 1790 ver-
gleicht –, aber es hatte einen entscheidenden Mangel gehabt: es gingen praktisch keine vorzeigbaren Resultate
daraus hervor. Der Schriftsteller hatte nichts abgeschlossen und nichts publiziert, er war über rund zehn Jahre
vom Buchmarkt verschwunden, und alle größeren Werke
dieser Zeit kamen über unvollendete und ungedruckte
Fragmente nicht hinaus. Ein so sehr am Erfolg orientier-
ter und des Erfolgs bedürftiger Mensch wie Goethe
mußte eine derart negative Bilanz sehr unangenehm
empfinden. Die Disproportion zwischen der eigentlich
arbeits- und abwechslungsreichen Zeit und dem augenfälligen Mangel an Resultaten wurde dadurch noch vergrößert, daß auch von den politischen Hoffnungen und
Erwartungen, mit denen er 1775 nach Weimar gekommen war, nichts übriggeblieben war. Anstatt den Fürsten zu einem braven Haus- und Landesvater zu bilden

und als dessen guter Ratgeber in Hintergrund zu fungieren, wie er sich dies etwa vorstellen mochte, mußte er die
Löcher im Weimarer Wegenetz flicken lassen, und nicht
einmal die Erledigung dieser Aufgabe wollte in zufrie-
denstellender Weise gelingen. Aus seinen hochfliegenden
Hoffnungen zur Begründung eines neuen »großen Na-
tional=Theaters« war schließlich nur ein bis zur Hälfte
gediehenes Romanfragment, die *Theatralische Sendung*,
hervorgegangen. Sowohl seine ehrgeizigen politischen
wie seine künstlerischen Pläne hatten sich zerschlagen,
und wenn er 1786 zurückblickte und sich fragte, welche
seiner Vorstellungen er denn hatte verwirklichen können,
dann mußte Goethe tatsächlich Bankrott anmelden und
sich eingestehen, daß er gescheitert war.

In Italien gingen daher grundlegende Wandlungen mit
ihm vor. Die erste Veränderung hing mit seinen Plänen
zur Erneuerung des zeitgenössischen Theaters zusammen; sobald er die Unerreichbarkeit dieses Vorhabens
einsah, begann sein Interesse an der Bühne rapide zu
schwinden. Als er in Venedig eines Abends das Theater
S. Crisostomo besuchte – die Bühnen waren nach den
Kirchsprengeln benannt –, vermerkte er im Tagebuch für
Frau von Stein im Hinblick auf die *Iphigenie auf Tauris*,
die sich in seinem Reisegepäck befand: »Auch hab ich
mir überlegt, daß ich mit dieser Truppe und vor diesem
Volcke, wohl meine Iphigenie spielen wollte, nur würd
ich eins und das andre verändern, wie ich überhaupt
hätte thun müssen, wenn ich sie auch unsern Theatern,
und unserm Publiko hätte näher bringen wollen.«[8] Man
erfährt hier, daß Goethe für eine öffentliche Darbietung
des Stücks – die Vorstellungen von 1779 waren Lieb-
haberaufführungen vor einem höfischen Publikum gewesen – ursprünglich an eine inhaltliche Überarbeitung
dachte. Das nachlassende Interesse an der Bühne machte

diesen Plan jedoch zunichte. Es heißt weiter: »Aber ach. Es scheint daß der letzte Funcken von Anhänglichkeit ans Theater ausgelöscht werden soll. Du glaubst nicht, wie mir das alles so gar leer, so gar nichts wird.«[9] Von einer der Lieblingsmaterien des ersten Weimarer Jahrzehnts, der Bühne, hatte er sich nur einen Monat nach seinem Aufbruch in den Süden vollkommen gelöst.

Die augenfälligste Folge der Krise, die am Ende des ersten Weimarer Jahrzehnts stand und zur Flucht nach Italien führte, war jedoch, daß Goethe, der sich seit 1784 immer intensiver mit dem Studium der Natur beschäftigt hatte, auf seiner Reise ernsthaft erwog, die Literatur und die schönen Künste ganz aufzugeben und sich künftig den exakten Wissenschaften zuzuwenden. In seinem Tagebuch findet sich wiederum in Venedig der Eintrag: »Auf dieser Reise hoff ich will ich mein Gemüth über die schönen Künste beruhigen, ihr heilig Bild mir recht in die Seele prägen und zum stillen Genuß bewahren. Dann aber mich zu den Handwerckern wenden, und wenn ich zurückkomme, Chymie und Mechanik studiren. Denn die Zeit des Schönen ist vorüber, nur die Noth und das strenge Bedürfniß erfordern unsre Tage.«[10] Er wollte sich von Kunst und Literatur abwenden, weil die Zeit des Schönen vorüber, weil die Epoche kunstlos geworden sei und nur noch von materiellen und sozialen Bedürfnissen bestimmt würde.

Diese Diagnose war äußerst radikal; sie gelangte zur These von der Krise der Kunst bzw. deren Niedergang. Man findet dafür nur eine plausible Erklärung: der Schriftsteller sah die Ursachen für sein Scheitern in seiner Epoche. Seine Zeit war daran Schuld, daß ihm die Verwirklichung seiner großen Pläne, insbesondere derjenigen zu einem neuen Nationaltheater, nicht gelungen war, und daher galt sie ihm nun als kunstlos, für die

Realisierung bedeutender Werke nicht mehr geeignet.
Daran schloß sich – fast schon natürlich und logisch –
der Gedanke, Kunst und Literatur künftig aufzugeben
und sich der Chemie und Physik zuzuwenden. So steht
es wörtlich in seinem Tagebuch; die »Mechanik« wurde
damals vor allem auf Grund der Autorität Newtons, der
als einer der Heroen des Aufklärungszeitalters galt, als
die Grundlage und wichtigste Disziplin der Physik betrachtet.

Gegenüber diesem radikalen Schlußstrich unter seine
bisherigen Bemühungen deutete das Tagebuch des Dichters freilich auch schon eine künstlerische Neuorientie-
rung an, die das zentrale und bestimmende Element der
Reise in den Süden werden sollte. Italien brachte die
lang ersehnte Begegnung mit der Kunst der Antike und
der Renaissance, die einen grundlegenden Umschwung
in Goethes Auffassungen auslöste. Im Mittelpunkt stand,
wie schon bei Winckelmann und Oeser, die Renaissance
bzw. das Phänomen des »Wiederauflebens der Künste in
Italien, in der mittlern Zeit.«[11] Dieses »Wiederaufleben«
nach einer mehr oder minder finsteren Zwischenperiode
war für den Schriftsteller angesichts der von ihm diagnostizierten vermeintlichen Krise der zeitgenössischen
Kunst von besonderem Interesse, weil es ein Modell bot,
an das er selbst anzuknüpfen hoffte. Goethe beschäftigte sich insbesondere mit den Werken des Architekten
Palladio (1508–1580). Er erwarb in Padua dessen theo-
retische Schriften und machte sich während des darauffolgenden Aufenthalts in Venedig an ihr Studium.

Goethe verbrachte 17 Tage in der Lagunenstadt. Vor-
mittags schrieb er an seiner *Iphigenie*, abends am Tagebuch für Frau von Stein. Dazwischen studierte er die
Werke Palladios und die des Vitruv, die er ebenfalls erworben hatte, ging etwas umher, besah sich die Stadt

und besuchte gelegentlich ein Theater. Aber die Bühne sagte ihm, wie wir gesehen haben, nicht mehr zu, und auch das, was er auf seinen Spaziergängen sah, wollte ihm oft nicht gefallen. Die berühmte Basilika San Marco verglich der Schriftsteller mit einem »kolossalen Taschenkrebs«, über den ebenso berühmten Dogenpalast meinte er: »Das sonderbarste was der Menschen Geist glaub ich hervorgebracht hat.«[12]

Goethe war kein reisender Kunstenthusiast, der alles respektvoll betrachtete und sich glücklich schätzte, es mit eigenen Augen gesehen zu haben. Seine Auffassungen waren oft sehr einseitig und filterten aus der gewaltigen Menge von Kunstschätzen, die Italien zu bieten hatte, nur einen kleinen Bruchteil heraus. Diesem widmete er sich dafür um so intensiver: neben den Schriften waren es in Venedig vor allem die Bauten Palladios, die es ihm angetan hatten. Und bei deren Studium begann sich in seinen Kunstauffassungen ein Wandel zu vollziehen, den er selbst eine »Revolution« nannte[13] und der ihn zu den Äußerungen veranlaßte, daß er eine »Wiedergeburt« und eine »neue Jugend« erlebe.[14]

Die Rückkehr zur Antike schien ihm angesichts seines Scheiterns und der danach diagnostizierten Krise der zeitgenössischen Kunst als der einzige Ausweg. Nur wenn sich der Künstler streng und gewissenhaft den antiken Mustern anschloß, konnte er dem sonst unausweichlichen Niedergang noch einmal entgehen. Der Schriftsteller verwarf daher seine bisherigen Kunstauffassungen, in denen die Shakespeare-Nachfolge und das nach zeitgenössischen Vorstellungen damit verbundene Prinzip der Treue gegenüber der Natur eine zentrale Rolle eingenommen hatten, und wandte sich einer antikisierenden Ästhetik zu.

Der grundlegende Wandel zeigte in der Zeit, die er in

Italien verbrachte, allerdings kaum Auswirkungen. Goethe arbeitete damals an den Stücken, die er im ersten Weimarer Jahrzehnt oder in den letzten Frankfurter Jahren konzipiert und begonnen, aber nicht abgeschlossen hatte, an der *Iphigenie* und am *Egmont*, und dabei konnte er seine neuen ästhetischen Maximen nicht gebrauchen. Sie störten ihn aber auch nicht, denn er bildete sich, wie er selbst sagte, einfach »zurück«. Das hieß in der Praxis, daß er an diesen Werken, wie es nahelag, nach seinen alten Prinzipien weiterarbeitete. In den Briefen an Herzog Carl August, in denen er seine Flucht und den langen Aufenthalt im Süden zu rechtfertigen hatte, wußte der Schriftsteller daraus freilich noch etwas mehr zu machen: »Daß ich meine älteren Sachen fertig arbeite, dient mir erstaunend. Es ist eine Rekapitulation meines Lebens und meiner Kunst, und indem ich gezwungen bin, mich und meine jetzige Denckart, meine neuere Manier, nach meiner ersten zurückzubilden, das was ich nur entworfen hatte nun auszuführen; so lern' ich mich selbst und meine Engen und Weiten recht kennen.«[15]

Nicht nur der Künstler, auch der Mensch Goethe wandelte sich in Italien. Schon zu Beginn der Reise, am 25. September 1786, heißt es im Tagebuch für Frau von Stein: »Ich kan dir nicht sagen was ich schon die kurze Zeit an Menschlichkeit gewonnen habe. Wie ich aber auch fühle was wir in den kleinen Souverainen Staaten für elende einsame Menschen seyn müssen weil man, und besonders in meiner Lage, fast mit niemand reden darf, der nicht was wollte und mögte.«[16] Seine Stellung als hoher Weimarer Beamter brachte es mit sich, daß immer wieder Leute kamen, die irgendein Anliegen hatten und ihn für sich einnehmen wollten. Für Goethe waren solche Situationen immer ein Problem, weil er in ihnen,

wie er einmal an Charlotte von Stein geschrieben hatte,
»keine Sprache«[17] fand, sich also nur schwer zu helfen
wußte. Und weil er überdies den Argwohn hegte, daß
fast jeder, der zu ihm kam, auf irgendeine Weise seinen
Einfluß für sich nutzen wollte, wagte er schon gar nicht
mehr, offen oder wenigstens natürlich mit den Leuten zu reden, obwohl er dadurch »an Menschlichkeit«
verlor. Er begann immer mehr jenes geheimratsmäßige,
steife und zugeknöpfte Äußere anzunehmen, das in späteren Jahren so typisch wurde, obgleich es ihn, wie er in
der oben angeführten Tagebuchstelle selbst einräumte,
zu einem »elende[n] einsame[n] Menschen« machte.

Die Schwierigkeiten, die er mit der Bewältigung derartiger Alltagssituationen hatte, verschwanden auch in
Italien nicht sofort. Das tägliche Leben wollte dem
Schriftsteller auch im Süden anfangs nicht gefallen. Als
er zu Beginn des Jahres 1787 die mittlerweile überarbeitete *Iphigenie auf Tauris* an Herder sandte, machte er in
seinem Begleitbrief die Bemerkung: »Das andere Leben
ist schaal wie überall und schaaler wo möglich.«[18] Das
»andere Leben« war das neben der Kunst, und Goethe
fand es in Italien zunächst nicht besser als zu Hause. Als
er im Frühjahr 1787 nach Neapel fuhr, begann er über
die Stadt und über die Lebensart ihrer Bewohner jedoch
zu staunen. Er nannte sie eine »Schule des leichten und
lustigen Lebens«[19], und er sinnierte: »Reisen lern ich
wohl auf dieser Reise, ob ich leben lerne, weiß ich nicht.
Die Menschen, die es zu verstehen scheinen, sind in Art
und Wesen zu sehr von mir verschieden, als daß ich auf
dieses Talent sollte Anspruch machen können.«[20]

Die Kunst des Lebens, und das hieß: des leichten und
bequemen Lebens, war für ihn etwas Fremdes. Goethe
war im Grunde eine schwerfällige, von einer rigiden
protestantischen Moral geprägte Persönlichkeit. Beim

Anblick Neapels und der Lebensweise seiner Bewohner wurde er sich seiner eigenen Ernsthaftigkeit und Schwerblütigkeit jedoch bewußt. Er bemerkte in einem Brief an Charlotte von Stein, man solle die Stadt doch »nicht mit einem nordisch moralischen Policey Maasstab«[21] ansehen. Und er begann sich zu fragen, ob er nicht auch etwas von dieser so anders gearteten, viel leichteren südländischen Lebensweise übernehmen könne. Es schien ihm wenigstens teilweise zu gelingen. Denn im Sommer 1787, als er von Neapel und der anschließenden Reise durch Sizilien wieder nach Rom zurückgekehrt war, hieß es: »Ich finde hier die Erfüllung aller meiner Wünsche und Träume, wie soll ich den Ort verlaßen, der für mich allein auf der ganzen Erde zum Paradies werden kann.«[22]

Italien vermittelte Goethe ein neues, freieres Lebensgefühl, eines, das sich nur hier einstellen wollte und das bei der späteren Rückkehr nach Sachsen-Weimar rasch wieder verschwand. Aber er führte in Rom freilich auch eine andere Existenz als in dem thüringischen Kleinstaat. Der Schriftsteller lebte in der Kolonie der Deutsch-Römer, die sich überwiegend aus Künstlern zusammensetzte. Italien hatte seit der Renaissance den Ruf, das Land der Kunst und Kultur zu sein, und Maler und Bildhauer aus den verschiedensten Ländern pilgerten dorthin, um sich aus- und weiterzubilden oder gelegentlich auch ganz dort niederzulassen. Unter ihnen stellten die deutschen Künstler auf Grund der historisch-geographischen Gegebenheiten eine der größten Gruppen dar: sie bildeten eine eigene kleine Kolonie, die nicht einmal auf das gewohnte heimische Getränk, das Bier, verzichten mußte, denn es gab damals in Rom einen deutschen Braumeister, der es in eigener Regie herstellte.[23]

Goethe kam schon am Abend seiner Ankunft in Rom, am 29. Oktober 1786, mit Johann Heinrich Wilhelm Tischbein (1751–1829) zusammen, für den er sich mehrfach bei dessen Gönner, dem Herzog von Gotha, eingesetzt hatte. Und am nächsten Tag zog er in das Haus am Corso, in dem dieser mit einigen anderen Künstlern zusammen lebte. Der Schriftsteller hatte damit, wie er erleichtert festhielt, »auch Ruhe von allem Wirthshaus und Reiseleben«.[24] Aus der Hausgemeinschaft mit Tischbein ging das bekannteste Bildnis des Dichters hervor, jenes, das »Goethe vor den Ruinen der Campagna« zeigt.

Der Corso war damals eine der Hauptstraßen Roms. Die Stadt erstreckte sich im wesentlichen in jenem Dreieck, das zwischen dem Tiber im Osten, der Piazza Venezia im Süden und der Porta del popolo und den Gärten der Villa Borghese im Norden gebildet wurde. Diese Gärten waren von Goethes Wohnung nicht weit entfernt und der Ort, an dem die »Hexenküche« seines *Faust* entstand. Hinter der Piazza Venezia lag das Kapitol und danach war die Stadt zu Ende. Es folgten Weideplätze und Felder, aus denen Trümmer von Säulen und antiken Tempeln hervorragten: die größtenteils mit Steinen und Erde bedeckten Überreste des antiken Forum romanum, zwischen denen damals die Hirten ihr Vieh weiden ließen. Der Schriftsteller fand es angesichts eines so ungenierten Umgangs mit den Zeugnissen einer großen Vergangenheit häufig ein »saures und trauriges Geschäft [...], das alte Rom aus dem neuen heraus zu suchen«.[25] Und sein Vorhaben, im Frühjahr 1787 nach Neapel und Sizilien zu reisen, begründete er Herzog Carl August gegenüber mit den Worten, »dort mich der herrlichen Natur [zu] erfreuen und meine Seele von der Idee sovieler trauriger Ruinen rein[zu]spülen.«[26] Goethes Verhältnis zu den Überresten der Antike war durchaus ambivalent.

Das Leben in der Kolonie der Deutsch-Römer gefiel dem Schriftsteller dafür um so besser. Er behielt das Inkognito, das er sich für die Reise zurechtgelegt hatte, bei und paßte sich der Lebensweise der dortigen Künstler an. Er übernahm sie natürlich nicht ganz. Man wußte, daß er Goethe und Geheimrat war, und zudem zeigten sich auch hier gewisse Eigenheiten: so gab er etwa ziemlich viel Geld aus, erheblich mehr, als den hier lebenden Künstlern überhaupt zur Verfügung stand. Und er sprach später selbst von dem »wunderliche[n] und vielleicht grillenhafte[n] Halbincognito« dieser Zeit.[27]

Der Aufenthalt in der Kolonie der Deutsch-Römer bildete in Goethes Leben trotzdem eine bemerkenswerte Ausnahme. Es war eine der wenigen Perioden, in denen er keinen eigenen Diener hatte – Goethe besaß sonst immer einen Bediensteten, der erste war Philipp Seidel gewesen, dazu eine Köchin und anderes Hauspersonal. Und Herder, der ein, zwei Jahre später nach Italien reiste, natürlich in Begleitung eines Dieners, und keine Minute vergaß, daß er ein protestantischer Superintendent war, wunderte sich dann sehr, wie der Weimarer Dichterkollege und Geheimrat nur so halb studentenhaft unter lauter Künstlern habe leben mögen.

Durch den Aufenthalt in der Kolonie der Deutsch-Römer blieb Goethe auch in Rom weitgehend unter Landsleuten. Er sprach mehr Deutsch als Italienisch und lernte nur wenige Italiener kennen. Es gab tatsächlich kaum Kontakte zu ihnen, und Goethe suchte sie auch nicht, da er von einer übertriebenen Furcht geplagt wurde, in Zirkel und Parteiungen hineingezogen und dort als »Instrument«[28] gebraucht zu werden. Er äußerte: »Man muß sich zu einer Partei schlagen, ihre Leidenschaften und Cabalen verfechten helfen, Künstler und Dilettanten loben, Mitbewerber verkleinern, sich von Großen und Reichen alles gefallen lassen [!]. Diese sämmtliche Litanei, um derentwillen man aus der Welt laufen möchte, sollte ich hier mitbeten und ganz ohne Zweck?«[29] Der Schriftsteller war mit dem Literatur- und Kulturbetrieb und dessen negativen Seiten durchaus vertraut, aber er hätte vielleicht gerade in Rom Kontakte zu anderen Künstlern und Schriftstellern anknüpfen können, ohne als Fremder und Gast von den verschiedenen Parteien gleich als »Instrument« mißbraucht zu werden.

Bei seiner zurückgezogenen Lebensweise unter den Deutsch-Römern lernte Goethe zwar keine Italiener, dafür aber zwei Landsleute kennen, die in der Folgezeit einige Bedeutung für ihn bekamen. Der erste war Karl Philipp Moritz (1757–1793), der nach seiner Rückkehr aus Italien nicht zuletzt auf die persönliche Fürsprache Herzog Carl Augusts von Weimar hin zum Professor für Altertumskunde an der Berliner Akademie der bildenden Künste ernannt wurde. Moritz hatte sowohl als Kunsttheoretiker wie als Schriftsteller erhebliche Bedeutung, wenn seine Leistung in beiden Bereichen auch lange unterschätzt wurde. Es war zunächst nicht etwa die Germanistik, sondern vor allem Arno Schmidt, der immer wieder auf den ungewöhnlichen Rang seines autobiographischen Romans *Anton Reiser* (1787–90) hinwies. In ihm wird der Lebensweg eines von der Zeit und den materiellen Bedingungen weniger begünstigten Schriftstellers in außerordentlich beeindruckender, durch seine Ungeschminktheit zuweilen fast bedrückender Weise geschildert.

Der zweite römische Bekannte war als Persönlichkeit weniger bedeutend, sollte in Goethes weiterem Leben aber eine noch größere Rolle erlangen. Es war der Schweizer Maler und Kunsthistoriker Johann Heinrich Meyer (1759–1832), der später in Weimar auf Grund sei-

nes unverkennbaren Dialekts als ›Kunscht-Meyer‹ titu-
liert wurde. Er trat für eine strikte Antike-Nachfolge ein
und sollte dem Schriftsteller als Fachmann und Ratgeber
für alle Detailfragen der bildenden Kunst unentbehrlich
werden.

Goethe versuchte in seinen Briefen das gestörte Verhältnis zu Charlotte von Stein wieder zu reparieren, und
anscheinend hatte er dabei Erfolg. In einem Schreiben
aus Neapel vom 25. Mai 1787 äußerte er jedenfalls:
»Sonderbar! Daß zwischen den besten und verständig-
sten Menschen eine Art von Flor und Hülle bleiben
kann. Zwischen uns soll sie sich nie wieder stellen.« Der
Brief enthielt noch das Eingeständnis: »Du hast mir
goldne Sachen über mich selbst und meine nächsten
Verhältniße gesagt [...]!« Charlotte von Stein, deren Geschick im menschlichen Umgang Goethe schon bei früherer Gelegenheit gerühmt hatte, wußte dem Schriftsteller auch seine eigenen Verhältnisse in größter Deutlich-
keit darzulegen.

Die beiderseitigen Aussichten für die Zukunft waren
dennoch ungewiß. In einem Brief vom 21. Februar 1787,
also etwas früher, findet man die Bemerkung, »daß der
Gedancke dich nicht zu besitzen mich doch im Grunde,
ich mags nehmen und stellen und legen wie ich will auf-
reibt und aufzehrt.« Hier trat wieder die von einer protestantischen Moral geprägte Seite Goethes hervor. Sie
bewirkte, daß eine Verbindung zu dritt für die verheiratete aristokratische Hofdame ein leichteres Unterfangen
darstellte als für den von immer neuen Zweifeln geplag-
ten bürgerlichen Schriftsteller. Das Verhältnis, das ihm
selbst gelegentlich Unbehagen bereitete, paßte natürlich
überhaupt nicht in das Goethe-Bild des prüden 19. Jahrhunderts und wurde dann auf jede nur erdenkliche Weise mystifiziert und retuschiert.

Was in der zweiten Hälfte des Jahres 1787 vor sich ging, weiß man nicht, da Goethe die Briefe, die er in dieser Zeit an Charlotte von Stein schrieb, später größtenteils vernichtete.[30] Erst nach dem Beginn des Jahres 1788 treten Hinweise auf ein Verhältnis zu einer jungen Italienerin auf, mit der sich zu der ungewöhnlich freien und bequemen Lebensweise, die er in Rom führte, noch eine Geliebte hinzugesellte. In den *Römischen Elegien*, die in den Jahren 1788–90 im Rückblick auf die Erlebnisse im Süden und unter dem Einfluß einer weiteren, erotisch motivierten Beziehung, der zu Christiane Vulpius, entstanden, heißt es dazu u. a.:

Sie ergetzt sich an ihm, dem freien rüstigen Fremden,
[...]
  Freut sich, daß er das Gold nicht wie der Römer
    bedenkt.
Besser ist ihr Tisch nun bestellt; es fehlet an Kleidern,
  Fehlet am Wagen ihr nicht, der nach der Oper sie
    bringt.
Mutter und Tochter erfreun sich ihres nordischen
    Gastes,
  Und der Barbare beherrscht römischen Busen und
    Leib.[31]

Mit diesem Verhältnis waren von seiten der Frau, wie hier im schönsten Detailrealismus erläutert wird, auch Erwartungen hinsichtlich ihres Lebensunterhalts bzw. -standards verbunden. Im übrigen gibt es dergleichen ja heute noch, nur die äußeren Formen haben sich gewandelt, und wenn es sich mit dem »Tisch« ähnlich verhalten mag, so sehen die »Kleider« und der »Wagen« nun eben anders aus, und letzterer führt nicht mehr unbedingt zur »Oper«, sondern eher zu anderen Lokalitäten.
Die Oper war im Italien des 18. Jahrhunderts eine der

gängigsten Formen der Abendunterhaltung und von solcher Beliebtheit, daß sich in größeren Städten meist mehrere Spielstätten fanden. In Venedig gab es bei etwa 100 000 Einwohnern vier, in Rom bei ungefähr 150 000 Einwohnern acht Theater, die in der dort sehr kurzen Saison – von Neujahr bis Fastnacht – eine neue Oper herausbrachten. Man darf aber nicht glauben, daß die Darbietungen wie heutige Aufführungen verliefen. Das »Schwatzen, Essen und Spielen in den Logen«[32] war gang und gäbe. So war es in den Jahren 1743/44 gewesen, in denen sich Rousseau als Sekretär des französischen Botschafters in Venedig aufgehalten hatte, so fand es teilweise Hector Berlioz (1803–1869) noch, als er im frühen 19. Jahrhundert nach Italien kam, und so verhielt es sich zu der Zeit, zu der sich Goethe in Rom aufhielt. Das Publikum verbrachte im Theater einen angenehmen und vergnüglichen Abend, und die Vorstellung erhielt nur zwischendurch ungeteilte Aufmerksamkeit, etwa bei der Darbietung einer Glanzarie oder wenn sich der Vorhang hob und ein ungewöhnlich schöner Bühnenprospekt sichtbar wurde. Die Oper stellte, kurz gesagt, eher eine Form der Abendunterhaltung denn eine Kunstveranstaltung dar, und die Verwendung von Musik als Hintergrundkulisse ist keineswegs eine Erfindung der neuesten Zeit.

Die *Römischen Elegien* bieten in Goethes überliefertem Werk den einzigen Fall, in dem ein Liebesverhältnis beschrieben und der erotisch-sexuelle Bereich nicht ausgeklammert wird. Diese Offenheit ergab sich daraus, daß der Schriftsteller auf die antike Tradition der Elegie zurückgriff, die häufig erotische Themen behandelt hatte. Trotz dieser Anlehnung an die Überlieferung und der Eliminierung einiger allzu drastischer Stellen, die erst lange später publiziert wurden,[33] riefen die *Römischen Elegien* unter den Zeitgenossen beträchtliche Aufregung hervor. Der Grund dafür war vor allem, daß diese Gedichte gegen das damals sehr streng gehandhabte Gebot der Diskretion verstießen und hinter der traditionellen Form allzu leicht eine persönliche Liebesaffäre des Dichters und Weimarer Geheimrats erkennen ließen.

Das Dasein als freier Künstler, das Goethe in Rom schätzenlernte, war freilich nur ein zeitweises und geborgtes. Er erhielt nach wie vor Geld für die Amtstätigkeit, die er seit geraumer Zeit nicht mehr ausübte, und trotz der halb-studentisch, halb-künstlerischen Lebensweise reichten seine Mittel kaum. In einem Brief an Herzog Carl August machte der Dichter das Eingeständnis: »Bey meiner Lebensart hätte ich sollen wohlfeiler davon kommen, allein meine Existenz ist wieder auf eine wahre Wilhelmiade hinausgelaufen.«[34] Es handelt sich um eine Anspielung auf den Titelhelden seines *Wilhelm Meister*, der, während er mit den Komödianten umherzieht, ebenfalls die Kasse plündert.

Im Frühjahr 1787 begannen auf einmal dunkle Wolken aufzuziehen. Goethe schrieb an den in Weimar verbliebenen Bediensteten und Vertrauten Seidel: »Was du mir von den übrigen Verhältnißen schreibst werde ich in einem feinen Herzen bewahren und Frucht bringen laßen. Da ich die Grille Carl des fünften hatte, mein Leichenbegängniß bey lebendigem Leibe anzusehn, darf es mich nicht wundern wenn Träger und Todtengräber nach ihrer Weise handeln und die Priester die Exequien anstimmen.«[35] Man munkelte, daß er nicht mehr zurückkehren würde, und allerlei seltsame Gerüchte tauchten auf. Da die Briefe Seidels nicht erhalten sind, ist man auf Rückschlüsse angewiesen, die sich auf Goethes Antwortschreiben stützen. Einige Zeit später, im Herbst 1787, versicherte dieser Seidel gegenüber, auf seine Interimsleitung des Weimarer Finanzwesens verweisend, daß er »kein persönlich Verhältniß zu den Cassen« habe, sie also nicht zu privaten Zwecken gebraucht habe, bezeichnete den Kassier, einen gewissen Träuter, wörtlich als ›Schurken‹ und bemerkte allgemein: »Überhaupt ists natürlich, da ich so lang die grosen Summen Gelds ohne Auf= und Übersicht kommandirt habe, daß die Lumpen auch lumpig von mir dencken.«[36]

Es war also das Gerücht aufgekommen, daß Goethe sich mit Weimarischen Geldern aus dem Staub gemacht habe. Dies war zwar nur ein Gerücht, aber doch unangenehm, und der Schriftsteller suchte in der Folgezeit vor allem sein Verhältnis zu Herzog Carl August, die Grundlage seiner Weimarer Existenz, zu überdenken und mit einem neuen Fundament zu versehen. Etwa zwei Wochen nach dem angeführten Brief an Seidel, in dem die bedenkliche Lage in der Heimat deutlich wurde, stellte er sich dem Herzog erst einmal vorbehaltlos zur Verfügung: »Ich bin zu allem und jeden bereit, wo und wie Sie mich brauchen wollen.«[37]

Zur Hebung seines angeschlagenen Ansehens verfolgte Goethe einen besonderen Plan. Er bemerkte gegenüber Seidel: »Die gute Meynung, die man von meinem Gehirne in Weimar hat, hoffe ich auf die Art zu widerlegen, wie Sophokles eine ähnliche Anklage ablehnte: er schrieb seinen Ödipus auf Colonus und ob ich gleich meinen Egmont nicht mit jenem Meisterstücke vergleichen will; so wird doch schon dieses Stück hinreichend seyn, das Publikum zu überzeugen, daß ich noch bey Sinnen bin.«[38] Sophokles war im Alter von seinen Söhnen das Recht streitig gemacht worden, noch frei über sein Vermögen zu verfügen, weil er, wie diese behaupteten, geistesschwach geworden sei. Ein Gericht befand angesichts seines letzten Dramas, des *Ödipus auf Kolo-*

*nos*, jedoch, daß er sehr wohl bei klarem Verstand sein müsse. Goethe wollte die ungünstige Meinung, die man in Weimar von ihm hegte, auf ähnliche Weise verbessern: indem er wieder als Dichter hervortrat.

Ende des Jahres 1787 erwies er Herzog Carl August noch einmal seine Reverenz: »Das Ende meiner Bemühungen und Wandrungen, ist und bleibt der Wunsch Ihr Leben zu zieren. Möge er mir gewährt werden.« Dann rückte er mit seinem Plan heraus: »Wenn Sie wieder zu Hause sind; bitte ich einen Abend am Camin meinem Egmont zu wiedmen, könnte er Sie wieder in einer Tannröder Stimmung, welche meinem Wilhelm so günstig war, antreffen; so würde ich mich recht glücklich fühlen. Es ist gar tröstlich für den Dichter, der sichs denn doch sauer werden läßt, wenn so eine Arbeit gleich das erstemal ihre Würckung nicht verfehlt.«[39] Die Mühen, auf die er hier anspielte, waren bei umfangreicheren Arbeiten inzwischen zur Regel geworden. Während er den *Götz* und den *Werther* in kurzer Frist niedergeschrieben hatte, kosteten ihn die *Iphigenie*, *Egmont* und *Torquato Tasso* jahrelange Mühen und wiederholte Überarbeitungen. Und der *Faust* sollte sich schließlich sogar zu einem Lebenswerk auswachsen, das, in jungen Jahren begonnen, erst im höchsten Alter vollendet wurde.

Sein Verhältnis zu Herzog Carl August entwickelte sich freilich anders, als Goethe es mit kluger Vorsicht hatte einfädeln wollen. Der Fürst kam zunächst nicht zur Lektüre des *Egmont*, reagierte auf die Briefe des Schriftstellers, wie man aus dessen Antworten erfährt, aber dennoch positiv. »Welche Freude und Zufriedenheit mir Ihr Brief, an einem schönen Tage gebracht hat, kann ich Ihnen nicht ausdrucken [...]«[40], hieß es zu Beginn des Jahres 1788 an den Dienstherrn. Die Grundlage sei-

ner Weimarer Existenz, die Verbindung zu Herzog Carl
August, war also, wie er Seidel gegenüber versicherte,
»gut und rein«.[41] Daher konnte Goethe nun auch Unzulänglichkeiten in seiner Amtsführung einräumen. Er
lobte die vor kurzem eingeführte Kassenrevision und
bemerkte: »Hätte ich beym Antritt meiner Interims Administration mehr Kenntniß des Details, in denen damals einigermaßen verworrnen Zuständen mehr Ent-
schloßenheit, bey einem allgemeinen, öffentlichen und
heimlichen Widersetzen mehr Festigkeit gehabt; so hätte
ich Ihnen manchen Verlust und mir manche Sorge, Verdruß und wohl gar Schiefheit ersparen können.«[42]

Nach diesem Eingeständnis eigener Fehler[43] wagte er,
seine Wünsche für die Zukunft auszusprechen. Sie gingen von dem Resümee aus: »ich habe mich in dieser
anderthalbjährigen Einsamkeit selbst wiedergefunden;
aber als was? – Als Künstler!«[44] Man muß sich klar-
machen, daß die Zeitgenossen die Begriffe Literatur und
Kunst nicht trennten, sondern umstandslos miteinander
vermengten. Und obwohl die knapp zwei Jahre des Aufenthalts in Italien auch eine der fruchtbarsten Perioden
in Goethes Laufbahn als Zeichner darstellten, war hier
natürlich der nach der Krise von 1786 im Süden einset-
zende neue literarische Aufschwung gemeint. In der *Italienischen Reise* heißt es dazu: »Täglich wird mirs deutlicher, daß ich eigentlich zur Dichtkunst geboren bin, und
daß ich die nächsten zehen Jahre, die ich höchstens noch
arbeiten darf, dieses Talent excoliren und noch etwas
Gutes machen sollte«.[45] Es folgt noch die Bemerkung,
daß er auf »das Ausüben der bildenden Kunst« künftig
verzichten wolle, die wohl nicht ganz wörtlich zu nehmen ist; denn die theoretischen Entschlüsse Goethes
wirken gelegentlich erheblich radikaler, als seine eigene
literarische bzw. künstlerische Praxis tatsächlich ausfällt.

Überdies hatte er zu diesem Thema im Juli 1787 in einem realistischeren Sinn geschrieben: »es [wird] viel zu meiner Glückseligkeit und zu einem künftigen fröhlichen Leben zu Hause beytragen, wenn ich mit meinem kleinen Talente [natürlich nicht auf dem Gebiet der Literatur, sondern auf dem der bildenden Kunst!] nicht immer zu kriechen und zu krabeln brauche, sondern mit freyem Gemüthe, auch nur als Liebhaber, arbeiten kann.«[46]

Goethe wollte sich nach der Italienreise auf die Kernbereiche seiner Existenz konzentrieren: die bildende Kunst sollte Liebhaberei,[47] die Literatur aber das Zentrum sein. Er war sich darüber klar geworden, daß er zur Staatsverwaltung nicht taugte und überdies hatte er ja eine neue Ästhetik konzipiert, die als ein Mittel zur Überwindung der Krise von 1786 gedacht war. So schrieb er am 17./18. 3. 1788, gegen Ende seines Aufenthalts in Italien, an Herzog Carl August weiter: »Nehmen Sie mich als Gast auf, laßen Sie mich an Ihrer Seite das ganze Maas meiner Existenz ausfüllen und des Lebens genießen [...].« Goethe wollte nach Möglichkeit nicht wieder in seine früheren Pflichten zurückkehren, sondern sich in Ruhe, Muße und Freiheit seinen Interessen und insbesondere der Literatur widmen, und strebte daher die Umwandlung seines bisherigen Amtsverhältnisses in ein Mäzenat an.

Dieses Vorhaben erlitt bald einen ersten Rückschlag. Denn als Carl August den *Egmont* zur Hand nahm, fand er gerade an diesem Werk, mit dem sich der Schriftsteller besonders hatte empfehlen wollen, einiges auszusetzen. Seine Reaktion war insofern verständlich, weil ihm als Fürst das Thema des Freiheitskampfes der Niederlande, das eine Absage an die dynastische Herrschaft Spaniens über dieses Territorium enthielt, nicht besonders behagen konnte. Aber auch das Theater sollte mit dem Stück immer wieder seine Schwierigkeiten haben, oft noch mehr als mit den vermeintlich schwierigen Versdramen *Iphigenie* und *Tasso*. Vielleicht liegt dies an der Art, wie hier das zentrale Thema behandelt wird: Egmont, der Titelheld, möchte zwar die Freiheit, aber er will nicht für sie kämpfen. Er lehnt die Auseinandersetzungen ab, die ihm Wilhelm von Oranien, der historische Befreier der Niederlande, vorschlägt.

Dieser Zug Egmonts beruht auf geschichtlichen Gegebenheiten, die in Goethes Stück nicht wiederzuerkennen sind. Der historische Egmont hatte sich deshalb auf keinen Freiheitskampf einlassen können, weil er eine Familie mit elf Kindern besaß. Seine Weigerung sollte ihm aber nichts helfen, da ihn der Bevollmächtigte der spanischen Krone, der Herzog von Alba, als notorischen Feind trotzdem hinrichten ließ. Die wirklichen Geschehnisse waren also weit makabrer gewesen als diejenigen, die Goethes *Egmont* behandelt. In diesem Schauspiel wird aus dem Familienvater, der den Kampf verständlicherweise scheuen muß, ein alleinstehender junger Mann, dessen Passivität für den Leser und Zuschauer nicht mehr ganz nachvollziehbar ist.

Als sich der Schriftsteller nach eineinhalbjährigem, bezahltem Urlaub an den Gedanken gewöhnt hatte, in Kürze wieder nach Weimar zu fahren, schien sich eine plötzliche Wendung abzuzeichnen. Die Herzoginmutter Anna Amalia wollte, zweifellos von Goethes Vorbild inspiriert, ebenfalls nach Italien reisen, und ihr Sohn Carl August unterbreitete diesem Ende Januar 1788 den Vorschlag, dort auf sie zu warten, sie zu begleiten und gemeinsam mit ihr nach Deutschland zurückzukehren. Goethe reagierte enthusiastisch und schrieb einen Antwortbrief, der im Druck zwölf Seiten umfaßt; zeigte sich doch die Aussicht auf eine Verlängerung des paradiesischen Lebens im Süden um ein, zwei weitere Jahre – Anna Amalia sollte erst 1790 wieder nach Weimar zurückkehren. Aber Herzog Carl August dachte auch an praktische Belange und fragte den Schriftsteller nach seinen Finanzen.[48]

Und dieser war so arglos oder weltfremd, daß er nicht nur eingestand, in Italien sowohl die sämtlichen weiterlaufenden Bezüge für seine Amtstätigkeit wie die bereits erstatteten Honorare von Göschen gänzlich verbraucht zu haben, sondern auch gleich darlegte, ja betonte, daß die Übernahme gewisser Pflichten für die Herzoginmutter »einigen Aufwand machen« würde. Daher entstünde, wie er schrieb, eine nicht unbeträchtliche Differenz zwischen seinen Ausgaben und Einnahmen,[49] um deren Begleichung er bitten müsse. Dies war für einen Fürsten, der bei aller Großzügigkeit angesichts der bescheidenen Verhältnisse in seinem Land an Sparsamkeit denken mußte, ein hartes Ansinnen – und im weiteren war von dieser Angelegenheit nicht mehr die Rede.

Der Schriftsteller mußte also an die Heimreise denken, die er zusammen mit Kayser antrat. Denn er wollte seinen Protegé in Weimar unterbringen und unterbreitete dazu folgenden Vorschlag: Kayser sollte noch im Jahr 1788 – anstelle des allzu kostspieligen Reisebegleiters Goethe – mit der Herzoginmutter Anna Amalia nach Italien aufbrechen und dort als Musikmeister und eine Art Reisemarschall fungieren; denn er war ein gewandter Klavierspieler und verfügte natürlich über gewisse Italienischkenntnisse. Nach der Heimkehr sollte er eine Anstellung als Hofkapellmeister in Weimar erhalten. Der Plan war schön ausgedacht, aber Goethe hatte bei seiner Rechnung Kayser nicht einkalkuliert.

Der alte Stürmer und Dränger hielt es schon in Re-

gensburg bei den vornehmen Herrschaften kaum noch
aus, und in Bozen trennte er sich endgültig von ihnen.
Anstatt den Diener hoher Herren zu machen, kehrte er
lieber nach Zürich zurück und hielt sich weiterhin durch
Klavierunterricht über Wasser; auch solche, nicht von Le-
bensklugheit, aber einem ausgeprägten Charakter bestimmte Biographien findet man. Nach dem bösen Faux-
pas in Bozen, mit dem er sich jede Aussicht auf eine Anstellung in Weimar zunichte gemacht hatte, resignierte
Goethe und gab sein Engagement für Kayser auf.

Durch den Mißerfolg seines *Egmont* bei Herzog Carl
August ließ er sich jedoch nicht entmutigen. Goethe reagierte auf die Kritik seines Gönners zunächst sehr diplomatisch: »Ihr Brief mein bester Fürst und Herr, in welchem Sie mir Ihre Gedancken über Egmont eröffnen,
hat das Verlangen nur vermehrt mich mit Ihnen über
solche und andre Gegenstände mündlich zu unterhalten.
Bemerckungen wie die, welche Sie mir schreiben, sind
zwar für den Autor nicht sehr tröstlich, bleiben aber
doch dem Menschen äusserst wichtig und wer beyde in
sich nie getrennt hat weiß solche Erinnerungen zu schätzen und zu nutzen.«[50] Er konzedierte im weiteren auch
einen glatten Strich, also eine Selbstzensur aus politischer Rücksichtnahme.[51] Die Freiheiten, die Goethe als
Günstling eines Fürsten genoß, waren begrenzt, und
durch das Eingeständnis, mehr zum Schriftsteller als
zum hohen Beamten oder gar Staatsmann zu taugen,
wurden sie weiter reduziert. Denn an die Stelle der formellen Pflichten, die er als Amtsinhaber gehabt hatte,
traten nun informelle. Und das hieß automatisch: die
Rücksichtnahme auf die Interessen des Gönners wurde
noch wichtiger als zuvor.

Nach der diplomatischen Einleitung suchte der
Schriftsteller die Aufmerksamkeit des Herzogs auf ein

anderes Stück zu lenken, auf jenen *Torquato Tasso*, von dem ihm Carl August vor Jahren ausdrücklich abgeraten hatte. Doch diesmal wollte Goethe, anders als beim *Egmont*, eine grundlegende Umarbeitung vornehmen. Er bemerkte zu dem Vorhaben an seinen Freund Knebel, er sei »an einer sonderbaren Aufgabe, an *Tasso*. Ich kann und darf nichts darüber sagen. Die ersten Ackte müßen fast ganz aufgeopfert werden.«[52]

Goethe hatte auf seiner Italienreise die neue, 1785 in Rom erschienene Biographie Tassos von Pierantonio Serassi gelesen. Dieses Werk, das einer Prinzessin von Este gewidmet war, wollte auch das Fürstenhaus von Ferrara verherrlichen. Es enthielt bei einem insgesamt recht quellentreuen Verfahren, das etwa schon aufdeckte, daß die angebliche Leidenschaft des Dichters zu einer Prinzessin von Este nur eine märchenhaft-romantische Verbrämung seiner Geschichte durch frühere Biographen gewesen war, daher wieder einige Beschönigungen an der schlimmen Geschichte, in der der Fürst den unbequemen Dichter einfach hatte einsperren lassen.

Goethe nahm diese Eingriffe aber gar nicht wahr. Er hielt das, was eigentlich eine bewußte Entschärfung und Milderung der Konflikte darstellte, für einen plausiblen Bericht der historischen Vorgänge. Es ist zu konstatieren, daß der Schriftsteller einfach nicht glauben wollte, wie die Geschehnisse in Wirklichkeit verlaufen waren. Als er auf seiner Reise in den Süden nach Ferrara gekommen war, hatte er dort nach dem Gefängnis Tassos gefragt, das ihm schon aus der alten Biographie von Manso bekannt war. Daraufhin herrschte zunächst Verlegenheit, und zwar deshalb, weil es in der offiziösen Hofgeschichtsschreibung von Ferrara bis dahin peinlich verschwiegen worden war, daß man den berühmten Dichter einfach in eine Kellerzelle gesteckt hatte. Goe-

the, dessen Italienisch-Kenntnisse durchaus begrenzt
waren,[53] mißverstand diese Reaktion jedoch völlig und
dachte, daß man nicht mehr Bescheid wisse. Und als
man ihm nach einigem Zögern doch Tassos Gefängnis
zeigte, konnte und wollte er nicht glauben, was er nun
sah. Er notierte im *Tagebuch der Italiänischen Reise für
Frau von Stein*: »Statt Taßos Gefängniß zeigen sie einen
Holzstall oder [ein] Gewölbe wo er gewiß nicht aufbewahrt worden ist. Es weis auch kaum im Hause mehr jemand was man will.«[54] Das, was Goethe als »Holzstall«
oder »Gewölbe« bezeichnete, war in der Tat Tassos Gefängnis gewesen: ein Kellerloch eben. Aber als Sohn eines aufgeklärt und human denkenden Zeitalters wollte
er nicht glauben, daß man den ehemals hochberühmten
italienischen Dichter dort eingesperrt hatte.

In Goethes Schauspiel werden die Konflikte zwischen
dem Dichter und seiner Umwelt dann noch viel stärker gemildert: Tasso wird überhaupt nicht mehr eingekerkert, sondern nur noch auf sein Zimmer verwiesen.
Dies entsprach den höfischen Forderungen nach Dezenz
und Milderung der Konflikte. Gleichwohl gelang dem
Schriftsteller mit seiner Arbeit etwas Erstaunliches.

Zum Verständnis der Sachlage muß man sich folgendes vor Augen halten: als Goethe etwa ein Jahrzehnt
später zwei Dramen Voltaires übersetzte und auf dem
Weimarer Hoftheater aufführen ließ, gab es sofort heftige Proteste gegen diesen vermeintlichen Verrat an der
deutschen Literatur und am deutschen Theater: als Übersetzer des französischen Aufklärers Voltaire wurde Goethe als Höfling gescholten![55] Bei seinem Schauspiel *Torquato Tasso*, dessen abschließende Umarbeitung und
Vollendung kurz nach der Italienreise unter Berücksich-
tigung höfischer Wertnormen und Geschmackspräfe-
renzen erfolgte, geschah nichts Vergleichbares. Anders

ausgedrückt: Goethe hatte das erste große Theaterstück der deutschen Literatur geschaffen, das sowohl in der Aristokratie wie auch im Bürgertum eine vielbewunderte Aufnahme fand. Ihm war eine Synthese aus höfischen und aus bürgerlich-individualistischen Wertnormen gelungen, die beide Seiten zufriedenstellte und die eine der größten Leistungen dieses Schauspiels war. Denn sie bot nichts Geringeres als eine kulturelle Basis für diese beiden Stände, die sich bisher nicht einmal auf gemeinsame Geschmacksnormen hatten einigen können. Daraus wurde in der Folgezeit eine der Grundlagen der deutschen Kultur, und Goethe hatte seinen historischen Vorläufer Gellert nun endgültig überflügelt und in den Schatten gestellt.

Die kulturbildende und -stiftende Leistung des *Tasso* fällt dem heutigen Betrachter in der Regel nicht mehr auf; sie ist ein historischer Bestandteil des Stücks, und daher mag auch die Bewunderung, die ihm die Zeitgenossen entgegenbrachten, im ersten Moment überraschen. Dieses Schauspiel wurde von nicht wenigen Kennern und Betrachtern als das schönste und bedeutendste Werk Goethes angesehen. Nicht lange nach seiner Publikation versicherte ihm ein Besucher, es sei »immer das erste von allem, was ich je gelesen«.[56] Und noch im Jahr 1820 erklärte der junge Carl Loewe (1796–1869), der Musikliebhabern bekannte Balladenkomponist, bei einem Besuch in Weimar, er halte von Goethes Dramen den »Tasso für das beste«. Und der inzwischen hochberühmt gewordene Dichter war nach dieser Äußerung keineswegs mißgestimmt oder gar böse. Er betrachtete sie vielmehr, wie Loewe berichtet, als ein Zeichen von Kultur und versicherte seinem Besucher, der ganz das Aussehen eines adretten und gebildeten jungen Mannes gehabt haben muß, daß er bei dessen Auftreten gleich angenommen habe, er werde eine besondere Neigung für dieses Werk haben.[57]

Für die kulturstiftende Leistung, die aus einer Synthese von höfisch-aristokratischen und bürgerlichen Normen hervorging, war freilich ein gewisser Preis zu entrichten: das Stück wurde schwer zugänglich, schwer verständlich und vor allem höchst ambivalent. Der Konflikt, der zwischen dem Dichter Tasso und seiner höfischen Umgebung ausbricht, wird weder eindeutig bewertet noch gelöst. Jede klare Stellungnahme wird strikt vermieden. Beide Seiten werden belastet, der Höfling Antonio, der den Streit aus Mißgunst herbeiführt, ebenso wie der Dichter, der als leicht aufbrausend und mißtrauisch gezeichnet ist und vor allem gegen Ende des Stücks geradezu hypochondrische Züge bekommt.

Die Ambivalenz des Werks findet in der Biographie des Autors einige Parallelen. Denn bei aller Wertschätzung für die höfische Kultur, die der *Tasso* äußert, bleibt das Faktum, daß sich Goethe im fernen Italien viel wohler gefühlt hatte als am Weimarer Hof, daß er am liebsten wieder dorthin zurückgekehrt wäre und daß er in seinem Schauspiel Herzog Carl August daher in einem recht konkreten Sinn die Rolle des Mäzens schmackhaft zu machen suchte.

Sein *Torquato Tasso* zeichnet also das Bild eines höfischen Dichters in einem Moment, in dem der Schriftsteller selbst dem Weimarer Hof und dem Kleinstaat am liebsten den Rücken gekehrt hätte. Herzog Alfons von Ferrara hat daher jenen Part inne, von dem der Dichter hoffte, daß Carl August ihn übernehmen würde. Der Fürst tritt als großzügiger, aber realistischer und vom Anfang bis zum Ende auf seinen Vorteil bedachter Mäzen auf. Goethe war inzwischen vorsichtiger geworden als bei seiner *Iphigenie*, in der er den König der Skythen

zum Schluß einen irreal-utopischen Humanismus hatte
vertreten lassen. Herzog Alfons pocht auf seine eigenen
Interessen und vor allem auf einen gehörigen Anteil an
dem großen Ruhm des Dichters:

> [...] es soll die Welt
> Erstaunen, welch ein Werk vollendet worden.
> Ich nehme meinen Teil des Ruhms davon.[58]

So weit die Fiktion. In der Wirklichkeit wäre Goethe,
als er im Juni 1788 nach knapp zweijähriger Abwesenheit in Weimar angelangt war, am liebsten bald wieder in
den Süden aufgebrochen. Nach einem Zeugnis Karoline
Herders hätte er sich einen Mäzen großen Stils gewünscht, möglichst einen in der Art Ludwigs XIV., der
»einen Sinn für das Große gehabt« habe.[59] Dieser hätte
ihn auf Jahre hinaus unterstützen sollen, damit er wieder
nach Italien, in das Land der Kunst und eines freieren,
besseren Lebens, zurückkehren konnte. Neue literarische Pläne waren schnell bei der Hand; aber noch wichtiger waren die materiellen Grundlagen, über die es,
wiederum Karoline Herder folgend, hieß: »Mit 10- bis
12000 Talern des Jahres könnte ers in zehn Jahren – in
Rom allein, versteht sichs – ausführen.«[60] Da zehn- oder
zwölftausend Taler eine riesige Summe darstellten, war
wohl gemeint: über 10 Jahre hinaus, also mit einer jähr-
lichen Unterstützung von 1000 bis 1200 Talern. Davon
ließ sich in Rom sicher gut leben, ob auch Goethe mit
ihr ausgekommen wäre, ist zweifelhaft; angesichts seines
sonstigen Finanzgebarens nimmt sich die Zahl eher bescheiden aus.

Im Herbst 1788, als sich der Schriftsteller seit ein paar
Monaten in Weimar befand, begannen Gerüchte auf-
zutauchen, daß er bald wieder nach Rom reisen werde.
Karoline Herder schrieb an ihren Mann, der eben dort

weilte: »Ich vermute, daß er nach Weihnachten bald zu
Euch kommt, und dies wäre sehr gut. Für Weimar taugt
er nicht mehr.«[61] Die Gerüchte hätten durchaus Goethes
Wünschen entsprochen. Aber Herzog Carl August war
nicht Ludwig XIV., und wenn sich die Weimarer Finanzen inzwischen auch erholt hatten, so dachte er doch
nicht daran, über Jahre hinaus einen Dichter zu unterhalten, der von seinem Land und seinem Hof mehr als
1000 Kilometer entfernt war.

In einem Brief an den in Rom verbliebenen Meyer
vom September 1788 äußerte Goethe daher einerseits:
»mein eifrigster Wunsch ist Sie dort wieder zu finden.«
Andererseits mußte er eingestehen: »Leider ist meine
Ankunft zu Ihnen nicht so nah, wie sie Ihr zweyter
Brief aus einigen Ausdrücken eines Briefes an Tischbein
vermuthet«[62] – eines vorangegangenen Schreibens Goethes an den in Italien lebenden Maler und ehemaligen
Hausgenossen.

Goethes Lage blieb für einige Zeit in der Schwebe. Er
nahm seinen Platz im fürstlichen Rat nicht mehr ein
und die alten Amtsgeschäfte nicht wieder auf. An deren
Stelle traten andere Pflichten, vor allem die, wieder als
Reisebegleiter des Weimarer Fürstenhauses zu fungieren. Dadurch wurde der Schriftsteller im Frühjahr 1790
noch einmal nach Venedig geführt. Er sollte dort auf die
Herzoginmutter Anna Amalia treffen, die sich gerade
auf der Rückreise befand, und sie auf ihrem Weg nach
Weimar begleiten.

Dieses Unternehmen war gleichsam der Rest ihres
ursprünglichen Reise-Vorhabens und vielleicht auch als
eine kleine Entschädigung dafür gedacht, daß es mit dem
von Goethe vorgeschlagenen Ersatzmann Kayser nicht
hatte klappen wollen. Der Schriftsteller dürfte sein Angebot jedoch bald bereut haben. Denn es traf sich, daß er

nach seiner Ankunft in Venedig am 31. März 1790 noch
mehr als einen Monat, bis zum 6. Mai, auf die Herzoginmutter warten mußte. Und unglücklicherweise befanden
sich in seiner Weimarer Wohnung indessen eine junge
Frau – Christiane Vulpius, die er Ende 1788 bei sich aufgenommen hatte – und ein kleines Kind – der im Dezember 1789 geborene Sohn August. Goethe wußte daher mit Italien und den südlichen Lebensgewohnheiten,
ja mit Venedig und sich selbst kaum etwas anzufangen.
Er verlangte nur nach »Erlösung aus diesem Stein= und
Wasserneste«[63] – in herablassenderen Ausdrücken dürfte
kaum je ein Dichter von der berühmten Lagunenstadt
gesprochen haben! Goethe war völlig außer Tritt und
Stimmung und verfaßte mißgelaunt einige Epigramme,[64]
von denen eines mit den Zeilen beginnt:

> Das ist Italien, das ich verließ. Noch stäuben die
>        Wege,
>    Noch ist der Fremde geprellt, stell er sich, wie
>        er auch will.
> Deutsche Redlichkeit suchst du in allen Winkeln
>        vergebens;
>    Leben und Weben ist hier, aber nicht Ordnung
>        und Zucht.[65]

Es war ein Kuriosum, daß ihm nichts anderes einfiel,
als die fehlende deutsche Zucht und Ordnung zu bemängeln. Wie anders hatte er im Jahr 1787 reagiert! Aber
diesmal waren die äußeren Umstände freilich völlig
verschieden, und außerdem hatte sich inzwischen auch
Goethe selbst so verändert, daß er in manchem kaum
noch wiederzuerkennen war.

## SIEBTES KAPITEL

## *Wandel und Krise*

Nach der fruchtbaren und persönlich glücklichen Zeit seines ersten Italienaufenthalts hegte Goethe zunächst sehr optimistische Vorstellungen über seine weitere literarische Laufbahn. Kaum nach Weimar zurückgekehrt, schrieb er im Juli 1788: »Jetzt bin ich an Tasso, Faust soll eine Winterarbeit werden und sobald ich die 8 Bände vom Stapel habe, soll Wilhelm dran, zu dem ich große Neigung fühle.«[1] Er hoffte, die Reihe der von ihm konzipierten und erst teilweise ausgeführten Hauptwerke, die Dramen *Tasso* und *Faust* ebenso wie den Roman *Wilhelm Meister*, innerhalb kurzer Frist abzuschließen.

*Christiane und August
Aquarell von J. H. Meyer
1792/93*

Doch bald trat Ernüchterung ein: der Schriftsteller mußte feststellen, daß es ihm nach dem Aufenthalt in Rom im Norden und in dem engen thüringischen Kleinstaat nicht mehr behagen wollte. Er selbst beschrieb den Vorgang mit den Worten: »Nur gar zu schnelles Gewahrwerden, daß man aus dem Elemente gefallen sey«.[2] In dem gleichen Schema zu einer nie ausgeführten Fortsetzung seiner Autobiographie, dem diese Bemerkung entstammt, heißt es weiter: »Gleichgültigkeit gegen alles nach dem Ver-

luste des römischen Glückes. Isolement.« Zwei Absätze
weiter unten, fast gleichlautend: »Immer stärkeres Isolement. Zurückziehen ins Innere.«[3]

Auch die Briefe aus dieser Zeit greifen das Thema auf.
Im Herbst schrieb Goethe: »Ich lebe jetzt wie eine
Schnecke, eingezogen ins Haus.«[4] Er begann sich in sich
zurückzuziehen, und sein Verhalten zu den Mitmenschen und zur Weimarer Umwelt änderte sich ebenfalls.
Er selbst machte zu diesem Wandel nur einige vage Andeutungen und bemerkte etwa, »daß ich, in eben der
Person beharrend, ein ganz anderer Mensch geworden,
meinen alten Freunden fast unkenntlich auftrat«.[5] Zu
den Ursachen dieser Veränderung hieß es lediglich: »Das
Sehnsüchtige, das in mir lag, das ich in früheren Jahren
vielleicht zu sehr gehegt, und bei fortschreitendem Leben kräftig zu bekämpfen trachtete, wollte dem Manne
nicht mehr ziemen, nicht mehr genügen«.[6]

Den Zeitgenossen fiel der Wandel, der mit dem Dichter vor sich ging, um so mehr auf, als er auch das gemeinsame Zusammenleben in Weimar betraf. Das Nebeneinander der dort ansässigen Schriftsteller Wieland, Herder
und Goethe war stets von einem gewissen Individualismus geprägt worden, der damals eigentlich unüblich
war. Schiller schrieb im Jahr 1787, als er zum erstenmal
nach Weimar kam und Goethe sich eben in Italien aufhielt, es gebe dort »viele abgesonderte Schneckenhäuser,
aus denen der Eigentümer kaum herausgeht«.[7] Man darf
bei dieser Äußerung nicht an moderne Verhältnisse denken. Denn das 18. Jahrhundert war eigentlich ein gesel-
liges Zeitalter, am Weimarer Musenhof wurden daran jedoch gewisse Abstriche vorgenommen. Das Zusammenleben der Literaten Wieland, Herder und Goethe war so
arrangiert, daß jeder weitgehende Freiheit zu seiner eigenen Entfaltung besaß: man rückte vorsorglich nicht

zu eng zusammen, um gegenseitige Reibungsflächen zu mindern. Man kultivierte also einen gewissen Individualismus, der damals unüblich war und Schiller, zeitgenössischen Maßstäben entsprechend, bereits als Schneckenhausdasein erschien.

Nach seiner Rückkehr aus Italien begann Goethe die gegenseitige Distanz aber noch um ein ganzes Stück zu vergrößern. Es war das erste, deutlich sichtbare Zeichen seines Wandels, und die Umwelt war spürbar irritiert. Karoline Herder schrieb am 18. August 1788 an ihren in Rom weilenden Mann: »Er ist beinah wie ein Chamäleon; [...] Er will sich auch nie zeigen, und nimmt sich vor jeder Äußerung in acht, daraus man Schlüsse machen könnte ...«.[8] Der Schriftsteller legte eine immer größere Distanziertheit und Unzugänglichkeit an den Tag, und bei einer anderen Gelegenheit äußerte Karoline Herder: »Es ist nur schlimm, daß er immer seinen Panzer anhat. Manchmal blicke ich doch durch!«[9] Es besteht kein Zweifel, daß Goethe vorsätzlich handelte. In einigen Notizen, die er sich nach der Italienreise machte, heißt es lakonisch:

[...]
2) Verbergen des – geg[en] I...[=Italien]
[...]
5) Nicht von It.[alien] vergleichungsweise zu sprechen.
[...]
11) Dich niemand nothwendig zu machen.[10]

Manches bleibt vage; aber es liegen ersichtlich Verhaltensmaximen vor, mit denen sich der Schriftsteller bewußt von seiner Umgebung distanzierte. Karoline Herder war darüber in der ersten Zeit vollkommen konsterniert; im November 1788 berichtete sie ihrem Mann:

»Kurz, er will durchaus nichts mehr für seine Freunde sein. [...] Goethe gedeiht am besten in Rom. Sein ganzes Wesen ist mir noch ein Rätsel. Ich weiß nicht, wie ich ihn entziffern soll.«[11] Später fand sie doch eine Erklärung, und der Schriftsteller, Kunsttheoretiker und Goethe-Apologet Karl Philipp Moritz, der sich im Winter 1788/89 in Weimar aufhielt, könnte ihr dazu verholfen haben. Denn im März 1789 schrieb Karoline Herder von einem »großen Aufschluß« und begann das Verhalten Goethes sogar zu rechtfertigen: »Er fühlt sich als ein höheres Wesen [...]. Seitdem ich weiß, was ein Dichter und Künstler ist, seitdem verlange ich kein engeres Verhältnis«.[12] Dieses ›Wissen‹ mochte auf Moritz zurückgehen.

Goethe hatte während seines Aufenthalts in Italien und unmittelbar danach die Werke, die die achtbändige Ausgabe seiner *Schriften* bei Göschen enthielt, größtenteils abgeschlossen. Und er muß, als die Reihe seiner fertigen Arbeiten vor ihm lag, zweifellos bemerkt haben, was ihm gelungen war. Neben dem *Egmont*, der *Iphigenie* und dem *Tasso* enthielt die Ausgabe eine erste Sammlung der Lyrik, die später nicht wenig zu seinem Ruhm beitrug. Zudem lag mit *Faust, ein Fragment* ein sehr vielversprechender Torso dieses Werks vor. Er war gegenüber dem *Ur-Faust* um wichtige Passagen und Szenen erweitert, andererseits wurden hier aber auch Elemente ausgeschieden, die später in überarbeiteter Form wieder zum Bestandteil des ersten Teils der Tragödie wurden. Ein genauer Vergleich würde viel Akribie erfordern; es bleibe daher bei der Feststellung, daß der Weg des Genies vom *Ur-Faust* zum vollendeten Werk keineswegs ganz gerade, sondern eher in Schlangenlinien vor sich ging, und dem Hinweis, daß das Drama in der Fragmentform von 1790 zum erstenmal ein größeres Publikum erreichte, einige Kenner und Literaten, wie Schiller, aber schon angesichts des Torsos urteilten, es müsse sich hierbei zweifellos um das größte und überragende Meisterwerk Goethes handeln.

Es war also durchaus gerechtfertigt, die Edition als das »Summa Summarum [s]eines Lebens«[13] zu bezeichnen oder wenigstens seines bisherigen Lebens, und der Autor betrachtete sich nun wohl als der Erste unter den deutschen Schriftstellern seiner Zeit. Welchen Stellenwert dies für ihn haben mußte, kann man nur verstehen, wenn man sich den ungeheuren Ehrgeiz vergegenwärtigt, von dem er stets angetrieben wurde. Friedrich Heinrich Jacobi, der seit der ›Sturm und Drang‹-Zeit mit ihm befreundet war, schrieb im Jahr 1792 anläßlich eines Besuchs von Goethe: »Ich habe ihn von dieser Seite jetzt noch viel näher kennen gelernt, auch durch eigene Bekenntnisse, die er mir von seinem Ehrgeize und seiner Eitelkeit ablegte. Viele seiner Handlungen, die ich ehmals nicht begriff, oder mir doch nicht genug auslegen konnte, begreife ich jetzt vollkommen.«[14] Und er fügte noch an, daß Goethe »überall hervorglänzen und der Erste sein« wolle.

Aus dieser Perspektive sind auch die Äußerungen Karoline Herders zu sehen: Im Bewußtsein dessen, was er erreicht hatte, begann Goethe eine Attitüde von Unzugänglichkeit und Unnahbarkeit anzunehmen. Er fing bereits an, sich selbst zu stilisieren und bewußt ein besonders würdevolles und gravitätisches Verhalten an den Tag zu legen, das gleichsam mit jedem Schritt die Bedeutung und Wichtigkeit seiner Persönlichkeit demonstrieren sollte. Einige Beobachter vermerkten angesichts seines Benehmens, man habe fast den Eindruck, Iuppiter Optimus Maximus, den obersten der römischen Götter, vor sich zu haben. Manche Besucher wurden davon beeindruckt, ja eingeschüchtert. Als der junge Engländer Henry Crabb Robinson (1775–1867), der in Jena studierte, im Jahr 1801 in der Gesellschaft von Wieland und Seume zum erstenmal Goethe besuchte, wurde er von dessen imponierend-gewichtigem Auftreten und der Bewunderung, die er für ihn als Dichter empfand, so bedrückt, daß er kein Wort hervorbrachte und heilfroh war, als er wieder gehen konnte.[15] Andere, weniger respekt- und ehrfurchtsvolle Betrachter fanden das Benehmen des Schriftstellers hingegen allzu gravitätisch und zu demonstrativ auf die eigene Würde bedacht; ihnen fiel das Unnatürliche und Aufgesetzte an dieser Haltung auf.

Goethes neues Verhalten führte zu einer zunehmenden Isolation, die ihren Preis hatte: zwischenmenschliche Verbindungen wurden abgeschnitten oder wenigstens reduziert. Und in einem späteren Rückblick klagte der Dichter dann: »Man kann sich keinen isolirtern Menschen denken als ich damals war und lange Zeit blieb.«[16] Diesen Zustand hatte er freilich selbst herbeigeführt.

Völlig allein wollte er aber doch nicht sein, und so ergab sich kaum zufällig in eben dieser Zeit ein neuer Hausstand: »In der Einsamkeit der Wälder und Gärten, in den Finsternissen der dunklen Kammer wär ich ganz einzeln geblieben, hätte mich nicht ein glückliches häusliches Verhältniß in dieser wunderlichen Epoche lieblich zu erquicken gewußt.«[17] Diese etwas kargen Bemerkungen gehören zu den wenigen Hinweisen auf eine Person, die damals in sein Leben trat und bald eine wichtige Rolle einnahm, auf Christiane Vulpius (1765–1816). Nicht lange nach seiner Rückkehr aus Italien, noch 1788, nahm Goethe die damals 23jährige in sein Haus auf, und Ende des Jahres 1789 wurde der erste Sohn August (1789–1830) geboren, der als einziger von mehreren

Nachkommen die damalige Säuglings- und Kindersterblichkeit überstand.

Ein größerer Gegensatz als der zwischen Charlotte von Stein und Christiane Vulpius war kaum denkbar. Der in allen gesellschaftlichen Formen nahezu perfekten, gebildeten und begabten Aristokratin stand eine von allen geistigen Belangen weit entfernte einfache Arbeiterin aus einer Manufaktur gegenüber, die sich direkt und natürlich verhielt und die mehr oder minder kleine Schwäche hatte, den Putz und das Theater zu lieben. Mit dem Theater war in diesem Fall das Singspiel bzw. die Operette – Goethe selbst gebraucht die Bezeichnungen synonym – und die Komödie gemeint. Diese Gattungen waren beim zeitgenössischen Publikum, das Unterhaltung suchte, am beliebtesten und wurden daher am häufigsten gepflegt. Auch auf dem Spielplan des Weimarer Hoftheaters dominierten Komödien und Operetten, und das Ensemble bestand überwiegend aus Sänger-Schauspielern, die sowohl Sprechtexte wie die Musiknummern der Singspiele darboten. Die meisten deutschen Bühnen waren einfach zu klein und verfügten über zu geringe Mittel, um sich eine Spezialisierung in einen Sprach- und einen Gesangszweig leisten zu können. Im Land der Kunst und Kultur, in Italien, verhielt es sich anders. Im Venedig Goldonis (1707–1793) mit seinen rund 100 000 Einwohnern gab es sieben Theater, die sich auf drei verschiedene Gattungen spezialisiert hatten: zwei spielten die *Opera seria*, zwei die *Opera buffa*, und die drei übrigen Komödien.[18]

Während Charlotte von Stein in ihren jüngeren Jahren eine interessante, ja faszinierende Erscheinung gewesen sein muß, konnte man Christiane Vulpius nicht besonders attraktiv nennen. In einem der ersten von ihr überlieferten Zeugnisse wird sie »ein kleines korpulentes

Frauenzimmer« genannt.[19] Im allgemeinen bezeichneten
die Zeitgenossen sie als »gemein«. Dieser Ausdruck bedeutete damals, wie schon erwähnt wurde, meist nur so
viel wie »gewöhnlich«, aber in einem Zeitalter mit weithin aristokratischen Wertnormen war es natürlich nicht
positiv, derart eingestuft zu werden, und von daher war
der weitere Abstieg des Begriffs vorgezeichnet. Andere
Beurteiler waren noch uncharmanter und nannten sie
»abscheulich«.[20] Übereinstimmung herrscht darüber, daß
sie sich neben Goethe eher unansehnlich ausnahm, sofern sie sich dort überhaupt zeigen durfte. Denn ihre
Rolle und ihr Verhalten wurden ihr von den gesellschaftlichen Zwängen der Epoche diktiert: eine richtige Mätresse durften sich nur Personen fürstlichen Stands halten, bei anderen gab es nur Konkubinen, die häufig
versteckt werden mußten.

Wir wollen noch das Urteil einer zeitgenössischen
Betrachterin anführen, das von Caroline Michaelis, die
weiter oben als eines der von Goethe schwärmenden
Göttinger Mädchen auftauchte und inzwischen als Frau
des Schriftstellers August Wilhelm Schlegel (1767–1845)
nach Jena gekommen war. Sie hatte sich als junge Witwe
im Jahr 1792 den Mainzer Klubisten angeschlossen und
von einem französischen Offizier ein Kind bekommen,
das bald wieder verstarb. In ihrer heiklen Lage war ihr
Schlegel zu Hilfe gekommen, den sie später heiratete.
Die Ehe war aber nicht glücklich, und daher wollte sie
sich in den Jahren 1802/03, inzwischen fast vierzigjährig,
von ihm scheiden lassen und Friedrich Wilhelm Schelling (1775–1854) heiraten. Dieser war zwölf Jahre jünger
als sie selbst und nahm unter den damaligen Geistesgrößen eine Rolle ein, die man fast nur mit dem Ausdruck
des »jüngsten Stars« beschreiben kann. Schelling war ein
wirkliches Wunderkind gewesen. Er hatte mit Hegel

(1770–1831) und Hölderlin (1770–1843) im Tübinger Stift studiert, obwohl er fünf Jahre jünger als die beiden anderen war, und mit 25 verfaßte er das *System des transzendentalen Idealismus*, das ihn berühmt machte. Diesen jungen Mann wollte Caroline Schlegel nun heiraten, aber das setzte eine Scheidung voraus – damals eine noch verwickeltere Angelegenheit als heute. Doch Caroline Schlegel wußte sich zu helfen; sie wandte sich in vertrauensvoller Weise an – Goethe, und der gebrauchte in aller Diskretion seinen großen Einfluß in Weimar und auch bei Herzog Carl August, um eine Annahme des Scheidungsgesuchs durchzusetzen.[21]

Etwas früher, im Jahr 1796, war Caroline Schlegel, damals 33jährig, im Weimarer Theater auf Christiane Vulpius getroffen und hatte die Verbindung des Dichters mit ihr anscheinend unter rein praktischen und pragmatischen Gesichtspunkten betrachtet. Denn sie stellte sich die Frage, »warum er [Goethe] sich nur nicht eine schöne Italienerin mitgebracht hat?«[22] Sie begriff, daß der Schriftsteller nicht mehr auf eine geregelte Häuslichkeit verzichten wollte und wohl auch nicht auf ein regelmäßiges Sexualleben. Aber sie konnte nicht recht einsehen, warum er sich dazu gerade mit Christiane Vulpius verbunden hatte.

Zu Charlotte von Stein fand Goethe nach der Rückkehr aus Italien keinen gemeinsamen Ton mehr. Das gegenseitige Verhältnis war stark abgekühlt bis verstimmt und blieb in diesem Zustand, bis der Hofdame zu Ohren kam, daß sich der Hausstand des Schriftstellers um Christiane Vulpius vermehrt hatte. Noch merkwürdiger als Charlotte von Steins Reaktion war jedoch Goethes Verhalten. Er versuchte zunächst so zu tun, als ob gar nichts geschehen sei. Als ihn Frau von Stein in einem – natürlich nicht erhaltenen – Brief zur Rede zu stellen

suchte, war er in peinlicher Verlegenheit und verlor sich
in Ausflüchten, Vorhaltungen und Halb- oder Unwahr-
heiten. Goethe warf der Hofdame in seiner Antwort vor,
daß sie nach der Rückkehr aus Italien immer sehr kühl
gegen ihn gewesen sei – wie wenn dies nicht auch an ihm
selbst gelegen hätte[23] – und behauptete allen Ernstes, daß
er »nach des Herzogs Willen« noch in Italien wäre und
nur ihr und ihres Sohnes Fritz wegen zurückgekehrt sei.
Sofern man dies keine Lüge nennen kann, war es wenigstens eine Verdrehung der Tatsachen. Denn Herzog Carl
August hatte Goethes Urlaub zunächst zwar großzügig
verlängert[24] – und daran mochte der Schriftsteller nun
denken –, aber später hatte er selbst um weiteren Auf-
schub gebeten, und von Charlotte von Stein war in diesem Zusammenhang nicht die Rede gewesen.[25]

Zuletzt machte der Schriftsteller der Hofdame Vorhaltungen darüber, warum sie denn ständig Kaffee trinken
und vorsätzlich ihrer Gesundheit schaden müsse. Er war
offenkundig hilflos und fand nichts Besseres, als ihr im
Ton eines rechthaberischen Gesundheitsberaters, der genau weiß, woher alles Übel kommt, vorzuhalten: »Unglücklicher Weise hast du schon lange meinen Rath in
Absicht des Caffees verachtet und eine Diät eingeführt,
die deiner Gesundheit höchst schädlich ist.«[26] Es war eine
jener Situationen, in denen er, wie Charlotte von Stein
nun am eigenen Leib erfahren mußte, nicht die rechte
Sprache fand. Eine Woche später verfaßte er ein weiteres Schreiben, das mit den Worten begann: »Es ist mir
nicht leicht ein Blat saurer zu schreiben geworden, als
der letzte Brief an dich und wahrscheinlich war er dir so
unangenehm zu lesen, als mir zu schreiben.«[27] Im weiteren bat er sie, die Dinge doch »aus einem natürlichen
Gesichtspunckte« zu betrachten; es war die erste einigermaßen vernünftige Äußerung in dieser Angelegenheit.

Nach einer derartigen Behandlung war Charlotte von Stein natürlich gekränkt. Erstaunlicherweise hielten die Irritationen auf seiten des Schriftstellers jedoch noch länger an als bei ihr. Frau von Stein konnte die neue Lage natürlich nie angenehm finden, aber nachdem sich ihre Aufgebrachtheit wieder gelegt hatte und sie nach einem erträglichen Verhältnis zu dem Dichter suchte, dem sie in dem kleinen Weimar immer wieder begegnen mußte, machte sie die Feststellung: »[...] auf alles, was ich ihm sage, antwortet er mir mit Verlegenheit.«[28]

Ihre Bemühungen um eine Verbesserung der beiderseitigen Beziehungen gingen anfangs nicht ohne Zögern und ohne Äußerungen einer gewissen Pikiertheit vor sich, so daß sie Charlotte Schiller, mit der sie befreundet war, etwa bat, ihren Mann, den Schriftsteller, zu grüßen, und hinzusetzte: »[...] und wenn Sie's für gut finden, so sagen Sie auch dem dicken Geheimrat einen guten Abend in meinem Namen.«[29] Und Goethe ließ ihr zum nächsten, dem 57. Geburtstag wenigstens eine Torte ins Haus bringen. Aber auch dabei zeigte er sich nach ihrem Urteil wieder als »ein ungeschickter Mensch«[30]. Charlotte von Stein sollte sich stets mit erheblicher persönlicher Anteilnahme um das weitere Schicksal des Dichters kümmern, und man kann der alten Dame, die erst 1827 im hochbetagten Alter von 85 Jahren verstarb, eine gewisse Sympathie nicht versagen.

Goethe kam zu dieser Zeit nicht umhin, sich wieder mit den Weimarer Verhältnissen zu arrangieren. Herzog Carl August zeigte zwar Entgegenkommen und befreite ihn von seinen bisherigen Amtspflichten weitgehend. Der Schriftsteller beschäftigte sich in den folgenden Jahren daher in amtlicher Weise nur mit dem Bergwerkswesen, das ihn persönlich interessierte, mit dem Wasserbau,

d. h. vor allem der Regulierung der Saale bei Jena, und mit einigen kulturellen Einrichtungen Sachsen-Weimars im weitesten Sinne, wie dem Neubau des fürstlichen Schlosses und dem botanischen Garten in Jena. Dazu kamen beratende Funktionen in verschiedenen Angelegenheiten, etwa der Universität Jena.

Alle Amtstätigkeiten wurden dem Dichter dadurch erleichtert, daß sie in Kommissionen geführt wurden, denen mindestens ein weiterer Beamter angehörte. In den meisten Fällen handelte es sich um Christian Gottlob Voigt (1743–1819), der sich ebenso lang in Weimarischen Diensten befand wie Goethe und sogar etwas älter war. Doch weil er nicht zu den Günstlingen gehört hatte, mußte er sich schrittweise emporarbeiten. Zu Beginn des 19. Jahrhunderts wurde er der wichtigste Weimarer Beamte überhaupt, in den Jahren vor und um 1790 bestand seine Tätigkeit nicht zuletzt darin, in den Geschäftsbereichen, in denen Goethe mitwirkte, den größten Teil der anfallenden Arbeit zu erledigen. Denn wenn der Schriftsteller die »anordnende und aufsichtführende Tätigkeit an Ort und Stelle« auch schätzte, so überließ er den »bittere[n] Rest der Arbeit« meist Voigt.[31] Goethe liebte es, Visitationen zu unternehmen und seine Anordnungen zu treffen, eine eingehende und kontinuierliche Arbeit war hingegen nicht nach seinem Sinn. Er ging die Akten, die in den neuen Geschäftsbereichen anfielen, in vielen Fällen nicht einmal mehr durch.[32] Er konnte sich im Zweifelsfall stets auf den Fleiß und die Gewissenhaftigkeit Voigts verlassen, und Goethe war diesem gerechterweise wenigstens dankbar, daß er ihm die »Plackerei«[33] abnahm und sich damit abfand, die Kleinarbeit zu verrichten, zu der der große Dichter keine Lust mehr hatte.

Neben diesen nicht sehr aufreibenden Verpflichtungen behielt Goethe seinen großen Einfluß bei und wurde von Herzog Carl August wiederholt in verschiedenen Angelegenheiten zu Rate gezogen. Er hatte im Grunde eine Art Traumstellung inne: großen Einfluß bei wenig Verpflichtungen und gutem Gehalt. Seine Besoldung wurde sogar noch erhöht: der Fürst verordnete ihm bemerkenswerterweise gerade an dem Tag, an dem er ihn offiziell von seinen alten Amtspflichten entband, eine weitere Zulage, die sein jährliches Gehalt auf nunmehr 1800 Taler steigen ließ.

Mit Beginn des Jahres 1791 übernahm Goethe noch die Leitung des Weimarer Hoftheaters. Diese Bühne, die dreimal in der Woche spielte und deren Ensemble aus 21 Sängerschauspielern bestand, erhielt damals eine neue Organisation. Der Kontrakt mit dem Österreicher Joseph Bellomo (1754–1833) – Bellomo (*bell'uomo*) war natürlich ein Künstlername – wurde aufgelöst, und die Direktion Goethe übertragen. Er behielt sie bis in das Jahr 1817, übte sie wie seine sonstigen Pflichten aber mit sehr wechselnder Intensität aus. Nicht selten war er ein Intendant »in absentia«; ein Zustand, der dadurch ermöglicht wurde, daß die Bühne eine Geschäftsführung besaß, die Franz Kirms (1750–1826) übertragen war.

Das Hoftheater in Weimar war ein insgesamt eher provinzielles Unternehmen, das sich mit den großen deutschen Sprechbühnen der Epoche, mit Hamburg, Mannheim und Berlin, nicht messen konnte. In Hamburg wirkte Friedrich Ludwig Schröder (1744–1816), der als erster Shakespeare auf die Bühne gebracht hatte und nach dem Tod Ekhofs im Jahr 1778 dessen Rolle als prominentester deutscher Schauspieler seiner Zeit übernahm. Er war ein Vertreter eines natürlichen Stils und einer natürlichen Darstellungsweise, wie immer diese im einzelnen ausgesehen haben mag.

Der Ruf Mannheims ging darauf zurück, daß dort

1776/77 eine deutsche Bühne, ein »Nationaltheater«,
gegründet worden war, das durch den Hof unterstützt
wurde. Ihm schloß sich ein damals noch sehr junger
Mann an, August Wilhelm Iffland (1759–1814), der später
zu den Berühmtheiten seines Fachs gehörte.

Gegenüber den Theaterzentren Mannheim, Hamburg
und Berlin konnte sich Weimar nach dem Schloßbrand
nie mehr behaupten; dazu waren, seitdem nicht mehr die
sparsame Anna Amalia die Regentschaft führte, schon
die finanziellen Mittel zu gering. Es fehlte nicht nur an
Geld, um ein größeres Ensemble zu verpflichten; der
Etat reichte nicht einmal für einen regulären Chor und
die Statisterie aus. Chor und Statisterie wurden daher
aus den Schülern des Weimarer Gymnasiums und den
Mitgliedern des Theologen-Seminars gebildet, sehr zum
Ärger und Unwillen des Superintendenten Herder.
Nachdem diese Einrichtung abgeschafft wurde – erst im
Jahr 1807 –, mußten die Ensemblemitglieder zu ihrem
Verdruß Chor- und Statisten-Dienste übernehmen.

Auch alle weiteren Verhältnisse waren sehr bescheiden.
Man fand teilweise elementare Mängel, bei der
Disziplin ebenso wie bei der Aussprache; denn viele
Schauspieler konnten damals auch auf der Bühne ihren
Heimatdialekt nicht verleugnen. Goethes Arbeit als Intendant
begann folgerecht bei grundlegenden Dingen:
bei der korrekten Aussprache und einer geregelten Ordnung.
Und wenn sich etwas grundsätzlich Positives über
seine Leistung sagen läßt, so ist es gewiß dies, daß sie allmählich
zur Bildung eines homogenen Ensembles beitrug.
Da der Einfluß des Regisseurs sehr gering und auf
keine Weise mit dessen Funktion im heutigen (Regie-)
Theater zu vergleichen war, kam es vor, daß sich Schauspieler
in manchen Szenen einfach an die Rampe drängten.
Dergleichen konnte es unter Goethes Leitung nun

nicht mehr geben; bei ihm wurde sorgfältig auf geordnete und gut abgestimmte Auftritte geachtet.

Andererseits waren die Vorstellungen des Schriftstellers über theatralische Darbietung von anderen Künsten abgeleitet: »Schöne anständige körperliche Bewegung, an die Würde der Plastik, an die Lebendigkeit der Malerei erinnernd.«[34] So beschrieb er selbst sein Ideal der Schauspielkunst, das zu manch wunderlichen Maximen führte. Die »Regeln für Schauspieler«[35], die er erstellte, enthalten einige durchaus sinnvolle und einleuchtende Forderungen: »[...] der Schauspieler muß stets bedenken, daß er um des Publicums willen da ist.«[36] Und: »Sie sollen daher auch nicht aus mißverstandener Natürlichkeit unter einander spielen, als wenn kein Dritter dabei wäre«. Aber es finden sich auch Vorschriften folgender Art: »sie sollen nie im Profil spielen, noch dem Zuschauer den Rücken zuwenden.« Oder: »Die Haltung des Körpers sei gerade, die Brust herausgekehrt, die obere Hälfte der Arme bis an die Ellbogen etwas an den Leib geschlossen, der Kopf ein wenig gegen den gewendet, mit dem man spricht, jedoch nur so wenig, daß immer dreiviertheil vom Gesicht gegen die Zuschauer gewendet ist.« Bei solch pedantisch anmutenden und die Darsteller in ein striktes Regelkorsett zwängenden Forderungen fragt man sich unwillkürlich, wie diese denn überhaupt noch »spielen« sollten. Im übrigen ist offenkundig, daß Goethe kein Verfechter einer natürlichen Darstellungsweise war. Er forderte sehr statische Haltungen und Bewegungsabläufe und ließ auch die Verse ausgesprochen langsam sprechen, zwang die Schauspieler also zu einem breiten Deklamieren, das die Darbietung noch unbeweglicher machte.

Und daß er die Schauspieler zwang, ist leider durchaus wörtlich zu nehmen. Goethe begann nach seiner Italien-

reise ausgesprochen autokratische Züge an den Tag zu
legen: er forderte Unterwerfung unter die Autorität seiner Person, und er nahm jegliche Art von Renitenz sehr
übel auf. Über den »abscheulichen Schlendrian«[37] empört, der seiner Meinung nach auf und hinter der Bühne
herrschte, handhabe er seine Direktion, wenn er sie ausübte, mit unnachgiebiger Strenge. Die Schauspieler hatten vor ihm zu parieren, Widerspenstigen konnte er mit
der Sperrung der Gage drohen.[38] Er setzte auch den
Grundsatz, daß die Weimarer Schauspieler nicht an anderen Orten auftreten durften, selbst als Gäste nicht, ri-
goros durch. Als die 18jährige Wilhelmine Maas, die aus
Berlin stammte, bei einem Besuch in ihrer Heimatstadt
dennoch Theaterboden betrat, erhielt sie nach ihrer
Rückkehr acht Tage Hausarrest und eine Schildwache
vor die Wohnungstür, deren Kosten sie zu begleichen
hatte. In diesem Fall sah sich Iffland, der mittlerweile
nach Berlin gewechselt war, veranlaßt, einen Brief darüber nach Weimar zu senden, daß eine derartige Kon-
traktverletzung bei einem 18jährigen Mädchen doch
nicht kriminalisch, also wie ein Kriminaldelikt, zu ahn-
den sei.[39]

Aber nicht nur die Schauspieler, auch die Zuschauer
des Weimarer Theaters hatten oft wenig zu lachen. Nur
bestimmte Beifallsäußerungen waren gestattet, Mißfal-
lenskundgebungen jeglicher Art strikt verpönt. Goethe
selbst schrieb: »Bey uns kann kein Zeichen der Unge-
duld statt finden, das Mißfallen kann sich nur durch
Schweigen, der Beyfall nur durch Applaudiren bemerk-
lich machen, kein Schauspieler kann herausgerufen,
keine Arie zum zweytenmal gefordert werden [...].«[40]

Derart rigorose Grundsätze ließen sich nur deshalb
durchsetzen, weil die Weimarer Bühne ein Hoftheater
war. Denn üblicherweise ging es in den Theatern damals

eher lebhaft zu, in Weimar ließen sich derart spontane Verhaltensweisen jedoch als Respektlosigkeit vor den fürstlichen Herrschaften interpretieren. Und man griff auch zu regelrechten Polizeimaßnahmen, um Disziplin zu erzwingen: man stellte zwei Husaren im Theater auf, die in Zweifelsfällen durchzugreifen hatten. Als in Carl Augusts Gegenwart einmal gepfiffen wurde, stand dieser auf und rief: »Wer ist der freche Mensch, der in Gegenwart meiner Gemahlin zu pfeifen wagt? Husaren, nehmt den Kerl fest!«[41] Der »Kerl«, ein Weimarer Beamter, wurde festgenommen und drei Tage auf der Hauptwache arretiert. Das hieß: er erhielt drei Tage Gefängnis wegen Pfeifens in Gegenwart fürstlicher Herrschaften!

Ob der Theaterbesuch unter diesen Umständen und angesichts des ausgesprochen statischen Spiels, das Goethe den Schauspielern abverlangte, immer eine Freude war? Die Antwort fiel vor allem dann zweifelhaft aus, wenn ein Stück aus dem ernsten bzw. tragischen Fach auf dem Spielplan stand. Bei Singspielen und Komödien verhielten sich die Dinge etwas anders. Denn hier fühlte sich Goethe weniger zuständig und die Schauspieler blieben eher sich selbst überlassen oder bekamen auswärtige Gäste zur Seite gestellt, die ihnen als Vorbilder dienen konnten. Der wichtigste unter ihnen war Iffland, der in Berlin lange darunter zu leiden hatte, daß er dort hinter Johann Friedrich Fleck (1757–1801) zurückstehen mußte. Fleck wurde von vielen Zeitgenossen als der größte Schauspieler seiner Generation und der Erbe Ekhofs und Schröders betrachtet. Er galt vor allem als ein hervorragender Tragöde, während Iffland ein ausgezeichneter Komödiant war, im ernsten Fach aber nur mäßige Erfolge erzielte.[42] Iffland wußte das unangenehme Gefühl, in Berlin stets hinter einem anderen stehen zu müssen, aber dadurch zu kompensieren, daß er

auf Tournee ging. Er hatte dafür ein eigenes Repertoire,
das überwiegend aus Komödien und einigen von ihm
selbst geschriebenen Stücken bestand, mit denen er
meist gefeiert wurde. Auch in Weimar, wo man Schröder
und Fleck ja nie zu Gesicht bekam. Carl August Böttiger
(1760–1835), von Beruf Weimarer Gymnasialdirektor,
schrieb 1796, als Iffland zum erstenmal dort auftrat, sogar ein eigenes Büchlein darüber, eine *Entwicklung des
Ifflandischen Spiels in vierzehn Darstellungen auf dem
Weimarischen Hoftheater im Aprilmonat 1796*. Es löste
in Berlin, wo Fleck zu Hause und die Bühne erheblich
größer war, einigen Spott aus.

Daß die Nachwelt Iffland zum größten Mimen seiner
Zeit erklärte, hatte wohl mehrere Ursachen. Er über-
lebte Fleck um ein ganzes Stück und er scheint ein guter
Propagandist seines eigenen Rufs gewesen zu sein – der
bekannte Iffland-Ring ist der beste Beleg dafür. Zudem
war er im Gegensatz zu seinen älteren Kollegen, Schröder und Fleck, auch in Weimar aufgetreten und gefeiert
worden, an jenem Ort also, der der Nachwelt als der
kulturelle Mittelpunkt der Epoche galt. Doch auf dem
Gebiet des Theaters war es freilich eher zweitrangig gewesen.

Belege dafür lassen sich auch in Goethes Briefen finden. Der Dichter hätte für die Uraufführung von Schillers *Wallenstein*, die von Anfang an als eines der bedeutendsten Unternehmen des Weimarer Hoftheaters galt,
gerne Friedrich Ludwig Schröder aus Hamburg verpflichtet, und er wollte dessen Engagement gleich dazu
nutzen, die Eintrittspreise zu verdoppeln. Angesichts
der damaligen Prosperität schien es ihm gerechtfertigt,
die Leute für den Theaterbesuch ein ganzes Stück tiefer
in die Tasche greifen zu lassen. Er schrieb im April 1798
an Schiller: »Sollte Schröder kommen, so kann man aufs

doppelte gehen und selbst wenn Iffland künftig wieder kommen sollte, steigere ich wieder, denn das Geld wird immer noch wolfeiler werden.«[43] Die abschließende Äußerung, daß das Geld »immer noch wohlfeiler« werde, gehört zu den wenigen Bemerkungen in Goethes Briefen, die auf die damalige wirtschaftliche Blüte im Agrarsektor hinweisen. Aber auch die Rangfolge der Schauspieler in der Publikumsgunst wird deutlich: Schröder muß zu dieser Zeit noch weit vor Iffland rangiert haben.

Doch im Gegensatz zu diesem kam Schröder erst gar nicht nach Weimar. Die Verhältnisse dürften ihm zu provinziell gewesen sein, wofür sich noch ein prägnantes Beispiel finden läßt: Weil Goethe im Jahr 1796 ursprünglich den Plan hegte, noch einmal für längere Zeit nach Italien zu gehen, wollte man Iffland zum Weimarer Theaterdirektor ernennen. Man trat in Verhandlungen, die bis zu einem Vertrag gediehen, nach dem dieser für 1700 Gulden Gehalt und eine spätere Pension von 700 Gulden die Intendanz des Hoftheaters übernehmen sollte. Aber Iffland verhandelte gleichzeitig auch mit Berlin und entschied sich zuletzt doch für die viel größere Bühne: er wollte lieber dort nach Fleck der zweite sein als der erste in der Provinz.

Trotz der Vergünstigungen, die ihm Herzog Carl August einräumte, fühlte sich Goethe in Weimar nicht mehr wohl. Dabei mochte die Provinzialität der dortigen Verhältnisse eine Rolle spielen. Der Schriftsteller hatte auf seiner Reise in den Süden von der Größe und Anonymität der dortigen Städte geschwärmt! Italien war nicht nur das Land der Kunst, es war auch das einer alten urbanen Kultur,[44] und, eben in Venedig angelangt, notierte Goethe 1786 in seinem Tagebuch: »Die Einsamkeit nach der ich so oft sehnsuchtsvoll geseufzt habe,

kann ich recht genießen [...], denn nirgend kann man
sich einsamer fühlen als in so einem Gewimmel, wo man
ganz unbekannt ist [...].«[45] Die Anonymität der Städte
Italiens, die gewiß nicht mit der heutiger Groß- oder
Millionenstädte zu vergleichen war, wurde nach einem
Jahrzehnt, das er in der Enge eines thüringischen Kleinstaats verbracht hatte, enthusiastisch begrüßt.

Aber es war nicht nur die Beschränktheit der Verhältnisse, die ihn bedrückte. Auf Grund seiner Empfindlichkeit und Reizbarkeit wurden Goethe auch der noch ver-
bliebene Rest von Amtspflichten und das Bewußtsein
seiner hohen Stellung zu einer unangenehmen Bürde.
Seine Einstellung stimmte in diesem Punkt völlig mit
der anderer Schriftsteller überein. Für den nur vorder-
gründig angepaßt wirkenden Eduard Mörike, einen protestantischen Pfarrer, war etwa die Pflicht, sonntags predigen zu müssen, fast unerträglich, und er ließ sich davon so bald wie nur möglich befreien. Goethe war von
Alltagsgeschäften zwar schon weitgehend entlastet, aber
er empfand selbst den verbliebenen Amtsrest und das
Bewußtsein seiner hohen Position noch als Last.

Man hätte bei der einflußreichen Stellung, dem guten
Einkommen und den geringen Verpflichtungen, die er
nun hatte, eigentlich einen munteren und aufgeräumten
Amtsinhaber erwarten können. Das gerade Gegenteil
war der Fall! Er war bei allem, was mit irgendwelchen
amtlichen Angelegenheiten zusammenhing, steif und
zugeknöpft. Er konnte all diese Dinge nur in einem sehr
förmlichen Habitus erledigen. Und da in dem engen
Weimar ständig etwas vorging, was mit seiner hohen Position zusammenhing, kam er von dieser Haltung bald
nicht mehr los. Leute, die ihn näher kannten, meinten
daher auch, daß man Goethe unbedingt an einem anderen Ort treffen müsse; erst dort begegne man dem richti-

gen Menschen, in Weimar sei er nur ein Schatten seiner selbst.[46]

Neben den Amtspflichten gab es aber noch den Hof, der eine weitere Quelle ständigen Verdrusses war. Der Schriftsteller wußte theoretisch über die höfischen Sitten bestens Bescheid und verstand es, in seinem Schauspiel *Torquato Tasso* ein unübertroffenes literarisches Abbild von ihnen zu schaffen. Aber er selbst war nie in der Lage, sich auch nur einigermaßen in sie einzufügen. Die höfischen Umgangsformen hatten leicht und elegant ausgeführt zu werden, und Charlotte von Stein und ihr Ehemann beherrschten dies in perfekter Weise. Bei Goethe mangelte es hingegen weit; er wurde nie ein auch nur halbwegs passabler Höfling. Sofort fielen »seine steife Haltung, [...] die enge Bewegung seiner Arme und sein Perpendikulargang« auf[47] – vermutlich ein Schwanken des Oberkörpers beim Gehen. Und wenn er Hofkleidung, Puderhaare und Galanteriedegen angelegt hatte, nahm er sich darin so stocksteif und fehl am Platze aus, als ob er falsch kostümiert worden wäre. So dürfte er sich in diesem Aufzug auch gefühlt haben, und es war dann für die Aristokraten und Hofleute keineswegs ein Vergnügen, mit dem gänzlich deplaziert wirkenden Schriftsteller umgehen zu müssen. Wilhelm von Humboldt berichtete in späteren Jahren die Anekdote, »daß die Fürstin von Rudolstadt eine ordentliche Antipathie gegen Goethe« hatte und nichts mit ihm zu tun haben wollte, weil sie dachte, daß er immer so sei, wie sie ihn vom Hof her kannte![48]

Die höfischen Pflichten blieben für den Dichter über sein halbes Leben eine Plage, und es finden sich immer wieder Zeugnisse und Klagen, die »das Drückende seiner Lage [...] am Hofe« festhalten.[49] Die Probleme erledigten sich erst im hohen Alter. Denn über siebzigjährig und mittlerweile hochberühmt, erklärte sich Goethe kurzerhand für zu alt, um noch bei Hof aufzutreten, und damit waren alle daraus resultierenden Schwierigkeiten beseitigt.

Nach einem alten, aber schwer auszurottenden Klischee gelten die deutschen Romantiker im praktischen Leben als untüchtig, während Goethe ein »gesellschaftlich gut angepaßter« Mensch gewesen sein soll.[50] Das direkte Gegenteil dieses Pauschalurteils würde auch nicht zutreffen, wäre aber etwas richtiger. Denn der Erzromantiker Novalis (Friedrich von Hardenberg; 1772–1801) galt trotz seiner Schwindsucht und seines frühen Tods im bürgerlichen Leben als ein fähiger, nüchtern kalkulierender und von seinen Vorgesetzten geschätzter Beamter und Fachmann auf dem Gebiet des Bergwesens. E. T. A. Hoffmann (1776–1822) war als Schriftsteller, Komponist und begabter Zeichner nicht nur ein künstlerisches Multi-Talent; er war auch ein kundiger Jurist, dem einschlägige Fachprüfungen keinerlei Schwierigkeiten bereiteten. Mit diesen beiden Romantikern und lebenstüchtigen Männern ist Goethe auf keine Weise zu vergleichen.

Denn Herzog Carl August hatte ihm nach seinem Aufenthalt in Italien eine Stellung verschafft, die weitgehend auf seine Bedürfnisse zugeschnitten war. Der Schriftsteller konzedierte dies selbst und schrieb in einem Brief vom 3. Januar 1800 über seinen Fürsten, daß er ihm »eine Existenz verdanke, ganz nach meinen Wünschen, ja über meine Wünsche, welches bey einer wunderlichen Natur [!] wie die meinige [sic] nicht wenig sagen will [...]«.[51] Goethe war in dieser Hinsicht wirklich »wunderlich«; er war in dem Maße, daß er es trotz all der Vergünstigungen, die man ihm einräumte, nicht schaffte, mit den Weimarer Verhältnissen zurechtzukommen. Er

fühlte sich dort immer so eingeengt und gedrückt, daß
er in späterer Zeit, im Jahr 1814, äußerte, er sei seit seiner Rückkehr aus Italien nicht mehr glücklich gewesen:
»seit ich über den Ponte molle heimwärts fuhr, habe ich
keinen glücklichen Tag mehr gehabt.«⁵²

Die Attitüde der Unnahbarkeit und Unzugänglichkeit, die Goethe damals anzunehmen begann, vergrößerte seine Schwierigkeiten allerdings noch. Die daraus
resultierende Isolation wäre leichter zu ertragen gewesen, wenn etwas eingetreten wäre, womit der Schriftsteller offenbar fest rechnete: eine zunehmende öffentliche
Anerkennung, eine Aura der Bewunderung und des
Ruhms, die seine Abkapselung nach außen wenigstens
teilweise kompensiert hätte. Gerade in diesem Punkt
geschah jedoch nicht, was Goethe erwartete. Der erwünschte Beifall blieb aus, und die selbst herbeigeführte
Isolation wurde um so peinlicher empfunden.

Der erste und größte Mißerfolg war, daß das »Summa
Summarum« seines Lebens, die Werkausgabe bei Göschen, in kommerzieller Hinsicht ein Reinfall wurde.
Göschen ließ eine für damalige Verhältnisse hohe Auflage drucken, alle Bände in mindestens 3000 Exemplaren, einige in 4000 und den Band, der den *Egmont* enthielt und von dem er sich besonders viel versprach, sogar
in 5000 Exemplaren. Er kalkulierte damit hoch und ging
ein gewisses Risiko ein, aber er setzte eben auf die Zug-
kraft des Namens »Goethe«. Doch die Ausgabe ging nur
schleppend, ja schlecht. Göschen verkaufte zunächst nur
ein Drittel, auf dem großen Rest blieb er fast ein Jahrzehnt sitzen.

Dabei traf den Verleger kaum eine Schuld. Die Edition
war von vornherein mit etlichen Negativposten belastet.
Einmal hatte Goethe bei ihrer Ankündigung unkluger-
weise kundgetan, daß er mehrere seiner Werke nur als

Fragmente veröffentlichen würde; Göschen nannte dies
»einen bösen Streich«.[53] Und die späteren Nachbesserun-
gen, die Vollendung des *Egmont* und des *Tasso*, halfen
nicht viel. Die Ausgabe enthielt für das zeitgenössische
Lesepublikum einerseits zu viele Gelegenheitsarbeiten,
insbesondere die lange Reihe der Singspiele, andererseits
waren die dargebotenen Werke dann wieder zu schwierig.[54] Die später berühmt und klassisch gewordenen Dramen *Iphigenie auf Tauris* und *Torquato Tasso* waren zu
keiner Zeit besondere Publikumsrenner; dafür waren sie
einfach zu kompliziert und zu schwer zu verstehen.

Goethe selbst thematisiert diesen Zusammenhang: In
seinem *Torquato Tasso* überreicht der Dichter im ersten
Akt seinem Mäzen, dem Fürsten Alfonso von Ferrara,
das große Werk, auf das dieser lange gewartet hat. Es
ist, den historischen Reminiszenzen des Stücks entsprechend, das Epos *Das Befreite Jerusalem* (1575). Der
Fürst kann es in diesem Moment nicht kennen; er erhebt
den Dichter dennoch umgehend zum Hofpoeten. Ein
schlecht motiviertes Vorgehen?

Kaum. Denn eine weitere Stelle macht deutlich, daß
die Lektüre des Werks nicht im Zentrum steht und überhaupt kein leichtes, sondern im Gegenteil ein kompliziertes und schwieriges Unterfangen darstellt. Antonio,
der Staatsmann und Gegenspieler Tassos, wird als Dilettant gezeichnet, als einer, der sich in seiner Freizeit
um die Literatur bemüht, aber kein richtiger Dichter
ist. Tasso bezeichnet ihn daher spöttisch als den, »der
mit steifem Sinn / Die Gunst der Musen zu ertrotzen
glaubt«.[55] Doch man nimmt immerhin an, daß Antonio
auf Grund seines Dilettierens etwas mehr von der Materie verstehen müsse als die übrigen Hofleute, und deshalb fordert ihn die Prinzessin auf, ihnen Tassos Werk
zu erschließen:

[...] Du
Sollst uns dereinst in Tassos Liedern zeigen,
Was wir gefühlt und was nur du erkennst.[56]

Hohe Literatur erscheint als etwas, das Ruhm und Bewunderung einträgt, aber schwierig ist, nicht selten so
schwer, daß es bestimmter Vorkenntnisse bedarf, um sie
richtig zu verstehen. Bei einer derartigen Konzeption
war es nicht verwunderlich, daß die Werkausgabe des
Schriftstellers kein rascher Publikumserfolg wurde. Und
Goethe selbst machte dafür auch nicht Göschen verant-
wortlich, zumindest nicht in späteren Jahren.[57] Doch er
mußte mit tiefem Verdruß zur Kenntnis nehmen, daß
seine »Sachen nicht so current« waren »als andere, an
denen ein größer Publikum Geschmack« findet.[58]

Das Schicksal, das der Edition seiner Schriften widerfuhr, war der Auftakt zu einer ganzen Reihe von Mißerfolgen. Der Egmont, den Göschen mit so großen Hoffnungen bedacht hatte, ging auch auf dem Theater nicht.
In Weimar wurde er im Jahr 1791 nur einmal aufgeführt. Es gab keine einzige Wiederholung, und das hieß:
das Stück war durchgefallen. Als man fünf Jahre später,
1796, den Egmont erneut auf die Bühne bringen wollte,
wandte der Autor sich deshalb an Schiller und dieser redigierte das Werk nach seinen Vorstellungen. Er zog die
Szenen der ursprünglich fünf Aufzüge in drei Akte zusammen, strich Gestalten weg, fügte eine von ihm selbst
geschriebene Szene ein und nahm auch sonst allerlei Eingriffe vor, die ihn zu einem regelrechten dramaturgi-
schen Bearbeiter Goethes werden ließen. Dieser Aufwand wurde veranstaltet, weil eben Ifflands Gastspiel
vor der Tür stand und weil man mit diesem in der Titel-
rolle dem Drama endlich zum Durchbruch verhelfen
wollte. Aber auch Iffland hatte, so sehr er als Komö-

diant gefeiert wurde, mit dem *Egmont* keinen Erfolg.
Ob es nun daran lag, daß der Schauspieler, wie auch
Schiller urteilte, als Charakterkomiker einfach besser
war denn als Tragöde, oder ob es andere Ursachen hatte;
das Werk kam wieder nicht über eine Vorstellung hinaus, und das hieß: es war erneut durchgefallen.

Angesichts des Schicksals seines eigentlich für die
Bühne konzipierten *Egmont* hegte Goethe für seine übrigen Dramen die schlimmsten Befürchtungen. Erst 1802
wagte er eine Aufführung seiner *Iphigenie*, schickte das
Stück vorher aber an Schiller. Dieser hielt sich nach dem
Mißerfolg seiner Egmontbearbeitung nun zurück. Doch
Goethe suchte auch die Einstudierung möglichst auf ihn
abzuwälzen, wahrscheinlich weil ihm bei einem eigenen
Engagement ein Mißerfolg um so peinlicher gewesen
wäre. Seinen *Tasso* hielt er über lange Zeit für gänzlich
unaufführbar, und das Schauspiel kam erst 1807 – gut
18 Jahre nach seiner Vollendung – auf die Weimarer Bühne.

Zu diesen Mißerfolgen gesellte sich ein augenfälliger
Wandel des Zeitgeists[59]. War die schöne Literatur vor ein,
zwei Jahrzeiten die Faszination der bürgerlichen Jugend
gewesen, so hatte sich das Hauptinteresse der Zeitgenossen inzwischen einem anderen Gebiet zugewandt: an deren Stelle war die Philosophie getreten. Diesen Wandel
hatte ein einziger Mann ausgelöst, der damit zugleich zu
*der* Geistesgröße Deutschlands vor und um 1800 aufstieg: Immanuel Kant (1724–1804) aus Königsberg.

Seine Hauptwerke, die in den späten achtziger Jahren
erschienen, erweckten eine Begeisterung, die durchaus
mit der zu vergleichen war, die um 1775 Klopstock oder
Goethes *Werther* zugekommen war. Die junge Generation nahm Kant mit gewaltigem Enthusiasmus auf. Es
soll Kandidaten der Theologie gegeben haben, die mehr
die *Kritik der reinen Vernunft* als die Bibel zur Hand

nahmen und bei der Prüfung dann erklärten, dort sei jetzt die Wahrheit gedruckt und die herkömmliche Wissenschaft von Altem und Neuem Testament überflüssig. Schiller schrieb in einem Brief an seinen Freund Christian Gottfried Körner (1756–1831), den Vater des Dichters Theodor Körner, der schon ein großer Verehrer des Königsberger Philosophen war, in scherzhaftem Ton: »Gegen Reinhold [den damaligen Ordinarius für Philosophie in Jena] bist du ein Verächter Kants, denn er behauptet, daß dieser nach 100 Jahren die Reputation von Jesus Christus haben müsse.«[60]

Der Enthusiasmus für Kant und die Philosophie hielt über mehr als ein Jahrzehnt an. Daher sprach Schiller auch von »unserm spekulativen Zeitalter«[61], und Goethe mußte in einem Brief mißvergnügt konstatieren, daß man selbst im Ausland die geistigen Leistungen Deutschlands überwiegend dem philosophischen Fach zurechnete: »Im ›Moniteur‹ steht, daß Deutschland hauptsächlich wegen der Philosophie berühmt sei und daß ein ›Mr. Kant‹ und sein Schüler ›Mr. Fichte‹ den Deutschen eigentlich die Lichter aufsteckten.«[62] Wieland äußerte angesichts der allgemeinen Hinwendung der Zeitgenossen zu diesem Fach im ersten Band seiner damals erscheinenden Werkausgabe sogar, daß das goldene Zeitalter der Poesie in Deutschland nun wohl vorüber sei. Es war eine Bemerkung, die Goethe gewiß ebenso wenig Vergnügen bereitete wie jene, die er im *Moniteur* las. Er hatte sich schon bald nach seiner Rückkehr aus Italien mit der neuen Philosophie beschäftigt, aber feststellen müssen, daß er nicht viel mit ihr anfangen konnte. Die zeitgenössische Wendung zum spekulativen Denken wurde für ihn dadurch freilich nicht tröstlicher.

Zu den Mißerfolgen und den Wandlungen des Zeitgeists, die der schönen Literatur wenig günstig schienen, kam außerdem hinzu, daß Goethes Schaffen nach dem Italienaufenthalt bald ins Stocken geriet. Nach dem Abschluß der *Römischen Elegien* begann seine Produktivität nachzulassen, und schon im Oktober 1790 setzten Klagen darüber ein, daß er sich »in einer sehr unpoetischen Lage« befinde.[63] Es war der Beginn einer Vielzahl ähnlicher Äußerungen und einer Schaffenskrise, die sich über mehr als ein Jahrzehnt hinzog. Und nun geschah, was der Schriftsteller schon zu Beginn seiner Italienreise ernsthaft erwogen hatte: seine Interessen wandten sich mehr den Naturwissenschaften zu. Zwar nicht der »Chymie« und auch nicht der »Mechanik«, aber dafür um so mehr der Botanik und vor allem der Optik. Schon im Juli 1790 bemerkte Goethe, er wolle jetzt »eine neue Laufbahn« beginnen, und fügte an: »Mein Gemüth treibt mich mehr als jemals zur Naturwissenschaft, und mich wundert nur daß in dem prosaischen Deutschland noch ein Wölckchen Poesie über meinem Scheitel schweben bleibt.[64] Zwei Jahre später äußerte er zu seiner literarischen Produktion: »Es scheint nach und nach diese Ader bey mir ganz aufzutrocknen. Sie würden sich aber auch darüber nicht wundern, wenn Sie meine neue Camera obscura und alle die Maschinen sähen, welche von Zeit zu Zeit bey mir entstehen. Es ist im Grunde ein tolles und nicht ganz wünschenswerthes Schicksal, so spät in ein Fach zu gerathen, welches recht zu bearbeiten mehr als Ein Menschenleben nöthig wäre.«[65] Goethe betrachtete seine Bemühungen um die Naturwissenschaften gelegentlich selbst mit gehöriger Skepsis. An Meyer hieß es: »[...] für uns andere, die wir doch eigentlich zu Künstlern geboren sind, bleiben doch immer die Speculation, so wie das Studium der elementaren Naturlehre, falsche Tendenzen [!], denen man freylich nicht ausweichen kann, weil alles was einen umgiebt sich dahin neigt und gewaltsam dahin strebt.«[66] Es waren zwar »falsche Tendenzen«; aber der Drang in diese Richtung erwies sich als so stark, daß sich Goethe, gelegentlicher Skepsis unerachtet, in den nächsten eineinhalb Jahrzehnten oft mehr mit der Optik als mit der schönen Literatur beschäftigte.

Die Hinwendung zu diesem Gebiet wurde durch einen Zufall ausgelöst. Goethes Interesse an der bildenden Kunst führte ihn zur Frage nach der Natur der Farben. Er las daher den entsprechenden Abschnitt eines physikalischen Lehrbuchs, konnte damit jedoch, seinen eigenen Äußerungen gemäß, nicht viel anfangen. Er wollte aber die entsprechenden Versuche durchführen und lieh sich bei einem Jenaer Gelehrten die erforderlichen Apparaturen aus. Als er zum erstenmal durch ein Prisma hindurchsah, ging folgendes vor sich: »[...] wie verwundert war ich, als die durch's Prisma angeschaute weiße Wand nach wie vor weiß blieb, daß nur da, wo ein Dunkles dran stieß, sich eine mehr oder weniger entschiedene Farbe zeigte, daß zuletzt die Fensterstäbe am allerlebhaftesten farbig erschienen [...]. Es bedurfte keiner langen Überlegung, so erkannte ich, daß eine Gränze nothwendig sei, um Farben hervorzubringen, und ich sprach wie durch einen Instinct sogleich vor mich laut aus, daß die Newtonische Lehre falsch sei.«[67]

Dieser erste Eindruck war entscheidend. Goethe war bisher nicht auf die Idee gekommen, die Lehren Newtons anzuzweifeln. Wir erinnern uns, daß er den Physiker in seinen Beiträgen zu Lavaters *Physiognomischen Fragmenten* in zeittypischer Weise als einen der Heroen des Zeitalters der Aufklärung gepriesen hatte. Doch von dem spontanen Eindruck ausgehend, der nach dem Blick durch das Prisma entstand, gelangte er allmählich zu der Auffassung, dessen Optik für einen großen, von der

Wissenschaft fälschlicherweise immer wieder sanktio-
nierten Irrtum zu halten.

Warum Goethe sich so sehr mit diesen Dingen abgab,
die er selbst »ein tolles und nicht ganz wünschenswerthes Schicksal«[68] nannte, ist wohl nur psychologisch zu
erklären: nachdem ihm die großen und grundlegenden
Reformen, die er sich erhofft hatte, weder auf dem Gebiet des Theaters noch auf dem des Staatswesens gelungen waren, schien er die Naturwissenschaften als ein dafür geeignetes Feld zu betrachten. Man kann sich des
Eindrucks nicht erwehren, daß der ungeheure Ehrgeiz,
von dem er stets erfüllt wurde und der bisher nirgendwo
ganz befriedigt worden war, sich auf ein neues Gebiet
geworfen hatte.

Goethe selbst äußerte, er werde mit der Widerlegung
und Entthronung der Autorität Newtons eben doch beweisen, daß er ein großer Reformer sei und sein Name
einmal neben diejenigen von Luther und Kant gestellt
werden müsse.[69] So hieß es in den Jahren um 1800, in denen Kant als die deutsche Geistesgröße seiner Zeit galt.
Später, als dessen Einfluß etwas nachgelassen hatte, fand
sich bei Eckermann die Bemerkung: »Um Epoche in der
Welt zu machen [...], dazu gehören bekanntlich zwei
Dinge; erstens, daß man ein guter Kopf sei, und zweitens, daß man eine große Erbschaft tue. Napoleon erbte
die Französische Revolution, Friedrich der Große den
Schlesischen Krieg, Luther die Finsternis der Pfaffen,
und *mir* ist der Irrtum der Newtonischen Lehre zuteil
geworden.«[70] Die Namen hatten gewechselt, an die Stelle
Kants waren Friedrich II. und Napoleon getreten; die
Hoffnung, gerade in den Naturwissenschaften Epocha-
les leisten zu können, war dieselbe geblieben. In einer
weiteren Äußerung bei Eckermann heißt es: »»Auf alles,
was ich als Poet geleistet habe‹, pflegte er wiederholt zu

sagen, ›bilde ich mir gar nichts ein. Es haben treffliche Dichter mit mir gelebt, es lebten noch trefflichere vor mir, und es werden ihrer nach mir sein. Daß ich aber in meinem Jahrhundert in der schwierigen Wissenschaft der Farbenlehre der einzige bin, der das Rechte weiß, darauf tue ich mir etwas zugute, und ich habe daher ein Bewußtsein der Superiorität über viele.‹«[71] Während sich Goethe als Dichter eher unterschätzte, überschätzte er seine Möglichkeiten auf dem Gebiet der Naturwissenschaften ganz und gar.

## ACHTES KAPITEL

# *Revolution*

Nicht nur mit Goethe gingen in der Zeit nach der Italienreise Veränderungen vor. Der ehrgeizige Herzog Carl August war inzwischen General der preußischen Armee geworden. Seine preußenfreundliche Fürstenbundpolitik hatte ihn zuletzt ganz in die Arme des mächtigen Nachbarn geführt, und sein Drang nach Ruhm und Ehre in dessen militärische Dienste. Dabei mochte ihm das Beispiel der mit ihm und den Hohenzollern verwandten Braunschweiger Fürsten vor Augen stehen, die es im Heer Preußens wiederholt bis zum Rang eines Generalfeldmarschalls gebracht und sich Ruhm und Ehre als Feldherren erworben hatten.

*Freiheitsbaum*
*Aquarell von Goethe*
*1792*

Die Weimarer Aufgeklärten waren über den Versuch des Herzogs, seine militärischen Fähigkeiten zu erproben, entsetzt. Kaum etwas konnte den pazifistischen Vorstellungen des Zeitalters, nach denen sich ein Fürst als braver Landesvater fürsorglich um seine Untertanen kümmern sollte, mehr widersprechen als eine Betätigung als General im Dienst einer benachbarten Großmacht. Doch als einem weitgehend unbeschränkten Herrscher konnte man Carl August allenfalls Vorhaltungen machen, von der Ausführung seines Plans aber nicht abhalten. Schon

1790 mußte Goethe seinem Fürsten daher in ein Heerlager in Schlesien folgen und 1792 hatte er ihn auf jenem Feldzug zu begleiten, den Österreich und Preußen gegen das revolutionäre Frankreich unternahmen.

Wenn Carl August im Jahr 1789 auch zu denen gehört hatte, die über den Ausbruch der Revolution jubelten, so war die Lage inzwischen doch sehr verändert. Als Ludwig XVI. nach der Flucht nach Varennes im Juni 1791 unter dem Schutz der Nationalgarde wieder in Paris einziehen mußte und zum Gefangenen seines eigenen Volks wurde, wog die monarchische Solidarität schwerer als die erste Schadenfreude über das Mißgeschick eines unvernünftig regierenden Standesgenossen.

Die Herrscher Preußens, Österreichs und Sachsens bekundeten in der »Pillnitzer Erklärung« vom August 1791 zwar nur einen recht vagen Beistand für den bedrängten König. Im revolutionären Frankreich wurde dies freilich schon als unzulässige Einmischung in innere Angelegenheiten betrachtet, und am 29. April 1792 kam es auf Drängen der Girondisten zur Kriegserklärung an den neuen österreichischen Monarchen, an Franz II. Da Preußen sich sofort mit ihm solidarisierte, entstand nun eine Konföderation beider Staaten. Und der preußischen Armee, die unter dem Oberbefehl des Herzogs Karl Wilhelm Ferdinand von Braunschweig (1735–1806) den Hauptstoß gegen Frankreich unternehmen sollte, schloß sich auch der Weimarer Herzog an. Er wollte bei seiner neuen Tätigkeit als preußischer General aber nicht auf die Begleitung seines alten Günstlings Goethe verzichten, und daher mußte dieser in den Krieg ziehen. Es war natürlich eine Absurdität. Der Göttinger Altphilologe Christian Gottlob Heyne (1729–1812), der zwanzig Jahre älter als der Schriftsteller war, schrieb nur: »Goethe bei der Armee! Welche Profanation!«[1] Es war auch in militärischer Hinsicht vollkommen absurd. Goethe war ein reiner Zivilist, ein Begleiter des Fürsten, der mit seinem Diener und seinem Reisewagen, einem Geschenk Carl Augusts, das ihm das saure Unternehmen ein wenig versüßen sollte, nur den ohnehin schwerfälligen Troß der Armee vergrößerte.

Von solchen Absurditäten gab es in den Heeren des Spätabsolutismus eine ganze Reihe. Während die gemeinen Soldaten geschunden wurden, ging es in den oberen Rängen oft lustig her. Man feierte Feste in exklusiver, eigens mitgebrachter Zivilkleidung, bei denen stiefelweise Champagner getrunken wurde.[2] Diese Gepflogenheiten waren auch im Jahr 1792 noch üblich, als der spätabsolutistischen Armee Preußens schon das Volksheer gegenüberstand, das Frankreich, das Land der Revolution, ausgehoben hatte.

Man glaubte auf seiten der Konföderierten dennoch an einen raschen Erfolg. Die französischen Emigranten, die sich in großer Zahl in Deutschland befanden und deren Zentren Worms und Koblenz waren, versicherten bereitwillig, daß die Bevölkerung Frankreichs eigentlich königstreu sei und die Revolution bei einem Einmarsch wie ein Kartenhaus zusammenbrechen werde. Nach der Kriegserklärung vom April 1792 hatte der zuständige französische Minister, Charles-François Dumouriez, zudem an eine rasche Offensive gedacht. Aber es zeigte sich, daß die Truppen, die damals zu einem großen Teil noch aus der alten, von adeligen Offizieren geführten Armee Ludwigs XVI. bestanden, nicht richtig zu koordinieren waren, und die französischen Generäle sahen sich schon am 18. Mai veranlaßt, alle weiteren Kampfhandlungen einzustellen.

Nach diesem kläglichen Scheitern der ersten Offensive der Revolutionäre nahm man auf seiten der Konföde-

rierten an, daß der Einmarsch fast wie ein Spaziergang
verlaufen werde. Mit solchen Gedanken suchte sich auch
Goethe über die von seinem Fürsten erzwungene Teil-
nahme an diesem Feldzug zu trösten. Als er, schon beim
preußischen Heer stehend, sich anfangs September nach
dem Stand des Ilmenauer Silberbergwerks erkundigte,
äußerte er beiläufig die Hoffnung, entscheidende Fortschritte des dortigen Unternehmens mit der »Epoche
unsres Einzugs in Paris«[3] zu erleben. Der Schriftsteller
wollte einmal Paris sehen, eine der damaligen Welt-
städte; die Revolution war ihm zu diesem Zeitpunkt
eher gleichgültig. Aus Frankfurt, wo er bei seiner Mutter
Zwischenstation machte, schrieb er Mitte August: »Gegen mein mütterlich Hauß, Bette, Küche und Keller
wird Zelt und Marquetenterey übel abstechen, besonders da mir weder am Todte der Aristocratischen noch
Democratischen Sünder im mindesten etwas gelegen
ist.«[4] Goethe hatte zwar schon im Jahr 1790 geäußert:
»Daß die Französche Revolution auch für mich eine Revolution war kannst du dencken.«[5] Über die Neuartig-
keit der Ereignisse war er sich durchaus im klaren gewesen. Aber er dachte noch nicht, daß sich die Revolution
etablieren und einen dauerhaften Faktor der Politik bilden würde. Er beschwerte sich in dem zuvor angeführten Brief vom August 1792 aus Frankfurt deshalb darüber, daß man auch hier »gleich das vierjährige [sic!]
Lied pro und contra wieder herab orgeln« höre, und
zwar »nicht einmal mit Variationen«. Die politischen
Debatten dieser Jahre scheinen ihn gelangweilt zu haben. Vermutlich weil er, wie es auf seiten der Konföderierten gang und gäbe war, annahm, daß die Revolution
nach dem Einmarsch wie ein Spuk verschwinden werde.

  Der Glaube an einen raschen Erfolg trug aber schon
den Keim des Mißerfolgs in sich. Österreich und Preu-

ßen unterschätzten den Gegner und ließen sich viel zu viel Zeit. Es war schon Spätsommer, Mitte, Ende August, bis man überhaupt im Grenzgebiet aufmarschierte – und dies war unter den damaligen Bedingungen bereits ein Fehler. Da auf Grund der schlechten Straßenverhältnisse und der Nachschubschwierigkeiten der Einbruch des Winters Feldzüge immer noch stoppen konnte, wurden Offensiven üblicherweise im Frühjahr begonnen. So hatten es die Revolutionäre vorgemacht, waren aber gescheitert.

Auf seiten der Konföderierten dachte man danach irrigerweise, leichtes Spiel zu haben. Der Herzog Karl Wilhelm Ferdinand von Braunschweig, dessen Ruf auf seinen Erfolgen im Siebenjährigen Krieg beruhte, gab am 25. Juli in Koblenz ein Manifest heraus, das die Revolutionäre mit drohenden Tönen einzuschüchtern suchte, aber nur provozierend wirkte. Auch danach ließ man sich wieder Zeit, rückte nur langsam vor und hatte keine Ahnung, was indessen, durch das Eintreffen des Manifests und die Nachricht vom Heranziehen feindlicher Truppen ausgelöst, in Paris vor sich ging: der revolutionäre Patriotismus entstand, die Verteidigung der Revolution und ihrer Errungenschaften wurde zur Sache der Nation, und zum 1. Dezember 1792 standen 400 000 Mann unter Waffen![6]

Als die Festungen Longwy und Verdun anfangs September vor der preußischen Armee kapitulierten, wurde in Paris schon von Verrat gesprochen. Das Invasionsheer rückte noch bis Valmy vor. Dumouriez, jetzt der Oberbefehlshaber der französischen Nordarmee, hatte mit seinen Truppen indessen strategisch sehr günstige Positionen auf den Anhöhen westlich der Argonnentäler bezogen, und der Herzog von Braunschweig sah den unterlegenen, aber weit unterschätzten Gegner auf einmal hinter sich im Rücken stehen. In dieser Situation wagte man es nicht, auf dem freien Weg nach Paris weiter zu marschieren, und am 20. September kam es zur Kanonade von Valmy. Man legte sich gegenseitig unter Artilleriefeuer, am Mittag erhielt die preußische Infanterie den Befehl, die feindlichen Stellungen zu stürmen, aber die Franzosen wehrten sich erbittert, und der Herzog von Braunschweig, der sich alles viel einfacher vorgestellt hatte, ließ den Angriff wieder abblasen. Am Abend wurde auch der Artilleriebeschuß eingestellt.

An den folgenden Tagen setzte ein fürchterliches Regenwetter ein, das die Wege in Morast verwandelte. Die preußische Armee versank mit ihrem Kriegsgerät im Schmutz und Schlamm, und der Nachschub blieb aus. Nach einiger Zeit kam Katastrophenstimmung auf und ein fluchtartiger Rückzug begann. Goethe, der sich anscheinend schon ein wenig früher auf den Heimweg begeben konnte, schrieb: »[...] das Elend das wir ausgestanden haben läßt sich nicht beschreiben. Die Armee ist noch zurück, die Wege sind so ruinirt, das Wetter ist so entsetzlich daß ich nicht weiß wie Menschen und Wagen aus Franckreich kommen wollen.«[7]

Mit der Kanonade von Valmy vom 20. September wurde der Wunsch des Schriftstellers, einmal Paris zu sehen, begraben und das revolutionäre Frankreich gerettet. Ohne eine richtige Schlacht, ohne viel Blutvergießen hatte die preußische Armee eine empfindliche Niederlage einstecken müssen; sie war mit ihrem Gerät im Dreck steckengeblieben und die Revolution hatte sich als dauerhafter Faktor der Politik etabliert.

Diese Durchsetzung des revolutionären Prinzips entsprach gewiß nicht den Neigungen und Wünschen Goethes, der sich mittlerweile von einem Republikaner und Befürworter »bürgerlicher Gleichheit« zu einen Anhänger des Bestehenden gewandelt hatte. Die Wandlung ging nur langsam vor sich, und es hatte auch in früherer Zeit schon Anzeichen für sie gegeben, gewisse Widersprüchlichkeiten in seinen Auffassungen, etwa die inkonsistente Haltung, die er dem Adel gegenüber einnahm. Am deutlichsten trat die politische Wankelmütigkeit, die auch dem jungen Goethe schon eigen war, in seinem ersten Roman *Die Leiden des jungen Werthers* aus dem Jahr 1774 hervor. Denn dort wurde zwar jene Klage über »die fatalen bürgerlichen Verhältnisse«[8] angestimmt, die für den zeitgenössischen Unmut der progressiven Bourgeoisie über ihre politische Benachteiligung typisch war. Aber sie wurde gleich darauf entscheidend relativiert: »Zwar weiß ich so gut als einer, wie nötig der Unterschied der Stände ist [!], wieviel Vorteile er mir selbst verschafft, nur soll er mir nicht eben grad im Wege stehn [!].«[9] Die Äußerung, daß der Unterschied der Stände »nötig« sei, war bei einer einigermaßen konsistenten politischen Logik auch in der damaligen Zeit nicht aufrechtzuerhalten. Wenn er wirklich notwendig gewesen wäre, hätte man nicht die Fahrten in die gebirgige Schweiz unternehmen und die dortige Freiheit und »bürgerliche Gleichheit« bewundern müssen, die als Kontrastbild zur ständischen Gesellschaftsordnung anderer Staaten fungierte. Allein daran zeigte sich schon, daß die Ständegrenzen eben doch nicht naturgegeben waren und daß eine Gesellschaft auch anders aufgebaut sein konnte als in den absolutistisch regierten Territorien des Reichs.

Über eine derart simple politische Logik ging Goethe jedoch hinweg, und zwar deshalb, weil der strikte Individualismus, von dem er bestimmt wurde, die gesellschaftspolitischen Probleme auf die Frage reduzierte, welche Auswirkungen sie für ihn selbst hatten. Darauf zielte der Nachsatz von Werthers Ausführungen: eigentlich zählten nur die Folgen für die eigene Person. Entscheidend war, daß die Ständegrenzen ihm selbst »nicht eben grad im Weg stehn« durften. Der bürgerliche Individualismus und Subjektivismus, der von Werther vertreten wurde und den sein Autor teilte, relativierte die politischen Maßstäbe: letztlich mochte die Gesellschaft beschaffen sein, wie sie wollte, wesentlich war, daß die eigene Entwicklung und Entfaltung auf keine Weise behindert wurde.

Die Stelle ist deshalb so signifikant, weil ihr die gesamte künftige Entwicklung von Goethes politischen Auffassungen spiegelbildlich entspricht. Solange ein Verdacht bestand, daß ihn die »fatalen bürgerlichen Verhältnisse« in seinem Lebenslauf behindern könnten, trat der Schriftsteller als Verfechter von bürgerlicher Gleichheit und anfangs sogar als Republikaner auf. Sobald sich abzuzeichnen begann, daß er von den bestehenden Verhältnissen auch profitieren konnte, begann sein progressives politisches Engagement zu schwinden. Daß er im Jahr 1782 gar so enthusiastisch für den zweiten Stand plädierte, »für die nach meiner Überzeugung von Gott eingesetzte Aristokratie«[10], besaß einen ganz einfachen Hintergrund: kurz zuvor hatte er selbst ein Adelsprädikat erhalten, und damit war zum erstenmal deutlich geworden, daß die Ständegrenzen doch nicht so hinderlich sein mußten, wie er es zuvor immer befürchtet hatte.

Auf solchen, von einem extremen Individualismus geleiteten und den Bereich der Politik weitgehend relativierenden Maximen beruhte auch die spätere Haltung Goethes. Je erfolgreicher seine Laufbahn verlief und je mehr er folglich von den bestehenden gesellschaftlichen Verhältnissen profitierte, auf Grund welcher Gegebenheiten im einzelnen dies immer geschah, desto sicherer konnte man davon ausgehen, daß aus dem einstigen verbalen Rebell, dem Fürsprecher des Widerstands gegen die Tyrannei, noch einmal einer ihrer zuverlässigsten Befürworter und Verteidiger hervorgehen würde. Und eben so ist es dann gekommen: der ehemalige Republikaner wurde zuletzt zum Konservativen, ja zum Reaktionär.

Dabei spielte natürlich die Tatsache eine Rolle, daß er als hoher Weimarer Beamter zum Repräsentanten eines Staatswesens wurde, das auf jener ständischen Gesellschaftsordnung beruhte, die er in jungen Jahren kritisiert hatte. Unter diesem Gesichtspunkt lag nur ein psychologisch verständlicher Assimilationsprozeß vor, der durch bestimmte historisch-politische Einsichten unterstützt und gefördert wurde. Während der Schriftsteller in seinem *Götz von Berlichingen* noch einen Vertreter der alten feudal-aristokratischen Selbstjustiz glorifiziert hatte, bemerkte er in den folgenden Jahren, daß gerade die Beseitigung des Fehdewesens eine grundlegende zivilisatorische und kulturelle Errungenschaft des Absolutismus darstellte. Diese Einsicht war, rein historisch gesehen, vollkommen richtig. Erst der Absolutismus hatte das System der Selbstjustiz unterdrückt, mit dem sich der Adel bis in das 16., teilweise bis in das 17. Jahrhundert hinein sein Recht immer wieder selbst verschafft hatte, und zwar in der Regel auf dem Rücken der Untertanen: durch Plünderungen, Brandschatzungen und andere Mittel, die im alten Fehderecht vollkommen legal gewesen waren.[11]

Aus dieser Perspektive erschien die Revolution als bedenklich, als ein Vorgang, der die zivilisatorischen und kulturellen Errungenschaften des Absolutismus wieder in Frage zu stellen drohte. Und Goethe schrieb in seinem späteren Rückblick auf den Feldzug von 1792, in der *Kampagne in Frankreich*, denn auch: »Ein König

wird auf Tod und Leben angeklagt, da kommen Gedanken in Umlauf, Verhältnisse zur Sprache, welche für
ewig zu beschwichtigen sich das Königthum vor Jahrhunderten kräftig eingesetzt hatte.«[12]

So epochenübergreifend und, historisch gesehen, richtig die Einsichten Goethes sich einerseits ausnehmen, waren seine Begriffe von Politik und Staatswesen andererseits doch von der Weimarer Umwelt bestimmt, von
einem Kleinstaat, der altertümliche Strukturen konser-
vierte. Daher maß er äußerlichen Dingen, reinen Repräsentationsformen, eine übertriebene Bedeutung bei. In
einem nicht weiter ausgeführten Schema zu seiner Autobiographie wollte er die Ursachen der Revolution sogar
in einem Verfall solcher äußeren Formen festmachen:
»Vorgang der Großen, zum Sansculottismus führend:
Friedrich sondert sich vom Hofe. In seinem Schlafzim-
mer steht ein Prachtbette. Er schläft in einem Feldbette
daneben. [...] Maxime, der Regent sei nur der erste
Staatsdiener. Die Königin von Frankreich entzieht sich
der Etikette. Diese Sinnesart geht immer weiter, bis der
König von Frankreich sich selbst für einen Mißbrauch
hält.«[13] Hier wurde die Bedeutung der Repräsentation
stark überschätzt. Denn Friedrich II. von Preußen hatte
deswegen, weil er auf einem Feldbett schlief, gewiß keinen Aufstand zu befürchten. Er hatte mit der Verachtung
der Äußerlichkeiten vielmehr den richtigen Weg eingeschlagen, den einer Modernisierung seines Staatswesens,
der an die Stelle altertümlicher Repräsentationsmittel rational und effizient funktionierende Kontroll- und Herr-
schaftsmechanismen treten ließ. Sowohl durch diese Reformen in der Regierung und Verwaltung wie durch seine
Feldherrnkünste stieg Preußen zur jüngsten europäischen Großmacht auf.

Eine weitere Ursache der Revolution sah Goethe in

der moralischen Korruption seines Zeitalters. Als ein Musterbeispiel dafür galt ihm die sogenannte Halsbandaffäre, die im Jahr 1786 großes Aufsehen erregt hatte. Der Kardinal Rohan hatte durch ein kostbares Halsband, das er auf Kredit erwarb, die Gunst der Königin Marie Antoinette gewinnen wollen. Aber mit Hilfe des »Grafen« Cagliostro wurde es ihm abspenstig gemacht und geriet in die Hände der Gräfin de la Motte, die das teure Stück einfach ausschlachten ließ. Als der Kardinal den Kredit, den er aufgenommen hatte, nicht mehr bediente, kam es auf Betreiben der Juweliere zum Prozeß gegen ihn. Das Ergebnis war: der übertölpelte Kirchenfürst wurde freigesprochen, Cagliostro eingekerkert und die ganze Angelegenheit zu einem großen Skandal.

Diese historisch-politischen Vorgänge bildeten das Modell zu Goethes *Groß-Cophta*, der ursprünglich als Oper konzipiert worden war. Seine Anfänge reichten in die Zeit zurück, in der der Schriftsteller mit Kayser zusammen das deutsche Singspiel hatte reformieren wollen. Danach blieb das Stück liegen und wurde erst wieder aufgenommen, als Goethe die Leitung des Weimarer Hoftheaters übernahm und sich mit einem zeittypischen Problem konfrontiert sah: daß die Spielpläne der Bühnen damals ungeheuer rasch wechselten. Erfolglose Stücke wurden nach einer einzigen Vorstellung abgesetzt, fünf Wiederholungen waren bereits ein großer Erfolg, zehn Aufführungen in Folge eine Sensation. Eine solche Sensation erreichte die *Zauberflöte*, von der 1794, also drei Jahre nach Mozarts Tod, auf dem Weimarer Theater elf und in der darauffolgenden Saison sogar fünfzehn Vorstellungen gegeben wurden. Derart viele Wiederholungen waren in dem kleinen Weimar überhaupt nur denkbar, wenn das Stück von zahlreichen Zuschauern mehrmals gesehen und gehört wurde.

Um der zeitgenössischen, enormen Nachfrage nach immer neuen Bühnenwerken entgegenzukommen, führte Goethe seinen *Groß-Cophta* nun als »Komödie« zu Ende. Diese Bezeichnung trug das Werk aber nur, weil es für eine andere Gattung kein geeignetes Sujet und Figureninventar aufwies. Es gibt im *Groß-Cophta* nur Schurken, Dummköpfe und eine etwas beschränkte Gutartigkeit, die jedoch so wenig auszurichten vermag, daß zum Schluß auch kein Happy-End möglich ist. Nach traditionellen Vorstellungen konnte das Stück daher nur dem niederen Stil und Genre, eben der Komödie, zugerechnet werden.

Der Graf, der frei dem »Grafen« Cagliostro, d. h. Giuseppe Balsamo (1743–1795), nachgebildet ist, gibt vor, ein Emissär des Großkophta zu sein, eines Magiers, der über außergewöhnliche Kräfte und Weisheit verfügen soll, und macht sich mit einigen Kniffen, einem überzeugenden Auftreten und dem Versprechen, künftig esoterische Geheimnisse zu offenbaren, die Menschen gefügig. Vorgegebener Anspruch und Realität klaffen dabei grotesk auseinander. Er behauptet, völlig asketisch zu leben, macht sich aber, nachdem er eine Tischgesellschaft zur Strafe für einen Verstoß gegen von ihm aufgestellte Verhaltensregeln ins Freie gewiesen hat, genüßlich über die üppige Tafel her. Als man die magischen Zeichen und Enthüllungen von ihm fordert, die er immer wieder versprochen hat, präsentiert er sich mit einigem Mummenschanz selbst als Großkophta.

Diese Machenschaften werden nur von einer Person völlig durchschaut, der Marquise, die nichts weniger als gute Absichten hat. Und als der Graf und die Marquise bemerken, daß sie einander durchschauen, arbeiten sie des gemeinsamen Profits wegen zusammen. Bei diesem soll es sich, dem historischen Vorbild entsprechend, um ein kostbares Halsband handeln. Eine gutartige Nichte der Marquise, die unfreiwillig eine Helfershelferrolle übernehmen soll, verrät den geplanten Anschlag jedoch, und zwar an einen jungen Mann, der nur der »Ritter« genannt wird. Zwischen ihm und der Nichte gibt es persönliche Anknüpfungspunkte. Dem Ritter gefällt die Nichte, die Nichte empfindet heimlich mindestens ebenso viel, kurz: es sieht beinahe danach aus, als ob beide ein Paar werden könnten. Aber die Geschichte wickelt sich zum Schluß nicht so klar auseinander; die Bösen werden nicht deutlich von den Guten geschieden, und die Guten finden nicht zueinander. Denn der junge Mann mißtraut der Nichte und verhält sich ganz und gar nicht so, wie es der Rolle eines ritterlich-romantischen Helden entsprochen hätte. Er kämpft nicht für sie, sondern geht einfach zur Polizei; der Anschlag wird aufgedeckt, die Schurken des Landes verwiesen, und die Nichte, die unglücklicherweise stark belastet scheint, in ein Kloster gesteckt.

Goethes Stück ist in dem Sinn »realistisch«, daß romantische Helden in der Wirklichkeit kaum vorkommen und die Guten für ihre guten Taten oft nicht belohnt werden. Zudem ist es bühnenwirksam angelegt; frappierend ist etwa der Moment, in dem deutlich wird, daß die Marquise und der Graf sich gegenseitig durchschaut haben. Denn es wird keines der üblichen Verschwörergespräche geführt, ihre Handlungen gehen in diesem Moment nur in eine gemeinsame Aktion über. Das zeitgenössische Publikum nahm den *Groß-Cophta* mit Neugier und Interesse auf. Er erschien 1792 im ersten Band von Goethes »Neuen Schriften« und mußte mehrfach wieder aufgelegt werden. Andererseits begannen die Kritiker sofort zu klagen, wie der Dichter nur so etwas habe schreiben können: »kein Funke Geist, Einbil-

dungskraft, ästhetischen Gefühls; alles ist [...] platt«.[14]
Diese Äußerung stammt von niemand anderem als Georg Forster (1754–1794), einem der eifrigsten und tatkräftigsten Anhänger der Französischen Revolution in Deutschland.

Auch auf der Bühne gab es Schwierigkeiten. In Weimar wurde das Werk zwar mehrfach aufgeführt, und das hieß: ein Mißerfolg kann es nicht gewesen sein. Dafür fanden sich andere Probleme: Der eher als Gebrauchsstück verfertigte *Groß-Cophta* zog zwar das Interesse des Publikums auf sich, aber die Obrigkeit sah ihn nicht gern auf der Bühne. Nach einem späteren Bericht des Kanzlers, d. h. obersten Weimarer Justizbeamten, Friedrich von Müller (1779–1849) soll Herzog Carl August von allen literarischen Arbeiten Goethes den *Groß-Cophta* am meisten kritisiert und versucht haben, den Autor von einer Aufführung auf dem Weimarer Theater abzubringen.[15] Aber dieser, der das Stück eben zu Ende geführt hatte, um dem zeitgenössischen Bedarf nach immer neuen Bühnenwerken entgegenzukommen, mochte es nicht gleich wieder in der Schublade verschwinden lassen. Er nahm erst nach einiger Zeit davon Abstand, es auf den Spielplan zu setzen. In einem Brief führte er dazu die »politischen und Autor=Verhältnisse« an, »welche der Aufführung des Großcophta entgegen stehen«. Und zu Darbietungen an anderen Orten bemerkte er nur: »Die übrigen deutschen Theater werden sich aus mehr als einer Ursache davor hüten.«[16] Das Stück unterlag im späten 18. Jahrhundert einer politischen Zensur: es galt als unerwünscht. Aber auch die Literaturgeschichte sollte sich nur wenig darum kümmern; es wurde erst 1983 am Hamburger Schauspielhaus mit großem Erfolg wieder aufgeführt.

Da die moralische Korruption, die im *Groß-Cophta*

geschildert wird, nicht der eigentliche Auslöser der Revolution war, kann man sich fragen, ob Goethe die Frage nach den Ursachen des revolutionären Prozesses nicht weiter erörtert wissen wollte. Diese Annahme liegt um so näher, als er sich über die grundlegende Reformbedürftigkeit der Verhältnisse gegen Ende des 18. Jahrhunderts völlig im klaren war. Der Schriftsteller sah deutlich, daß die Privilegien des Adels und die Reste des Feudalismus, die von der Ständegesellschaft konserviert wurden, der Weiterentwicklung in Richtung auf einen bürgerlichen Rechtsstaat im Weg standen und auf Dauer nicht zu halten waren. Daher trat er in seinem 1794–96 erscheinenden Roman *Wilhelm Meisters Lehrjahre*, der zweiten, umgearbeiteten Fassung der *Theatralischen Sendung*, für die Abschaffung der feudalen Relikte ein. Er plädierte ausdrücklich für eine Beseitigung des »Lehns=Hocus=Pocus«, wie es dort kurz und bündig und ganz umgangssprachlich hieß.[17] Aufschlußreich ist jedoch, wie diese Abschaffung der Feudalbindungen vor sich gehen soll: Der Adelige, Lothario, verzichtet freiwillig auf die schnöden Lehensrechte, mit denen seine Güter immer noch ausgestattet sind. Hier wird praktiziert, was der Schriftsteller in seinem ersten Weimarer Jahrzehnt immer wieder intendiert hatte: durch Moralisierung, durch Einsicht, durch menschliche Besserung und durch freiwilligen Verzicht die bestehenden Verhältnisse allmählich zu verbessern.

Das Dilemma war freilich, daß auf diesem Weg keine entscheidenden Fortschritte zustande gekommen waren, daß er einer aufklärerischen Utopie entsprach, die von der Revolution endgültig als solche entlarvt wurde. Denn mit dieser trat ein neues Element in die Politik ein: die Drohung, daß das Volk seine Souveränität tatsächlich ausüben, den alten Gesellschaftsvertrag aufkün-

digen und einen neuen einfordern würde, schuf einen
Mechanismus, mit dem die Privilegien auf Druck von
unten, durch die Androhung und im äußersten Fall
durch die Ausübung von Gewalt, beseitigt wurden. Zumeist reichte nach der Französischen Revolution schon
die Drohung aus, um jenen gesellschaftlichen Verände-
rungsprozeß in Gang zu setzen, der durch die utopischen politischen Mittel der Aufklärung, durch gutes
Zureden und moralischen Appell, nicht hatte in Bewegung geraten wollen.

   Goethe verstand die Wirkungsweise dieses politischen
Mechanismus sehr wohl. Er schrieb im Jahr 1798 an
Schiller anläßlich der Kapitulation der Schweizer vor der
französischen Revolutionsarmee: »[...] der Patriotismus
so wie ein persönlich tapfres Bestreben hat sich so gut
als das Pfaffthum und Aristokratismus überlebt.«[18] Nach
dieser sehr aufklärerischen und die künftige Rolle sowohl der geistlichen Restauration wie des Nationalismus
weit unterschätzenden Äußerung waren die bestehenden
Zustände vollkommen überholt. Und an der Wirksamkeit der Revolution als Mittel zu ihrer Veränderung
hegte der Schriftsteller keine Zweifel. Denn er fügte
hinzu: »Wer wird der beweglichen, glücklich organisir-
ten und mit Verstand und Ernst geführten französischen
Masse widerstehen.« Es war primär zwar die Kampf-
kraft der französischen Armee gemeint; aber die ihr zu-
geschriebenen Attribute – Verstand, Ernst, gute bzw.
»glückliche« Organisation – machten deutlich, daß diese von sehr rationalen Prinzipien bestimmt und geleitet wurde, deren Durchsetzungsfähigkeit gegenüber den
herkömmlichen, rückständigen Strukturen gar nicht in
Frage zu stellen war.

   Damit entstand für Goethe freilich ein gravierendes
Problem: mit der unbezweifelbaren Wirksamkeit der

Revolution als Mittel zur politischen Veränderung geriet auch die Basis seiner materiellen Existenz in Gefahr: der altertümliche aristokratische Ständestaat von Sachsen-Weimar, der ihm trotz mancher Widrigkeiten wenigstens eine gesicherte und bequeme Lebensgrundlage bot. Daher kam die Revolution für ihn auch überhaupt nicht in Frage. Die Anwendung dieses Prinzips hätte schon einem grundlegenden Zug seiner Persönlichkeit völlig widersprochen: Goethe hatte allmählich ein sehr ausgeprägtes Loyalitäts- und Pflichtgefühl gegenüber Herzog Carl August entwickelt, das ihm schlechterdings verbot, etwas zu unternehmen, was diesem auf irgendeine Weise in den Rücken hätte fallen können.

Angesichts des Dilemmas, daß es zwar ein wirksames Mittel zur Veränderung gab, dieses jedoch nicht verwendet werden durfte, setzte ein allmählicher Wandlungsprozeß ein: Goethe begann sich von dem Bereich der Politik, der ihn bisher so sehr beschäftigt hatte, immer mehr abzuwenden und ihn zuletzt ganz zu verdrängen. Er wurde nach und nach zu jenem »unpolitischen Dichter«, als den ihn die spätere deutsche Tradition immer bezeichnete, der er in seinen jungen Jahren aber keineswegs gewesen war.

Der Wandel ging nicht von heute auf morgen vor sich, wie man an den angeführten Stellen aus dem *Wilhelm Meister* und dem Brief an Schiller sehen kann, in denen noch einmal die alten aufklärerischen Grundsätze vertreten werden. Er setzte aber schon in jenem Augenblick ein, in dem sich die Revolution als ein neuer Faktor der Politik etablierte, und es gibt ein ungewöhnliches Zeugnis, das eben diesen darstellt. Es handelt sich um einen Bericht von einer jener festlichen Abendgesellschaften, die man auf den Feldzügen der spätabsolutistischen Armeen offenbar auch dann noch veranstaltete, wenn die

Lage schon sehr bedenklich war. Denn das preußische
Heer saß zu diesem Zeitpunkt bereits in der französischen Champagne fest, es ging auf Ende September zu
und der anhaltende Regen begann immer zermürben-
der zu wirken: »Die Armee kam um vor Hunger und
Schmutz. Am nächsten Tag lud uns ein regierender Fürst
zum Abend zu sich. In dem kleinen Salon, der dem
Geistlichen des Ortes gehörte, trafen wir einige Obristen [...]. Sie rauchten trübsinnig ihre Zigarren. [...] Es
war langweilig im allgemeinen. Ziemlich spät erschien
noch ein Gast, im Frack, ein Mann von schönem Wuchs,
ziemlich stark und von stolzem, gewichtigen Aussehen.
Alle begrüßten ihn mit der größten Ehrfurcht, aber sein
Blick war nicht entgegenkommend, erweckte keine
Freundschaft, sondern nahm gnädig den gewohnten Va-
sallentribut entgegen.«[19]

Man hielt diesen späten Gast zunächst für einen Diplomaten, aber im weiteren geschah folgendes:

Der Fürst führte meinen Vater an den Diplomaten
heran und sagte ihm, daß er von meinem Vater die
neuesten Nachrichten hören könnte. »Was macht
General Lafayette und all diese Anthropophagen
[Menschenfresser]?« fragte der Diplomat. – »Lafayette«, gab mein Vater zur Antwort, »beschützt
den König unerschrocken und im offenen Kampf
mit den Jakobinern.« Der Diplomat schüttelte mit
dem Kopfe und bemerkte nachdrücklich: »Das ist
alles bloß Maske; Lafayette, bin ich fest überzeugt,
ist eins mit den Jakobinern.« – »Aber ich bitte Sie!«
entgegnete mein Vater, »es ist ja von Anfang an eine
unversöhnliche Feindseligkeit zwischen ihnen gewesen.« Der Diplomat lächelte ironisch und sagte
nach kurzem Schweigen: »Ich hatte mich vor zwei

Jahren angeschickt, nach Paris zu reisen, aber ich wollte das Paris Ludwigs des Großen [des XIV.] sehen und des großen Arouet [Voltaire], aber nicht eine auf den Trümmern seines Ruhmes rasende Hunnenhorde. Hätte man erwarten können, daß die gewalttätige Demagogenbande einen solchen Erfolg haben würde? O, wenn Necker seinerzeit andere Maßnahmen getroffen hätte, wenn Ludwig XVI. nicht seinem Engelsherzen, sondern ihm ergebenen Leuten gehorcht hätte, deren Ahnen unter den Lilien glorreich geblüht, dann brauchten wir uns nicht jetzt zu diesem Kreuzzug aufzumachen! Aber unser Gottfried [nach dem Kreuzfahrer Gottfried von Bouillon] wird sie bald zur Vernunft bringen, daran zweifle ich nicht, und die Franzosen werden ihm selbst helfen; Frankreich besteht nicht allein aus Paris.«

Der Fürst war mit diesen Worten ungemein zufrieden.

Aber wer kennt nicht die Aufrichtigkeit deutscher Krieger und der Krieger überhaupt? Ihre zerhackten Gesichter, ihre durchschossenen Leiber geben ihnen das Recht, da zu sprechen, wo wir das Recht haben zu schweigen. Unglücklicherweise stand hinter den Fürsten, auf den Säbel gestützt, einer der ergrauten Obristen. Sein Äußeres verriet, daß er sein Leben seit zehn Jahren wohl im Biwak und Lager zugebracht habe, daß er sich noch gut auf den alten Fritz besinnen mochte; seine Züge drückten stolze Mannbarkeit und unbedingte Ehrenhaftigkeit aus. Er horchte aufmerksam auf die Worte des Diplomaten und sagte schließlich: »Aber Sie können doch nicht jetzt noch im Ernst glauben, daß die Franzosen uns mit offenen Armen aufnehmen wol-

len, wo jeder Tag zeigt, was für einen verzweifelt
nationalen Charakter dieser Krieg annimmt, wo
das Landvolk sein Getreide verbrennt und seine
Häuser, bloß um es uns schwer zu machen? Ich gestehe, ich glaube nicht, daß es uns bald gelingen
sollte, Paris auf den rechten Weg zu bringen, besonders wenn wir auf einem Fleck stehen bleiben.« –
»Der Obrist ist schlechter Laune«, entgegnete der
Diplomat und sah nach ihm hin mit einem Ausdruck, als wollte er ihn mit dem Fuß niedertreten.
»Aber ich vermute, Sie wissen besser als ich, daß im
Herbst, im tiefen Schmutz, kein Vorwärtskommen
möglich ist. Bei einem Feldherrn ist nicht edles
Aufbrausen, sondern Einsicht zu schätzen [...].«
Der Obrist ließ sich nicht einschüchtern, weder
durch den Blick noch durch die Worte des Diplomaten. »Es versteht sich, jetzt ist es unmöglich vor-
zurücken, aber auch zurückzugehen ist schwer. Übrigens ist es ja dies Jahr nicht zum ersten Mal in
Frankreich Herbst, den Schmutz hätte man voraus-
sehen können. Ich flehe zu Gott, es käme zu einer
allgemeinen Schlacht; besser, vor seinem Heer mit
der Waffe in der Hand von einer Kugel zu sterben,
als in diesem Schmutz festzusitzen ...« Und seine
Hand preßte sich um das Gefäß seines Säbels. Da
erhob sich ein Flüstern, und in einiger Entfernung
wurde ein ... »Ja, ja, der Obrist hat recht, ... wäre
der große Fritz – oh! der große Fritz!« hörbar. Der
Diplomat wandte sich, lächelnd, zum Fürsten und
sagte: »In welcher Form auch immer sich dieser Sie-
gesdurst der teutonischen Krieger äußern mag, es
ist unmöglich, ihn ohne Rührung zu betrachten.
Freilich, unsere augenblickliche Lage ist nicht grade
die glänzendste, aber denken wir daran, womit sich

Joinville tröstete, als er mit dem heiligen Ludwig in
Gefangenschaft war: Nous en parlerons devant les
dames.« [Wir werden vor den Damen davon sprechen.] »Ergebensten Dank für den Rat!« entgegnete
der unerbittliche Obrist, »ich würde meiner Frau,
Mutter oder Schwester, wenn ich sie hätte, nicht
ein Wort von dieser Campagne sagen, aus der wir
den Schmutz an den Stiefeln und Wunden auf dem
Rücken davontragen werden. Ja, davon werden unseren Damen am Ende noch eher die tintigen Jako-
biner erzählen, von denen man uns versichert hat,
daß sie wie Rauch vor unserem ersten Schuß verschwinden würden.«
Der Diplomat merkte, daß er mit diesem Gegner nicht fertig werden würde, und zog sich, wie
Xenophon, mit den folgenden zehntausend Worten ehrenvoll zurück. »Die Welt der Politik ist
mir vollständig fremd; es langweilt mich, wenn
ich von Märschen und Evolutionen, von Debatten
und staatlichen Maßnahmen höre. Ich habe niemals
ohne Langeweile die Zeitungen gelesen; alles das
ist etwas so Vorübergehendes, Zeitweiliges, ja und
seinem ganzen Wesen nach uns Fremdes. Es gibt
andere Gebiete, in denen ich mich als Herrscher
fühle; weshalb soll ich, ohne dazu berufen zu sein,
als ein dutzendmäßiger raisonneur mich in Dinge
mischen, welche die Vorsehung denen auferlegt hat,
die sie auserwählt, die schwere Last der Regierung
zu tragen? Und was geht es mich an, was in dieser
Sphäre geschieht?« Das Wort ›dutzendmäßiger raisonneur‹ hatte ins Ziel getroffen. Der Obrist preßte
seine Zigarre so zwischen den Fingern, daß der
Rauch aus zwanzig Stellen herausquoll [...].
»Und hier«, fuhr der Diplomat fort, »mitten im

Lager, fühle ich mich ebenso weit von aller Politik entfernt, wie im Weimarer Kabinett.«

»Und womit beschäftigen Sie sich denn jetzt?« fragte der Fürst, seine Freude kaum darüber verbergend, daß das Gespräch eine andere Wendung genommen. – »Mit der Theorie der Farben; ich hatte das Glück, vorgestern Ihrem durchlauchtigen Oheim daraus Bruchstücke vorzulesen.«

Das konnte kein Diplomat sein. »Wer ist das?« fragte ich einen Emigranten, welcher neben mir saß und, ungeachtet des Biwaklebens, es möglich gemacht hatte, aufs sorgfältigste Toilette zu machen, obgleich er nur einen kurzen Rock trug. »Ah, bah! C'est un célèbre poète allemand, M...r Goethe, qui a écrit, qui a écrit . . . ah bah!. . . la Messiade!« [Ach, pah! Das ist ein berühmter deutscher Dichter, Herr . . . Goethe, der den, den . . . ach pah! . . . den Messias geschrieben hat.]

Dieses lange Zeugnis stammt aus den Erinnerungen Alexander Herzens (1812–1870) und geht auf ein Gespräch mit einem Polen namens Trensinski zurück, der jener junge, mit seinem Vater reisende Mann war, der 1792 in der französischen Champagne auf Goethe traf. Es ist also nicht unmittelbar authentisch. Aber nach den autobiographischen Schilderungen des Schriftstellers läßt sich die beschriebene Unterhaltung auf den 27. September 1792 datieren, genau eine Woche nach der Kanonade von Valmy also, und außerdem steht fest, daß er jenes »von diesem Tage sprechen wir noch [...] vor den Damen«[20] äußerte, das bei dieser Gelegenheit eine so große Rolle spielte. Ansonsten klaffen die beiden Zeugnisse weit auseinander. Goethe hat sich im Rückblick als den Unterhalter jener Abendgesellschaft dargestellt, auf der die mißliche Lage der preußischen Armee schon so deutlich hervortrat, von den dabei auftretenden Spannungen und Auseinandersetzungen findet sich bei ihm kein Wort.

Das Zeugnis Herzens und Trensinskis ist deshalb besonders interessant, weil es den Moment festhält, in dem zum erstenmal deutlich wurde, daß die Revolution kein kleiner Betriebsunfall des monarchisch-absolutistischen Systems war, den man rasch beseitigt haben würde, und weil nun schon der Wandlungsprozeß einsetzte, der sich mit Goethe zu vollziehen begann: mit dem Bereich der Politik wollte er nichts mehr zu tun haben. Der Schriftsteller, der vor einigen Jahren doch hatte »regieren« wollen, schob all diese Dinge nun denjenigen zu, die die »schwere Last« politischer Verantwortung trugen und zu denen er sich selbst nicht mehr rechnete.

Das Zeugnis Herzens und Trensinskis wirkt um so plausibler, als es auch ein gutes Bild der neuen äußeren Erscheinung des Dichters gibt. Goethe war inzwischen zu einer in jeder Hinsicht gravitätisch, gewichtig und respektheischend auftretenden Persönlichkeit geworden. Und in gewisser Weise schienen die Entpolitisierung und sein neues Erscheinungsbild sogar miteinander im Zusammenhang zu stehen. Schon bald nach seiner Rückkehr aus Italien hatte Karoline Herder mit einem gewissen Erstaunen festgestellt: »Er hat viel Lustiges, ich möchte sagen, Betäubendes über seine häusliche menschliche Situation gesagt [...]. Er hat nun alles Glück und Wohlsein auf *Proportion* und das Unglück auf *Disproportion* reduziert. Ihm sei jetzt gar wohl, daß er ein Haus habe, Essen und Trinken hätte und dergleichen.«[21] Goethe begann sich in diesen Jahren auf die materiellen Dinge des Daseins, auf »Essen und Trinken [...] und dergleichen« zu konzentrieren. Er begann viel und gut

zu speisen und noch kräftiger zu trinken, als er es zuvor
schon getan hatte. Im Jahr 1790 bemerkte Carl August
auf jener Reise, die ihn zusammen mit seinem Günstling
in ein Heerlager nach Schlesien geführt hatte, in scherzhaftem Ton: »Goethe isset und trinket stark, bloß seinet-
wegen steigt die Teurung in hiesiger Gegend.«²² 1792
urteilte ein anderer Zeuge: »Die ihn früher kannten, finden, daß seine Physiognomie etwas ausgezeichnet Sinn-
liches und Erschlafftes bekommen hat.«²³ Goethe selbst
drückte seine neuen Maximen in einem Gedicht mit dem
Titel *Frech und froh* aus:

> Liebesqual verschmäht mein Herz,
> sanften Jammer, süßen Schmerz;
> Nur vom Tücht'gen will ich wissen,
> Heißem Äuglen, derben Küssen.²⁴

Die ersten zwei Zeilen sprechen das an, was im ersten Weimarer Jahrzehnt eine dominierende Rolle gespielt hatte: das empfindsam geprägte, nach Übereinstimmung zweier Seelen suchende Verhältnis zu Charlotte von Stein. Der jetzt Vierzigjährige wollte davon
nichts mehr wissen, er zog die »derben Küsse« vor, wie
er das in Anspielung auf das Verhältnis zu Christiane
Vulpius nannte. Die Zeitgenossen sprachen treffend von
der »materielle[n]« Lebensweise, die er nun führte.²⁵
Und niemand wußte deren Ursachen besser einzuschätzen als die kluge Frau von Stein. Sie schrieb an Charlotte
Schiller: »Daß Goethe die Welt lustig ansieht, macht,
weil diese Seite seines Verstandes die klarste ist. Er hat
begriffen, daß ihre Natur von der Beschaffenheit sei, daß
sie keine Philosophen je verbessern werden. Und da er
sich selbst, wie billig, auch zu der Welt rechnet, weiß er
wohl, daß auch er nicht anders sein kann, und je mehr
ihn diese Dinge sonst gequält und er sie durchdacht, hat

er sich gemütlich darüber zur Ruhe gesetzt. Dabei hat er jetzt eine gute Gesundheit und mehr Fleisch im Topf als der arme Rousseau, um sich gute Bouillons kochen zu lassen.«[26]

Charlotte von Stein war keine Spur naiv und weltfremd und sah deutlich, daß Goethe die aufklärerischen politischen Hoffnungen, mit denen er Ende 1775 nach Weimar gekommen war, vollkommen aufgegeben hatte. Er hegte keinerlei Illusionen mehr, daß sich die Welt oder wenigstens jener kleine Teil von ihr, der von den Grenzen des Fürstentums Sachsen-Weimar-Eisenach umrissen wurde, grundlegend verbessern ließ. Er war daher auch, wie Schiller schrieb, »ein ganz verhärteter Realist«[27] geworden. Sein Realismus gehorchte der Formel: wenn sich die Welt schon nicht verändern ließ, so wollte er selbst es sich wenigstens möglichst gut in ihr gehen lassen. Und, wie Charlotte von Stein mit der Nüchternheit, die ihr manchmal eigen war, bemerkte: er hatte dazu auch andere Möglichkeiten als der in einem ganz wörtlichen Sinn viel ärmere Rousseau. Der Dichter war in der Lage, ein großes Haus mit allen einschlägigen Attributen, auch denen kulinarischer Natur, zu führen.

Die Hofdame ging bei ihrem Urteil im übrigen nicht von bloßen Mutmaßungen aus. Goethe hatte am 25. Januar 1787 aus Italien an sie geschrieben, seine Lage müsse glücklicher werden, »sobald ich an mich allein dencke, wenn ich das, was ich solang für meine Pflicht gehalten, aus meinem Gemüthe verbanne und mich recht überzeuge: daß der Mensch das Gute das ihm wiederfährt, wie einen glücklichen Raub dahinnehmen und sich weder um Rechts noch Lincks, vielweniger um das Glück und Unglück eines Ganzen bekümmern soll.« Als sie ein paar Jahre später sein verändertes Verhalten und seine neue, materielle Existenz gewahrte, wußte sie, daß er aus diesem Vorsatz einschlägige Konsequenzen gezogen hatte.

Bei den reichhaltigen Diners, die der Schriftsteller in seinem Haus veranstaltete und die manchen Gästen sehr imponierten, war Christiane Vulpius nie zugegen. Dies entsprach allein den gesellschaftlichen Regeln und Zwängen der damaligen Zeit: als Konkubine aus niederem Stand durfte sie bei irgendwelchen Veranstaltungen unter keinen Umständen auftreten; alles andere hätte als eine Zumutung, ja eine regelrechte Beleidigung der Gäste gegolten.

Goethe schuf sich zu seiner neuen, materiellen Existenz damals auch einen passenden äußeren Rahmen. Es war das Haus am Weimarer Frauenplan, in dem er von 1782 bis 1789 bereits ein Geschoß gemietet hatte. Herzog Carl August kaufte es 1792 für 6000 Reichstaler und überließ es seinem Günstling zunächst unentgeltlich; im Jahr 1794 ging es durch eine Schenkung dann endgültig in dessen Besitz über.

Das Haus stammte aus dem frühen 18. Jahrhundert und war ein großes, zum Teil recht winkeliges Gebäude, an dem der Schriftsteller neben einigen Renovierungsarbeiten vor allem den Einbau eines neuen Treppenhauses vornehmen ließ. Auch dazu bewilligte ihm sein Fürst einen finanziellen Zuschuß. Das neue Treppenhaus war, wie man damals sagte, im »italienischen Stil« gehalten und paßte eigentlich nicht ganz zur Bauweise der übrigen Teile. Goethe übernahm mit ihm jene Muster, die man in den Villen und Palästen der italienischen Städte fand und die sich mit wachsendem Wohlstand und dem Aufkommen des Klassizismus immer mehr verbreiteten. Er wollte auch an seinem Wohnort etwas von jener Lebensart und Wohnkultur vor sich haben, die ihm in Italien oft noch mehr imponiert hatte als die Überreste der

Antike.[28] Und es war ihm gleichgültig, daß er einen gewissen Stilbruch vollführte und in sein altes, noch aus der Barockzeit stammendes Haus ein fremdes Versatzstück einsetzte. Goethe lag nicht an Purismus, sondern daran, sich eine Reminiszenz an die Lebensweise des Südens zu verschaffen. So nahm er eine gewisse »Inkongruität« zwischen zwei unterschiedlichen Stilen in Kauf, wenn ihm dadurch nur »das große Bild[,] [d]as er in der Seele«[29] hatte, noch einmal vergegenwärtigt wurde.

Der neue klassizistische Geschmack des Schriftstellers schlug sich auch in der Inneneinrichtung des Gebäudes nieder. Goethe ließ vor allem Antiken oder Kopien bzw. Gipsabgüsse antiker Plastiken aufstellen. Die Ausstattung fiel insgesamt so nobel aus, daß ein durchaus repräsentatives Domizil entstand und die deutschen Provinzler über das Haus zu staunen begannen, das der Dichter bewohnte. Jean Paul (1763–1825), von Goethe der »arme Teufel in Hof«[30] genannt, war bei seinem ersten Besuch in Weimar schlichtweg »frappiert«.[31] Der ebenfalls aus ganz bescheidenen Verhältnissen stammende Johann Heinrich Voß (1751–1826) nannte es voller Bewunderung ein »prächtige[s] Haus, das mit Statuen und Gemälden des Altertums prangt«.[32] Und selbst die Aristokratin Charlotte von Stein, die wohl etwas andere Maßstäbe gewöhnt war, sprach von den »mit Eleganz und schönen Künsten möblierten Zimmer[n]«[33].

Der »materielle« Lebensstil und das große Haus, das er nun führte, verlangten freilich auch finanzielle Mittel. Der Hausstand des Schriftstellers umfaßte in den neunziger Jahren mehr als 10 Personen. Zu Christiane Vulpius, ihm selbst und dem 1789 geborenen August gesellten sich die Schwester und die Tante von Christiane Vulpius und das Dienstpersonal: ein oder zwei Diener, eine Köchin und zwei Mägde. Dazu kamen etwas später

noch ein Hofmeister zur Erziehung des Sohns und ein
Kutscher hinzu, denn seit 1799 besaß Goethe zwei
Pferde und benötigte jemanden, der sich um sie kümmerte. Im Jahr 1791 wurde überdies ein alter Bekannter
aufgenommen, der Schweizer Maler und Kunsthistoriker Meyer, der, von einigen teils längeren Unterbrechungen abgesehen, bis zu seiner recht späten Heirat
1803 im Haus blieb. Er trat gleichsam das Erbe Kaysers
an und wurde Goethes neuer Protegé: schon 1795 verschaffte dieser ihm den Titel eines Professors, 1807 ließ
er ihn zum Direktor der Weimarer Akademie bzw. Zei-
chenschule ernennen.

In den Jahren 1793/94 begann der Schriftsteller mit
der Überarbeitung seines *Wilhelm Meister*-Romans, die
zunächst unter wenig optimistischen Prämissen stand.
Er schrieb an Herder, das Werk bedürfe noch einiger Arbeit »nicht um gut zu werden sondern nur einmal als
eine Pseudo confession mir vom Herzen und Halse zu
kommen«.[34] Einige Zeitgenossen munkelten denn auch,
daß er nicht zuletzt das günstige Honorar im Auge
hatte, das mit dem Verleger Unger ausgehandelt worden
war und bogenweise erstattet wurde, also mit wachsendem Umfang des Werks zunahm.[35]

Solche Überlegungen waren nicht abwegig. Denn erstens reichten die Mittel des Schriftstellers in diesen Jahren immer nur sehr knapp aus, und es fielen häufig mehr
oder minder kleine Gelegenheitsschulden an. Zweitens
rückte der Autor in seinen Roman auch Teile ein, die mit
der übrigen Handlung nur sehr lose verknüpft sind, die
»Bekenntnisse einer schönen Seele«, für die er auf das
Leben der Frankfurter Pietistin Susanne von Klettenberg (1723–1774) zurückgriff. Charlotte von Stein kommentierte mit der üblichen Nüchternheit, er habe sie
»wie vom Himmel gefallen in die Komödiantengesell-

schaft gebracht, weil diese Bogen auch bezahlt werden«.[36] Und drittens kann man, obwohl die ersten Kapitel des Romans, die mehr oder minder verbrämten bzw.
literarisierten Erinnerungen an die Puppentheaterauf-
führungen im Elternhaus am Frankfurter Hirschgraben,
hinreißend erzählt sind, einige Zweifel hegen, ob und
wie weit dieser ein vollkommen homogenes Gebilde
darstellt.[37]

Da das programmatische Element der ersten Fassung,
die Reform des deutschen Theaters, inzwischen obso-
let geworden war, mußten einschneidende Veränderungen vorgenommen werden. Selbst die Kritik an den drei
aristotelischen Einheiten des Dramas, die die *Theatralische Sendung* enthalten hatte, wurde getilgt. Sie hätte
nun stören können, weil der Schriftsteller mittlerweile
mit zwei wichtigen Arbeiten hervorgetreten war, seiner
*Iphigenie* und dem *Tasso*, die, nicht zuletzt aus Rücksichten auf die höfische Umwelt, wieder auf diesen Einheiten basierten.

Entscheidender war noch, daß mit dem Komplex der
Theaterreform ein wesentliches Strukturelement der ersten Fassung verlorenging und die Verbindung des Helden mit einer Schauspieltruppe neu motiviert werden
mußte. Der Schriftsteller gebrauchte dazu einen Kunstgriff, der ihm durch sein mittlerweile höheres Alter
nahegelegt wurde. Er vergrößerte die Distanz zwischen
dem Erzähler und seinem Protagonisten und machte
diesen zu einem Kunstjünger, der sich zwar noch zum
Theater berufen fühlt, als Schauspieler aber nur noch ein
Dilettant ist. Dieser Eingriff ersparte es ihm, die Grund-
substanz des Werks, die Verbindung Wilhelm Meisters
mit den Komödianten, auszulöschen und einen neuen
Roman zu schreiben. Und trotz des Wegfalls der programmatischen Elemente der *Theatralischen Sendung* ist

in der neuen Fassung auch viel vom Theater die Rede, manchmal hat man den Eindruck, fast noch mehr als in der ersten: es machte sich bemerkbar, daß Goethe inzwischen die Leitung des Weimarer Hoftheaters übernommen hatte.

Auch die in der *Theatralischen Sendung* nur geplante Aufführung von Shakespeares »Hamlet«, die wohl einen der Höhepunkte der Handlung hätte darstellen sollen, findet statt, obwohl sie erhebliche strukturelle Schwierigkeiten aufwirft. Da Wilhelm zwar den alten Namen Meister trägt, aber nur noch ein Lehrling und Dilettant ist, ergibt sich das Problem, wie er denn den Hamlet bewältigen soll, eine bekanntlich sehr schwierige Theaterrolle. Aber Goethe fand auch hier eine Lösung. Er nahm eine weitgehende innere Übereinstimmung zwischen der Figur Shakespeares und seinem Protagonisten an, und Wilhelm Meister muß daher nur zu jenem Mittel greifen, mit dem sich seit jeher die weniger Begabten helfen und das wirklich großen Schauspielern oft ein Greuel ist[38]: er muß auf der Bühne bloß sich selbst spielen.

Auf Grund des geradezu kanonischen Einflusses, den Goethe mehr als ein Jahrhundert auf die deutsche Kulturtradition ausübte, führte dies dazu, daß der Hamlet auf den deutschen Theatern meist als eine Art verkappter Wilhelm Meister dargestellt wurde, als ein zaudernder, zögernder, unentschlossener junger Mann, ein eher labiler Mensch, der von Anfang an mit der harten Realität nicht ganz zurechtkommt. Diese Hamlet-Deutung geht keineswegs auf den Text von Shakespeares Stück, sondern allein auf die strukturellen Zwänge von Goethes Roman zurück. Es ist sogar stark zu bezweifeln, daß eine Gestalt, die, wie es bei Shakespeare wörtlich heißt, mit dem Ausruf »How now, a rat! Dead for a ducat, dead«[39] auf ein bloßes Geräusch hin durch einen

Wandschirm sticht und den heimlich lauschenden Polonius tötet, als ein Zauderer gelten kann. Ein solcher hätte wohl gezögert und keinen so drastischen Totschlag vollführt! Die Vermutung, daß Hamlet angesichts seines Verhaltens als unentschlossener junger Mann gelten muß, scheint überhaupt von der irrigen Annahme geleitet zu sein, daß es eine recht einfache Sache sein müsse, seinen Stiefvater, der ein regierender König und ein weitgehend unbeschränkter Herrscher ist, auf den bloßen Hinweis eines Gespensts hin als Mörder zu entlarven und zur Strecke zu bringen. Die Herrschaftsstrukturen vergangener Zeiten legen das Gegenteil nahe, und Hamlet hat daher nicht unbedingt als zögerlich, wohl aber als ein junger Mann zu gelten, der vor einer äußerst schwierigen Aufgabe steht.

Für den neuen Handlungsverlauf und insbesondere den Schluß der *Lehrjahre* griff der Schriftsteller ein Element auf, das damals ausgesprochen konventionell war: das Bundeswesen. Es hatte nicht nur im Theater und Singspiel Hochkonjunktur; neben Goethes eigenem *Groß-Cophta* war Mozarts *Zauberflöte* zweifellos das berühmteste Beispiel. Auch Schillers Romanfragment *Der Geisterseher* (1787–89), ebenfalls von Cagliostro inspiriert, gehörte zu den zahlreichen zeitgenössischen Vertretern dieses Genres, die sich den Machenschaften geheimer Gesellschaften und ihrer Emissäre widmeten.

Der Geheimbund, der in Goethes *Lehrjahren* auftritt und nach dem Gebäude, in dem er seine Schriften und Unterlagen aufbewahrt, auch als Turmgesellschaft bezeichnet wird, ist freilich ein sehr harmloser Vertreter des Bundeswesens; er ist so harmlos, daß er sich selbst nicht einmal mehr richtig ernst nimmt! Denn wie der Leser schließlich erfährt, handelt es sich bei ihm bloß noch um die »Reliquien von einem jugendlichen Unter-

nehmen, bei dem es anfangs den meisten Eingeweihten
großer Ernst war, und über das nun alle gelegentlich nur
lächeln«.[40] Diesem nicht mehr ganz ernsten Geheimbund fällt die Rolle zu, Wilhelm Meister zu dem Zeitpunkt, zu dem er das Theater verläßt, in einen neuen
gesellschaftlichen Kreis aufzunehmen, der überwiegend
aus seinen eigenen Mitgliedern und deren Angehörigen
besteht. Warum der bürgerliche Wilhelm eigentlich so
bereitwillig in diese teils adelige, teils vermögende Gesellschaft aufgenommen wird und warum diese seinen
Lebenslauf überhaupt so lange aus ausschließlich unei-
gennützigen Motiven verfolgt, wird nicht deutlich – und
man könnte spotten, daß es vor allem darum geschieht,
weil der Held nach des Autors Willen in dieser zweiten
Fassung seines Romans nicht bei den Komödianten bleiben, sondern sich zu etwas Besserem qualifizieren soll.[41]

Bei all diesen Kompromissen hielt Goethe auch für
den neuen Handlungsverlauf eine sublime Erklärung
bereit, die in der weiteren deutschen Tradition wiederum
eine große Rolle spielte: die Bildungsidee. Ihr Sinn bestand in diesem Fall in der Aussage: all seines Dilettierens unerachtet, ist Wilhelm Meisters Begegnung mit
dem Theater keineswegs umsonst gewesen, denn er hat
sich in ihr fortbilden und weiterentwickeln können.

Gegen Ende des Romans ist dem Erzähler seine
Freude über den zu einer recht properen Erscheinung
gewordenen Protagonisten deutlich anzumerken. Dieser
ist, wie es wörtlich heißt, »größer, stärker, gerader, in
seinem Wesen gebildeter und in seinem Betragen ange-
nehmer geworden«[42]. Weniger gut steht es indessen um
seinen alten Freund, den armen wohlhabenden Bürger-
sohn Werner, der, während der Held mit den Komödianten herumzieht und die Kasse plündert, zu Hause
sitzen und das Geld verdienen muß. Er ist bei der Aus-

übung dieser bürgerlichen Pflichten arg zurückgefallen, sogar im Äußerlichen. Es heißt wörtlich: »Der gute Mann schien eher zurück als vorwärts gegangen zu sein. Er war viel magerer, als ehemals, sein spitzes Gesicht schien feiner, seine Nase länger zu sein, seine Stirn und sein Scheitel waren von Haaren entblößt, seine Stimme hell, heftig und schreiend, seine vorfallenden Schultern, seine farblosen Wangen ließen keinen Zweifel übrig, daß ein arbeitsamer Hypochondrist gegenwärtig sei.«[43] Goethe war weit davon entfernt, die äußeren Kennzeichen eines allzu ausgeprägten bürgerlichen Fleißes zu ehren, und der brave Werner bekam bei ihm zum Schaden noch den Spott. Der Schriftsteller hatte eine entschiedene Abneigung gegen alles, was nur von Ferne an das erinnerte, was man in der Umgangssprache ›schuften‹ nennt. In seinem dritten Roman, den *Wahlverwandtschaften* von 1808/09, heißt es über eine Gestalt: »Er soll nicht wirken; er soll sich aufopfern, seine Zeit, seine Gesinnungen, seine Art zu sein, und das ist ihm unmöglich.«[44] Ebenso verhielt es sich bei Goethe selbst: auch er wollte sich nicht aufopfern, sondern lieber »wirken« oder »tätig sein«, wie er dergleichen nannte, und einmal soll er sogar geäußert haben: »Nur nichts als Profession getrieben! Das ist mir zuwider. Ich will alles, was ich kann, spielend treiben, was mir eben kommt und so lange die Lust daran wächst.«[45]

Wie er trotz solcher Gesinnungen zu einer gefeierten Größe des bürgerlichen Zeitalters werden konnte, ist leicht zu erklären. Im 19. Jahrhundert sah das Bürgertum zumindest in Deutschland sein letztes und höchstes Ziel immer wieder in einer Aristokratisierung seiner Existenz. Schließlich als Privatier oder Rentier zu enden, galt als ein würdiges Lebensziel, das erreicht zu haben man noch auf seinem Grabstein mit Stolz vermerken ließ.

In den *Lehrjahren* findet sich eine eingehende Erörterung über das Verhältnis von Aristokratie und Bürgertum: »[...] in Deutschland ist nur dem Edelmann eine gewisse allgemeine, wenn ich sagen darf personelle, Ausbildung möglich. Ein Bürger kann sich Verdienst erwerben und zur höchsten Noth seinen Geist ausbilden; seine Persönlichkeit geht aber verloren, er mag sich stellen wie er will. [...] An diesem Unterschiede ist nicht etwa die Anmaßung der Edelleute und die Nachgiebigkeit der Bürger, sondern die Verfassung der Gesellschaft selbst [!] Schuld; ob sich daran einmal etwas ändern wird und was sich ändern wird, bekümmert mich wenig [...]«.[46]

Man findet noch einmal die politischen Auffassungen des Schriftstellers, die sich nach der Französischen Revolution herausbildeten: die Verfassung der Gesellschaft ist zwar ungerecht; dieser Meinung war er stets gewesen. Aber sie ließ sich eben nicht ändern oder, genauer dem Zitat folgend: darum, ob sie sich ändern ließ oder nicht, sollte man sich nun – da das revolutionäre Prinzip die Grundlagen der eigenen Existenz zu unterminieren drohte – nicht mehr bekümmern. Folglich blieb nichts anderes übrig, als für sich selbst zu sorgen. In den *Lehrjahren* heißt es weiter: »[...] genug, ich habe, wie die Sachen jetzt stehen, an mich selbst zu denken, und wie ich mich selbst und das, was mir ein unerläßliches Bedürfniß ist, rette und erreiche. Ich habe nun einmal gerade zu jener harmonischen Ausbildung meiner Natur, die mir meine Geburt versagt, eine unwiderstehliche Neigung.«[47]

Goethe hatte nach seiner Italienreise den Vorsatz, vor allem an sich und seine eigene Existenz zu denken, sich weiter zu bilden und zu vervollkommnen, und dieses Ziel schien ihm nur in einer freien, pseudo-aristokratischen Genie-Existenz erreichbar, zu der sein neuer Lebensstil und sein großes, elegantes Haus den passenden äußeren Rahmen abgaben. In einer überlieferten Äußerung hieß es kurz: »Die ganze Geschichte mit dem *Genie* ist, daß die Menschen einmal Einem gestatten, was sie sich unter einander selbst nicht gestatten, nämlich daß einmal Einer ganz sein darf, was er will und [wozu er] Lust hat.«[48]

Trotz alledem wurde dem Schriftsteller in Weimar nicht mehr wohl. Die Krise, in die er bald nach der Rückkehr aus dem Süden geraten war, verschärfte sich in den folgenden Jahren noch und schlug sich in zwei augenfälligen äußeren Symptomen nieder. Das starke Essen und Trinken führte dazu, daß er nach einiger Zeit dick, ja ausgesprochen fett wurde. Es schien gerade, als ob er sein inneres Unbehagen durch übermäßigen kulinarischen Genuß kompensieren wollte. Jean Paul schrieb nach seinem ersten Besuch bei Goethe im Jahr 1796: »Auch frisset er entsetzlich.«[49] Die Äußerung ist wörtlich zu verstehen: der Schriftsteller muß gewaltige Mengen in sich hineingeschlungen haben. Charlotte von Stein bemerkte zu den Folgen dieses übermäßigen Essens im gleichen Jahr: »Er war entsetzlich dick, mit kurzen Armen, die er ganz gestreckt in beide Hosentaschen hielt.« Und im Bewußtsein ihres eigenen Alters sinnierte sie weiter: »Ich möchte nur wissen, ob ich dem Goethe auch so physiognomisch verändert vorkomme als er mir.«[50]

Die Hofdame kann nicht übertrieben haben, denn als der Dichter im folgenden Jahr, 1797, wieder in die Heimatstadt Frankfurt zurückkehrte, wußte ein Freund aus der Jugendzeit von folgendem Geschehen zu berichten: »Letzt abgewichenen Freitagmorgen erschien ganz unerwartet ein Fremder in meinem Zimmer, den ich vor seinem wohlgemästeten Bauch nicht erkannte, bis ihn seine Stimme bei der Frage verriet: Kennen Sie denn Ihren al-

ten Freund nicht mehr? Und siehe da, es war Goethe in
eigener hoher Person!«[51]

Während die einen Mühe hatten, ihn wiederzuerkennen, wunderten sich andere über seine äußere Erscheinung. Einige meinten zurückhaltend, daß einem seine
Figur »ein wenig die Imagination« verderbe;[52] es war
eine verhaltene Anspielung darauf, daß das mittlerweile
höchst materielle Äußere Goethes nur schwer mit seinen
feinsinnigen literarischen Werken in Einklang zu bringen war. Manche waren weniger diskret. Die französische Aristokratin Germaine de Staël (1766–1817) konnte
sich bei ihrem Besuch in Weimar nicht enthalten, mit
spitzer Zunge ihre Verwunderung darüber auszudrük-
ken, wie ein so großer Geist nur so schlecht behaust sein
könne,[53] und sie sollte sich durch diese und ähnlich bos-
hafte Bemerkungen bald sehr unbeliebt machen.

Ein weiteres Symptom der Krise war, daß Goethe auf
jegliche Kritik, welcher Art immer, äußerst empfindlich
reagierte. Seine *Lehrjahre* erweckten im Publikum einen
zwiespältigen Eindruck. Einerseits konnte der Roman
eine gewisse Nachlässigkeit gegenüber dem strukturellen Gefüge und dem Handlungsverlauf nicht verbergen.
Andererseits sollten sich Gattung, Stil und Personen-
inventar in der folgenden Zeit als äußerst einflußreich
erweisen. Die Verbindung von erzählender Prosa und
eingestreuter Lyrik übte auf die junge Generation der
Romantiker größte Wirkung aus.[54] Das zeitgenössische
Echo auf das Werk war infolgedessen geteilt. Obwohl
kein durchschlagender Publikumserfolg, wurde er vielfach doch enthusiastisch begrüßt. Sophie Tischbein, die
Frau des Malers, schrieb etwa: »verschlungen habe ich
ihn mehr als gelesen, so außerordentlich schön finde
ich ihn.«[55]

Goethe grämte sich in unverhältnismäßiger Weise

über die Kritik an seinem Roman, die teilweise rein literatur- bzw. gattungshistorisch bedingt war. Die Zusammenhänge seien kurz erläutert: Es gab Zeitgenossen, die alle drei Romane des Schriftstellers als unmoralisch ablehnten. Und zwar deshalb, weil man von Prosawerken in der damaligen Zeit vielfach noch eine moralische Belehrung oder wenigstens Vorbildhaftigkeit erwartete, Goethes Werke dieser didaktischen Forderung aber nicht entsprachen. Es ist allerdings auch eine Tatsache, daß die Romanschreiber von jeher gegen solche Normen opponiert hatten, ja daß der Aufstieg der von ihnen vertretenen literarischen Gattung mit permanenten und systematischen Verstößen gegen das anfangs typische, aber allmählich immer altmodischer wirkende Verlangen nach Didaktik verbunden war. Zahlreiche Romane des 18. Jahrhunderts lösten bei ihrem Erscheinen daher gewaltigen Wirbel aus. Der *Tom Jones* des boshaften Spötters Henry Fielding (1707–1754) hatte in Goethes Geburtsjahr 1749 etwa einen solchen Skandal erregt,[16] daß zwei kurz darauf in London auftretende Erdstöße, die große Panik verursachten, von manchen Leuten als Gottesstrafe für ein so abgrundtief verdorbenes Buch betrachtet wurden. Und Goethe selbst hatte mit seinem *Werther* im Jahr 1774 schließlich einen Lärm verursacht, neben dem sich die Kritik an seinem *Wilhelm Meister* vergleichsweise harmlos ausnahm – kaum mehr als das Rückzugsgefecht der ewig Gestrigen, die immer noch auf moralische Belehrung pochten und die erst nach 1815, im Zeitalter der Restauration, neuen Auftrieb erhalten sollten.

Dennoch ärgerte sich Goethe über diese Kritiker ungemein. Er fühlte sich verkannt und schien sich nach den zahlreichen Mißerfolgen, die er in den vergangenen Jahren hatte hinnehmen müssen, geradezu in die Vorstel-

lung hineinzusteigern, daß man ihn und seine Leistungen vorsätzlich mißachten wolle.

Aber es war insgesamt keine gute Zeit für ihn. Im Jahr
1796 sah Goethe sich »am Ende [s]einer Laufbahn«
als Schriftsteller angelangt.[57] Unter solchen Umständen
sollte die nähere Bekanntschaft mit Friedrich Schiller,
die 1794 begann, große Bedeutung erlangen.

## NEUNTES KAPITEL

# Klassischer Gipfel?

Friedrich Schiller trat im Sommer 1794 aus einem überwiegend praktischen Grund an Goethe heran. Er wollte ihn zur Mitarbeit an einer neuen Zeitschrift bewegen, den *Horen*, deren Herausgeber er war.

Schiller war mehr als Goethe auf sein Einkommen aus schriftstellerischer Tätigkeit angewiesen. Er hatte zwar eine Professur in Jena, die aber nur mit dem lächerlich geringen Gehalt von 200 Talern jährlich ausgestattet war. Als er sich 1790 verheiratete, hatte er als notwendiges Mindesteinkommen 800 Taler im Jahr veranschlagt. Es war eine äußerst knappe Kalkulation gewesen, denn 1791 benötigte er tatsächlich die Summe von 1400 Talern.[1] 1804 veranschlagte er für einen einigermaßen bequemen bürgerlichen Lebensstil in Weimar sogar 1900 Taler pro Jahr.[2]

*Schiller am Schreibpult*
*Hinterglassilhouette*

Während Goethe als Weimarer Staatsbeamter mit geringen Verpflichtungen schon ein Gehalt von 1800 Talern erhielt, mußte Schiller den größten Teil durch schriftstellerische Tätigkeit erwerben. Dieser Zwang war um so härter, als es noch kein Urheberrecht gab und

wilde Nachdrucke bei erfolgreichen Büchern gang und
gäbe waren. Man kann die Zahl solcher Raubdrucke sogar als einen ungefähren Maßstab für den Erfolg eines
Werks beim zeitgenössischen Publikum ansehen.

Trotz dieser Widrigkeiten gab es in den neunziger Jahren des 18. Jahrhunderts schon eine ganze Reihe von Autoren, die auf den kommerziellen Erfolg ihrer Arbeit angewiesen waren. Ob sie von ihm auch leben oder wenigstens einen Teil ihres Unterhalts bestreiten konnten,
hing überwiegend von ihrem publizistischen Geschick
ab. Nicht entscheidend war die literarische Qualität ihrer
Produktion: Schiller hatte zwischen dem *Don Carlos*,
der 1787 publiziert wurde, und dem *Wallenstein*, der im
Jahr 1800 erschien, keine bedeutenden Bühnenwerke
vorzuweisen. Und Herzog Friedrich Christian von Au-
gustenburg aus dem damals dänischen Schleswig-Hol-
stein sicherte ihm Ende 1791 zwar auf drei Jahre hinaus
eine Summe von jeweils 1000 Talern zu, aber danach war
er wieder auf seine Tätigkeit als Publizist angewiesen.

Zu dieser gehörten u. a. die *Horen*, eine Monatsschrift,
die ungewöhnlich hohe Honorare bot, weil sie von Anfang an darauf zielte, ein Forum für eine Elite zu schaffen und eine herausragende Stellung im zeitgenössischen
Literaturbetrieb zu erlangen. Diese Konzeption war
eine Idee Schillers, deren geschäftliche Umsetzung der
Tübinger Verleger Johann Friedrich Cotta (1764–1832)
übernahm. Und für dieses Unternehmen sollte Goethe
nun gewonnen werden.

Schiller hatte eine hohe Meinung von seinem älteren
und berühmteren Kollegen, aber es muß ihm schwerge-
fallen sein, persönlich an ihn heranzutreten. Er litt schon
darunter, daß ihm bei einem starken eigenen Selbstbewußtsein Goethe immer als ein überlegenes Talent erschien. Nach der Lektüre der *Iphigenie* räumte Schiller

ein, daß er »das Vergnügen, das sie mir gibt, mit der niederschlagenden Empfindung büßen [müsse], nie etwas
Ähnliches hervorbringen zu können.«[3] Dazu kam eine
ausgesprochene Abneigung gegen das persönliche Verhalten des Älteren. Die Aura der Unnahbarkeit, die
Goethe um sich verbreitete, war Schiller lästig, ja sie erbitterte ihn geradezu. Im Sommer 1788, als der Dichter
eben aus Italien nach Weimar zurückgekehrt war, schrieb
er: »Wenige Sterbliche haben mich so interessiert.«[4] Andererseits mußte er klagen: »[...] er ist an nichts zu fassen.«[5] Und er räsonierte weiter: »Ich glaube in der Tat,
er ist ein Egoist in ungewöhnlichem Grade. Er besitzt
das Talent, die Menschen zu fesseln und durch kleine sowohl als große Attentionen sich verbindlich zu machen;
aber sich selbst weiß er immer frei zu halten. Er macht
seine Existenz wohltätig kund, aber nur wie ein Gott
[...]. Mir ist er dadurch verhaßt, ob ich gleich seinen
Geist von ganzem Herzen liebe und groß von ihm
denke. Ich betrachte ihn wie eine stolze Prüde, der man
ein Kind machen muß, um sie vor der Welt zu demütigen. Eine ganz sonderbare Mischung von Haß und
Liebe ist es, die er in mir erweckt hat [...].«
    Aber das mit dem »Kind machen«, um Schiller beim
Wort zu nehmen, war nicht so einfach. In den nächsten
Jahren fand keine persönliche Annäherung zwischen
ihm und Goethe statt, obwohl er inzwischen seine anfangs gar nicht und später nur schlecht besoldete Professur im nahen Jena übernommen hatte. Zu diesem Amt
war er folgendermaßen gekommen: Charlotte von Lengefeld, seine Braut und künftige Frau, war mit Charlotte
von Stein befreundet, und die setzte sich dafür ein, Schiller zu seiner Heirat das zu verschaffen, was man damals
einen Charakter nannte: einen Titel. Da es in gesellschaftlicher Hinsicht als nachteilig galt, keinen zu besit-

zen, herrschte eine schreckliche Titelsucht, die in August von Kotzebues Komödie *Die deutschen Kleinstädter* von 1802 ausgiebig verspottet wurde.

Für Schillers Ernennung setzte sich auch Goethe ein, aber dabei handelte es sich nur um eine der kleineren »Attentionen«. Die deutschen Professoren hatten damals noch nicht den enormen Ruf, den sie sich im 19. Jahrhundert erwarben und erst im 20. wieder verloren. Als der Superintendent Herder an eine Universität gehen sollte, meinte Goethe, er sei für eine Professur zu schade.[6] Dabei wurde Herder als einem der Größen des deutschen Geisteslebens immerhin ein ungewöhnlich gut ausgestattetes Ordinariat in Göttingen angeboten, und Göttingen war zu dieser Zeit die bei weitem angesehenste deutsche Universität. Herder lehnte dennoch ab; als er sich mit diesem Ruf in Weimar einige Vergünstigungen ausgehandelt hatte, war die Angelegenheit erledigt.

Die Berufung des jungen Schiller war demgegenüber eine Kleinigkeit. Jena galt in diesen Jahren noch als provinziell, und die angebotene Professur war nur ein kümmerliches Extraordinariat. Es handelte sich im Grunde um eine Farce, weil Schiller zwar Geschichte lehren sollte, seine Kenntnisse in diesem Fach, seinen eigenen Angaben gemäß, jedoch ziemlich beschränkt waren. Er meinte: »Man hat mich hier übertölpelt. [...] Meine Idee war es fast immer, aber ich wollte wenigstens ein oder einige Jahre zu meiner bessern Vorbereitung noch verstreichen lassen. Eichhorns Abgang aber macht es gewissermaßen dringend, und auch für meinen Vorteil dringend.«[7] Er konnte das Angebot natürlich nicht ablehnen; dazu war er als freier Schriftsteller sonst zu ungesichert. Goethe, der sich vermittelnd einsetzte, nahm die ganze Angelegenheit sehr leicht: »Docendo discimus«, sagte er, im Lehren lernen wir, und die fehlenden Geschichtskenntnisse würden sich auf diese Weise schon noch einstellen.

Schiller befand sich gegenüber dem geadelten Geheimrat Goethe also in einer gesellschaftlich sehr untergeordneten Stellung. Nach einer ersten Einladung zur Mitarbeit an der neuen Zeitschrift, die sich weitgehend konventioneller Formen bediente und entsprechend beantwortet wurde, schaffte ein kurz vor Goethes 45. Geburtstag, dem 28. August 1794, verfaßtes Schreiben den Durchbruch. Dieser Brief Schillers enthielt eine äußerst schmeichelhafte Schilderung der Geistesverfassung seines Adressaten und wurde von diesem als sehr erfreuliches Geburtstagsgeschenk aufgenommen. Es war Schiller gelungen, einen Schwachpunkt in der geistigen Existenz seines Kollegen auf besonders geschickte Weise anzupacken: dessen Verhältnis zur Philosophie. Goethe war sehr darüber irritiert, daß diese in den geistigen Diskussionen der Zeit die Oberhand gewonnen hatte, er selbst jedoch nicht viel mit ihr anfangen konnte. Schiller griff dieses Problem in seinem Brief auf, und seine ingeniöse Lösung lautete, etwas vereinfacht formuliert: die Philosophie sei etwas für die anderen Leute, die gewöhnlichen Denker, Goethe jedoch brauche sie nicht, weil er über die Fähigkeit zu intuitiver Erkenntnis verfüge. Dabei handelte es sich um eine dicke Schmeichelei! Denn der Begriff der intuitiven Erkenntnis hatte damals nicht die Bedeutung, die man heute meist mit ihm verbindet: ein spontanes, aber nur sehr ungefähres Erfassen eines Sachverhalts. In der Terminologie der Leibniz-Wolffschen Schulphilosophie, die damals allen Gebildeten geläufig war, gab es eine Stufenfolge des Erkenntnisvermögens, die von einem unklaren über klares, bestimmtes und angemessenes Verstehen emporführte und

in einem »intuitiven« Verständnis gipfelte. Und weil
man darunter in der Regel ein Erfassen des Zusammenhangs aller Dinge untereinander, letztlich also der Ordnung des Alls, verstand, wurde sie meist als eine dem
Menschen gar nicht zugängliche Erkenntnisform betrachtet.

Doch Schiller kümmerte sich darum nicht und sparte
in seinem Brief auch sonst nicht mit hochgestochenen
Attributen zur Charakterisierung seines Adressaten,
etwa dem eines »siegenden, seinem Material überlegenen Genies«. Seine Absicht trat nach dem vielen Weih-
rauch am Schluß des Schreibens etwas prosaisch hervor:
»Es wäre nun doch gut, wenn man das neue Journal
bald in Gang bringen könnte, und da es Ihnen vielleicht
gefällt, gleich das erste Stück desselben zu eröffnen, so
nehme ich mir die Freiheit, bei Ihnen anzufragen, ob Sie
Ihren Roman nicht nach und nach darin erscheinen lassen wollen?«[8]

Mit dem Roman war der *Wilhelm Meister* gemeint,
den Goethe eben überarbeitete. Der Brief verfehlte seinen Zweck nicht ganz und stimmte den Empfänger gnädig. Die Beute, die Schiller anvisiert hatte, erhielt er
jedoch nicht. Denn über seinen Roman hatte Goethe
schon mit dem Berliner Verleger Unger einen Vertrag
geschlossen. Damit begann sich eine Konstellation abzuzeichnen, die für die nächsten Jahre typisch werden
sollte: solange Schiller die *Horen* herausgab, war er dazu
verurteilt, Goethe bei guter Laune zu halten, um ihm
Manuskripte abzugewinnen. Seine Briefe waren daher
voller Lobeserhebungen für fast alles, was dieser tat.
Und Goethe, und das ist vielleicht am interessantesten,
nahm dieses Lob nahezu begierig und immer dankbar
an. Nach den vielen Mißerfolgen, die er seit Beginn der
neunziger Jahre erlitten hatte, war er für den ständigen

Zuspruch äußerst empfänglich und dankte seinem Briefpartner wiederholt für das Lob, das dieser in reichlichen
Portionen erteilte.

Schiller hütete sich, von diesem Usus abzuweichen.
Aber ein kleines Mißgeschick konnte ihm schon einmal
unterlaufen. Als Goethe im Jahr 1797 zum dritten Mal
in die Schweiz fuhr, waren die Briefe zwischen ihm und
Schiller so lange unterwegs, daß beide jeweils auf das
vorletzte Schreiben des anderen, manchmal sogar auf ein
noch früheres antworteten. Schiller reagierte mit seinem
Brief vom 7./8. September 1797 also nicht auf den chro-
nologisch vorangegangenen, den vom 30. August, sondern auf die beiden früheren vom 16./17. und 22. August
1797, von denen sich der erste stark verspätet hatte. Er
enthielt einige Gedanken über die Auswahl der Themen
und Motive der Kunst; dabei war nach Goethes damali-
ger Auffassung vor allem zu beachten, daß schon das Sujet kunstgemäß sein mußte. Schiller dachte anders und
erwiderte am 7./8. September zunächst, daß ihm die
Wahl des Gegenstands nicht entscheidend schien: »[...]
das Gemeine oder Geistreiche kann ich auch hier wie
überall nur in der Behandlung, nicht in der Art des Stoffes finden.«⁹ Doch dann erreichte ihn Goethes Schreiben
vom 30. August, das kategorisch festhielt, daß »die Miß-
griffe im Gegenstand« das Grundübel der zeitgenössischen Kunst seien. Schiller konnte nicht wissen, daß sein
älterer Kollege früher ebenso gedacht hatte wie er selbst,
daß die neue Kunsttheorie, die er in Italien konzipiert
hatte, der Wahl des richtigen Sujets aber eine wesentliche
Rolle zuwies.¹⁰ Er ersah aus dem späteren Brief nur, daß
er peinlicherweise direkt gegen einen Gedanken Stellung
genommen hatte, der Goethe sehr wichtig schien, und
er schränkte im nächsten Schreiben vom 14./15. September seine vorigen Äußerungen daher stark ein. Schiller

suchte einen möglichen Affront insbesondere durch die
Bemerkung zu mildern, daß es jedenfalls »vortrefflich«
sein würde, wenn Goethe einmal seine Gedanken über
die Wahl künstlerischer Gegenstände äußere. Dann fügte er, um sein Mißgeschick gleichsam ganz abzubüßen,
noch ein paar kräftige Schmeicheleien hinzu: »Der reiche
Wechsel Ihrer Phantasie erstaunt und entzückt mich,
und wenn ich Ihnen auch nicht folgen kann, so ist es
schon ein Genuß und Gewinn für mich, Ihnen nachzuse-
hen.«[11]

Goethe überhörte die Einwände ebenso geflissentlich
wie die späteren Korrekturen. Er suchte keine Diskussion, sondern Bestätigung, und Schiller mußte sie ihm als
Herausgeber der *Horen* immer wieder zukommen lassen.
Er hatte am 30. August 1797, also kurz vor dem angeführten Mißgeschick, geschrieben: »Denken Sie doch zuweilen an die ›Horen‹ [...] Das Bedürfnis ist groß [...].«[12]

Trotz des ständigen Zuspruchs stand es um Goethes
Beiträge für diese Zeitschrift aber nicht besonders gut.
Zu den *Unterhaltungen deutscher Ausgewanderten*, die
im ersten Band erschienen, bemerkte Charlotte von
Stein: »Dem Goethe scheint's gar nicht mehr ernst ums
Schreiben zu sein [...].« Anders konnte sie es sich nicht
erklären, daß er sie »gut genug zum Inhalt eines so respektablen Journals« fand.[13] Doch es kam noch schlimmer. Als diese *Unterhaltungen* abgeschlossen waren, begann der Dichter die Autobiographie des Bildhauers
Benvenuto Cellini aus dem Italienischen zu übersetzen
und sie in Bruchstücken in die *Horen* einzurücken. Dies
war für ein monatliches Organ, das ein größeres Publikum erreichen sollte und auf eine gewisse Aktualität bedacht sein mußte, ein denkbar ungünstiges Unternehmen, und Schiller klagte später selbst darüber, daß es
dem Absatz der Zeitschrift geschadet habe.[14]

Goethes Verhalten war aber nicht, wie Charlotte von Stein vermutete, auf ein nachlassendes Interesse an der Literatur zurückzuführen. Es entsprach vielmehr seinen Auffassungen über den materiellen Aspekt des Schreibens, über das Geld, das sich damit verdienen ließ. Seit der *Stella*, für die er im Jahr 1775 nur 20 Taler Honorar erhalten hatte, waren in diesem Bereich große Veränderungen vorgegangen. Die 2000 Taler, die er für die acht Bände seiner *Schriften* bei Göschen bekam, waren tatsächlich das Hundertfache der Summe von ehedem und doch noch nicht viel, wenn man bedachte, daß die Ausgabe einige seiner Hauptwerke enthielt. Der Zuwachs war indessen gewaltig und ein Zeichen für grundlegende Veränderungen: die Belletristik expandierte in dieser Zeit enorm und wurde zur Massenware und zum Verkaufsartikel.

Es gab in den neunziger Jahren schon Vielschreiber, ja regelrechte Fabrikanten von eingängiger Literatur, von Ritter-, Räuber- und Schauerromanen. Ein gewisser Friedrich Eberhard Rambach (1767–1826), der von Beruf Gymnasiallehrer in Berlin war und später eine Professur an der estnischen Universität Dorpat erhielt, verfaßte nicht nur selbst derartige Popularromane, sondern ließ sie von einem besonders gelehrigen und schreibbegabten Schüler teilweise in Kommission anfertigen. Dabei handelte es sich um Ludwig Tieck (1773–1853), der später als der erste Dichter der deutschen Romantik im engeren Sinn des Worts hervortrat.

Diese Kommerzialisierung brachte das bisherige Wertgefüge der Literatur ins Wanken. Bis in Goethes Jugendjahre hinein hatte man nie um des Geldes, sondern allein der öffentlichen Anerkennung wegen geschrieben. In dem Schauspiel *Torquato Tasso* tauchen die alten Wertmaßstäbe auf: als Lohn tritt hier nur der »Ruhm« auf, der dem Dichter und seinem fürstlichen Mäzen zu-

kommt.[15] Dieses immaterielle Entgelt hatte den literarischen Bereich ziemlich bruchlos auf die Förderung
bedeutender Werke ausgerichtet. Denn nur mit hoher
Literatur konnte man Ruhm erlangen. Mit der raschen
Expansion des Buchmarkts etablierte sich ein neuer
Wertmaßstab: der Verkaufserfolg, der in keiner Weise
dem literarischen Rang entsprechen mußte. Der Herstel-
ler von eingängiger Dutzendware konnte ebenso viel
oder mehr verdienen als ein großer Dichter. Das Schicksal der Werkausgabe Goethes bei Göschen war hierfür
schon symptomatisch gewesen, und die Kommerzialisierung stellte daher für diesen ebenso wie für Schiller ein
gravierendes Problem dar.

Schiller hatte in den Jahren 1787–89 an einem populären Roman, seinem *Geisterseher*, gearbeitet, ihn aber
nicht abgeschlossen. Dabei mochten prinzipielle Überlegungen eine Rolle gespielt haben. Gottfried August
Bürger sah sich in einer Rezension Schillers aus dem
Jahr 1791 jedenfalls auf eine sehr unangenehme Weise
mit dessen Prinzipien konfrontiert. Schillers Kritik stellte eine radikale Verurteilung auf Grund von Prinzipien
dar, die den Qualitäten von Bürgers Lyrik größtenteils
nicht gerecht wurde. Schiller warf Bürger wegen des von
ihm vertretenen Ideals einer volksnahen Literatur An-
biederung und Niveaulosigkeit vor; dessen literarische
Leistungen verschwanden dahinter weitgehend. Denn
Schillers kategorisches Verdikt lautete, daß sich der
Schriftsteller nicht dem Volk anzupassen, sondern dieses
zu sich emporzuheben habe. Seine Rezension schadete
Bürgers Ruf nachhaltig und dauerhaft; selbst Goethes
Lob – »[...] was haben Bürger und Voß nicht für Lieder
gedichtet!«[16] – half da nicht viel.

Im Mittelpunkt der Kritik Schillers war eigentlich das
gestanden, was man in späterer Zeit Trivialliteratur

nannte. Aber seine Polemik hatte einen Falschen getroffen, denn Bürgers Werke waren nicht trivial. Außerdem stellte die Maxime, daß der Schriftsteller das Volk zu sich emporzuheben und auf diese Weise zu dessen Bildung beitragen solle, später zwar eine der Grundlagen für den Literaturunterricht in der Schule dar,[17] doch auf dem literarischen Markt wirkten andere Gesetze. Wenn man dem Volk nicht wenigstens etwas entgegenkam, wurde man gar nicht erst gelesen; dies war das Dilemma, in das Goethe mit den schwierigen Werken in der Göschen-Ausgabe seiner *Schriften* geraten war.

In seinem *Wilhelm Meister* äußert eine Nebenfigur daher: »Es läßt sich nicht leicht denken und übersehen, was die Umstände für die Künstler thun müssen [...]. Wenn [...] [diese] wenig für ihn thun, wenn er bemerkt, daß die Welt sehr leicht zu befriedigen ist und selbst nur einen leichten, gefälligen, behaglichen Schein begehrt, so wäre es zu verwundern, wenn nicht Bequemlichkeit und Eigenliebe ihn bei dem Mittelmäßigen fest hielten; es wäre seltsam, wenn er nicht lieber für Modewaaren Geld und Lob eintauschen, als den rechten Weg wählen sollte, der ihn mehr oder weniger zu einem kümmerlichen Märtyrerthum führt.«[18] Die Konsequenzen, die Goethe hier aus der frühen Kommerzialisierung der Literatur zog, erstaunen durch ihre Radikalität: der Künstler, der unbeirrt nach der Verwirklichung des Schönen strebt, wird zum »kümmerlichen Märtyrer«, während der größte Teil der Autoren vernünftigerweise zur Produktion leichter Konsumware übergeht.

Diese Prognose sollte sich im weiteren allerdings nicht oder wenigstens nur in sehr eingeschränkter Weise bewahrheiten. Ein Teil der Autoren ging zwar zur Anfertigung ›leichterer‹ Kost über, aber der ganze Literaturbetrieb wurde doch nicht so sehr von der Kommerzialisie rung aufgesogen, wie es Goethe in den Jahren 1794/95 vorausgesagt hatte. Er konstituierte sich vielmehr als gesellschaftliches Subsystem oder Institution mit eigenem Regelkodex und einem Wertekanon, der eine bloße Marktorientierung verhinderte. In der Praxis hieß das: ein Schriftsteller, der in der Literatur zu Ansehen gelangen wollte, durfte nicht nur auf den Verkaufs- und Publikumserfolg sehen. Er mußte sich zuvor an den Normen des literarischen Systems orientieren, er mußte das Kunsturteil antizipieren oder zu antizipieren suchen, das über das von ihm geschriebene Werk gefällt werden würde. Der Übergang zu bloßer Konsumware wurde also deshalb verhindert, weil er mit einer Minderbewertung des betreffenden Autors im gesellschaftlichen Subsystem der Literatur verbunden war.

Diese Entwicklung war 1794/95 aber nicht absehbar; die Kommerzialisierung war damals ein neues Phänomen und löste zwiespältige Reaktionen aus. Goethe forderte Schiller gegenüber einerseits, daß »wir uns bloß großer und würdiger Kunstwerke befleißigen«.[19] Andererseits hatte er den materiellen Aspekt der Schriftstellerei entdeckt und wollte auf schnelle Honorare um so weniger verzichten, als sein neuer Lebensstil und sein großer Hausstand eine Menge Geld erforderten. Er führte daher auch Arbeiten aus, die ihn selbst nicht überzeugten. Zu seinem »Zweiten Teil der Zauberflöte« hieß es im Jahr 1799 an Schiller: »Im Grunde ist schon so viel geschehen daß es thörig wäre die Arbeit liegen zu lassen, und wäre es auch nur um des leidigen Vortheils willen [...]«.[20] Mit dem »leidigen Vortheil« war natürlich das finanzielle Resultat gemeint, und Schiller, der nicht naiv und auf die Erträge seiner Arbeit noch dringender angewiesen war, antwortete ziemlich zweideutig zurück: »Die Hauptsache ist zwar freilich immer das Geld, aber

nur für den Realisten von der strikten Observanz.«[21] Er
hütete sich, hier anzudeuten, daß er Goethe, wie er zwei
Jahre früher, 1796, an Wilhelm von Humboldt geschrieben hatte, für »einen ganz verhärteten Realisten« hielt.

Zu Schillers Unglück bestimmte der ökonomische
Aspekt aber auch Goethes literarische Tätigkeit für die
*Horen*. Sein Honorar war zwar doppelt so hoch wie das
anderer Mitarbeiter,[22] aber der Dichter war sich seines
Rangs bewußt. Er war sich darüber im klaren, daß das
Journal mit seinem guten Namen renommieren wollte,
und hatte keinerlei Skrupel, sich dafür bezahlen zu lassen. Er sah sich zu keinen Wohltaten verpflichtet, und
dachte gar nicht daran, mit seinen gut verkäuflichen Arbeiten den Absatz der *Horen* zu fördern. Wenn er ein
Werk hatte, das Erfolg versprach, wandte er sich stets an
einen Verleger, der ihm mehr dafür bieten konnte. Und
er erzielte in diesen Jahren auch die ersten wirklich ein-
träglichen Buchhonorare. 1797 erhielt er für das kleine
Hexameter-Epos *Hermann und Dorothea* von dem Verleger Vieweg 1000 Taler. Angesichts des verhältnismäßig
geringen Umfangs des Werks handelte es sich um eine
Art Rekordsumme, und Caroline von Humboldt, die
Frau Wilhelm von Humboldts, schrieb: »Das Honorar
für den Hermann ist ungeheuer.«[23]

Interessanterweise schlug Goethe bei diesem Versepos
einen Weg ein, den Schiller in seiner Bürger-Rezension
streng getadelt hatte. Er paßte sich dem Geschmack der
Zeit an und verband einen maßvollen Kunstgebrauch
und eine populäre Thematik auf eine Weise miteinander,
die nach seinen eigenen Maßstäben kein bedeutendes
Kunstwerk im strengen Sinn des Worts ergeben konnte.
Und er spottete dann, er habe »den Deutschen einmal ihren Willen gethan und nun sind sie äußerst zufrieden«.[24]
Er schätzte das Werk andererseits aber, weil ihm damit

einmal ein Publikumserfolg gelang, wie ihn sonst zu seinem Verdruß nur andere erzielten. Doch daran war Goethe selbst nicht unschuldig. Über den Mißerfolg seiner großen Werke in der Göschen-Ausgabe zutiefst verärgert, begann er die Schriftstellerei teilweise auf eine Weise zu betreiben, die auf die Ausbeutung gewisser Marktmechanismen hinauslief. An Schiller schrieb er: »Ich kenne das Possenspiel des deutschen Autorwesens schon zwanzig Jahre in und auswendig; es muß nur *fortgespielt* werden [...]«.[25] Er entwickelte gegen das Publikum, das seine bedeutenden Arbeiten so schnöde verkannte, eine ausgesprochene Verachtung. In einem zeitgenössischen Zeugnis hieß es: »Solange seine Schriften vom Buchhändler tüchtig bezahlt werden, weil sie Abgang finden, ist ihm alles einerlei [...]. Vor dem Dinge, das man das Publikum nennt, hat er eine souveräne Verachtung. [...] Man muß jung vor dem Publikum auftreten, sagt er, und alsdann oft erscheinen. Dieses Tier denkt, wer viel gibt, muß viel haben, und wer oft bringt, muß reich sein. Und hat man es nur erst dahin gebracht, daß man Bewunderer findet, so wird es auch nicht lange an unbedingt Ergebenen fehlen, welchen alles vortrefflich ist, was den Namen des Bewunderten an der Stirn trägt [...]«.[26] Diese Maximen trugen nicht dazu bei, Goethes Verhältnis zur Öffentlichkeit zu verbessern. Denn im Gegensatz zu späteren Literaturhistorikern, die sich mühten, noch aus dem kleinsten, dem Publikum in souveräner Verachtung hingeworfenen Fitzelchen das vermeintliche Genie herauszupräparieren, wunderten sich die Zeitgenossen meist nur darüber, was ihnen der große Dichter alles präsentierte. Schon anläßlich der *Venezianischen Epigramme* hatte Wilhelm von Humboldt bemerkt: »In Rücksicht auf Goethe werde ich auch oft gefragt, warum er soviel teils Schlechtes, teils Unvollendetes ins Publikum gibt.«[27]

Die *Horen* hatten von Anfang an unter dem unglücklichen Zerwürfnis Goethes mit der Leserschaft zu leiden. Schon im ersten Jahrgang, 1795, kam es zu Schwierigkeiten, weil die mit Neugier aufgenommene Zeitschrift nicht das Niveau erreichte, das Schiller – mit der Aufnahme des *Wilhelm Meister!* – ursprünglich angestrebt hatte und das sich das Publikum auf Grund der großen Namen erhoffte. Doch Schiller wollte seine Absicht, eine führende Rolle im zeitgenössischen Literaturbetrieb zu erlangen, auch dann noch durchsetzen, als die *Horen* von ihrem Inhalt her diesen Anspruch kaum noch einlösen konnte.

Man versuchte den Absatz der Zeitschrift von Anfang an mit allen Mitteln zu fördern. Auch dadurch, daß man eine Rezension bei der *Allgemeinen Literatur-Zeitung* in Jena bestellte. Die Jenaer Universität erlebte im Lauf der neunziger Jahre einen rapiden Aufschwung. Sie wurde zu einer Hochburg der neuen, kantischen Philosophie. Nach dem Kantianer Karl Leonhard Reinhold (1758–1823) und dem noch viel berühmteren Kant-Schüler Johann Gottlieb Fichte (1762–1814) wurde auch der junge Schelling dorthin berufen. Und die *Allgemeine Literatur-Zeitung* war das publizistische Forum und Wahrzeichen dieses Aufschwungs.

Daß man darin eine Zeitschrift rezensierte, entsprach durchaus den üblichen Gepflogenheiten. Aber die Besprechung der *Horen* konnte schwerlich als neutral und unparteiisch gelten. Es gab einmal schon die Regelung, daß die Jenaer Professoren einander nicht öffentlich kritisieren durften. Sie war aufgrund ihrer großen Streitsucht und des schlechten Eindrucks, den diese in der Öffentlichkeit hinterließ, nicht grundlos erlassen worden, und Christian Gottfried Schütz (1747–1832), der Herausgeber der ALZ, hatte ebenso wie Schiller eine Profes-

sur in Jena inne. Diese Regelung war jedoch verhältnismäßig sekundär gegenüber der Tatsache, daß man es sich
in dem kleinen Sachsen-Weimar nicht leisten konnte,
eine so einflußreiche Persönlichkeit wie Goethe mit ungünstigen Kritiken zu bedenken. Daher stand von vornherein fest, daß für die *Horen* nur eine eindeutig lo-
bende Rezension in Frage kam. Und der Lobredner, es
war August Wilhelm Schlegel, zeigte einiges Geschick
und legte mit einem Artikel, der die Länge einer Abhandlung erreichte, einen Grundstein zu einem bald beträchtlichen Ruf als Literaturkritiker.

Da diese Rezension den Absatz der *Horen* aber nicht
wesentlich erhöhte, griff man zur Polemik. Wer den Anstoß zu den *Xenien* gab, die Ende 1796 erschienen, ist
schwer auszumachen. Die erste Andeutung, die sich auf
sie bezog, findet sich in einem Brief Goethes,[28] der allerdings verfaßt wurde, als dieser nach einem einmonatigen
Aufenthalt in Jena wieder nach Weimar zurückkehrte.
Und es ist wohl möglich, daß in dieser Zeit schon Vor-
schläge zu einer gemeinsamen Polemik aufgetaucht waren, und zwar auf Schillers Initiative hin. Dieser reagierte auf Goethes Andeutungen jedenfalls gleich mit
dem Vorschlag, doch einen »kritischen Fechtplatz in den
*Horen* zu eröffnen«.[29] Schiller mußte ein starkes Interesse daran haben, mit seinem älteren und berühmteren
Kollegen gemeinsam aufzutreten, weil er sich durch sein
elitäres und teilweise, wie etwa Bürger gegenüber, auch
sehr polemisches Verhalten schon eine ganze Reihe von
»heftigen und zahlreichen Feinden« geschaffen hatte.[30]
So gestand er selbst es in einer Antwort auf ein Schreiben Goethes ein, in dem dieser seinen ganzen Unmut
über den damaligen Literaturbetrieb geäußert und mit
den Worten geschlossen hatte, er habe nun »große Lust
[...] drein zu fahren und [...] zu züchtigen«.[31] Nach die-

ser vermeintlich eindeutigen Willensäußerung versäumte es Schiller nicht, für den ersten Band des zweiten Jahrgangs der *Horen* den Vorschlag zu unterbreiten: »Vielleicht haben Sie auch Lust, in diesem Stück den Krieg zu eröffnen?«[32] Aber Goethe reagierte wiederum nicht, ebenso wenig wie auf den früheren Vorschlag Schillers zur Eröffnung eines »kritischen Fechtplatzes«.

Das Problem war psychologisch bedingt: der Schriftsteller verspürte einerseits zwar Lust, »drein zu fahren und [...] zu züchtigen«, doch scheute er, anders als in den Jahren 1772–75, literarische Händel und Polemiken mittlerweile, und daher konnte er sich nicht entschließen. Goethe gehörte von seiner ganzen Veranlagung her zu den unentschlossenen Naturen[33] und war in der Lage, zweifelhafte Dinge, je nach ihrer Art und Wichtigkeit, über Tage, Wochen, Monate oder Jahre vor sich herzuschieben. Schiller mußte infolgedessen warten, bis sein Kollege eine Form gefunden hatte, in der ihm eine kritische Auseinandersetzung akzeptabel schien. Dies war das aus der Antike stammende Distichon, ein elegischer oder epigrammatischer Zweizeiler. Die Kritik sollte also in eine Kunstform gebracht werden; sie sollte, wie Goethe an Schiller schrieb, »ein kurzes Gericht«[34] werden, bei dem man sich hinter der »Form der Ironie«[35] verstecken konnte. Diese Intentionen führten wohl auch zu dem Titel *Xenien:* ›Gastgeschenke‹.

Doch das Ergebnis fiel alles andere als heiter-satirisch aus. Schillers polemischer Geist sah in den *Xenien* eine Gelegenheit, »eine kleine Hasenjagd in unserer Literatur anzustellen«.[36] Und er verfaßte gut die Hälfte der Zweizeiler, die schärferen zumeist, und hatte maßgeblichen Einfluß auf die Art und Weise ihrer Publikation. Denn diese erfolgte in dem *Musenalmanach*, den er jährlich herausgab und der wie die *Horen* zu seinen publizisti-

schen Einnahmequellen gehörte. Musenalmanache – ursprünglich Taschenkalender, die Gedichte enthielten –
waren damals sehr beliebt und galten als um so sicherere
Einnahmequelle, als üblicherweise nur die Bemühungen
des Herausgebers, nicht aber die Beiträge der einzelnen
Verfasser entlohnt wurden. Einer der ersten, der sich eine
Ausnahme von dieser Gepflogenheit erstritt, war bezeichnenderweise der stets geldbedürftige Goethe; er ließ
sich seine Beiträge zu Schillers Almanachen honorieren.

Der *Musenalmanach*, der im Herbst 1796 erschien
und die *Xenien* enthielt, wurde von Schiller nicht mit
Milde redigiert. Seine einfache Überlegung lautete: je
polemischer, desto verkaufsträchtiger. Sie erwies sich im
übrigen als richtig: dieser Jahrgang fand einen so reißen-
den Absatz, daß Schiller bald eine zusätzliche Auflage
drucken ließ. Aber er verursachte auch einen riesigen
Skandal. Denn das »kurze Gericht«, an das Goethe gedacht hatte, war mittlerweile zu einem Rundumschlag
gegen den gesamten zeitgenössischen Literaturbetrieb
geworden. Die Fahrt der Buchhändler zur Messe wurde
etwa mit folgendem Xenion (Nr. 245) verspottet:

> Wie sie knallen, die Peitschen! Hilf Himmel!
>                 Journale! Kalender!
> Wagen an Wagen! Wie viel Staub und wie wenig
>                 Gepäck![37]

Das besonders Aufreizende an solchen Äußerungen
war, daß Schiller und Goethe doch ebenfalls zu der hier
beklagten Publikationsflut beitrugen. Und da die *Horen*
nie das Niveau erreichten, das man ursprünglich angestrebt hatte, war nicht einmal sicher, ob nicht auch
dort eine gewisse Menge Staub transportiert wurde. So
entstand der Eindruck, als ob sich Goethe und Schiller
auf dem Buchmarkt exklusive Sonderrechte einräumen

wollten, und damit waren die Zeitgenossen keinesfalls einverstanden. Noch vor Ablauf des Jahres 1796 erschienen *Gegengeschenke an die Sudelköche in Jena und Weimar von einigen dankbaren Gästen* und andere Erwiderungen auf die *Xenien*. Es kam ein regelrechter Literaturkrieg in Gang, zu dem Charlotte von Stein bemerkte: »Herzog und Herzogin und so wir alle finden's nicht unrecht, daß man den zwei Herren, welche glaubten, allein auf dem Parnaß zu befehlen, in ihrer Manier geantwortet.«[38]

Da die Zeitgenossen nicht daran dachten, sich dem literarischen Führungsanspruch Schillers und Goethes zu unterwerfen, entstand eine Auseinandersetzung, die die Atmosphäre des damaligen Literaturbetriebs nachhaltig beeinflußte. August Wilhelm Schlegel schrieb im Februar 1797 an den Verleger Göschen: »Überhaupt ist unsre Literatur durch die Xenien so kriegerisch geworden, daß es für einen so friedlich gesinnten Menschen, wie ich es bin, recht schwer wird [...]«.[39] Er sollte freilich nicht lange an diesem Problem laborieren. Schon zwei Jahre später gehörte er selbst zu den größten Polemikern und fiel in der mit seinem Bruder Friedrich Schlegel (1772–1829) her ausgegebenen Zeitschrift *Athenäum* mit äußerster Grobheit über den alten Wieland her.

Eine so scharfe Polemik war damals etwas Neues. Zu ersten heftigen Streitigkeiten war es zwar über die Politik, die Französische Revolution, gekommen; doch sonst hatte man gegenseitige Kritik meist nur zurückhaltend und in sehr gelinder Form geäußert.[40] Man hatte freilich aber auch nicht des Geldes wegen geschrieben! Es verhielt sich tatsächlich so, daß in dem Moment, in dem der finanzielle Ertrag zu einem wesentlichen Faktor des Literaturbetriebs wurde, die bisherige Toleranz vorüber war. In diesem Augenblick begann der Krieg um Honorare, um Einfluß und um publizistische Macht, und es ist ein Faktum, daß ihn Schiller und Goethe mit ihren *Xenien* vom Zaun brachen.

Trotz oder eben wegen dieser Polemik, die ihren Urhebern keine Freunde schuf, gingen die *Horen* mit dem Ende des Jahrgangs 1797 ein. Der letzte Band erschien nur noch mit mehreren Monaten Verspätung im Frühjahr 1798. Es gab inzwischen Probleme, überhaupt genügend druckfähige Manuskripte zu erhalten. Schiller fand es im Rückblick »merkwürdig, daß wir es nicht einmal durch den Reiz eines ungewöhnlich hohen Honorars haben dahin bringen können, gewisse Bäche in unser Journal zu leiten, die in andern Journalen um das halbe Geld so ergiebig fließen«.⁴¹ Er hatte für die *Horen* ursprünglich an große Namen gedacht: neben Goethe an Herder und Fichte. Da diese jedoch kaum etwas beitrugen, begann man seine Hoffnungen auf jüngere Leute zu setzen. Im Juni 1796 kam mit Jean Paul (1763–1825) ein wirklich hoffnungsvoller junger Schriftsteller nach Weimar. Sein *Hesperus* (1795) war das literarische Erfolgsbuch dieser Jahre und stand in der Gunst des Publikums weit vor dem *Wilhelm Meister*. Goethe urteilte damals optimistisch: »Es ist ein sehr guter und vorzüglicher Mensch [...] ich müßte mich sehr irren, wenn er nicht noch könnte zu den unsrigen gerechnet werden.«⁴² Er irrte sich sehr. Jean Paul blieb unabhängig, obwohl er sich im Winter 1798 für einige Zeit in Weimar niederließ, und erwies sich überdies als ausgesprochen respektlos. Ihm gefiel die Art, wie Goethe auf dem Weimarer Theater das tragische Fach behandeln ließ, nicht; er fand sie wohl zu statisch und zu starr, und er hatte die Stirn, diesem Dinge darüber ins Gesicht zu sagen, über die »er empfindlich ¼ Stunde den Teller drehte«⁴³.

Aber auch mit weniger unbotmäßigen, ja respektvollen jungen Leuten kam man nicht zurecht. Friedrich Hölderlin (1770–1843) war anfangs ein Protegé Schillers; dieser hatte ihm 1793 bei Charlotte von Kalb (1761–1843) eine Anstellung als Hofmeister vermittelt. Die Gedichte Hölderlins wollten Schiller allerdings etwas an seine eigenen erinnern und er gestand, sie nicht richtig beurteilen zu können. Er schickte daher zwei von ihnen, *An den Äther* und *Der Wanderer*, an Goethe. Aber dessen Urteile über Zeitgenossen und vor allem über junge Schriftsteller, die noch keine Erfolge vorzuweisen hatten, waren oft eine merkwürdige Sache. In diesem Fall befand er: »in beyden Gedichten sind gute Ingredienzien zu einem Dichter, die aber allein keinen Dichter machen.«[44] Ein herablassenderes Urteil läßt sich kaum denken, und Schiller ließ im folgenden zwar beide Gedichte abdrucken, ein engeres Verhältnis wollte aber nicht zustande kommen. Am 23. August 1797 schrieb Goethe aus Frankfurt an Schiller: »Gestern ist auch Hölterlein bey mir gewesen, er sieht etwas gedrückt und kränklich aus, aber er ist wirklich liebenswürdig und mit Bescheidenheit, ja mit Ängstlichkeit offen.«[45] Bereits die verfälschende Umdeutung des Namens scheint dafür kennzeichnend, wie wenig er sich einen Begriff von seinem Gegenüber, einem der großen Lyriker der Epoche, machen konnte.

Da weder Schiller noch Goethe ein besonderes Talent im Umgang mit begabten jungen Leuten zu haben schienen, wollte nicht jener Kreis von Mitarbeitern und Autoren entstehen, der für ein längeres Gedeihen ihrer Zeitschrift nötig gewesen wäre. Und die unmittelbare Wirkung ihres Unternehmens auf die zeitgenössische Literatur blieb, wenn man einmal davon absieht, daß die *Xenien* deren Atmosphäre nachhaltig vergifteten, eher gering.

Der persönliche Ertrag des Bundes mit Schiller war für Goethe dennoch bedeutend. Er kam endlich aus der totalen Isolation heraus, in die er sich seit seiner Rückkehr aus Italien selbst hineinmanövriert hatte und in der ihm zuletzt nur noch Christiane Vulpius und sein Kunst-Meyer als persönliche Vertraute verblieben waren. Schiller, dem ursprünglich daran lag, bei seinen ehrgeizigen publizistischen Unternehmungen mit Goethe als Mitstreiter zu glänzen, wurde in diesen Jahren zu einer der wichtigsten Bezugspersonen seines älteren Kollegen. Er verhalf ihm auch dazu, aus der starren und verstockt wirkenden Haltung herauszukommen, die er in Weimar meist einnahm. Es gibt eine humoristisch anmutende Beschreibung, wie Goethe sich wandelte, wenn er Schiller in Jena besuchte: »Gewöhnlich tritt er schweigend herein, setzt sich nieder, stützt den Kopf auf, nimmt auch wohl ein Buch oder einen Bleistift und Tusche und zeichnet. Diese stille Szene unterbricht etwa der wilde Junge [Schillers Sohn Karl] [...], der Goethen mit der Peitsche ins Gesicht schlägt, dann springt dieser auf, zaust und schüttelt das Kind, schwört, daß er ihn einmal wurzeln oder mit seinem Kopf Kegel schieben müsse, und ist nun, ohne zu wissen wie, in Bewegung gekommen. [...] Auf alle Fälle taut er beim Tee auf, wo er eine Zitrone und ein Glas Arrak bekömmt und sich Punsch macht.«[46] Zuletzt wurde das gängigste Mittel zur Ablegung des starren Amtshabitus genannt: nach dem Genuß des einen oder anderen Glases taute Goethe meist auf. Das humoristische Beispiel soll nicht darüber hinwegtäuschen, daß der Bund den Schriftsteller tatsächlich aus einer lang dauernden Isolation herausführte. Und als Schiller nicht mehr Herausgeber der *Horen* war, sondern, beginnend mit dem *Wallenstein*, wieder erfolgreich auf dem Theater hervortrat, bekam die Verbindung neue

Züge. Der Jüngere mußte nun nicht mehr den ständigen Lobredner des Älteren und Berühmteren abgeben, er konnte weniger formell mit ihm umgehen, wenn es bekanntlich auch nie bis zu einer Duz-Freundschaft kam.

Zu den Begleiterscheinungen des Bundes gehörte es, daß Goethe sich seit der Mitte der neunziger Jahre immer öfter in Jena aufhielt. Er hatte dort zwar auch dienstlich zu tun, aber seine Besuche dehnten sich weit länger aus, als es seine nicht sehr umfangreichen Amtspflichten erfordert hätten. Und sie häuften sich so sehr, daß sich Charlotte von Stein zu wundern begann: »Ich begreife nicht, daß sich Goethe in das Schloß in Jena stecken kann, da er hier in eignen Gärten wohnt [...].«[47] Süffisant-erklärend setzte sie hinzu: »sein hiesiges häusliches Verhältnis muß ihn ganz abpoetisieren.« Es gehört zu den Merkwürdigkeiten in Goethes Leben, daß seine späteren literarischen Arbeiten und insbesondere seine großen Werke meist nicht in seinem Weimarer Wohnhaus, sondern an anderen Orten, zum Beispiel in Jena, entstanden. Die Ursache dafür scheint aber weniger, wie Charlotte von Stein süffisant vermutete, die Verbindung zu Christiane Vulpius als vielmehr der Sohn August gewesen zu sein. Dieser wurde offenbar sehr liberal erzogen, mit der Folge, daß sich der empfindliche Schriftsteller bei seiner Arbeit gestört fühlte. Dieses häusliche Verhältnis führte nach einigen Jahren dazu, daß der Vater den Sohn mitsamt seinem Hofmeister in eine Wohnung im Nebenhaus einquartieren ließ. Ein anderes Hilfsmittel scheint der Ausweg nach Jena gewesen zu sein. Und als Goethe einmal den Eindruck gewonnen hatte, daß seine literarische Produktion dort besser vorangehen wollte als zu Hause – dies war schon bei der Überarbeitung des *Wilhelm Meister* der Fall –, wurde ihm der dortige Aufenthalt zur Gewohnheit. Anfangs des Jahres

1798 schrieb er aus Weimar: »Ich bin nun einmal an diese Ausflucht so gewöhnt, daß ich nicht lange hier seyn kann ohne mich darnach zu sehnen.«[48]

Solcher »Ausflüchte« unerachtet, gab es zwei gravierende Probleme: nach wie vor mangelnde Produktivität und anhaltende Mißerfolge. Nach dem Ende des Balladenjahrs 1797 versicherte Goethe seinem jüngeren Kollegen Schiller zwar mit Freude: »Sie haben mir eine zweyte Jugend verschafft und mich wieder zum Dichter gemacht, welches zu seyn ich so gut als aufgehört hatte.«[49] Er war damals optimistisch, da er eine ganze Reihe von Plänen zu Werken in antikisierender Form hegte, mit denen er die in Italien konzipierte Kunsttheorie nun auch in die Praxis umsetzen wollte.

Deren Realisierung wollte jedoch nicht vorankommen, und der Äußerung über eine zweite Jugend als Dichter standen bald wieder solche gegenüber, die die Fortdauer der seit dem Jahr 1790 bestehenden Schaffenskrise festhielten. Bereits im Februar 1798 hoben in den Briefen an Schiller erneut Klagen darüber an, »von aller Production gleichsam abgeschnitten« zu sein.[50] Diese Klagen wiederholten sich in den nächsten Jahren immer wieder. Am 15. Juli 1798 hieß es an Schiller: »Übrigens bin ich in einer Stimmung daß ich fürchtete die Musen niemals wieder zu sehen, wenn man nicht aus der Erfahrung wüßte daß diese gutherzigen Mädchen selbst das Stündchen abpassen, um ihren Freunden mit immer gleicher Liebe zu begegnen.« Im nächsten Sommer war es nicht besser; nun berichtete Schiller seinem Freund Körner über Goethe: »Alle Produktivität hat ihn diesen Sommer verlassen.«[51]

Als gar nichts mehr half, nahm der Schriftsteller im Jahr 1800 Zuflucht zu reiner Übersetzungstätigkeit. Da Schiller mittlerweile nach Weimar übergesiedelt war, schrieb Goethe nun aus Jena an diesen zurück: »In Betrachtung der Kürze und Vergänglichkeit des menschlichen Lebens (ich fange meinen Brief wie ein Testament an) und in Ermangelung des Gefühls eigner Production, habe ich mich, gleich Dienstag Abends, als ich ankam, in die Büttnerische Bibliothek verfügt, einen Voltaire heraufgeholt und den *Tancred* zu übersetzen angefangen.«[52] Um nur irgendeine literarische Beschäftigung zu haben, übertrug er ein Drama Voltaires ins Deutsche. Es war nicht das erste und nicht das letzte Beispiel für eine solche, aus Verzweiflung über die eigene Unproduktivität begonnene Tätigkeit. Da Goethe sehr freie Begriffe vom Übersetzen hatte, ging er überdies ziemlich lässig vor, und die Kritiker, die seit den *Xenien* immer rasch bei der Hand waren, begannen bald über die »Böcke«[53] zu lästern, die sich in seinen Texten fanden. Am 2. Dezember 1803 schrieb der Schriftsteller an den Kollegen Schiller schließlich resigniert, daß man »mit den Jahren doch immer weniger produktiv wird«.

Zum stockenden literarischen Schaffen kamen neue Mißerfolge hinzu. Als die *Horen* eingegangen waren, trat Goethe im Jahr 1798 mit einer eigenen Zeitschrift hervor, den *Propyläen*. Sie erschien ebenfalls bei Cotta in Tübingen und kam, obwohl nur halbjährlich publiziert, wiederum über drei Jahrgänge nicht hinaus. Die *Propyläen* waren für Goethe dennoch wichtig, weil sie ihm eine Gelegenheit boten, die Gedanken über Kunst und Kunstproduktion zu äußern, die er seit seiner Italienreise mit sich herumtrug. In einem Brief an Schiller heißt es: »Die Propyläen sind für mich eine wahre Wohlthat, indem sie mich endlich nöthigen die Ideen und Erfahrungen, die ich mit mir so lange herumschleppe, auszusprechen.«[54]

Erfolg hatte die Zeitschrift jedoch nicht, und sie

konnte eigentlich auch keinen haben: denn sie galt der bildenden Kunst. Wie bei dem längst aufgegebenen Vorhaben zur Reform des deutschen Singspiels hatte sich Goethe mit einem Mitstreiter zusammengetan, seinem Kunst-Meyer, der in dem betreffenden Fach nur wenig galt, und die Disproportion zwischen dem Anspruch, den man erhob, und der Resonanz, die man fand, hätte kaum größer ausfallen können. Der Schriftsteller dachte allen Ernstes daran, international zu wirken. Er wollte auch »über Franzosen und Engländer und ihre Kunst«[55] schreiben, wünschte, daß man die Zeitschrift ins Ausland expedierte, und äußerte dem Verleger Cotta gegenüber die optimistische Hoffnung, daß »wir weit und breit Interesse zu erregen gedenken«.[56]

Das zentrale Anliegen der *Propyläen* bestand darin, die ästhetischen Auffassungen Goethes, die eine strikte Anlehnung an die Antike forderten, als Grundsatz der zeitgenössischen Kunstpraxis zu etablieren.[57] Doch Goethe und Meyer wurden von den Künstlern der damaligen Zeit natürlich nicht als kompetent erachtet, neue Prinzipien der bildenden Kunst festzulegen. So geschah, was zwangsläufig geschehen mußte: die *Propyläen* wurden meist gar nicht beachtet und in kommerzieller Hinsicht ein schrecklicher Mißerfolg. Cotta konnte von der recht hohen Auflage des ersten und zweiten Jahrgangs von 1500 Exemplaren, bei der er auf die Wirkung des Namens Goethe gerechnet hatte, nur etwa 450 Exemplare absetzen.

Zur Erfolglosigkeit gesellte sich die Kritik etablierter Fachvertreter. Im Jahr 1800 begannen die *Propyläen* in einer »Flüchtigen Übersicht über die Kunst in Deutschland« gegen den in Berlin herrschenden »Naturalismus« zu polemisieren. Dieser Begriff meinte bis ins 19. Jahrhundert hinein immer einen bloßen Abklatsch eines

Motivs oder Sujets und beinhaltete stets den Vorwurf der Plattheit. Erst mit der Strömung des Naturalismus, die kurz vor 1900 aufkam, bekam der Terminus eine andere Bedeutung.[58] Auf den polemischen Angriff der *Propyläen* verfaßte 1801 der bekannte Berliner Bildhauer Gottfried Schadow (1764–1850) eine Erwiderung, in der er das Prinzip der Wirklichkeitstreue verteidigte und sich gegen die Antike-Nachfolge der *Propyläen* wandte, die er als überholt, rückständig und irreführend bezeichnete. Es war nachträglich noch ein schwerer Schlag gegen die mit dem Jahrgang 1800 auf Grund ihrer Erfolglosigkeit ohnehin eingestellte Zeitschrift.

Goethe wollte auch in späteren Jahren nicht einsehen, daß er sich mit den *Propyläen* auf ein fremdes Gebiet begeben hatte. Er räsonierte noch im hohen Alter in seinen *Tag= und Jahres=Heften* voll Erbitterung darüber, »[...] wie sich bösartige Menschen diesem Unternehmen entgegengestellt« hatten.[59] Er wollte den Grund seines Mißerfolgs in der Bosheit seiner Gegner ausmachen; zu der Einsicht, daß er als Dichter nicht auch als Erneuerer der bildenden Kunst hatte auftreten können, mochte er sich nicht durchringen. Goethe suchte die angestrebte Reform auch durch jährliche Preisaufgaben und Kunstausstellungen zu fördern, die von 1799 bis 1805 in Weimar veranstaltet wurden, denen jedoch ebenfalls nicht allzu viel Erfolg beschieden war. Als sich 1801 der noch sehr junge Philipp Otto Runge (1777–1810) daran beteiligte, wurden seine Arbeiten übergangen, und Runge erging sich in heftiger Kritik über Absicht und Verfahren dieser Preisverleihungen.[60] Als 1805 Caspar David Friedrich (1774–1840) außer Konkurrenz teilnahm und dennoch die Hälfte der ausgelobten Summe erhielt, war das Ende dieser Veranstaltungen besiegelt.

Der manchmal erbitterte Eifer, mit dem Goethe seine kunsttheoretischen Maximen durchzusetzen suchte, nimmt sich um so merkwürdiger aus, als er damit auch in seiner literarischen Praxis keine Erfolge erzielte. Die Pläne zu Werken in antikisierenden Formen, die er damals hegte, zerschlugen sich entweder ganz oder kamen über Fragmente nicht hinaus. Und das bedeutendste dichterische Resultat der Jahre um und nach 1800 wurde kein Stück in der propagierten Antike-Nachfolge, sondern der ganz und gar unklassische *Faust I*.

Zu den antikisierenden Werken, die Goethe damals anstrebte, gehörte das Drama *Die natürliche Tochter*. Es war als Trilogie konzipiert und knüpfte damit an berühmte Muster an, vor allem die *Orestie* des Aischylos.[61] Es sollte aber auch das große politische Thema der Zeit aufgreifen: die Revolution. Das Stück sollte das »Gefäß« werden, »worin ich alles, was ich so manches Jahr über die französische Revolution und deren Folgen geschrieben und gedacht, mit geziemendem Ernste niederzulegen hoffte«.[62] So heißt es in den späteren *Tag= und Jahres=Heften*, in denen die anspruchsvolle Konzeption als sein »Liebling« bezeichnet wird.[63] Aber auch mit diesem Stück wollte es nicht vorangehen; nur der erste Teil der geplanten Trilogie entstand. Nach einer späteren Bemerkung des Autors soll daran wieder einmal das Publikum schuld gewesen sein,[64] mit dem Goethe seit dem Mißerfolg der Göschen-Ausgabe seiner *Schriften* haderte. Doch im Jahr 1804 räumte er selbst starke Zweifel ein, ob er mit dem Plan zu einer Trilogie auch den richtigen Weg eingeschlagen habe: »Leider steht es mit der Fortsetzung der natürlichen Tochter noch im weiten Felde. Ja ich bin sogar manchmal versucht den ersten Theil zu eigentlich theatralischen Zwecken zu zerstören und aus dem Ganzen der erst intendirten 3 Theile ein einziges Stück zu machen.«[65]

Seine Überlegung, die erstellte Fassung zu »theatralischen Zwecken« wieder aufzulösen und gänzlich umzuarbeiten, verweist auf einen entscheidenden Mangel des Werks. Goethes Dramen werden meist nicht von theatralischer Aktion bestimmt, sie sind im Vergleich zu denen Shakespeares oder Schillers auffällig statisch, enthalten lyrische Passagen und sind mit langen Reflexionen befrachtet. In der *Natürlichen Tochter* wurde jedoch ein extremer Gipfel erreicht; die antikisierende Form führte zu vollkommener Erstarrung und Leblosigkeit. Interessant sind freilich die Gedanken über die Zeitläufte. Im ersten Aufzug äußert der »König«:

O diese Zeit hat fürchterliche Zeichen,
Das Niedre schwillt, das Hohe senkt sich nieder,
Als könnte jeder nur am Platz des andern
Befriedigung verworrner Wünsche finden,
Nur dann sich glücklich fühlen, wenn nichts mehr
Zu unterscheiden wäre, wenn wir alle,
Von einem Strom vermischt dahingerissen,
Im Ocean uns unbemerkt verlören.[66]

Hier tritt die Urangst des Konservatismus hervor: die vor der Gleichmacherei. Die Revolution droht den geordneten Aufbau der Gesellschaft in einem wirren Strudel zu zermalmen. Im weiteren Verlauf des Werks bleibt das Revolutionsgeschehen jedoch merkwürdig blaß. Dies liegt daran, daß Goethe, seiner Einschätzung der Ursachen des revolutionären Prozesses in der moralischen Korruption seiner Zeit gemäß, das handlungstreibende Moment in eine Affäre gelegt hat, in die weitverzweigte Intrige einer demagogischen Gestalt. Diese Figur, die nie auftritt, gehört überdies dem aristokratischen Stand an: der Intrigant ist der Sohn eines Herzogs. Welches Interesse er an einer Zerstörung der überliefer-

ten Gesellschaftsordnung haben sollte, ist nicht auszumachen.

Das Werk stellt die Intrige des Demagogen in den
Auswirkungen dar, die sie auf Eugenie, seine Halbschwester und die natürliche Tochter seines Vaters, hat.
Sie soll von der Legitimierung und der Aufnahme in die
höhere Gesellschaft ausgeschlossen werden, und dieses
Ziel wird mit dem Ende des ersten und einzig vorhandenen Teils des Dramas auch erreicht. In diesem Geschehen steckt zweifellos ein tragisches Moment, weil es eine
gewisse Fallhöhe enthält, einen gesellschaftlichen Abstieg: Eugenie ist zuletzt gezwungen, sich einem bürgerlichen Mann anzuschließen und muß »die Welt vermeidend im Verborgnen leben«.[67]

Dieses tragische Element läßt sich mit der erklärten
Absicht, das Thema der Revolution zu behandeln, allerdings kaum in Einklang bringen. Die Intrige eines Aristokraten, die die Legitimierung seiner Halbschwester
verhindern soll, ist nämlich kein revolutionärer Akt,
sondern im Gegenteil ein Versuch, einen irregulären gesellschaftlichen Aufstieg zu verhindern! Obwohl ›natürliche‹ Kinder von ihren Vätern immer wieder in einen
höheren Stand erhoben wurden – der Sohn der Frau von
Branconi etwa in den eines Grafen von Forstenburg –,
stellte man sie selten oder fast nie den legitimen Nachkommen gleich, und zwar deshalb nicht, weil diese sonst
in ihren von der Ständegesellschaft garantierten Rechten
gravierend verletzt worden wären.

Eben darauf zielt Goethes Drama aber ab: die unehe-
liche Tochter soll nach dem Willen des Vaters legitimiert
werden – womit die Rechte des bisherigen Erbfolgers
schwer beeinträchtigt würden. Und wenn der nun mit
allen Mitteln zu verhindern sucht, daß die Legitimierung
stattfindet, so ist dies zwar kein schöner, aber ein ver-

ständlicher und im übrigen nicht etwa ein revolutionärer, sondern eher ein konservativer Zug: der rechtmäßige Erbe versucht mit allen Mitteln die ihm von der ständischen Gesellschaft garantierten Besitzstände zu wahren. Das revolutionäre Element, von dem in der oben zitierten Äußerung des »Königs« die Rede ist, hat in der Handlung des Stücks also keine Entsprechung; man findet hier vielmehr eine Aktion bzw. Intrige, die die überlieferten gesellschaftlichen Schranken vor einem irregulären Durchbruch zu bewahren sucht.

In dieser Widersprüchlichkeit haben sich zweifellos die Umbrüche niedergeschlagen, die mit Goethes politischen Auffassungen nach der Revolution vorgingen. Jene Gesellschaftsordnung, die mit der Geburt bestimmte Privilegien verband, war ihm stets ungerecht erschienen. Folglich war in seinem Stück – im Gegensatz zur gängigen Praxis – auch eine vollkommene Legitimierung ›natürlicher‹ Nachkommen vorgesehen: Eugenie sollte die bestehenden gesellschaftlichen Schranken überspringen. Andererseits mußte Goethe die Revolution, die den Weimarer Staat und die Grundlagen seiner Existenz zu unterminieren drohte, doch als gefährlich ablehnen – als »fürchterliches Zeichen« dieser Zeit. Daher verbanden sich in seinem Werk zwei gegensätzliche Tendenzen, die Befürwortung eines irregulären gesellschaftlichen Aufstiegs einerseits und die strikte, schon konservativ gefärbte Ablehnung von Aufruhr und Empörung andererseits, zu einem merkwürdigen Zwitter.

Weitere Aufschlüsse erhält man bei einer näheren Betrachtung der Protagonistin Eugenie, die weniger ein menschliches Wesen denn eine symbolische Gestalt ist. Ein gelehrter Interpret, Wilhelm Emrich, hat bereits eingehend nachgewiesen, daß sie fast alle jene Merkmale besitzt, die Goethe ansonsten mit der Poesie verbindet[68]:

sie wird zur »unbedingten Freiheit«[69] erzogen, ist »theil-
haft des Unendlichen, / Des Ewigen«, und einmal heißt
es auch: »Wie drückte nicht der Wunsch dich zu erget-
zen / Sich dichtrisch oft in frühen Reimen aus.«

Zwar wird das Thema der Revolution von der Handlung der *Natürlichen Tochter* nicht aufgegriffen, aber in
dem Schicksal, das der symbolischen Gestalt der Eugenie widerfährt, spiegelt sich jenes wider, das, Goethes
wiederholten Klagen zufolge, in dieser Zeit häufig auch
der Poesie zukam – »die Welt vermeidend im Verborgnen [zu] leben« – und darin liegt der eigentliche Bezug
des Stücks zu seiner Epoche.

Seit dem Jahr 1792 waren die Feldzüge und die ständigen Umwälzungen der politischen Landkarte nicht mehr
abgerissen. Der Friede von Basel, 1795, sicherte lediglich
die Neutralität Preußens, während die Kämpfe im Süden
weitergingen. Und der Friede von Campo Formio vom
Herbst 1797 mit Österreich brachte nur eine ganz kurze
Unterbrechung oder eigentlich gar keine; denn 1796 hatte
schon der Aufstieg eines vorher unbekannten Artillerie-
offiziers aus niederem korsischen Adel begonnen, der
Napoleon Bonapartes. Italien mußte als das Gallien des
neuen Cäsaren herhalten; es wurde von den französischen Truppen und ihrem Befehlshaber so ausgepreßt,
daß die Armee, die eigentlich die Errungenschaften der
Revolution verbreiten sollte, bald höchst unbeliebt wurde und es schon 1798 zu regelrechten Aufständen kam.
Etwas später fanden einige der einschneidendsten Veränderungen der deutschen Geschichte statt: die Säkulari-
sation von 1803 und im Jahr 1806 auf Druck Napoleons
sogar die Auflösung des Heiligen Römischen Reichs
Deutscher Nation. Damit wurde hier ein tausendjähri-
ger, längst verblichener Mythos zu Grabe getragen, der
Gedanke einer Wiederbelebung des antiken Imperiums,

der mit der Kaiserkrönung Napoleons von 1804 auf der anderen Seite des Rheins indessen eine neue Auferstehung feierte.

Diese tumultuarischen Zeitläufe brachten die Literatur und Kunst nach Goethes Einschätzung in eine denkbar ungünstige Lage. Als im Juli 1796 Frankfurt, die Stadt, in der seine Mutter lebte, von französischen Truppen eingenommen wurde, schrieb er an Schiller: »Übrigens ist alles in solcher Confusion und Bewegung, daß die ästhetische Stimmung [...] nur als eine Wundergabe erwartet werden kann.«[70] Gegen diese »Confusion«, die auch ihn selbst und nicht zuletzt die für seine literarische Produktion so wichtige Muße bzw. »Stimmung« nachhaltig beeinträchtigte, wußte er nur ein Mittel: sich weiter zurückzuziehen, sich nach außen abzukapseln und abzuschotten. An Schiller hieß es: »die Mauer, die ich schon um meine Existenz gezogen habe, soll nun noch ein Paar Schuhe höher aufgeführt werden.«[71]

Die Zeitläufe ließen den ohnehin nicht sehr wirklichkeitsfesten Dichter noch mehr vor der äußeren Welt zurückschrecken, und in nicht selten mißverstandenen Worten schrieb er: »Es graut mir schon vor der empirischen Weltbreite [...].«[72] Man darf Goethe angesichts solcher Äußerungen keinesfalls einen Rückzug in einen literarischen Elfenbeinturm und ein ästhetisches »l'art pour l'art« unterstellen, das zur damaligen Zeit unbekannt war. Man findet im späten 19. und frühen 20. Jahrhundert zwar Schriftsteller, die sich hermetisch gegenüber der Außenwelt abschlossen und über Jahre oder Jahrzehnte an Werken arbeiteten, die die jeweiligen Zeitläufe völlig ausklammerten; aber ein ähnliches Verhalten läßt sich weder in der Ära um 1800 im allgemeinen noch bei Goethe im besonderen finden. Denn dessen *Natürliche Tochter* war doch als das »Gefäß« seiner Gedanken über die Revolution konzipiert worden, wenn das Ergebnis auch etwas zwiespältig ausfiel. Und zu seinem Versepos *Hermann und Dorothea* schrieb der Schriftsteller im Dezember 1796 an den in Italien weilenden Meyer, er habe darin »die großen Bewegungen und Veränderungen des Welttheaters aus einem kleinen Spiegel zurück zu werfen getrachtet. Die Zeit der Handlung ist ohngefähr im vergangenen August.«[73] Das kleine Werk war also brandaktuell; der Autor schreckte nicht einmal vor einer genauen Datierung seiner Geschehnisse – in den August 1796, die Zeit der Konfusion, des Einmarsches der Franzosen in Frankfurt und anderen Städten – zurück.

Es wäre daher vollkommen falsch, ihm einen weltfremden Ästhetizismus zu unterstellen. Goethe war als Schriftsteller stets von solchem Aktualitätsdrang erfüllt, daß er bis in seine Altersjahre hinein die politischen und sozialen Wandlungen seiner Epoche immer wieder genau registrierte. Als Mensch behagten dem empfindlichen Dichter die ständigen Umbrüche und Wirren der Zeit nach der Revolution jedoch überhaupt nicht, und daher suchte er sich möglichst vor ihnen zurückzuziehen oder sich gegen sie abzuschirmen. Die »Mauer« um seine Existenz war ein Mittel zum Schutz seiner Person, aber sie schottete nicht seine literarischen Werke vor der Realität ab.

Die Konfusion dieser Jahre schien weder der literarischen Produktion noch der Rezeption von Werken besonders günstig zu sein. Goethe und Schiller sahen sich daher auch nie in einer glänzenden Epoche, sondern im Gegenteil in einer Umbruchs- und Krisenzeit, die den Künsten nicht gewogen war.[74] Sie mußten mit Unmut konstatieren, daß die Literatur und sie selbst angesichts der Zeitläufe »ins Verborgne« gezwungen wurden. Erst

die Nachwelt konnte in dieser Ära ständiger Kriege und
Umwälzungen eine der Glanzzeiten der deutschen Literatur und Musik ausmachen; den unmittelbar Beteiligten
bot sich eine völlig andere Perspektive.

Und im Fall Goethes schien es fast, als ob sich die
widrigen Umstände in einer weiteren, ungünstigen Veränderung seiner äußeren Erscheinung niederschlugen.
Der ohnehin schon gewichtige Schriftsteller nahm noch
mehr zu, er wurde so dick, daß ihn seine Fettleibigkeit
bereits beim Gehen zu behindern begann. Auch die Anschaffung zweier Pferde, die 1799 erfolgte, schien damit
zusammenzuhängen, daß dem ehemals sportlichen und
wanderlustigen Dichter mittlerweile schon das Umherlaufen Mühe bereitete.[75] Charlotte von Steins ältester
Sohn, Karl, verfaßte in diesem Jahr folgende fast brutale
Beschreibung von Goethes Äußerem: »Sein Gang ist
überaus langsam, sein Bauch nach unten zu hervorstehend wie der einer hochschwangeren Frau, sein Kinn
ganz an den Hals herangezogen, von einer Wassersuppe
dichte umgeben; seine Backen dick, sein Mund in halber
Mondsform, seine Augen allein noch gen Himmel gerichtet; sein Hut aber noch mehr und sein ganzer Ausdruck eine Art von selbstzufriedener Gleichgiltigkeit,
ohne eigentlich froh auszusehen. Er dauert mich [. . .].«[76]

## ZEHNTES KAPITEL

# *Ruhm und Streitigkeiten*

In der Zeit des Bundes mit Schiller hatte der Schriftsteller noch längst nicht den Ruhm, den er später erlangte. Im Jahr 1796 sprach Jean Paul bei seinem Besuch
in Weimar von den »drei Turmspitzen unserer Literatur«[1], die hier ansässig seien, und stellte damit Wieland, Herder und Goethe ebenso
nebeneinander, wie es die meisten anderen Zeitgenossen taten. Das Ansehen des
Dichters sollte erst später das seiner beiden älteren Weimarer Kollegen weit überflügeln. Erst im zweiten und dritten Jahrzehnt des 19. Jahrhunderts wurde er zu
*dem* Repräsentanten des deutschen Geisteslebens, als der in den Jahren um 1800,
einem »philosophischen Zeitalter«, stets
Kant gegolten hatte. Und angesichts dessen, daß Göschen zunächst nur ein Drittel
der etwa drei- bis viertausend Exemplare
der Werkausgabe von 1787–90 absetzte,
kann man ermessen, wie ungeheuer exklusiv Goethes Ruf damals war und wie we

*Goethe um 1794*
*Aquarell von*
*J. H. Meyer*

nige der rund 20 Millionen Einwohner Deutschlands,
von denen ein Großteil aus Analphabeten bestand, ihn
überhaupt kannten.

Schiller und Goethe traten auf dem damaligen Buchmarkt aber nicht nur als Anbieter auf, sondern auch als
Konsumenten. Das Lesen war für sie, wie für viele Ge

bildete ihrer Epoche, eine Quelle der Unterhaltung und
des Zeitvertreibs. Interessant ist, welche Lektüre sie zu
diesem Zweck bevorzugten. Sie lasen einige Romane,
etwa den *Hesperus* von Jean Paul, den Schiller eine »lustige Lektüre für die langen Nächte« nannte[2]. Daneben fanden sich hauptsächlich biographische Werke und
Reisebeschreibungen. Sie wählten zu ihrem Vergnügen
kaum je das aus, was sie selbst als höhere Literatur betrachteten. Denn diese war eben keine amüsante Nacht-
lektüre, sondern eine schwierige Materie, die ein einge-
hendes Studium erforderte. Goethe schrieb im April
1797 wörtlich an Schiller: »Die Poesie, wie wir sie seit einiger Zeit treiben, ist eine gar zu ernsthafte Beschäftigung.«[3] Und zu seiner Unterhaltung verfaßte er damals
eine Abhandlung »über die Confusion und die Wider-
sprüche der fünf Bücher Mosis«.[4] Die Theologie verschaffte ihm, amateur- bzw. liebhabermäßig betrieben,
mehr Vergnügen als sein eigenes Fach.

Eine derart anspruchsvolle Literaturkonzeption, es
war eine ähnliche wie in dem Schauspiel *Torquato Tasso*,
ließ es aussichtslos erscheinen, auf dem Buchmarkt mit
eingängiger Konsumware in Wettstreit treten zu wollen.
Und in seinen Altersjahren sah Goethe ein, daß seine
Werke nicht auf die Anforderungen eines breiten Publikums zugeschnitten waren. Nach einer Äußerung Eckermanns gestand er nun: »Meine Sachen können nicht populär werden.«[5]

Diese Einsicht stammte allerdings aus dem Jahr 1828.
In der Zeit des Bundes mit Schiller war der Schriftsteller von einer so abgeklärten Haltung weit entfernt und
mußte angesichts der zunehmenden Kommerzialisierung
der Literatur mit tiefem Verdruß zur Kenntnis nehmen,
daß seine Werke keine ihrem Rang entsprechende Resonanz fanden. Im Jahr 1811 beschwerte er sich im ersten

Teil seiner Autobiographie ausdrücklich über die Mißachtung, die man ihm über lange Jahre entgegengebracht
habe. Er kam auf einen schweren Meinungsstreit zu sprechen, der zur Zeit des Siebenjährigen Kriegs in seinem Elternhaus über Friedrich II. von Preußen entstanden war.
Ein Großteil der Einwohner Frankfurts hatte sich damals
auf seiten des preußischen Königs befunden, der als An-
führer des protestantischen Lagers in Deutschland galt.
Der Großvater Textor, der Vater Katharina Elisabeths,
der das Amt des Schultheiß innehatte, und dessen Söhne
nahmen jedoch eine streng reichstreue Haltung ein und
nannten den von Friedrich II. angezettelten Krieg nur
»die dermalige preußische Empörung«.⁶ Darüber kam es
zu heftigen Auseinandersetzungen mit Goethes Vater, zu
denen der Dichter im Rückblick bemerkte: »Die größten
und augenfälligsten Verdienste wurden geschmäht und
angefeindet, die höchsten Thaten wo nicht geläugnet
doch wenigstens entstellt und verkleinert; und ein so
schnödes Unrecht geschah dem einzigen, offenbar über
alle seine Zeitgenossen erhabenen Manne, der täglich bewies und darthat was er vermöge; und dieß nicht etwa
vom Pöbel, sondern von vorzüglichen Männern, wofür
ich meinen Großvater und meine Oheime zu halten
hatte. [...] Bedenke ich es aber jetzt genauer, so finde ich
hier den Keim der Nichtachtung, ja der Verachtung des
Publicums, die mir eine ganze Zeit meines Lebens anhing und nur spät durch Einsicht und Bildung ins Gleiche gebracht werden konnte.«⁷ Man kann mit Sicherheit
sagen, daß Goethe über die vermeintliche Mißachtung
Friedrichs II. lange Zeit nicht so dachte, wie er es hier beschrieb. Die Verehrung großer Männer war ihm zwar
nicht fremd gewesen, und dies war insofern nicht verwunderlich, als er selbst davon träumte, einmal von einer
derartigen Aura der Bewunderung und des Ruhms um-

geben zu sein. Gegenüber den absolutistischen Monarchen war Goethe jedoch sehr kritisch eingestellt, und daher hatte er noch im Jahr 1784 die Polemik, die Voltaire
damals gegen seinen ehemaligen Gönner, Friedrich II.,
richtete, mit großem Vergnügen zur Kenntnis genommen.[8] Erst ein Vierteljahrhundert später hielt er es für
strikt verpönt, diesen zu kritisieren; nun sah er in einer
solchen Behandlung eines »über alle seine Zeitgenossen erhabenen Manns« den Keim zur Mißachtung seiner
eigenen, nicht weniger herausragenden Persönlichkeit.

Immerhin hatte Goethe zu konzedieren, daß die Sache
inzwischen »ins Gleiche gebracht« worden sei. Hinter
dieser Bemerkung stand, daß seine zweite Werkausgabe,
die von 1806–10 in zwölf Bänden bei Cotta in Tübingen
erschienen war, ein voller Erfolg wurde. Sie fand beim
Publikum solche Resonanz, daß Verleger und Autor bald
darauf einen Vertrag über eine neue, erweiterte Edition
seiner Schriften abschlossen. In den Jahren 1810–14 erschien überdies ein Raubdruck, der Cotta besonders geärgert haben dürfte. Denn dessen erster Band begann mit
dem *Faust*, dem gewiß attraktivsten Werk der Ausgabe
von 1806–10, und die letzten Bände enthielten schon die
drei ersten Teile der Autobiographie, die eben, von 1811
bis 1814, veröffentlicht worden waren und für die der
Verleger das bisher bei weitem höchste Honorar gezahlt
hatte: nicht weniger als 12 000 Taler! Bei der nächsten
Edition gab Cotta mit dem Einverständnis des Dichters
daher gleich einen Wiener Separatdruck in Auftrag, der
vom Publikum für eine unrechtmäßige Ausgabe gehalten
wurde und dessen Hauptzweck darin bestand, poten-
tielle Raubdrucker von vornherein abzuschrecken. Auch
das Honorar stieg weiter: nach 10 000 Talern für die erste
Cotta-Ausgabe erhielt Goethe diesmal 16 000.

Man nimmt jedoch an, daß damals ein Phänomen ein-

setzte, das es heute (in schwindendem Maß) noch gibt:
daß das Publikum diese Editionen vor allem auf Grund
des großen Rufs des Dichters erwarb und sie als Kulturgut in den häuslichen Bücherschrank stellte.[9] Diese
Überlegung dürfte richtig sein, setzt allerdings ein mittlerweile stark gestiegenes Ansehen Goethes voraus und
wirft daher die Frage auf, wie dieses überhaupt entstehen konnte. Denn war eines der gravierenden Probleme
des Jahrzehnts vor 1800 nicht gewesen, daß er so wenig
Leser fand?

Der Ruhm des Dichters wurde im zeitgenössischen
Literaturbetrieb gemacht. Goethe, der oft so schwer zu
verstehen war, war ein Schriftsteller für Kenner, für solche, die schon etwas von der Materie verstanden, und
dazu gehörten neben einigen ungewöhnlich gebildeten
Liebhabern zum größten Teil andere, meist jüngere Autoren. Nach Karl Philipp Moritz, dem eigentlichen Begründer des Goethe-Kults, traten vor allem die um und
nach 1770 geborenen Romantiker als seine Anhänger
hervor und verkündeten immer wieder seinen Ruf. Den
jungen deutschen Autoren folgten später die europäischen Romantiker, Byron, Manzoni u. a., die seinen Namen weltweit verbreiteten.

Im Jahr 1801 wurde Goethe bei einer Reise nach Göttingen zum erstenmal auf offener Straße bejubelt; die Studenten riefen ihm, als er dort eingekehrt war, abends ein
»Lebehoch« zu. Es war das erste Anzeichen eines derartigen Ruhms, und da ein solches Zurufen auf der Straße eigentlich verboten war, vermerkte es Goethe mit um so
größerer Freude.[10] Es waren Studenten, die ihm zuriefen,
aber unter ihnen befanden sich auch Clemens Brentano
(1778–1842) und Achim von Arnim (1781–1831), die
beide bald selbst als Schriftsteller hervortreten sollten.

Diese Ausbreitung seines Ruhms durch andere Autoren forderte allerdings Zeit. Es dauerte einfach eine Weile, bis sich das Urteil der Kenner herumgesprochen hatte und der Rang seiner Werke einem größeren Publikum bekannt wurde. Die damit verbundene Verzögerung seiner öffentlichen Anerkennung schuf eine von Goethe als peinvoll empfundene Situation. Und es lag nahe, junge Leute zu fördern, die bei der weiteren Verbreitung seines Rufs mithelfen konnten.

Das Verhältnis der meisten Romantiker zu Goethe wurde dadurch bestimmt, daß sie sich als eigenständige Autoren nicht nur in der Bewunderung eines bestimmten Vorbilds erschöpfen konnten und wollten. Novalis bietet insofern ein gutes Beispiel, als er bis zu dem Zeitpunkt, zu dem er sich selbst nicht schriftstellerisch betätigte, als ein besonders enthusiastischer Verehrer Goethes auftrat. Doch sowie seine eigene literarische Produktion einsetzte, distanzierte er sich mit einem um so größeren Sprung von seinem bisherigen Idol und nannte den *Wilhelm Meister*, den er zuvor geradezu göttlich gefunden hatte, »odiös«, aus »Stroh und Läppchen« geflickt.[11] Nach einer Äußerung Ludwig Tiecks blieb er dennoch »bis zum Tode ein eifriger Verehrer Goethes«[12], und diese Versicherung ist schon deshalb plausibel, weil Novalis den erst so bewunderten Dichter nun nicht für einen schlechten Schriftsteller gehalten haben wird. Die Kritik zeigt nur die Abkühlung, die seine vorher so glühende Bewunderung bedurfte, um für die eigene Produktion gehörigen Abstand zu gewinnen.

Neben Novalis und Tieck, deren Goethe-Verehrung somit natürliche Grenzen hatte, gab es aber noch die Brüder Schlegel, deren Stärke eher in der Theorie als in der Dichtung lag. Sie waren beide ungeheuer brillante Köpfe. Der ältere, August Wilhelm (1767–1845), war ein regelrechtes Sprachgenie. Er schrieb in deutscher, lateinischer und französischer, gelegentlich auch in italienischer Sprache und beherrschte daneben Altgriechisch, Englisch und Spanisch. Später lernte er noch Sanskrit und wurde einer der ersten Indologen seiner Zeit. Außerdem verstand er es, die exaktesten Verse zu machen und die vertracktesten Reimschemata auszufüllen.

Doch sein kleiner Bruder, Friedrich Schlegel (1772–1829), schien zeigen zu wollen, daß man womöglich noch brillanter sein konnte. Er stellte in seiner Jugend das dar, was man gemeinhin ein glänzendes Talent und eine große Hoffnung nennt, aber er war dies nicht in gewöhnlicher, sondern in potenzierter Form. Selbst Friedrich Schleiermacher (1768–1834), auf den sich die protestantische Theologie bis zum Beginn des 20. Jahrhunderts berief und der in Berlin im selben Studentenquartier hauste wie Schlegel, schrieb über ihn: »Was seinen Geist anbetrifft, so ist er mir so durchaus *supérieur*, daß ich nur mit vieler Ehrfurcht davon sprechen kann. Wie schnell und tief er eindringt in den Geist jeder Wissenschaft, jedes Systems, jedes Schriftstellers, mit welcher hohen und unparteiischen Kritik er jedem seine Stelle anweist [...], das weiß ich alles erst seit dieser kurzen Zeit völlig zu schätzen«.[13]

Ein erstes Problem Friedrich Schlegels war jedoch, daß sein superiorer Geist lange nicht wußte, auf welchem Gebiet er sich niederlassen sollte. Er erwog vielerlei: Geschichte, Politikwissenschaft, Philosophie, aber schließlich wurden Altphilologie und Literaturkritik seine Fächer. Was der Kunsthistoriker Winckelmann, der damals gewaltiges Ansehen genoß, in seiner Disziplin getan hatte, das dachte Schlegel auf dem Gebiet der Literatur fortzusetzen. Aber er wünschte nicht nur ein Fortsetzer zu werden, er wollte auch die Philosophie, die durch Kant zum Modefach der Epoche geworden war,

mit der Literatur vereinen. Philosophie sollte Literatur
werden und Literatur Philosophie. Friedrich Schlegel
war gewissermaßen ein Projektenmacher auf dem Gebiet des Geistes und verstand es, aus den Diskussionen
und Diskursen seiner Zeit Entwürfe zu allerlei neuen
Systemen und Gedankengebäuden zu schmieden. Daneben war er aber auch, und das machte ihn sehr mensch-
lich, eine chaotisch veranlagte Natur. Es entbehrt nicht
einiger Ironie, daß seine Theorieentwürfe auf Kernsät-
zen wie diesen basieren: »Alles widerspricht sich.« Und:
»Die Form des Bewußtseins ist durchaus chaotisch.«[14]

Vielleicht hatte Goethe recht, wenn er in einem Brief
aus dem Jahr 1805 bemerkte, daß die zahlreichen philosophischen Systeme und Systementwürfe, die damals
kursierten, in der Regel nach der jeweiligen Individualität ihres Schöpfers zurechtgezimmert wurden.[15] Schlegel
jedenfalls kann als Beispiel dafür dienen. Denn nicht nur
seine Theorieansätze, sondern all seine Auffassungen
sind oft unzusammenhängend, ja widersprüchlich: es ist
keine Seltenheit, daß er, nachdem er eine Konzeption
vertreten hat, ein paar Seiten weiter schon wieder auf
eine andere setzt.[16]

Von stärkerer unmittelbarer Wirkung als seine theoretischen Entwürfe war daher seine Tätigkeit als Literaturkritiker. Aber hier trat ein zweites Problem auf: daß er
mit »hoher und unparteiischer Kritik« jedem seine Stelle
zuzuweisen suchte, machte ihn unter den Zeitgenossen
äußerst unbeliebt. Der erste, mit dem er zusammenstieß,
war kein anderer als Schiller. Schlegel verglich ihn in einer Rezension von dessen *Musenalmanach* mit seinem
Co-Autor Goethe, und das Resultat fiel nur allzu deutlich zugunsten des letzteren aus. Der 24jährige Schlegel
erklärte forsch, in Schillers Gedichten stecke »nicht die
frische Begeisterung der rüstigen Jugend, sondern der

Krampf der Verzweiflung« und eine »zerrüttete Gesundheit der Einbildungskraft«.[17] Dies war zuviel für Schiller. Er brach mit dem »Laffen«, wie er Friedrich Schlegel kurzweg nannte,[18] und wollte auch mit dessen älterem Bruder August Wilhelm nichts mehr zu tun haben, obwohl er sich dadurch eines weiteren, durchaus nützlichen Mitarbeiters der *Horen* beraubte.

Ende des Jahres 1797, als diese ihrem Untergang entgegengingen, gründeten die Brüder eine eigene Zeitschrift, das *Athenäum*. Friedrich Schlegel gab sich bei dieser Gelegenheit weitreichenden Phantasien hin: »Ein anderer großer Vortheil dieses Unternehmens würde wohl seyn, daß wir uns eine große Autorität in der Kritik machen, hinreichend, um nach 5–10 Jahren kritische Dictatoren Deutschlands zu seyn, die Allgemeine Litteratur-Zeitung zu Grunde zu richten«.[19] Er träumte davon, als »Diktator« über die zeitgenössische Literatur zu herrschen. Die Brüder Schlegel stellten sich den literarischen Betrieb nach dem Muster des politischen Ereignisses der Zeit, der Französischen Revolution, vor. Sie verglichen sich selbst mit der Bergpartei,[20] die 1793, nach dem Ende der Gironde, die Macht übernommen hatte und deren bekannteste Vertreter Danton, Marat und Robespierre waren. Und die literarische »Diktatur«, die Friedrich Schlegel vorschwebte, war wohl jene des Wohlfahrtsausschusses, die in den Jahren 1793/94 begann und im Terror endete. Wahrscheinlich bereitete ihm der Gedanke Vergnügen, dereinst in einer etwas harmloseren Kopie dieser Vorgänge über die bloß literarische Hinrichtung der von ihm rezensierten Autoren entscheiden zu können.

Doch dabei handelte es sich um Phantasmen, denn Friedrich Schlegel galt im damaligen Literaturbetrieb nur als junger Anfänger. Die Brüder suchten ihr Unter-

nehmen aber dadurch abzusichern, daß sie sich das
Wohlwollen Goethes erwarben, und in diesem Punkt
hatten sie Erfolg. Ihr *Athenäum* erschien genau parallel
zu dessen *Propyläen* in den Jahren von 1798 bis 1800
und enthielt nichts, was eine gegenseitige Verbindung
hätte beeinträchtigen können. Die Brüder Schlegel interessierten sich wohl um einiges mehr für die gerade auf-
kommende romantische Literatur als Goethe, der sich
damals überwiegend an der Antike orientierte. Aber
das klassische Altertum wurde in ihrer Zeitschrift keineswegs vernachlässigt, und das Interesse, das sie der
Romantik entgegenbrachten, durch ihr enthusiastisches
Lob für den Weimarer Dichter mehr als aufgewogen.
Die Goethe-Panegyrik des *Athenäums* galt für einen
noch lebenden Schriftsteller damals als etwas Uner-
hörtes, ja Ungehöriges, und ihre Verfasser wurden von
nicht wenigen Zeitgenossen als »die absprechenden, ver-
worrenen Opferpriester des Gottes« gescholten.[21] Auch
Herder war entrüstet, weil seine eigene, nicht unbeträchtliche Eitelkeit schwer getroffen wurde, und sein
Verhältnis zu Goethe, das schon durch persönliche Reibereien gelitten hatte,[22] sank auf jenen Tiefpunkt, von
dem es bis zu seinem frühen Tod im Jahr 1803 nicht
mehr emporkam.

Gegenüber den phantastischen Hoffnungen der Brüder Schlegel auf eine Literaturrevolution, die sie zu kritischen Diktatoren Deutschlands machen sollte, war Goethes Haltung recht nüchtern. Er nahm die Lobpreisun-
gen der Zeitschrift gerne an und freute sich über die
scharfe Kritik, die Friedrich Schlegel gegen andere
Schriftsteller richtete, weil sie seinen eigenen Glanz um
so deutlicher hervortreten ließ. Er lobte Schiller gegenüber ausdrücklich das »Wespennest« des *Athenäums*.[23]

Doch Friedrich Schlegel sägte mit seiner Polemik an

dem sprichwörtlichen Ast, auf dem er selber saß. Er verfeindete sich mit dem größten Teil der deutschen Autoren, und seine hohe und unparteiische Kritik tat so fürchterliche Wirkung, daß bald niemand mehr etwas mit ihm zu tun haben wollte. Dadurch geriet aber seine Stellung als Publizist in Gefahr. Schon 1799, im zweiten Jahrgang der Zeitschrift, fand August Wilhelm Schlegel niemanden mehr, der noch Arbeiten rezensieren wollte, an denen sein jüngerer Bruder beteiligt war, insbesondere nicht das *Athenäum* selbst.[24]

Friedrich Schlegel sollte aus diesen Vorgängen später lernen und sehr vorsichtig werden. Sein älterer Bruder spottete dann über die »conciliatorischen Filzschuhe«[25], die er nie mehr anzulegen versäumte. Denn August Wilhelm war ein nicht weniger scharfer Kritiker, er paßte aber besser auf, wo er hintrat, und hütete sich, die Einflußreichen zu treffen. Er selbst hätte sich wohl nie mit Schiller verfeindet, dazu war er viel zu diplomatisch veranlagt, und er griff auch den alten Wieland erst an, als deutlich wurde, daß dessen einst großer Einfluß in der deutschen Literatur stark nachgelassen hatte.[26]

Die erträumte Literaturrevolution erwies sich als Seifenblase. Das *Athenäum* war ein kommerzieller Mißerfolg, und der Verleger begann schon 1799 erste Schwierigkeiten zu machen. Nach dem dritten Jahrgang wurde die unrentable Zeitschrift endgültig eingestellt, und die Brüder Schlegel, die vorwiegend von den Erträgen ihrer publizistischen Tätigkeit lebten, mußten sich nach neuen Einnahmequellen umsehen. Sie hatten sich inzwischen freilich Goethe gewogen gemacht, und im späteren autobiographischen Rückblick sollte dieser sie dann »Personen« nennen, »die mit mir in der Hauptsache übereinstimmten, wenn ich auch nicht jedes Verfahren billigen, noch ihre sämmtlichen Productionen lobenswerth finden konnte«[27]. Etwas widerstrebend räumte der Dichter hier ein, daß seine literarische Laufbahn mit den Brüdern Schlegel verknüpft war. Diese hatten, nicht zuletzt auf seine Fürsprache, inzwischen schon zwei außerplanmäßige Professuren an der Universität Jena erhalten; dergleichen ging, wie man bei Schiller gesehen hat, damals sehr schnell. Aber da diese Stellen gänzlich unbesoldet waren, lösten sie die materiellen Probleme nicht, vor denen die Brüder Schlegel nach der Einstellung des *Athenäums* standen. In dieser Situation versuchten sich beide als Theaterschriftsteller; denn Goethe war seit 1791 ja Intendant der Weimarer Hofbühne.

August Wilhelm Schlegel verfaßte eine Bearbeitung des *Ion* von Euripides. Es handelte sich um eine klassizistische Umformung, deren äußere Gestalt ungefähr mit Goethes *Iphigenie* zu vergleichen war, deren Gehalt jedoch die Kritik auf den Plan rief. Wieland verfaßte daraufhin gleich eine eigene Übersetzung bzw. Bearbeitung des Stücks und ließ sie in Weimar umherreichen. Es war immerhin eine positive, produktive Kritik, und als Schlegels Werk auf die Bühne kam, fielen die Urteile meist negativ aus.

Nach den vielen Mißerfolgen, die er in den letzten Jahren erlitten hatte, war Goethe gegen jegliche Kritik jedoch so empfindlich geworden, daß er bereits ungünstige Äußerungen über seine Günstlinge als Ankündigung von Todfeindschaft betrachtete. Dies bekam nun jener Carl August Böttiger zu spüren, der ein paar Jahre zuvor die erwähnte Lobschrift über Ifflands Weimarer Gastspiel verfaßt hatte. Böttiger war Altphilologe, ein guter Kenner der Antike, den auch Schiller und Goethe mehrfach um seinen Rat gebeten hatten. Nach der Aufführung von Schlegels *Ion* verfaßte er eine Rezension, die in dem von Friedrich Justin Bertuch (1747–1822) verlegten und in Weimar publizierten *Journal des Luxus und der Moden* erscheinen sollte. Bertuch wagte aber keinen Abdruck, ohne Goethe vorab zu informieren, und dieser setzte unter Androhung seines Rücktritts als Theaterdirektor eine Unterdrückung der Kritik durch. Er forderte in seinem Brief an Bertuch wörtlich, »den Aufsatz zu unterdrucken [unterdrücken].«[28]

Mit diesem skandalösen Eingriff, der sich rasch herumsprach, hatte Goethe den Bogen fast schon überspannt. Böttiger war nach seiner Rezension in Weimar zur Unperson geworden; seine Stellung wurde so unhaltbar, daß er den Ort einige Zeit später verließ. Aber er rächte sich und lief zu Goethes ärgstem Feind über, zu August Kotzebue (1761–1819). Aus dem Zerwürfnis mit diesem, einer alteingesessenen Weimarer Familie entstammendem Schriftsteller resultierte jener »große Zwiespalt«, der sich damals »in der deutschen Literatur hervorthat«;[29] aus ihm ergab sich der größte Skandal dieser an Polemiken und Streitigkeiten nicht armen Zeit.

Goethe hatte zur Familie Kotzebue zunächst gute Beziehungen unterhalten. Im ersten Weimarer Jahrzehnt soll ihm, nach Berichten von Zeitgenossen, vor allem die Tochter des Hauses gefallen haben. Als der Sohn, August Kotzebue, 1781 von der Universität zurückkehrte, strebte er eine eben frei werdende Stelle als »Kriegs-Sekretär« in Weimarischen Diensten an und wandte sich an Goethe. Er wurde aber nicht vorgelassen, und seine Mutter, die daraufhin persönlich zu dem Dichter und Staatsbeamten eilte, wurde ebenfalls abgewiesen. Es war – nach Kotzebues Bericht[30] – eine Grobheit: der Schriftsteller hatte keinen Weg gefunden, auf dem sich die ihm unangenehme Angelegenheit wenigstens in gehöriger äußerer Form abwickeln ließ. Doch Kotzebue trat darauf in russische Dienste und war dort so erfolgreich, daß

er rund zwanzig Jahre später mit einem Adelsprädikat
wieder nach Weimar zurückkehrte. Und er war inzwischen auch der erfolgreichste Schriftsteller seiner Zeit geworden, der Autor, dessen Stücke die damaligen Theater
beherrschten.

Kotzebue schrieb ungeheure Mengen – allein seine
Bühnenwerke nehmen 40 Bände ein – und er schreckte
vor nichts zurück. Er schrieb kleine sentimentale Idyllen
und große schmalzige Rührstücke, von denen *Menschen-
haß und Reue* (1788) einen ungeheuren Erfolg erzielte, ebenso wie sogenannte »romantische Trauerspiele«.
So nannte er selbst sein Drama *Die Spanier in Peru,
oder Rollas Tod* (1795). Nach heutigen Begriffen handelt es sich allerdings nicht um ein romantisches Trauerspiel, sondern um eine geschickt dramatisierte Räuber-
geschichte, in der das Anreißen großer Themen, wie
Menschlichkeit und Toleranz, mit grellen Effekten, vor
allem einer gehörigen Portion von Mord und Totschlag,
verbunden wird. Das Stück beruht also auf einer Mischung, wie sie in ähnlicher Form auch in heutigen Er-
folgsromanen verwendet wird. Und im Gebrauch solcher
Rezepte lag die Ursache für Kotzebues gewaltigen Erfolg. Kotzebue war ein durchaus talentierter Schriftsteller, der wahrhaft komische Lustspiele wie *Die deutschen
Kleinstädter* schreiben konnte, die noch Nikolaj Gogols
Komödie *Der Revisor* von 1835 beeinflußten. Aber er gebrauchte sein Talent allzu ausschließlich zu kommerziellen Zwecken.

Kotzebue war der erste richtige Erfolgsschriftsteller
und fand internationale Resonanz. Als Adelbert von
Chamisso (1781–1838), der aus einem alten französischen
Adelsgeschlecht stammte, das im Gefolge der Revolution
nach Deutschland gelangt war, auf einer Schiffsreise in
den Jahren 1815–18 in die entlegensten Weltgegenden

kam, vernahm er auch dort noch den Ruf des bekanntesten deutschen Autors seiner Zeit, den Kotzebues. Ein literarisches Beispiel für dessen ungeheure Popularität findet man bei Gogol: als Tschitschikow, der Held seines großen Romans *Die toten Seelen*, in eine russische Provinzstadt kommt, wird dort auf dem Theater ein Stück aufgeführt, das – natürlich – von Kotzebue stammt.[31]

Da der Erfolg zu den wesentlichen Komponenten und den großen Bedürfnissen von Goethes Leben gehörte, reflektierte dieser bis in sein Alter hinein immer wieder über den populären Zeitgenossen. Mit wachsendem eigenen Ruhm gelangte er dabei allmählich zu einer abgeklärten Sicht und meinte, daß der Erfolgsschriftsteller bei richtiger Anwendung seines Talents Deutschlands »bester Lustspieldichter« hätte werden können.[32] Im Jahr 1817 schrieb er an Zelter scherzhaft, er sei nun an einer Beschäftigung, »die Du mir nicht zutraust«.[33] Der große Goethe redigierte damals für die Bedürfnisse des Weimarer Hoftheaters höchstpersönlich Kotzebues Stück *Der Schutzgeist*.[34] Ein andermal meinte er, der Autor sei ein »Talent, ein großes, außerordentliches, mit Unmoralität verbunden«.[35] Hier traten zwei für Goethe selbst charakteristische Züge hervor. Daß er seinem literarischen Antipoden »Unmoralität« vorhielt, verwies auf die ehrenfest bürgerlich-protestantische Schicht seiner eigenen Persönlichkeit. Auf der anderen Seite zeigte sich schon eine gewisse Überschätzung Kotzebues. Denn dessen Talent war tatsächlich weniger ein »außerordentliches«, als ein den Bedürfnissen der damaligen Bühnen auf besonders geschickte Weise angepaßtes gewesen. Wenn Goethe ihm etwas mehr zuschrieb, so vor allem deshalb, weil er über sein ganzes Leben hinweg in unkritischer Weise einen gehörigen Respekt vor jeglicher Art von großem Erfolg hegte.

Alle diese Bemerkungen stammen aus einer späteren Zeit. Um 1800, als der Schriftsteller von wiederholten Mißerfolgen geplagt wurde, muß ihm Kotzebues Rückkehr nach Weimar als Menetekel erschienen sein. Dieser galt zumeist als ein in Gesellschaft beliebter Mensch; aber nicht bei Goethe. Als er wieder nach Weimar kam, durfte er dessen Haus nicht betreten. Goethe griff ihn zwar nie direkt an, dergleichen überließ er den Brüdern Schlegel und anderen, die zahlreiche Parodien und Satiren gegen den Erfolgsautor und dessen trivialisierende Behandlung großer Themen richteten. Aber Kotzebue gehörte für ihn zu den Unpersonen, mit denen er nichts zu tun haben wollte, und dies mußte in dem kleinen Weimar bald zu starken Spannungen führen. Zunächst kam es zu Reibereien, die eines humoristisch-grotesken Einschlags nicht entbehrten. Goethe veranstaltete ein Mittwochskränzchen, von dem Kotzebue natürlich ausgeschlossen war. Er dachte sich sogar eine Regelung aus, die verhindern sollte, daß dieser durch einen anderen Gast bei ihm eingeführt werden konnte. Kotzebue ärgerte sich, ließ sich aber nicht lumpen und setzte dieser Veranstaltung ein Donnerstagskränzchen entgegen. So fand sich der eine Teil der Weimarer Gesellschaft nun am Mittwochabend bei Goethe und der andere am Donnerstag bei Kotzebue – es war wie in einer Komödie. Zu Goethes Verdruß zeigten die feinen Leute jedoch einen entschiedenen Hang zur Gegenpartei; wahrscheinlich war der Erfolgsschriftsteller ein amüsanterer Zeitgenosse als der meist sehr ernsthafte Dichter, und dessen Mittwochskränzchen konnte sich nicht mehr lange halten.

Um Goethe zu ärgern, beschlossen Kotzebue und sein Anhang, Schiller zu feiern. Dieser war mit seinen Dramen mittlerweile mit großem Erfolg als Theaterschriftsteller hervorgetreten; er hatte das Weimarer Drei-

gestirn, von dem Jean Paul im Jahr 1796 gesprochen
hatte, gewissermaßen zu einem Viergestirn erweitert.
Daß Kotzebue und sein Anhang zu Schillers Namenstag
am 5. März 1802 eine Feier veranstalten wollten, bei der
abschließend eine Büste des Dichters enthüllt und be-
kränzt werden sollte, wurde dennoch sofort als Affront
gegen den älteren und länger in Weimar ansässigen Goethe aufgefaßt. Und die Veranstaltung wurde schließlich
verhindert: der Weimarer Bürgermeister zog die schon
erteilte Genehmigung zur Benutzung des Stadtsaals wieder zurück. Als Grund gab er an, daß durch das Aufstellen der Büste und eines Gerüsts der eben neu gelegte
Boden wieder beschädigt werden könnte. Daß Kotzebue
für einen eventuell entstehenden Schaden haften wollte,
half nichts; die Begründung war schließlich nicht dazu
ersonnen worden, um sinnvoll zu sein, sondern um die
Feier zu verhindern.

Zum Skandal kam es über die Brüder Schlegel. Kotzebue hatte sich schon bald nach dem Erscheinen des *Athenäums* über diese lustig gemacht. Er war in einer Satire
namens *Der hyperboreeische Esel oder Die heutige Bildung* (1799) über ihren Jargon und ihre Bildungsattitü-
den hergezogen. Goethe fand aber auch in den *Deutschen Kleinstädtern*, die er als gutes und bühnenwirksa-
mes Stück auf das Theater bringen wollte, Anspielungen
auf seine Günstlinge. Er strich daher einige Passagen
und schrieb ein paar Zeilen um. Kotzebue wollte diese
Eingriffe aber nicht alle zugestehen; dies gehörte damals
schon zu den Autorenrechten, und als Goethe nicht
nachgab, machte er die Drohung wahr, der Weimarer
Bühne keine Manuskripte mehr zu überlassen. Es war
ein ziemlicher Schlag, weil das Repertoire mittlerweile
zum größten Teil aus seinen Stücken bestand. Und der
inzwischen freilich nicht mehr unparteiische Böttiger

höhnte, daß auf dem dortigen Theater nun »die schrecklichste Dürre und Hungersnot eingebrochen« sei.[36]

Goethe versuchte die Lücke mit seinen eigenen Werken und denen der Brüder Schlegel zu füllen. Er brachte in dieser Zeit seine *Iphigenie auf Tauris* auf die Bühne. Vorher sandte er das Stück an Schiller und machte in seinem Begleitbrief die Bemerkung: »es ist ganz verteufelt human«[37]. Sie sollte einige Zweifel an der theatralischen Wirksamkeit seines Schauspiels ausdrücken und erwies sich als nur allzu begründet. Denn das Humanitätsdrama war für das Weimarer Theater und dessen Sänger-Schauspieler ein schwieriges Unternehmen. Die Aufführung, die am 15. Mai 1802 stattfand, wurde nicht wiederholt, und das hieß: auch dieses Werk war auf dem zeitgenössischen Theater durchgefallen.

In dieser Situation reagierte Goethe völlig falsch. Er suchte Friedrich Schlegels *Alarcos* auf die Bühne zu bringen. Man muß sich dieses Stück als eine Art umgekehrte *Minna von Barnhelm* vorstellen. Verhindert bei Lessing eine junge Dame, daß sich ein in seiner Ehre gekränkter Offizier mit sich selbst und dem Leben überwirft, so tötet im *Alarcos* zum Schluß der Held aus verletzter Ehre die Dame und sich selbst. Schillers Freund Körner nannte das Werk despektierlich »ein merkwürdiges Produkt für den Beobachter einer Geisteskrankheit«[38]. Auch Schiller selbst meldete Bedenken an, und Goethe teilte sie zwar, setzte das Stück aber dennoch auf den Spielplan, weil, wie er wörtlich schrieb, »am Gelingen, oder nicht Gelingen, nach außen gar nichts liegt«[39]. Er hielt es also für gleichgültig, wie das Publikum reagierte; über das, was er sich bei solchen Bemerkungen eigentlich dachte, kann man nur rätseln.

Bei der Aufführung saßen sowohl Goethe wie Kotzebue im Zuschauerraum, und das Publikum wurde immer

unruhiger. An einer Stelle gab es schließlich allgemeines
Gelächter, aber in diesem Moment sprang Goethe auf
und rief mit mächtiger Stimme – er hatte wirklich eine
sonore und starke Stimme, und das Weimarer Theater
war nicht groß: »Stille!« oder »Man lache nicht!« – es
sind diese zwei Varianten überliefert.[40] Sein Ausruf bewirkte, daß das Stück »ohne weitere Störung, aber auch
ohne das geringste Zeichen des Beifalls« zu Ende ging.
Es war dem Intendanten also gelungen, die strenge Ordnung der Hofbühne wieder herzustellen. Aber Kotzebue kam es gerade recht, daß sein Antipode während
einer Theatervorstellung aufgesprungen war und das
Lachen verboten hatte, und er breitete den Skandal in
der Berliner Zeitschrift *Der Freimütige*, die zum Haupt-
organ der Goethe-Kritik geworden war, genüßlich aus.

Im Jahr darauf, 1803, veröffentlichte Kotzebue die
schlimmste je geschriebene Goethe- und Schlegel-Persi-
flage. Man kann ihr einen boshaften und teilweise bruta-
len Witz nicht absprechen, und dem Leser sei ein Auszug
daraus nicht vorenthalten. Zum Verständnis ist voraus-
zuschicken, daß der genannte Johannes Daniel Falk
(1768–1826) Publizist war und seit 1798 in Weimar lebte.

Kotzebues Stück, *Expectorationen. Ein Kunstwerk
und zugleich ein Vorspiel zum Alarcos*, beginnt mit folgender Szene: »GOETHE DER GROSSE sitzt auf einem bequemen Thron, die Hände über dem Bauch gefaltet«,
und spricht:

> Ich bin doch ein erstaunlich großer Mann!
> In meinem Hause zweifelt Keiner daran.
> Daß ich der größte Dichter auf Erden sey,
> Ist nun einmal meine Liebhaberey,
> Und dazu halt ich mir ein paar Jungen,
> Daß es mir täglich wird vorgesungen,

> Die bekommen zum süßen Lohn
> Meine allerhöchste Protection,
> Dürfen der Welt ein Rübgen schaben
> Und sie mit Floskeln zum Besten haben,
> Dürfen von *Kunst* wie die Elstern schwatzen,
> Vor Eigenliebe wie Frösche zerplatzen,
> Dürfen an Wielands Ruhme nagen
> Wie ein paar ausgehungerte Ratzen
> Dürfen dem Voltaire Schnippchen schlagen
> Und den Euripides zerkratzen [...]
> [Dies bezog sich natürlich auf A. W. Schlegels
> *Ion*].

Der kleine Falk tritt ein, »wirft sich mit dem Gesicht zur Erde« und meldet ein paar »demüthige Fremde«. Auf Goethes Frage: »Wer sind die Herren? und von wannen?«, antwortet er:

> Es sind ein paar tüchtige Räucherpfannen,
> Und, wie der Lohnlaquay mir entdeckte,
> So kommen sie von Berlin directe,
> Haben ihr Lämpchen dort leuchten lassen
> In Synagogen und auf den Gassen [...]
> Jetzt kommen sie zu *dir* mit frommen Herzen
> Und einer frischen Ladung Räucherkerzen.
> GÖTHE. Ey so laß sie doch geschwind herein.
> Was *lobt* soll stets willkommen seyn.

Die Gebrüder Schlegel treten darauf herein und reden Goethe mit den Worten an:

> Du reine poetische Poesie,
> Du Poesie der Poesie.
> Hier naht sich Dein getreues Vieh,
> Dem Deine Hoheit Schutz verlieh.
> GÖTHE. Großen Dank ihr hyperboräischen Brüder!
> Kniet nur ein wenig vor mir nieder,

Dann setzt euch wieder auf eure Steisse.
Ihr seyd wohl müde von der Reise?
Und werdet hungrig und durstig seyn?
Drum soll ein Labsal euch erfreun.
(*Er spuckt aus, Falck und die Gebrüder gerathen
sich in die Haare, weil ein Jeder das Gespuckte
zuerst auflecken will.*)

Zuletzt wird Goethe von den Brüdern beräuchert; er
entschlummert in einer Dampfwolke: »Ihm träumt er
sey zum Pabst erwählt worden, und fände in sich das
päbstliche Gemüt *rein ausgesprochen.* Er lächelt und
schnarcht. A. W. SCHLEGEL DER WÜTENDE setzt die Melodie seines Schnarchens sogleich auf Noten, und preist
es der Welt als rein musicalische Music, als *Music der
Music.*«[41]

Der empfindliche Goethe hatte sich schon bei den
Artikeln des *Freimütigen* über den *Alarcos*-Skandal so
sehr geärgert, daß er wochenlang kaum noch sein Haus
verließ.[42] Kritische Zeitgenossen meinten indessen, daß
sein eigener »Theaterdespotismus«[43] an diesen Ereignissen nicht unschuldig gewesen sei. Und der etwas ältere
»Urfreund« Knebel zog aus der Geschichte die Moral:
»Übermut und kleine Despotie strafen sich gar bald
selbst.«[44] Er meinte den Übermut der Brüder Schlegel
ebenso wie das despotische Regiment, das Goethe über
das Weimarer Theater ausübte.

Schiller, der weder Kotzebue noch die Brüder Schlegel
leiden konnte, schrieb damals, es sei jetzt »ein so klägli-
cher Zustand in der ganzen Poesie«.[45] Diese Bemerkung
betraf aber mehr das Land Sachsen-Weimar und dessen
kulturelle Einrichtungen als die deutsche Literatur, die
damals mit der beginnenden Romantik in eine Blütezeit
eintrat. Um die Verhältnisse in dem thüringischen Klein-

staat war es hingegen weniger gut bestellt. Nach all den Skandalen, die man inzwischen verursacht hatte, setzte im Jahr 1803 ein großer Auszug der Professoren aus der Universität Jena ein: Sie verlor innerhalb kürzester Zeit ihre namhaftesten Kapazitäten und wurde fast wieder so provinziell, wie sie früher gewesen war. Auch die *Allgemeine Literatur-Zeitung*, ihr wissenschaftliches Wahrzeichen, ging verloren, sie zog mit ihrem Begründer, Christian Gottfried Schütz, nach Halle. Sie konnte dort zwar ihre frühere Bedeutung nicht mehr erlangen, aber auch die auf Goethes Anregung hin begründete Konkurrenz, die *Jenaische Allgemeine Literaturzeitung*, erreichte nie das Ansehen ihrer Vorgängerin.

Goethe selbst nannte diese Geschehnisse die »Fichtischen Angelegenheiten«[46], und ihre Ursprünge gingen auf das Jahr 1798 zurück. Johann Gottlieb Fichte (1762–1814) war seit 1794 ordentlicher Professor an der Jenaer Universität und erwarb sich bald einen großen Ruf. Er hegte jedoch demokratische, und das hieß in den Augen vieler Leute inzwischen: revolutionäre Auffassungen, denn die Vorgänge in Frankreich hatten die Beurteilung aller politischen Einstellungen grundlegend verändert. Da seine Anschauungen zudem wenig kirchentreu waren, gab es wiederholten Ärger. Als Fichte und einer seiner Schüler 1798 im *Philosophischen Journal* zwei religionskritische Aufsätze publizierten, wurde im benachbarten Sachsen der Vorwurf des Atheismus laut, der damals noch als Kriminaldelikt galt, in der Regel aber nicht mehr geahndet wurde. In diesem Fall wollte man die Verstöße gegen die Landes- bzw. Kirchenverfassung allerdings nicht so einfach durchgehen lassen; die sächsischen Behörden verboten die Zeitschrift und verlangten von Weimar, gegen die Autoren vorzugehen und vor allem dafür zu sorgen, daß es künftig in Jena wieder etwas kirchentreuer zuging. Andernfalls werde man, so lautete die Drohung, den eigenen Landeskindern den Besuch der dortigen Universität untersagen.

In Weimar geriet man dadurch in eine unangenehme Lage. Denn einerseits hatte man Ursache, diese Aufforderungen zu beachten, andererseits galt Fichte auf Grund seines großen Namens als das Aushängeschild und Zugpferd der Jenaer Universität. Es war daher wünschenswert, die ganze Angelegenheit in aller Stille beizulegen. In dieser heiklen Situation beging Fichte eine Ungeschicklichkeit. Er schrieb am 22. März 1799 an den offiziell zuständigen Weimarer Beamten, an Christian Gottlob Voigt, einen Brief, in dem er erklärte, daß er sich keinesfalls irgendeine Maßregelung gefallen lassen, sondern in einem solchen Fall sofort demissionieren und eine ganze Anzahl von Kollegen mit sich ziehen werde. Dieser Brief, der in einem brüsken Ton auf die akademische Meinungsfreiheit pochte, wurde ihm äußerst übelgenommen. Man behandelte das Schreiben, das von seinem Verfasser stets als ein privates verstanden wurde, kurzerhand als offizielles Demissionsgesuch, und Fichte erhielt schon zum 1. April 1799 seine Entlassung. Was auf diesen Brief hin eigentlich geschah, wird sich schon deshalb nicht mehr genau feststellen lassen, weil Goethe später alle Schriftstücke, die er selbst in dieser Angelegenheit verfaßte, aus den Weimarer Archiven zurückforderte und vernichtete! Er scheint hier also eine wichtige, wenn nicht entscheidende Rolle gespielt zu haben, seiner eigenen Darstellung der Angelegenheit lassen sich aber nur einige Andeutungen entnehmen. Sie sind dennoch aufschlußreich, weil sie zeigen, daß der Weimarer Dichter und Geheimrat vor allem über das renitente und unbotmäßige Verhalten Fichtes gegenüber seinen Vorgesetzten größten Ärger und Unwillen empfand.

Goethe schrieb zu jenem »heftigen Schreiben«, das zum plötzlichen Bruch führte und das seiner Meinung nach nur in einem Zustand verfaßt worden sein konnte, in dem sich Fichte »ganz außer Fassung« befand: »Hiedurch war nun auf einmal aller gegen ihn gehegte gute Wille gehemmt, ja paralysirt: hier blieb kein Ausweg, keine Vermittelung übrig, und das Gelindeste war, ihm ohne weiteres seine Entlassung zu ertheilen.«[47] Diese Darstellung aus dem Rückblick versucht die Maßstäbe zu verschieben; denn durch die Entlassung wurde die Sache, die man eben noch in aller Stille hatte beilegen wollen, erst zu einer richtigen Affäre. Daß Fichtes Schreiben den »guten Willen« gegen ihn paralysirt habe, und zwar insbesondere denjenigen Goethes, dürfte hingegen ganz wörtlich zu nehmen sein.[48] Es gehörte zu den nunmehrigen Eigenheiten des Schriftstellers, daß er jegliche Form von Unbotmäßigkeit und Renitenz äußerst übel aufnahm; auch mit häuslichen Dienstboten kam es darüber gelegentlich zu heftigen Auseinandersetzungen.

Fichtes Drohung, eine Reihe von Kollegen mitzuziehen, war anfangs eine stumpfe Waffe. Die meisten Jenaer Professoren waren nicht prominent genug, um jederzeit irgendwo andershin wechseln zu können. Mit der Neubegründung der Universität Würzburg im Jahr 1803 bot sich jedoch eine Gelegenheit: nun kam das Berufungskarussell in Gang, und einige der renommiertesten Lehrstuhlinhaber nutzten es, um entweder dorthin oder nach Halle zu gehen. Man hat Goethe seinen »kleinen Despotismus« offenbar auch hier sehr verübelt, und sein Antipode Kotzebue schien nun zu triumphieren. Der *Freimüthige* publizierte höhnische Artikel, die sich bis zu Prophezeiungen von einem baldigen Untergang der Universität Jena verstiegen.

Am peinlichsten war die Abwanderung der *Allgemei-*

*nen Literatur-Zeitung*, die der Theologe Johann Jakob Griesbach (1745–1812) wörtlich als »ein[en] unauslöschliche[n] Schimpf für Jena« bezeichnete.[49] Vor der Versetzung dieser Zeitschrift an einen anderen Ort hatte nach damaligen Gepflogenheiten eine Anzeige zu erfolgen; der Herausgeber Schütz und der Verleger Bertuch wollten aber natürlich kein Schreiben an die Weimarer Behörden richten, auf das eine offizielle Mißbilligung ihres Schritts hätte erfolgen können. Daher griff man zu einer Finte: man gab dem schon bejahrten Theologen Griesbach den Auftrag, Goethe in einem Gespräch mit ihren Absichten vertraut zu machen. Und Griesbach, der natürlich keine Auseinandersetzungen wollte, tat dies in so gelinder Form, daß der Schriftsteller nicht bemerkte, wie weit die Angelegenheit schon gediehen war. Eine bessere oder vielmehr schlechtere Reaktion hätten sich Schütz und Bertuch kaum wünschen können. Denn als die Sache ruchbar wurde und erste offizielle Anfragen kamen, verwies der ebenfalls involvierte Anatom Justus Christian Loder (1753–1832) einfach darauf, daß man doch den Herrn Geheimrat Goethe informiert habe.

Dieser war nun in Verlegenheit, denn es war offenkundig, daß man ihn übertölpelt hatte, und sah sich in einem Schreiben an Herzog Carl August, das seinen Verdruß nicht verhehlte, zu sehr gewundenen Erklärungen genötigt. Er mußte einerseits einräumen: »Ich erinnere mich einiger bedeutenden Stellen des Gesprächs recht gut und habe sogar seine eigentlichen Worte in einem Brief an Herrn von Ziegesar wiederholt gefunden.«[50] Loder und Griesbach hatten sich natürlich abgesichert und die Vorgänge auch schriftlich festgehalten. Andererseits wollte Goethe einwenden: »daß aber von der Versetzung der Litteraturzeitung nach Würzburg, auf irgend eine bedeutende Weise, die Rede gewesen, erinnere

ich mich nicht; ja ich erinnere nicht einmal deutlich
*daß* davon die Rede gewesen.« Die Erinnerungen des
Schriftstellers waren undeutlich, weil er die Äußerungen,
die er nun in einem Brief Griesbachs nachlesen mußte,
im entscheidenden Moment nicht richtig wahrgenom-
men hatte; zudem verwechselte er Halle mit Würzburg.

Eine eher kuriose Begleiterscheinung dieser Ereignisse war es, daß sich Goethe über den Wegzug des Jura-
professors Gottlieb Hufeland (1760–1817), der nicht
mit dem erheblich berühmteren Mediziner Christoph
Wilhelm Hufeland (1762–1836) zu verwechseln ist, der
auf Grund seines großen Rufs schon 1798 nach Berlin
geholt worden war, gleich in doppelter Hinsicht ärgern
mußte. Da der Jurist Hufeland zu jenen gehörte, von denen er Geld geliehen hatte, gesellte sich zum Verdruß
über dessen Fortgang noch jener, alte Schulden begleichen zu müssen.

Die Lage in Sachsen-Weimar nahm sich nach diesen
Vorgängen alles andere als günstig aus. Ende 1803 verstarb Herder, und Schiller befand sich auch im folgenden
Jahr so unwohl, daß er schrieb: »Es gefällt mir hier mit
jedem Tage schlechter, und ich bin nicht willens, in Weimar zu sterben.«[51] Zur Ausführung dieses Vorsatzes
kam der 45jährige jedoch nicht mehr; sein Gesundheitszustand verschlechterte sich rapid, und 1805 starb er
ebenfalls. Damit waren zwei der Lichter des Weimarer
Viergestirns erloschen, und alles schien auf einen Niedergang zu deuten.

Bei Goethe war die lang schwelende Krise bereits
1801 zum Ausbruch gekommen. Anfang dieses Jahres
erkrankte er schwer, durch Charlotte von Steins Zeugnisse ist man detailliert darüber informiert: »Es ist ein
Krampfhusten und zugleich die Blatterrose; er kann in
kein Bett und muß in einer immer stehenden Stellung

erhalten werden, sonst will er ersticken. Der Hals ist verschwollen sowie das Gesicht, und voller Blasen inwendig, sein linkes Auge ist ihm wie eine große Nuß herausgetreten und läuft Blut und Materie heraus, oft phantasiert er«.[52]

Im Jahr 1805, in dem Schiller starb, erkrankte Goethe erneut so schwer, daß nicht wenige Zeitgenossen und wahrscheinlich auch er selbst sein baldiges Ableben befürchteten. Der Schriftsteller zeigte damals eine panische Furcht vor allem, was an das Sterben erinnern konnte, vor Beerdigungen, vor Friedhöfen und vor Todesmeldungen. Man wußte daher kaum, wie man ihm die Nachricht von Schillers Verscheiden beibringen sollte.[53] Nach einem überlieferten Zeugnis soll man ihm das Ereignis zunächst verhehlt und dann in verklausulierter Form mitgeteilt haben. Darauf soll er das Gesicht mit der Hand bedeckt haben; zur Beerdigung ging er nicht, sein eigener schlechter Gesundheitszustand mußte ihn davon dispensieren.

Und betrachtet man es näher, so scheint es fast, als ob die ausgesprochene Todesphobie oder Todesneurose Goethes[54], wie man diese Erscheinung auch nannte, damit zusammenhing, daß er nicht nur Angst hatte, zu früh zu sterben, sondern auch fürchtete, ohne den Ruhm dahingehen zu müssen, der ihm seiner Überzeugung nach unbedingt noch zukommen mußte. Wäre Goethe damals verstorben, dann hätte er mit dem verbitterten Gefühl abtreten müssen, zu seinen Lebzeiten verkannt und mißachtet worden zu sein! Und in späteren Jahren, als sich der so sehr gewünschte, ja geforderte Ruhm endlich eingestellt hatte, nahm er Dinge, die an den Tod erinnern konnten, weitaus gefaßter und gelassener auf als kurz nach der Jahrhundertwende.

Goethe tat nun sogar etwas, was heute ausgesprochen makaber wirkt. In dem Gewölbe des Weimarer Fried-

hofs, in dem man Schiller beigesetzt hatte, waren im
Lauf der Jahre die Särge ineinandergebrochen. Man
nahm die Gebeine Schillers daher heraus und fügte sie in
den Sockel einer Büste in der Weimarer Bibliothek ein.
Den Schädel aber griff sich Goethe heraus und stellte
ihn in einem seiner Zimmer auf. Er setzte ihn auf ein
blausamtenes Kissen und stülpte eine gläserne Glocke
darüber, so daß er den Totenkopf seines verblichenen
Freundes jederzeit betrachten und das Glas im übrigen
auch fort und den Schädel in die Hand nehmen konnte.
Er dachte damals an eine gemeinsame Grabstätte für
Schiller und sich selbst, aber aus diesem Plan wurde
nichts, und nach einiger Zeit kam der Kopf wieder zu
den übrigen Gebeinen zurück.

Das heute makaber wirkende Unterfangen Goethes,
den Totenschädel seines alten Bundesgenossen auf einem
Samtkissen in seinen Zimmern aufzustellen, fiel in der
damaligen Zeit nicht aus dem Rahmen! Da die meisten Menschen zu Hause starben, stand man dem Tod
zwangsläufig viel näher als heute.[55] Und nicht wenige
Leute hatten damals auch ein, heute würde man sagen:
populärwissenschaftliches Interesse an den Gebeinen
prominenter Zeitgenossen und Vorfahren. Daher war
Goethe 1788 in Rom auf den ausdrücklichen Wunsch
Herzog Carl Augusts hin auch in jene Akademie von
San Luca gegangen, in der ein Schädel gezeigt wurde, den
man damals Raffael zuschrieb. Diese Zuschreibung erwies sich später als irrig, aber im Jahr 1788 glaubte man
immerhin, die sterblichen Überreste des berühmten Malers vor sich zu haben, und der Schriftsteller machte in
seinen Aufzeichnungen dazu die heute erstaunlich anmutende Bemerkung: »Ein trefflicher Knochenbau, in
welchem eine schöne Seele bequem spazieren konnte.«[56]
Goethe hatte also weder in früheren noch in späteren

Zeiten eine panische Furcht vor dem Tod und vor allem, was an diesen erinnern konnte. Sie stellte sich nur in den Jahren um und nach 1800 bei ihm ein und muß ebenfalls als ein Symptom jener großen Krisenzeit seines Lebens gelten, in der er sich damals befand.

Aber im weiteren kam nicht nur der Ruhm, sondern geschah noch etwas sehr Bezeichnendes. Als Goethe nach Wielands Tod, 1813, der letzte aus dem alten Weimarer Viergestirn war, begann er allmählich ein neues Bild jener Jahre zu zeichnen, die er zusammen mit seinen Schriftstellerkollegen hier verbracht hatte. Er fing schon an, die Zeit des gemeinsamen Beieinanderseins zu verklären und zu glorifizieren. Er nannte die Epoche des Bundes mit Schiller gelegentlich zwar noch eine »tumultuarische Zeit«[57]. Und er urteilte, daß das »Lehrreichste« an ihr »der Zustand« gewesen sei, »in welchem zwey Menschen, die ihre Zwecke gleichsam par force hetzen, durch innere Überthätigkeit, durch äußere Anregung und Störung ihre Zeit zersplittern; so daß doch im Grunde nichts der Kräfte, der Anlagen, der Absichten völlig Werthes herauskommt«.[58] Dieses Urteil beruhte auf einer realistischen historischen Sicht der Geschehnisse. Aber der Schriftsteller neigte nicht immer zu einer solchen Perspektive, sondern vertrat auch die sehr unhistorische Auffassung: »Wenn das Einzelne durch die Zeit ausgelöscht wird so geht das Allgemeine rein hervor; die Handlungen verschwinden, die Gesinnungen bleiben übrig, man hört auf nach den Mitteln zu fragen, die erreichten Zwecke treten vor die Seele des Betrachters.«[59] Und so wurde die Ära, die er einst mit Wieland, Herder und Schiller durchlebt hatte, im Rückblick bereits zu einer goldenen Zeit.

Auch die Begrenztheit und Enge des thüringischen Kleinstaats sah Goethe nun nicht mehr so negativ wie

früher. In Briefen an den Freund Zelter finden sich wiederholt Bemerkungen der Art, daß er in einer so großen
und tumultuarischen Stadt wie Berlin nicht leben wolle.
Dahinter stand eine Einschätzung des Phänomens der
Großstadt, die schon im Jahr 1797 zum erstenmal hervorgetreten war. Damals hatte der Dichter an Schiller
über das eher noch behäbige und altmodische Frankfurt
geschrieben: »Es lebt in einem beständigen Taumel von
Erwerben und Verzehren, und das was wir Stimmung
nennen, läßt sich weder hervorbringen noch mittheilen;
alle Vergnügungen, selbst das Theater, sollen nur zerstreuen. [...] Ich glaube sogar eine Art von Scheu gegen
poetische Productionen, oder wenigstens in so fern sie
poetisch sind, bemerkt zu haben, die mir aus eben diesen Ursachen ganz natürlich vorkommt. Die Poesie verlangt, ja sie gebietet Sammlung, sie isolirt den Menschen
wider seinen Willen [...] und ist in der breiten Welt (um
nicht zu sagen in der großen) so unbequem wie eine
treue Liebhaberinn.«[60] Diese skeptische Diagnose der
Stadtkultur enthielt das Eingeständnis, daß die Künste
dort zwangsläufig eine recht untergeordnete Rolle spielten. Demgegenüber wurde das kleine und provinzielle
Weimar bei all seinen Mängeln nun zu einem Hort der
Sicherheit, zu einer Zuflucht gegen die Ignoranz und In-
differenz der Großstadt und des modernen Weltlebens,
und in dieser Funktion sollte es auch ein Prototyp späterer Künstlerkolonien sein. Denn so unangenehm der
Kleinstaat für den Schriftsteller einerseits war, dessen
großer Traum darin bestanden hatte, sein weiteres Leben
in Italien zu verbringen, so war er andererseits doch ein
Ort, in dem der Literatur und nicht zuletzt seiner eigenen Person noch gewichtige Rollen zukamen, in der
er nicht zur Randerscheinung einer vom Geschäftsleben
beherrschten Großstadt absank.

Die Nachwelt sollte die Zeit des Bundes mit Schiller, die Goethe im Alter bereits zu verklären begann, dann noch viel stärker verzeichnen. Sie machte daraus den klassischen Gipfel der deutschen Literatur oder »das glorreiche Jahrzehnt«[61]. Derartige Bezeichnungen haben mit den historischen Ereignissen, die man in dem Jahrzehnt von der Begründung der *Horen* bis zu Schillers Tod findet, kaum etwas zu tun. Sie verkörperten das Wunschbild einer Nachwelt, die in der Verbindung von Goethe, dem größten deutschen Dichter, und Schiller, dem über lange Zeit populärsten Schriftsteller Deutschlands, den Höhepunkt der nationalen Kultur sehen wollte.

Die Stücke Schillers wurden schon in den ersten Jahrzehnten des 19. Jahrhunderts viel öfter publiziert, gelesen und aufgeführt als die oft so schwierigen Werke Goethes. Und ihr Verfasser war in Deutschland über das gesamte 19. Jahrhundert hinweg der weitaus am meisten verbreitete Klassiker. In einer Novelle Theodor Storms (1817–1888) aus dem Jahr 1870, *Der Amtschirurgus*, die auf die Jugendzeit des Erzählers zurückgreift, heißt es daher: »Unseren Schiller kannten wir wohl [...]«.[62] Gleiches ließ sich von Goethe nicht so ohne weiteres sagen! Obwohl er im Gegensatz zu Schiller ein auch in der Weltliteratur hochberühmter Autor war und ist, erlangte er nie die Popularität, die jener im Deutschland des 19. Jahrhunderts genoß.

Daß die Nachkommen in der Verbindung von beiden den Höhepunkt der nationalen Kultur sehen wollten, schuf freilich eine sehr unhistorische Sicht der Geschehnisse: Goethe und Schiller wurde nun nachträglich jene Führungsrolle und herausragende Stellung eingeräumt, die ihnen die Zeitgenossen um 1800 keineswegs zugebilligt hatten.

Gegen den Terminus der Weimarer Klassik ist den-

noch nichts einzuwenden, sofern man nur eine ge-
schichtlich einigermaßen adäquate Perspektive mit ihm
verbindet. Wenn man den Bogen von der Berufung Wielands, die im Jahr 1772 erfolgte, bis zu Goethes Tod im
Jahr 1832 spannt, ist festzustellen, daß in dieser Zeit und
unter der Regentschaft zweier aufgeklärter Fürsten, der
Anna Amalias und Carl Augusts, die Leistungen Sachsen-Weimars auf dem literarischen Gebiet eine Höhe erreichten, an die andere, mächtigere deutsche Staaten der
Epoche nicht herankamen. Der so oft gescholtene Kleinstaat erwies sich seinen größeren Konkurrenten hier also
als überlegen. Im übrigen ist auch die heutige kulturelle
Vielfalt Deutschlands, etwa die von kaum einem anderen
Staat erreichte Dichte der Theater, Museen und Bibliotheken, eine Folge der sehr kleinräumigen Verhältnisse
im alten Reich. Und die Kleinstaaterei war daher bei allen Mängeln, die sie haben mochte, die man in ähnlicher
oder abgewandelter Form aber auch in den größeren Territorien des Reichs traf – denn dort gab es ebenfalls Despotismus und andere Mißstände –, keineswegs nur ein
schlechtes Erbteil der deutschen Tradition. Ein entschieden besseres jedenfalls als jenes, das später unter den Zeichen eines Großmachtanspruchs und Kulturteutonismus
begann.

## ELFTES KAPITEL

# »*Die unendliche Langeweile des täglichen Lebens*«

Da Goethe durch das Entgegenkommen Herzog Carl Augusts von seinen bisherigen Amtspflichten weitgehend befreit worden war, seine Produktivität in den folgenden Jahren jedoch nachließ, tauchte ein neues Element in seinem Leben auf: die Langeweile. Oft durchdringende und schier unerträgliche Langeweile, die ihm den Tag vergällte: »die 16 Stunden des Tages haben eine furchtbare Länge,«[1] klagte er in einem Brief aus dem Jahr 1805. Die 1809–1813 entstandenen ersten drei Teile der Autobiographie lassen sich wie ein Kompendium der Langeweile lesen. Denn immer wieder tritt dem Schriftsteller während der Beschreibung seiner Jugendjahre die Öde seines jetzigen Daseins vor die Augen, und er klagt über die »unendliche Langeweile des täglichen Lebens«.[2] Oder es heißt: »Die Zeit ist unendlich lang«.[3]

*Lebendmaske Goethes 1807*

An einer anderen Stelle, nur geringfügig variiert: »Der Tag ist lang und die Nacht dazu; man kann nicht immer dichten, thun oder geben«.[4] Die Klagen über »die Unbilden und Langeweile der Tage«[5] wollen nicht abreißen; sie sind wie ein Leitmotiv, das der wesentlich später, in den zwanziger Jahren des 19. Jahrhunderts begonnene vierte Teil der Autobiographie wieder

aufgreift. Denn auch hier tritt »unerträgliche Langeweile« hervor.[6]

Den damals noch nicht als vollwertige Kunstform an-
erkannten Roman verteidigt der Schriftsteller mit der
Begründung: »Er unterhält uns in Zeiten, wo wir vor Langeweile umkommen«.[7] Man könnte sich bessere Argumente zur Verteidigung des Romans als literarische Gattung vorstellen; allein bei Goethe finden sich die Bemerkungen: »Wie oft wiederholt man nicht die Litanei vom
Schaden der Romane, und was ist es denn für ein Unglück,
wenn ein artiges Mädchen, ein hübscher junger Mann sich
an die Stelle der Person setzt, der es besser und schlechter
geht als ihm selbst? Ist denn das bürgerliche Leben so viel
wert, oder verschlingen die Bedürfnisse des Tags den
Menschen so ganz, daß er jede schöne Forderung von sich
ablehnen soll?«[8] Goethe selbst wurde von den »Bedürfnissen des Tags« offenbar nicht verschlungen. Aber er
hatte ja eine bequeme Stellung: wenig Arbeit und großen
Einfluß bei gutem Gehalt. Doch dafür nistete sich nun
die Langeweile bei ihm ein. Die Situation wurde dadurch
zugespitzt, daß sich Goethe seinen literarischen Arbeiten nur widmen wollte, wenn er das hatte, was er »ästhetische Stimmung«[9] nannte. Sich zum Schreiben zu nöti-
gen, war für ihn eine »forcierte Produktionsweise«, und
er meinte, sie müsse sich stets negativ auf die Qualität des
Ergebnisses auswirken. Nach einem Zeugnis Eckermanns heißt es: »Mein Rat ist daher, *nichts zu forcieren*
und alle unproduktiven Tage und Stunden lieber zu vertändeln und zu verschlafen, als in solchen Tagen etwas
machen zu wollen, woran man später keine Freude hat.«[10]

Doch mit dem Vertreiben oder »Vertändeln« seiner
Stunden hatte er ebenfalls Schwierigkeiten. Nach einer
Äußerung Madame de Staëls soll Goethe einmal bekannt
haben, daß er sich in seinem Leben in Deutschland nie

richtig amüsiert habe.[11] Das mag übertrieben klingen, aber es gab tatsächlich nicht allzu viele Gelegenheiten, bei denen man sich unterhalten hätte. An diesem Punkt ist ein Vergleich mit Schiller aufschlußreich. Dieser machte es sich gegen Ende der Zeit, die er in Jena zubrachte, in den Jahren 1798/99, zur Gewohnheit, einmal in der Woche mit dem jungen Philosophen Schelling zusammenzutreffen. Dabei wurde aber, wie er Goethe etwas verschämt eingestand, nicht etwa ein geistreiches Gespräch geführt, sondern ein Kartenspiel hervorgezogen.[12] Goethe spielte zu dieser Zeit natürlich nicht, er bemerkte in seinem Antwortschreiben an Schiller steif und gravitätisch nur, daß er »persönlich keine Idee habe, wie man sich dabey zerstreuen oder erfreuen könne«.[13] Mit so trivialen Sachen wie dem Kartenspiel wollte er sich damals nicht abgeben. Er hielt darauf, »sich doch immer nur mit würdigen Dingen«[14] zu beschäftigen, mußte dann aber, es war kurz vor Weihnachten, an den kürzesten Tagen des Jahres, einräumen: »Freylich sind die Abende jetzt sehr lang und unfruchtbar.«[15]

Im Jahr 1806, in dem sich Preußen gegen die napoleonische Vorherrschaft erhob, begannen die bisher im Hintergrund verlaufenden Wirren der Zeit über Weimar hereinzubrechen. Bereits im Winter wurde die preußische Armee im Land stationiert, und die Lebensmittelpreise stiegen sprunghaft. Die Teuerungen waren aber nur die Vorboten weit schlimmerer Ereignisse. Im Herbst 1806 wurde das preußische Heer in der Doppelschlacht bei Auerstädt und Jena, also auf Weimarer Territorium, von Napoleon vernichtend geschlagen, und die Armee der Sieger rückte an. Französische Truppen quartierten sich in Weimar ein und konfiszierten mehr oder weniger rücksichtslos das, was ihnen zu ihrem Auskommen nötig und wünschenswert erschien. Im Gegensatz zu manch anderen, die regelrecht geplündert wurden, traf Goethe ein verhältnismäßig günstiges Los, weil er einen Marschall, Michel Ney (1769–1815), zur Einquartierung erhielt. Doch der Marschall kam erst einen Tag nach der kämpfenden Truppe, und in der Zwischenzeit hatte Goethe bloß ein paar Kavalleristen im Haus. Diese, überwiegend Elsässer, die in der Revolutionszeit ganz eindeutig auf der Seite Frankreichs standen, verhielten sich zwar sehr zivilisiert. Aber die Lage war doch unsicher, und sein Haus wäre vielleicht von zwei Soldaten geplündert worden, wenn Christiane Vulpius nicht einen der Elsässer, die sich schon niedergelegt hatten, herbeigerufen und dieser die weniger zivilisierte Soldateska wieder fortgewiesen hätte.[16]

Wenige Tage später heirateten Goethe und Christiane Vulpius. Es war eine Kriegstrauung, inmitten von Wirren rasch vollzogen und für einige Zeit die letzte kirchliche Zeremonie in Weimar, denn die Gotteshäuser wurden kurz darauf in Lazarette und Magazine umgewandelt. Es gab daher auch Kritik an dieser Eheschließung: Einige Beobachter mokierten sich darüber, daß man sie zu einer solchen Zeit und unter solchen Umständen stattfinden lasse.[17]

Nun ist die später verbreitete, etwas rührselige Version, nach der Christiane Vulpius unter Einsatz ihres Lebens Goethe gerettet und dieser sie daraufhin aus Dankbarkeit geheiratet habe, gewiß eine Verbrämung von Dingen, die sich in Wirklichkeit um einiges nüchterner ausnahmen. Die Ereignisse des Jahres 1806 verschafften dem Schriftsteller eine Gelegenheit, etwas zu vollziehen, was er lange vor sich hergeschoben hatte und was inzwischen kaum noch zu umgehen war: Christiane Vulpius zu seiner Frau zu machen.

Eine »wilde Ehe« war für einen Bürger damals eine verwickelte Angelegenheit, die enorme gesellschaftliche Komplikationen nach sich zog. Daß Christiane Vulpius bei den Einladungen, die Goethe gab, nicht auftreten durfte, wurde schon erwähnt, war aber nur der Beginn einer langen Reihe von verwickelten Problemen. Obwohl auch Schiller in all den Jahren seiner nicht allzu engen Freundschaft mit Goethe Christiane Vulpius nicht zu Gesicht bekam, schreckte seine Frau Charlotte (1766–1826), geborene von Lengefeld, vor Besuchen im Haus des Dichters zurück, und wenn sie sie doch einmal unternahm, brach sie jedesmal sehr rasch wieder auf. Dieses Verhalten beruhte weniger darauf, daß sie Angst hatte, Christiane Vulpius zu treffen, als darauf, daß sie, nach ihren eigenen Angaben, die Nachrede scheute, sie könne mit ihr zusammengetroffen sein.[18] Denn derartiges galt für eine geborene von Lengefeld als höchst unschicklich. Für diese war Christiane Vulpius eine Unperson, mit der sie nichts zu tun haben wollte. Und es ist gut möglich, daß eine Duzfreundschaft zwischen Goethe und Schiller schon auf Grund des überaus heiklen Verhältnisses zwischen dessen Frau und Christiane Vulpius vermieden wurde.

Der Wirrwarr gesellschaftlicher Unbilden wurde noch komplizierter, als Goethes Sohn August heranwuchs. Da seine Mutter nicht legitimiert war, galt er nach damaligen Gepflogenheiten zwar als Goethes natürlicher Sohn, Christiane Vulpius stand jedoch weder zu ihm noch zu anderen Personen der Weimarer Umwelt in einem geregelten Verhältnis. Sie wurde daher, sofern man sie überhaupt erwähnte, meist nur als »die Mademoiselle« bezeichnet. Friedrich Heinrich Jacobi, der mit Goethe seit der ›Sturm und Drang‹-Zeit befreundet war, faßte die Schwierigkeiten, die sich bereits im häuslichen Umgang ergaben, in die Worte: »Die Mademoiselle hilft sich, und nennt den Sohn August; aber wie soll der Sohn die Mademoiselle anreden? – Die ganze Haushaltung, wie sie jetzt besteht, ist ungereimt«.[19] Jacobi räumte daher einerseits zwar ein: »Darüber sind alle eins, daß Goethe diese gemeine Natur nicht heiraten kann«. Andererseits mußte er sich zu dem Schluß durchringen: »Am Ende wird denn Goethe doch noch die Mutter seines Sohnes ehelichen müssen, und ich wünschte nur, es wäre schon geschehen.«

Als es geschehen und Christiane Vulpius nominell Frau Geheimrat geworden war, ergaben sich neue Probleme. Als Goethes Frau hätte sie nun eigentlich in die Gesellschaft eingeführt werden müssen, als ehemalige Konkubine aus niederem Stand galt sie aber nicht als gesellschaftsfähig. Lediglich die neu in Weimar ansässige Johanna Schopenhauer (1766–1830), die Mutter des Philosophen Arthur Schopenhauer (1788–1860), akzeptierte sie und trat dadurch für einige Zeit in engeren Kontakt mit dem Schriftsteller. Für die wirklich feinen Leute war es nun undenkbar, noch Einladungen in Goethes Haus anzunehmen, weil Christiane Vulpius als nominelle Frau Geheimrat ja nicht mehr versteckt werden konnte. Die Verbindung war nach damaligen Begriffen eine krasse Mesalliance, und dies war schlimmer als ein Liebesverhältnis zu einem Mädchen aus niederen Schichten. Derartige Verhältnisse kamen immer wieder vor. Doch wenn man sie nicht auflöste, sondern sie zur Dauereinrichtung machte und zuletzt sogar, wie Goethe, zu legitimieren suchte, dann verstieß man gegen die Ständegrenzen, und dies war ein viel schwerwiegenderer gesellschaftlicher Affront als eine vorübergehende Liaison.

Angesichts dieser Lage schlugen Goethe und seine Frau auch nach der Verheiratung außerhalb des Hauses meist getrennte Wege ein. Der Schriftsteller verbrachte

große Teile des Jahres gar nicht in Weimar. Er war nach
wie vor oft in Jena und hielt sich im Sommer meist an einem Badeort auf, am häufigsten in Karlsbad. Die dortigen Aufenthalte dehnten sich nicht selten auf vier bis
fünf Monate aus. Goethe sei »jährlich fünf Monate in
Karlsbad und zwei in Jena«,[20] kommentierte 1810 ein
Zeitgenosse, und das hieß: in Weimar war er eigentlich
nur zwischendurch.

Die Badereisen wurden auch weniger der Gesundheit
als der Abwechslung und des gesellschaftlichen Amüse-
ments wegen unternommen. In Karlsbad verbrachte die
feine Welt den Sommer, und dort, fernab von Weimar,
seinen Amtspflichten und den Unbilden, die sich aus den
Zwängen des Weimarer Hofs und der Verbindung mit
Christiane Vulpius ergaben, vermochte sich auch der
Schriftsteller zu vergnügen. Christiane Vulpius blieb indessen zu Hause; sie reiste auch als legitime Ehefrau
nicht mit, weil sich sonst sofort wieder gravierende Probleme ergeben hätten. Aber ihr konnte natürlich nicht
entgehen, daß sich ihr Mann in diesen langen Zeiträu-
men mehr amüsierte als zu Hause, und so kam es vor
der Abreise nach Karlsbad gelegentlich zu »eifersüchti-
gem Weinen« und ähnlichen Szenen.[21]

Auch im äußeren Umgang miteinander änderte sich
nach der Verheiratung nicht viel: Goethe nannte Christiane Vulpius vor anderen Leuten weiterhin »liebes
Kind« und Du; sie redete ihn weiterhin mit »lieber Geheimrat« und Sie an.[22] Dabei handelte es sich um eine
Kulisse, ja eine Farce, die aus gesellschaftlichen Gründen
aufrechterhalten wurde, denn privat hatte Christiane
Vulpius ihren Mann schon vor der Verheiratung ge-
duzt.[23] Doch in Briefen und sonstigen Schriftstücken behielt sie den Geheimratstitel weiterhin bei, so daß die
Anrede dann Du und »Lieber Geheimerath« lautete.[24]

Auch in ihren Notizen hieß es am 2. April 1816 etwa:
»Der Geheime Rat unpaß«. Am 3. April 1816: »Der Geheime Rat noch krank.« Am 5. April 1816: »Der Geheime Rat um vieles besser.«[25]

Natürlicherweise versuchte Goethe der Verbindung
mit Christiane Vulpius gewisse Annehmlichkeiten abzugewinnen, und daraus ergaben sich manche etwas merkwürdigen Regelungen. Während sonst von allen Personen in seiner Umgebung erwartet wurde, daß sie seine
Werke gelesen hatten, und zwar möglichst vollständig,
war die Ehefrau von derartigen Verpflichtungen ausdrücklich dispensiert. Ja, der Dichter schien in diesem
Fall mit einem gewissen Stolz zu verkünden: »Für meine
Frau sind meine Werke tote Buchstaben; sie hat keine
Zeile davon gelesen; die geistige Welt existiert nicht für
sie. Sie ist eine vortreffliche Wirtschafterin; meine Häuslichkeit, die sie ganz allein leitet, ist ihr Königreich. Sie
liebt Putz und Theater und ist dann völlig umgewandelt.«[26] In diesen Bemerkungen äußerte sich ein gewisser
Snobismus. Der Schriftsteller nahm eine aristokratische
Herrenattitüde an, nach der es vollkommen gleichgültig
war, ob die Frau, mit der er zusammenlebte, irgendwelche geistigen Interessen hatte oder nicht. Andererseits
ließ er sie für mehr als die Hälfte des Jahres allein und
sprach an den feinen Badeorten, in denen er sich im Sommer aufhielt, nur in den angeführten, etwas versnobten
Wendungen davon, daß er eine Art Hausfrau und Wirtschafterin in Weimar zurückgelassen habe. Im Jahr 1814
schrieb eine Dame aus dem Frankfurter Bürgertum über
Goethes Verhältnis zu Christiane Vulpius: »Er spricht
mit sehr vieler Liebe von seiner Frau [...] Das ist mir un-
begreiflich, denn sie ist ein ungebildetes Weib, auch in ihrer Art, sich zu benehmen, nichts weniger wie artig oder
angenehm, sondern wie eine lustige Magd, auch denke ich

mir das Verhältnis wie [das] eine[r] solche[n] zu einem alten Herrn.«[27]

Trotz solcher Kunstgriffe und der Ausnahmeregelungen, die speziell für Christiane Vulpius eingeführt wurden, war die Verbindung auf Dauer doch nicht glücklich, und in indirekter Form gibt darüber die spätere Autobiographie Auskunft. Denn dort wird den Neigungen zu zwei jungen Damen, die der Dichter in früheren Jahren gehegt hatte, zu Friederike Brion und zu Elisabeth Schönemann, ein weit größerer Raum eingeräumt, als ihnen in Wirklichkeit je zugekommen war. Die kurze Episode in Sesenheim wird zur Idylle verklärt und die Freundschaft mit Elisabeth Schönemann sogar in eine Verlobung verwandelt. Wenn dies als Ablenkungsmanöver gedacht war, so war es gelungen: es ist schließlich eine Tatsache, daß die Nachwelt dem Schriftsteller den Gefallen tat, sich mehr mit Sesenheim als mit seinen späteren häuslichen Verhältnissen in Weimar zu befassen.

Doch zweifellos wären die beiden jungen Damen in vieler Hinsicht auch eine für Goethe viel passendere Partie gewesen[28], als es Christiane Vulpius je sein konnte. Besonders augenfällig ist dies bei der vielumschwärmten Elisabeth Schönemann, die der Schriftsteller einst ohne größere Aufregung verlassen hatte, zu der er nach Eckermanns Zeugnis im Alter jedoch äußerte, daß sie die einzige gewesen sei, die er je wirklich geliebt habe.[29]

Ein radikaler Umschwung; aber die Geschehnisse seiner Jugendjahre müssen dem alten Dichter schon deshalb in einem vollkommen anderen Licht erscheinen, weil sich inzwischen die Verbindung mit Christiane Vulpius eingeschoben hatte. Und vor diesem Hintergrund, der wie eine Art dunkle Folie stets gegenwärtig blieb, mußte die Tatsache, daß er einst mit einer attraktiven und wohlhabenden jungen Dame befreundet, ja beinahe verlobt gewesen war, einen neuen Stellenwert bekommen. Der Kontrast zwischen Christiane Vulpius und Elisabeth Schönemann mußte augenfällig, ja schmerzlich wirken. Und die Bilder von dieser und von Friederike Brion, die in *Dichtung und Wahrheit* beschworen werden, gelten denn auch weniger richtigen Liebesgeschichten als Erinnerungen an Zeiten, in denen das Leben des Schriftstellers noch einen anderen Weg hätte einschlagen können als den, den es später nahm.

Während der napoleonischen Kriege reichten Goethes Finanzen wiederholt nicht aus, obwohl ihm 1808, nach dem Tod der Mutter, sein inzwischen freilich stark geschrumpftes Erbteil von 22 000 Gulden aus Frankfurt zukam. Für eben diese Summe war im Jahr 1795 schon der Stolz des Vaters, das Haus am Frankfurter Hirschgraben mitsamt Inventar, verkauft worden, mit dem größten Teil der Gemälde und der Bücher. Die alten Weine, die sich im Keller befanden, brachten noch einmal 8000 Gulden extra, und davon hatte die stets großzügige Mutter ihrem Sohn schon ein Geschenk von 1000 Gulden zukommen lassen. Aber das Geld reichte trotzdem nicht, und im Jahr 1813 sah sich der Schriftsteller sogar genötigt, eine Anleihe auf das Weimarer Haus aufzunehmen, das durch Herzog Carl Augusts Großzügigkeit in seinen Besitz gelangt war.

Der Ruhm des Dichters nahm in dieser Zeit stetig zu, und im Herbst des Jahres 1808 kam es in Erfurt zu einer Unterredung mit Napoleon (1769–1821). Über was bei dieser Gelegenheit eigentlich gesprochen wurde, läßt sich freilich nur mit einiger Mühe rekonstruieren. Denn es gibt die Zeugnisse zweier unmittelbar Beteiligter, die Goethes und Talleyrands (1754–1838), die stark voneinander abweichen, und dazu kommen noch zwei mittelbare Gewährsmänner, der Weimarer Kanzler von Müller und der Publizist Falk.

Nach dem späteren Bericht Goethes soll es in dem Gespräch vorwiegend um Literatur gegangen sein, um das französische Theater und dessen Eigenheiten und Mängel ebenso wie um den *Werther*, der zu den Büchern gehörte, die Napoleon in seiner Reisebibliothek mit sich führte und die er mehrmals gelesen hatte.[30] Folgt man Talleyrands Darstellung, so war eher von Weimar, von Herzog Carl August, von Wieland, Kotzebue und nicht zuletzt von Tacitus die Rede, gegen den der Imperator eine entschiedene Abneigung zu hegen schien.[31]

Nach einer Äußerung von Frédéric Soret aus dem Jahr 1830 soll Goethe bei der Erwähnung der Memoiren Talleyrands errötet sein.[32] Diese Reaktion verwundert angesichts der Differenzen, die zwischen dessen Darstellung und seiner eigenen bestehen, keineswegs. Als Soret nach der Nennung Talleyrands den Schriftsteller fragte, ob er die Begegnung mit Napoleon denn nicht auch festgehalten habe, verneinte dieser oder wich vielmehr aus. Goethe hatte schon 1824, nach einem Gespräch mit dem Kanzler von Müller, eine eigene Darstellung verfaßt, aber er wollte sie Soret nicht zeigen; dazu scheute er die dann unausweichliche Frage nach dem Grund der Differenzen viel zu sehr.

Talleyrand vermerkt in seinen Memoiren, daß der Schriftsteller von der Eroberungs-, Informations- und Propagandapolitik des französischen Imperators in Dienst genommen werden sollte. Dieser wichtige Punkt wird von Goethe ganz an den Rand geschoben. Bei ihm findet sich nur die Angabe, daß Napoleon ihn »über [s]eine Verhältnisse zu dem fürstlichen Hause« Weimars befragt habe.[33] Und über seine Entgegnung heißt es noch lakonischer: »ich antwortete ihm auf eine natürliche Weise.«

Bei Talleyrand erfährt man dazu einige interessante Details: Napoleon war auf den Weimarer Herzog als einen erklärten Anhänger Preußens natürlich nicht besonders gut zu sprechen. So ließ er bei allen gegenseitigen Höflichkeiten die Stichelei nicht aus, daß dieser sich einige Zeit recht übel gegen ihn betragen habe, nun aber – nach der Niederlage Preußens – wohl eines Besseren belehrt sein müsse.[34] Goethe erwiderte darauf, Talleyrands Memoiren zufolge, daß die Belehrung hart gewesen, es aber nicht seine Sache sei, über derartige Dinge zu richten; der Herzog trete als der Beschützer der Künste und Wissenschaften auf, und den Ruhm, den Weimar habe, verdanke es ihm. Seine Loyalität gegenüber dem Fürsten war ganz unerschütterlich, und Napoleon dürfte schnell begriffen haben, daß ihm zwar ein entgegenkommender Gesprächspartner, ja ein Bewunderer seiner Erfolge gegenüberstand, aber kein Gefolgsmann, kein Anhänger seiner eigenen Partei und Sache.

Diese Zusammenhänge werden in Falks Bericht, der Goethes Äußerungen unmittelbar nach dieser Unterredung wiedergibt, bereits in einem überhöhten und stilisierten Sinn zur Sprache gebracht. Bei Falk heißt es: »Er verglich den Kaiser mit einem *Juden*, der wie mit einem Probierstein durch die Welt geht, alle Menschen anstreicht und sodann gelassen nachsieht, ob es Gold, Silber oder Kupfer ist.« Dem Schriftsteller war natürlich nicht entgangen, daß Napoleon als erstes seine politische Haltung hatte erkunden wollen. Aber er bewunderte darin nun schon die absolute Konsequenz des geborenen Machtmenschen: »er verfolgt jedes Mal einen Zweck; was ihm in den Weg tritt, wird niedergemacht, aus dem Wege geräumt, und wenn es sein leiblicher Sohn wäre. Wenn die anderen Fürsten und Großen sich gar vielen Abneigungen und Zuneigungen überlassen, so liebt er alles, was ihm zu seinem Zwecke dienen kann, so sehr es auch von seiner individuellsten Gemütsstimmung abweicht, wie ein tüchtiger *Konzertmeister*, der, wenn jeder Liebhaber sein Instrument hat, dem er den Vorzug gibt, ohne Liebe wie ohne Haß sie alle für sein Orchester zu benutzen weiß. Daher kommt es auch auf eins heraus und bringt schlechterdings dem Individuum keinen Vorteil, ob man von ihm gehaßt oder geliebt wird. Er liebt den Herzog von Weimar gewiß nicht, ohne daß derselbe sichtlichen Nachteil davon verspürt, und denen, die er liebt, wird ebenso wenig Vorteil daraus erwachsen. Er lebt jedesmal in einer Idee, in einem Zweck, in einem Plan, und nur diesem muß man sich in acht nehmen in den Weg zu treten, weil er in diesem Punkt keine Schonung kennt. – Kurz. Goethe gab zu verstehen, daß Napoleon ungefähr die Welt nach den nämlichen Grundsätzen dirigiere, wie er das Theater.«[35] Falks Bericht demonstriert, wie die literarische Sprache des Dichters die wirklichen Geschehnisse zu überformen und zu überhöhen beginnt: er zeigt den Anfang jenes Stilisierungsprozesses, der in dessen Werken und autobiographischen Schriften eine abgeschlossene Gestalt gefunden hat.[36]

In bezug auf die Gesprächsthemen, die den schönen Künsten galten, vermerken sowohl Talleyrand wie von Müller, daß Napoleon die Tragödie als die Schule der »Könige und Völker« bezeichnet habe.[37] Danach unterscheiden sich beide Darstellungen jedoch völlig voneinander. Nur der Weimarer Kanzler, dessen Informationen auf eine Unterredung mit Goethe zurückgehen, berichtet von folgendem angeblichen Vorschlag Napoleons: »Sie zum Beispiel sollten den Tod Cäsars auf eine vollwürdige Weise, großartiger als Voltaire, schreiben. Das könnte die schönste Aufgabe Ihres Lebens werden. Man müßte der Welt zeigen, wie Cäsar sie beglückt haben würde, wie alles ganz anders geworden wäre, wenn man ihm Zeit gelassen hätte, seine hochsinnigen Pläne auszuführen.«[38]

Napoleon führte auf seinen Reisen ein Hoftheater mit, das am 6. Oktober 1808 in Weimar *La mort de César* von Voltaire aufführte. Nach Talleyrand gibt es allerdings keinen Anhaltspunkt, daß der Imperator an diesem Stück etwas auszusetzen gehabt hätte, und der Vorschlag, daß Goethe es anders und besser schreiben sollte als Voltaire, scheint daher nicht authentisch. Ähnliches gilt für die folgende Einladung, die sich ebenfalls nur in von Müllers Darstellung findet: »Kommen Sie nach Paris, ich fordere es durchaus von ihnen.«[39] Vor dem Hintergrund der Zeugnisse von Talleyrand und Falk macht diese Einladung schlechterdings keinen Sinn: denn was hätte Napoleon mit einem Schriftsteller anfangen sollen, von dem er bereits wußte, daß er kein Gefolgsmann seiner eigenen Partei war? Außerdem erhielt Goethe zu dieser Zeit zwar eine Einladung nach Paris, aber sie kam nicht von so hoher Stelle, sondern von Talma, dem berühmtesten Schauspieler der Epoche, der dem Hoftheater und Gefolge Napoleons angehörte. Talma, der ebenso wie seine Frau als eine Art Gipfel der zeitgenössischen Eleganz galt, schien es als große Ehre zu betrachten, den mittlerweile berühmten deutschen Dichter in seinem Pariser Haus empfangen zu dürfen.[40]

Neben der angeblichen Einladung Napoleons, die im späteren Rückblick wohl mit der Talmas vertauscht wurde, ist aber auch zweifelhaft, ob der Imperator wirklich ein gar so kundiges literarisches Urteil an den Tag legte, wie Goethe es ihm in seinen Aufzeichnungen unterstellen wollte. Dies gilt sowohl in Hinblick auf den *Werther* wie auf das französische Theater.[41] Es gibt sonst keine Anhaltspunkte, daß Napoleon, wie Goethe meint, sowohl mit den Eigenheiten und den Mängeln dieser Bühne wie seines Romans genauestens vertraut gewesen sein soll. Der Zweck dieser Darstellung ist hingegen vollkommen klar. Goethe wollte den Imperator heroisieren und zum Genie stilisieren und griff dazu ein probates Mittel auf: er unterstellte ihm profunde und detaillierte Kenntnisse auch dort, wo er sie nicht haben konnte, auf einem ihm fremden, dem Schriftsteller aber vollkommen vertrauten Gebiet, dem der Literatur.

Bei einer weiteren Begegnung am 14. Oktober 1808 zeichnete Napoleon den Schriftsteller mit dem Kreuz der Ehrenlegion aus. Es war ein hoher Orden, von einem Kaiser verliehen, und Goethe pflegte ihn in den nächsten Jahren, in denen die Erbitterung gegen den französischen Eroberer nicht nur in Deutschland immer mehr zunahm, stets zu tragen. Wilhelm von Humboldt berichtete: »Ohne das Legionkreuz geht Goethe niemals, und von dem, durch den er es hat, pflegt er immer ›mein Kaiser‹ zu sagen!«[42]

Im Jahr 1813, als Napoleons Stern ins Schwanken geriet, wurde im Haus am Weimarer Frauenplan jedoch ein hoher österreichischer Offizier, der General-Feldzeugmeister von Colloredo (1775–1822), einquartiert. Er war ein Graf, der jeden Abend 24 Personen zu Tisch lud, und Goethes Frau, Christiane, von seinem Koch geizig nennen ließ. Als er das Kreuz der Ehrenlegion zu Gesicht bekam, rief er aus: »Pfui Teufel, wie kann man so etwas tragen!« Wilhelm von Humboldt, der die Äußerung überliefert, berichtet über Goethes weiteres Verhalten: »Heute früh hat er mich ernsthaft konsultiert, was er tragen solle, man könne doch einen Orden, durch den einen ein Kaiser ausgezeichnet habe, nicht ablegen, weil er eine Schlacht verloren habe. Ich dachte bei mir, daß es freilich schlimm ist, wenn man für das Ablegen der Legion keine

besseren Gründe hat, und wollte ihm eben einen guten
Rat geben, als er mich bat, zu machen, daß er einen
österreichischen Orden bekäme. Es ist närrisch, daß wir
immer dazu bestimmt sind, daß die Leute uns in das
Vertrauen ihrer kleinen Schwachheiten setzen.«[43]

Ein passender Ersatz für Napoleons Orden mußte
ebenfalls von einem Kaiser verliehen werden. Es dauerte
jedoch etwas, bis Humboldt den Wunsch des Dichters
den einschlägigen österreichischen Stellen unterbreitete
und diese zur Ausfertigung eines entsprechenden Exem-
plars schritten. Daher erhielt Goethe den kaiserlich-
österreichischen Orden erst im Sommer 1815. Drei Jahre
später, 1818, wurde das Kreuz der Ehrenlegion dann
bourbonisiert, von Ludwig XVIII., dem neuen, legitimen
Monarchen Frankreichs, ausdrücklich anerkannt, und
nun konnte der Schriftsteller beide Auszeichnungen abwechselnd tragen. Seine Schwäche für solche geprägten
Metallstücke war schon unter den Zeitgenossen bekannt.

Mit beginnendem Alter zog sich Goethe immer mehr
in sich selbst zurück, zeigte aber auch ein neues Bedürfnis nach Freundschaften. Achim von Arnim schrieb im
Jahr 1811: »Mehrmals sagte er mir, daß er die Welt jetzt
durch andre berühre«.[44] Auf Grund seiner großen Empfindlichkeit entwickelte der alternde Schriftsteller die
Neigung, den Kontakt zur Außenwelt oft lieber mittelbar, über Freunde und vertraute Bekannte, als direkt
aufrechtzuerhalten.

Echte Freundschaften konnte er freilich nur selten
eingehen. Selbst Wilhelm von Humboldt, dessen kurzes
Wirken als preußischer Reformer in das Jahr 1809 gefallen war, mußte klagen: »Da er sich nicht anschließt, können es auch andere nicht [...].«[45] Aus dieser Äußerung
sprach eine gewisse Enttäuschung darüber, daß sich

keine engere persönliche Verbindung ergeben wollte, die Bekanntschaft zu sehr in konventionellen Formen verblieb. Humboldt mußte zu seinem Bedauern immer wieder die Distanziertheit feststellen, die von Goethe ausging und sich unter anderem in einem ausgiebigen Gebrauch von Titulaturen äußerte. Nach einem Gespräch im Jahr 1813 vermerkte er, »daß er mir [...] selten die Exzellenz geschenkt hat«.[46] Es war eine Klage darüber, daß Goethe ihn ständig als »Exzellenz« angeredet hatte. Dieser Titel stand beiden zu, dem preußischen Staatsmann ebenso wie dem Weimarer Dichter und Geheimrat, aber sein fortwährender Gebrauch nahm sich unter zwei gesellschaftlich nahezu Gleichgestellten auf Dauer natürlich sehr formell aus.

Doch Humboldt hatte selbst zu diesem distanzierenden Verhalten beigetragen. Obwohl er Goethe sehr schätzte, schreckte er nicht davor zurück, auch einmal direkte Kritik zu äußern, und dergleichen mochte der empfindliche Dichter überhaupt nicht leiden. Der Erneuerer der preußischen Universitäten mußte die Erfahrung machen: »Er hat keine Freiheit über seine eigenen Sachen und wird stumm, wenn man im mindesten tadelt.« Er fügte noch hinzu: »Es schadet dem Verhältnis und hilft nicht der Sache.«[47] Dies mochte im Prinzip richtig sein; aber ein engeres persönliches Verhältnis zu Goethe war mit einem solchen Verhalten eben nicht zu erlangen.

Mit dem jungen romantischen Maler Philipp Otto Runge (1777–1810) verband ihn hingegen eine erstaunliche Freundschaft. Obwohl Runge in jungen Jahren bei den Weimarer Kunstausstellungen keinen Anklang gefunden und obwohl er sich von der Antike ab- und romantischen Kunstauffassungen zugewandt hatte, kam er mit Goethe glänzend zurecht. Er brachte als Maler des-

sen Farbenlehre freilich ein ungewöhnliches Interesse
entgegen. Und der Dichter bedauerte zwar, daß Runge
der Antike gar so wenig abgewinnen konnte, aber dem
guten Verhältnis tat dies keinen Abbruch.

Leider verstarb der erst 33jährige Runge schon 1810.
Aber es sollte sich bald die Freundschaft eines weiteren
jungen Mannes finden, die auf den alternden Schriftsteller ebenfalls günstigen Einfluß hatte. Er hieß Sulpiz
Boisserée (1783–1854) und war ein wohlhabender Kölner Kaufmannssohn mit wallonischen Vorfahren, der
sich nach dem frühen Tod seines Vaters ästhetischen und
kunsthistorischen Studien zugewandt hatte. Zusammen
mit seinem Bruder Melchior (1786–1851) baute er eine
berühmte Sammlung aus Gemälden früher niederländi-
scher und altdeutscher Meister auf, die später von dem
kunstsinnigen Ludwig I. von Bayern erworben wurde.
Von romantischen Neigungen geleitet, setzten sich die
Brüder auch für den Weiterbau des Kölner Doms ein.
Sie sammelten alte Pläne, Risse und Zeichnungen und
veröffentlichten sie in einem Prachtwerk, das mit großem Aufwand erstellt wurde und seit dem Jahr 1822 in
mehreren Teilen erschien.[48]

Als Sulpiz Boisserée im Jahr 1811 zum erstenmal nach
Weimar kam, wurde er, obwohl er von Karl Friedrich
von Reinhard (1761–1837), einem gemeinsamen Bekannten, empfohlen worden war, von Goethe allerdings mit
großer Skepsis aufgenommen. Die beiden wohlhabenden Kaufmannssöhne waren Schüler Friedrich Schlegels
gewesen; sie hatten sich von diesem in den Jahren 1803–
1807 einige Privatvorlesungen halten lassen. Mittlerweile, 1808, war Goethe jedoch zu Ohren gekommen,
daß sein alter Günstling zum Katholizismus konvertiert
sei, und diese Nachricht mißfiel ihm so sehr, daß er auch
dessen Schülern nur mit Mißtrauen begegnete. Boisserée

verstand es allerdings, die Bedenken des alternden Dichters bald zu zerstreuen. Er schildert die erste Begegnung mit ihm in anschaulicher Weise:

Ich komme eben von Goethe, der mich recht steif und kalt empfing [...]. Der alte Herr ließ mich eine Weile warten, dann kam er mit gepudertem Kopf, seine Ordensbänder am Rock; die Anrede war so steif vornehm als möglich. Ich brachte ihm eine Menge Grüße: recht schön, sagte er. Wir kamen gleich auf die Zeichnungen, das Kupferstichwesen, die Schwierigkeiten [...]. Ja, ja, schön, hem, hem. [...] Ich hatte mir einmal vorgenommen, der Vornehmigkeit ebenso vornehm zu begegnen, sprach von der hohen Schönheit und Vortrefflichkeit der Kunst im Dom so kurz als möglich, verwies ihn darauf, daß er sich durch die Zeichnungen ja selbst davon überzeugt haben würde, – er machte bei allem ein Gesicht, als wenn er mich fressen wollte. Erst als wir von der alten Malerei sprachen, taute er etwas auf, bei dem Lob der neugriechischen Kunst lächelte er [...]. Endlich war von Reinhard die Rede, das Gespräch führte zu unserm gemeinschaftlichen Besitz vom Apollinarisberg, von seinen Verhältnissen zur Regierung, zu seiner Frau, so daß ziemlich das Wesentlichste berührt wurde, das machte den alten Herrn freundlicher, das Lächeln wurde häufiger, er lud mich auf morgen zu Tisch; erinnerte mich noch zum Erbprinzen zu gehen, ich müßte den Herrschaften die Zeichnungen zeigen, er wolle schon alles einleiten.
Ich kündigte ihm Cornelius' Zeichnungen [Peter Cornelius' Illustrationen zum *Faust*] an, das gefiel ihm [...]; ich wollte ihm nur mit ein paar Worten

sagen, daß sie in altdeutschem Stil seien, aber er
wurde abgerufen; es kam ein anderer Besuch, er gab
mir einen oder zwei Finger, recht weiß ich es nicht
mehr, aber ich denke, wir werden es bald zur ganzen Hand bringen. Als ich durchs Vorzimmer ging,
sah ich ein kleines, dünnes, schwarz gekleidetes
Herrchen in seidenen Strümpfen, mit ganz gebück-
tem Rücken zu ihm hinein wandeln, da wird er
wohl seine Vornehmigkeit haben brauchen können!
Ist es ein Wunder, wenn ein Mensch, der sein ganzes Leben hindurch von Schmeichlern und Bewun-
derern umringt, und von Klein und Groß wie ein
Stern erster Größe angestaunt und gepriesen wird,
am Ende auf solche hoffärtige Sprünge kommt,
die aber auch gleich aufhören, sobald ihm jemand
gegenübersteht, der zwar das eminente Verdienst
hochachtet, seinem eigenen Wert aber nicht alles
vergibt.[49]

Das kleine, dünne, schwarz gekleidete »Herrchen«,
das Boisserée durch seine untertänige Haltung auffiel,
war ein gewisser Herr von Oliva aus Wien, der dem
Dichter ein Schreiben seines Bewunderers Ludwig van
Beethoven (1770–1827) und dessen Musik zum *Egmont*
überreichte.

Im darauffolgenden Jahr 1812, als Napoleon seinen
Rußlandfeldzug unternahm, führte Goethes übliche Ba-
dereise nach Teplitz, wo sich in diesem Sommer auch der
42jährige Beethoven aufhielt. Die persönliche Bekanntschaft brachte aber nicht viel; die beiden Genies waren
zu gegensätzlich veranlagt. Beethoven war zwar ein Bewunderer des Dichters, und diesem entgingen die emi-
nenten Fähigkeiten des Musikers, der damals schon zu
den Berühmtheiten gehörte, keineswegs. Er fand sein

Talent zum »Erstaunen«, wie er schrieb.⁵⁰ Ein engeres
Verhältnis wollte sich dennoch nicht einstellen.

Beethoven war ein ausgesprochener Verächter aller
weltlichen Größe. Er gab auf Fürsten, auf Adel und auch
auf sonstige Titel ziemlich wenig, und er verhehlte seine
Meinung nicht. Der Schriftsteller verhielt sich in diesen
Punkten ganz anders, so gegensätzlich, daß der Musiker
zu klagen begann: »Goethe behagt die Hofluft sehr[.]
Mehr als einem Dichter ziemt. Es ist nicht viel mehr
über die Lächerlichkeiten der Virtuosen hier zu reden,
wenn Dichter, die als die ersten Lehrer der Nation angesehen sein sollten, über diesem Schimmer alles andere
vergessen können.«⁵¹

Diese kritischen Äußerungen sind in einigen Einzelheiten ungenau und daher irreführend. Beethoven attestierte Goethe fälschlich eine Neigung zum Hof, obwohl dieser eigentlich nur das bequeme Sommer- und
Badeleben schätzte, das die feine Welt in Karlsbad oder
Teplitz führte. An diesen Orten liebte er es jedoch, und
darauf zielte die Kritik des Komponisten ab, sich in der
Aufmerksamkeit und Gunst der anwesenden hohen und
höchsten Herrschaften zu sonnen. Derartige Gunstbezeugungen bereiteten ihm anscheinend größte Freude,
obwohl er höfische Veranstaltungen sonst möglichst
mied. Vor Boisserée, einem sehr zuverlässigen Zeugen,
klagte Goethe etwa darüber, »daß er zur Großfürstin
von Oldenburg zu Tisch« geladen sei, und fügte die Bemerkung an: »sie haben nichts von mir und ich nichts
von ihnen, die Herrschaften«.⁵²

Um so auffallender war sein Verhalten während der
sommerlichen Badeaufenthalte. Der merkwürdige Gegensatz scheint auf die Erfahrungen des ersten Weimarer
Jahrzehnts zurückzugehen. Goethe sollte sich dazu zwar
nie äußern; der vermutlich einzige Ansatz, den er je un-

ternahm, die erste Fassung seines *Tasso*-Dramas, blieb
auf Herzog Carls Augusts Geheiß ja liegen, und später
wurde das Stück vollkommen überarbeitet. Es ist dennoch wahrscheinlich, daß die Weimarer Aristokraten den
unerwünschten Eindringling und Außenseiter im gesellschaftlichen Umgang auf jede nur denkbare Weise zu
schneiden suchten und daß die höfisch-gesellschaftlichen
Veranstaltungen für den empfindlichen Schriftsteller oft
zu einem Spießrutenlauf werden mußten. Jedenfalls
suchte dieser auch in späteren Zeiten Einladungen auf
höfische Gesellschaften möglichst auszuweichen. Die
Gunstbezeugungen, die ihm von hohen und höchsten
Häuptern entgegengebracht wurden, waren hingegen
höchst willkommen: sie dürften ein nur allzu angenehm-
er Balsam auf alte Wunden gewesen sein.

Und der Dichter vermochte es auch in späteren Jahren
nicht, eine gewisse Befangenheit und Unsicherheit gegenüber Aristokraten abzulegen. Mehrere zeitgenössische Beobachter berichten übereinstimmend, daß Goethe im Umgang mit ihnen »die bürgerliche Blödigkeit
und Beklommenheit vor dem geborenen Edelmann nicht
los werden«[53] konnte.

Ein weitaus weniger bedeutender Komponist als
Beethoven wurde der Altersfreund Goethes schlechthin,
der Berliner Karl Friedrich Zelter (1758–1832). Aber
wenn Zelter als Musiker auch nicht mit Beethoven zu
vergleichen ist, so war er als Mensch doch eine so ausgeprägte Persönlichkeit, daß der Schriftsteller die Wahl seines besten Freundes im Alter kaum besser hätte treffen
können.

Zwar war auch Zelter von Goethe sehr verschieden,
aber er stellte, anders als Beethoven, weniger einen Gegensatz als ein Komplement und eine wünschenswerte

Ergänzung dar. Zelter war das absolute Gegenteil eines feinsinnigen und bildungsbeflissenen Intellektuellen. Er stand mit beiden Beinen fest auf dem Boden der Realität und muß sowohl als Organisator wie als Pädagoge hervorragende Fähigkeiten besessen haben. Ursprünglich Autodidakt, war er von Beruf gelernter Maurer und wurde von verschiedenen zeitgenössischen Komponisten nicht als ebenbürtiger Kollege betrachtet.

Dafür glänzte Zelter vor allem auf den Gebieten der praktischen und der historischen Musikpflege. Er trat die Nachfolge seines Lehrers Karl Friedrich Fasch (1736–1800) an, des Begründers der Berliner Singakademie, und diese Institution zur Pflege des gemischten Chorgesangs konnte unter seiner Direktion ihren Ruf erheblich mehren. Außerdem gründete er im Jahr 1809 die Liedertafel, eine Männerchorvereinigung, und 1822 noch das Institut für Kirchenmusik, das später zur Akademie erhoben wurde. Und über seine pädagogischen Fähigkeiten ist schließlich gar nicht zu diskutieren, da sein bester Schüler niemand anders als Felix Mendelssohn-Bartholdy (1809–1847) war. Dessen außergewöhnliche Begabung ging gewiß nicht nur auf seinen Lehrer zurück, aber die Neigung zu den alten Meistern, vor allem zu denen der Barockzeit, wurde doch von diesem angeregt und gefördert. Denn Zelter war ein großer Verehrer Johann Sebastian Bachs. Und die berühmte Wiederaufführung der *Matthäus-Passion* im Jahr 1829 unter der Leitung des damals zwanzigjährigen Mendelssohn, mit der die romantische deutsche Bachpflege begann, erfolgte mit seiner wohlwollenden Anteilnahme und Unterstützung und unter Mitwirkung jener »Berliner Singakademie«, deren Direktion er innehatte.

Als Organisator, Vermittler und Pädagoge leistete Zelter also Hervorragendes. Zudem hatte er einen ausgeprägten Charakter und war eine originelle Persönlichkeit. Man beschrieb ihn treffend als »kräftig, heiter, derb, geistreich«.[54] Zelter scheute mäßige, sprich: eher humorige Flüche nicht, und auch Goethe stieß sich nicht daran.

Seine Kompositionen waren freilich eher schlicht und bescheiden und wurden oft schon von Zeitgenossen als »antiquiert«[55] empfunden. Sie fanden im damaligen Musikleben dennoch ihren Platz. Denn das Zeitalter war ebenso gesellig wie musikliebend und bot auch autodidaktischen Tonsetzern wie Zelter noch genügend Raum.

Goethes Weimar kann für die damalige Verbindung von Gesellschaftskultur und Musikpflege als Beispiel dienen. Es gab dort neben der fürstlichen Hofkapelle, die sowohl im Theater wie bei gesellschaftlichen Anlässen aufzuspielen hatte, noch einen Hof-, Stadt- und Landmusikus. Er war in die Regeln des Zunftwesens eingebunden und bildete zusammen mit seinen Gesellen und Lehrlingen eine weitere Kapelle, die in der Stadt und der Umgebung das verbriefte Recht besaß, bei allen entsprechenden Anlässen, insbesondere natürlich bei Hochzeiten, für die Musik zu sorgen.[56] Neben diesen zwei Kapellen, die beide recht klein waren,[57] aber aus Berufsmusikern bestanden, fand sich noch eine ganze Schar von Musikliebhabern, und manche von ihnen waren sogar etwas mehr als bloße Dilettanten. Denn Personen höheren Standes durften sich damals nicht beruflich der Musik widmen, hatten gelegentlich aber musikalisches Talent.[58] Die Hausmusik stand zu dieser Zeit daher in voller Blüte. In vielen Häusern sowohl der Aristokratie wie des Bürgertums wurde Klavier oder Kammermusik gespielt oder wurden mit Begleitung des Pianofortes sogar Singspiel- und Opernrezitationen unternommen.

Infolgedessen bestand eine ständige Nachfrage nach

Kompositionen aller Art, der Berufsmusiker ebenso wie
Amateure nachzukommen suchten. In Weimar gehörten
die Herzoginmutter Anna Amalia und der Kammerherr
Karl Friedrich von Seckendorff (1744–1785) zu den Liebhaberkomponisten, die ebenso wie ihre professionellen Kollegen zunächst einmal der ständigen Nachfrage
nach Sing- und Spielbarem zu entsprechen suchten und
daher im eigentlichen, nicht negativen Sinn des Worts
Verfasser von Gebrauchsmusik waren.

Vor diesem Hintergrund wird verständlich, warum
die Zeitgenossen oft schon die Kompositionen Mozarts
als zu schwierig empfanden, und die Musikverleger diesem wiederholt rieten, er solle doch nur nicht so kompliziert schreiben.[59] Die Werke Beethovens galten als sensa-
tionell, aber manchmal auch als unaufführbar. Das zu
seinen Lebzeiten populärste und am häufigsten gespielte
Stück des Meisters blieb daher jenes frühe Septett in Es-
Dur (Opus 20) aus dem Jahr 1799, das nicht zu seinen
originellsten oder genialsten Schöpfungen gehörte, aber
von seiner traditionellen, divertimentohaften Anlage den
Bedürfnissen des Zeitalters nach musikalischer Unterhaltung am weitesten entgegenkam.

Man wird dem Schriftsteller Goethe, der sich in seinem eigenen Fach oft so avanciert verhielt, daß seine
Werke nur schwer zu verstehen waren, wohl zubilligen
müssen, daß er auf dem Gebiet der Musik den Auffassungen seines Zeitalters verhaftet blieb und sie daher
erst einmal als Bestandteil der damaligen Gesellschaftskultur betrachtete.[60] Sowohl bei den Veranstaltungen in
seinem Haus wie bei denen der Frau Schopenhauer fanden immer wieder Musikdarbietungen statt, und das
Vortragsniveau wird schon deshalb nicht allzu niedrig
gewesen sein, weil dazu immer wieder Sängerinnen und
Sänger des Weimarer Hoftheaters eingeladen wurden.

In diesem, dem zeitgenössischen Geschmack verhafteten Rahmen betrachtete Goethe aber auch seine Lyrik: sie sollte, seinen Vorstellungen gemäß, nach Möglichkeit gesungen werden. Natürlich hatte er weder gegen das Lesen noch gegen das Rezitieren etwas einzuwenden, aber für die schönste Art ihrer Verbreitung hielt er doch das Singen, und alle seine als Lieder bezeichneten Gedichte waren ausdrücklich zum musikalischen Vortrag gedacht. Wie sehr der Dichter sonst auch dem bürgerlichen Individualismus und Subjektivismus verhaftet war, in diesem Punkt stand er ganz auf der Seite der Tradition und der Gesellschaftskultur seiner Zeit.

Teilweise wurden seine Gedichte einfach nach alten, wohl volksliedartigen Melodien gesungen. Auch dies war dem Schriftsteller recht, wurde seine Lyrik damit doch noch weiter verbreitet. Gelegentlich, aber sehr selten soll er im Baß – das war seine Singstimme – einmal selbst eines seiner Lieder gesungen haben, und angeblich klang dies gar nicht schlecht.[61]

Wenn die alten Melodien nicht passen wollten, mußte komponiert werden, und dafür schien Goethe mit Zelter nun den richtigen Mann gefunden zu haben. Denn dieser verfaßte natürlich keinen komplizierten, sondern einen einfachen Notensatz, der im Hinblick auf die weitere Verbreitung des Gedichts nur von Vorteil schien. Überdies sollte die Tonsprache, den Auffassungen des Dichters gemäß, ohnehin nicht so sehr in den Vordergrund treten, wie es im romantischen Kunstlied geschah: der Text sollte nicht zu einem bloßen Substrat der sich »nach eigenen Gesetzen« entwickelnden Musik werden.[62] Dergleichen war, seiner Meinung nach, nur für eine Arie statthaft, nicht aber für eine Liedkomposition. Dort hatte die Musik immer als eine Art Dienerin des Worts zu fungieren.[63] Damit ist ein wesentlicher Grund

für das manchmal beklagte Unverständnis Goethes
Schubert gegenüber genannt: die weitgehend traditionel-
len Vorstellungen des Schriftstellers über die Art und
Funktion einer Liedkomposition waren von denen des
Komponisten der Romantik allzu verschieden.

Vor Zelter hatte bereits ein anderer zeitgenössischer
Musiker die Gedichte Goethes mit großem Erfolg vertont: Johann Friedrich Reichardt (1752–1814), der von
1775 bis 1794 das Amt des Hofkapellmeisters in Berlin
innehatte und dessen Haus zu dieser Zeit als eines der
kunstsinnigsten der ganzen Stadt galt. Reichardt kam zu
Goethe in engeren Kontakt, als sich dessen Verbindung
mit Kayser zu lösen begann, und machte in der Folgezeit auch die Bekanntschaft Schillers. Als dessen Verleger, Michaelis, es opportun fand, in dem Musenalmanach, der 1795 erschien, einige Melodien einzurücken,
wandte Schiller sich deshalb an Reichardt: »Wie sehr es
mein Interesse ist, daß Sie, mein vortrefflicher Freund,
die Musik zu meinem Almanach geben, brauche ich Ihnen nicht zu sagen«, versicherte er ihm damals.[64] Und er
erhielt, da Reichardt mit leichter Hand komponierte,
schon nach etwas mehr als einer Woche eine Reihe von
Vertonungen.

Dennoch gehörte Reichardt in den *Xenien*, die ein gutes Jahr später erschienen, zu den am ärgsten gezausten
Opfern. Der Musiker hatte wegen seiner erklärt demo-
kratischen Gesinnungen Ende 1794 seine Entlassung als
preußischer Hofkapellmeister erhalten und sich publizistisch betätigt. Darin sah Schiller eine sehr unerwünschte
Konkurrenz, und er schrieb anfangs 1796, als die *Xenien*
im Entstehen waren, an Goethe: »Reichardt ist gut re-
kommandiert, aber er muß es noch mehr werden. Man
muß ihn auch als Musiker angreifen [...], und es ist billig, daß er auch bis in die letzte Vestung hinein verfolgt

wird, da er uns auf unserem legitimen Boden den Krieg
machte.«[65] Es war jedoch nicht Schiller, sondern Goethe,
der auf Grund der politischen Haltung des Komponisten dann folgendes Distichon verfaßte:

> Erst habt ihr die Großen beschmaus't, nun wollt
> ihr sie stürzen;
> Hat man Schmarotzer doch nie dankbar dem
> Wirthe gesehn.[66]

Es war einer der schärfsten und gehässigsten Angriffe,
den die *Xenien* enthielten, und er beruhte obendrein auf
einer völligen Verkennung der Stellung Reichardts in
Berlin. Denn ein Hofkapellmeister hatte klar umrissene
Aufgaben, für deren Erledigung er ein bestimmtes,
vorab ausgehandeltes Gehalt erhielt. Reichardt bekam
in Berlin seit 1788 jährlich 2000 Taler, ein gutes, aber
für seine Stellung nicht übertriebenes Honorar.[67] Er verrichtete also eine bezahlte Dienstleistung und war darüber hinaus seinem Brotgeber nicht zu besonderer Treue
verpflichtet. Reichardts Tätigkeit war in Berlin überdies über lange Zeit alles andere als erfreulich gewesen.
Der alte Friedrich II. hatte einen äußerst konservativen
Musikgeschmack und verbat es sich, daß man ihm etwas
anderes vorsetzen wollte als die Opern, die er schon in
seinen Jugendjahren gesehen und gehört hatte. Die Zustände im königlichen Opernhaus in Berlin müssen teilweise grotesk gewesen sein. Der Monarch untersagte
ausdrücklich den Gebrauch aller Moll-Tonarten und bestimmte während der Aufführungen »laut vernehmlich
die Wahl der Tempi«![68] Das Parterre des Hauses blieb
während dieser Gespensteraufführungen, in denen der
alte König die Opern seiner Jugendzeit noch einmal in
der von ihm bestimmten Geschwindigkeit herunterspu-
len ließ, »oft leer«.

Daß Reichardts Einschätzung der Funktion der Hofmusik äußerst skeptisch ausfiel, wundert demnach nicht. Er schrieb bereits 1782: »Musik und musikalische Schauspiele sind den Fürsten ein nothwendiger Zeitvertreib und fast unentbehrlicher Hofpracht geworden; mancher Fürst wendet so viel an Geiger und Pfeiffer daß diese mit ihrem Getöse das allgemeine Nothgeschrey seiner hungernden Untertanen überschallen können.«[69] Im Jahr 1791 erbat der demokratisch gesinnte Komponist seinen Abschied aus preußischen Diensten gegen eine Pension. Man gewährte ihm zunächst drei Jahre Urlaub bei vollem Gehalt, eine ausgesprochene Großzügigkeit, dann entließ man ihn ungnädig, also ohne Pension – ein für die Schwankungen monarchischer Gunst durchaus kennzeichnendes Verhalten.[70]

Goethes gehässiges Xenion wirft in seiner völligen Verkennung der Gegebenheiten die Frage auf, ob hier nicht der Blick auf die eigene Lage die Perspektive verzerrte. Wenn Goethe selbst seinem fürstlichen Gönner in den Rücken gefallen wäre, hätte man ein solches Distichon wohl äußern können! Denn seine eigene Stellung hatte, seitdem er weitgehend von Amtspflichten entlastet worden war, Züge eines verdeckten Mäzenats.[71] Was bei einer Illoyalität gegenüber seinem Fürsten gepaßt hätte, grenzte im Fall Reichardts hingegen an Verleumdung.

Dennoch entwickelte sich zwischen diesem und Goethe später wieder ein gutes Verhältnis. Als der Dichter anfangs des Jahres 1801 schwer erkrankte, zeigte sich der Musiker teilnehmend, und jener schickte ihm daraufhin ein ausgesprochen wohlwollendes Schreiben, in dem es lapidar hieß: »Ein altes gegründetes Verhältniß wie das unsrige konnte nur, wie Blutsfreundschaften, durch unnatürliche Ereignisse gestört werden.«[72] Bald darauf pflegten beide wieder engen Umgang miteinander –

schon die Zeitgenossen wunderten sich darüber. Marie
Körner, die Ehefrau des Freundes von Schiller, schrieb
im Jahr 1802 an dessen Gattin: »Sag mir nur, wies
kommt, daß auf einmal der Goethe wieder so Freund
mit Reichardt ist? Er ist immer auf Giebichenstein, logiert da [...] die hübschen Mädchen mögen ihn wohl anziehen, die Reichardt hat.«[73] Das Haus des Musikers in
Giebichenstein bei Halle galt nun als ähnlich kunstsinnig
wie sein früheres in Berlin und wurde vor allem für die
jungen Romantiker ein großer Anziehungspunkt.

Nach einem Zeugnis aus dem Jahr 1824 wurde der
Dichter von einem Neffen Reichardts in etwas unzarter
Weise darauf angesprochen, daß dessen Vertonungen in
der Regel doch viel besser gewesen seien als die seines alten Freundes Zelter. Es wird von folgender Reaktion berichtet: »[daraufhin] machte Goethe ein sehr unfreundli-
ches Gesicht und sagte: ›Reichardt war ein sehr reich begabter Mann; seine Kompositionen meiner Lieder sind
das Unvergleichlichste, was ich in dieser Art kenne; ich
habe in Giebichenstein mit Ihrem Onkel sehr glückliche
Tage verbracht; möge es seiner vortrefflichen Witwe
wohlgehen.‹«[74]

Reichardts Liedkompositionen hatten Goethes Vorstellungen weitgehend entsprochen. Der Musiker beschrieb seine Vorgehensweise selbst folgendermaßen:
»Meine Melodien entstehen jederzeit aus wiederholtem
Lesen des Gedichtes von selbst, ohne daß ich danach suche. Und alles, was ich weiter daran tue, ist dieses: daß
ich sie so lange mit kleinen Abänderungen wiederhole
und sie nicht eher aufschreibe, als bis ich fühle und erkenne, daß der grammatische, logische, pathetische und
musikalische Akzent so gut miteinander verbunden sind,
daß die Melodie richtig spricht und angenehm singt, und
das nicht nur für eine Strophe, sondern für alle.«[75] Rei-

chardts Vertonung des berühmten Gedichts *Kennst du das Land*... aus dem *Wilhelm Meister* macht trotz ihrer Simplizität – es handelt sich um eine rein akkordische Begleitung zu einer Gesangsmelodie, die allerdings ein richtiger Volltreffer ist – einen hervorragenden Eindruck. Sie bildet im übrigen einen denkbar extremen Kontrast zu der rund hundert Jahre später entstandenen Komposition Hugo Wolfs (1860–1903), die das Gedicht zu einer von einem wagnerschen Melos getragenen dramatischen Szene macht. Daß man Reichardts Vertonung heute nicht mehr hört, liegt also nicht an mangelnder Qualität, sondern an den geänderten Vorstellungen vom Kunstlied und daran, daß sie für den auf dem romantischen Virtuosentum fußenden modernen Konzertbetrieb zu einfach scheint.

Zu Goethes Zeit schien eine solche Simplizität im Hinblick auf die weitere Verbreitung des Lieds aber nur von Vorteil. Ein Zeugnis aus den Altersjahren des Schriftstellers zeigt, daß Liebhaberdarbietungen damals in manchen Fällen sogar noch mit dem eben aufkommenden romantischen Virtuosentum konkurrieren konnten. Im Sommer 1818, in dem sich der Dichter in Karlsbad aufhielt, befand sich dort auch eine berühmte italienische Sängerin namens Angelica Catalani (1779–1849). Das Publikum – unter ihm Goethe – war von ihrer Stimme und ihrer Gesangskunst sehr beeindruckt. Neben Signora Catalani gab es jedoch eine Gräfin Bombelles (1795–1857), die zwar nicht über deren Virtuosität, aber ebenfalls über eine schöne Stimme und Musikalität verfügte. Als Aristokratin durfte sie ihre Begabung natürlich nicht professionell, sondern ausschließlich im Rahmen häuslicher bzw. gesellschaftlicher Musikdarbietungen präsentieren. Aber man muß sich diesen keineswegs allzu bescheiden vorstellen, und außerdem wußte

man ihr Talent durchaus zu schätzen. Ihr Vortrag von
Goethes *Kennst du das Land . . .*, bei dem sie von ihrem
Ehemann am Klavier begleitet wurde und der daher mit
großer Wahrscheinlichkeit auf Reichardts ebenso einfache wie ingeniöse Vertonung zurückgriff, riß die vor-
nehme Karlsbader Gesellschaft kaum weniger hin als
der Gesang der professionellen Virtuosin. Nicht zu deren Freude! Signora Catalani soll blaß geworden sein
und gesagt haben, daß ihr unwohl sei.[76]

## ZWÖLFTES KAPITEL

# »Temporäre Verjüngung« und Erneuerung

Trotz der Kriegswirren, die 1806 über Weimar herein-
brachen, brachte diese Zeit für Goethe einen literarischen Neubeginn. Bereits in den Jahren 1804/05 verfertigte der Schriftsteller eine Übersetzung eines Dialogs
von Diderot, *Rameaus Neffe*, der er einige
Anmerkungen beifügte. Und in einer von
ihnen befand er kurzweg, daß die Kunstpraxis des Genies stets absoluten Vorrang
vor allen theoretischen ästhetischen Normen habe.[1] Damit hatte er sich von den
längst als lästig empfundenen Fesseln seiner antikisierenden Kunstauffassung befreit, ohne diese im mindesten widerrufen
zu müssen.

*Titelblatt
der Erstausgabe*

   In der Folgezeit machte Goethe von seiner neuerworbenen Freiheit regen Gebrauch. Er griff die damals als erzroman-
tisch geltende Form des Sonetts auf, die
vor allem August Wilhelm Schlegel propa-
gierte, und war auch anderen zeitgenössischen poetischen Entwicklungen gegenüber so aufgeschlossen, daß der alte Christoph Martin Wieland den
Kopf zu schütteln begann und sich mokierte, »daß Goethe, sooft ein neuer Dichter-Charlatan wie Schlegel,
Tieck p. auftrete, immer die Wut habe, in dem neuen
Genre auch etwas zu machen, um nur zu zeigen, daß er

alles könne [...]«.[2] Man wird Wieland dieses Urteil
kaum verübeln können. Er war immerhin 16 Jahre älter
als sein Weimarer Kollege und überschritt 1808, zum
Zeitpunkt der Äußerung, also schon die fünfundsiebzig.
In diesem Alter sollte später auch Goethe nicht mehr
jene Neuerungsbereitschaft an den Tag legen, die er in
den Jahren der napoleonischen Herrschaft über halb Europa zeigte.

Er wandte sich zunächst unverhohlen der Romantik
zu, und daraus ging ein näheres persönliches Verhältnis
zu einem Schriftsteller hervor, der damals viel Furore
machte, zu Zacharias Werner (1768–1823). Werner gehörte zu den Tagesgrößen der Literatur; er war im
Grunde ein Popularschriftsteller, der im Strom der Romantik mitzuschwimmen suchte, und Goethe selbst verglich ihn später mit Kotzebue, schränkte jedoch ein, daß
ihm zu einer vergleichbaren Erfolgslaufbahn noch einiges gefehlt habe. Dazu sei Werner, wie er meinte, doch
»zu ungeschickt gewesen«[3]. Goethes Einschätzung des
fast 20 Jahre jüngeren Schriftstellers trifft weitgehend zu.
Denn Werners Interesse galt vor allem den Effekten, er
wußte sie aber nicht so nachhaltig, geschickt und vielsei-
tig zu gebrauchen wie Kotzebue. Und sein privates
Schicksal nimmt sich kaum weniger seltsam aus wie sein
Schaffen: Als drei Ehen gescheitert waren, konvertierte
er im Jahr 1810 in Rom zum Katholizismus, begann
Theologie zu studieren, verwarf seine früheren literarischen Produktionen und wurde 1814 zum Priester ge-
weiht.

Neben der Verbindung zu Zacharias Werner gingen
aus der Wendung zur Romantik bald bedeutende literarische Resultate hervor. In zwei fruchtbaren Sommern,
1808 und 1809, wurde der Roman *Die Wahlverwandtschaften* geschrieben, und an seinem Beispiel läßt sich

genauer zeigen, wie Goethes spätere Werke meist entstanden, jene, die nach der Vergrößerung seines Haus-
stands um Frau und Sohn geschaffen wurden.

Der Schriftsteller fuhr am 12. Mai 1808 um halb vier
Uhr morgens von Weimar weg und kam am Abend des
15. Mai in Karlsbad an. Dort blieb er bis Ende August
und beschäftigte sich ab dem 29. Mai überwiegend mit
seinem neuen Roman. Bereits zwei Monate später, am
30. Juli, wurde im Tagebuch vermerkt: »Früh Schluß der
Wahlverwandtschaften«.[4] Goethe hatte die erste Fassung
diktiert, die im großen und ganzen dem überlieferten
Werk entsprochen haben dürfte. Das Manuskript war jedoch knapper, und die spätere Gliederung in zwei Teile
fehlte noch. Der Dichter war mit dem Resultat auch
noch nicht zufrieden, und daher wurde am 28. August,
dem Geburtstag, im Tagebuch notiert: »Die Wahlverwandtschaften wieder vorgenommen und sie in verschiedenen Beziehungen durchgedacht.«[5]

Zu greifbaren Ergebnissen sollte dieser Prozeß der
wiederholten Reflexion aber erst im nächsten Jahr führen. Im Sommer 1809 unternahm Goethe keine Bade-
reise. Er fuhr schon am 29. April nach Jena und hielt sich
dort, von einer Unterbrechung von gut einem Monat abgesehen, bis zum 7. Oktober auf. In dieser Zeit widmete
er sich überwiegend seinem Roman, der im Winterhalb-
jahr in Weimar liegengeblieben war. Denn in seinem
Haus schuf der Dichter damals keine literarischen Arbeiten; dort widmete er sich überwiegend der Farbenlehre, der Widerlegung Newtons, die ihn mittlerweile
seit fast zwei Jahrzehnten beschäftigte.

Die *Wahlverwandtschaften* waren einer der ersten
Eheromane. Das Werk selbst verweist auf dieses Faktum, wenn eine der Figuren bemerkt: »In der Komödie
sehen wir eine Heirath als das letzte Ziel eines durch

die Hindernisse mehrerer Acte verschobenen Wunsches [...]. In der Welt ist es anders; da wird hinten immer fortgespielt, und wenn der Vorhang wieder aufgeht, mag man gern nichts weiter davon sehen noch hören.«[6] In Goethes Werk verhielt es sich nicht so; dort ging es um die Geschehnisse hinter den Vorhängen, die man in Komödien und den üblichen Unterhaltungsromanen längst geschlossen hätte.

Form und Aufbau der *Wahlverwandtschaften* haben dem Dichter immer wieder Bewunderung eingetragen, nicht zuletzt in Frankreich und bei berühmten französischen Schriftstellern. Stendhal las die erste Übersetzung, die schon 1810 erschien, und ein Kapitel seines bekanntesten Romans *Le Rouge et le Noir*, trug eine Überschrift, die eine blanke Übertragung des Wortes ›Wahlverwandtschaften‹ darstellte: »Les Affinités Électives«. In späterer Zeit war Marcel Proust noch so beeindruckt, daß er das Werk neben die Lyrik Rimbauds, des Bürgerschrecks in Person, stellte.[7] Es mochte sein, daß der Roman von seiner ganzen Anlage dem oft berufenen cartesianischen Element im französischen Denken besonders entgegenkam, mehr jedenfalls als andere Werke Goethes.

Die *Wahlverwandtschaften* beginnen mit einer geradezu peinlich genauen Beschreibung des Alltagslebens des niederen Landadels um 1800, das der Dichter aus eigener Anschauung kannte. Denn er hatte sich im Jahr 1798 zu der größtenteils geliehenen Summe von 13 125 Talern und übrigens ohne eine vorherige Besichtigung das Rittergut Ober-Roßla in der Nähe von Apolda gekauft. Goethe besaß als Rittergutsbesitzer nun eine Vertretung in der sachsen-weimarischen Ständeversammlung und übernahm Rechte und Pflichten als Lehensherr, wurde also selbst in jenen »Lehns=Hocus=Pocus« verwickelt, dessen Abschaffung er im *Wilhelm Meister* nicht

grundlos befürwortet hatte. Der Schriftsteller sollte sich
nur gelegentlich um dieses Gut kümmern und es im Jahr
1803 zu ungefähr dem Preis, zu dem er es erworben hatte,
wieder losschlagen. Damit war kein Gewinn für ihn verbunden, weil mittlerweile ja die Zinsen für das aufgenommene Darlehen angefallen waren. Goethe hatte wohl
eingesehen, daß er von den Summen, für die das Gut ver-
pachtet war, das geliehene Kapital nie würde zurückzah-
len können, und meinte Christiane Vulpius gegenüber,
daß er »durch eine Verbindung von Umständen« mit den
Zinsen »sehr leidlich« wegkomme. Gleichwohl mußte er
einräumen: »Wenn du zurückkommst wollen wir unsern
Haushalt recht schön ordnen und von alten Sünden völlig
reinigen.«[8] Das unter dem Eindruck der zeitgenössischen
Agrarkonjunktur erworbene Rittergut brachte also keinen materiellen Profit, dafür aber einen literarischen: die
Beschreibung des Lebens des niederen Landadels in seinen *Wahlverwandtschaften* konnte sich auf einschlägige
Erfahrungen aus seinen nicht eben erfolgreichen finanziellen Spekulationen stützen.

Zum Alltagsleben auf einem Gut gesellt sich in seinem
Roman bald ein zweites, vermeintlich exakt gegründetes
und insofern cartesianisch anmutendes Element, das in
seinen Auswirkungen jedoch eher romantisch-mystische
Züge annimmt. Es tritt zum erstenmal bei der Demon-
stration einer verhältnismäßig einfachen chemischen Reaktion auf: zwei Gruppen zweier verschiedener Elemente (A/B und C/D), die miteinander verbunden sind,
tauschen bei einer beiderseitigen Wechselwirkung ihre
jeweiligen Partner aus (zu A/C und B/D).[9] Dieser Vorgang, der auf unterschiedlichen chemischen Bindungs-
kräften beruht, wird zum Symbol für die Geschehnisse,
die sich in diesem Werk zwischen zwei menschlichen
Paaren entwickeln.

Zu Eduard, einem »reichen Baron im besten Mannes-
alter«[10], der das müßige Leben eines kleinen Landadeli-
gen führt und sich überwiegend mit der Verschönerung
seiner Gartenanlagen beschäftigt, und zu dessen Frau
Charlotte gesellt sich ein zweites Paar: ein Hauptmann,
der Eduard bei den Arbeiten in seinem Garten helfen,
und die junge Ottilie, die währenddessen seiner Gattin
zur gesellschaftlichen Abwechslung und Unterhaltung
dienen soll. Doch die Konstellation beginnt bald über
Kreuz zu wirken: zwischen Charlotte und dem Hauptmann und zwischen Eduard und Ottilie machen sich
wechselseitige Neigungen bemerkbar.

Während Charlotte und der Hauptmann bald zu der
Einsicht gelangen, daß es besser sei, die Sitten zu wahren, gibt Eduard seiner Leidenschaft immer mehr nach
und wird zur eigentlichen Triebfeder der Romanhandlung. Er wird als »das einzige, verzogene Kind reicher
Eltern«[11] eingeführt, und es heißt über ihn: »Sich etwas
zu versagen, war Eduard nicht gewohnt.«[12] Seine Hoffnungen und Ansprüche auf Ottilie treten immer augenfälliger hervor, und der Erzähler versäumt nicht, darauf hinzuweisen, daß der Rahmen, den gesellschaftliche Konventionen und Rücksichten fordern, gesprengt
zu werden droht. Einer seiner Kommentare lautet: »In
Eduards Gesinnungen, wie in seinen Handlungen, ist
kein Maß mehr. Das Bewußtsein zu lieben und geliebt
zu werden treibt ihn ins Unendliche.«[13] Eduard wird für
sein Verhalten keinerlei Rechtfertigung eingeräumt. Der
wiederholt kommentierend eingreifende Erzähler setzt
ihn eher in ein ungünstiges Licht. Und der Autor soll,
einem Zeugnis Eckermanns folgend, über seine Figur
denn auch geäußert haben: »[...] ich mag ihn selber nicht
leiden, aber ich mußte ihn so machen [...]. Er hat übrigens viele Wahrheit [...]«.[14] Wir wollen noch etwas nä-

her betrachten, inwiefern dieser Eduard aus Goethes drittem Roman viel »Wahrheit« an sich hat.

Während der Erzähler gegenüber seinem männlichen Protagonisten eine kritisch-distanzierte Haltung einnimmt, sucht sich dieser vor sich selbst wiederholt zu rechtfertigen. Er gesteht zwar ein: »Ich pfusche, ich stümpere nur in den meisten Dingen.« Er konzediert, daß er in der Regel nur ein Dilettant ist, sucht diese Äußerung aber gleich wieder zu relativieren: »Es mag sein, aber ich hatte das noch nicht gefunden, worin ich mich als Meister zeigen kann.« Und das Metier oder Feld, in dem er seiner eigenen Meinung nach als ein solcher hervortreten möchte, ist eben das seiner Neigung zu Ottilie: »Ich will den sehen, der mich im Talent des Liebens übertrifft.«[15]

Eduard schürt gleichsam vorsätzlich die Maßlosigkeit seiner Neigung, um sich einmal als etwas Besonderes hervortun zu können. Er gibt sich der Leidenschaft hin, aber es geschieht weniger der Liebe als vielmehr des Hanges wegen, einmal hervorzustechen und sich als ein außerordentlicher Mensch darstellen zu können. Diese Neigung zur Selbstdarstellung nach außen ist ein wesentlicher Charakterzug Eduards, und dieser entspricht weitgehend dem, was in der Psychologie seit C. G. Jung ein »extravertierter Typus« genannt wird.[16]

Die Person, der seine Neigung gilt, Ottilie, ist völlig gegensätzlich veranlagt. Ottilie ist in allen äußeren Dingen und in allen gesellschaftlichen Belangen eher ungeschickt, hat aber vorzügliche häusliche Fertigkeiten und ist vor allem von auffallender »Dienstbeflissenheit«[17]. Sie wirkt »wie ein freundlicher Schutzgeist«, der dem reichen Baron Eduard bald »unentbehrlich« wird.[18] Ihr vorherrschender Charakterzug ist ein Hang zur Hingabe, zur Einfühlung in andere Menschen und zur gleichzeitigen Vernachlässigung oder gar Aufopferung ihrer selbst. Ottilies Neigung zu Eduard nimmt daher bald ungewöhnliche Formen an.

Der Erzähler versucht die Einfühlungsgabe Ottilies in einer Szene zu beschreiben, in der er sie mit Eduard gemeinsam musizieren und dabei in einen vollkommenen Einklang geraten läßt, obwohl dieser ziemlich dilettantisch spielt und daher ständig die Tempi wechselt: »Die Zuhörenden waren aufmerksam und überrascht, wie vollkommen Ottilie das Musikstück für sich selbst eingelernt hatte, aber noch mehr überrascht, wie sie es der Spielart Eduards anzupassen wußte. Anzupassen wußte ist nicht der rechte Ausdruck: denn wenn es von Charlottens Geschicklichkeit und freiem Willen abhing, ihrem bald zögernden bald voreilenden Gatten zu Liebe, hier anzuhalten, dort mitzugehen, so schien Ottilie, welche die Sonate von jenen einigemal spielen gehört, sie nur in dem Sinne eingelernt zu haben, wie jener sie begleitete. Sie hatte seine Mängel so zu den ihrigen gemacht, daß daraus wieder eine Art von lebendigem Ganzen entsprang, das sich zwar nicht tactgemäß bewegte, aber doch höchst angenehm und gefällig lautete. Der Componist selbst hätte seine Freude daran gehabt, sein Werk auf eine so liebevolle Weise entstellt zu sehen.«[19]

Der Erzähler bemüht sich, ein plastisches Bild für die ungewöhnliche Einfühlungsgabe Ottilies zu geben und gebraucht dafür das Beispiel des gemeinsamen Musizierens, das sich zwar nicht in gleichmäßigen Takten bewegt, aber in der Abweichung vom Maß doch wieder einen Einklang findet, jenen, den Ottilie im Hinblick auf Eduard und dessen Eigenheiten auf Grund ihrer außergewöhnlichen Fähigkeiten herzustellen weiß. Das Beispiel mutet wegen der teils komplizierten Wendungen, bei denen der Erzähler erklärtermaßen nach dem »rechten Ausdruck« sucht, ein wenig merkwürdig an; aber es vermag jene Seite von Ottilies Charakter herauszustellen, die für sie und die Bewertung der weiteren Geschehnisse des Romans wesentlich ist: ihr Talent zur Hingabe an andere Personen.

Nun hat man einen Sprung zu machen, und zwar jenen, daß diese Charakterisierung zweier fiktiver Romanfiguren von ihrer ganzen Anlage her auch vor den Begriffen der modernen wissenschaftlichen Psychologie zu bestehen vermag. Denn Eduard, dem extravertierten Typus, tritt mit Ottilie als komplementäre Ergänzung das gegenüber, was in einer psychoanalytisch gefärbten Terminologie ein »depressiver Charakter« genannt wird. Der Begriff »depressiv« meint in diesem Zusammenhang[20] keinen psychischen Zustand, sei es vorübergehender oder dauerhafter Art, sondern einen Typus, der von einem Hang zur Selbstunterschätzung und Vernachlässigung der eigenen Person geprägt wird, andererseits oft eine starke Neigung zur Einfühlung in andere Menschen entwickelt – eben so, wie es auch für Goethes Ottilie kennzeichnend ist. Der Schriftsteller bildet in seinen *Wahlverwandtschaften* also zwei Figuren ab – den extravertierten Eduard und ihm gegenüberstehend Ottilie als »depressiven Charakter« –, die auch nach modernen Begriffen vollkommen plausibel sind. Und dies geschieht, obwohl er natürlich noch nicht über die entsprechende wissenschaftliche Terminologie verfügte. Daher werden die wesentlichen Vorgänge von ihm in Bildern und Symbolen, etwa den chemischen Elementen und deren Reaktionen, beschrieben. Und gelegentlich reicht auch dies, wie bei der Beschreibung der entscheidenden Charakterzüge Ottilies, noch nicht ganz, und dann sieht sich der sonst so sprachgewandte Dichter auf einmal zur Suche nach dem »rechten Ausdruck« veranlaßt.

Die Gegensätzlichkeit der Charaktere Eduards und Ottilies stellt nach den Äußerungen des Erzählers eine Voraussetzung der ungewöhnlichen Neigung dar, die sie zueinander fassen. Schon in jenem Gespräch, in dem zum erstenmal von den »Wahlverwandtschaften« die Rede ist, in dem sie als chemische Reaktionen auftreten, wird geäußert, daß es gerade jene »Naturen« seien, »die, obgleich einander entgegengesetzt und vielleicht eben deßwegen, weil sie einander entgegengesetzt sind, sich am entschiedensten suchen und fassen [...]«.[21] Damit ist schon die Konstellation vorgezeichnet, die das Geschehen des Romans bestimmt. Die Konsequenz, mit der dies im weiteren ausgesponnen wird, ist jedoch fast so erstaunlich wie die Tatsache, daß Goethe auf intuitive Weise zu einer Einsicht in Zusammenhänge gelangt, die erst wesentlich später zum Gegenstand wissenschaftlicher Reflexion wurden.

In einigen Details gibt es freilich sehr interessante Differenzen zwischen den Anschauungen des Schriftstellers und den Auffassungen der modernen Psychologie. Sie treten insbesondere in den Bewertungen hervor, die der auktoriale Erzähler der *Wahlverwandtschaften* vornimmt. In der heutigen Psychologie sind die Termini »extravertiert« und »depressiv« natürlich weitgehend wertneutral; sie stellen Begriffe zur Beschreibung von Charakteren bzw. Typen dar, die durch bestimmte Verhaltensweisen gekennzeichnet sind. Eine solche Wertneutralität war dem Romanautor fremd. In seinem Werk ist ganz offensichtlich, daß der Erzähler den Charakter Ottilies gegenüber dem Eduards weit bevorzugt. Während er Eduard in seinen gelegentlichen Kommentaren eher abschätzig beurteilt, wird Ottilie zum Schluß sogar zur Heiligen emporstilisiert.

In dem Motivgeflecht des Romans, um das sich der

Autor ersichtlich große Mühe gab, finden sich dafür mehrere Vorausdeutungen. Ein junger Architekt, den man zur Erneuerung einer Kapelle herbeiruft, verleiht einigen Heiligenbildern auf Grund einer zarten Neigung zur Protagonistin deren Züge, so daß es zuletzt erscheint, »als wenn Ottilie selbst aus den himmlischen Räumen heruntersähe«.[22] Als man sich damit beschäftigt, Gemälde und Votivbilder mit lebenden Personen nachzustellen, eine zu Beginn des 19. Jahrhunderts in höheren Kreisen beliebte und auf Grund der erforderlichen Kostüme und Dekorationen keineswegs billige gesellschaftliche Unterhaltung, fällt Ottilie nur eine Rolle zu: die der Jungfrau Maria in dem Krippenbild, das man zur Weihnachtszeit darbietet.[23]

Diesen Vorausdeutungen entspricht der Schluß des Romans in folgender Weise: Ottilie, deren Beziehung zu Eduard stets platonisch bleibt, werden durch einen Unglücksfall »die Augen geöffnet«.[24] Sie sieht die Unrechtmäßigkeit des beiderseitigen Verhältnisses ein und hungert sich in kurzer Zeit zu Tod; ihr Körper ist nach dem Ableben aber keiner Verwesung ausgesetzt. Es gilt als Quelle wunderbarer Heilkräfte, ihren Leichnam zu berühren, und die Menschen beginnen nach ihrem Grab zu pilgern.[25]

Demgegenüber muß Eduard, der sich zuerst auf sein Talent für die Liebe so viel zugute tat, nun eingestehen, daß er sehr zurückgefallen ist. Als man Ottilie begraben hat, klagt er, »was bin ich unglücklich, daß mein ganzes Bestreben nur immer eine Nachahmung, ein falsches Bemühen bleibt! Was ihr Seligkeit gewesen, wird mir Pein [...]. Ich muß ihr nach, auf diesem Wege nach: aber meine Natur hält mich zurück und mein Versprechen. Es ist eine schreckliche Aufgabe, das Unnachahmliche nachzuahmen. Ich fühle wohl, Bester, es gehört Genie

zu allem, auch zum Märtyrerthum.«[26] Diese Passage enthält die prägnanteste Wertsetzung, die der auktoriale Erzähler des Romans trifft: im Vergleich zu Ottilie, die in
romantisch-romanhafter Weise zum heiligen Genie der
Liebe verklärt wird, verbleibt Eduards Neigung im Bereich des bloßen Bemühens, dem schlechter und unvoll-
kommener Nachahmung. Eine derartige Wertung würde
man aus einer wissenschaftlich-psychologischen Perspektive gewiß nicht treffen; in ihr würde der depressive
Charakter Ottilies als nicht weniger defizient erscheinen
wie der extravertierte Eduards. Man muß dem intuitiv
vorgehenden Dichter allerdings zubilligen, daß er seine
Romanfiguren nicht in einem derart wertneutralen Sinn
beschreiben kann und will – er möchte schließlich keine
wissenschaftliche Abhandlung vorlegen –, sondern Vorlieben zeigt und deutliche Präferenzen setzt.

   Im übrigen ist mit der angeführten, sehr eindeutigen
Bevorzugung Ottilies nicht das letzte Wort gesprochen.
Denn am Ende stirbt der reiche Baron auch noch – eine
Art doppelter Liebestod –, und nun zeigt sich der Erzähler versöhnlich. Eduards Leichnam wird neben dem
Ottilies beigesetzt, und es heißt: »So ruhen die Liebenden neben einander. Friede schwebt über ihrer Stätte,
heitere verwandte Engelsbilder schauen vom Gewölbe
auf sie herab, und welch ein freundlicher Augenblick
wird es sein, wenn sie dereinst wieder zusammen erwa-
chen!«[27] Der Schlußakkord ist harmonisch, und im ver-
söhnenden Ende werden die zuvor so gegensätzlichen
Wertsetzungen gleichsam aufgehoben.

   Schon früher tritt ein Motiv auf, das geeignet wäre, die
romantisch-romanhafte Verklärung Ottilies zum Genie
ein wenig zu relativieren, das jedoch nicht in den Mittelpunkt gerückt wird, sondern am Rande verbleibt. Der
Erzähler versäumt es nämlich nicht, für die Gegensätz-

lichkeit der Charaktere seines Protagonistenpaars eine
hinlängliche Begründung zu geben. Und so wie Eduard
diesbezüglich in ebenso auffallender wie abfälliger Weise
als »das einzige, verzogene Kind reicher Eltern« eingeführt wird, wird ihm Ottilie später als die in ihrem Leben von anderen Menschen immer wieder vernachläs-
sigte »arme Waise« entgegengestellt![28] Die »arme Waise«
und das »einzige, verzogene Kind reicher Eltern« sind
also jene Figuren, »die, obgleich einander entgegengesetzt und vielleicht eben deßwegen, weil sie einander
entgegengesetzt sind, sich am entschiedensten suchen
und fassen«. So die schon einmal zitierte Prämisse, mit
deren ebenso konsequenter wie sublimer Umsetzung
dem rund 60jährigen Autor zweifellos ein herausragen-
des Werk gelang. Ein Werk, das durch seine geniale,
intuitive Einsicht in menschliche Charaktere auch im
Genre des psychologischen Romans des 19. Jahrhunderts
einen ungewöhnlichen Rang einnimmt.

Der Heiligentod Ottilies war das Äußerste, was Goethe
je an romantisch-katholisierenden Kunsttendenzen auf-
bot. Bereits während der Entstehungszeit seines Romans
begann sich eine neuerliche Wendung seiner Auffassungen abzuzeichnen. Möglicherweise wurde sie durch die
Nachricht von Friedrich Schlegels Übertritt zum Katholizismus ausgelöst. Goethe nahm diese mit dem größten
Unwillen auf, weil sie deutlich machte, daß das literarische Katholisieren, das schon seit Ludwig Tiecks *Geno-
veva* von 1800 als salonfähig galt, nur der Vorbote einer
umfassenden geistlichen Restauration war. Diese Einsicht hinderte ihn zwar nicht, einige effektvolle katholi-
sierende Kunstmittel zu gebrauchen. Aber dem Wieder-
erstarken des Katholizismus stand der im Protestantismus aufgewachsene und ihm in manchem, etwa seiner

profunden Bibelkenntnis, stets verhaftete Schriftsteller
strikt ablehnend gegenüber.

Die erste, abrupte Gegenreaktion bekam niemand anders als der zuvor so begünstigte Zacharias Werner zu
spüren. Goethe lud am Silvestertag des Jahres 1808 eine
kleine Gesellschaft zum Mittagessen. Den Abend verbrachte er übrigens bei Frau von Stein; nach einer langen
Zeit der Irritationen und Verlegenheiten hatte sich mittlerweile wieder ein freundliches nachbarschaftliches Verhältnis eingestellt. Zum Diner wurde neben dem aus
Norwegen stammenden Naturforscher und Philosophen
Henrik Steffens (1773–1845), dessen Frau und anderen
Gästen auch Zacharias Werner gebeten. Doch nach dem
Essen gab es, Wilhelm von Humboldts Zeugnis folgend,
einen Eklat: »Obgleich Goethes Frau ihm [Z. Werner]
gesagt hatte, daß das Mystische Goethen unerträglich
sei, so ließ er sich beigehn, ein Sonett auf Genua, wo er
kürzlich gewesen, vorzubringen, in welchem die Scheibe
des Vollmonds zur Hostie gemacht wird. Wie dies Goethe gehört hat, ist er, wie er selbst sagt, *saugrob* [...] geworden. Werner hat sich zurückziehen müssen, und obgleich er die Versöhnung durch die Frau versucht hat, mit
der er gestern abend auf dem Ball gewalzt hat, so kommt
sie so leicht gewiß nicht zustande.«[29] Diese Szene, die
man sich in allen Einzelheiten, einem »saugroben« Goethe und einem verschreckt sich zurückziehenden Zacharias Werner, gar nicht richtig vorstellen kann (oder mag),
hatte noch ein peinliches Nachspiel, weil der Famulus
Riemer den ebenfalls anwesenden Steffens hinterher bitten mußte, den Vorfall doch nicht öffentlich zu verbreiten. Trotz dieses wütenden »Ausfall[s]«[30] des Dichters
kam die von Werner offenbar so sehr gewünschte Versöhnung zustande: im Jahr 1809 befand er sich wiederholt in
Goethes Umkreis, und sein bekanntestes Bühnenstück,

das Schicksals- und Schauerdrama *Der vierundzwanzig-
ste Februar*, wurde am 24. Februar 1810 im Weimarer
Hoftheater uraufgeführt.

Die Ausfälle des Schriftstellers richteten sich nicht nur
gegen Zacharias Werner. Wilhelm von Humboldt, der als
zuverlässiger Zeuge gelten muß, berichtete, daß Goethe
»noch heute im Eifer versicherte, auch jede gemalte Ma-
donna sei nur eine Amme, der man die Milch verderben
möchte (höchsteigene Worte), und die Raffaelschen stä-
ken im gleichen Unglück. Er treibt jetzt den Haß so
weit, daß er nicht einmal mehr leiden will, daß eine irdische Frau ihr Kind selbst im Arm haben soll.« In dem
Brief an seine Frau, dem diese Passage entnommen ist,
fügte Humboldt noch die Frage hinzu: »Ist das nicht
komisch?«[31] Seltsam oder auch »komisch« kann man
Goethes Einstellung zu den Werken des romantischen
Malers Caspar David Friedrich (1774–1840) finden. Sie
wollten ihm als Schüler Oesers und Winckelmanns gar
nicht behagen, und, einem Zeugnis Boisserées folgend,
äußerte er deshalb: »seine Bilder können ebenso gut auf
dem Kopf gesehen werden«.[32]

Für Werner, Friedrich und andere Romantiker waren
solche Ausfälle meist nicht komisch. Goethes Abneigung gegen mystische und mystisierende Tendenzen begann sich zu einer Polemik gegen das »neu=katholische
Künstlerwesen«[33] und zu einer Ablehnung und Verurteilung der vermeintlich falschen Kunstbestrebungen
und -tendenzen seiner Zeitgenossen auszuweiten. Das
Mißfallen des Schriftstellers wurde zu einem allgemeinen Mißmut über die Romantik und ihre künstlerischen
Intentionen. Man findet dabei auch Züge eines »Sich-
gehen-lassens« und einer gewissen Intoleranz. Der alternde Dichter begann das, was seinen eigenen Neigungen nicht entsprach, rundweg abzulehnen, und er nahm

wenig Rücksicht auf die Interessen und Belange anderer
Menschen. Wilhelm von Humboldt mußte zu dieser Zeit
feststellen: »Es ist Goethen sehr schade, so ungeheuer allein zu sein. Denn soviel Menschen er auch vorübergehend sieht, ist er mit keinem vertraut [...]. Er versauert
wohl vielleicht nicht so, aber er verknöchert und verhär-
tet wirklich und wird auch entsetzlich intolerant und im
Gespräch manieriert.«[34]

Goethes Intoleranz führte zu sehr verallgemeinernden, um nicht zu sagen: pauschalen Urteilen über die
vermeintliche »Verkehrtheit«[35] der Kunstbestrebungen
seiner meist jüngeren Zeitgenossen. Diese angebliche
»Verkehrtheit« ist eine etwas merkwürdige Sache. Da
die Epoche als eine der Glanzzeiten der deutschen Literatur und Musik gilt und mittlerweile auch die romantische Malerei viel höher bewertet wird als in Goethes
Umkreis, können ihre Kunsttendenzen eigentlich gar
nicht so falsch gewesen sein. Und betrachtet man Goethes Stellungnahmen genauer, so fällt auf, daß dieser anderen oft schon die Verwendung jener Kunstmittel zum
Vorwurf machte, die er selbst ebenfalls oder wenigstens
in ähnlicher Form gebrauchte. Dies galt neben dem literarischen Katholisieren insbesondere für jene ästhetischen Kategorien der Individualität und Originalität,
deren Verbreitung durch seine eigenen Werke entscheidend gefördert wurde. Dessen ungeachtet mußte Wilhelm von Humboldt von folgenden Klagen Goethes berichten: »Jeder, sagt er, will für sich stehn, jeder drängt
sich mit seinem Individuum hervor, keiner will sich an
eine Form, eine Technik anschließen, alle verlieren sich
im Vagen, und die das tun, sind wirklich große und entschiedene Talente, aus denen aber eben darum nichts
werden kann. Er versichert darum, daß er sich nicht

mehr um andere bekümmern, sondern nur seinen Gang gehen wolle [...]«.[36] Der alternde Dichter seufzte darüber, daß inzwischen alle jenen Weg einschlugen, den er selbst so erfolgreich beschritten hatte, und sich mit ihrer eigenen Person hervordrängen wollten. Im übrigen muß man sich fragen, was denn die »eine Technik« und die »eine Form« hätte sein sollen, der sich, seinen Auffassungen gemäß, die anderen hätten anschließen sollen. War damit etwa jene Ästhetik der Antike-Nachfolge gemeint, die er in Italien konzipiert hatte, die ihm inzwischen aber so lästig geworden war, daß er sich selbst von ihr befreit hatte? Wollte er das, was sich in seinen eigenen Produktionen nicht bewährt hatte, seinen Zeitgenossen aufnötigen?

Wahrscheinlich wollte Goethe eben dies; denn die Freiheiten, die er sich selbst erlaubte, billigte er anderen keineswegs zu. Bei der Lösung von den Fesseln seiner antikisierenden Kunsttheorie hatte er an entscheidender Stelle eine Art Genie-Klausel eingefügt, in der es hieß: »Aber im höhern Sinne kommt doch alles darauf an, welchen Kreis das Genie sich bezeichnet, in welchem es wirken, was es für Elemente zusammenfaßt, aus denen es bilden will.«[37]

Für das Genie gab es demzufolge keine Schranken, keine bindenden Normen und Gesetze. Aber dies galt eben nur für das Genie, nicht aber für die anderen. Folglich hätten sich die jüngeren Maler und Schriftsteller der Epoche weiterhin an jenen Regeln orientieren sollen, die Goethe einmal für gut befunden hatte, an die er sich selbst jedoch nicht mehr gebunden fühlte. Der Schriftsteller vertrat eine strikt hierarchisch-dichotome Sicht des Kunstbereichs. Riemer überliefert folgende Äußerungen:

Durch das jetzt in Deutschland allgemein verbreitete Interesse an Kunst und Poesie wird weder für diese beiden, noch für die Erscheinung eines originalen [!] und ersten und einzigen Meisterwerks etwas gewonnen. Der Kunst-Genius produziert zu allen Zeiten, in mehr oder minder geschmeidigem Stoff, wie die Vorwelt Homer, Aeschylos, Sophokles, Dante, Ariost, Calderon und Shakespeare gesehen hat; es ist nur dies der Unterschied, daß jetzt auch die Mittelmäßigkeit und die secondären Figuren dran kommen [...]. Es wird nun auch im Tale licht, statt daß sonst nur die hohen Berggipfel Sonne trugen.
So ist es auch mit andern Stimmungen des Geistes, mit der religiösen, amourösen, bellicosen und andern. In einzelnen Individuen sind sie zu allen Zeiten verbreitet gewesen und noch. Aber allgemein verbreitet nur zu gewissen Zeitaltern, und immer sind sie der Kometenschwanz irgend eines in diesen ausgezeichneten Mannes oder mehrerer [...].[38]

Die Literatur wurde in die Sphäre der Genies und diejenige der sonstigen Talente aufgeteilt, und diesen fiel nicht mehr als die Rolle eines Anhängsels oder Kometenschweifs der ersteren zu. Zur Begründung dieser strikten Trennung wollte sich Goethe auf frühere Zeiten berufen, aber dies war, rein historisch gesehen, falsch. Daß es ehedem in der Kunst und Literatur nur Große und Genies gegeben haben soll, ist leicht zu widerlegen: allein neben Shakespeare findet man eine ganze Reihe von keineswegs nur zweitrangigen oder gar minderwertigen Zeitgenossen. Und die von Goethe immer gern berufene Renaissance war eine Glanzzeit gewesen, die neben einigen ganz Großen noch eine Fülle verschiedenartiger Talente hervorgebracht hatte. Doch Goethes Argumentation orientierte sich nur an einem Maßstab: an dem des seinen Zeitgenossen überlegenen Mannes.

In den späteren Eckermann-Gesprächen hieß es mit Bezug auf den Literaturbetrieb deshalb: »Das ganze Unheil entsteht daher, daß die poetische Kultur in Deutschland sich so sehr verbreitet hat [...]. Wäre ein Einzelner, der über alle hervorragte, so wäre es gut, denn der Welt kann nur mit dem Außerordentlichen gedient sein.«[39] An diesem Punkt ist man geneigt zu sagen: aber bitte, es gab doch einen, der die übrigen überragte – Goethe eben. Die Egozentrik[40] und Ruhmsucht des großen Dichters mochte es dabei aber nicht bewenden lassen; sie führte zu einem Wunschbild des Literaturbereichs, in dem er selbst eine dominierende Rolle einnahm, während allen anderen nur ein untergeordneter Part zufiel. Und daher wären die Restriktionen seiner in Italien konzipierten Ästhetik der Antike-Nachfolge für diese auch sehr passend gewesen: wenn sie sich ihnen angeschlossen hätten und einem starren Klassizismus verfallen wären, während Goethe selbst als Genie alle Freiheiten besaß und produzieren konnte, wie es ihm beliebte, dann wäre dieses Wunschbild sogar noch zur Realität geworden.

Man kann aus kritischer Sicht nur das Urteil fällen, daß die Zeitgenossen dem alternden und intolerant gewordenen Dichter glücklicherweise nicht den Gefallen taten, sich so zu verhalten, wie dieser es wünschte, und nicht die »eine Technik«, »eine Form« annahmen, die er ihnen gerne aufgenötigt hätte.

Seines Unverständnisses für die Kunstbestrebungen anderer Leute ungeachtet, steckte sich Goethe in diesen Jahren den Kreis seines eigenen literarischen Wirkens völlig frei ab. Hatte er in den *Wahlverwandtschaften* Elemente der Romantik aufgegriffen, so begab er sich mit seinem *West-östlichen Divan*, der in den Jahren von

1814 bis 1817 entstand, auf ein exotisches Feld: das der persischen Dichtung. Er nannte dies kurz eine »Poesie wie sie meinen Jahren ziemt«[41].

Im Sommer des Jahres 1814 fuhr Goethe nicht nach Karlsbad, sondern machte die übliche Bade- und Brunnenkur diesmal in Wiesbaden. Von dort aus begab er sich nach Heidelberg, um die Brüder Boisserée zu besuchen und ihre inzwischen berühmte Gemäldesammlung zu besichtigen. Auf der Hin- und Rückreise traf er in Frankfurt mit dem Bankier Johann Jacob von Willemer (1760–1838) zusammen, der sich eben mit Maria Anna (Marianne) Jung (1784–1860) zum zweitenmal verheiratet hatte. Zu diesem Zeitpunkt war schon eine Reihe von Gedichten nach orientalischen Mustern entstanden, aber die Begegnung mit Marianne von Willemer inspirierte den Dichter aufs neue.

Goethe orientierte sich in denkbar freier Weise an den Werken der orientalischen Poesie. Er wollte keine persischen Gedicht- und Versformen ausfüllen oder nachahmen, dies überließ er jüngeren Nachfolgern. Er suchte nur etwas vom Geist dieser Literatur in sich aufzunehmen und ihn dann mit seinen Ideen und Intentionen zu verbinden, und daraus ging die sehr goethesche Lyrik seines *West-östlichen Divans* hervor. In dem Eingangsgedicht *Hegire*, zu deutsch: Flucht, findet man auch einiges über die Motive, die den Dichter in die Gedankenwelt des Orients führten:

> Nord und West und Süd zersplittern,
> Throne bersten, Reiche zittern,
> Flüchte du, im reinen Osten
> Patriarchenluft zu kosten,
> Unter Lieben, Trinken, Singen
> Soll dich Chisers Quell verjüngen.

Der Kampf gegen Napoleon hatte sein letztes Stadium erreicht, und der Schriftsteller, der ständigen Kriege und Umwälzungen längst müde, zog es vor, sich derweilen in den Orient zu begeben:

> Dort im Reinen und im Rechten
> Will ich menschlichen Geschlechten
> In des Ursprungs Tiefe dringen,
> Wo sie noch von Gott empfingen
> Himmelslehr' in Erdesprachen,
> Und sich nicht den Kopf zerbrachen.[42]

In diesen beiden Strophen, der ersten und der zweiten des Gedichts, sind mehrere Motive ineinandergewoben. Denn es waren nicht nur die politischen Ereignisse in Europa, die Goethe damals in den »reinen Osten« führten. Dieser sollte ihm auch eine Verjüngung bringen: »Chiser« war im Persischen der Hüter des Lebensquells, der ihm eine neue Jugend verschaffen konnte. Der Gang in den Orient war also nicht bloß eine Flucht, sondern auch eine Rückkehr zur Ursprünglichkeit und zu einer Einheit und Ganzheit des Welt- und Lebensgefühls, die im abendländischen Westen nicht mehr vorhanden war. Dafür steht in der zweiten Strophe des Gedichts der schwierige metaphorische Ausdruck »Himmelslehr' in Erdesprachen«, der auf eine Einheit von Unten (»Ursprungs Tiefe«) und Oben (»Himmelslehr'«), von irdischen und transzendenten Elementen verweisen soll, die hier nach Goethes Auffassung nicht zuletzt durch die modernen, rational-analytisch vorgehenden Naturwissenschaften zerstört worden war. Der Dichter begab sich auf die Suche nach einer mystischen Einheit, die in dem ihm vertrauten Kulturkreis verloren gegangen war. Sie war im Abendland durch eine intellektuelle Zersplitterung und Zerfaserung abgelöst worden, die in der letzten Zeile der zweiten Strophe durch jenes einfache, ganz umgangssprachliche Bild gekennzeichnet wird, das der »Himmelslehr' in Erdesprachen«, der angestrebten Einheit, gegenübersteht: es ist das vom ›zerbrochenen Kopf‹!

Der alternde Schriftsteller scheute neben den politischen Umwälzungen und den Kriegen auch die übermäßige Selbstreflexion des alten Europa und hoffte im »reinen Osten« noch einmal eine Ganzheitlichkeit des Lebensgefühls zu finden, die es hier nicht mehr gab. Aus ähnlichen Gründen entwickelte er einige Jahre später noch einen gewissen Amerika-Enthusiasmus. Auch dieser Kontinent erweckte in ihm Hoffnungen auf eine Erneuerung und Verjüngung und auf ein Abschütteln der riesigen, längst als Last empfundenen abendländischen Traditionen. In seinen naturwissenschaftlichen Schriften heißt es: »Nordamerikaner glücklich keine Basalte zu haben. / Keine Ahnen und keinen klassischen Boden.«[43]

Der Dichter zeigte sich im Alter schon als kulturmüder, von einer gewaltigen Bildungstradition niedergedrückter Europäer, der zur Erneuerung und Auffrischung des Lebensgefühls die Flucht in den Osten antrat. Außerdem diente die Reise in den Orient dazu, die literarischen Möglichkeiten Goethes in seinen späten Jahren zu erweitern. Sie war ein sublimer Kunstgriff, mit dem sich der Schriftsteller, der unter den Unannehmlichkeiten intellektueller Zersplitterung, einer allzu mächtigen Tradition und des eigenen Alters litt, in einer orientalischen Maskerade eine neue Jugend und Ursprünglichkeit zu verschaffen wußte. Deshalb fand auch keine Rückkehr zu der Simplizität jener Werke statt, die er einst nach der Bekanntschaft mit Herder in Straßburg geschaffen hatte, sondern etwas höchst Artifizielles und Kompliziertes: Es wurde eine zweite, auf einem gebrochenen Grund ruhende Ursprünglichkeit geschaffen, die sich sowohl auf Reflexion wie auf einen bewußten Einbezug von Exotismen stützte. An Zelter schrieb Goethe über den *West-östlichen Divan* daher, es walte »die Reflexion am meisten darin, wie sie auch den Jahren des Dichters geziemt«.[44] Die angestrebten Ziele der Verjüngung und Auffrischung des Lebensgefühls mündeten in eine paradoxe Dialektik: der Orientalismus war eigentlich nur Maskerade und die erstrebte zweite Ursprünglichkeit basierte auf Reflexion.

Und zuletzt wurde die Reise in den Orient daher wieder ein Bildungsunternehmen. Sie fand mit und in der Literatur statt, und das Ergebnis war kein Austritt aus der eigenen Tradition, sondern deren erneute Erweiterung und Vergrößerung durch die Aufnahme bisher unbekannter, exotischer Formen. Im Gefolge von Goethes Aneignung der persischen Dichtung kam im zweiten und dritten Jahrzehnt des 19. Jahrhunderts eine Orientalismuswelle auf, in der Schriftsteller wie Friedrich Rückert (1788–1866) oder August Graf von Platen (1796–1835) auch Ghaselen und andere persische Versformen aufgriffen.

Goethe selbst sah sich veranlaßt, sein Werk noch durch gelehrte Anmerkungen zu untermauern. Er fügte seiner Gedichtsammlung eine Reihe von *Noten und Abhandlungen zu besserem Verständnis des West-östlichen Divans* hinzu, und das ganze Unternehmen, das als Flucht vor zu viel Reflexion begonnen hatte, endete auf diese Weise wieder in Gelehrsamkeit.

Überdies konnten diese Anmerkungen nicht verhindern, daß die artifizielle Raffinesse, die das Kennzeichen des *West-östlichen Divans* ist und die von modernen Interpreten meist als ein dankbares Betätigungsfeld begrüßt wird, beim zeitgenössischen Publikum wenig An-

klang fand. Es waren meist nur die Kollegen, und insbesondere solche, die sich wie Heinrich Heine (1797–1856)
ebenfalls auf eine kunstvoll-raffinierte zweite Ursprünglichkeit verstanden, die diese Gedichtsammlung bewunderten und begrüßten. Der kommerzielle Erfolg fiel
hingegen so gering aus, daß, einem wiederholten Hinweis der Goethe-Literatur zufolge, bei einer Bestellung
des Werks über den Buchhandel noch bis zum Beginn
des 20. Jahrhunderts Exemplare der Originalauflage ausgeliefert wurden.

Die »Verjüngung«, die eines der zentralen Motive der
literarischen Reise in den Orient gewesen war, läßt sich
in der damaligen Zeit erstaunlicherweise aber auch im
biographischen Sinn nachweisen. Schon nach den *Wahlverwandtschaften* begann sich Goethes Äußeres zu wandeln. Er verlor allmählich die enorme Fettleibigkeit,
die ihn im vorangegangenen Jahrzehnt der Krise und
des Bundes mit Schiller wie einen übermäßig fetten
Kleinstaatminister hatte aussehen lassen. Und nach den
Reisen des Jahres 1814, die ihn nach Frankfurt, Wiesbaden, an den Rhein und nach Heidelberg geführt hatten, mußte sein alter Freund Knebel mit Verblüffung
feststellen: »Überhaupt scheint er sich diesen Sommer
gleichsam verjüngt zu haben.«[45] Auch die Zeugnisse
anderer Zeitgenossen bestätigen, daß Goethe für seine
65 Lebensjahre, die damals meist schon als beginnendes
Greisenalter galten, einen erstaunlich frischen Eindruck
machte. Der Schriftsteller selbst sprach, einer Äußerung
Eckermanns gemäß, von einer »temporären Verjüngung« und betrachtete die Jahre, in denen sein *West-öst-
licher Divan* entstanden war, im Rückblick als eine produktive und »glückliche Zeit«[46]. Diese für den Dichter
günstige Periode hielt eine ganze Weile an. Im Herbst
1821 schrieb der zwölfjährige Mendelssohn anläßlich ei-

nes Besuchs, den er mit seinem Lehrer Zelter in Weimar verbrachte, über Goethe: »Man hält ihn nicht für einen Dreiundsiebenziger, sondern für einen Fünfziger.«[47] Die Fünfzig markierten damals das beginnende Alter, mit Zweiundsiebzig[48] war man in der Greisenzeit.

## DREIZEHNTES KAPITEL

# *Wachsendes Harmoniebedürfnis*

Mit fortschreitendem Alter entwickelte Goethe ein immer ausgeprägteres Bedürfnis nach Ruhe und Harmonie. Diese Neigung beeinflußte sein Verhalten und seine Auffassungen, in künstlerisch-literarischer Hinsicht ebenso wie in politischer. Er begann in auffälliger Weise immer mehr Dinge zu meiden und von sich abzuweisen, um nicht beunruhigt und in seinem labilen inneren Gleichgewicht gestört zu werden. Der junge Wilhelm Grimm (1786–1859), der den größten Teil der bekannten deutschen *Kinder- und Hausmärchen* verfaßte, äußerte nach einem Besuch im Jahr 1815 über Goethe: »Da er sich wohl bewußt sein mag, wie leicht er an etwas teilnimmt, so hat er eine eigene, wunderliche Scheu, man kann sagen Ängstlichkeit, daß ihm ja nichts zu nahe rückt, und er weicht gewiß aus oder setzt sich eiskalt hin, wenn man von etwas mit Lebhaftigkeit und Eifer spricht, das er noch nicht kennt.«[1] Wilhelm von Humboldt, der etwa zwanzig Jahre älter als Grimm war, urteilte strenger: »Er hat eigentlich kein Gleichgewicht in sich, er ist schwach in der Wirklichkeit, und dann gilt das Idealische nur im Moment der Begeisterung und durchdringt nicht jeden Moment des

*Carl August 1824*
*Kolorierter Kupferstich*
*von K. A. Schwerdgeburth*

bloßen einfachen Lebens.«[2] Humboldt sprach treffend
von der Wirklichkeitsschwäche des großen Dichters und
bemerkte richtig, daß ihm seine geistigen Neigungen das
»einfache Leben« nicht erleichterten. In seinen Altersjahren suchte Goethe diese Mängel dadurch zu kompensieren, daß er nach Ruhe in den äußeren Dingen und in
den Verhältnissen seiner Umgebung verlangte und alle
irritierenden Einflüsse möglichst mied.

Von diesem Harmoniebedürfnis wurden auch seine
politischen Auffassungen geprägt. Der alte Goethe wurde zu einem selbstverständlichen und strikten Anhänger
des Bestehenden und Etablierten. Er begann gegen alle
Bestrebungen zur Veränderung schon deshalb eine tiefe
Abneigung zu hegen, weil sie ihm als Störung jener
Ordnung erschienen, nach der er nun so sehr verlangte.
Er konnte daher die »unaufhaltsam wirkenden revolutionären Potenzen«[3] des Zeitalters nur mit ausgeprägtem
Unwillen zur Kenntnis nehmen und urteilte kurz und
verdrossen: »Jede Revolution geht auf Naturzustand
hinaus, Gesetz- und Schamlosigkeit«.[4]

Die einzige, kraß hervorstehende Ausnahme von dieser Regel war Napoleon, dem Goethe uneingeschränk-
te Bewunderung zollte. Im Jahr 1815 vermerkte Sulpiz
Boisserée: »Napoleon hat ihm imponiert, der größte
Verstand, den je die Welt gesehen [...]. [Er habe] immer
abwechselnd von Geschäften mit jenen, dann wieder mit
ihm gesprochen. [Goethe] scheint nicht gemerkt zu haben, oder nicht bemerken zu wollen, daß dies alles angelegt gewesen, um ihm zu imponieren (wie ich mirs
auslege).«[5] Die Züge Napoleons, die dem kritischen Betrachter Boisserée als Merkmale einer vorsätzlichen
Selbstinszenierung erschienen, waren Goethe ein Anlaß
zu vorbehaltloser Bewunderung, ja zur Apotheose. Man
bedenke dabei, daß der korsische Emporkömmling die

etablierte Ordnung der europäischen Staaten länger und gründlicher durcheinanderbrachte als jeder andere und über rund zwei Jahrzehnte immer neue Verschiebungen der politischen Landkarte erzwang. Niemand anders hätte bei dem sonst so ausgeprägten Hang des Schriftstellers nach Ruhe und Harmonie also als störender empfunden werden können. Doch in diesem Fall galten andere Gesetze. Napoleon erschien Goethe als das Genie auf dem Feld der Politik, und das Recht des herausragenden Individuums zu seiner Selbstentfaltung und -verwirklichung rangierte noch vor seinem Bedürfnis nach Ordnung. Daß einem die Zeitgenossen überragenden Mann wie Napoleon nach Goethes Meinung nahezu jedes Mittel recht sein durfte, um sich durchzusetzen, zeigen die Aufzeichnungen, die Falk kurz nach der Begegnung des Schriftstellers mit dem Imperator festhielt. Es heißt dort u. a.: »Er [Goethe] fand es ganz in der Regel, daß [Napoleon] einen Schreier wie Palm, einen Prätendenten wie d'Enghien eine Kugel vor den Kopf schießen läßt, um das Publikum, das die Zeit nicht abwarten kann, sondern überall störend in die Schöpfungen des Genies cingreift [!], ein für allemal durch ein eklatantes Beispiel abzuschrecken. Er kämpft mit den Umständen, mit einem verdorbenen Jahrhundert mitten in einem verdorbenen Volk. Lasset uns ihn glücklich preisen, ihn und Europa, daß er bei seinen großen ungeheueren Weltplänen selbst nicht verdorben ist!«[6] Goethe teilte die Welt der Politik ebenso wie die der Kunst und Literatur in die Sphäre des Genies einerseits und jene der übrigen Menschen andererseits, und für beide galten vollkommen unterschiedliche Gesetze.

Nach dem Ende der napoleonischen Herrschaft und der mehr als zwanzigjährigen Kriege und Umwälzungen wurde Sachsen-Weimar auf dem Wiener Kongreß von

1815 eine beträchtliche Vergrößerung seines Territoriums zugestanden und sein Fürst zum Großherzog erhoben. Carl August erhielt nun den Lohn dafür, daß er in schlechten Zeiten auf der Seite Preußens ausgeharrt hatte, und er ließ auch seine Untergebenen daran teilhaben. Die höchsten Weimarer Beamten, unter ihnen Goethe, wurden zu Ministern ernannt. Die bisherigen Tätigkeiten des Schriftstellers im Kulturbereich wurden zu einer Oberaufsicht über die kulturellen Einrichtungen Sachsen-Weimars zusammengefaßt und sein Salär auf 3000 Taler pro Jahr angehoben. Erst mit dieser offiziellen Verleihung des Ministertitels und der damit verbundenen Gehaltserhöhung wurde Goethe endgültig von all den finanziellen Sorgen befreit, die ihn bisher, über drei Viertel seines Lebens, immer wieder begleitet hatten. Noch später wurde sein Einkommen auf 3100 Taler festgesetzt.[7] Es waren wahrscheinlich aus symbolischen Gründen 100 Taler mehr, als die beiden anderen Minister erhielten, und Goethe wurde im Alter damit trotz geringer Pflichten zu dem am besten verdienenden Weimarer Beamten.

Es wollte dem Schriftsteller aber nicht gefallen, daß sich der nunmehrige Großherzog Carl August im politischen Vormärz bald den Ruf eines ausgesprochen fortschrittlichen Herrschers erwarb. Schon 1816 wurde für das vergrößerte Sachsen-Weimar eine Verfassung erlassen; ein Vorgang, der den Beifall aller liberalen Kräfte erhielt. Zudem sicherte Carl August Pressefreiheit zu, und diese zog wie ein Magnet politische Zeitschriften in das Land. Die Universitätsstadt Jena wurde zu einer Hochburg des Liberalismus und der neuen Burschenschaften, sehr zum Mißfallen all jener, die schon bedauerten, im Klima der Reformjahre nach 1806 und des Kampfes gegen Napoleon irgendwelche Zugeständnisse zu politischen und gesellschaftlichen Veränderungen gemacht zu haben.

Goethe behagte die politische Liberalität seines Fürsten gar nicht. Die von dem Historiker Lorenz Oken in Jena herausgegebene Zeitschrift *Isis* äußerte heftige Kritik an den restaurativen Tendenzen der Epoche. Als der Dichter und Minister um eine Stellungnahme gebeten wurde, war er für ein sofortiges Verbot; lediglich ein persönliches Vorgehen gegen den Herausgeber lehnte er strikt ab.[8] Carl August unternahm indessen gar nichts. Er war inzwischen weitaus toleranter und liberaler als der Schriftsteller, der, einem Zeugnis Eckermanns zufolge, im hohen Alter sogar ausdrücklich über den »Unfug der Preßfreiheit« zu schimpfen begann.[9]

Im Jahr 1817 wurde Sachsen-Weimar mit seinem Eisenacher Teil zum Schauplatz des Wartburgfests. Goethe nannte dieses Fest, das heute noch als respektabler Bestandteil der nationalen Bewegung gilt, nur den »garstigen Wartburger Feuerstank«.[10] Diesmal empfand auch der Großherzog Carl August einiges Unbehagen. Er war gar nicht erfreut, daß die damals oft radikal-liberalen Professoren – der konstitutionelle Liberalismus des Vormärz hat mit dem heutigen Wirtschaftsliberalismus nicht allzu viel gemeinsam – mit den Studenten mitmarschierten. Goethe schrieb: »Die nächsten Tage sind bestimmt um den übeln Humor des Fürsten Metternich zu genießen, den Pr.[of.] Friesens Absurdität auf der Wartburg verursacht hat«.[11] Fürst Metternich, die beherrschende politische Gestalt der Restauration, war über die Geschehnisse auf der Wartburg empört und überdies der Meinung, daß man gegen die Teilnehmer vorgehen müsse. Als der Großherzog wiederum nicht einschritt, zog er sich den erklärten Ärger und Unwillen Metternichs zu, der sich in boshaften Bemerkungen über den »Weimarer Altburschen« Carl August entlud.

Goethe wurde durch die liberalen politischen Neigungen des Herzogs manchmal sogar in Verlegenheit gesetzt. Im Sommer des Jahres 1818 kam es in Karlsbad während einer Einladung beim Fürsten Schwarzenberg zu einem Gespräch über den sogenannten »Studenten-Unfug« in Jena und auf der Wartburg. Einer der Teilnehmer, Friedrich von Gentz (1764–1832), der zu den einflußreichsten Mitarbeitern Metternichs gehörte, mußte feststellen, daß sich der Dichter »durch ein affektiertes Streben nach Neutralität ziemlich linkisch benahm, ob er gleich seine tiefste Indignation gegen alles, was sich seit Jahr und Tag in Weimar und Jena zugetragen hat, nicht verbarg.«[12] Goethe war eigentlich gegen den »Studenten-Unfug« eingestellt. Er hielt schon deshalb nichts von ihm, weil er ihn als eine Störung jener Ruhe und Ordnung betrachtete, nach der er inzwischen verlangte. Daher verbarg er seine »Indignation« über die Geschehnisse auch nicht. Andererseits stand der nunmehrige Minister vor dem Problem, daß sich sein Fürst und Gönner diesen politischen Bewegungen gegenüber ausgesprochen liberal verhielt. Und es war mit seiner Auffassung von persönlicher Loyalität nicht zu vereinbaren, daß er seinem Dienstherren auf irgendeine Weise in den Rücken fiel! Auch in einem eher privaten Gespräch auf einer Einladung des Fürsten Schwarzenberg kam dies für ihn nicht in Frage, und daher mußte er, obwohl selbst gegen den »Studenten-Unfug« eingestellt, ein »affektiertes Streben nach Neutralität« zur Schau stellen. Der Fall ist ein gutes Beispiel dafür, wie streng Goethes Verständnis von Loyalität war: Es erlaubte ihm keineswegs, offene Distanz zu den politischen Neigungen Carl Augusts zu zeigen und sich mit den versammelten konservativen Aristokraten in ein billiges Einvernehmen zu setzen.

Im Jahr 1818 konnten sich die Burschenschaften, die die späteren Nationalfarben Schwarz-Rot-Gold trugen,

in Jena noch zu einer festen Organisation zusammen-
schließen. Erst als Kotzebue, der im Verdacht stand, ein
Agent der konservativ-reaktionären Großmacht Rußlands zu sein, im März 1819 von einem Fanatiker ermor-
det wurde, trat die Wende ein. Im Sommer desselben
Jahres wurden die von Metternich geprägten Karlsbader
Beschlüsse erlassen, und daraufhin mußte auch der Weimarer Fürst an seiner bisher so liberalen Haltung Abstriche vornehmen.

Diese berühmt-berüchtigten Beschlüsse entstanden,
als sich Goethe in Karlsbad aufhielt und Metternich wiederholt begegnete. Er vermerkte in seinen Aufzeichnungen aber nur, daß er »an ihm wie sonst einen gnädigen
Herrn« gefunden habe.[13] Sein Verhältnis zu Metternich
war ganz vom eingefleischten Respekt des Bürgers vor
dem hohen Aristokraten geprägt. Und gegen die Beschlüsse hatte er ohnehin nichts einzuwenden; sein Har-
monie- und Ordnungsbedürfnis überwog mittlerweile
alle anderen Gesichtspunkte.

Aus diesem Grund wurde Goethe im Alter ein strik-
ter Konservativer, ja Reaktionär. Er begann nicht nur
alle Veränderungsbestrebungen, sondern auch jedes politische Engagement eines einzelnen abzulehnen. Es war
der Tenor, der für den Konservatismus des 19. Jahrhunderts kennzeichnend wurde: mit dem Bereich der Politik
sollten sich nur diejenigen befassen, deren Beruf dies
war. Alle übrigen hatten sich auf den Kreis zu beschränken, der ihnen als bürgerliches Wirkungsfeld zukam.

Auch der liberale Fürst von Pückler-Muskau (1785–
1871) hatte inzwischen weit progressivere Vorstellungen
als der einst so fortschrittliche Schriftsteller. Als er im
Jahr 1826 Weimar besuchte und mit Goethe über Politik
zu reden begann, mußte er feststellen: »Er kam hier auf
seine Lieblings-Idee, die er mehrmals wiederholte, näm-

lich daß jeder nur darum bekümmert sein solle, in seiner speziellen Sphäre, groß oder klein, recht treu und
mit Liebe fortzuwirken, so werde der allgemeine Segen
auch unter keiner Regierungsform ausbleiben.«[14] Die
Geschichte hat leider gerade in Deutschland gezeigt,
daß die Maxime, die persönliche Ein- und Unterord-
nung müsse bei jeder Regierung segensreich sein, auch
unglückliche Folgen haben kann. Nach der nationalso-
zialistischen Herrschaft, deren mehr oder minder still-
schweigende Duldung den Deutschen von einer langen
und tiefverwurzelten autoritären Tradition der Unter-
ordnung und Obrigkeitshörigkeit immer wieder gelehrt
worden war, wurde daraus ein böser Vorwurf gemacht.

Doch Goethe hatte bei seinen Äußerungen natürlich
nicht an Diktaturen, sondern nur an die monarchischen
Systeme seiner Zeit gedacht, in denen es immer dann zu
gravierenden Problemen kam, wenn ein zum Regieren
unfähiger Mann oder ein allzu herrschsüchtiger und ehr-
geiziger Regent die Macht übernahm. In einem solchen
Fall sollten nach seiner Meinung die Minister regieren.
Zu Riemer sagte er: »Die beste Regierung sei doch die
Ministerregierung [...]. Da wir uns die Fürsten nicht
machen könnten, wie wir wollen, so müßten wir Gott
danken, daß der Verständigste, die Macht im Rücken,
sich mit dem Regieren befasse.«[15] Die Frage, wie denn
der »Verständigste« regieren sollte, wenn der Fürst ein
unbeschränkter Herrscher war, wurde nicht angeschnit-
ten. Goethe sah nicht, daß er selbst eine indirekte Rechtfertigung für einen möglichst strengen Konstitutionalis-
mus gab. Aber solche politische Logik war von ihm zu
dieser Zeit nicht mehr zu erwarten.

Auf Grund seiner Abneigung gegen alle Veränderungen wurde Goethe zuletzt zu einem Anhänger der »Heiligen Allianz«. Nach Eckermanns Zeugnis war er im ho-

hen Alter der Meinung, daß »nie etwas Größeres und für die Menschheit Wohltätigeres erfunden worden« sei.[16] Er schien wie die Initiatoren dieses Bündnisses, das bei Gefährdungen des monarchischen Prinzips sogar zwischenstaatliche Interventionen vorsah, den Wunschtraum zu hegen, daß sich der Weltlauf in vollkommener Stille anhalten ließe.

Das immer stärker werdende Harmoniebedürfnis veränderte auch die künstlerischen und literarischen Auffassungen Goethes. In jungen Jahren hatte der Schriftsteller, wie er in *Dichtung und Wahrheit* bereits mit gewissen Bedenken bemerkte, auch an pessimistischen oder, wie es dort hieß, »die menschliche Natur untergrabenden« Werken Interesse genommen.[17] In seinem Alter begann er Kunstwerke, die einen negativen Gehalt aufwiesen, abzulehnen und sie allmählich ganz aus seinem Gesichtskreis zu verbannen.

Im Sommer des Jahres 1812 hieß es an den Freund Zelter über Beethoven: »er ist leider eine ganz ungebändigte Persönlichkeit, die zwar gar nicht Unrecht hat, wenn sie die Welt detestabel findet, aber sie freylich dadurch weder für sich noch für andere genußreicher macht.«[18] Der Komponist hatte demnach »nicht Unrecht«, wenn er die Welt verachtenswert fand. Goethe war im Grunde derselben Meinung, er hielt aber darauf, daß man sie nicht allzu sehr hervorkehren dürfe, weil sonst alles nur noch schlimmer würde. Er hatte in seinen Altersjahren wirklich keine gute Meinung von der Welt und den Menschen. Schon im Jahr 1798 hatte er an Schiller von seinem »radicalen Unglauben über die Menschen«[19] gesprochen, und 1814 attestierte ihm Wilhelm von Humboldt »Egoismus, Kleinmütigkeit und zum großen Teil ganz gerechte Menschenverachtung, die man aber nur nicht so anwenden muß«[20]. Es ist übrigens interessant, daß Humboldt, eine der wichtigsten Gestalten des deutschen Neuhumanismus, die Menschenverachtung Goethes großenteils »ganz gerecht« fand und nur meinte, daß man sie »nicht so anwenden« dürfe, wie dieser es tat.

Den detestablen Verhältnissen in der Welt und unter den Menschen gegenüber sollte die Kunst nun als ein Korrektiv fungieren. Kultur und Literatur hatten in den Augen des alten Dichters die Aufgabe, positive Werte zu vermitteln. In der Autobiographie hieß es: »Die wahre Poesie kündet sich dadurch an, daß sie, als ein weltliches Evangelium, durch innere Heiterkeit, durch äußeres Behagen, uns von den irdischen Lasten zu befreien weiß, die auf uns drücken.«[21] Weitere ähnliche Bemerkungen zeigen, daß ihm die Kunst zu einem Surrogat wurde, das über die als peinvoll empfundene Realität, die Desolatheit des Lebens, der Welt und der menschlichen Verhältnisse hinweghelfen sollte. Wiederum in *Dichtung und Wahrheit* findet man den Satz: »Das wirkliche Leben verliert oft dergestalt seinen Glanz, daß man es manchmal mit dem Firniß der Fiction wieder auffrischen muß«.[22] Der Alltag war fade, öde und langweilig, dazu kam eine ausgeprägte Verachtung der Menschen der Welt, die aber nicht geäußert werden durfte, weil sonst alles noch schlimmer geworden wäre. In dieser Lage sollten die Kunstwerke Erbauung und Aufheiterung verschaffen. Bei Eckermann hieß es, fast schon trivial anmutend, ihre Aufgabe sei es, »die kleinen Zwiste des Lebens auszugleichen und den Menschen mit der Welt und seinem Zustand zufrieden zu machen.«[23] Oder, etwas anspruchsvoller formuliert: »Der Mensch wird überhaupt genug durch seine Leidenschaften und Schicksale verdüstert [...]. Er bedarf der Klarheit und der Aufheiterung«.[24]

Diese Aufgabe konnten Kunst und Literatur natürlich nur erfüllen, wenn sie einen positiven Gehalt hatten. Der alte Dichter gelangte daher zwangsläufig zu einer immer harmonistischeren Kunstauffassung, einer Ästhetik der Verklärung und des schönen Scheins. Und jene Werke, die solchen Forderungen nicht entsprachen, die das Häßliche nicht ausschlossen oder es gar thematisierten, erweckten bei ihm ein immer größeres Mißfallen. Auch seine Einstellung zu einem Schriftsteller wie E. T. A. Hoffmann (1776–1822) wurde dadurch bestimmt.

Goethe las zum erstenmal ein Werk von Hoffmann, als ihm Herzog Carl August Anfang des Jahres 1822 dessen *Meister Floh* zusandte. Es war für das immer geringere Interesse des alten Schriftstellers an den Werken der Zeitgenossen kennzeichnend, daß er nun durch seinen Fürst und Gönner, der ein einigermaßen regelmäßiger Leser war, mit literarischen Novitäten vertraut gemacht wurde. Am *Meister Floh* fand er, wie er Herzog Carl August in seinem Antwortschreiben versicherte, zunächst freilich »sehr viel Vergnügen«[25], und er billigte seinem Verfasser gnädig eine »gewisse mittlere schriftstellerische Laufbahn« zu. Daß dieser einmal zu einem der einflußreichsten deutschen Autoren der Weltliteratur gehören würde, dachte er gewiß nicht. Aber er fand im ersten Moment wenigstens nichts an ihm auszusetzen.

Doch etwas später bemerkte er, daß Hoffmann zu den Hauptvertretern der in der Romantik beliebten Spuk- und Schauergeschichte gehörte, und damit war es um dessen Reputation geschehen. Denn Goethe bestätigte nun ausdrücklich die auch von anderen zeitgenössischen Kritikern geäußerte Meinung,[26] daß sich dessen »talentreiches Naturell« in »krankhaften Verirrungen« ergangen habe.[27] Und es gehörte zu den Merkwürdigkeiten

seiner Nachwirkung, daß man solche Bemerkungen über
fast ein Jahrhundert unbesehen übernahm und der international angesehene und sehr einflußreiche Hoffmann in Deutschland lange Zeit vorwiegend in billigen
Nachdrucken und als Lesestoff für Leihbüchereien zir-
kulierte.

Goethes Abneigung traf aber nicht nur diesen Autor.
Die Ablehnung aller ästhetischen Dissonanzen führte
zu einer pauschalen Abwertung der Romantik, die sich
bei Eckermann in dem Satz niederschlug: »Das Klassische nenne ich das Gesunde, und das Romantische
das Kranke«.[28] Der alte Dichter mußte zu seinem Verdruß konstatieren: »Engländer und Franzosen haben
uns darin überboten. Körper, die bei Leibesleben verfau-
len und sich in detaillirter Betrachtung ihres Verwesens
erbauen, Todte, die zum Verderben anderer am Leben
bleiben und ihren Tod am Lebendigen ernähren: dahin
sind unsre Producenten gelangt!«[29] Goethe mochte die
Romane Victor Hugos (1802–1885) kaum noch lesen. Er
bezweifelte das Talent ihres Verfassers nicht, notierte zu
ihrem Inhalt und ihrer Tendenz jedoch: »Den 2. Theil
von Notre-Dame de Paris angefangen. Verdruß an den
Gliedermännern, die der Verfasser für Menschen giebt,
sie die absurdesten Gebärden machen läßt, sie peitscht,
poltert, von ihnen radotirt, uns aber in Verzweiflung
setzt. Es ist eine widerwärtige, unmenschliche Art von
Composition.«[30] Dagegen fand er an dem amerikani-
schen Schriftsteller James Fenimore Cooper (1789–1851)
großen Gefallen. Dessen Lederstrumpf-Geschichten,
deren drei erste Teile seit dem Jahr 1823 erschienen, entsprachen seinen persönlichen Neigungen viel mehr; sie
galten ihm als Beispiel für eine aufbauende, positive
Werte vermittelnde Literatur.

Auch die eigenen Produktionsmöglichkeiten wurden

durch das Streben nach Harmonie immer stärker eingeschränkt. Goethe, der in seinen mittleren Jahren über
die »Philisterhaftigkeit« der Deutschen gespottet hatte,
die bestimmte Formen des Humors nicht zuließ,[31] begann im Alter jeglicher Art von Scherz immer skepti-
scher gegenüberzustehen. Als erstes wurde er ein erklärter »Todfeind [...] von allem Parodiren und Trave-
stiren [...], weil dieses garstige Gezücht das Schöne,
Edle, Große herunterzieht um es zu vernichten.«[32] Unter dem Gesichtspunkt, daß die Literatur der Verklärung
des Lebens in einer harmonischen Kunstwelt zu dienen
hatte, waren Parodie und Satire nicht mehr zu dulden.
Zuletzt wurde der Humor ganz verbannt; der greise
Dichter hatte eine wahrhaft todernste Lebensauffassung
und meinte: »Nur wer kein Gewissen oder keine Verantwortung hat, kann humoristisch sein.« Oder – in
ähnlicher Weise: »Wem es ernst ist mit dem Leben, der
kann kein Humorist sein.«[33]

Aber nicht nur der Humor blieb auf der Strecke, auch
die Tragödie mußte fallen. Im Jahr 1831 schrieb Goethe
an Zelter: »Ich bin nicht zum tragischen Dichter gebo
ren, da meine Natur conciliant ist; daher kann der
rein-tragische Fall mich nicht interessiren, welcher eigentlich von Haus aus unversöhnlich sein muß [...]«. Es
folgte noch die interessante Bemerkung: »[...] und in
dieser übrigens so äußerst platten Welt kommt mir das
Unversöhnliche ganz absurd vor.«[34] Wenn man die Welt
als »platt« ansah, konnte es keine Tragödie mehr geben.
In diesem Fall mußte sie zwangsläufig ins Absurde um-
kippen, zu einer Farce oder Groteske werden. Diese in
der modernen Kunst wiederholt reproduzierte Einsicht
besaß schon Goethe. Aber er schrieb natürlich keine Far-
cen oder Grotesken, die seinen harmonistisch-verklären-
den Kunstidealen vollkommen widersprochen hätten.

In neuerer Zeit stellte man den Auffassungen des alten
Goethe eine umgekehrte Vorstellung gegenüber: daß die
Kunst auf das Negative zu verweisen habe, stets unversöhnt bleiben müsse. Der bekannteste Verfechter einer derartigen Ästhetik war in Deutschland wohl Theodor W. Adorno (1903–1969). Seine Kunsttheorie hatte
ein genau umgekehrtes Vorzeichen wie jene Goethes, ein
negatives statt eines positiven, führte jedoch zu ähnlichen Restriktionen: alles, was nicht strikt negativ bzw.
unversöhnt war, wurde ausgeschlossen. Adornos Ästhetik mußte daher an wesentlichen Teilen der Literatur des
20. Jahrhunderts, etwa der sehr bedeutenden Lyrik der
romanischen Länder, insbesondere Spaniens, vorbeige-
hen, weil diese einer solchen Konzeption nicht entsprachen. Außerdem ist festzustellen, daß die strikt har-
monisierende Kunstauffassung des alten Goethe ebenso
wie die streng negativ-unversöhnte Ästhetik Adornos
eigentlich nicht auf kunstimmanenten, sondern auf metaphysischen, quasi-religiösen Vorstellungen beruht: In
beiden Fällen geht es darum, die säkularen Verhältnisse in der Kunst auf eine Weise zu reproduzieren, die
von gewissen weltanschaulichen Prämissen bestimmt
wird. Lediglich das Vorzeichen ist gegensätzlich bzw.
genau umgekehrt: während der alte Goethe eine Har-
monisierung forderte, sollten die Gegensätze und Konflikte nach Adornos Auffassung noch verschärft bzw.
als unversöhnbar dargestellt werden. Im Gegensatz zu
Adorno gestand Goethe die metaphysische Grundlage
seiner Kunstauffassungen unumwunden ein. Er schrieb:
»Die Kunst ruht auf einer Art religiosem Sinn, auf einem
tiefen unerschütterlichen Ernst; deßwegen sie sich auch
so gern mit der Religion vereinigt.«[35]
Einige Alterswerke des Schriftstellers spiegeln die
Forderung nach einer harmonisch-versöhnenden Kunst

unmittelbar wider. Das um 1824 verfaßte Gedicht *Der Bräutigam* entstand im Zusammenhang mit der Arbeit an der Autobiographie, die zu jener Zeit die Bekanntschaft mit Elisabeth Schönemann aufgriff. Es stellt eine im Grunde nicht erfreuliche Situation dar, jene, in dem ein Bräutigam von seiner Braut getrennt ist. Dieser Zustand wird nur im Traum überbrückt. In der letzten Strophe des Gedichts heißt es:

> Um Mitternacht, der Sterne Glanz geleitet
> Im holden Traum zur Schwelle wo sie ruht.
> O sei auch mir dort auszuruhn bereitet,
> Wie es auch sei das Leben, es ist gut.[36]

Die ersten beiden Zeilen sind kennzeichnend für das, was man nach Schillers Klassifizierung eine sentimentalische Situation nennen kann: In der unerfreulichen Lage des Getrenntseins ist von einer erfreulichen des Beieinanderseins die Rede. Der negativen Realität steht eine harmonische Utopie gegenüber. Diese wird jedoch nur im »holden Traum« erreicht, und die tatsächlich gegebene Situation scheint so unangenehm, daß man sich heftig aus ihr fortwünscht. Der Wunsch wird in der folgenden, dritten Zeile unmittelbar zum Ausdruck gebracht: »O sei auch mir dort auszuruhn bereitet«.

Das Wort »ruhen« hat im Deutschen allerdings einen doppeldeutigen Sinn, und es ist kaum auszumachen, wie weit in die einfache Bedeutung, den Wunsch, sich neben der Geliebten zu befinden, auch die übertragene einfließt: wenigstens endgültig neben ihr zu ruhen, also nach dem Tod mit ihr vereint zu werden. Die Doppeldeutigkeit weitet die Aussage der Zeile assoziativ ins Metaphysische,[37] und dies verschafft dem vorher geäußerten, nicht erfreulichen Zustand des Getrenntseins eine noch weitreichendere, gleichsam das ganze Leben

und die menschliche Existenz umspannende Bedeutung.
Dennoch endet das Gedicht sehr überraschend mit einer gegensätzlichen, einer ausgesprochen positiven Wendung. Die letzte Zeile lautet: »Wie es auch sei das Leben,
es ist gut.«

Der Forderung, daß die Kunst harmonisch-versöh-
nend wirken solle, wird hier abschließend in einem geradezu demonstrativen Sinn Rechnung getragen. Aber die
Redewendung, die dazu dienen muß, gleicht einer Be-
schwörungsformel. Denn wenn das Leben immer gut
sein muß, unabhängig davon, wie die Realität beschaffen
ist, dann hat es auch dann noch als annehmbar zu gelten,
wenn es sich im Grunde eher schlecht ausnimmt. Die
Schlußwendung des Gedichts mündet in ein Paradoxon,
das sehr geeignet ist, das Dilemma der Forderung nach
einer harmonisch-versöhnenden Kunst angesichts einer
disharmonischen Welt zu zeigen.

Durch sein großes Harmoniebedürfnis wurde der alte
Dichter wieder zu den Kunstidealen Winckelmanns und
Oesers zurückgeleitet. Bereits im Jahr 1770, kurz nach
dem Aufenthalt in Leipzig, hatte er über Oeser geschrieben: »Sein Unterricht wird auf mein ganzes Leben
Folgen haben. Er lehrte mich, das Ideal der Schönheit
sey Einfalt und Stille«.[38] Nach diesem Ideal der Ruhe
und Harmonie begann Goethe nun wieder zu streben,[39]
obwohl ihm und seiner Persönlichkeit eigentlich nichts
fremder war als Stille und Einfalt. Schon einen Brief an
Auguste zu Stolberg aus dem Jahr 1775 hatte er mit
»Der unruhige« unterzeichnet.[40] Auch Jahrzehnte später,
im Alter, befand sich Goethe, angetrieben von einem
rastlosen Tätigkeitsdrang, in steter Ruhelosigkeit. Ruhe
und Harmonie waren erklärte Gegensätze zu seiner eigenen Persönlichkeit, die vielleicht eben darum um so
mehr gesucht wurden. Die Maximen Oesers und Win-

ckelmanns scheinen einem tiefgehenden Bedürfnis, einer nie aufhörenden Sehnsucht nach einem Zustand entsprochen zu haben, der zwar nie erreicht, aber darum nicht weniger herbeigewünscht wurde. Und das Bild, das sich der Dichter von Griechenland machte, galt weniger einer bestimmten geographischen Gegend als einem imaginären Ort der Harmonie und Stille, der nach dem berühmten Ausdruck Iphigenies – »Das Land der Griechen mit der Seele suchend«[41] – nicht in der Realität, sondern nur im Zustand einer Geistesverwandtschaft zu erreichen war. Es handelte sich um eine durchaus »romantische« Vorstellung, wobei dieses Wort in dem heute noch erhaltenen, ursprünglichen Sinn zu verstehen ist, der etwas Verklärendes, die Wirklichkeit Überhöhendes bezeichnet.[42]

Zum wirklichen Griechenland hatte der Schriftsteller zeit seines Lebens kaum ein Verhältnis. Aber auch seine Kenntnisse der altgriechischen Sprache waren begrenzt. In der Zeit der intensiven Homer-Studien, die auf Herders Anregung hin erfolgten, las er den Epiker in einer Ausgabe, die eine lateinische Übersetzung enthielt. Und nach einem Zeugnis des altphilologisch gebildeten Sohns von Voß, Heinrich Voß d. J., der ab 1804 für ein paar Jahre Professor am Weimarer Gymnasium war und sich damals öfter im Haus am Frauenplan einfand, reichten die Sprachkenntnisse des Dichters zum Verständnis einer griechischen Tragödie im Original kaum aus. Voß und Goethe widmeten sich damals solcher Lektüre. Sie ging aber so vor sich, daß Voß den Text zuerst erklärte und vorübersetzte und der Schriftsteller ihn dann auf Griechisch nachlas.[43]

Schließlich stellte die neuerliche Wendung zur Antike auch kein im literarischen Sinn produktives Ideal dar. Der Dichter schrieb im Jahr 1826 an Zelter: »[...] man kommt doch in Gegenwart solcher Dinge, die zu größerer Zeit, durch mehrvermögende Menschen hervorgebracht worden, außer Geschick und Richte. Und selbst das verständige Bemühen, sich dadurch nicht zu einem falschen Streben hinreißen zu lassen, erweckt ein peinliches Gefühl, wenn es nicht gar damit endigt unsere Lebensthätigkeit zu verkümmern.«[44] Die Einwirkung der alten Griechen führte zwar dazu, daß man dem »falschen Streben« entsagte, das, Goethes Auffassungen gemäß, in den Kunstrichtungen seiner Zeit vorherrschend war. Es verhalf aber nicht zur Produktivität, sondern ließ die eigene »Lebenstätigkeit« im Gegenteil eher »verkümmern«.

Man hat über das Schaffen Goethes in seinen späten Lebensjahren schon die gegensätzlichsten Auffassungen vertreten. Im 19. Jahrhundert hielt man den alten Dichter für unproduktiv; nachfolgende Zeiten suchten aus erklärter Opposition gegen dieses Urteil sein Spätwerk dann zu etwas besonders Feinem zu stilisieren, zu etwas, das unbedingt noch höher stehen müsse als alle seine früheren Arbeiten. Die Wahrheit dürfte ungefähr in der vielberufenen Mitte liegen. Die Produktivität Goethes versiegte im Alter zwar nicht, ging aber stark zurück, manchmal so weit, daß sie nur noch einem dünnen Faden oder Rinnsal glich. Der Dichter, der selbst der beste Gewährsmann ist, äußert im Jahr 1824: »Fürs Ästhetische bin ich eigentlich geboren, doch jetzt zu alt dazu, wende ich mich den Naturstudien immer mehr zu.«[45]

Manche Arbeiten gerieten auch zu einem regelrechten Stückel- und Flickwerk, zu einem Verfassen von einzelnen Kapiteln und Teilen, das sich immer länger hinauszog. Der Famulus Riemer schrieb im Jahr 1820: »Goethe arbeitet schon lange nicht mehr aus dem Ganzen. Es sind Petersflecke, die er aus der Hölle hervorholt und zu

Teppichen oder Harlekinsjacken zusammennäht.«[46] Wie dies gemeint war, läßt sich an dem Roman *Wilhelm Meisters Wanderjahre*, der Fortsetzung der *Lehrjahre*, erläutern. Das stete Aneinanderfügen verschiedener Abschnitte führte in diesem Fall zuletzt dazu, daß der Schriftsteller selbst den Überblick über sein Werk verlor.

Erste Teile, einzelne Geschichten, die durch die Rahmenhandlung des Romans miteinander verbunden wurden, entstanden schon seit dem Jahr 1807, in der Zeit, in der sich Goethe aus den Fesseln seiner antikisierenden Kunsttheorie befreit hatte. Aber eine dieser Geschichten wuchs sich zu einem eigenen Roman aus, zu den *Wahlverwandtschaften*, und dadurch wurde die Arbeit an den *Wanderjahren* zum erstenmal unterbrochen. Als Goethe sie im Jahr 1810 wieder aufnehmen wollte, schoben sich erneut andere Dinge in den Vordergrund, zuerst die Autobiographie, dann der *West-östliche Divan*. Daher wurde der Roman erst im Jahr 1820 aufgegriffen und im Frühjahr 1821 unter folgendem Titel publiziert: *Wilhelm Meisters Wanderjahre oder Die Entsagenden. Erster Teil.* Dabei handelte es sich freilich, wie deutlich festgehalten wurde, nur um ein Bruchstück des geplanten Werks, und die Fortsetzung wurde erneut verschoben. Goethe nahm sich einige der in die Rahmenhandlung eingeschobenen Geschichten vor, aber inzwischen wußte er anscheinend selbst nicht mehr, was er schon alles diktiert hatte. Als der Roman für die »Ausgabe letzter Hand« fertiggestellt werden sollte, bediente er sich daher der Hilfe des Famulus Johann Peter Eckermann (1792–1854). Er ließ diesen zu sich kommen, gab ihm die vorhandenen Manuskripte und sagte: »Ich habe so lange an diese Gegenstände gedacht und gearbeitet, daß sie für mich das Leben und Interesse verloren haben, und ich mir kaum sagen kann und mag, wo es fehlt und was noch daran zu

tun ist. Nun ist meine Absicht, Ihnen diese Bände zu geben. Sie werden sie studieren, die Komposition wird Ihnen klar werden, Sie werden sehen, wo ich hinauswollte,
und mir sagen, was und wo ich noch daran zu tun
habe.«[47] Das unter Eckermanns Mithilfe zustande ge-
kommene Resultat kann die Art seiner Entstehung allerdings nicht verleugnen; es ist zu einem Sammelbecken
für vieles geworden, was Goethe im Lauf der Jahre
schrieb oder vielmehr diktierte. Kritische Beobachter
hatten schon bei den ersten Kapiteln Bedenken geäußert.
Wilhelm von Humboldt meinte im Jahr 1808 nach der
Vorlesung der *Neuen Melusine*, einer der in die Rahmenhandlung des Romans eingeschobenen Geschichten:
»Aber leider fielen Caroline [von Wolzogen] und mir gar
sehr die Ausgewanderten dabei ein.«[48] Damit waren die
*Unterhaltungen deutscher Ausgewanderten* gemeint, die
in Schillers *Horen* erschienen waren und unter den Zeitgenossen ebenfalls wenig Begeisterung ausgelöst hatten.

Goethe verbrämte seinen Roman jedoch mit einer
gewissen Gedankenlast. Er tat dies, obwohl er sonst
auf den Grundsatz pochte: »Die Vollendung des Kunstwerks in sich selbst ist die ewige unerläßliche Forderung!«[49] Und bei anderen Autoren war er mit dieser
Maxime sehr rasch bei der Hand. Alessandro Manzonis
großer Roman *Die Verlobten* erschien 1827 in Italien
und noch im selben Jahr in zwei Übersetzungen auf dem
deutschen Buchmarkt. Goethe kam angesichts des Werks
bald zu dem Urteil, »daß Manzonis Roman alles überflügelt, was wir in dieser Art kennen«.[50] Er fällte dieses
Urteil schon nach der Lektüre des ersten Teils, gelangte
dann, ungefähr in der Mitte des Buchs, aber zu der dort
eingefügten Beschreibung des Ausbruchs der Pest in
Mailand, und nun kamen ihm auf einmal Zweifel. Nach
Eckermanns Zeugnis äußerte er: »[...] jetzt aber [...]

finde ich, daß der Historiker dem Poeten einen bösen Streich spielt, indem Herr Manzoni mit einem Mal den Rock des Poeten auszieht und eine ganze Weile als nackter Historiker dasteht. Und zwar geschieht dieses bei einer Beschreibung von Krieg, Hungersnot und Pestilenz, welche Dinge schon an sich widerwärtiger Art sind und die nun durch das umständliche Detail einer trockenen chronikenhaften Schilderung unerträglich werden.«[51] Der Vorwurf, daß der Autor zu sehr am bloßen Stoff, an der »nackten Historie«, hängengeblieben sei und diesen in poetischer Hinsicht zu wenig durchgearbeitet habe, beruhte natürlich auf jener ästhetischen Norm, die eine Vollendung des Kunstwerks in sich selbst forderte. Doch bei Manzoni ließe sich ebensogut argumentieren, daß dieser es auf eine hervorragende Weise verstanden hatte, die chronikhaften, historischen Teile seines Werks mit der Romanhandlung zu verschmelzen, und tatsächlich stand hinter Goethes Vorwurf vor allem ein Mißfallen an der Art des Sujets. Die Schilderung der Pest, die Dinge »widerwärtiger Art« nicht ausschloß, widersprach seinem Harmoniebedürfnis und erweckte daher seine Abneigung. Im übrigen relativierte er diese Kritik auch bald wieder und räumte ein, daß »von ästhetischer Seite« Manzonis Werk »bey [ihm] wirklich Epoche« gemacht habe.[52]

Würde man den Maßstab, den Goethe bei Manzoni gebrauchte, in ähnlicher Weise für die *Wanderjahre* verwenden, so müßte das Urteil übel ausfallen. Und tatsächlich wollte der Schriftsteller dieses Werk auch nicht unter dem Gesichtspunkt »künstlerischer Vollendung« betrachtet wissen; daß man damit nicht weit kommen würde, war ihm vollkommen klar. Er schrieb anläßlich der Publikation der ersten Fassung im Jahr 1821 an Zelter vielmehr: »[...] ich kann mich rühmen, daß keine

Zeile drinnen steht, die nicht gefühlt oder gedacht wäre. Der echte Leser wird das alles schon wieder heraus fühlen und denken.«[53] Der Autor betrachtete seinen Roman als Ausdruck und Spiegel einer herausragenden Persönlichkeit. Er enthielt die Gefühle, Gedanken und Auffassungen eines bedeutenden Individuums, und der »echte Leser«, den sich Goethe in diesem Fall wünschte, würde die Zusammenhänge schon alle richtig zu verstehen und zu würdigen wissen; von künstlerischer Vollendung war hier, anders als bei Manzoni, erst gar nicht die Rede.

Goethe machte zu Manzonis großem Roman noch eine interessante Bemerkung. Er war von der literarischen Technik, die in ihm verwendet wurde, sehr angetan und äußerte, einem Zeugnis Eckermanns zufolge: »Was sagen Sie zu dieser Ästhetik? Wäre ich jünger, so würde ich nach dieser Theorie etwas schreiben, wenn auch nicht ein Werk von solchem Umfange wie dieses von Manzoni.«[54] Goethe hielt sich nunmehr für zu alt, um solche Vorhaben in Angriff zu nehmen, und daher trug die weltanschaulich motivierte Liebe zur Antike-Nachfolge und zu einem romantisch verklärten Griechenlandbild endgültig den Sieg über andere Kunstbestrebungen davon.

Bei Einladungen in seinem Haus war Goethe nun meist von einer Reihe von Famuli umgeben, die schon von kritischen Zeitgenossen mit wenig schmeichelhaften Ausdrücken bedacht wurden: »Augendiener und Speichellecker«.[55] Der Anblick des Dichters mit seinem Gefolge muß oft einen etwas merkwürdigen Eindruck erweckt haben: »Um ihn saßen seine lebenden Lexika, die er bei Gelegenheit aufrief, denn er mochte sich nicht selber mit dem Ballast der bloßen Stubengelehrsamkeit beschweren. Riemer vertrat die Philologie, Meyer die Kunstgeschichte, und Eckermann entrollte sich als ein endloser Zitatenknäuel für jedes beliebige Fach. Dazwischen lauschte er mit eingezogenem Atem den Worten des Meisters, die er wie Orakelsprüche sofort auswendig zu lernen schien. Meyer dagegen verweilte auf dem Antlitze seines alten Jugendfreundes mit rührenden Blicken, die ebensoviel Zärtlichkeit wie Bewunderung ausdrückten. Er bemühte sich, seinen Herrn und Meister auch in Kleidung und Haltung zu kopieren.«[56]

Meyer (geb. 1759) war der Älteste und inzwischen fast mehr ein Freund als ein Famulus. Riemer (geb. 1774), der ehemalige Hauslehrer des Sohnes August, wurde von Goethe im Lauf der Zeit mit vielen, überwiegend redaktionellen Aufgaben betraut. Der bei weitem jüngste in dieser Runde war Johann Peter Eckermann (geb. 1792).

Man hat es Goethe wiederholt zum Vorwurf gemacht, daß er Eckermann zwar zu vielerlei Hilfstätigkeiten heranzog, ihm außer einem freien Mittagstisch aber keine materielle Unterstützung zukommen ließ. Nun war der Dichter im vorgerückten Alter tatsächlich längst nicht mehr so freigebig und großzügig wie in seinen Jugendjahren, in denen er immer wieder Bedürftigen unter die Arme gegriffen hatte. Dabei mochte es eine Rolle spielen, daß er mittlerweile einen großen Hausstand zu unterhalten hatte.

Christiane Goethe-Vulpius verstarb zwar 1816, aber im darauffolgenden Jahr verheiratete sich der Sohn August mit der aus aristokratischen Kreisen stammenden Ottilie von Pogwisch (1796–1872). Und da die Stelle im Weimarer Verwaltungsdienst, die ihm sein Vater verschafft hatte, nicht so einträglich war, daß er davon alle Kosten für eine selbständige und standesgemäße Existenz hätte bestreiten können, wohnte er mit seiner Familie weiterhin in dem verhältnismäßig großen Haus am Weimarer Frauenplan. Dieses beherbergte neben dem Dichter und dem Sohn, dessen Frau Ottilie und deren Schwester Ulrike in den folgenden Jahren daher die beiden Enkel, die 1818 und 1820 zur Welt kamen, Diener, Schreiber, Kutscher, Kindermädchen, Köchin, Stubenmädchen und Jungfern, also eine ganze Schar von Leuten.

Eckermann mußte derweil von der Hand in den Mund leben: er war auf das Erteilen von Deutschunterricht als spärliche und wechselhafte Einnahmequelle angewiesen. Diesen Unterricht nahmen vor allem Engländer, denn mit dem wachsenden Ruhm Goethes hatte sich in England in gewissen Kreisen die Meinung gebildet, daß es zum Erlernen der deutschen Sprache keinen besseren Ort geben könne als Weimar. Während all der Jahre, die Eckermann zwischen den Unterrichtsstunden zum Broterwerb und den Aufmerksamkeiten und Diensten für den Meister zubrachte, wartete indessen zu Hause, im Hannoverschen, seine Braut auf ihn. Sie mußte bis Ende 1831 warten und starb zwei Jahre später im Kindbett.

Man kann allerdings nicht behaupten, daß Goethe seinen jüngsten Famulus besonders dazu ermuntert hätte, möglichst lange in Weimar zu bleiben. Er riet ihm ausdrücklich, sich doch eine Stellung zu suchen, aber Eckermann hegte den Wunsch, Schriftsteller zu werden, und lehnte diesen Vorschlag ab. Außerdem findet man in seiner Biographie noch eine sehr menschliche Komponente. Es gab in Weimar nämlich nicht nur den Meister für ihn, sondern auch noch eine Schauspielerin namens Auguste Kladzig (1810–1875). Sie war wohl jünger und hübscher als die Braut, die sich derweil im Warten verzehrte, und Eckermann verließ Weimar tatsächlich erst, als auch Auguste Kladzig von dort fortging, um ein anderes Engagement anzutreten.

Mit zunehmendem Alter begannen sich auch die Eigenheiten und Sonderlichkeiten Goethes immer stärker bemerkbar zu machen. Die vom Vater ererbte Pedanterie wurde ganz unübersehbar. Schon im Jahr 1807, als der Dichter also 58 Jahre alt war, bemerkte der in Weimar ansässige Kirchenmusiker und Komponist Franz Karl Adalbert Eberwein (1786–1868): »Es war dem gefeierten Dichter Bedürfnis, auch bei der geringfügigsten Sache seine Ordnungsliebe zu betätigen.«[57]

Der tägliche Alkoholkonsum des Schriftstellers wurde fast zu einem Problem. Er stieg allmählich auf eine solche Höhe, daß sich mancherorts schon das Gerücht zu verbreiten begann, der große Dichter habe eine Neigung zum Trunk. Dem wurde von Apologeten sofort mit der Gegendarstellung widersprochen, daß er zwar regelmäßig, aber stets nur mäßig trinke. Doch dabei handelte es sich um eine bewußte Untertreibung, denn der Schriftsteller konsumierte erhebliche Mengen. Er trank auch Bier, sehr zum Mißfallen Wilhelm von Humboldts, für den die Diskussionen Goethes mit seinem Bedienten, welche Sorte davon herbeigeschafft werden solle, ein Greuel waren. Aber das damalige Bier war meist nicht stark, und der eigentliche Alkoholkonsum erfolgte durch Weintrinken. Schon 1798, inmitten der napoleonischen Kriege, hatte der Dichter an einen Adressaten in Schwaben geschrieben, daß »wir uns, in dem ernsteren Thüringen, noch des fortdauernden Friedens erfreun und uns so wohl befinden als es in einem Lande gehen will wo kein Wein wächst.«[58]

Durch eine überlieferte Rechnung ist gesichert, daß der Schriftsteller selbst in der Zeit der sommerlichen Badeaufenthalte mit einem Durchschnittskonsum von 2 Litern Wein täglich rechnete.[59] Zu Hause in Weimar verbrauchte er eher noch mehr. Goethe stand morgens

meist sehr früh auf und trank nur Kaffee. Dafür gab es
später ein kräftiges Frühstück, bei dem in den Altersjahren oft schon die erste Alkoholration auftauchte: ein
großes Wasserglas mit Wein. Mittags wurde tüchtig ge-
gessen und getrunken. Das Diner war die Hauptmahl-
zeit im Haus am Frauenplan, zu der häufig Gäste geladen waren. Es bestand stets aus mehreren Gängen und
dauerte samt anschließender Unterhaltung nicht selten
von ein Uhr mittags bis halb vier Uhr nachmittags,
manchmal noch länger. Dabei wurde neben die Gedecke
eine Flasche Wasser und eine Flasche Wein gestellt, und
Goethe pflegte letztere auch zu leeren, manchmal sogar
eine zweite zu beginnen. Abends aß er nicht mehr viel,
zumindest im Alter nicht, aber mit dem Trinken hörte er
nicht auf. Nachdem ihm Bettina Brentano-von Arnim
einmal Vorhaltungen darüber gemacht hatte, begann er
sich während der Unterhaltungen zu entschuldigen und
in ein Nebenzimmer zu gehen, aus dem man einschlägige Geräusche vernehmen konnte.

Im übrigen war der Schriftsteller für seine Trink-
festigkeit bekannt: bei Gelegenheiten, bei denen tüchtig gezecht wurde, übertraf er auf Grund seiner starken Gewöhnung an den Alkohol meist alle anderen.
Nach eigenen Äußerungen konnte er bis zu 22 Gläser
Wein vertragen, ohne sich irgendwie unwohl zu fühlen![60] Überschlägt man die vorhandenen Zahlen, gelangt
man zu dem Resultat, daß er im Alter täglich zwei bis
drei Liter Wein getrunken haben muß, bei Anlässen, bei
denen gezecht wurde, noch mehr.

Neben der unübersehbaren Pedanterie und dem starken Alkoholkonsum gab es noch eine ganze Reihe von
Wunderlichkeiten und Seltsamkeiten. Goethe war in
diesem Punkt durchaus mit anderen, für ihre Sonderlichkeiten bekannten Schriftstellern zu vergleichen, in man-

chem übertraf er sie vielleicht noch. Wenn Franz Kafka über das laute Zuklappen von Türen außer sich geraten konnte, so waren Goethe quietschende Türangeln ein Greuel, und er ließ daher in späteren Jahren auf Reisen stets ein Fläschchen Öl mitführen, um solche Geräusche sofort unterdrücken zu können. Auch Hunde und Hundegebell konnte er nicht vertragen und war überhaupt hochgradig lärmempfindlich. Tabak und Rauch waren ihm ganz und gar zuwider – im Alter noch mehr als in früheren Jahren – und merkwürdigerweise mochte er auch keine Brillen leiden. Da die Gläser damals auf der Vorderseite stets völlig plan waren, spiegelten sie stark, und Goethe, der übrigens selbst ein wenig kurzsichtig war, aber nur eine Lorgnette zu Hilfe nahm,[61] konnte es überhaupt nicht leiden, wenn ihm jemand damit gegenübersaß. Brillenträgern war es daher geraten, vor einem persönlichen Zusammentreffen ihre Sehhilfe in irgendeiner Tasche verschwinden zu lassen. Andernfalls war ein eher kühler Empfang zu erwarten, insbesondere seitdem der Schriftsteller seine Abneigung auch in einem literarischen Werk, in seinen *Wahlverwandtschaften*, kundgetan hatte. Denn wenn man danach noch mit einer Brille bei ihm eintrat, dann hatte man entweder seine Werke nicht richtig oder wenigstens nicht vollständig gelesen – und das war schon schlecht – oder man verhielt sich renitent – und dies war womöglich noch schlimmer.

Neben den Eigenheiten und Sonderlichkeiten machte sich im Alter noch eine Neigung des Dichters immer stärker bemerkbar: seine ausgeprägte Sammelleidenschaft. Goethe wurde in fortgeschrittenen Jahren ein geradezu manischer Sammler. Aus seiner *Italienischen Reise* erfährt man, daß er während seines Aufenthalts im Süden an vielen Dingen, die er später mit der Leidenschaft des passionierten Liebhabers verfolgte, noch kaum ein In-

teresse hatte. Als ihm in Palermo das Medaillenkabi-
nett eines Prinzen gezeigt wurde, betrat er Neuland und
mußte im späteren Rückblick vermerken: »Gewissermaßen ging ich ungern hin. Ich verstehe [eigentlich: ver-
stand] von diesem Fach zu wenig [...]«.[62] An einer anderen Stelle räumte er ein, daß er von antiquarischen Dingen, von »Inschriften« ebenso wie von »Münzen«, bis
zu dieser Zeit kaum etwas hatte wissen wollen.[63]

Später widmete er sich ihnen mit Hingabe. Goethe
liebte es wie sein Vater, seine Sammlungen zu sichten, zu
ordnen und zu verwalten, er übertraf diesen in seiner
Leidenschaft für all diese Dinge jedoch bei weitem. Nach
der Beförderung zum Minister und der damit verbundenen Gehaltserhöhung verfügte er schließlich auch über
die finanziellen Mittel, mit denen sich das Sammeln im
großen Stil betreiben ließ. Schon kurz darauf, im Jahr
1817, erwarb er eines der unmittelbaren Nachbarhäuser
am Weimarer Frauenplan, um Platz für seine immer aus-
ufernderen Schätze zu schaffen. Er schlug den Garten zu
seinem eigenen hinzu, vermietete den Vorderteil des Gebäudes und nutzte den Rückteil als Depot.

Der Sammler Goethe häufte auf verschiedenen Gebieten geradezu erstaunliche Mengen auf. Ein schon im
19. Jahrhundert erstelltes Verzeichnis zählt im Titel folgende Gattungen auf: »Kupferstiche, Holzstiche, Ra-
dierungen, Stahlstiche, Lithographien, Handzeichnungen, Bronzen, Medaillen, Münzen, Geschnittene Steine,
Holz-, Elfenbein-, Marmorarbeiten und Gipsabgüsse,
Terracotta und Majolica«. Dazu kamen als nicht-künst-
lerische Sammelgebiete noch »Mineralien und Petre-
facte«.[64] Das Verzeichnis ist nicht vollständig. Quanti-
tative Angaben aus neuerer Zeit vermerken, daß die
Sammlungen, soweit sie noch vorhanden sind, etwaige
Verluste insbesondere durch den Krieg also nicht ge-

rechnet, 8770 Gips- und Gemmenabgüsse, 1926 Medaillen, 2059 Münzen, 2512 Handzeichnungen, 9179 Blätter Graphik und neben der fast bescheiden anmutenden Zahl von 50 Gemälden noch 348 Plastiken und Kleinplastiken umfassen.[65] Allein auf dem Gebiet der Kunst werden 26511 Gegenstände gezählt. Zu ihnen kommen noch 17800 Steine, daneben Versteinerungen, Knochen, Skelette und andere naturwissenschaftliche Objekte.

Es handelt sich um ein schier uferloses und verwirrend vielfältiges Material, das heute größtenteils in die Weimarer Museen eingegliedert ist. Denn man nahm in späteren Zeiten, um das Goethehaus am Frauenplan besser zugänglich zu machen, den überwiegenden Teil der Sammlungen aus ihm heraus. Dies war eine aus praktischen Gründen leicht zu rechtfertigende Maßnahme, die den Eindruck, den das Haus des Dichters in dessen Altersjahren machte, jedoch erheblich verfälschte. Es muß wie ein von den Beutezügen seiner Sammelleidenschaft vollgestopfter Fuchsbau oder Rumpelkasten ausgesehen haben, und nach dem Urteil verschiedener Besucher wirkte es nun auch längst nicht mehr so elegant wie zu jener Zeit, zu der Goethe es erworben und mit einem Treppenhaus im italienischen Stil hatte versehen lassen. Denn nur ein Teil insbesondere der naturwissenschaftlichen Objekte konnte im Garten oder Gartenhaus untergebracht werden. Alles übrige mußte eng aneinander- und übereinandergestapelt im Wohnhaus aufbewahrt werden, das sich auf diese Weise trotz seiner Weitläufigkeit fast als zu eng erwies.

Durch seine Sammelleidenschaft kam der Schriftsteller gelegentlich mit Menschen in Berührung, mit denen er sonst in seinem Leben nichts zu tun gehabt hätte. Zu ihnen gehörte etwa der Scharfrichter von Eger, der ebenfalls ein Münzsammler war. Als er einmal daraufhin

angesprochen wurde, daß er seiner Liebhaberei wegen
auch die Bekanntschaft Goethes gemacht habe, soll er,
einem zeitgenössischen Zeugnis zufolge, geäußert haben: »es hätten ihn wohl allerlei Fürsten und Prinzen
besucht, aber ein solcher Herr, der so ganz was Abson-
derliches wäre, wie der Herr Geh. Rat, sei ihm doch all
seine Lebtage nicht vorgekommen [...]«.[66] Ein Urteil aus
dem Volksmund.

Angesichts der umfangreichen Sammlungen des Dichters ist das verhältnismäßig geringe Interesse auffallend,
das er an Büchern nahm. Er besaß zwar eine Bibliothek, die nach dem später erstellten Katalog zum Zeitpunkt seines Ablebens 5424 Titel oder rund 8000 Bände
zählte.[67] Aber dabei handelte es sich um eine reine Hand-
und Gebrauchsbibliothek, die sich in einem kleinen, un-
beheizbaren Raum hinter seinem Arbeitszimmer befand.
Dort wurden sämtliche Bücher hineingesteckt, die sich
im Lauf der Zeit ansammelten. Und die vorhandenen Titel erstreckten sich über alle, enzyklopädisch ausgebreite-
ten Interessengebiete ihres Inhabers, umfaßten aber
eine eher bescheidene Anzahl literarischer Werke. Schon
Erich Trunz schrieb: »Goethe gab wenig Geld aus für
Bücher im Vergleich mit dem, was er für Kupferstiche
und naturwissenschaftliche Sammlungen ausgab; am wenigsten für deutsche Literatur seiner Zeit.«[68]

Natürlich konnte Goethe jederzeit über Bestände der
Weimarer und Jenaer Bibliotheken verfügen, aber es ist
ganz augenfällig, daß er nicht zu den Bücherfreunden
gehörte, die möglichst umfangreiche Schätze besitzen
wollen. Und die rund 300 Titel zeitgenössischer Autoren, die sich bei ihm fanden, waren zudem bunt zusam-
mengewürfelt. Ein Großteil von ihnen bestand aus Wid-
mungsexemplaren, die man dem Dichter im Lauf der
Zeit zugeschickt hatte. So gab es komplette Werkeditio-

nen von inzwischen längst vergessenen Schriftstellern, aber kein einziges Buch von Clemens Brentano oder E. T. A. Hoffmann. Und das Resümee ist: Goethe war zwar ein leidenschaftlicher Sammler, aber kein Bücherliebhaber. Hatte er doch in seiner *Italienischen Reise* geschrieben: »die Natur ist [...] das einzige Buch, das auf allen Blättern großen Gehalt bietet.«[69]

## VIERZEHNTES KAPITEL

# Rückblick und Selbststilisierung

Im Sommer 1823 ließ der knapp 74jährige Goethe in Marienbad der jungen Ulrike von Levetzow (1804–1899) durch den Mittelsmann Herzog Carl August einen Heiratsantrag überbringen. Es wollte dem alten Dichter nicht gefallen, als Alleinstehender der Familie des Sohns August, die im oberen Stockwerk seines Hauses wohnte, gegenüberzutreten. Und als psychologisch unterschwellig wirksames Motiv spielte gewiß ein Element eine Rolle, das Ulrike von Levetzow nun gleichsam an die Stelle jener beiden jungen Damen treten ließ, die in der Autobiographie des Schriftstellers eine so große Rolle einnahmen. Denn mit ihr schien sich, wie bei Friederike Brion und Elisabeth Schönemann, in späten Jahren und nach dem Ableben von Christiane Vulpius plötzlich noch eine Möglichkeit zu finden, das nachzuholen, was er in früheren Jahren versäumt hatte: eine zu ihm, zu seinem Stand und seiner Stellung passende Frau zu finden. Sie hätte solchen Überlegungen und Erfordernissen zweifellos weitgehend entsprochen – wenn Goethe selbst inzwischen nicht schon zu alt gewesen wäre. Und so entstand eine Situation, die merkwürdig genug war. Für die eigene Familie, den Sohn August und dessen Frau

*Goethe 1828*
*Ölgemälde von J. K. Stieler*

Ottilie, die sofort um ihr Erbe zu fürchten begannen, ebenso wie für die Familie Levetzow.

Der Schriftsteller hatte auf früheren Sommerreisen nach Karlsbad schon mit der damals sehr attraktiven Mutter Amalie von Levetzow (1788–1868) geflirtet, die fast 40 Jahre jünger war als er. Und nun, mehr als fünfzehn Jahre später, wollte er sogar deren Tochter zur Frau. Aber nicht nur der Altersunterschied, der 55 Jahre betrug, war auffallend. Goethe hatte sich bereits in den vorangegangenen Sommern, in den Jahren 1821 und 1822, mit Ulrike von Levetzow unterhalten, ohne daß, nach deren eigenen Erinnerungen, irgend jemand daran mehr als das Wohlgefallen eines alten Herren an einem jungen Mädchen gesehen hätte.[1] Er hatte nicht erkennen lassen, daß er selbst mehr darin sehen wollte, und als der Weimarer Herzog, der ein Bekannter der Familie von Levetzow war, im Sommer des Jahres 1823 vorstellig wurde, um im Namen seines alten Günstlings um die Hand der Tochter anzuhalten, dachten die Angesprochenen im ersten Moment, daß sich der Fürst nur einen Spaß machen wolle. Es bedurfte einiger Zeit und einiges Zuredens von Carl August, bis man begriff, daß es sich um einen ernst gemeinten Antrag handelte.

Dann wurde die Sache freilich in allen Ehren behandelt, denn Goethe war inzwischen eine große Berühmtheit. Ulrike von Levetzow lehnte es zwar ab, einen so viel älteren Mann zu heiraten, aber man blieb in brieflichem Kontakt miteinander, und die Familie äußerte sogar die Hoffnung, den Schriftsteller persönlich wieder zu treffen. Aber Goethe resignierte nach diesem letzten Versuch, eine grundlegende Veränderung seiner Lebensumstände herbeizuführen, und stellte seine sommerlichen Badereisen ganz ein. Er stimmte nach seiner Rückkehr aus Marienbad zwar die alte Klage darüber an,

»wieder hier sich eingeengt zu befinden«[2]; aber er fügte sich in das Unvermeidliche, die Weimarer Verhältnisse.

In diesen Jahren kam Goethe der ganz große Ruhm zu. Er galt im vorgerückten Alter bereits als der größte Dichter seiner Zeit, ja als einer der größten überhaupt, und wurde 1828 auch in Italien schon neben Homer, Dante und Shakespeare gestellt. Goethe nahm diesen Ruhm als etwas nahezu Selbstverständliches an. Denn er betrachtete sich auch selbst als den größten Dichter seiner Zeit, und Byron und Manzoni, die er von den Schriftstellern der jüngeren Generation am meisten schätzte, galten ihm darum keineswegs als ebenbürtig.

Aus einer derartigen Perspektive mochte ihm die Verbreitung seines eigenen Werks auch als Maßstab für die weitere literarische Entwicklung erscheinen. Als er 1827 in einer fremdsprachigen Zeitschrift, *Le Globe*, las, daß man in Frankreich ein Theaterstück nach dem Vorbild seines *Tasso* auf die Bühne gebracht habe, gelangte er jedenfalls zu dem Schluß, daß nun eine »Weltliteratur« im Entstehen sei. Der Begriff »Weltliteratur« war eine Prägung Goethes, die später in den allgemeinen Sprachgebrauch überging, und ihr Auslöser scheint die immer weitere Verbreitung des eigenen Werks gewesen zu sein.[3]

Der große Ruhm war weder vorher, noch zu Goethes Zeit, noch hinterher in der Kunst und Literatur je etwas Selbstverständliches. Homer und Shakespeare waren Entdeckungen des späten 18. Jahrhunderts gewesen, und Dantes gewaltiger Ruf wurde vor allem in der Romantik begründet. Der Musiker Bach fand zu seinen Lebzeiten nur eine sehr beschränkte Resonanz, und die in den letzten Wiener Jahren schon beachtlichen Erfolge Mozarts nehmen sich im Hinblick auf den Rang dieses Komponisten doch bescheiden aus. Im 19. und 20. Jahrhundert wurde es zum Regelfall, daß die Zeitgenossen

Tagesgrößen bevorzugten. Man muß nur bedenken, welcher Ruhm Paul Heyse und Malern wie Franz von Lenbach oder Wilhelm von Kaulbach zukam und wie wenige Bilder van Gogh zu seinen Lebzeiten verkaufen konnte, um sich das Mißverhältnis zwischen Erfolg und wirklicher Größe zu vergegenwärtigen, das nun zum Regelfall wurde. Ungünstige Zeitumstände taten ein übriges hinzu, so daß ein so bedeutender Autor wie der in Kiew geborene Michail Bulgakow zu Lebzeiten seine wichtigsten Werke nicht einmal publizieren konnte.

Der Erfolg, der für Goethe eine so zentrale Rolle spielte, daß die Jahre, in denen er sich zu wenig gewürdigt fühlte, die nach der Publikation seiner *Schriften* bei Göschen, zu den großen Krisenzeiten seines Lebens zählten, scheint in der Geschichte der Kunst und Literatur also eine Ausnahme zu sein. Er stellte sich nur selten ein, und er bewahrheitete sich ebenso selten. Das Urteil der Zeitgenossen und der Nachwelt stimmte meist nicht überein. Die Fälle, in denen es sich anders verhielt, waren die Ausnahmen, von denen es nur wenige gab: Raffael vielleicht und mit Sicherheit Michelangelo, der schon zu Lebzeiten »il divino« genannt wurde, mit gewissen Einschränkungen wohl Beethoven, an dessen Beerdigungstag die Wiener Schulen geschlossen hatten, und eben Goethe.

Mit dem Dichter wurde auch der Ort berühmt, an dem er die längste Zeit seines Lebens verbracht hatte. Weimar erhielt den Ruf eines »Klein-Athen«, und Scharen von Besuchern pilgerten dorthin. Einige von ihnen wollten auch Goethe selbst sehen, und dies war nach damaligen Gepflogenheiten immer dann verhältnismäßig leicht zu erreichen, wenn man Empfehlungsschreiben vorzuweisen hatte. Man konnte sich aber auch ohne derartige Papiere anmelden lassen und darauf hoffen, trotz-

dem empfangen zu werden; denn irgendwelche gesellschaftlichen Verpflichtungen gab es in einem solchen Fall
natürlich nicht. Auf diese Weise gingen nicht wenige
junge Leute, Studenten, Literaturliebhaber und Verehrer
des Dichters vor, und eine nicht geringe Anzahl wurde
tatsächlich empfangen. Einer von ihnen vermerkte mit
einem kräftigen Seitenhieb: »Ich wurde sogleich vorgelassen (nicht wie bei den Berliner Professoren, wo man
stundenlang im *Vorhause* warten muß).«[4]

Das tägliche Besucherwesen war für den alten Schriftsteller im großen und ganzen eine Quelle der Abwechslung und des Vergnügens. Es machte ihm einfach Spaß,
sich tagtäglich mit immer neuen Leuten zu unterhalten,
und er schrieb im Jahr 1820: »Da vergeht nun kein Tag,
daß ich nicht von Fremden mehrfach angegangen würde,
und ich verwende darauf gern ein paar Stunden, die mir
niemals ohne Vorteil vorübergehen. Mannichfaltigste
Gestalten, an meine entschiedene Einsamkeit sich heran
und vorbey bewegend, geben mir Begriffe von der Außenwelt, wohlfeiler als ich sie auf irgend einem Wege
hätte gewinnen können.«[5] Besonderes Interesse nahm er
an Besuchen von Ausländern, vor allem wenn sie aus
entfernten Ländern, wie z. B. den Vereinigten Staaten,
stammten. Die Neugier und der Amerika-Enthusiasmus
des alten Dichters kamen dann zusammen, und ein Besucher des Jahres 1825 registrierte: »His attitude and ex-
pression, as I entered, were those of an expectant natura-
list, eagerly awaiting the transatlantic phenomenon.«[6]

Die Besuche, die Goethe weniger zusagten, und die
immer wieder zu Mißverständnissen führten, waren jene, die ihm zahlreiche mehr oder minder prominente
deutsche Geistesgrößen der damaligen Zeit abstatteten.
Denn sie mußten meist feststellen, daß der Schriftsteller
ihnen erheblich weniger Interesse entgegenbrachte, als

sie erwartet hatten, und der Empfang eher kühl ausfiel.
Diese Reserviertheit hatte einen guten Grund: Goethe
war sich darüber im klaren, daß rund die Hälfte dieser
Besucher in ihrer Unterkunft bereits Papier, Tintenfaß
und Federkiel bereitgestellt hatten, um nach ihrer Rückkehr sogleich mit ihren Aufzeichnungen über ihren
Besuch bei dem berühmten Dichter zu beginnen. Und
er sah sich nicht veranlaßt, dazu irgendwelche Beiträge
zu liefern. Goethe hatte sich schon im Jahr 1804 über
Frau von Staël mokiert, sie habe ihm »heute früh, mit
der größten Naivität, versichert: daß sie meine Worte,
wie sie solcher habhaft werden könne, sämmtlich werde
drucken lassen.«[7]

Da eine nicht geringe Zahl dieser Besucher dennoch
ein Resümee ihres Gesprächs mit dem Schriftsteller publizierte, geriet Goethe bald in den Ruf, sich seinen
Besuchern gegenüber unfreundlich kühl und reserviert
zu verhalten. Dieser Ruf beruhte auf Verallgemeinerun-
gen; er war eigentlich nichts anderes als eine verkürzte
Quintessenz aus jenen Begegnungen, die schon die Zeitgenossen »Angaffungsbesuche« nannten.[8] Denn, wie erwähnt, in anderen Fällen verhielt sich der Schriftsteller weitaus entgegenkommender und zugänglicher, und
nicht wenige junge Studenten und Literaturliebhaber
wunderten sich, wie rasch und wie freundlich sie von
dem als eisig verschrienen Goethe empfangen wurden.

Eine durchaus realistische Beobachtung war es hingegen, daß der Dichter die Begegnungen in seinem Haus
häufig zu inszenieren suchte. Er setzte sich vorsätzlich in
Positur und suchte ein besonders würdevolles Äußeres
anzunehmen, das der junge George Bancroft (1800–
1891), der ihn als Göttinger Student im Jahr 1819 besuchte und später amerikanischer Marineminister wurde,
mit den Worten charakterisierte, daß er »eine Art würdi-

ger Steifheit annehme, von der er wohl meine, sie ginge als wirkliche Würde durch«.[9]

In manchen Fällen reichte auch eine solche Positur nicht aus, und Goethe geriet trotzdem aus dem Gleichgewicht. Dies kam vor allem vor, wenn sich Besucher aus hohem Adel bei ihm einstellten. Im Mai 1829, als der Schriftsteller also 79 Jahre alt war, besuchte ihn eine russische Fürstin namens Wolkonskaja,[10] in deren Begleitung sich der damalige Übersetzer des *Werther*, ein junger Mann namens Nikolaj M. Roshalin (1805–1834), befand. Von diesem stammt folgender interessante Bericht über das Zusammentreffen in Goethes Haus: »Er stand in der Mitte seines Salons, mit dem würdevollen Aussehen eines Ministers, aber indem er unsern Trupp gewahrte, erschrak er selbst, und es brauchte der ganzen Kunst der Fürstin, um ihn wieder ins Gleichgewicht zu bringen.«[11] Das Auftauchen der Adeligen mit ihrem Gefolge reichte aus, um den empfindlichen Schriftsteller ganz aus der einstudierten, würdevollen Rolle zu bringen, und Roshalin urteilte treffend: »[...] man bemerkt gleich, daß er außerordentlich reizbar sein muß.«[12]

In seinem Alltag nahm sich Goethe nun das zur Maßregel, was er selbst eine »ununterbrochene Thätigkeit nach innen und außen«[13] nannte. Sein Wirken begann sich freilich immer mehr auf Nebenbeschäftigungen, wie seine ausgeprägte Sammelleidenschaft, und teilweise auch auf Pedanterien zu erstrecken. Bereits im Jahr 1819 vermerkte Wilhelm von Humboldt: »Aus ein paar kleinen Zügen sehe ich auch, wieviel Zeit er so mit Sammlungen und Aufzeichnungen zubringen muß, die eigentlich weiter gar keinen Wert haben.«[14] Humboldt war wirklich ein strenger Kritiker; denn der Wert, den man bestimmten Belangen zumißt, wird oft vor allem von persönlichen Neigungen und Vorlieben bestimmt. Doch es war richtig, daß der Dichter seinen immer umfangreicheren Sammlungen nun viel Zeit widmete. Und wie jeder passionierte Sammler hatte er sich inzwischen auch eingehende Kenntnisse von all den Dingen angeeignet, die mit seinen Interessengebieten zusammenhingen. Der Kriminalrat Joseph Sebastian Grüner (1780–1864) aus dem nicht weit von Karlsbad entfernten Eger, der ebenfalls ein Münzsammler war, besuchte ihn im Jahr 1825, als Goethe seine sommerlichen Badereisen eingestellt hatte, in Weimar. Er wurde bald mit dessen Schätzen vertraut gemacht, und er resümierte im Rückblick: »Ich staunte über den Reichtum an Münzen und Antiken, und über Goethes Gedächtnis, denn er kannte die berühmten Steinschneider alle mit Namen, wußte über die Veranlassung zu den Medaillen, und über den Lebenslauf der berühmten Männer, auf deren Ehre sie geschlagen worden, manche Anekdote zu erzählen.«[15]

Neben den Sammlungen widmete sich Goethe in dieser Zeit vor allem seinen literarisch-biographischen Aufzeichnungen und seinen alten Papieren. Er schätzte es, sie zu sichten, zu sortieren und zu schematisieren. Für Schemata hegte er eine besondere Vorliebe, und in manchen Fällen entstanden im Lauf der Zeit zu ein und derselben Sache eine ganze Reihe verschiedenartiger Notizen und Tabellen. Außerdem begann der Schriftsteller nun alle seine Beschäftigungen, wie geringfügig sie auch sein mochten, der Reihe nach festzuhalten, so daß seine Tagebücher immer umfangreicher wurden. Wiederum vermerkte Wilhelm von Humboldt kritisch, aber mit einer gewissen Ironie, einer Eigenschaft, die der zur Glorifizierung um jeden Preis entschlossenen Nachwelt gänzlich fehlte: »Es hat aber nie ein großer Dichter eine solche Pedanterie mit Aufschreiben aller Kleinigkeiten getrieben.«[16]

Die Tagebücher vermitteln auf diese Weise den besten Eindruck von der damaligen Lebensweise und dem Tagesablauf des Dichters. Am 24. Mai 1825 heißt es etwa: »1805 [d. h.: für das Jahr 1805] die eingegangenen Briefe schematisirt. In die Actenhefte manches geheftet und geordnet. Das nußbraune Mädchen revidirt und nach den Bemerkungen corrigirt. Brief *an Vieweg* nach Braunschweig. Hofrath Meyer [der Kunst-Meyer] um 12 Uhr. Wir besahen zusammen die eingesendeten Zeichnungen den neugriechischen Charon vorstellend. Mittag für uns. Nach Tische die Betrachtungen über die Annalen fortgesetzt. Briefe einzelner Personen in Packeten von 1805 an. Briefe von Professor Wolf aus Halle geordnet und durchgedacht. Professor Riemer die Annalen von 1801 begonnen, nachdem vorher die von 1820 erledigt waren. Eckermanns Unterhaltungen durchgelesen und geprüft.«[17]

Die literarische Produktion nahm im Tageslauf des alten Schriftstellers einen verhältnismäßig geringen Raum ein: das hier genannte »nußbraune Mädchen« war eine der Novellen aus den *Wanderjahren*. An erster Stelle stand der Rückblick, die Beschäftigung mit der eigenen Vergangenheit, die sich in vielfachen Betrachtungen und im Durchsehen und Sortieren alter Papiere bemerkbar machte. Außerdem begann der Dichter die bereits vorhandenen autobiographischen Schriften durch weitere Aufzeichnungen zu ergänzen. Zu diesen gehörten die hier genannten »Annalen«, die später unter dem Titel *Tag- und Jahreshefte* publiziert wurden. Während die Tagebücher die Geschehnisse des Augenblicks vermerkten, suchten diese die früherer Jahre in annalistischer Form festzuhalten. Goethe bezeichnete sich dabei etwas ironisch als einen »Epitomator mein selbst«,[18] d. h. als jemanden, der einen Auszug aus seinem eigenen Dasein anzufertigen suchte, und meinte: »[...] es ist gewisser-

maßen noch lustiger, ein vorliegendes Leben als ein vorliegendes Buch auszuziehen.«

Die rastlose Tätigkeit des alten Dichters diente nicht
zuletzt der Selbststilisierung, nahm andererseits, psychologisch betrachtet, aber Züge einer Ersatzhandlung an.
Und so trat dahinter wieder die alte Langeweile hervor.
Als ihm der Weimarer Kanzler Friedrich von Müller
(1779–1849) im Jahr 1823 zu seiner Unterhaltung Spazierfahrten vorschlug, fragte der alte Schriftsteller zurück: »Mit *wem* soll ich fahren, ohne Langeweile zu
empfinden?«[19] Auch in der Einschätzung der Welt und
der Menschen zeigte sich eine immer größere Skepsis. Im
hohen Alter finden sich bei Goethe Beispiele von radikaler Welt- und Menschenverachtung. Neben der schon
angeführten Bemerkung an Zelter über diese so »äußerst
platte Welt« hieß es in einer Äußerung, die der Kanzler
von Müller überlieferte: »Was ist denn überhaupt am Leben? Man macht alberne Streiche, beschäftigt sich mit
niederträchtigem Zeug, geht dumm aufs Rathaus, klüger
herunter, am andern Morgen noch dümmer hinauf.«[20]
Und eine Bemerkung, die Eckermann den Gesprächen
Goethes mit dem aus Genf stammenden Frédéric Soret
(1795–1865) entnahm, der in den Jahren 1822–36 Erzieher des Weimarer Erbprinzen Karl Alexander war, lautete: »Die Welt ist so voller Narren und Schwachköpfe,
daß man nicht nötig hat, sie im Tollhause zu suchen.«[21]

Von der häufig angeführten »Weltfrömmigkeit« des
alten Goethe findet man hier nichts. Das Leben war für
ihn häufig nur noch eine mühsam und mit vielen Hilfsmitteln ausbalancierte Gratwanderung über den Abgrund der Langeweile, Öde und Trivialität der Welt. Zu
den Hilfsmitteln gehörten auch Kunst und Literatur. Da
die Kunstwerke nach den nunmehrigen Auffassungen
des Dichters der Realität einen harmonisierenden Ab-

glanz verleihen sollten, benötigten sie positive, versöhnende Kategorien. Wie etwa die »Weltfrömmigkeit«, die daher vor allem in dem Roman *Wilhelm Meisters Wanderjahre* eine größere Rolle spielt.

Im wirklichen Leben war von ihr nicht die Rede. Denn hier benötigte der Schriftsteller zur Wahrung seines empfindlichen Gleichgewichts entschieden stärkere Mittel. Eine ständige »Tätigkeit« etwa oder jenes immer stärkere Abkapseln und Abschotten gegenüber äußeren Einflüssen, das er über sein halbes Leben betrieben hatte und das im hohen Alter seinen Gipfel erreichte. Karl Friedrich von Reinhard (1761–1837) bemerkte gegen Ende des Jahres 1827, daß Goethe nun nichts mehr an sich herankommen lasse, was ihn irgendwie aufregen könne, und er hielt scharfsichtig fest, daß ihm dieses künstliche Gleichgewicht durch lange Übung mittlerweile zu einer Art zweiten Natur geworden sei.[22] Der Schriftsteller selbst schrieb Anfang 1830 an Zelter: »Ich habe freylich gut meine Zugbrücken aufziehen, auch schiebe ich meine Fortificationen immer weiter hinaus.«[23] Aus der »Mauer um seine Existenz«, von der er vor vielen Jahren an Schiller geschrieben hatte, war inzwischen eine »Fortification« geworden, eine regelrechte Befestigungsanlage. Und sie war in einem Zustand, der ihrem Inhaber ein gewisses Maß an Ruhe garantierte. Doch dafür war ein Preis zu entrichten: immer mehr Dinge, die ihn auf irgendeine Weise beunruhigen konnten, durften erst gar nicht mehr an ihn herankommen.

Selbst neue Entdeckungen der Naturwissenschaften fielen unter diese Regel. Der alte Dichter hatte sein Weltbild gleichsam abgeschlossen, er wollte keine Veränderungen mehr an ihm vornehmen, und daher empfand er Ideen, die seinen Vorstellungen widersprachen, als störend. Manchmal wurden sie sogar zu einem Är-

gernis, das seinen Zorn erregte. In einem nicht abge-
sandten Briefentwurf aus dem November 1829 an Zelter
schrieb er über die geologischen Begriffe, die von den
Faltungen der Erdrinde handelten: »Nun meldet neuer-
lichst auch Herr von Humboldt aus dem hohen Norden:
der Altai sei auch einmal gelegentlich aus dem Tiefgrund
heraufgequetscht worden. [...] Die Pariser Akademie
sanktioniert die Vorstellung: der Montblanc sei ganz zuletzt, nach völlig gebildeter Erdrinde aus dem Abgrund
hervorgestiegen. So steigert sich nach und nach der Un-
sinn und wird ein allgemeiner Volks- und Gelehrten-
glaube, gerade wie im dunkelsten Zeitalter man Hexen,
Teufel und ihre Werke so sicher glaubte, daß man sogar
mit den gräßlichsten Peinen gegen sie vorschritt.«[24] Mit
Humboldt war hier natürlich der Naturforscher Alexander von Humboldt (1769–1859) gemeint, der Bruder des
Humanisten und Universitätsreformers. Der schließlich
abgesandte Brief klang viel gemäßigter; in ihm wurde
noch sehr allgemein darüber geklagt, daß man sich heut-
zutage »von mechanischen und atomistischen Vorstellungen nicht los machen« könne«.[25]

Um sich vor solchem Ärger zu schützen, verfolgte der
alte Dichter den Fortschritt der Naturwissenschaften oft
gar nicht mehr. Er griff sich aus den neuen Entwicklungen im Welt- und Menschenbild seiner Epoche nur noch
das heraus, was ihm und seinem Denken gemäß war. Als
ihm 1822 eine Schrift zugesandt wurde, die die Vorzüge
der analytisch-mathematischen Methodik in der Physik
pries, schrieb er an den Verfasser zurück: »Hier mach ich
Halt nach längst geprüfter Lebensregel; was mit mir
übereinstimmt, bringt eine heitere Stunde, dem aber ein
Ohr zu leihen, was mir widerstrebt, warte ich auf einen
heitern Augenblick, wo ich mir selbst gewissermaßen
gleichgiltig bin [...]«.[26]

Aber diese Regel galt nicht nur für die Wissenschaften, sondern auch für viele andere Gebiete. Als man ihm im Jahr 1821 eine Sammlung von Karikaturen zeigen wollte, lehnte er ab und äußerte: »Ich darf mir dergleichen mir widrige Eindrücke nicht erlauben, denn in meinem Alter stellt sich das Gemüt, wenn es angegriffen wird, nicht so schnell wieder her [...]«.[27] Der Schriftsteller blockierte alle unangenehmen Einflüsse möglichst von vornherein ab, und Soret bemerkte im Jahr 1825 daher, daß Goethe mittlerweile körperlich und geistig ungewöhnlich gut disponiert sein müsse, um sich überhaupt noch auf die Erörterung von Themen einzulassen, die irgendeinen negativen Aspekt hatten.[28]

Alles gehorchte der Maxime, die der Dichter gegenüber dem französischen Philosophen Victor Cousin (1792–1867) in die Worte faßte, daß er sich im Gleichgewicht halten müsse.[29] Und wenn doch etwas Unangenehmes geschah, wenn ein Unglücksfall eintrat, so suchte er möglichst rasch darüber hinwegzukommen. Nach dem Tod der Großherzogin Luise, der Gemahlin Carl Augusts, machte er im Jahr 1830 die Bemerkung: »Jetzt müssen wir nur noch sehen, wie wir uns weiter mit dem Leben abfinden [...]. Nehmen wir uns also zusammen, steigern wir nicht das Leid, über das wir nicht Herr sind, und genießen freudig das Gute, das uns das Schicksal noch zugedacht hat.«[30] Das schlimmste Ereignis, das Goethe auf solche Weise traf, war der Tod des Sohns August am 27. Oktober 1830 in Rom. Kanzler von Müller suchte ihm die Nachricht, die am 10. November in Weimar eintraf, stückweise mitzuteilen, und der alte Dichter reagierte darauf in der mittlerweile schon erprobten Weise: Er ging möglichst nicht darauf ein, sondern widmete sich weiterhin seinen üblichen Beschäftigungen. Auch mit der Schwiegertochter Ottilie sprach er von den Geschehnissen nicht, obwohl die beiderseitigen Unterhaltungen dadurch, wie eine zeitgenössische Zeugin festhielt, »sehr peinlich und einsilbig« ausfielen.[31]

Neben dem wirklichen Leiden fand sich noch das seit dem Mittelalter symbolisch überlieferte, wie es vor allem durch das christliche Glaubenszeichen des Kreuzes repräsentiert wurde. Auch daran sollte nach Möglichkeit nicht erinnert werden; es sollte keine Dissonanz geben, die den bis ins letzte harmonisierten eigenen Lebenslauf stören konnte, und daher schrieb der greise Dichter voller Unmut an Zelter: »das leidige Marterholz, das Widerwärtigste unter der Sonne, sollte kein vernünftiger Mensch auszugraben und aufzupflanzen bemüht seyn.«[32]

Alles Abstoßende sollte verbannt werden, und in *Dichtung und Wahrheit* hieß es zur Durchreise der künftigen französischen Königin Marie Antoinette, die in die Straßburger Studienzeit gefallen war, daher: »Vor Ankunft der Königin hatte man die ganz vernünftige Anordnung gemacht, daß sich keine mißgestalteten Personen, keine Krüppel und ekelhaften Kranken auf ihrem Wege zeigen sollten.«[33] Im Rückblick aus dem Alter fand Goethe es »vernünftig«, daß man der künftigen Königin diesen unangenehmen Anblick hatte ersparen wollen. In seinen Studentenjahren hatte er völlig anders geurteilt. In der Autobiographie findet man dazu die Angabe: »[. . .] ich machte ein kleines französisches Gedicht, worin ich die Ankunft Christi, welcher besonders der Kranken und Lahmen wegen auf der Welt zu wandeln schien, und die Ankunft der Königin, welche diese Unglücklichen verscheuchte, in Vergleichung brachte.«[34] Diese kritischen Gedichte, die Goethe in jungen Jahren verfaßte, sind freilich nicht erhalten, und die Stelle zeigt, daß sein überliefertes Werk nicht der Spiegel seines gesamten literarischen Schaffens ist.

Eines der wichtigsten Vorhaben der letzten Lebensjahre war es, eine repräsentative Edition seiner Schriften zu erstellen, an der sich auch die Nachwelt orientieren sollte. Die große *Ausgabe letzter Hand* wurde seit dem Jahr 1824 plan- und in manchem fast generalstabsmäßig in Angriff genommen. Mit der Erstellung der Reinschriften und Druckvorlagen waren nicht weniger als drei Schreiber beschäftigt, von denen oft zwei gleichzeitig in Goethes Haus arbeiteten. Während der eine korrigierte Manuskripte in Druckvorlagen umschrieb, wurden dem anderen die nächsten Arbeiten diktiert. Unter Goethes Oberaufsicht arbeiteten außerdem nicht weniger als drei Editoren und Korrektoren mit: die beiden Famuli Riemer und Eckermann sowie der Philologe Karl Wilhelm Göttling (1793–1869).

Diese Ausgabe enthält freilich nicht die gesamte literarische Produktion Goethes, sondern steht am Ende eines Auslese- und Selektionsprozesses, der schon Jahre früher begann. Wir wollen ein Beispiel anführen. Im Jahr 1794 hatte Goethe zu den *Venezianischen Epigrammen*, die in Schillers Musenalmanach publiziert wurden, die Bemerkung gemacht, er habe einige Hunderte, »die mit unter nicht producibel« seien.[35] Aus dieser Menge wurden 103 Epigramme ausgewählt, von dem Rest sind heute noch 53 Stücke erhalten.[36] Was geschah mit den übrigen? Oder sollte sich Goethe in der Anzahl derart verschätzt haben?

Es ist wenig wahrscheinlich. Aus dem Jahr 1822 gibt es eine Verfügung mit dem komplizierten Titel »Über die Incommunicabilien unter den Paralipomenen«, die folgendermaßen lautet: »Unter den zurückgebliebenen oder vielmehr zurückgehaltenen Gedichten ist eine bedeutende Anzahl, welche vielleicht niemals öffentlich erscheinen zu lassen räthlich ist; sie sind meinem Sohne als

Geheimniß in die Hände gegeben, um solche künftighin
mit Beirath der verbündeten Freunde entweder zu zerstören oder sonst darüber zu verfügen.«[37] Der Sohn
starb später zwar vor dem Vater, aber die nicht mitteil-
baren Faszikel aus den Schriften des Dichters waren bis
zu dem Zeitpunkt, an dem diese Verfügung erlassen
wurde, ohnehin schon stark dezimiert worden. Nach einem Zeugnis Sulpiz Boisserées, das auf die beiderseitige
Begegnung im Jahr 1815 zurückgeht, machte Goethe folgende Angaben: »er habe eine Menge, besonders persönliche und zeitliche; nicht leicht eine Begebenheit, wor-
über er sich nicht in einem Gedicht ausgesprochen. So
habe er seinen Ärger, Kummer und Verdruß über die
Angelegenheiten des Tages, Politik usw. gewöhnlich in
einem Gedicht ausgelassen, es sei eine Art Bedürfnis
und Herzens-Erleichterung [gewesen].«[38] Man sieht zunächst einmal, wie sehr Goethe ein subjektiver Dichter
war: fast alles, was ihn persönlich anging, suchte er produktiv zu verarbeiten und in eine künstlerische Form zu
bringen. Zu den Ergebnissen dieses literarisch-biographischen Verarbeitungsprozesses heißt es weiter: »Sonst
habe er dergleichen immer verbrannt; aber sein Sohn
verehre alles von ihm [...], da lasse er ihm den Spaß.«[39]
Bevor die Faszikel in die Hand des Sohnes übergingen,
waren sie »immer verbrannt« worden – so die wörtliche
Angabe. Und das überlieferte Werk des Schriftstellers
muß infolgedessen durch diesen selbst um zahlreiche
allzu anstößige, teils persönliche, teils politische Texte
bereinigt worden sein.

Neben einer repräsentativen Edition seiner Schriften,
wie sie die *Ausgabe letzter Hand* bieten sollte, kannte
Goethe aber noch andere Mittel, um das Bild zu prägen,
das die Nachwelt einmal von ihm haben sollte. Eine
wichtige Rolle nahm die Arbeit an der eigenen Biogra-

phie ein, bei der sich zwei parallel laufende Vorgänge unterscheiden lassen: während er einerseits autobiographische Schriften verfaßte, suchte er auf der anderen Seite unmittelbare Dokumente zu tilgen. Der Erstellung eines von ihm selbst, seinen Erinnerungen und seinen Auffassungen geprägten Lebenslaufs stand die Vernichtung authentischer Zeugnisse gegenüber.

Auch dieser Prozeß zog sich über Jahrzehnte hin. Der erste große Eingriff erfolgte schon im Jahr 1797. Damals vernichtete Goethe die Briefe, die er bis in das Jahr 1792 erhalten hatte. Der Einschnitt lag nicht zufällig nach der Italienreise. Denn erst damals hatte der Schriftsteller begonnen, sich selbst und sein eigenes Verhalten immer genauer zu kontrollieren und keine unbedachten Äußerungen mehr von sich zu geben. Von den Briefen, die er vernichtete, kosteten ihn, wie ein Zeitgenosse bemerkte, diejenigen Mercks »wegen ihres Geistesinhalts zwei Tage Überwindung«.[40] Danach wurden sie trotzdem verbrannt, mit der Folge, daß die Rolle, die Merck in Goethes Entwicklung spielte und die nach dessen eigenen, pauschalen Angaben entscheidend gewesen sein muß, heute auf Grund des Fehlens der wichtigsten Dokumente nicht mehr richtig zu rekonstruieren ist.

Aber Goethe verbrannte auch nicht alle Zeugnisse, sondern selektierte sie teilweise. So bewahrte er von den schätzungsweise etwa zweihundert Briefen der Mutter bis in das Jahr 1792 vier Schreiben auf.[41] Sie hatten alle einen für ihn selbst günstigen Inhalt und durften daher erhalten bleiben. An diesem Punkt läßt sich Kritik kaum vermeiden. Denn wenn die umstandslose Vernichtung von Zeugnissen der notorisch neugierigen Nachwelt auch bedauerlich erscheinen mag, im Grunde aber legitim ist, so erweckt eine derartige Selektion zwangsläufig den Eindruck, daß der Schriftsteller gewisse Dinge beschönigen und als sein eigener Hofhistoriograph fungieren wollte.

Mit der Vernichtung und der Selektion authentischer Dokumente ging die Erstellung einer literarischen Version des eigenen Lebens einher. Daß die Autobiographie nach dem Tod der Mutter im Jahr 1808 in Angriff genommen wurde, dürfte wiederum kein Zufall gewesen sein. Denn erst nach dem Ableben Katharina Elisabeth Goethes war es möglich, eine eigene Version der Jugendzeit zu erstellen, die nicht sofort gewisse Einsprüche von kompetenter Seite hervorgerufen hätte. Und daß es sich um eine Version der Vergangenheit handelte, die von den nunmehrigen Anschauungen und Auffassungen des Schriftstellers geprägt wurde, ist nicht zu bezweifeln. In den Briefen heißt es zu dem Titel des Werks, der ursprünglich ›Wahrheit und Dichtung‹ lauten sollte, dann aber des besseren Klanges halber umgestellt wurde, daß das Publikum die »Wahrhaftigkeit solcher biographischen Versuche« meist ohnehin zu bezweifeln pflege, und es folgen die Erläuterungen: »Diesem zu begegnen, bekannte ich mich zu einer Art von Fiction, gewissermaßen ohne Noth [...], denn es war mein ernstestes Bestreben das eigentliche Grundwahre, das, insofern ich es einsah, in meinem Leben obgewaltet hatte, möglichst darzustellen und auszudrücken.« Der komplizierte Satz will sagen, daß Goethe sich, seiner Auffassung gemäß, nicht unbedingt zur Fiktion (Dichtung) in seiner Autobiographie hätte bekennen müssen, weil er durchaus auf die Darstellung des Wahren geachtet habe. Im weiteren wird jedoch deutlich, daß dieses »eigentlich Grundwahre«, wie er es nennt, keineswegs als eine Wahrheit in allen Details aufzufassen ist: »Wenn aber ein solches [die Darstellung des Vergangenen] in späteren Jahren nicht möglich ist, ohne die Rückerinnerung und also die Einbildungskraft wirken zu lassen, und man also immer in den Fall kommt gewissermaßen das dichterische Vermögen auszuüben [!], so ist es klar daß man mehr die Resultate und, wie wir uns das Vergangene jetzt denken [!], als die Einzelnheiten, wie sie sich damals ereigneten [!], aufstellen und hervorheben werde.«[42] Kurz: er stellte die Vergangenheit so dar, wie sie ihm im Rückblick aus dem Alter erscheinen mochte, und der Verweis auf den fiktionalen Gehalt seiner Autobiographie, der mit dem Wort »Dichtung« erfolgte, war daher nur recht und billig – wenn der Schriftsteller selbst dies auch nicht eingestehen wollte.

Die Fassung der eigenen Vergangenheit, die in den autobiographischen Schriften erstellt wurde, galt es im weiteren möglichst zu bewahren, zu sichern und abzurunden, und ein langes Leben und manche glücklichen Umstände halfen Goethe dabei. 1817 warf er nach der Veröffentlichung des zweiten Teils seiner *Italienischen Reise* die über den beschriebenen Zeitraum noch vorhandenen Papiere, insbesondere die vorher von Charlotte von Stein ausgeliehenen Briefe, ins Feuer. Ein einziges »uralt Blättchen«[43] hob er auf. Als sich Ende 1825 ein Straßburger, Christian Moritz Engelhardt (1775–1858), an ihn wandte und um die Erlaubnis bat, einige noch unpublizierte Schriften und Briefe aus der Studienzeit im Elsaß publizieren zu dürfen, war Goethe selbstverständlich gegen dieses Vorhaben, ja er sah sich genötigt, »förmlich und ernstlich dagegen [zu] protestiren«. Zur Begründung hieß es: »Wie ich meinen Aufenthalt in Straßburg und der Umgegend darzustellen gewußt, hat allgemeinen Beyfall gefunden und ist diese Abtheilung, wie ich weiß, immerfort mit besonderer Vorliebe von sinnigen Lesern beachtet worden. Diese gute Wirkung muß aber durch eingestreute unzusammenhängende Wirklichkeiten nothwendig gestört werden.«[44]

1827 starb der Frankfurter Jugendfreund Johann Jacob
Riese (geb. 1746). Er hatte die Briefe Goethes an einen
weiteren, noch engeren Freund aus den frühen Jahren,
an Johann Adam Horn (1749–1806), ersteigert und verfügt, daß sie nach seinem Tod durch Marianne von Willemer dem Schriftsteller zurückgegeben werden sollten.
So geschah es, aber damit wurden die Früchte seiner
Sammlertätigkeit zu Brennmaterial für den Ofen. Goethe schrieb Anfang 1828 an Marianne von Willemer:
»Eigentlich waren es uralte, redlich aufgehobene Briefe,
deren Anblick nicht erfreulich seyn konnte; hier lagen
mir eigenhändige Blätter vor Augen, welche nur allzu-
deutlich ausdrückten, in welchen sittlich kümmerlichen
Beschränktheiten man die schönsten Jugendjahre verlebt
hatte. Die Briefe von Leipzig waren durchaus ohne
Trost; ich habe sie alle dem Feuer überliefert; zwey von
Straßburg heb ich auf, in denen man endlich ein freyeres
Umherblicken und Aufathmen des jungen Menschen
gewahr wird.«[45] Es wurde also wieder selektiert, und
so bleibt zuletzt kein anderer Schluß als der, daß der
Schriftsteller an der Gestaltung des Bildes seiner Person
und seiner eigenen Biographie entscheidend mitwirkte:
er verwischte und tilgte originale Züge und malte ein
selbstersonnenes Porträt darüber.

Ein besonders prägnantes Beispiel dafür, wie sehr er
seine früheren Einstellungen retuschierte, bieten natürlich die politischen Auffassungen und Ideale, die ihn im
ersten Weimarer Jahrzehnt bestimmten. Der unpolitisch
bzw. konservativ-reaktionär gewordene, nur noch nach
Ruhe verlangende alte Dichter ging vollkommen darüber hinweg, wie sehr er einst von großen Hoffnungen
auf Reformen in der Politik und auf einen gesellschaftlichen Wandel bewegt worden war. Er stellte seine früheren Einstellungen nur noch in der abschwächenden,

anekdotisierenden Form dar, mit der in *Dichtung und Wahrheit* der Besuch der Brüder Stolberg in Frankfurt und der dabei zutage tretende Tyrannenhaß geschildert wird. Noch erstaunlicher als diese Darstellung ist freilich, daß die Nachwelt diese Revision der eigenen Vergangenheit für bare Münze hielt und das politische Engagement und den Republikanismus des jungen Goethe kaum zur Kenntnis nahm.[46]

Zu den Retuschen, die er selbst ausführte, kamen noch zu Lebzeiten diejenigen der zeitgenössischen Apologeten hinzu. Zu dieser Gruppe gehörten auch einige der zeitgenössischen Porträtisten des Dichters. Einen erstaunlichen Gipfel erreichte in dieser Hinsicht etwa das bekannte Bildnis von Karl Joseph Stieler (1781–1858) aus dem Jahr 1828, das den alten Dichter so darstellte, wie er in Wirklichkeit gewiß nicht aussah: als einen eleganten Jünglingsgreis. Goethe selbst sprach von einem »in jedem Sinne schmeichelhaften Bild«.[47] Der jüngere Freund Boisserée traf es noch besser; er fand den sinnigen Ausdruck, daß das Werk »bei einer angenehmen Ähnlichkeit vortrefflich gemalt« sei.[48] Auch der Maler selbst, Stieler, rühmte in seinem Brief an Ludwig I. von Bayern, den Auftraggeber des Bilds, seine Leistung, die vor allem in einer beträchtlichen Verjüngung des Dargestellten bestand.[49]

In Wirklichkeit war Goethe inzwischen zum Greis geworden. Zeitgenossen, die ihn nach längerer Zeit wiedersahen, mußten feststellen, daß er sich seit der Entstehung des *West-östlichen Divans*, die in eine produktive und glückliche Zeit gefallen war, auch äußerlich sehr verändert hatte.[50] Seine hohe Stirn war von starken Furchen durchzogen, die immer schon beträchtlich große Nase trat noch stärker hervor, und seine Haut hatte, nicht zuletzt durch den ständigen starken Alkoholkonsum, eine

rotbraune Färbung angenommen, die bei Unwohlsein
ins Gelbliche umschlug. Heine war bei seinem Besuch in
Weimar fast erschrocken, so altersschwach und hinfällig
wirkte der Dichter. Dennoch wurde seine äußere Erscheinung im Vergleich zu der Zeit um 1800, in der sie
bis zur Lächerlichkeit der eines übermäßig fetten Klein-
staatministers entsprochen hatte, nun überwiegend als
interessant und gleichsam ›geniegemäß‹ empfunden. Ein
angelsächsischer Besucher befand im Jahr 1826 in voll-
kommenem Gegensatz zu dem, was einst Frau von Staël
geschrieben hatte, daß ihm Goethes Äußeres als eine
passende Behausung für dessen Geist erschien.[51]

Aber nicht nur das Äußere des Schriftstellers machte
Eindruck; bis in sein hohes Alter hinein entstanden
auch hervorragende literarische Resultate. Der größte
Teil des *Faust II* wurde erst vom Jahr 1827 an bis zum
82. Geburtstag des Dichters im August 1831 niedergeschrieben. Die Arbeit daran ging nur noch sehr langsam
vonstatten. Nach einem Zeugnis Eckermanns äußerte
Goethe: »Jetzt, am zweiten Teil meines Faust, kann ich
nur in den frühen Stunden des Tags arbeiten, wo ich
mich vom Schlaf erquickt und gestärkt fühle und die
Fratzen des täglichen Lebens mich noch nicht verwirrt
haben. Und doch, was ist es, das ich ausführe! Im aller-
glücklichsten Fall eine geschriebene Seite, in der Regel
aber nur so viel, als man auf den Raum einer Handbreit
schreiben könnte, und oft, bei unproduktiver Stimmung, noch weniger.«[52] Die Menge dessen, was man
hervorbringt, besagt in der Regel aber nichts über die
Qualität des Ergebnisses, und wenn Goethes *Faust II*
auch nicht die Geschlossenheit des ersten Teils erreicht,
sondern ein kompliziertes und schwer verständliches
Alterswerk darstellt, ist er doch eine herausragende Leistung.

Goethes zweiteiliges Faust-Drama ist allein durch seine Entstehungsgeschichte ein Unikum. Auch aus der modernen Literatur ist bei allem, was man an wunderlichen und teils monströsen Produktionen in ihr finden kann, nicht der Fall überliefert, daß ein Autor eine Arbeit, die er in jungen Jahren begann, nach rund sechzig Jahren als eines der bedeutendsten literarischen Werke überhaupt abschloß.[53] In den Jahren nach der Rückkehr aus Italien vertrat Goethe zudem eine strikt antikisierende Ästhetik, die ihn vor einer Beschäftigung mit dem nordisch-romantischen Faust-Stoff zurückschrecken ließ. Damals versuchte Schiller ihn wiederholt zu einer Wiederaufnahme seines Meisterwerks zu ermuntern, aber die ganz an der Antike orientierten Kunstauffassungen erwiesen sich als schwer überwindbares Hindernis. Zumindest so lange, bis, unter dem Eindruck der Wirren dieser Zeit, Goethes literarisch-produktive Neugier doch die Oberhand gewann und die Theorie der Kunst, der er zeitweise so großen Wert beigelegt hatte, wieder in den Hintergrund schob.

Im Lauf der langen Entstehungszeit veränderten sich schließlich auch die persönlichen Ansichten und die Ideen des Dichters. Doch das Stück zeigte sich in dieser Hinsicht als äußerst flexibel; es erwies sich zuletzt als möglich, die Anschauungen fast eines ganzen Lebens innerhalb eines einzigen Werks zu einer Synthese zu verbinden. Dieses Resultat war keineswegs eine Selbstverständlichkeit! Es beruhte darauf, daß es Goethe in seinem *Faust* gelang, Passagen, deren Entstehungszeit fast 60 Jahre auseinanderlag, miteinander zu verschmelzen.

Das Werk erhielt auf diese Weise freilich eine außerordentlich komplexe oder, wie der Autor selbst sagte, »inkommensurable« Gestalt.[54] Es war ambivalent, schwer faß- und schwer erklärbar, und der Schriftsteller begann

sich in seinen Altersjahren schon über jene Zeitgenossen
lustig zu machen, die es dennoch auf eine bestimmte
Idee reduzieren wollten: »Die Deutschen sind übrigens
wunderliche Leute! – Sie machen sich durch ihre tiefen
Gedanken und Ideen, die sie überall suchen und überall
hineinlegen, das Leben schwerer als billig. – Ei, so habt
doch endlich einmal die Courage, euch den Eindrücken
hinzugeben, euch ergötzen zu lassen, euch rühren zu
lassen, euch erheben zu lassen [. . .]; aber denkt nur nicht
immer, es wäre alles eitel, wenn es nicht irgend abstrak-
ter Gedanke und Idee wäre! Da kommen sie und fragen,
welche Idee ich in meinem *Faust* zu verkörpern gesucht.
Als ob ich das selber wüßte und aussprechen könnte!«[55]
Mit der Vorstellung, daß man ein so vielschichtiges Werk
wie seinen *Faust* auf eine einzelne Idee reduzieren wolle,
die sich wie aus einer Nußschale aus ihm herauslösen
ließe, trieb Goethe mit Recht einigen Spott: lief sie doch
darauf hinaus, ihn wie einen Konfektionär zu behandeln, der so und so viele Jahre gearbeitet hatte, um nur
die passende Einkleidung für einen bestimmten Gedanken anzufertigen. Wenn es nur darum gegangen wäre,
hätte er sich nicht so viel Mühe geben müssen.

Zu der Vielschichtigkeit des Werks, die durch den langen Entstehungsprozeß gefördert wurde, vertrat Goethe
damals auch eine passende Kunstauffassung. Er äußerte
im Alter: »je inkommensurabeler und für den Verstand
unfaßlicher eine poetische Produktion, desto besser«.[56]
Daß ein Werk um so höher stehen sollte, je vieldeutiger
es wirkte, war eine zu seinem bedeutendsten literarischen Werk zweifellos sehr passende Maxime.

Wir wollen kurz auf den Schluß des Stücks eingehen,
den Goethe im hohen Alter schrieb, der mit den früheren Teilen jedoch eng verknüpft ist. Denn der Pakt zwischen Faust und Mephistopheles, der im ersten Teil des

Werks geschlossen wird, legt bereits die Konditionen fest, nach denen sich später das Ende zu vollziehen hat. Dieser Pakt, der mit dem berühmten Tröpfchen Blut besiegelt wird, fehlte im Faust-Fragment von 1790 noch. Erst der 1808 erschienene *Faust I* enthielt ihn, und wahrscheinlich wurde erst damit die endgültige Aneinanderbindung jener Szenen festgelegt, die der Dichter selbst ein paar Jahre früher noch als ein wunderliches »Concept« oder gar als »Tollheiten« bezeichnet hatte.[57]

Der Pakt beruht auf einem Vorschlag Mephistos:

Ich will mich *hier* zu deinem Dienst verbinden,
Auf deinen Wink nicht rasten und nicht ruhn;
Wenn [!] wir uns *drüben* wieder finden,
So sollst du mir das Gleiche thun.[58]

Mephisto kann bei einer solchen Abmachung nur dann einen Erfolg verbuchen, wenn es ihm gelingt, Faust so gründlich zu korrumpieren, daß er verdammt wird; andernfalls hat er umsonst gearbeitet. Faust geht auf diesen Vorschlag aber nicht einmal gleich ein; er hält ihm entgegen:

Was willst du armer Teufel geben?
Ward eines Menschen Geist, in seinem hohen Streben,
Von Deinesgleichen je gefaßt?[59]

Mephisto hat ein Angebot gemacht, Faust setzt es zuerst einmal herab. Der Teufel läßt sich jedoch nicht beirren und sagt:

Doch, guter Freund, die Zeit kommt auch heran
Wo wir was Guts in Ruhe schmausen mögen.

Er weist mit einer gewissen Hartnäckigkeit darauf hin, daß der Genuß, den Faust bisher so sehr verschmäht hat, doch einmal eine wichtige Rolle spielen könnte. Aber

sein Widerpart ist sich seiner Sache so sicher, daß er ihm
entgegenhält:

> Werd' ich beruhigt je mich auf ein Faulbett legen,
> So sei es gleich um mich gethan! [...]
> Die Wette biet' ich!

Und er erklärt noch genauer:

> Werd' ich zum Augenblicke sagen:
> Verweile doch! du bist so schön!
> Dann magst du mich in Fesseln schlagen,
> Dann will ich gern zu Grunde gehn!
> Dann mag die Todtenglocke schallen,
> Dann bist du deines Dienstes frei [...]![60]

Der Pakt, der in Form einer Wette geschlossen wird,
besteht eigentlich aus zwei Teilen. Erstens wird festgelegt, daß Mephisto Faust so lange dienen muß, bis dieser
Gefallen am Genuß findet; erst dann ist er von seinem
Dienst befreit und gleichzeitig Fausts Leben verwirkt.
Zweitens wird – bereits in den vorangegangenen Versen
– bestimmt, daß es in einem gewissen Fall später umgekehrt sein soll, daß Faust Mephisto dienen muß; aber
dies gilt eben nur, wenn er verdammt wird und sich
beide, wie letzterer sagt, *drüben* wiederfinden. Die Konditionen des Pakts sind für Mephisto nicht eben günstig.
Er muß zuerst so lange tätig sein, bis Faust Gefallen am
Genuß findet, und dann erhält er dessen Dienste nur,
wenn er ihn mittlerweile so gründlich korrumpiert hat,
daß er der Verdammnis verfällt.

Mephisto scheint wirklich, wie Faust sagt, ein »armer
Teufel« zu sein. Er muß mit Faust als einem praktisch
Gleichgestellten einen Vertrag zu ziemlich ungünstigen
Konditionen abschließen und er hat stets nur sehr be-
grenzte Möglichkeiten. Diese Charakterzüge scheinen

aber schon in dem Namen »Mephistopheles« impliziert zu sein, mit dem Goethe in einem Brief aus dem Jahr 1829 an Zelter die Figur eines »Cophtas«[61] verbindet, eines Magiers, der als Verführer auftritt. Der moderne zivilisatorische Einfluß, der in der Szene »Hexenküche« bespöttelt wird – »Auch die Cultur, die alle Welt beleckt, / Hat auf den Teufel sich erstreckt«[62] –, wirkt so durchdringend, daß das Böse weitgehend entmachtet wird. Wie wenig Macht Goethe dem Teufel gelassen hat, kann man bei einem vergleichenden Blick auf das alttestamentarische *Buch Hiob* sehen, von dem sich der Dichter zu seinem »Prolog im Himmel« inspirieren ließ. Auch dort räumt Gott dem Teufel die Herrschaft über einen seiner Untertanen ein, über Hiob; aber dies hat freilich ganz andere Folgen als im *Faust*. Denn über Hiob kommt nun alles Unglück, kommen so lange alle Plagen dieser Welt, bis er in seinem Glauben an Gott irre wird.

Was für ein seltsamer Teufel tritt hingegen in Goethes Stück auf: Er schleicht sich als Pudel in Fausts Stube und kann dann nicht einmal mehr hinaus, weil bei einem Pentagramm auf der Schwelle ein Fuß nicht richtig gezogen ist. Der Teufel ist derart harmlos geworden, daß er nicht nur Züge eines Kophtas, sondern auch die eines Possenreißers und Hanswursts erhält. Im *Prolog im Himmel* sagt »Der Herr« ausdrücklich:

Ich habe Deinesgleichen nie gehaßt.
Von allen Geistern die verneinen
Ist mir der Schalk am wenigsten zur Last.
Des Menschen Thätigkeit kann allzuleicht erschlaffen,
Er liebt sich bald die unbedingte Ruh;
Drum geb ich gern ihm den Gesellen zu,
Der reizt und wirkt und muß als Teufel schaffen.[63]

Goethes Mephistopheles ist demnach ein »Schalk«, der als Teufel wirken und schaffen muß; und bei der äußerst skeptischen Einstellung, die der Dichter im Alter gegenüber dem Humor einnahm, war zwischen einem Spaßmacher, der als Teufel auftritt, und einem Dämon oder Kophta, der Züge eines Possenreißers hat, vielleicht gar kein so großer Unterschied mehr. In jedem Fall ist Goethe mit dem ätzenden Humoristen Mephistopheles eine seiner treffendsten Gestalten und seine gewiß theaterwirksamste Figur gelungen. Zugleich scheint die Konstellation, die zwischen Faust und seinem Widerpart entsteht, aber auch etwas von seinem eigenen Lebensgefühl widerzuspiegeln: auch in diesem befand sich ein ernstes, hohes Streben in einem steten Kampf gegen das Negative und Zersetzende, gegen die Neigung, hinter allen Dingen das Triviale und Absurde zu wittern. Diese Neigung wurde mit zunehmendem Alter immer stärker, aber das ernste hohe Streben errang zuletzt doch den Sieg und erhielt seine abschließende Rechtfertigung. Das Ende des *Faust* ist dafür kennzeichnend. Die Art des Schlusses wird teilweise schon vorweggenommen, wenn »Der Herr« im *Prolog im Himmel* zu Mephisto sagt:

Und steh beschämt, wenn du bekennen mußt:
Ein guter Mensch in seinem dunklen Drange
Ist sich des rechten Weges wohl bewußt.[64]

Gegen Ende des Stücks betrügt Mephisto den inzwischen erblindeten Faust damit, daß er die von ihm beaufsichtigten Arbeiter nicht den Graben zur Eindeichung des Meeres und zur Landgewinnung anlegen läßt, von der dieser in einem noch ungebrochenen Optimismus und in der Hoffnung auf eine ausschließlich positive Wirkung von Technik und Wissenschaft träumt, sondern dessen eigenes Grab. Um Fausts irdische Wirkung ist es also nicht gut bestellt. Der ewig zersetzende Kophta Mephisto kommentiert – *bei Seite*:

> Du bist doch nur für uns bemüht
> Mit deinen Dämmen, deinen Buhnen;
> Denn du bereitest schon Neptunen,
> Dem Wasserteufel, großen Schmaus.
> In jeder Art seid ihr verloren; –
> Die Elemente sind mit uns verschworen,
> Und auf Vernichtung läuft's hinaus.[65]

Es war das pessimistische Resümee, daß in der Welt nichts Großes und Dauerhaftes zu wirken und nichts Vollendetes zu schaffen sei. Aber es blieb doch die Hoffnung auf das Jenseits, und die Kunst griff sie am Ende von Goethes *Faust* auf. In der Schlußszene heißt es, dem Prolog des Werks korrespondierend und dessen Gedankengang vollendend:

> Wer immer strebend sich bemüht,
> Den können wir erlösen.[66]

So verkündet es der Engelschor, und damit findet sich abschließend wenigstens die Hoffnung auf das Jenseits. Denn der Mensch bedurfte des Zuspruchs und der Aufheiterung.

## FÜNFZEHNTES KAPITEL

## Zu Goethes Weltbild und
## seinen naturwissenschaftlichen Arbeiten

Goethe versicherte in einem Brief vom April 1814 an den Naturwissenschaftler Johann Salomo Christoph Schweigger (1779–1857), daß sich die Grundlagen seines Weltbilds schon in jungen Jahren herausgebildet hätten und später nur weiterentwik-kelt und differenziert worden seien. Diese Selbsteinschätzung läßt sich weitgehend bestätigen. Man kann die vielfältigen Bemühungen des Schriftstellers um die Naturwissenschaften als Versuche zur Untermauerung einer Weltanschauung auffassen, deren Fundamente schon früh gelegt wurden.

*Augenvignette*
*Holzschnitt nach einer Zeichnung*
*von Goethe, 1791*

Die Grundlagen von Goethes Weltbild sind teilweise recht verschiedenen Ursprungs. In seiner Jugend geriet der Dichter in Strömungen hinein, die eine Vermischung unterschiedlichster Geistesrichtungen begünstigten. Eklektizismus und Skepsis waren Tendenzen und Waffen der Aufklärung, mit denen die überlieferten Dogmen und Gedankengebäude bekämpft wurden. Die Skepsis griff an die Wurzeln der tradierten Systeme und wirkte so radikal, daß Herder in seiner Schrift *Auch eine Philosophie zur Bildung der Menschheit* von 1774 festhielt: »es

ist das große Jahrhundert des Zweifelns und Wellen-
erregens«. Voltaire, Hume und Diderot nannte er auch
die »Allanzweifler«.[1]

Der Eklektizismus half der Skepsis, indem er die
Dogmen und Gedankengebäude aufbrach, ihre verschie-
denartigen Aussagen gegeneinander stellte und relativierte. Damit wurden einerseits die Grundlagen für die
Toleranz wie für den modernen Pluralismus geschaffen; andererseits aber auch eine Vermischung von Elementen unterschiedlicher Abkunft gefördert – worauf
der schlechte Ruf des Eklektizismus beruht. Der junge
Goethe geriet ganz in den Sog dieser zeitgenössischen
Tendenz hinein, weshalb man aus wissenschaftlicher
Perspektive auch urteilte: »Das Goethesche Denken vereinigt in sich eine solche Vielzahl verschiedener Grund-
begriffe des abendländischen Philosophierens, daß es
immer nur einen Akt hermeneutischer Gewaltsamkeit
darstellen würde, ein so komplexes Gebilde auf eine
ganz bestimmte Essenz reduzieren zu wollen, d. h. Goethe zu einem Platoniker, Aristoteliker, Spinozisten [...]
und dergleichen zu erklären.«[2]

Anhand der Autobiographie lassen sich einige der
Grundlagen seines Weltbilds und deren Entstehung beschreiben, die bereits in die Zeit der Rekonvaleszenz fiel,
die nach der Rückkehr aus Leipzig im Frankfurter Elternhaus verbracht wurde. Damals beschäftigten ihn die
grundlegenden Fragen von Gott und Welt. Im späteren
Rückblick äußerte Goethe: »Ich studirte fleißig die verschiedenen Meinungen, und da ich oft genug hatte sagen
hören, jeder Mensch habe am Ende doch seine eigene
Religion, so kam mir nichts natürlicher vor, als daß ich
mir auch meine eigene bilden könne, und dieses that ich
mit vieler Behaglichkeit. Der neue Platonismus lag zum
Grunde; das Hermetische, Mystische, Kabbalistische gab

auch seinen Beitrag her, und so erbaute ich mir eine Welt, die seltsam genug aussah.«[3]

Aus dem damals weitverbreiteten Neuplatonismus wurden insbesondere emanatistische Vorstellungen übernommen. Emanatismus bedeutete wörtlich, daß die Schöpfung als ein Hervorgehen (»emanatio«) des Alls aus Gott aufzufassen sei. Dieser Vorgang wurde meist als ein Prozeß verstanden, in dem ein göttlicher Hauch oder Logos (»pneuma«) die unbelebte Materie durchdrungen hatte. Darauf fußten Vorstellungen, nach denen das All als ein Stufenreich zu verstehen war, dessen hierarchische Ordnung durch den Grad der jeweiligen Teilhabe an diesem göttlichen Geist bestimmt wurde.

Daneben trat ein auffallend starker Einschlag der Mystik hervor. Goethe blieb über sein ganzes Leben lang Vorstellungen verhaftet, die von einem mystischen Grund des Daseins ausgingen, und war daher auch ausgesprochen abergläubisch und der Astrologie zugetan. Im Jahr 1798 schrieb er an Schiller: »Der astrologische Aberglaube ruht auf dem dunkeln Gefühl eines ungeheuren Weltganzen. Die Erfahrung spricht, daß die nächsten Gestirne einen entschiedenen Einfluß auf Witterung, Vegetation u. s. w. haben, man darf nur stufenweise immer aufwärts steigen und es läßt sich nicht sagen wo diese Wirkung aufhört. [...] Diesen und ähnlichen Wahn möchte ich nicht einmal Aberglauben nennen, er liegt unserer Natur so nahe, ist so leidlich und läßlich als irgend ein Glaube.«[4] Die Vorstellung eines mystischen Urgrunds implizierte, anders als in Weltbildern, die von den modernen Naturwissenschaften geprägt sind, einen astrologischen Einfluß der Gestirne.

Gleichzeitig machte sich jedoch eine zweite, durchaus zeittypische Komponente von Goethes Denken bemerkbar: die Skepsis. Das Gefühl des »ungeheuren

Weltganzen« war nur »dunkel« zu empfinden oder, anders gesagt, es gab für den Schriftsteller keine Gewißheit mehr über die Dinge, die jenseits der Erfahrungswelt lagen. Diese Unsicherheit bezüglich der Grundlagen seines Weltbilds spielte eine entscheidende Rolle.

Man muß sich vergegenwärtigen, daß frühere Zeitalter ein fast unbegrenztes Zutrauen in die Fähigkeiten des menschlichen Geists und, daraus resultierend, in die Fundiertheit der eigenen Weltanschauung gefaßt hatten. Die Epochen vor der Aufklärung hatten nicht daran gezweifelt, daß es dem Menschen möglich sei, die ganze ihn umgebende Welt und deren Aufbau in hinreichend sicherer Weise zu durchdringen und zu erfassen. Das Erkenntnisvermögen hatte nach ihrer Auffassung also auch vor der metaphysischen Ordnung der Dinge nicht haltgemacht, und daher wies das rational-aristotelische Weltbild des ausgehenden Hochmittelalters eine erstaunliche Einheitlichkeit und Geschlossenheit auf. Diese Eigenschaften waren vor allem in Hinblick auf den Menschen selbst und auf die anthropologischen Kategorien seines Daseins ein großer Vorteil. Das damalige Weltbild hatte, bildlich gesprochen, die gesamte Erscheinungswelt in lückenloser Form überdeckt. Es reichte, so wie es in Dantes berühmtem Werk hervortrat, von der Ordnung der Himmelssphären bis in den tiefsten Kreis der Hölle hinab und in zeitlich-geschichtsphilosophischer Perspektive von der Erschaffung der Welt bis zum Jüngsten Gericht.

Es gab also nichts, was außerhalb stand oder überhaupt dort stehen konnte; es gab keine Brüche und keine Unordnung. Diese strenge Ordnung war zwar empirisch nur dürftig oder, genauer gesagt, gar nicht belegbar. Aber dafür hatte sich der Mensch ein festes, lücken- und bruchloses Gehäuse um seine Existenz geschaffen, und dies bot ihm in einer sonst sehr unbequemen feudalen Welt eine grundlegende, metaphysische Sicherheit: in Hinsicht auf die eigene Existenz und deren Bestimmungen konnte es keine Zweifel geben.

Die aufklärerische Skepsis setzte die Axt an die Wurzel dieses Gebäudes: die Frage nach seiner Begründbarkeit begann dessen Fundamente aufzulösen. Damit wurde dem Menschen die bisherige metaphysische Sicherheit genommen, und er blieb in einem steten Zweifel über die Art und den Sinn seiner Existenz zurück. Dieser Zustand wurde oft als so peinigend empfunden, daß immer neue Versuche unternommen wurden, diese existentielle Unsicherheit wieder zu beseitigen und durch geschlossene Weltbilder zu ersetzen; darin besteht die Geschichte der modernen Ideologien.

Nach diesem etwas verallgemeinernden Rückblick kann man eine sehr wichtige Aussage über Goethes weltanschaulichen Standpunkt treffen: Er war ersichtlich von der Moderne,[5] von der Aufklärung und deren Skepsis geprägt. Der Schriftsteller war nicht mehr der Meinung, daß der Mensch die Welt in ihrem Aufbau und ihrer metaphysischen Ordnung erfassen könne. Diese grundlegende Komponente seines Weltbilds wird in seinem berühmtesten Werk, dem *Faust*, gleich in der Eingangsszene thematisiert. Denn im Monolog in der Studierstube äußert Faust nicht nur, daß auf Buchwissenschaft und bloße Gelehrsamkeit nicht viel zu geben sei, er sagt ganz radikal auch, er »sehe, daß wir nichts wissen können!«[6] Die Unmöglichkeit transzendenter Erkenntnis steht am Beginn des Werks. Faust verzweifelt daran, daß das menschliche Denken nicht über die Erscheinungswelt hinausreicht und die metaphysische Ordnung der Dinge nicht zu erfassen vermag. Darum hat er sich der Geheimwissenschaft oder, wie es im Text heißt,

> [...] der Magie ergeben,
> Ob mir durch Geistes Kraft und Mund
> Nicht manch Geheimniß würde kund;
> Daß ich nicht mehr, mit sauerm Schweiß,
> Zu sagen brauche was ich nicht weiß;
> Daß ich erkenne was die Welt
> Im Innersten zusammenhält [...].[7]

Weil Faust weiß, daß der menschliche Geist zur Nicht-erkenntnis verdammt ist, wendet er sich dem Okkulten zu. Eine durchaus moderne oder, wenn man so sagen will, bis heute aktuelle Reaktion. Das eingestandene Unver-mögen, mit Hilfe des aufgeklärten Verstands etwas über die metaphysische Ordnung der Dinge zu erfahren, hat seit dem 18. Jahrhundert immer wieder geistige Bewe-gungen ausgelöst, die auf die Hilfe esoterischer Wissen-schaften setzten. Und Goethe und seine Faust-Gestalt fungieren dabei häufig als gern gesehene Gewährsmän-ner; Studierstube und Hexenküche gehören auch zum Rüstzeug des modernen Esoterikers – mit der Folge, daß man in solchen Kreisen zuweilen Goethe-Kenntnisse an-trifft, wie sie sonst leider selten geworden sind.

Das größte Werk des Dichters beginnt also, sehr deutsch anmutend, mit metaphysischen Problemen. Es stellt die Situation des modernen Menschen dar, der sich angesichts der von der Skepsis verursachten metaphysi-schen Unsicherheit hilflos fühlt und in die Geheimwis-senschaften flüchtet. Zugleich wird hier die Situation des jungen Goethe widergespiegelt, der sich, von der Uni-versität und den Wissenschaften enttäuscht, nach seiner Rückkehr aus Leipzig intensiv mit dem Neuplatonismus und der Mystik beschäftigte.[8]

Goethe begann zu dieser Zeit, auf das System des Emanatismus gestützt, einen ausgesprochenen Irrationalismus zu entwickeln. Die Vorstellung, nach der die Welt ein hierarchisches Stufenreich war, dessen Ordnung und Rangfolge durch den Grad der Teilhabe am göttlichen Logos bestimmt wurde, führte zu der Gedankenfolge, daß auch das jeweilige Erkenntnisvermögen entsprechend abgestuft sein mußte. Das hieß: je mehr ein Wesen vom Pneuma durchdrungen war, desto weiter und umfassender sollte sein Erkenntnishorizont sein; je weniger es an ihm teilhatte, um so beschränkter mußte dieser ausfallen. Der Gedankengang war logisch konsequent: es war eigentlich nur die Frage, ob diese Abstufungen des Erkenntnisvermögens zwischen verschiedenen Gattungswesen oder zwischen einzelnen Individuen verlaufen sollten, und je nach der Art der Antwort ergaben sich sehr unterschiedliche Folgerungen.

Das Christentum faßt den Menschen bekanntlich als Gattungswesen auf und weist ihm in Hinblick auf seine religiöse Heilserwartung daher stets gleiche Bedingungen und Chancen zu. Der junge Goethe neigte hingegen zu einem radikalen Individualismus und Subjektivismus, nach dem schon die jeweiligen Einzelwesen sehr unterschiedliche Erkenntnishorizonte besaßen. In der Folge entstanden – in anthropologischer Hinsicht – weitgehend voneinander isolierte Monaden, die auf Grund ihrer verschiedenen Erkenntnismöglichkeiten nur zu einer sehr begrenzten gegenseitigen Kommunikation in der Lage waren. Der Schriftsteller schrieb in diesen Jahren: »Über große Leute sollte Niemand reden, als wer so groß ist wie sie, um sie übersehen zu können.«[9] Hier zeigten sich die Folgen seines radikalen Individualismus: ein höheres Wesen konnte von einem tiefer stehenden mit seinem viel begrenzteren Erkenntnisvermögen gar nicht mehr verstanden werden. Die menschliche Gesellschaft wurde in Einzelwesen mit reduzierten Kommunikationsmöglichkeiten aufgesplittert, und selbst die Möglichkeit von Wissenschaft wurde in Frage gestellt. Denn diese setzt nun einmal intersubjektive Vermittelbarkeit voraus und kann bei ganz verschiedenen Erkenntnishorizonten der einzelnen Individuen nur noch in sehr eingeschränkter Form betrieben werden.

Es kann keinen Zweifel geben, daß dieser radikale Individualismus die Wurzel jenes extremen Geistesaristokratismus darstellte, von dem Goethe über einen großen Teil seines Lebens durchdrungen war und der ihn in späteren Jahren die Menschen in zwei verschiedene Gruppen einteilen ließ: diejenige der Genies einerseits, denen umfassende Rechte und darunter insbesondere die auf weitgehende Selbstentfaltung und -verwirklichung zugebilligt wurden, und die der übrigen Wesen andererseits, denen, nach seinen Äußerungen, bloß die Rolle zufiel, den Kometenschweif der »Großen« zu bilden.

Goethe sollte sich in den Jahren, die auf die Grundlegung seines neuplatonisch-mystischen Weltbilds und seines ausgeprägten Individualismus folgten, immer mehr den Naturwissenschaften zuwenden. Von den philosophischen Systemen, mit denen er sich beschäftigte, nahm er keines je ganz auf, ja meist rezipierte er sie nicht einmal in vollständiger Form. Zu Spinoza, dem er gegen Ende des ersten Weimarer Jahrzehnts eingehende Studien widmete, äußerte er etwa: »Ich kann nicht sagen daß ich iemals die Schrifften dieses trefflichen Mannes in einer Folge gelesen habe, daß mir iemals das ganze Gebäude seiner Gedancken völlig überschaulich vor der Seele gestanden hätte. Meine Vorstellungs und Lebensart erlauben's nicht. Aber wenn ich hinein sehe glaub ich ihn zu verstehen, das heist: er ist mir nie mit sich selbst in Widerspruch und ich kann für meine Sinnes und Handelns Weise sehr heilsame Einflüsse daher nehmen.«[10] Es waren meist nur Bruchstücke, die sich in sein eigenes Denken, sein in den Grundzügen bereits feststehendes Weltbild einfügen ließen. Goethe blieb insofern Eklektiker, der zum neuplatonischen Emanatismus, zu mystischen Vorstellungen und seinem ausgeprägten Individualismus noch Elemente aus Spinoza oder aus der damals weitverbreiteten Leibniz-Wolffschen Philosophie hinzufügte, insbesondere den Begriff der Monade.

Auch in den Bemühungen des Schriftstellers um die Naturwissenschaften spielten Belange seines Weltbilds eine große Rolle. Um zu verstehen, daß schon die Entdeckung des Zwischenkieferknochens mit wichtigen Fragen der Weltanschauung verknüpft war, muß man sich vergegenwärtigen, daß man früher aus dem angeblichen Fehlen dieses anatomischen Teils beim Menschen sehr weitreichende Schlüsse gezogen hatte. Die herrschende Lehrmeinung war gewesen, daß es nur bei den Tieren einen Knochen im Oberkiefer gebe, der die vier Schneidezähne trage, und dieser war daher als Schnauzenknochen bezeichnet worden. Das angebliche Fehlen des Knochenstücks beim Homo sapiens hatte man als Zeichen für einen grundlegenden Wesensunterschied zwischen Tier und Mensch interpretiert, und darin in letzter Konsequenz sogar einen Beleg gesehen, daß die biblische Schöpfungsgeschichte, die beide streng voneinander trennte, doch richtige Kategorien enthalten müsse.

Der angeblich fehlende Knochen war ursprünglich freilich auch beim Menschen vorhanden gewesen, er war bei diesem nur so weit mit seiner Umgebung verwachsen, daß er kaum noch zu bemerken war: es gab nur noch eine feine Naht, die auf den im Lauf der Evolution vollzogenen Verwachsungsprozeß hinwies. Diese Naht hatte man auch früher schon gesehen, aber man hatte sie nicht beachtet oder sich vielmehr keine weiteren Gedan-

ken über sie machen wollen, weil das angebliche Fehlen
des ›Schnauzenknochens‹ ja so gut in das traditionel-
le, Mensch und Tier voneinander scheidende Weltbild
paßte. Die Entdeckung war, kurz gesagt, nicht gemacht
worden, weil man sie nicht hatte machen wollen und
weil sie mit den vorherrschenden Anschauungen nicht in
Einklang stand.

Daß Goethe zu den Mitentdeckern des richtigen Sachverhalts gehörte, war andererseits keineswegs ein Zufall.
Denn der Schriftsteller ging eben nicht von dem herkömmlichen, noch stark an der Bibel orientierten Weltbild aus, sondern vom neuplatonischen Emanatismus,
der die alttestamentarische Vorstellung einer Erschaffung der Welt aus dem Nichts nicht kannte. Jener Prozeß, in dem der göttliche Logos die Materie durchdrungen hatte, führte zu einem wohlgeordneten, hierarchisch
gestaffelten Aufbau der organischen Welt, der nach einer
damals weitverbreiteten Vorstellung auch als die »große
Kette« der Lebewesen bezeichnet wurde. Diese reichte
von den niedrigsten organischen Formen bis zu den
höchsten in kaum abzählbar vielen Stufen empor.[11] Doch
weil alle Lebensformen auf Grund desselben Schöp-
fungsprozesses und aus denselben Elementen hervorgegangen waren, mußten sie zwangsläufig Gemeinsamkei-
ten haben.

Der Gedanke, daß der Mensch mit den Tieren ver-
wandt sein sollte, war aus der Perspektive des neuplatonischen Emanatismus also längst nicht so revolutio-
när, wie er sich vor dem Hintergrund eines orthodoxen
Bibelglaubens ausnahm. Und obwohl in wissenschaftlicher Hinsicht eher ein Amateur,[12] hatte Goethe klare
Vorstellungen, wonach er suchen mußte,[13] und konnte
an aufgesprengten menschlichen Schädeln ohne größere
Schwierigkeiten nachweisen, daß hinter der feinen Naht

im Oberkiefer der ursprünglich auch bei Menschen vorhandene Zwischenkieferknochen zu lokalisieren war.

Der Schriftsteller hatte mit dieser Entdeckung bei seinen Zeitgenossen freilich nicht viel Glück. Einige prominente Anatomen wollten sie ihm sogar ausreden.[14] Die Naht (»sutura«), die auf den verwachsenen Zwischenkieferknochen verweist, sollte erst erheblich später wenigstens in deutschen Anatomielehrbüchern einem ihrer Entdecker zu Ehren den Namen »Sutura incisiva Goethei« erhalten; sie liegt zwischen Eck- und Schneidezahn (»incisivus«).[15] Goethes Äußerung, er habe sein schon früh entstandenes Weltbild später nur zu differenzieren, zu erweitern und zu untermauern gesucht, ist jedoch zu bestätigen. Denn die Entdeckung des Zwischenkieferknochens beim Menschen konnte als empirisch-wissenschaftlicher Beleg für jene Verwandtschaft der Arten gelten, zu der der neuplatonische Emanatismus auf spekulativem Weg gelangt war.

Die Vorstellungen Goethes von und über Biologie waren von den heutigen allerdings sehr verschieden. Schon bei seinen Erklärungen zum Zwischenkieferknochen geriet der Schriftsteller in Schwierigkeiten, weil er keinen Begriff von biologischer Evolution hatte. Denn der richtige Zusammenhang ließ sich eben nur unter Anwendung des Entwicklungsgedankens formulieren; in jedem anderen Fall konnte man sich stets wieder darum streiten, ob der Knochen nun noch vorhanden oder (auf Grund des Verwachsungsprozesses) eben doch verschwunden war. Wir haben in die obigen Erläuterungen daher stillschweigend den Evolutionsgedanken eingefügt, der unter Goethes biologischen Begriffen freilich nicht auftaucht. Der auffallende Mangel ging wiederum auf den Einfluß des neuplatonischen Emanatismus zurück: da jene »große Kette« der Lebewesen, die aus dem

Schöpfungsprozeß hervorgegangen war, schon die gesamte organische Erscheinungswelt darstellte, war hier
keine biologische Entwicklung erforderlich.

So verhielt es sich auch bei Goethe; ja man kann sagen,
daß all seine weiteren Arbeiten zur Biologie, die vor allem der Botanik galten, in geradezu auffälliger Weise
jene Gedankenfolgen ausklammern, die zu einem Evolutionsbegriff hätten führen müssen. Die Verwandtschaft
der Arten war eine dem Dichter vertraute Vorstellung,
die er auch in der Pflanzenwelt verfolgte, aber er betrieb
Morphologie: eine Entwicklungslehre gab es nicht. Die
»Urpflanze«, die in seiner Schrift *Die Metamorphose der
Pflanzen* von 1790 auftaucht, erweckt heute fast automatisch Assoziationen an eine biologische Evolution. Aber
Goethe verband nichts derartiges mit ihr. Die »Urpflanze« war nach seinen Äußerungen eine »Idee«, eine
Abstraktion realer Pflanzen auf ihre Wesensmerkmale,
die er wie bei den Tieren als »Organe« bezeichnete und
die sich bei allen existierenden Arten wiederfinden sollten. Der Begriff zielte also auf eine vergleichende Typen-
lehre, und die »Urpflanze« sollte die grundlegenden
Klassifikationsmuster zur Verfügung stellen.

Heute drängt sich unwillkürlich die Frage auf, wie
denn die Menge der existierenden, oft so verschiedenar-
tigen Pflanzen entstanden sein soll; bei Goethe spielt sie
keine Rolle. Er setzte zwar ein Wandlungsprinzip voraus, das diese Vielfalt ermöglichen sollte, aber es wurde
nicht näher bestimmt. Es hieß nur das »einfache Gesetz
der Metamorphose«[16], und seine Wirkung beschrieb
der Schriftsteller folgendermaßen: »die uns umgebenden
Pflanzenformen seien nicht ursprünglich determinirt
und festgestellt, ihnen sei vielmehr, bei einer eigensinni-
gen, generischen und specifischen Hartnäckigkeit, eine
glückliche Mobilität [!] und Biegsamkeit [!] verliehen,

um in so viele Bedingungen, die über dem Erdkreis auf
sie einwirken, sich zu fügen und darnach bilden und um-
bilden zu können.«[17] Was es mit dieser »glücklichen Mobilität und Biegsamkeit« eigentlich auf sich haben sollte,
deren nähere Betrachtung nahezu zwangsläufig zu einem Evolutionsbegriff hätte führen müssen, wurde nicht
erörtert. Goethe blieb gerade an dem Punkt stehen, an
dem der Gedanke einer biologischen Entwicklung hätte
einsetzen müssen.

Dies geschah, weil in seinem neuplatonisch-emanatistischen Weltbild keine Evolution vorkam[18] und weil
seine Gedanken an dieser Stelle daher eine ganz andere
Wendung nahmen: »Der Forscher kann sich immer mehr
überzeugen, wie wenig und Einfaches, von dem ewigen
Urwesen in Bewegung gesetzt, das Allermannichfaltig-
ste hervorzubringen fähig ist. [...] ein Resultat welches,
man nenne es vorgesehnen Zweck oder [!] nothwendige
Folge, entschieden gebietet vor dem geheimnisvollen
Urgrund aller Dinge uns anbetend niederzuwerfen.«[19]
Das vage »oder« verweist noch einmal darauf, daß die
Frage nach den Ursachen der Vielfalt – ausgelöst durch
eine Evolution? – bei ihm kein Interesse fand. Seine
Überlegungen führten ihn vielmehr zu dem »geheimnisvollen Urgrund aller Dinge« zurück; seine wissenschaftliche Morphologie war an dieser Stelle zu Ende, und
sein Denken kehrte wieder zu einer mystischen Welt-
sicht zurück.

Durch diese Verknüpfung von Naturbetrachtung und
Mystik unterschied sich Goethe grundlegend von den
Auffassungen der modernen Naturwissenschaften. Die
»Urphänomene« und der »Urgrund« waren für ihn
letzte Erscheinungen, die als Verweise auf eine transzen-
dente Schicht des Daseins galten, also teleologische
Funktionen besaßen. Die modernen Naturwissenschaf-

ten kennen keine Begriffe, die sich nicht mehr hinterfragen lassen, ja diese gelten in ihnen als schlechterdings unzulässig.

Der Gegensatz in der Denk- und Vorgehensweise sollte nirgendwo stärker hervortreten als auf dem Gebiet, dem schließlich die umfangreichsten und die am längsten dauernden Bemühungen des Schriftstellers um Naturerkenntnis galten, dem der Physik bzw. der Optik. Da Goethe die Theorie Newtons ablehnte, mußte er sich auch mit ihren Voraussetzungen, insbesondere mit den prismatischen Versuchen, beschäftigen. In seiner ersten Arbeit, den *Beiträgen zur Optik*, die 1791/92 erschienen, räumte er zwar die Existenz von Farbbrechungen ein, unterstrich aber, daß diese nur unter speziellen Bedingungen entstanden. Eine direkte Auseinandersetzung unternahm er in dem Aufsatz »Versuch die Elemente der Farbenlehre zu entdecken« von 1793, den er auch dem Göttinger Physiker Lichtenberg zusandte. Dort griff Goethe vor allem die Gegenprobe zu den prismatischen Versuchen heraus: daß aus der Zusammensetzung der einzelnen Spektralfarben wieder ein weißer Lichtstrahl entstehen sollte. Dies ließ sich freilich weder zu Newtons noch zu Goethes Zeit richtig durchführen, weil man über keine farbigen Lichter verfügte. Es gab nur Pigmentfarben, die stets Verunreinigungen enthielten und deren Vermengung daher kein Weiß, sondern nur ein mehr oder minder schmutziges Beige-Grau erzeugte. Diese nur mangelhafte Gegenprobe zu den prismatischen Versuchen galt Goethe als ein wesentlicher Beleg für seine von Newton abweichenden Auffassungen.

Nach ihnen war die Versuchsapparatur, das Prisma, ein Medium, das Wechselwirkungen des Lichts mit anderen Objekten hervorrief und dadurch die Farberscheinungen produzierte. Diese Perspektive erlaubte es Goethe, das Licht als ein nicht teilbares Phänomen aufzufassen, das lediglich bestimmten Modifikationen unterlag, jenen, aus denen die Farbwirkungen hervorgingen. Diese Grundhypothese wurde in der späteren *Farbenlehre* folgendermaßen formuliert: »Wir sehen auf der einen Seite das Licht, das Helle, auf der andern die Finsterniß, das Dunkle, wir bringen die Trübe zwischen beide, und aus diesen Gegensätzen, mit Hülfe gedachter Vermittlung, entwickeln sich, gleichfalls in einem Gegensatz, die Farben [...]«.[20] Die Farben wurden also als eine Art Modifikation des Lichts verstanden; die Annahme eines Mediums, das sie erzeugte, war deshalb unumgänglich, weil sonst jede Art Lichtdämmung sofort Farbphänomene hätte hervorrufen müssen. Das Verständnis der Wechselwirkung von Licht und Finsternis war ausgesprochen unvollständig; jeder Naturwissenschaftler hätte sofort wieder nachgefragt, wie die gedachten Modifikationen denn vor sich gehen und was bei ihnen geschehen sollte. Doch Goethe strebte in diesem Punkt keine Erklärungen an, weil ihm Licht und Finsternis als nicht hinterfragbare Urphänomene galten. Seine Vorstellungen klammerten also gerade das aus, was die Naturwissenschaftler besonders interessierte: die Frage nach der Art und Beschaffenheit des Lichts.

Dafür erörterte Goethe die einfach beobachtbare, phänomenologische Frage, unter welchen Bedingungen welche Farben entstehen, in aller Ausführlichkeit. Es war eine anschauliche Behandlung, die sich auf viele Versuche und Beobachtungen stützen konnte. Und schon die Zeitgenossen rühmten an seiner Methode die Anschaulichkeit und sagten treffend, es sei eine »*physiologische* Ansicht der Physik, [...] die in jedem andern System durch die Abstraktion zerstört wird.«[21]

Von diesem Punkt ausgehend, suchte in neuerer Zeit
Werner Heisenberg (1901–1976) die Goethesche Lehre
als eine Ergänzung der von der Physik behandelten Pro-
blemstellungen aufzufassen. Dabei handelte es sich freilich um einen Rettungsversuch, bei dem Heisenberg
selbst konzedieren muß, daß er eigentlich nicht den Intentionen Goethes entsprach.[22] Denn dieser hatte seine
*Farbenlehre* eben nicht als eine anschauliche Ergänzung
zu den physikalischen Theorien, sondern als eine Widerlegung der Newtonschen Optik konzipiert. Schon im
November 1791, ein gutes halbes Jahr nach dem ersten,
überraschenden Blick durch ein Prisma, der die über
mehr als zwei Jahrzehnte während Beschäftigung mit
den Problemen von Licht und Farbwirkungen auslöste,
hatte er die Hoffnung geäußert, zuletzt werde »die Neu-
tonische Hypothese von diverser Refrangibilität der
Lichtstrahlen, von ihrer Spaltung in sieben, oder weiß
Gott wie viel, bunte einfache Strahlen wie eine alte
Mauer zusammen fallen [...]«.[23]

Die Lehre, die nach dem Willen Goethes diejenige
Newtons ersetzen sollte, unterschied sich von aller physikalischen Optik wesentlich. Die oben angeführte kurze
Erklärung zur Entstehung der Farben stellte bereits ihre
Grundlage, ja ihre gesamte Theorie dar. Diese war denkbar einfach: es gab Hell und Dunkel, Licht und Finsternis als Urphänomene, und die Farben standen als eine
Art Modifikation oder Trübung zwischen ihnen. Die
Physik wollte hingegen die Beschaffenheit des Lichts erklären. Newton war von den damals noch unvermeidli-
chen Farbbrechungen in Teleskopen ausgegangen – erst
zu Goethes Zeit kamen achromatische Kombinationen
auf – und hatte daraus in rational-analytischer Weise
Rückschlüsse über die Natur des Lichts angestellt. Es
war die Methodik der modernen Naturwissenschaften,

die sich als überaus erfolgreich erwies, die Goethe jedoch ablehnte, weil sie die von ihm sogenannten Urphänomene hinterfragte und auflöste.

Der Versuch, die rational-analytischen Fragestellungen zu vermeiden, nahm gelegentlich künstliche Züge an. Als Goethe in späteren Jahren nach der Lichtbrechung gefragt wurde, entgegnete er kurz, daß es ihm nicht darum gegangen sei, diese zu erklären, sondern daß er nur die Natur der Farben habe abhandeln wollen.[24] Bestimmte Phänomene mußte er ausklammern, und daher hatte er schon im Jahr 1798 an Schiller geschrieben: »Es gibt, wie ich besonders in dem Fache das ich bearbeite, oft bemerken kann, viele empirische Brüche, die man wegwerfen muß, um ein rein konstantes Phänomen zu erhalten.«[25] Das »reine [...] Phänomen« im Sinne Goethes wurde also durch eine Säuberung der Empirie von vermeintlich unpassenden Brüchen geschaffen.

Letztlich diente dieses Verfahren dazu, ein bestimmtes Weltbild zu konservieren und zu untermauern. Das Licht hatte für Goethe in der Tradition der Naturmystik eine magische Funktion,[26] es bildete eine Brücke zum »geheimnisvollen Urgrund« der Dinge, die nach seinen Auffassungen nicht zerstört werden durfte. Deshalb konnte er nur mit »Verdruß und Unwillen« an die Vorstellung »eines gespalten sein sollenden Lichtes« denken.[27] Und der Kampf, den Goethe gegen Newton führte, war eigentlich ein Krieg um verschiedene Weltbilder.[28]

Ein wesentliches Element war der Angriff auf die in den Augen des Schriftstellers falsche, weil rational-analytische Methodik der modernen Naturwissenschaften. Denn diese Vorgehensweise ließ erstens keine Ganzheitlichkeit mehr zu, und Goethe klagte daher: »jede Anschauung will man sogleich töten und in bloße Begriffe auflösen.«[29] Zweitens stand sie jeder Art von Teleologie feindlich gegenüber und erlaubte es nicht mehr, Naturerscheinungen als Urphänomene oder als Verweise auf einen hinter ihnen liegenden »Urgrund« zu betrachten. Der Dichter schrieb: »Als man die teleologische Erklärungsart verbannte, nahm man der Natur den Verstand; man hatte den Muth nicht ihr Vernunft zuzuschreiben und sie blieb zuletzt geistlos liegen.«[30]

Die Vorbilder seiner eigenen, ganzheitlich und teleologisch orientierten Auffassungen gingen bis auf die Antike, auf die griechische Naturlehre, zurück.[31] Goethes Erklärungen zur Entstehung der Farben reichten tatsächlich kaum über das hinaus, was schon Aristoteles zu diesem Thema geäußert hatte: »Aus den Gegensätzen oder in die Gegensätze und ihre Mitteldinge dürfte alles Entstehende entstehen und alles Vergehende vergehen; die Mitteldinge aber bestehen selbst aus den Gegensätzen, wie z. B. die Farben aus Weiß und Schwarz.«[32] Der Schriftsteller berief sich in seiner *Farbenlehre* wiederholt auf die alten Autoritäten, auf Aristoteles und Theophrast. Oder er äußerte, daß es ihm darum gegangen sei, die von den Griechen bereits erkannte Wahrheit gegenüber Newton und der Fachphysik wieder in ihre Rechte einzusetzen. So sprach er von »der uralten nur von mir auf's neue vorgetragenen Farbenlehre«.[33]

Da diese keinerlei Auskunft über die Natur bzw. Beschaffenheit des Lichts gab, mußte sie aus dem Blickwinkel der Physiker freilich als Rückschritt erscheinen: stellte sie doch etwas, das man inzwischen wenigstens teilweise erklärt hatte, wieder als etwas Unerklärliches, als ein Urphänomen, hin. Schon viele zeitgenössische Physiker verstanden daher Goethes Lehre bzw. deren Sinn und Zweck nicht mehr richtig. Der dem Dichter nahestehende Botaniker Christian Gottfried Nees von

Esenbeck (1776–1858) mußte ihm berichten: »Ich selbst habe mich mehrmals im Disputieren mit sonst sinnig scheinenden Physikern überzeugt, daß sie durchaus unfähig wären, zu begreifen, wovon eigentlich in Goethe's Farbenlehre die Rede sei [...]«.[34] Damit war natürlich gemeint: daß sie nicht verstanden, was diese treffend als »physiologische Ansicht« ihres Gegenstands bezeichnete Lehre eigentlich sollte. Denn zur Erklärung der Natur des Lichts trug sie ja überhaupt nichts bei.

Auch zur Verwendung der Mathematik als Beweis- und Darstellungsmittel naturwissenschaftlicher Erkenntnis äußerte sich Goethe sehr skeptisch. Dabei mochte es eine Rolle spielen, daß er selbst kein Verhältnis zu dieser Materie hatte und einräumen mußte, daß ihm »das Organ für Zahlen und Zeichen gänzlich abzugehn« schien.[35] Es war ein grundlegender Zug seines Denkens, daß es gegenständlich orientiert war; die Zeitgenossen, denen diese Eigenheit des Schriftstellers auffiel, erhielten dessen ausdrücklichen Beifall.[36] Die Mathematisierung der Naturwissenschaften, die während Goethes langem Leben beträchtliche Fortschritte machte, stand einer derart gegenständlich veranlagten Denkweise freilich konträr gegenüber, und daraus resultierte ein unüberbrückbares Mißverhältnis. In seinen Altersjahren räsonierte der Schriftsteller verdrossen: »Daß aber ein Mathematiker, aus dem Hexengewirr seiner Formeln heraus, zur Anschauung [!] der Natur käme und Sinn und Verstand, unabhängig, wie ein gesunder Mensch brauchte, werd ich wohl nicht erleben.«[37]

Zur Ablehnung der rational-analytischen Methodik und der Anwendung der Mathematik gesellte sich ein programmatischer Entwurf zu einer anderen, heute würde man sagen: alternativen Naturwissenschaft. In Goethes *Maximen und Reflexionen* heißt es: »Als getrennt muß sich darstellen: Physik von Mathematik. Jene muß in einer entschiedenen Unabhängigkeit bestehen, und mit allen liebenden, verehrenden, frommen Kräften in die Natur und das heilige Leben derselben einzudringen suchen, ganz unbekümmert was die Mathematik von ihrer Seite leistet und thut.«[38] Noch programmatischer wurde in einem weiteren Fragment formuliert: »Die große Aufgabe wäre, die mathematisch-philosophischen Theorien aus den Theilen der Physik zu verbannen, in welchen sie Erkenntnis anstatt sie zu fördern nur verhindern [...]. Darzuthun wäre, welches der wahre Weg der Naturforschung sei, wie derselbe auf dem einfachsten Fortgange der Beobachtung beruhe, die Beobachtung zum Versuch zu steigern sei und wie dieser endlich zum Resultate führe.«[39]

Diese Äußerungen zeigen, worauf Goethes Auffassungen letztlich abzielten: auf eine Naturkunde ohne rational-analytische Methodik und mathematische Hilfsmittel. Und Newton war wohl schon deshalb sein großer Gegner, weil er die Fachwissenschaft wie kein anderer auf eine derartige Vorgehensweise festgelegt hatte. Sein großer Ruhm beruhte weit mehr als auf seiner Optik ja auf den *Mathematischen Prinzipien der Naturphilosophie* (*Philosophiae naturalis principia mathematica*, 1687), seinem Hauptwerk, das eines der Fundamente der modernen Physik bildete und die Verbindung von Naturerkenntnis und Mathematik schon im Titel programmatisch festgehalten hatte.

Diese Synthese sollte nach Goethes Vorstellungen aufgelöst und durch eine ganzheitliche Naturlehre ersetzt werden, die den Phänomenen ihren teleologischen Gehalt beließ. Es war der Versuch, die Naturerkenntnis wieder in eine vor-analytische, vor-moderne Anschaulichkeit zurückzuzwingen, und der von der Fachwissenschaft unmöglich akzeptiert werden konnte. Denn diese hätte in einem solchen Fall praktisch sich selbst und alle die Entdeckungen, die sie mit Hilfe der rational-analytischen Methodik gemacht hatten, wieder aufgeben und zu einer vorkopernikanischen Einfalt zurückkehren müssen.

An dem folglich ganz aussichtslosen Kampf Goethes gegen Newton erstaunt heute vor allem die Erbitterung, mit dem er geführt wurde. Die eher ungünstigen Erfahrungen, die der Schriftsteller und Naturforscher nach der Entdeckung des menschlichen Zwischenkieferknochens gemacht hatte, dürften dazu beigetragen haben, daß er die Ablehnung seiner Farbenlehre für das Resultat einer vorsätzlichen Mißachtung seiner Persönlichkeit und seiner Leistungen hielt und immer wieder dagegen polemisierte, daß man ihn von seiten der Zunft unterdrücken und um die ihm zustehende Anerkennung bringen wollte. Die langjährigen Auseinandersetzungen um die Optik trugen auf diese Weise viel zur Welt- und Menschenverachtung bei, die sich im Alter immer stärker bemerkbar machte. »Ach, die Menschen sind gar zu albern, niederträchtig und methodisch absurd; man muß so lange leben als ich, um sie ganz verachten zu lernen«,[40] äußerte er im Jahr 1822.

Man muß bei der von ihm propagierten Rückkehr zu einer anschaulichen Naturkunde aber auch an den universalen Bildungsanspruch denken, den er selbst erhob und der nach Maßgabe seines Unverhältnisses zur mathematischen Abstraktion auf diesem Weg nicht einlösbar gewesen wäre. Seine ganzheitlich orientierte Lehre stellte einen Versuch dar, sich jene Dinge anzueignen, die ihm anders nicht mehr zugänglich gewesen wären oder, schärfer formuliert, zu einem Verständnis der Natur zu gelangen, das seiner eigenen Denkweise entsprach. Goethe selbst beschrieb diese Intention mit den Worten:

»Mein ganzes inneres Wirken erwies sich als eine lebendige Heuristik, welche, eine unbekannte geahnete Regel
anerkennend, solche in der Außenwelt zu finden und in
die Außenwelt einzuführen trachtet.«[41] Er zielte nicht
darauf, seine Gedanken und Auffassungen durch eine
Konfrontation mit den empirischen Daten in Frage zu
stellen und zu berichtigen, sondern darauf, die eigenen Maßstäbe – »eine geahnete Regel« – in die äußere
Erscheinungswelt hineinzuprojizieren (»einzuführen«).
Der entscheidende Kern war nicht das Erkenntnisob-
jekt, sondern das Subjekt; es ging weniger um die Beschaffenheit der Dinge als um die Frage, welche geistige
Förderung das Individuum durch seine wissenschaftliche Betätigung erfahren konnte. Goethe schrieb: »Die
neuere Zeit schätzt sich selbst zu hoch, wegen der großen
Menge Stoffes, den sie umfaßt. Der Hauptvorzug des
Menschen beruht aber nur darauf, inwiefern er den Stoff
zu behandeln und zu beherrschen weiß.«[42] Er lehnte die
immer weitergehende Spezialisierung der Wissenschaft,
die Aufteilung in immer neue Fächer, Unterfächer und
Spezialgebiete ab. Denn sie mußte zwangsläufig dazu
führen, daß niemand mehr alles überblicken, geschweige denn beherrschen konnte, und gefährdete folglich
das, was in seinen Augen das Wesentliche darstellte:
das menschliche Bildungsideal, das auf Universalität ab-
zielte. Gegen den Prozeß der immer fortschreitenden
wissenschaftlichen Diversifikation verordnete er daher
das Rezept: »Um sich aus der gränzenlosen Vielfachheit,
Zerstückelung und Verwickelung der modernen Naturlehre wieder in's Einfache zu retten [!], muß man sich
immer die Frage vorlegen: wie würde sich Plato gegen
die Natur [. . .] benommen haben?«[43] Man könnte sagen,
daß Goethe grundlegende Probleme der modernen Welt
durchaus erkannte, daß die Mittel, die er zu ihrer Lösung

vorschlug, vielfach aber nur eine Regression in die Antike anboten.

Schließlich muß man den Stand der Optik bedenken, der zu Goethes Zeit noch erhebliche Lücken aufwies.[44] Die Auffassungen Newtons wurden in den damaligen physikalischen Lehrbüchern gegenüber der von dem Holländer Christiaan Huygens (1629–1695) entwickelten Wellentheorie des Lichts überdies einseitig bevorzugt. Und zwar aus einem vollkommen irrationalen Grund: Newton galt als einer der Heroen des Zeitalters der Aufklärung.[45] Zu der einseitigen Bevorzugung seiner Lehre, die daraus resultierte, sollte man sehr viel später urteilen: »[...] es ist uns heute immer noch ein besonders auffallender Beweis dafür, daß auch in der exaktesten aller Naturwissenschaften eine überragende Autorität unter Umständen einen hemmenden Einfluß auf die Entwicklung der Wissenschaft ausüben kann [...]«.[46] Die Äußerung stammt von niemand anderem als Max Planck, und Goethe hätte demnach gute Gründe finden können, gegen manche Mängel und Einseitigkeiten in der physikalischen Optik seiner Zeit zu protestieren.

Zu einer Auseinandersetzung auf dem Boden der rational-analytischen Methodik reichten seine Kenntnisse aber nicht aus. Die Anstöße zur Weiterentwicklung der Optik kamen von der entgegengesetzten Seite. Der aus Basel stammende Mathematiker Leonhard Euler (1707–1783) legte schon 1762 eine Theorie der achromatischen Linsen vor. 1769–71 veröffentlichte er ein dreibändiges Werk, seine »Dioptrica«, in der er für eine Wellentheorie des Lichts eintrat und die Möglichkeiten der Achromasie, der Aufhebung der Farbbrechungen durch Koppelung von Gläsern mit einem unterschiedlichen Brechungskoeffizienten, auf mathematischer Grundlage darlegte.

Das Phänomen der Achromasie war keineswegs leicht zu beherrschen. Daher dauerte es nach Newtons Entdeckung der Spektralfarben fast ein Jahrhundert, bis zufriedenstellende achromatische Ferngläser gefertigt wurden: erst zu Goethes Lebzeiten begannen sie aufzutauchen. Sie stellten im Grunde eine glänzende Bestätigung der Lehre von den Spektralfarben und der rational-analytischen Methodik der Physik dar: denn nun ließen sich die durch eine Linse verursachten Farbbrechungen durch weitere mit anderen Brechungskoeffizienten wieder aufheben, und die Mathematik lieferte dazu die richtigen Zahlenwerte.

Doch Goethe hielt die Achromasie für eine Bestätigung seiner Lehre.[47] Hatte er doch immer wieder gesagt, daß die Brechungen etwas Akzidentielles, nur durch die Apparatur Hervorgerufenes seien, und nun gab es Geräte, die ohne sie auskamen. Was in ihrem Inneren vorging, kümmerte ihn nicht, und vermutlich hätten seine Kenntnisse zu einem genaueren Verständnis auch nicht ausgereicht.

Der Schriftsteller stand mit seinen Irrtümern, und dies war entscheidend, jedoch nicht allein! Er hatte eine ganze Reihe von Anhängern und Gefolgsleuten hinter sich, die ihn immer wieder in seinen Auffassungen bestärkten. Die Naturmystik hatte im Geistesleben der zweiten Hälfte des 18. Jahrhunderts noch einen festen Platz, und an der Wende zum 19. Jahrhundert setzte mit der beginnenden Romantik eine letzte Blüte ein. Es schien, als ob die romantischen Naturmystiker noch einmal einen Aufstand, ja eine Revolte gegen die exakten Naturwissenschaften und deren rational-analytische Methodik unternehmen wollten.

Zu den Protagonisten dieser Bewegung gehörte der junge Schelling, der seit 1798, nicht zuletzt auf Goethes

Empfehlungen, eine Professur an der Universität Jena innehatte. Er war einer der wenigen Philosophen, mit denen der Schriftsteller zurechtkam, und zeitweise arbeiteten beide sogar zusammen. Schelling begann, ebenfalls von neuplatonischen Vorstellungen ausgehend, den Begriff der Polarität, der im Emanatismus auf Grund des Gegensatzes von Materie und göttlichem Logos stets eine zentrale Rolle spielte, zu einem Strukturelement eines philosophischen Systems im Sinne des Idealismus zu entwickeln. Zudem gehörte er zu den Hauptvertretern der romantischen Naturphilosophie und gab eine *Zeitschrift für spekulative Physik* heraus, deren Anliegen schon im Titel deutlich wurde: die analytisch-mathematische Methodik der Fachwissenschaft wieder durch eine ganzheitlich-anschauliche Naturlehre zu ersetzen.

Goethe distanzierte sich in späteren Jahren freilich von Schelling; davon soll man sich aber nicht in die Irre führen lassen. Denn aus einem Brief an Fichte aus dem Jahr 1794 geht eindeutig hervor, daß er mit der kantischen Philosophie nur wenig anzufangen wußte,[48] und ein Schreiben an Schelling vom 27. September 1800 belegt ebenso deutlich, daß dieser der erste zeitgenössische Philosoph war, dessen Anschauungen Goethe zusagten. Die spätere Distanzierung von Schelling hatte einen völlig irrationalen Grund: dieser geriet wie andere Romantiker in den Ruf, Neigungen zum Katholizismus zu haben, und diese waren dem zwar nicht orthodox denkenden, aber in seiner ganzen Lebenshaltung protestantisch geprägten Schriftsteller so suspekt, daß er nichts mehr mit ihm zu tun haben wollte. Er trat daher sogar gegen eine damals mögliche Rückberufung Schellings an die Jenaer Universität ein, und er berief sich für seine Anschauungen lieber auf Kant, obwohl dies nur unter erheblichen Gewaltsamkeiten zu bewerkstelligen war.

Der große Königsberger Denker sollte nun auch für
den Begriff des »anschauenden Erkennens« als Gewährsmann herhalten. Kant hatte sich mit diesem Terminus jedoch auf die damals immer noch weitverbreitete
Leibniz-Wolffsche Philosophie gestützt, in der »cogni-
tio intuitiva« als ein Erfassen des Zusammenhangs aller
Dinge untereinander galt und daher eigentlich nur Gott
zukam. Und Goethe war in philosophischer Hinsicht
nicht so ungebildet, daß er diesen Sinn des Begriffs nicht
gekannt hätte. Er räumte in seinem Aufsatz *Anschauende Urteilskraft* daher ein: »Zwar scheint der Verfasser
[Kant] hier auf einen göttlichen Verstand zu deuten
[...]«.[49] Diese Einsicht hielt ihn nicht davon ab, Kant
dennoch als Garanten seiner eigenen Auffassung zu beanspruchen.

Noch gewaltsamer geriet der Versuch, sich auch mit
dem Begriff der Polarität, einem, wie gesagt, zentralen
Element des neuplatonischen Emanatismus, auf den
Königsberger Philosophen zu stützen. Der Schriftsteller
schrieb in einem Brief aus dem Jahr 1814: »Seit unser
vortrefflicher Kant mit dürren Worten sagt: es lasse sich
keine Materie ohne Anziehen und Abstoßen denken (das
heißt doch wohl, nicht ohne Polarität), bin ich sehr beru-
higt, unter dieser Autorität meine Weltanschauung fortsetzen zu können, nach meinen frühesten Überzeugun-
gen, an denen ich niemals irre geworden bin.«[50] In diesem Fall unterlief Goethe ein völliger Mißgriff. Denn die
von ihm sogenannten »dürren Worte« Kants über Anziehung und Abstoßung der Materie gingen auf Newtons Physik zurück. Kant hatte im Jahr 1755 ein Werk
mit folgendem langen Titel veröffentlicht: *Allgemeine
Naturgeschichte und Theorie des Himmels, oder Versuch
von der Verfassung und dem mechanischen* [!] *Ursprunge
des ganzen Weltgebäudes nach Newtonischen* [!] *Grund-*

*sätzen abgehandelt.*[51] Kant hatte eine sehr genaue Kenntnis des naturwissenschaftlichen Weltbilds seiner Zeit, und er ging – anders als Goethe – streng logisch vor. Daher war er sich darüber im klaren, daß der von Newton beschriebenen Gravitation, der Anziehung der Materie, mindestens eine zweite, und zwar eine abstoßende Kraft gegenüberstehen mußte. Denn anders war der Kosmos in seiner sichtbaren Gestalt nicht denkbar; allein mit der Gravitation hätte er – rein logischerweise – nur ein Klumpen Materie sein dürfen, der in dem kleinstmöglichen Raum konzentriert war. Es mußte also mindestens noch eine zweite, entgegengesetzte Kraft geben. Kant wußte zwar noch nicht, welcher Art diese war – die moderne Physik stellt der Gravitation als anziehender Wechselwirkung drei weitere Wechselwirkungen (starke, elektromagnetische, schwache) zur Seite –, aber daß es sie geben mußte, war eine rein rationale Schlußfolgerung aus der Anwendung der physikalischen Prinzipien Newtons auf die sichtbare Gestalt des Kosmos.[52] Und daß sich dessen Erzfeind, Goethe, für sein naturmystisches Prinzip der Polarität ebenfalls auf diesen Gedankengang berufen wollte, um, wie er schrieb, »unter dieser Autorität« seine »Weltanschauung fortsetzen zu können«, entbehrt daher nicht einer gehörigen Portion Ironie.

Die letzte Blüte der Naturphilosophie löste um 1800 heftige Auseinandersetzungen mit den Fachwissenschaften, insbesondere der Physik, aus. Die romantische Naturlehre machte öffentlich viel Furore, und dabei mochte es eine Rolle spielen, daß sie anschaulich vorging und deshalb leichter zu verstehen war als die mathematisch fundierten Theorien der Konkurrenz. Es gelang ihr jedoch nicht, in die Physik einzudringen oder sie gar in ihren Auffassungen und ihrer Methodik irre zu machen, und der letzte Aufstand der alten Naturmystik gegen die modernen Naturwissenschaften vermochte auf diese Weise keinen nachhaltigen Einfluß auszuüben. Er blieb eine jener geistigen Modewellen, die im Lauf der beiden letzten Jahrhunderte immer wieder auftauchten und den ›Zeitgeist‹ einmal in diese und einmal in jene Richtung trieben.

Andererseits schuf die Einwirkung der Naturmystik auf die Öffentlichkeit jenes geistige Klima, in der Goethes groß angelegtes Unterfangen, die Newtonsche Physik zu stürzen, erst gedeihen konnte. Der Schriftsteller fand die Unterstützung vieler Zeitgenossen, und zwar insbesondere diejenige der Philosophen. Nach dem Romantiker Schelling erwiesen sich sowohl Hegel wie dessen Antipode Schopenhauer als Gegner Newtons und mehr oder minder erklärte Anhänger der Naturlehre Goethes. Der junge Arthur Schopenhauer (1788–1860), dessen Mutter Johanna (1766–1838) seit 1806 in Weimar lebte, und der nach seinem Studium in Berlin daher wiederholt mit dem Dichter zusammentraf, glaubte um das Jahr 1815 plötzlich, auf rein spekulativer Grundlage die einzig richtige Theorie der Farben entdeckt zu haben. Goethes Lehre billigte er die Rolle eines Vorläufers zu: »Ich weiß mit vollkommner Gewißheit, daß ich die erste wahre Theorie der Farbe geliefert habe, die erste, so weit die Geschichte der Wissenschaften reicht; ich weiß auch daß diese Theorie einst allgemein gelten und den Kindern in den Schulen geläufig sein wird: sei es daß meinen Namen die Ehre der Erfindung begleitet, oder den eines andern, der entweder dasselbe entdeckte oder mich beraubte. Aber ich weiß auch ebenso gewiß, daß ich jenes nimmermehr geleistet haben würde, ohne Ew. Exzellenz früheres und größeres Verdienst«.[53]

Schopenhauer scheint von der rational-analytischen Methodik der modernen Naturwissenschaften so wenig einen richtigen Begriff gehabt zu haben wie Hegel (1770–1831), der in den Jahren von 1801 bis 1807 – wie vor ihm Schiller, Fichte, die Brüder Schlegel und Schelling – Dozent und außerplanmäßiger Professor an der Jenaer Universität wurde. Damals war er noch unbekannt. Aber Hegel äußerte sich auch in späterer Zeit, als er eine Berühmtheit geworden war, stets lobend über Goethes naturwissenschaftliche Arbeiten. Dabei spielte seine eigene, dialektische Denk- und Vorgehensweise eine entscheidende Rolle. Während Goethe selbst seine Erkenntnisweise nämlich naiv nannte und seinen Arbeiten gegenüber jenen der Fachphysik das strikte Festhalten an den beobachtbaren Phänomenen zuschrieb, kam Hegel zu dem Resultat, »daß ich die *Abstraktion* darin erkenne und bewundere, nach der Sie an der einfachen Grundwahrheit festgehalten« haben.[54] Nach dieser dialektischen Umkehrung des Begriffs der Abstraktion konnte er urteilen, daß er Goethes Vorgehensweise »überhaupt für das wahrhaft Wissenschaftliche der Erkenntnis in diesem Felde« hielt, und setzte hinzu: »Newton, und die ganze Physikerschaft ihm nach, sehe ich dagegen irgendeine zusammengesetzte Erscheinung ergreifen und sich in ihr festrennen und so den Gaul beim Schwanze aufzäumen, um mich des Ausdrucks zu bedienen.«[55]

Wenn man Hegels Argumentation nicht mit seiner Methode, sondern mit Hilfe des modernen Wissenschaftsbegriffs überprüft, der rational-analytisch ist und in dem die Gesetze der üblichen, formalen Logik gelten, gelangt man allerdings zum entgegengesetzten Resultat. Vor allem fällt das völlige Unverständnis auf, das Hegel gegenüber der rational-analytischen Methodik selbst an den Tag legt und das sich in den Worten vom Aufzäumen des »Gaul[s] beim Schwanze« manifestiert. Eine derartige Vorgehensweise ist jedoch sehr einfach zu rechtfertigen: sie beruht schlichtweg darauf, daß zwischen dem bloßen Anschauen eines Phänomens und einer richtigen Erkenntnis des tatsächlichen Sachverhalts kein notwendiger Zusammenhang besteht. Wenn es anders wäre, wenn im Anschauen, wie Hegel meinte, bereits die Abstraktion und die beste Form der Erkenntnis läge, dann müßten wir heute noch daran glauben, daß sich die Sonne um die Erde dreht und nicht umgekehrt – so wie es durch das einfache Betrachten eben nahegelegt wird. Erst die Vorgehensweise der Wissenschaft, die die Anschauung mit rational-analytischen Methoden zu hinterfragen sucht, vermag zur richtigen Erkenntnis zu führen.

Mit dem Niedergang der Naturphilosophie und des philosophischen Idealismus, der sich im Lauf der zwanziger Jahre des 19. Jahrhunderts abzuzeichnen begann, wurde der Rückhalt für Goethes naturwissenschaftliche Bestrebungen in dessen Altersjahren immer geringer. Der Schriftsteller, dem dies nicht entgehen konnte, äußerte nach Eckermanns Zeugnis nun: »Die Irrtümer meiner Gegner [...] sind seit einem Jahrhundert zu allgemein verbreitet, als daß ich auf meinem einsamen Wege hoffen könnte, noch diesen oder jenen Gefährten zu finden. Ich werde allein bleiben!«[56] Er glaubte demzufolge selbst nicht mehr, daß sich seine Vorstellungen durchsetzen würden. Er betrachtete sie darum aber nicht als falsch oder verwarf sie gar. Denn dies hätte schließlich bedeutet, im hohen Alter jenes Gebäude der Selbstbildung zu zerstören, an dem er über sein halbes Leben gearbeitet hatte.

Es war eine heikle und diffizile Situation, in der sich ein Rückgriff auf den Subjektivismus seiner Jugendjahre und auf einen individuell geprägten Wahrheitsbegriff als beste Lösung anbot. Als wahr galt Goethe nun das, was mit seinem Denken und seiner geistigen Konstitution übereinstimmte. Er schrieb an den alten Freund Zelter: »Ich habe bemerkt daß ich *den* Gedanken für wahr halte der für mich fruchtbar ist, sich an mein übriges Denken anschließt und zugleich mich fördert.«[57] Konsequenterweise zog er daraus den Schluß: »[...] was ein andrer *denkt*, wie kann mich das kümmern? Ich kann doch nicht *wie er* denken, weil ich ich und nicht er bin.«[58]

Wie in seinen jungen Jahren trat wieder eine Skepsis gegen die Wissenschaft hervor, die auf einem Zweifel an der intersubjektiven Vermittelbarkeit der Kategorien des Denkens beruhte. Aber es ging Goethe nun eben nicht mehr um wissenschaftliche Erkenntnis, sondern um eine letzte Absicherung und Befestigung der Auffassungen, die er sich in seinem langen Streben nach Selbstbildung angeeignet hatte. Und dazu bot sich der Individualismus und Subjektivismus als Rettungsanker an: denn wenn jeder das denken mußte, was ihm gemäß war, dann waren seine eigenen Auffassungen selbst dann richtig, wenn andere in ihrem Streben nach Erkenntnis zu ganz anderen Resultaten gelangten.

Auch Goethes Verhältnis zur Religion und zum Christentum läßt sich von seinen Jugendjahren an in ziemlich klarer Weise verfolgen. Nach der Rückkehr aus Leipzig äußerte der junge Dichter in einem Brief an den Freund Ernst Theodor Langer (1743–1820), mit dem er damals einen intensiven Austausch über religiöse Fragen führte: »Ich binn Ihnen viel schuldig, Langer, und Mellin hat das fortgesetzt was Sie angefangen haben, für eine Seele wie meine, war es allen Priestern der Welt unmöglich sie zu rühren, besonders bey dem unevangelischen Gewäsche unsrer jetzigen Kantzeln, Ihre Liebe, Ihre Aufrichtigkeit konnte das allein; Mellin ist ein guter Mann, aber er ist zu zurückhaltend im Anfange, und zum Anfange hätte er nicht geholfen. Langer Ihr tuht wircklich eine Sünde wenn Ihr Euch nicht bekehrt, denn Ihr habt alle Gabe zum Apostel.«[59] Dieser Äußerung über eine Hinwendung zum Christentum folgte ein paar Monate später ein ausdrückliches Bekenntnis zu ihm, und es ist psychologisch interessant, daß dieses gerade in die Phase nach der schweren Krankheit fiel, der er im Winter 1768/69 erlegen war: »Mich hat der Heiland endlich erhascht, ich lief ihm zu lang und zu geschwind, da kriegt er mich bey den Haaren.«[60]

Goethe kam damals in engen Kontakt zu den Frankfurter Pietisten und zu dem Fräulein von Klettenberg, das viel später das biographische Modell für die »Bekenntnisse einer schönen Seele« in seinem *Wilhelm Meister* abgeben sollte. Doch die Verbindung hielt nicht lange. Schon in dem angeführten Brief, in dem Goethe den historischen Jesus im christlichen Sinn als Heiland bezeichnete, hieß es: »Doch Sorgen! Sorgen! Immer Schwäche im Glauben.« Kurz darauf setzte die Beschäftigung mit dem Neuplatonismus und der Mystik ein, und in seiner Straßburger Zeit äußerte sich Goethe über die dortigen Pietisten nur noch kühl und herablassend.

Der Emanatismus führte zu einem mehr oder minder weltimmanenten Gottes-Verständnis, während die Erlösung durch einen Heiland, einen Christus, einen strikt von der säkularen Welt getrennten Gott voraussetzte. Neuplatonismus und christlicher Glauben waren daher nur sehr schwer miteinander zu vereinbaren; Schelling unternahm in seinem Spätwerk einen spekulativen Versuch, die gegensätzlichen Vorstellungen miteinander zu verschmelzen.

Goethe schlug einen anderen Weg ein. Bereits in seiner Straßburger Dissertation vertrat er die Haltung einer scharf aufklärerischen Religionskritik: Das Christentum wurde in dieser nicht erhaltenen Arbeit, den Zeugnissen der Zeitgenossen folgend, als eine von einigen Gelehrten im Namen Jesu begründete religiöse Schule betrachtet. Diesen strikt aufklärerischen Standpunkt behielt Goethe auch im weiteren bei; er machte sich in seinem Leben immer wieder bemerkbar. Man findet also eine lange anhaltende Konstanz seiner geistigen Haltung, die auf einem früh gelegten Grund ruht, und gelangt zu dem Schluß: so wandelbar und wechselhaft der Mensch und Schriftsteller innerhalb der Wirren und Umbrüche seiner Zeit erscheint, so beständig waren die Grundlagen seines Weltbilds.

Er lehnte es immer wieder ab, Jesus als Christus, als Gott-Sohn und Erlöser, anzusehen und stellte damit das zentrale Glaubenselement des Protestantismus ebenso wie des Katholizismus in Frage. Für ihn war Jesus nur eine historische Gestalt, der er mit Respekt und einer kulturell geprägten Bewunderung begegnete. Daher schrieb er an Lavater, daß er »iede Verehrung«[61] verdiene. Aber diese Verehrung war ein rein kulturgeschichtlich begründetes Phänomen, und es kam zu heftigen Auseinandersetzungen, als Lavater auf dem Kernbestandteil des Glaubens, der Christologie, beharrte. In dem angeführten Brief heißt es weiter: »Bei dem Wunsch und der Begierde, in einem Individuo alles zu genießen, und bei der Unmöglichkeit, daß dir ein Individuum genugthun kann, ist es herrlich, daß aus alten Zeiten uns ein Bild übrig blieb, in das du dein Alles übertragen, und, in ihm dich bespiegelnd [!] dich selbst anbeten kannst.« Jesus fungiert hier nur noch als ein historisch überliefertes Mittel zur Selbstreflexion des Menschen. Und Goethe findet an Lavater zu bemängeln, daß er sich ausschließlich auf diese Gestalt konzentriere und das Göttliche, das nach seinen neuplatonisch-emanatistischen Auffassungen auch anderswo zu

finden sei, damit unzulässig einschränke: »Nur das kann
ich nicht anders als ungerecht und einen Raub nennen,
der sich für deine gute Sache nicht ziemt, daß du
alle köstliche Federn, der tausendfachen Geflügel unter
dem Himmel, ihnen, als wären sie usurpirt, ausraufst, um
deinen Paradiesvogel ausschliesslich damit zu schmüken,
dieses ist, was uns nothwendig verdrießen und unleidlich
scheinen muß, die wir uns einer ieden, durch Menschen,
und dem Menschen offenbarten, Weisheit zu Schülern
hingeben, und als Söhne Gottes ihn in uns selbst, und allen seinen Kindern anbeten.«[62] Der Geist des Wider-
spruchs scheint Goethe diesen komplizierten und nach
heutigen Begriffen nicht ganz korrekten Satz eingegeben
zu haben, aus dem das Bild von Jesus als Paradiesvogel,
der – nach seiner Auffassung – allzu ausschließlich ge-
schmückt werden soll, grell hervorsticht. Als Lavater
weiterhin auf seinen christlichen Vorstellungen beharrte,
entgegnete der Dichter erst, daß er ein »dezidirter Nicht-
krist« sei,[63] dann wurde er ärgerlich und warf seinem
Briefpartner, ehemaligen Herzensfreund und nunmehri-
gem Kontrahenten religiöse Intoleranz vor.[64]

In einem Brief an Charlotte von Stein, der zu dieser
Zeit entstand, trat die vom Individualismus und Subjektivismus geprägte Religionsauffassung des Schriftstellers
noch krasser hervor. Es hieß dort: »Wenn unser einer
seine Eigenheiten und Albernheiten einem Helden auf-
flickt, und nennt ihn Werther, Egmont, Tasso wie du
willst, giebt es aber am Ende für nichts als was es ist, so
gehts hin und das Publikum nimmt insofern Anteil dran
als die Existenz des Verfassers reich oder arm, merck-
würdig oder schaal ist, und das Mährgen bleibt auf sich
beruhen. Nun findet Hans Caspar diese Methode des
dramatisirens (wie sies nennen) allerliebst, und flickt seinem Christus auch so einen Küttel zusammen und

knüpft aller Menschen Geburt und Grab, A und O, und Heil und Seeligkeit dran, da wirds abgeschmackt dünckt mich und unerträglich.«[65] Zunächst fällt wieder auf, wie sehr sich Goethe selbst als ein subjektiver Dichter verstand: er faßte die Hauptgestalten seiner Werke nahezu bruchlos als Emanationen oder Projektionen seiner eigenen Individualität auf. Derselben Kategorie bediente er sich aber auch zum Verständnis des Christentums. Die Religion wurde nur noch als eine Projektion bestimmter Vorstellungen, Ideen und Wünsche auf eine historische Gestalt gesehen. Dieser Vorgang schien an und für sich lobenswert, gestattete er es doch, wie es schon Lavater gegenüber geheißen hatte, sich selbst zu »bespiegeln« oder, um den Sachverhalt mit weniger subjektiv-individualistischen Begriffen zu beschreiben: Probleme und Elemente der Humanität und der menschlichen Existenz zu reflektieren.

Jede Normierung oder gar Dogmatisierung von Glaubensinhalten wurde von Goethe dagegen strikt abgelehnt. 1788 schrieb er an den Weimarer Superintendenten Herder: »das Mährchen von Christus ist Ursache, daß die Welt noch 10/m [= 10 000] Jahre stehen kann und niemand recht zu Verstand kommt, weil es ebenso viel Kraft des Wissens, des Verstandes, des Begriffs braucht, um es zu vertheidigen als es zu bestreiten. Nun gehn die Generationen durch einander, das Individuum ist ein armes Ding, es erkläre sich für welche Partei es wolle, das Ganze ist nie ein Ganzes, und so schwankt das Menschengeschlecht in einer Lumperei hin und wieder, das alles nichts zu sagen hätte, wenn es nur nicht auf Punkte, die dem Menschen so wesentlich sind, so großen Einfluß hätte.«[66] Der genaue Sinn dieser ziemlich polemischen Äußerungen läßt sich nur schwer wiedergeben. Die nach wie vor ungebrochene, scharf aufklärerische

Kritik am »Mährchen« vom Christentum und seinen Auswirkungen auf die menschliche Geschichte ist hingegen ganz deutlich.

In einem weiteren Schreiben an Herder bezeichnete sich der Schriftsteller als »ein Heide«[67], in einem Brief an Friedrich Heinrich Jacobi, der als religiöser Mensch, aber höchst liberaler Denker galt, meinte er sogar: »Ich halte mich fester und fester an die Gottesverehrung des Atheisten«.[68] Goethe neigte stark dazu, gegensätzliche Begriffe miteinander zu verknüpfen. ›Ernste Scherze‹ oder ›offenbare Geheimnisse‹ sind bekannte Beispiele für seine ausgeprägte Vorliebe zum Oxymoron. In diesem Fall entstand jedoch ein krasses Paradoxon. Denn ein Atheist ist dem Wortsinn nach einer, der keinen Gott kennt, und eine Formulierung wie Gottesverehrung eines Heiden oder eines Nichtchristen wäre eher plausibel.

Obwohl Goethes Haltung von einer aufklärerischen Religionskritik und einer dezidiert un-, ja widerchristlichen Haltung einerseits bestimmt wurde, gab es auf der anderen Seite eine beinahe ebenso konstant starke Neigung zu bestimmten Formen des protestantischen Glaubens, in denen er aufgewachsen war. Friedrich Heinrich Jacobi bemerkte in einem Brief nach dem Besuch, den ihm der Schriftsteller im Jahr 1792 in Pempelfort abgestattet hatte: »daß ›der wahrhaft *Julianische Haß* (so bezeichnetest Du ihn) wider das Christentum und namhafte Christen‹, den Du im Jahre 1792 mit nach Pempelfort brachtest, und mir wiederholt auf das lebhafteste darzustellen wußtest, sich dort schon gemildert, so daß zuletzt wenig fehlte, Du hättest wie der Kämmerer in der Apostel-Geschichte gesprochen: was hindert, daß ich getauft werde! Du gestandest zu von einem gewissen Christentum, daß es der Gipfel der Menschlichkeit sei (wolltest, sobald Du wieder zu Hause und einigermaßen in Ruhe wärest, von neuem die ganze Bibel lesen), und wie ich Dein Heidentum jenem Dir verhaßten Christentum, das auch ich nicht mochte, vorzog, so zogst Du hinwieder Deinem eignen Heidentum vor, was Du mein Christentum [nanntest], ohne jedoch Dir dieses aneignen zu können.«[69] Das Zeugnis gibt die höchst ambivalente Haltung Goethes zum Christentum treffend wieder. Seine kulturell geprägte Bewunderung für den Glauben ging manchmal so weit, daß er bestimmte Formen des Protestantismus für den Gipfel der Menschlichkeit hielt. Damit wird ein Sachverhalt berührt, der kaum zu übersehen ist: seiner Religionskritik unerachtet, kannte der Schriftsteller die Bibel ganz genau, in fast jedem seiner Werke fanden sich Zitate aus ihr, und seine ganze Vorstellungswelt war von christlichen Begriffen geprägt. Allein an Jesus als Gottsohn und Erlöser mochte er nicht glauben; Jacobis abschließende Bemerkung bestätigt dies noch einmal.

Gegenüber dem Katholizismus konnte Goethe regelrecht intolerant werden. Schon auf der Italienreise rügte er »Pfaffen Mummerey« und »Hockuspockus«[70]; mit solchen Ausdrücken belegte der protestantisch geprägte Schriftsteller das zelebratiöse Auftreten des Papstes und die alte lateinische Messe. Als er im Jahr 1808 kurz vor der Abreise nach Karlsbad die Nachricht erhielt, daß sein ehemaliger Günstling Friedrich Schlegel zum Katholizismus konvertiert sei, meinte er, diese Wendung sei bemerkenswert, »sowohl weil sie ein Zeichen der Zeit ist, als auch weil vielleicht in keiner Zeit ein so merkwürdiger Fall eintrat, daß im höchsten Lichte der Vernunft, des Verstandes, der Weltübersicht ein vorzügliches und höchstausgebildetes Talent verleitet wird sich zu verhüllen, den Popanz zu spielen, oder wenn Sie ein ander Gleichniß wollen, so viel wie möglich durch Läden und

Vorhänge das Licht aus dem Gemeindehause auszuschließen, einen recht dunklen Raum hervorzubringen, um nachher durch das foramen minimum [die kleinste Öffnung] so viel Licht, als zum hocus pocus nöthig ist, hereinzulassen.«[71] Der Vergleich von Schlegels Verhalten mit der in Goethes Augen höchst suspekten Vorgehensweise der Newton folgenden Physiker, die einen Lichtstrahl erst in eine Apparatur einzwängten, um ihn dann zu allerlei Farbspielen zu veranlassen, ist literarisch brillant. Das Urteil über die sich abzeichnende katholische Restauration lautete hingegen: »Sich dem Protestantismus zu nähern ist die Tendenz aller derer, die sich vom Pöbel unterscheiden wollen«.[72] Diese Kritik zielte außer auf aus protestantischer Sicht zweifelhafte Dogmen, wie etwa die Transsubstantionslehre, auch auf bestimmte historisch-gesellschaftliche Gegebenheiten: die Verflechtung von Religion und Alltagsleben war oft auf eine Weise ausgeprägt, von der man sich heute kaum noch einen Begriff machen kann. In bestimmten katholischen Ländern kam auf weniger als zehn Einwohner ein Geistlicher, und die Kirche stellte faktisch ein Institut zur Domestikation und Unterbringung der Universitätsabsolventen und des geistigen Nachwuchses[73] aus den Unterschichten dar. Auch Heines Einschätzung der Reformation als Vorgängerin der Aufklärung beruhte darauf, daß Luthers Maßnahmen begonnen hatten, diese Verflechtungen aufzulösen.[74] Mit der aufklärerischen Forderung nach religiöser Toleranz, auf die Goethe sich Lavater gegenüber ausdrücklich berufen hatte, waren seine überaus harten Formulierungen aber kaum noch zu vereinbaren!

In Goethes letztem Roman, in den *Wanderjahren*, werden Elemente des Christentums als Mittel der Erziehung gebraucht. Sie beschränken sich aber auf das Leben Jesu, das – nach des Dichters eigenen Worten – überdies

»ganz von dem Ende desselben abgesondert« wird.[75] Tod und Auferstehung kommen also nicht in Betracht. Zur Begründung dieser Haltung, die noch einmal die alte, skeptisch-aufklärerische Einstellung gegenüber dem Christentum aufgreift, heißt es: »Im Leben erscheint er als ein wahrer Philosoph, – stoßet Euch nicht an diesem Ausdruck – als ein Weiser im höchsten Sinne. Er steht auf seinem Punkte fest; er wandelt seine Straße unverrückt, und indem er das Niedere zu sich heraufzieht, indem er die Unwissenden, die Armen, die Kranken seiner Weisheit, seines Reichthums, seiner Kraft theilhaftig werden läßt und sich deshalb ihnen gleich zu stellen scheint, so verläugnet er nicht von der andern Seite seinen göttlichen Ursprung; er wagt, sich Gott gleich zu stellen, ja sich für Gott zu erklären. Auf diese Weise setzt er von Jugend auf seine Umgebung in Erstaunen, gewinnt einen Theil derselben für sich, regt den andern gegen sich auf und zeigt allen, denen es um eine gewisse Höhe im Lehren und Leben zu thun ist, was sie von der Welt zu erwarten haben. Und so ist sein Wandel für den edlen Theil der Menschheit noch belehrender und fruchtbarer als sein Tod«.[76] Jesus tritt als Lehrer der Humanität und Erzieher des Menschengeschlechts hervor. Daß er »göttlichen Ursprungs« gewesen sei, war auch mit neuplatonisch-emanatistischen Begriffen zu vereinbaren: er mußte ebenfalls an jenem Pneuma teilhaben, das den spirituellen Gegenpol zur Materie bildete, und als ein Muster des Menschseins war er von ihm wohl noch mehr durchdrungen als andere, gewöhnlichere Naturen. Daß er »sich Gott gleichzustellen, ja sich für Gott zu erklären« suchte, wurde hingegen nur als »Mährchen« bzw. als Kunstgriff betrachtet, der ihm eine größere Wirksamkeit sichern und die Durchsetzung seines erzieherischen Programms erleichtern sollte.

Goethe lehnte auch im Alter jede Dogmatisierung des
Glaubens ab. Er stellte sie mit der despotischen Regentschaft, jener Herrschaftsform, die im Zeitalter der Aufklärung den schlechtesten Ruf hatte, auf eine Stufe und
meinte: »Die Lehre von der Gottheit Christi, dekretiert
zuerst durch das Nicaeische Concilium, sei dem Despotismus sehr förderlich gewesen, ja Bedürfnis.«[77] Und die
Geschichte der Kirche erschien ihm – bei aller Förderung der Kultur und Humanität durch den christlichen
Glauben – als ein »Produkt des Irrtums und der Gewalt«[78]. Seiner nunmehr dezidiert konservativen politischen Einstellung entsprechend, betrachtete er die Befürwortung der staatlichen Ordnung, die er im Christentum fand, hingegen als positiv. Nach einer Mitteilung
Riemers war er der Meinung: »Wenn Paulus sagt: *ge-
horchet der Obrigkeit, denn sie ist Gottes Ordnung*, so
spricht dies eine ungeheure Kultur aus«.[79]

Goethes Religiosität war ebenso wie seine Weltanschauung ein synkretistisches, aus verschiedenen Quellen zusammengesetztes Gebilde. Im hohen Alter stieß
der Schriftsteller bei der Lektüre auf eine Sekte aus dem
4. Jahrhundert, die Hypsistarier, die seine Zustimmung
fand. Doch ihn beschäftigte weniger der Inhalt ihres
Glaubens als das Phänomen, daß sie, »zwischen Heiden,
Juden und Christen geklemmt, sich erklärten, das Beste,
Vollkommenste, was zu ihrer Kenntniß käme, zu schätzen, zu bewundern, zu verehren und, insofern es also
mit der Gottheit im nahen Verhältniß stehen müsse, an-
zubeten. Da ward mir auf einmal aus einem dunklen
Zeitalter her ein frohes Licht, denn ich fühlte, daß ich
Zeitlebens getrachtet hatte, mich zum Hypsistarier zu
qualificiren [...]«.[80] Nicht das Weltbild der Hypsistarier,
sondern das Muster ihres eklektisch entstandenen Glaubens fand seine ausdrückliche Zustimmung.

Bei aller aufklärerischen Religionskritik war Goethe doch nicht ungläubig. Wenn man im Lessingschen Sinn den Glauben an einen Gott, der Judentum, Islam und Christentum eigen ist, als hinreichendes und verbindendes Element der Religiosität auffaßt, so genügte Goethe dieser bewußt vagen Forderung. Sein Gottesverständnis entsprach freilich nicht dem christlichen und war, wiederum zeitbedingt, überdies von starker Skepsis geprägt. Daher neigte Goethe auch nicht zum Pantheismus, einem Glauben, der die gesamte Natur als Offenbarung Gottes auffaßt. Denn nach seiner Meinung gab es keine Möglichkeit zu einer unmittelbaren Erkenntnis des höchsten Wesens. Natur und Leben waren für ihn, wie er an Jacobi schrieb, zwar »Tempel« und »Gestalten« Gottes[81], aber dieser war nicht unmittelbar zu erkennen und zu fassen. Aus eben diesem Grund nahmen die »Urphänomene«, die ihm als Verweise auf eine transzendente Schicht des Daseins galten, eine so bedeutende Rolle ein. Sie hatten gleichsam Brückenfunktionen, als Wegweiser, die auf jene letzte, »dunkle« Schicht des Daseins deuteten, den »geheimnisvollen Urgrund« der Dinge, der für den Menschen nicht einsehbar war, und daher sollten sie auch auf keinen Fall der alles hinterfragenden rational-analytischen Methodik der modernen Naturwissenschaften ausgeliefert und von dieser zersetzt werden.

Im hohen Alter äußerte Goethe: »[...] hinter jedem steckt die höhere Idee; das ist mein Gott, das ist der Gott, den wir alle ewig suchen und zu erschauen hoffen, aber wir können ihn nur ahnen, nicht schauen.«[82] In einem Brief aus dem Jahr 1815 bemühte sich der Schriftsteller, sein Gottesverständnis in einem fast technisch anmutenden Schema zu verdeutlichen:

[...] so will ich mein allgemeines Glaubensbekennt-
nis hierher setzen.
a. In der Natur ist alles was im Subjekt ist.
y. und etwas drüber.
b. Im Subjekt ist alles was in der Natur ist
z. und etwas drüber.

Es folgte noch: »b kann a erkennen, aber y nur durch z
geahndet werden.«[83]

In der Natur wirkte etwas Höheres (y), das in gewissen Grenzen durch die höheren Fähigkeiten des Subjekts (z) erahnt, jedoch nicht erkannt werden konnte.
Wieder machte sich die Skepsis bemerkbar; eine wesentliche Rolle spielte in diesem Schema aber auch der Begriff des »Subjekts«. Es war ganz entscheidend, daß sich
in der Position »a/b« die Kategorie Subjekt und nicht
etwa Mensch fand. Denn damit wurde die Möglichkeit
zur Wahrnehmung oder »Erahnung« Gottes nicht dem
Gattungswesen, sondern dem Individuum zugeschrieben. Diese Auffassung unterschied sich grundlegend von
der des Christentums, nach der die Menschen in Hinblick auf ihre religiöse Heilserwartung alle gleichgestellt
sind.

Daß Goethe den Gattungsbegriff mied und auf die
Kategorie des Subjekts setzte, war die letzte und äußerste Konsequenz aus dem neuplatonischen Emanatismus
und dem radikalen Individualismus, der ihn seit seinen
Jugendjahren geprägt hatte. Wenn die Stufenfolge, die
von der großen Kette der Lebewesen gebildet wurde,
nicht nur zwischen verschiedenen Gattungswesen, sondern schon zwischen den Einzelwesen eine jeweils unterschiedliche Höhe aufwies, dann gab es Menschen, die
stärker vom göttlichen Logos durchdrungen waren als
andere und sich folglich auch in Hinsicht auf dessen

Wahrnehmung im Vorteile befanden. Und der Schriftsteller wäre nicht Goethe gewesen, wenn er sich selbst
in dieser hierarchischen Ordnung nicht auf die oberste
Stufe gestellt hätte. Nach einem von Madame de Staël
überlieferten Zeugnis äußerte er im Jahr 1804: »[...] il
croit [...] que le monde idéal et réel n'est qu'une pensée
qui est Dieu, et il se croit plus près de cette pensée
qu'aucun être vivant«.[84] (Er glaubt, daß die ideelle und
die wirkliche Welt nichts als ein Gedanke Gottes ist, und
er glaubt sich diesem Gedanken näher als irgendein anderes Wesen.)

Da Goethe das Christentum als eine Projektion gewisser Ideen auf eine bestimmte Gestalt, den historischen Jesus, betrachtete, wird man auch seine religiösen
Vorstellungen mittels dieser Kategorie betrachten dürfen. Und dann zeigt sich, daß diese Projektion ganz und
gar den Wünschen und Bedürfnissen seiner eigenen
Persönlichkeit entsprach. An ein Fortleben nach dem
Tod glaubte oder hoffte Goethe schon deshalb, weil der
Gedanke, daß sein eigenes, über Jahrzehnte immer weiter gebildetes und vervollkommnetes Individuum plötzlich enden könne, zu den schlimmsten Schrecknissen
gehörte, die er sich vorstellen konnte. Der Weimarer
Kanzler von Müller hielt fest: »Goethe sprach sich bestimmt aus: Es sei einem denkenden Wesen durchaus
unmöglich, sich ein Nichtsein, ein Aufhören des Denkens und des Lebens zu denken«.[85] Aber auch dieses
Fortleben sollte von der streng hierarchischen Ordnung
bestimmt werden, die sich in der großen Kette der Lebewesen manifestierte. Eckermann berichtet von folgender
Äußerung Goethes: »Ich zweifle nicht an unserer Fortdauer, [...] aber wir sind nicht auf gleiche Weise unsterb-
lich, und um sich künftig als große Entelechie zu mani-
festieren, muß man auch eine sein.«[86] Auch die Unsterb-

lichkeit war also gestaffelt, von der jeweiligen Rangfolge bestimmt, davon, wie weit ein Individuum vom göttlichen Logos oder Pneuma durchdrungen war. Die einfacher konstituierten Wesen oder »Monaden«, wie Goethe in Leibnizscher Terminologie sagte,[87] sollten in anderen aufgehen, während die höheren bzw. größeren die Ehre hatten, erhalten zu bleiben. Dieses Gedankengebäude schloß den Pöbel oder, wie Goethe in späteren Jahren auch sagte, das »niedere Weltgesindel«[88] von der Unsterblichkeit aus, sicherte hingegen seine eigenen Hoffnungen. Außerdem bot es ihm die Aussicht, wenigstens nach dem Tod nicht mehr von den »Schwachköpfe[n] und Narren«[89] und den vielen »bösartigen«[90], »albern[en], niederträchtig[en] und methodisch absurd[en]«[91] Menschen umgeben zu sein, die er mit zunehmendem Alter immer mehr verachtete.

## SECHZEHNTES KAPITEL

# *Zu Goethes Nachwirkung*

Die Nachwirkung Goethes, zu der schon umfangreiche
Bücher verfaßt wurden,[1] gehört auch zu den Kuriositä-
ten der deutschen Geistes- und Kulturgeschichte. Auf
Grund des ungeheuren Ruhms, der dem Dichter im
19. Jahrhundert zukam, begann eine all-
seitige Einverleibung, und zeitweise wollte sich fast jede der gerade in Deutschland herrschenden Geistesströmungen auf
Goethe als ihren Ahnherrn oder Gewährsmann berufen. Der Schriftsteller wurde
zum Urgenie erklärt, zum Weltweisen,
zum Staatsmann, zum Repräsentanten des
bürgerlichen Zeitalters, zu einem der Väter
des historischen Denkens,[2] zum Vorläufer
moderner Wissenschaft und zum Muster
eines liberalen Christen. Es gab, kurz gesagt, fast nichts, für das er nicht hätte herhalten sollen.

*Goethe 1826*
*Kreidezeichnung*
*von J. L. Sebbers*

Auch in der Literatur und Literaturgeschichte hatte Goethes Nachwirkung
nicht selten merkwürdige Folgen. Wäh-
rend sich die Zeitgenossen geweigert hatten, den von
ihm und Schiller erhobenen Führungsanspruch anzuerkennen, schuf die spätere Stilisierung des Zweigespanns
zu den allein maßgebenden Repräsentanten der deutschen Literatur um 1800 ein Bild, in dem andere Schriftsteller weitgehend an den Rand gedrängt wurden. Sie er-

hielten die Rollen von Vorläufern, Nachfahren oder, noch schlimmer, die von Opponenten bzw. Abweichlern, von Leuten, die es gewagt hatten, andere Auffassungen zu vertreten als die beiden Weimarer Heroen. Und im Fall etwa Ludwig Tiecks, der sich selbst als literarischer Experimentator verstand und daher in das Bild einer kanonischen, ein für allemal maßstabsetzenden Klassik am allerwenigsten hineinpassen wollte, wurde dann zu allen nur erdenklichen Mitteln gegriffen,[3] um den Betreffenden zu einem Autor zweiten oder dritten Rangs zu degradieren.

Die Klassik-Apologie, die nach ihrem Selbstverständnis auf eine Bewahrung des Erbes zielte, lief in letzter Konsequenz auf einen mehr oder minder ausgeprägten kulturellen Kahlschlag hinaus. Vorgänger, Zeitgenossen und Nachkommen gerieten unter die fatale Meßlatte, die anzeigen sollte, was sie von dem geleistet hatten, was sich vor, neben und nach Goethe und Schiller überhaupt leisten ließ. Ein nicht geringer Teil von ihnen wurde herabgesetzt oder gar unterdrückt, um die vermeintlich einzigen Gipfel der deutschen Literatur um so leuchtender hervortreten zu lassen.

Andererseits reizte die konservative Vereinnahmung der Weimarer Klassik als ein für allemal gültige literarische Norm ständig zum Widerspruch, ja zur Revolte. Goethe hatte in dem Aufsatz *Classiker und Romantiker in Italien, sich heftig bekämpfend*, der 1820 erschien, scharfsichtig diagnostiziert: »[...] wer bloß mit dem Vergangenen sich beschäftigt, kommt zuletzt in Gefahr, das Entschlafene, für uns Mumienhafte, vertrocknet an sein Herz zu schließen. Eben dieses Festhalten aber am Abgeschiedenen bringt jederzeit einen revolutionären Übergang hervor, wo das vorstrebende Neue nicht länger zurückzudrängen, nicht zu bändigen ist, so daß es

sich vom Alten losreißt, dessen Vorzüge nicht anerken-
nen, dessen Vortheile nicht mehr benutzen will.«[4] Dieses
Schicksal widerfuhr ihm nun auch selbst. Der Dichter,
der zur Galionsfigur des Kulturkonservatismus stilisiert
worden war, provozierte zwangsläufig immer neue Proteste. Denn dieses Denkmal des Altvorderen konnte in
allen künstlerischen Richtungen, die nicht auf ein Festhalten am Überlieferten und Hergebrachten, sondern auf
Innovationen setzten, nur Anstoß erregen. Und Goethe,
der ein großer Erneuerer der Literatur gewesen war,
wurde in fortschrittlichen Kreisen daher oft als Symbol-
figur der Rückständigkeit betrachtet.

Das deutsche Goethe-Bild ist auf diese Weise nie zur
Ruhe gekommen; es schwankte stets zwischen übertriebenen Glorifizierungen und heftigen Abwehrreaktionen
hin und her. Devoter Ehrfurcht einerseits stand erklärte
Aufsässigkeit andererseits gegenüber.

In seinen Ansätzen war dieses Phänomen schon den
Zeitgenossen vertraut; nach dem Tod Johann Wolfgang
von Goethes am 22. März 1832 wurde es noch ausge-
prägter. Schon bald darauf schrieb Johann Diederich
Gries (1775–1842), der den Romantikern nahestand und
vor allem als Übersetzer hervortrat: »Mir ist nichts widerwärtiger und zugleich lächerlicher als die Zudring-
lichkeit, mit welcher man jetzt dem toten Goethe noch
auf den Leib rückt und von ihm verlangt, er hätte ein
ganz anderer sein sollen, als er war, das heißt: nicht Goethe. Die eine Partei verlangt, er hätte Kirchenlieder und
Erbauungsbücher, die andere, er hätte Turngesänge und
Hambacher Reden schreiben sollen. Die einen wollen
ihn nicht für einen Christen, die andern nicht für einen
Deutschen gelten lassen; und während ganz Europa uns
um sein Leben beneidet, um seinen Tod beklagt, hätten
diese Unsinnigen nicht übel Lust, seine heilige Asche

aus der Fürstengruft zu Weimar herauszureißen und in
alle Winde zu streuen. Solcher Wahnsinn ist doch nur in
Deutschland möglich!«⁵ Dieses Urteil gilt auch für spätere Zeiten. Denn zu den übertriebenen Ehrenbezeu-
gungen gesellte sich auf der anderen Seite nun eine nicht
selten kleinliche Herabsetzungssucht hinzu. Eine derartige Unbeständigkeit und Wankelmütigkeit ist ein typisch deutsches Phänomen und besitzt einen eindeutig
ermittelbaren Ursprung: die historisch bedingte Schwäche der kulturellen Traditionen in diesem Land.

Dieser Mangel war zu Goethes Lebzeiten ganz augenfällig. In den Jahren, in denen der Schriftsteller auf dem
Buchmarkt hervortrat und mit seinem *Götz* und *Werther* ersten Ruhm erlangte, war es um die Kultur in
Deutschland nicht gut bestellt gewesen. Viele Zeitgenossen bedauerten, daß die Deutschen so sehr zur Nachahmung anderer Länder neigten und zu wenig kulturelle Eigenständigkeit zeigten. Der Physiker und Spötter
Lichtenberg, der chauvinistischer Tendenzen nicht zu
verdächtigen ist, urteilte: »Keine Nation fühlt so sehr,
als die Deutsche, den Werth von andern Nationen, und
wird leider! von den meisten wenig geachtet, eben wegen dieser Biegsamkeit. Mich dünkt, die andern Nationen haben Recht: eine Nation, die allen gefallen will,
verdient von allen verachtet zu werden.«⁶ Lichtenbergs
Urteil war durchaus ausgewogen. Wir haben schon gesehen, daß im Jahr 1775, in dem Goethe nach Weimar
ging, das deutsche Theater und die deutsche Literatur in
einem sehr geringen Ansehen standen. Auch im *Wilhelm
Meister*, der 1795/96 erschien, wurde dieser Zustand
noch einmal reflektiert. »Wenn es Franzosen wären«,
sagt der Graf dort zu seiner Gemahlin beim Anblick einer Schauspieltruppe, »könnten wir dem Prinzen eine
unerwartete Freude machen.« Aber sie sind, wie seine

Frau eingestehen muß, »unglücklicherweise nur Deutsche«,[7] und daher weiß man im ersten Moment nicht recht, was man mit ihnen anfangen soll.

Aber nicht nur die Bühne und die Literatur, auch die deutsche Sprache war damals nur wenig angesehen. Sie wurde als niedrigstehend und unzivilisiert betrachtet, am besten noch zum Fluchen geeignet, und die höheren Stände bedienten sich ihrer kaum. Sie schrieben bis in das 19. Jahrhundert hinein meist Französisch.

Doch Deutschland galt in dieser Zeit überhaupt als rückständig. Es hatte allgemein den Ruf eines Landes, in dem sich die gesamte Kultur und alle zivilisatorischen Errungenschaften auf einem niedrigen Stand befanden. Die Höfe der zahlreichen deutschen Potentaten stellten im günstigsten Fall eine verkleinerte Kopie von Versailles dar – zu Beginn des Jahrhunderts etwa in Dresden, später in Mannheim[8] – und zeigten dabei eine Verschwendungs- und Prunksucht, die immer wieder das Mißfallen des aufgeklärten Bürgertums hervorrief. Einer der gängigsten Vorwürfe war, daß man die französische Hofkultur in Deutschland doch nicht auf Kosten der Untertanen in so und so vielen Kopien noch einmal wiederholen könne. Auch Goethe, der in seinem ersten Weimarer Jahrzehnt die politischen Auffassungen seiner Zeitgenossen weitgehend teilte, war dieser Meinung und schrieb, »daß selbst schöne Wissenschaften und Künste, die sonst für die grösste Zierde der Staaten gehalten [und] deren Annehmlichkeiten offt von Fürsten mit zu groser Vorliebe genossen würden, dem Regenten keinen so schönen und dauerhafften Kranz knüpften, als eine wahre lebendige auf die ersten Bedürfnisse, auf das nötige und nützliche gerichtete Würcksamkeit.«[9] Also nicht der teuren Repräsentationskultur der Zeit, sondern dem Nützlichen und Notwendigen, den praktischen und sozialen Bedürfnissen ihres Landes und ihrer Untertanen sollten sich die Regenten zuerst widmen.

Wo keine Kopie des französischen Hofs angestrebt wurde, boten die Residenzen der deutschen Fürsten oft einen noch ungünstigeren Anblick. In nicht wenigen Fällen stellten sie nur eine Ansammlung von Grobianen und Rohlingen dar. Es gab im 18. Jahrhundert fahrende Ritter, die nicht etwa mit Schwert oder Degen, sondern mit großen Pokalen umherzogen und sich gegenseitig im Wett-Trinken maßen. Die Grobheit und Trunksucht der Deutschen war in dieser Zeit überhaupt berüchtigt und im Ausland geradezu sprichwörtlich. Im Französischen wurde ein grober, brutaler und versoffener Kerl damals »un allemand«, ein Deutscher, genannt, und zwar unabhängig davon, wo er herkam.

Diese Bezeichnung war nicht schmeichelhaft, aber nicht böswillig erfunden. Lichtenberg, der seine Landsleute kannte, hielt ihnen angesichts ihrer Sitten den Spiegel vor die – häufig rote – Nase und veranstaltete als ironischen Beitrag zum Patriotismus eine Sammlung jener Redensarten, »womit die Deutschen die Trunkenheit einer Person andeuten«.[10] Er brachte ein stattliches Register zustande, dem er einige sarkastische Bemerkungen darüber voranstellte, daß man mit seinen Trinkgepflogenheiten den »Auswärtigen« bereits »zum Sprichwort geworden« sei.[11]

Insbesondere gegenüber den westeuropäischen Staaten, gegenüber England und Frankreich, war Deutschland damals in nahezu jeder Hinsicht ein unterentwickeltes Land. Jedem Reisenden mußte auffallen, daß die deutschen Straßen besonders schlecht, die deutschen Postkutschen ausgesprochen langsam und die Wirtshäuser meist schäbiger waren als anderswo. Lichtenberg, der auch die Mängel des Transport- und Beförderungswesens verspottete, schickte seiner Beschreibung der holprigen und löchrigen Straßen und der langweiligen Postkutschen noch die Bemerkung hinterher: »[...] weil die Postwagen=Reisen mit so vielen Trübsalen verbunden sind, so hat man dafür gesorgt, daß die Wirtshäuser um so viel schlechter sind, als nöthig ist, um den Postwagen wieder angenehm zu machen. Ja man kann sich nicht vorstellen, was das für eine Wirkung thut. Ich habe Leute, die zerstoßen und zerschlagen waren und nach Ruhe seufzten, als sie das Wirthshaus sahen, wo sie sich erquicken sollten, sich mit einem Heldenmuth entschließen sehen weiter zu reisen [...]«.[12]

Die Rückständigkeit ging zu einem großen Teil immer noch auf die Folgen des wahrhaft verheerenden Dreißigjährigen Kriegs zurück, in dem das deutsche Reich fast die Hälfte seiner überwiegend ländlichen Bevölkerung verlor; Schätzungen belaufen sich auf rund 40 Prozent. Aber auch die zuvor, in der Zeit Cranachs, Dürers und Holbeins, hochstehende städtische Kultur erlitt einen schweren Rückschlag. Der Krieg ruinierte in drei Jahrzehnten die Zivilisation und das Land so gründlich, daß dieses über Generationen zurück blieb und den Abstand zu den weiterentwickelten westeuropäischen Ländern nicht mehr aufholen konnte.[13] Deutschlands Ansehen war daher allgemein sehr gering, und Bertrand Russell bemerkte zu Recht: »bis zum 19. Jahrhundert fühlten sich die lateinischen Völker den Deutschen kulturell überlegen«.[14]

Vor diesem Hintergrund sind aber auch Goethes Leistungen zu sehen und zu würdigen. Denn dieser trug in einem Zeitalter, das der Sprachkultur und Literatur einen außerordentlich hohen Stellenwert einräumte, beinahe mehr als jeder andere dazu bei, den Ruf und das Ansehen Deutschlands international, ja weltweit wieder

zu heben. Im 18. Jahrhundert war Frankreich die führende Kulturnation gewesen. Es hatte auch auf dem Gebiet der Literatur dominiert, zumindest in den traditionellen Gattungen, und Goethe schrieb im Alter daher,
daß sich die jungen Leute inzwischen gar keinen Begriff
mehr von der ungeheuren Reputation machen könnten,
die einst, in seiner Jugend, Voltaire gehabt habe. Mittlerweile war freilich ein grundlegender Wandel eingetreten:
der Platz, den einst Voltaire innegehabt hatte, wurde nun
von Goethe selbst eingenommen, und das vor kurzem
noch weithin verachtete Deutschland hatte wenigstens in
einem Feld allgemeine Geltung gewonnen. Im Zeitalter
der Romantik löste es Frankreich in dessen literarischer
Führungsrolle ab, und so wie man in der Mitte des
18. Jahrhunderts auf Voltaire gesehen hatte, so blickte
man nun auf Weimar und auf dessen berühmtesten Einwohner.

Man hätte sich zur Hebung seines nicht besonders
guten Ansehens also kaum etwas Besseres wünschen
können als einen Goethe. Mit dem Prozeß der nationalen Einigung, der im 19. Jahrhundert einsetzte, begannen
sich die Maßstäbe jedoch mehr und mehr zu verschieben. Hatten gegen Ende des 18. Jahrhunderts kritische
Betrachter wie Lichtenberg noch eine mangelnde kulturelle Eigenständigkeit beklagt, so begann sich nun innerhalb weniger Jahrzehnte eine völlig gegensätzliche,
ausgesprochen nationalistische Einschätzung der eigenen
Kultur und der Rolle Deutschlands durchzusetzen. Dabei scheinen drei nationale Mythen eine große Rolle
gespielt zu haben: der des Germanentums, der eines vermeintlich alle anderen Nationen überragenden und ihnen überlegenen deutschen Kaiserreichs im Mittelalter
sowie der Mythos der Weimarer Klassik.

Mit diesen Mythen ließ sich die eben noch offenkundige Schwäche der eigenen Tradition verdrängen. Der Emporkömmling suchte die schlechte Reputation, die er vor kurzem noch gehabt hatte, zu vertuschen und begann stolz auf seine vermeintlich glorreiche germanische und mittelalterliche Vergangenheit zu pochen und auf jene Kultur, von der er sich mit der Aufklärung, der Weimarer Klassik und der Romantik doch eben erst ein Stück angeeignet hatte.

Es ist bekannt, daß sich diese Umbewertung der eigenen Tradition in späterer Zeit noch verstärkte und gegen Ende des 19. und zu Beginn des 20. Jahrhunderts einen Höhepunkt erreichte. Die Deutschen begannen sich selbst zum Volk der Dichter und Denker zu stilisieren und von anderen europäischen Ländern in zunehmendem Maß abzuschotten. Dieser Isolationsprozeß wurde so lange betrieben, bis man allen Ernstes an eine Überlegenheit der deutschen Kultur über die Zivilisationen des europäischen Westens glaubte.

Dieser bornierte Kulturteutonismus läßt sich leider auch noch an Thomas Manns *Betrachtungen eines Unpolitischen* aus dem Jahr 1918 eingehend studieren. Man findet hier eine Ansammlung all jener mythologischen Verbrämungen und historischen Halb- und Un-Wahrheiten, derer sich der deutsche Nationalismus damals bediente. Im Mittelpunkt stand die Berufung auf die eigene, vermeintlich glorreiche »historische Tradition«.[15] Man hatte in den Jahren des ersten Weltkriegs vergessen, daß es darum etwas mehr als ein Jahrhundert früher noch gar nicht gut bestellt gewesen war und daß erst mit dem Prozeß der nationalen Einigung jene Mythen geschaffen wurden, die Deutschland ein so bedeutendes Aussehen verliehen. Natürlich lehnte Thomas Mann in typisch nationalkonservativer Haltung auch eine republikanische Regierungsform und eine Vorherrschaft der

Politik im geistigen Leben der Nation ab.[16] Er berief sich dafür auf die deutschen Tugenden der Innerlichkeit und Individualität, und als Gewährsmann diente ihm ein ehemaliger Republikaner und Befürworter bürgerlicher Gleichheit: der angeblich »apolitische Goethe«.[17]

Aber damit nicht genug – Thomas Mann glaubte nun auch das, was er von einem gewissen Bogumil Goltz zitierte: »Die deutsche Nation kann keinen Charakter im Sinne der anderen Nationen haben, da sie sich durch die Literatur [!], durch Vernunftbildung zu einem Weltvolke generalisiert und geläutert hat, in welchem die ganze Menschheit ihre Lehrer und Erzieher anzuerkennen beginnt. Ja, wir sind, wir waren, wir bleiben die Schulmeister, die Philosophen, die Theosophen, die Religionslehrer für Europa und für die ganze Welt. Dies ist unser Genius, unsere ideale Nationaleinheit, Ehre und Mission [...]«.[18] Daß sich dieser Kulturteutonismus, mit dem sich die Deutschen zu den Schulmeistern der übrigen Welt aufzuwerfen suchten, auch auf die Literatur, und das hieß immer auch: auf die Weimarer Klassik und auf Goethe, berief, war freilich grotesk; hatte doch dieser immer wieder betont, wieviel er den Anregungen durch Autoren anderer Nationen verdankte.[19]

In späteren Zeiten sollte das Pendel des deutschen Selbstwertgefühls wieder in das entgegengesetzte Extrem ausschlagen. Als in den sechziger Jahren des 20. Jahrhunderts eine sehr kritische Auseinandersetzung mit den Voraussetzungen und Grundlagen der deutschen Geschichte, insbesondere jener der ersten Hälfte des 20. Jahrhunderts, begann, wurde der Makel, den man den konservativ-nationalistischen und kulturteutonischen Haltungen mit Recht ankreidete, umstandslos auch auf jene Traditionen rückübertragen, die von ihnen in Dienst genommen worden waren. Dazu gehörten auch die Weimarer Klassik und Goethe; und der vermeintlich unpolitische Schriftsteller, der in seinen jungen Jahren tatsächlich sehr progressive Auffassungen vertreten hatte, mußte nun wieder als Schimpfwort herhalten.

Das Verhältnis der Deutschen zu ihrem größten Dichter glich auf diese Weise immer dem zu ihrer gesamten kulturellen Überlieferung. Es schwankte zwischen einer übertriebenen Selbstverherrlichung einerseits und Herabsetzungssucht andererseits. Denn die eigene Tradition war freilich nicht so großartig gewesen, wie man sie im Zeitalter des Nationalismus und Imperialismus darstellen wollte, aber sie hatte auch eine Reihe guter Elemente hervorgebracht, wie die Aufklärung, die Romantik – und Goethe.

Anhang

# Anmerkungen

## Vorwort

1 K. Jaspers, *Unsere Zukunft und Goethe*, Zürich 1948, S. 12 f.
2 Im Kapitel »Rückblick und Selbststilisierung«, S. 439.
3 Der Psychoanalytiker Kurt Robert Eissler wies 1982 mit Recht darauf hin, daß dem alten deutschen Goethe-Mythos oft nur ein Anti-Goethe-Kultus gefolgt war, der historisch kaum weniger fundiert war als sein mit Legenden verbrämter Vorläufer. Vgl. K. R. Eissler, *Goethe. Eine psychoanalytische Studie 1775–1786*, Bd. 1, Frankfurt a. M. 1983, S. 12.
4 Nicholas Boyle wendet sich eingangs seiner Darstellung, die in angelsächsischer Tradition eine Synopsis von Leben und Werk anstrebt, gegen den Terminus der Goethezeit (vgl. N. Boyle, *Goethe. The Poet and the Age*, Vol. 1, Oxford 1991, S. 5 ff.). Würde man ihn tilgen, so gäbe es im Deutschen allerdings keinen Begriff mehr, der die Epoche der ständigen Umbrüche von der Aufklärungszeit bis zum Biedermeier und Vormärz umfaßte. Romantik hat den Nachteil, daß es eine spezifisch deutsche romantische Schule gab, deren eigentlicher Begründer Tieck war und der Schiller, Goethe, Jean Paul, Hölderlin u. a. nicht angehörten.
5 Aus historischer Sicht stellt sich die Frage, wie und wann der Terminus des »unpolitischen Dichters« überhaupt entstand. Noch die Schriftsteller des frühen 19. Jh.s waren keineswegs unpolitisch; man denke nur an die Jungdeutschen und Heine. Die Entpolitisierung des literarischen Metiers muß folglich in späterer Zeit erfolgt sein, und eine wichtige Rolle dürfte dabei auch das l'art pour l'art an der Wende zum 20. Jahrhundert gespielt haben.
6 Aufgrund der zahlreichen Brüche und Ungereimtheiten des herkömmlichen Goethe-Bildes schien eine Zweiteilung des Materials angebracht. Die biographischen Elemente werden im vorliegenden Buch behandelt. Die Erörterung des von Schiller, F. Schlegel, Tieck, dem Historiker Woltmann wie auch von Goethe gebrauchten Begriffs der »ästhetischen Anarchie« ihrer Zeit, der jeglichem

Versuch, der literarischen Epoche eine innere Einheit zu unterstellen, vollkommen widerspricht, und die Behandlung der rein literarhistorischen und ästhetischen Aspekte in den Umbrüchen der Laufbahn des Schriftstellers werden dagegen in einer eigenen Untersuchung zusammengefaßt: K. Schulz, *Ästhetische Anarchie in der Zeit Goethes und der Romantik* (i. Vorb.).

# Kapitel 1

1 Vgl. Eckermann, 26. 9. 1827.
2 Bei der Beschreibung dieser Vorgänge in der Autobiographie des Schriftstellers haben sich offenbar Fehler eingeschlichen. Die Art, wie Beutler diese Darstellung zur Seite zu schieben sucht, überzeugt jedoch nicht. Beutler schreibt zunächst, daß es, gemäß Goethes Autobiographie, »im Herbst 1741« das Anliegen seines Vaters gewesen sei, in den Dienst der Stadt Frankfurt aufgenommen zu werden (vgl. E. Beutler, *Briefe aus dem Elternhaus*, Zürich [u. a.] ²1973, S. 102). Dann will er diese Version der Ereignisse mit folgendem Argument unplausibel machen: »Richtig ist, daß der Vater später überhaupt nicht in den Rat kommen konnte, weil schon der Bruder [...] Hermann Jacob [Göthe], Sohn des Weidenhofwirtes aus dessen erster Ehe, seit 1747 [!] im Rat war.« (Beutler, S. 103.) Woher sollte Johann Kaspar 1741 wissen, daß im Jahr 1747 nicht er, sondern sein Halbbruder Hermann Jacob Mitglied des Rats werden würde? Da er es offenkundig nicht wissen konnte, ist durchaus möglich, daß er ein Amt anstrebte und erst aus Enttäuschung über eine abschlägige Antwort den Titel erwarb, der ihn endgültig zum Außenseiter machte. Und Goethes Darstellung wäre dann, einiger Irrtümer ungeachtet, in den Grundzügen doch richtig.
3 WA 1, 26, 113.
4 Vgl. WA 1, 26, 118 f.
5 WA 1, 26, 131.
6 WA 1, 26, 133.
7 WA 1, 26, 229.
8 WA 1, 27, 21 f.
9 WA 1, 33, 5.

10 Vgl. GG 1, 19.
11 Zit. nach E. Mentzel, »Goethe und Klinger in ihrer Frankfurter Zeit«, in: *Stunden mit Goethe*, hrsg. von W. Bode, Bd. 1, Berlin 1905, S. 298.
12 GG 1, 676.
13 WA 1, 26, 183.
14 GG 1, 80.
15 Vgl. – ähnlich – P. Maisak, *Johann Wolfgang Goethe. Zeichnungen*, Stuttgart 1996, S. 8 und S. 5: daß sich Goethe als Zeichner im »Spannungsfeld« zwischen »Dilettantismus und Meisterschaft« bewegte.
16 An Kayser, 22./23. 12. 1785.
17 WA 1, 26, 46.
18 WA 1, 26, 50.
19 Neben Schnabels *Insel Felsenburg* ist vor allem *Die asiatische Banise* (1689; 10. Aufl. 1766!) von Heinrich Anselm von Zigler und Kliphausen (1663–1696) nachgewiesen; sie stand in der Bibliothek des Vaters.
20 WA 1, 37, 4 ff.
21 WA 1, 26, 257.
22 WA 1, 27, 49.
23 Vgl. E. Beutler, *Essays um Goethe*, Zürich [u. a.] ⁷1980, S. 598.
24 Vgl. GG 1, 60 – Kestners Briefkonzept, das im 2. Kapitel zitiert wird.
25 WA 1, 27, 57.
26 An J. J. Riese, 20./21. 10. 1765.
27 An Cornelie Goethe, 12. 10. 1765.
28 Vgl. VB 1, 9 f.
29 VB 1, 29.
30 WA 1, 27, 153.
31 An J. J. Riese, 20./21. 10. 1765.
32 WA 1, 27, 42.
33 Auf derselben Seite wie das vorige Zitat (»neben Hagedorn, Gellert und anderen solchen Männern [. . .] genannt werden«) ist auch die Absicht ausgedrückt, sich »zu einer akademischen Lehrstelle fähig zu machen« (WA 1, 27, 42).
34 WA 1, 27, 52.
35 WA 1, 27, 117.
36 An Behrisch, 10.–14. 11. 1767.
37 Vgl. WA 1, 26, 101 ff.

38 Zit. nach W. Bode, *Goethes Leben. 1771–1774*, Berlin 1921, S. 284.

39 Zit. nach W. Bode, *Goethes Leben. 1749–1771. Lehrjahre*, Berlin 1919, S. 439.

40 WA 1, 27, 112.

41 WA 1, 27, 196.

42 An Langer, 8. 9. 1768.

43 VB 1, 24.

44 Das Bibelzitat bezieht sich auf die Verheißungen des Propheten Jeremia über die Erneuerung Israels: »Wiederum will ich dich aufbauen, und du sollst aufgebaut werden [...]. Wiederum wirst du Weinberge pflanzen auf Samarias Bergen [...].« (Jer. 31, 4 ff.)

45 WA 1, 51, 117.

46 WA 1, 51, 126.

47 WA 1, 27, 216.

48 Die Preise differierten natürlich. Wissenschaftliche Fachbücher waren häufig sehr teuer. Romane erschienen meist in mehreren Teilen, in drei, vier oder auch in sechs, und ein Einzelband kostete oft einen knappen Reichstaler, so daß das gesamte Werk, je nach Umfang, dann auf ungefähr 3–5 Rtlr. kam.

49 Der Schriftsteller und Verleger Friedrich Nicolai klagte um das Jahr 1774 herum über die »leidige Sucht, Gedichte und kleine Modebücher zu lesen [...,] kleine Büchelchen von wenig Bogen, die aus Hand in Hand gehen, viel gelesen und wenig gekauft werden.« (F. Nicolai, *Das Leben und die Meinungen des Herrn Magister Sebaldus Nothanker*, 3 Bde., 2., verb. Aufl. Berlin 1774–76, Bd. 1, S. 118 f.) Dieser Hinweis auf das Aufkommen der Belletristik und eines zunächst ziemlich kleinen literarischen Markts erhält durch die involvierte Verlegerperspektive besonderen Reiz.

50 Man kann sich fragen, ob Albrecht Schöne (in: J. W. Goethe, *Werke. Frankfurter Ausgabe*, Bd. 7/2: *Faust*, Kommentare von Albrecht Schöne, Frankfurt a. M. 1994) von der Abschrift des Fräulein von Göchhausen, dem sog. *Ur-Faust*, nicht doch eine etwas zu negative Meinung hegt. Denn es gibt zwar Zeugnisse, nach denen Goethe in den ersten Weimarer Jahren mittlerweile nicht mehr existierende Szenen seines Werks besaß und sie Schriftstellerkollegen, wie Wieland, vorlas. Aber sie sind weder in die Abschrift des Fräulein von Göchhausen noch in das spätere Werk eingegangen. Nach dem Willen des Autors, der da-

mals schon Manuskriptteile voneinander separierte? Einen Zufall oder reine Textkorrumption kann man bei einer so bedeutsamen Koinzidenz nicht annehmen! Und da die Göchhausen-Fassung zwar nicht den kompletten ›Sturm und Drang‹-Text, aber, von wenigen später weggelassenen Passagen abgesehen, das Gerippe des künftigen Dramas bietet, ist die, wie Schöne bemerkt, etwas von der Freude der Entdecker geprägte Bezeichnung als *Ur-Faust* nicht einmal so unpassend! Dies gilt um so mehr, als sie Teile enthält, die im *Fragment* von 1790 fehlen, aber in *Der Tragödie erster Teil* von 1808 wieder aufgegriffen werden – die Szenen der Göchhausen-Fassung haben demnach bis in die Jahre nach 1800 als Leitlinie für den Handlungsverlauf des Stücks gedient.

51 WA 1, 19, 36.
52 WA 1, 27, 85.
53 Am 21. 9. 1771 schrieb er an Röderer: »Wenn der Künstler nicht zugleich Handwerker ist, so ist er nichts«. Nur daß »unsre meiste Künstler [...] nur Handwerker« seien, war ihm jetzt ein »Unglück«. Kunst und Handwerk stellten hier nicht jene Gegensätze dar, die spätere Zeiten aus ihnen machten. Das Handwerk war noch der unumgängliche Unterbau der Kunst.
54 WA 1, 9, 106.
55 Der formale Wechsel von Alexandrinern zu fünffüßigen Versen entsprach also dem Stilideal der Prägnanz oder »brevitas« – vgl. E. R. Curtius, *Europäische Literatur und lateinisches Mittelalter*, Bern/München ¹⁰1984, S. 479 ff.
56 Eckermann, 2. 1. 1824.
57 GG 3/1, 697.
58 VB 1, 237.
59 GG 2, 399.
60 An Lavater, 3. 7. 1780.
61 Eckermann, 3. 3. 1830.

## Kapitel 2

1  An Limprecht, 19. 4. 1770.

2  WA 4, 1, 249.

3  Vgl. WA 1, 30, 157.

4  Vgl. J. Baggesen, *Das Labyrinth oder Reise durch Deutschland in die Schweiz 1789*, München 1986, S. 349 ff.

5  An Langer, 29. 4. 1770.

6  Zit. nach W. Bode, *Goethes Leben. 1771–1774*, Berlin 1921, S. 4.

7  Diese Äußerungen stammen aus Herder, *Journal meiner Reise im Jahr 1769*, in: *Sturm und Drang. Kritische Schriften*, hrsg. von E. Loewenthal, Heidelberg 1972, S. 289 ff.

8  Vgl. WA 1, 27, 345.

9  WA 1, 1, 72.

10 GG 1, 80.

11 An Ch. von Stein, 24.–28. 9. 1779.

12 An Salzmann, Mai/Juni 1771.

13 VB 1, 17.

14 GG 1, 51.

15 E. Genton, *Goethes Straßburger Promotion*, Basel 1971, S. 63.

16 WA 1, 37, 125.

17 VB 1, 35 f.

18 WA 1, 39, 128.

19 An Herder, Mitte Juli 1772.

20 VB 1, 30.

21 WA 1, 28, 201.

22 Ebd.

23 Vgl. dazu: H. Möller, *Die kleinbürgerliche Familie im 18. Jahrhundert*, Berlin 1969.

24 VB 1, 39 (GG 1, 78).

25 GG 1, 64.

26 GG 1, 66.

27 Ebd.

28 BA 9 (bietet den Text der Erstausgabe), 117.

29 Nach W. Hagen, »Goethes Werke auf dem Markt des deutschen Buchhandels. Eine Untersuchung über Auflagenhöhe und Absatz der zeitgenössischen Goethe-Ausgaben«, in: *Goethe-Jahrbuch* 100 (1983) S. 11–58.

30 Man schätzt, daß jedes Buch an oder um die 10 Leser erreichte;

vgl. R. Engelsing, *Analphabetentum und Lektüre*, Stuttgart 1973, S. 56 f.

31 BaG 1, 37.

32 WA 1, 28, 95.

33 BA 9, 64.

34 Vgl. BA 9, 81.

35 Es sei in diesem Zusammenhang nur kurz auf Adolf Wölffli (1864–1930) hingewiesen, den berühmt gewordenen Fall eines psychisch Kranken, der sich lebenslang in sehr fruchtbarer Weise künstlerisch betätigte.

36 VB 1, 36.

37 Vgl. dazu R. C. Zimmermann, *Das Weltbild des jungen Goethe*, 2 Bde., München 1969–79.

38 Vgl. WA 2, 11, 54 f.: *Anschauende Urteilskraft.*

39 An J. D. Salzmann, 28. 11. 1771.

40 Mylius an Merck, 24. 10. 1775; VB 1, 142.

41 WA 1, 28, 348.

42 Vgl. K. A. Böttiger, *Literarische Zustände und Zeitgenossen*, Berlin ²1998, S. 42.

43 WA 1, 28, 283.

44 An Auguste zu Stolberg, 20. 9.–22. 11. 1775.

45 BaG 1, 55.

46 WA 1, 29, 89 f.

47 WA 1, 37, 359.

48 WA 1, 37, 115.

49 Vgl. WA 1, 37, 358.357.

50 WA 3, 1, 1.

51 WA 1, 28, 234 f.

52 WA 1, 28, 312.


# Kapitel 3


1 An J. D. Salzmann, 28. 11. 1771.

2 An Auguste zu Stolberg, 3. 8. 1775.

3 An J. C. Kestner, 25. 12. 1773.

4 VB 2, 269: daß »es hier so teuer zu leben ist [...]«.

5 WA 3, 1, 178.

6 R. Engelsing, »Wieviel verdienten die Klassiker? Zur Entstehung des Schriftstellerberufs in Deutschland«, in: *Neue Rundschau* 87 (1976) S. 134.

7 *La Clemenza di Tito*: von P. Metastasio 1734 verfaßt, von Mozart – unter Mithilfe F. X. Süßmayrs – 1791 vertont.

8 VB 1, 181.

9 VB 1, 189.

10 An Johanna Fahlmer, 6. 3. 1776.

11 An Carl August, 23.–26. 12. 1775.

12 N. Elias, *Die höfische Gesellschaft*, Darmstadt [u. a.] 1969; *Über den Prozeß der Zivilisation*, 2 Bde., Bern 1969. – Zu der Kritik von H. P. Dürr (*Der Mythos vom Zivilisationsprozeß*, 2 Bde., Frankfurt 1988–90) ist hier nur zu bemerken, daß die Verschärfung der Verhaltensnormen im Absolutismus, die m. E. im Zentrum der Theorie von Elias steht, von anderen Autoren bestätigt wird. Vgl. J. von Kruedener, *Die Rolle des Hofes im Absolutismus*, Stuttgart 1973.

13 GG 1, 178.

14 VB 1, 153.

15 WA 1, 16, 134.

16 K. von Raumer, *Deutschland um 1800*, Wiesbaden 1980 (= *Handbuch der deutschen Geschichte*, Bd. 3/1, 1), S. 3: eine »Ära allgemeiner Verjüngung«, die »erfüllt war mit unbändigem Reformwillen und geradezu verstiegenem Glauben nicht nur an die Umgestaltung des Staats, sondern an eine Erneuerung des Lebens und der Menschheit, für die der Geist die Prinzipien geben sollte.« Goethes erstes Weimarer Jahrzehnt läßt sich als Exempel dafür anführen. Dagegen kann man Raumers Zitat von F. Gentz, die Ära sei »die große Chance des 18. Jahrhunderts« gewesen, »die Europa verpaßte, als die Französische Revolution es überfiel«, nicht bestätigen. Der politische Konservatismus versuchte im nachhinein immer wieder, die Revolution als Störenfried in einem vermeintlich organischen Entwicklungsprozeß darzustellen. Tatsächlich wollte der Abbau der Relikte des Feudalismus und der Privilegien der Ständegesellschaft ohne eine radikale bzw. »revolutionäre« Vorgehensweise aber nicht in Gang kommen – diese Erfahrung mußte auch Goethe in Weimar machen (vgl. Kap. 5 und 8 des vorliegenden Bandes).

17 GG 1, 188.

18 Man sollte Goethe die offensichtliche Begünstigung wohl gön-

nen. Wenn man die Zeit um 1800 bzw. die Namen Kant, Goethe, Mozart, Beethoven, Carl Friedrich Gauß und dann die heutigen Verhältnisse betrachtet, drängt sich der Eindruck auf, daß
die von letzterem beschriebene Normalverteilungskurve (der
Begabungen) zeitabhängige Parameter aufweisen muß und damals, in Abhängigkeit von diesen, offenbar steiler verlief und ein
größeres Maximum aufwies als heute. Irgend etwas scheint man
also falsch zu machen. Es handelt sich nicht um ein Plädoyer für
ein Elite-Bildungswesen, sondern im Gegenteil um einen Zweifel daran! Denn es läßt sich mit einiger Sicherheit sagen, daß ein
Mensch wie Goethe, der in seinem Leben kaum eine Schule besuchte und nur wenige Dinge wirklich gründlich erlernte – eigentlich nur das Schreiben – als Resultat eines Elitebildungspro-
zesses mit seinen strikten Auslesemechanismen schlechterdings
nicht vorstellbar wäre. Er war das Produkt eines aufgeklärten
und in seinen Bildungserwartungen äußerst liberalen Zeitalters,
das auch ungewöhnlichen, von der Durchschnittsnorm abweichenden Individuen Entfaltungsmöglichkeiten bot.

19 Vgl. R. Engelsing (Anm. 6) S. 131. – Kants gesamte Einkünfte lagen etwas höher, bei ungefähr 750 Talern. Der junge Mozart erhielt als Salzburger »Conzertmeister« bei Colloredo 450 Gulden, also ungefähr 300 Reichstaler, ein Kleinbürgereinkommen.

20 An Kraft, 23. 11. 1778.

21 Vgl. u. a. E. Beutler, »Das Goethesche Familienvermögen von
1687 bis 1885«, in: E. B., *Essays um Goethe*, München/Zürich
⁷1980, S. 398.

22 So – mit Recht – R. Engelsing (Anm. 6) S. 132.

23 Diese Hälfte wurde dann natürlich zwischen dem Dichter und
den Nachkommen seiner Schwester Cornelia geteilt.

24 Vgl. den Brief an Jacobi vom 2. 10. 1782: »Meine Mutter wird es
besorgen, ich weis warrlich nicht mehr wie viel es war, und was
es nun betragen mag [...]«; psychologisch nennt man das wohl
eine ›Verdrängung‹.

25 F. Sengle, *Das Genie und sein Fürst. Die Geschichte der Lebensgemeinschaft Goethes mit dem Herzog Carl August von Sachsen-Weimar-Eisenach*, Stuttgart 1993, S. 48: »Verlegenheit«.

26 E. Beutler, »Die Kindsmörderin«, in: E. B., *Essays um Goethe*,
Zürich/München ⁷1980, S. 85.

27 Vgl. W. Andreas, *Carl August von Weimar. Ein Leben mit Goethe. 1757–1783*, Stuttgart 1953, S. 541.

28 WA 1, 14, 92 f. (V. 1972 ff.); vgl. BA 8, 84 (*Faust. Ein Fragment*) und 18 f. (»Ur-Faust«).

29 Vgl. W. H. Bruford, *Kultur und Gesellschaft im klassischen Weimar 1775–1806*, Göttingen 1966, S. 64.

30 Vgl. etwa die Briefe vom 3. 2. und 26. 2. 1782 an Knebel; in letzterem auch das bestimmte, aber nicht klar formulierte Eingeständnis, daß »ich mich, aus alten und neuen Ursachen, dienstfertig erwieß [. . .].«

31 An J. K. Lavater, 16. 9. 1776.

32 VB 1, 196.

33 An Ch. von Stein, 4. 3. 1779.

34 Vgl. WA 1, 35, 6.

35 Vgl. WA 3, 1, 77 (vgl. auch den folgenden Ausruf!).

36 WA 1, 10, 80 (V. 1832 f.).

37 WA 1, 10, 78 (V. 1785 ff.).

38 WA 1, 10, 83 (V. 1892).

39 WA 1, 10, 84 (V. 1936).

40 WA 1, 10, 84 (V. 1938).

41 Vgl. WA 1, 10, 86 (V. 1970 ff.).

42 Vgl. Th. W. Adorno, »Zum Klassizismus von Goethes Iphigenie«, in: Th. W. A., *Noten zur Literatur*, Frankfurt 1974, S. 509.

43 WA 1, 10 (V. 1973 ff.).

44 WA 1, 10, 94 (V. 2148 f.).

45 A. Manzoni, *Die Verlobten*, übers. von E. W. Junker, München 1960, S. 145.

46 An C. von Knebel, 14. 3. 1779.

47 An Ch. von Stein, 22./23. 8. 1786.

48 A. Bergmann, *Briefe des Herzogs Karl August von Sachsen-Weimar an seine Mutter*, Jena 1938, S. 92.

49 Nach K. Frhr. von Lyncker, *Am Weimarischen Hofe unter Amalien und Carl August. Erinnerungen*, bearb. von W. Bode, Berlin 1912, S. 85. Goethe sollte im Lauf seines Lebens eine immer stärkere Abneigung gegen Hunde entwickeln. In jungen Jahren fand sie sich noch nicht; damals brachte er noch einiges Verständnis für diese Tierart und für die Neigung des Herzogs zu ihr auf (vgl. W. Bode, *Karl August von Weimar. Jugendjahre*, Berlin 1913, S. 317 f.). Seine Abscheu gegen sie trat erst später hervor, und möglicherweise hing dies damit zusammen, daß ihm die Hunde, die um die fürstliche Tafel lagerten, als Attribut einer im Grunde verhaßten absolutistisch-barocken Lebensweise erschienen.

50 An Ch. von Stein, 9./14. 10. 1779.
51 Vgl. Heines *Werke*, hrsg. von E. Elster, Leipzig 1887–90, Bd. 3, S. 276 und S. 278: »Befreiung von den Resten des Feudalismus [. . .].«
52 Vgl. z. B. F. Furet / D. Richet, *Die Französische Revolution*, Nachdr. der Ausgabe von 1968, München [o. J.], S. 84 ff.
53 Heines *Werke* (Anm. 51) S. 417.
54 Angesichts der Alternativen, die es gegeben hätte, muß man konzedieren, daß sie wenig verlockend wirkten: Adel und Krone waren durch eine gemeinsame Kultur und Lebenshaltung miteinander verbunden und ein des privilegierten Standes beraubtes Königtum (Heine: »Volkskönigtum«) hätte folglich einen einschneidenden Umbruch erfordert.
55 BA 17, 250.
56 An Lavater, 9. 8. 1782.
57 An Ch. von Stein, etwa 24. 11. 1779.
58 An Lavater, Ende Nov. 1779.
59 WA 3, 1, 105.
60 Vgl. an Kayser, 15. 3. 1783: »so hab ich auch gefunden daß in der kleinen Welt der Brüder, alles zugeht wie in der grosen«.
61 An Lavater, 13. 10. 1780.

## Kapitel 4

1 GG 1, 397.
2 BG 2, 305: »car elle enlaidit à vue d'œil.«
3 Zit. nach W. Bode, *Charlotte von Stein*, Berlin ⁵1920, S. 61.
4 Nach K. Frhr. von Lyncker, *Am Weimarischen Hofe unter Amalien und Karl August. Erinnerungen*, Berlin 1912, S. 39.
5 Nach W. Bode, *Charlotte von Stein*, Berlin ⁵1920, S. 347.
6 GG 1, 134.
7 Vgl. W. Bode, *Goethes Leben. 1787–1790*, Berlin 1923, S. 211; Schiller war noch ein wenig größer.
8 Es handelt sich um einen Rückschluß. Doch die Aristokraten waren, was die äußere Erscheinung einer Person betraf, so gute Beobachter, daß ihnen zu kurze Beine sofort aufgefallen wären;

außerdem war Goethe in späteren Jahren tatsächlich so fettlei-
big, daß ihm schon das Gehen Mühe bereitete.

9 GG 1,342.
10 VB 1,101.
11 VB 1,141.
12 VB 1,108.
13 An A. zu Stolberg, 13. 2. 1775.
14 Auch in einem Brief von Henriette von Beaulieu-Marconnay
   vom 5. 12. 1830, der durch Goethes Erkundigungen nach Elisabeth von Türckheim, geb. Schönemann, veranlaßt wurde und
   der von »der Geschichte ihres Herzens« sprach, fand sich kein
   Hinweis auf eine Verlobung; dort war nur von »Opfern« in
   »Pflicht« und »Tugendgefühl« die Rede, zu denen sie bereit gewesen wäre, die aber nicht verlangt wurden. Eine liberale Einstellung zur Sexualität war im ausgehenden Rokoko nicht ungewöhnlich; die moralisierende Ausdrucksweise dieses Zeugnisses
   wurde schon von der um 1830 um sich greifenden »geistlichen
   Restauration« (F. Sengle) geprägt.
15 VB 1,161.
16 WA 1,29,156.
17 WA 3,1,8 f.
18 An Ch. von Stein, 9. 7. 1776.
19 Vgl. W. Bode (Anm. 5) S. 100.
20 An Ch. von Stein, 28. 5. 1781.
21 An Ch. von Stein, 20.–27. 10. 1779.
22 An Lavater, 28./29. 10. 1779.
23 An A. von Branconi, 28. 8. 1780.
24 An A. von Branconi, 16. 10. 1780.
25 Ebd. – Dieses Antwortschreiben ist auf den 16. Oktober datiert,
   und Goethe verwechselt darin den »27. Sept.« offenbar mit dem
   27. August, dem Vorabend seines Geburtstags.
26 An Ch. von Stein, 6. 9. 1780. – Das Schreiben von jenem Tag, an
   dem er den Brief von A. von Branconi erhielt, ist an die ältere
   Freundin gerichtet und enthält abschließend die Bemerkung:
   »Sie ist lieblich wie man seyn kann. Ich wollte Sie wären ei-
   fersüchtig drauf [...].« Wie reagierte die Empfängerin? Am
   10. 10. 1780, als er von seiner Reise zurückgekehrt war, schrieb
   Goethe an Ch. von Stein: »Was Sie mir heut früh zulezt sagten
   hat mich sehr geschmerzt, und wäre der Herzog nicht den Berg
   mit hinauf gegangen, ich hätte mich recht satt geweint. [...] Ja es

ist eine Wuth gegen sein eigen Fleisch wenn der Unglückliche sich Lufft zu machen sucht dadurch dass er sein Liebstes beleidigt.« Die Hofdame scheint das ewige Kokettieren satt gehabt und ihrem Verehrer gründlich »den Kopf gewaschen« zu haben, und zwar in Gegenwart des Fürsten!

27 WA 1,1,98; in der ersten Fassung, die an die Bretterwand des Jagdhauses auf dem Gickelhahn geschrieben wurde, hieß die 6. Zeile: »Die Vögel schweigen im Walde.«

28 An J. K. Lavater, etwa 20. 9. 1780.

29 So WA 3,14,94.

30 Die Angaben von W. Bode (in: *Stunden mit Goethe*, Bd. 5, Berlin 1909, S. 14 ff.) gehen auf historische Untersuchungen zurück, die sich an einem sehr entlegenen Ort finden (*Zeitschrift des Harzvereins für Geschichte und Altertumskunde*, 1900; Verf.: W. Rimpau).

31 Eine sehr akkurate Interpretation des *Tasso* kann zeigen, daß die Dialoge semantisch auf eben diese Figurenkonstellation abzielen. Kurz: eine Aufführung auf der Bühne, die einen schon angejahrten Schauspieler zwischen zwei junge Mädchen stellt, verzerrt die immanenten Sinnbezüge des Stücks.

32 GG 1,454.

33 An Ernst II. von Gotha, 19. 4. 1784 (die Kommentare von K. R. Eissler, *Goethe. Eine psychoanalytische Studie. 1775–1786*, München 1987, Bd. 2, S. 1017 f., sind schwer nachvollziehbar).

34 Der Dichter scheint, wie man so sagt, Ch. von Stein also bis zum Beginn des Jahres 1788 treu geblieben zu sein.

35 So heißt es am 4. 8. 1781 an sie: »Sag mir [...„] ob du mit mir einig bist. Es thut mir nichts weher als wenn wir uns einen Augenblick misverstehen, als wenn mein Wesen an deines falsch anschlägt, mit oder ohne meine Schuld.« Am 19. 9. 1782 ausdrücklich »Der beste Effect ist [der,] den zwey gleiche Seelen auf einander machen.« Dieses Gleichgewicht zweier Seelen war äußerst labil; schon ein kleines »Mißverständniß« (vgl. 23. 7. 1782) reichte hin, um schwerwiegende Irritationen auszulösen.

36 Vgl. K. R. Eissler (Anm. 33) Bd. 1, S. 572 f.

37 Eine weitere Briefstelle wird von Eissler falsch interpretiert. Am 21. 10. 1782 fragte Goethe Charlotte von Stein: »Ist dein Zahnweh ausgeblieben?« Da ein regelmäßig auftretendes Zahnweh unwahrscheinlich anmutet, nimmt Eissler an, daß nach der Menstruation gefragt wurde (vgl. K. R. Eissler, ebd., Bd. 2, S. 919).

Wenn diese Annahme richtig wäre, so hätte der Schriftsteller eine Frage gestellt, die heute noch in den Intimbereich fällt und die zu jener Zeit niemals und unter keinen Umständen gestellt worden wäre, wenn nicht schon intime Beziehungen bestanden hätten. Es liegt jedoch eine Fehldeutung vor, denn am 22. 10. 82 schrieb Goethe: »Möge dein Zahnweh vorbey seyn«, und am 23. 10. 1782 fragte er noch einmal nach: »Sage mir ob das Zahnweh vorüber ist?« Es waren tatsächlich die Zähne, die damals wegen mangelnder Hygiene und medizinischer Vorsorge oft üble Beschwerden verursachten – der Dichter selbst hatte mehrfach über einen eiternden Zahn und aufgeschwollene Backen zu klagen. Goethe war am 20. Oktober bei Charlotte von Stein gewesen und sie hatte Zahnschmerzen gehabt, daher fragt er am 23. und am 21., ob es vorüber (»ausgeblieben«) sei.

38 WA 4,7,260 f.

39 1.) An Ch. von Stein, 30. 8. 1783: »du süse Freundin und Geliebte«; 2.) das Gedicht *Warnung*:

Wecke den Amor nicht auf! Noch schläft der liebliche Knabe;
Geh, vollbring' dein Geschäft, wie es der Tag dir gebeut!
So der Zeit bedienet sich klug die sorgliche Mutter,
Wenn ihr Knäbchen entschläft, denn es erwacht nur zu bald.

(WA 1,2,125)

Die einfachste Interpretation dieses Gedichts, auf das ein Brief vom 22. 11. 1784 an Ch. von Stein anspielt, lautet: man muß erst sein Tagewerk (»vollbring dein Geschäft«) verrichten, bevor man sich der Liebe widmen kann. Man soll Amor daher keinesfalls aufwecken; denn er »erwacht nur zu bald«.

40 An Ch. von Stein, 27. 4. 1781.

41 An Ch. von Stein, 10. 3. 1781.

42 An Ch. von Stein, 11. 3. 1781.

43 Ebd.

44 Die Sachlage wird dadurch kompliziert, daß sämtliche großen Tasso-Biographien Apologien des Fürstenhauses von Ferrara bieten; vgl. K. Schulz, *Goethes und Goldonis »Torquato Tasso«*, Frankfurt a. M. [u. a.] 1986, v. a. S. 22 ff.

45 VB 1,239 (nicht in GG).

46 An Carl August, 28. 3.–2. 4. 1788: »[...] ich erinnre mich wohl noch, daß Sie mir davon abriethen.«

47 An Knebel, 21. 11. 1782.

48 An Ch. von Stein, 29. 12. 82.

49 An Ch. von Stein, 11. 12. 82.
50 So F. Sengle, *Das Genie und sein Fürst. Die Geschichte der Le-bensgemeinschaft Goethes mit dem Herzog Carl August* [...], Stuttgart 1993, S. 61: »eine höfische Regel, Unarten zu über-sehen«.
51 GG 3/2,268.
52 Goethe konnte mit Charlotte von Stein tatsächlich die Lektüre von Spinoza (1632–1677) und anderer schwerer geistiger Kost betreiben – vgl. an Herder, 11. 11. 1784.
53 Vgl. GG 1,336.
54 Vgl. VB 2,469.
55 Nur ein Beispiel: »ich muß dein seyn durch alle Zeiten«; an Ch. von Stein, 2. 3. 1784.
56 WA 3,1,326.
57 Diese oder semantisch gleichwertige Formulierungen finden sich in den Briefen seit dem 5. 4. 1781.
58 H. A. Korff, *Geist der Goethezeit*, Tl. 1, Berlin ⁸1966, S. 26.
59 K. Jaspers, »Goethes Menschlichkeit«, in: *Der Monat* 1 (1949) S. 3 ff.
60 K. R. Eissler (Anm. 33) Bd. 1, S. 126 und S. 36.
61 H. A. Korff (Anm. 58) S. 26.
62 WA 1,33,73.204.
63 An Ch. von Stein, 7.–10. 2.1787.
64 WA 1,28,91.
65 An Ch. von Stein, 7.–9. 12. 1777.
66 An Katharina Elisabeth Goethe, 9. 8. 1779.
67 An Ch. von Stein, 7. 9. 1779.
68 An Ch. von Stein, 13.–17. 9. 1777.
69 WA 3,1,50.
70 An Ch. von Stein, 14. 6. 1780.
71 An Ch. von Stein, 24. 9. 1780.
72 WA 1,10,229 (V. 3068 ff.).
73 WA 1,28,287.
74 WA 3,1,74.
75 An Ch. von Stein, 17.–24. 5. 1778.
76 VB 1,311.
77 Vgl. VB 1,302.
78 GG 1,398.
79 GG 2,713.
80 GG 3/2,268.

Kapitel 5

1  WA 3,1,51.
2  F. Hartung, *Das Großherzogtum Sachsen-Weimar unter der Regierung Carl Augusts 1775–1828*, Weimar 1923, S. 105.
3  F. M. Dostojewski, *Der Idiot*, übers. von A. Luther, München 1959, S. 428.
4  Zur Entlastung des Ingolstädter Professors und Begründers des Illuminatenordens Adam Weishaupt reichte es etwa aus, daß er die Werke von Pierre Bayle und Richard Simon für die Universitätsbibliothek hatte anschaffen wollen. Man verlangte zunächst, daß sich Weishaupt vor dem Rektor der Universität verantworten müsse, und erließ auf dessen Rechtfertigung dann ein Dekret, in dem es u. a. hieß: »Der von vermeldeten Professor in seiner ad Rectoratum abgegebenen Verantwortung gebrauchte Vorwand, dass er solches zu seinen collegien über die philosophische Geschichte bedarff, dient ihm zu keiner Entschuldigung, sondern zeigt vielmehr an, dass er dernehmlichen philosophischen Secte, wie der Urstifter Bayle selbst, ebenfalls beygethan sey und sein Werk in keiner andern Absicht beyzuschaffen verlangt habe, als damit solches auch den Schülern in die Hände gespielt und ihnen das Gift auf solche weise beygebracht werden möge.« (Zit. nach L. Engel, *Geschichte des Illuminaten-Ordens*, Berlin 1906, Nachdr. München 1978, Bd. 1, S. 209.) Ein nach den Maßstäben der Aufklärung unmögliches Vorgehen!
5  An Ch. von Stein, 6. 3. 1779.
6  J. Kulischer, *Allgemeine Wirtschaftsgeschichte des Mittelalters und der Neuzeit*, München [u. a.] ⁴1971, Bd. 2, S. 117.
7  H. Eberhardt, *Goethes Umwelt*, Weimar 1951, S. 67.
8  Vgl. ebd., S. 77, und F. Hartung (Anm. 2) S. 91.
9  Es umfaßte im Jahr 1752 bei etwa 5 Millionen Einwohnern 136 000 Mann. Bei einem ähnlichen Militarisierungsgrad (Verhältnis Bevölkerungszahl / Größe der Armee) sollte das heutige Deutschland etwa 2 Millionen Soldaten haben.
10  Nach Auffassung des Wirtschafts- und Sozialhistorikers F. Braudel war der Preis für den Aufstieg des modernen Staates und moderner Wirtschaftsweisen stets überwiegend von den Unterschichten zu entrichten. Vgl. F. Braudel, *Sozialgeschichte des 15.–18. Jahrhunderts*, 3 Bde., München 1985–86, Bd. 3, S. 215 ff.

11 WA 3,1,74.

12 Vgl. an J. A. von Kalb, 27. 11. 1782.

13 Vgl. H. Bürgin, *Der Minister Goethe vor der römischen Reise. Seine Tätigkeit in der Wegebau- und Kriegskommission*, Weimar 1933, S. 57–66 u. ö.

14 Nach *G. Ch. Lichtenbergs ausgewählte Schriften*, hrsg. von E. Reichel, Leipzig [1879], S. 499 ff.

15 J. A. von Bradish, *Goethes Beamtenlaufbahn*, New York 1937, S. 225.

16 Ebd., S. 226.

17 An Merck, 16. 7. 1782.

18 Am 27. 7. 82 hieß es dagegen an Knebel: »Als Geschäfftsmann hat er sich mittelmäsig, als politischer Mensch schlecht, und als Mensch abscheulich aufgeführt«. Goethes Urteil über Kalb war schwankend.

19 Unter Beibehaltung der hergebrachten Höflichkeiten begann sich Goethe am 6. 5. 1783 bei Fritsch zum erstenmal über dessen Benehmen ihm gegenüber zu beschweren und ihn bei dieser Gelegenheit auch gleich zu belehren: über den richtigen Gebrauch des Plurals im Deutschen!

20 W. D. Wilson, *Geheimräte gegen Geheimbünde. Ein unbekanntes Kapitel der klassisch-romantischen Geschichte Weimars*, Stuttgart 1991, S. 70.

21 In einem Brief an Merck vom 8./11. 8. 1782 fragte Goethe nach, ob man auf Ostern 1783 »ohne große Umstände« nicht »eine Summe von 15–20,000 Thalern erheben könnte?« Der Betrag ist so groß, daß er kaum für private Bedürfnisse, vielleicht aber zur Finanzierung des Ilmenauer Silberbergwerks gedacht gewesen sein mag.

22 WA 3,1,86.

23 WA 3,1,136.

24 An K. von Knebel, 17. 4. 1782.

25 Vgl. W. Abel, *Agrarkrisen und Agrarkonjunktur*, Hamburg [u. a.] ³1978, S. 196 ff.

26 F. Hartung (Anm. 2) S. 61.

27 Wie man in AS 1,57 erfährt, legte Fritsch bereits am nächsten Tag zwei Schreiben nach Gotha und Braunschweig vor, die auf Carl Augusts Zustimmung hin auch mundiert wurden. Daß Goethe in seinem eigenen Votum (AS 1,52–56, bes. 54) den Vorschlag aufgriff, bedeutet nicht, daß er der Urheber war! Fritsch,

damals noch der maßgebende Mann im Weimarer Conseil, hätte kaum innerhalb eines Tages zwei Schreiben aufgesetzt, wenn der Vorschlag nicht von ihm selbst gekommen wäre.

28 Vgl. H. Haussherr, »Der Minister Goethe und die äußere Politik Carl Augusts«, in: *Historische Zeitschrift* 169 (1949) S. 311 ff., und H. Tümmler, »Goethes politische Tätigkeit«, in: H. T., *Goethe in Staat und Politik*, Köln 1964, S. 11 ff.

29 Nach U. Crämer, *Carl August von Weimar und der deutsche Fürstenbund*, Wiesbaden 1961, S. 23.

30 Zit. nach G. C. Lichtenberg (Anm. 14) S. 145 f.

31 Zit. nach D. W. Wilson (Anm. 20) S. 306. – Die Stelle aus einem Brief Herzog Ernsts vom 26. 9. 1784 lautet vollständiger: »Aeschylus [Herzog Carl August] hatte bereits Gelegenheit gehabt ihn [Kronprinz Friedrich Wilhelm] darüber zu sprechen, bevor ich ihn selber sprach. Er beharrte, auf seinem wiedrigen Vorurteile gegen uns, und wollte sich zu keinerley Art von Revers oder Zusage gegen uns verbinden, indem Er sagte, er habe bereits die Hefte in den Händen [. . .]«. Wilson vertritt die These, daß Carl August und Goethe dem Illuminatenorden beigetreten seien, um diesen zu kontrollieren, und will die Stelle so deuten (vgl. S. 115), als ob Carl August den Kronprinzen in dessen Mißtrauen hätte bestärken wollen. Dafür findet sich in dieser Stelle aber kein Beleg; es handelt sich – erstens – also um eine Uminterpretation (und einen Verstoß gegen das Occamsche Prinzip). Zweitens muß Wilson dem jungen Goethe eine reaktionäre politische Haltung unterstellen (vgl. S. 10). Wie kommt er denn auf den Gedanken, daß der junge Goethe ein politischer Reaktionär gewesen sein soll? Die hier angeführten Belege weisen fast bruchlos auf das Gegenteil hin – die einzige Ausnahme ist die merkwürdige Vorliebe für den Adel, die gelegentlich hervortritt –, und die fortschrittlich-aufklärerische Haltung des Schriftstellers äußert sich im übrigen noch in Passagen aus den neunziger Jahren (vgl. Kap. 8 im vorliegenden Band: »Revolution«). Die Mitgliedschaft Goethes, Carl Augusts und Herzog Ernsts im Illuminatenorden darf ebenso als Ausdruck ihres progressiven Engagements gelten, wie die Mitgliedschaft des preußischen Kronprinzen im Rosenkreuzer-Orden dessen damals schon konservativ-reaktionäre Einstellung kennzeichnet.

32 Zit. nach ebd., S. 335.

33 Vgl. ebd., S. 119.

34 An Ch. von Stein, 24. 5. 1785.
35 Abgedruckt in: *Jahrbuch der Goethe-Gesellschaft* 6 (1919) S. 273 ff.
36 So etwa – ausgesprochen apologetisch – H. Tümmler, *Goethe als Staatsmann*, Göttingen [u. a.] 1976.
37 An Lavater, 4. 10. 1782.
38 Zit. nach K.-H. Hahn, *Jakob Friedrich von Fritsch. Minister im klassischen Weimar*, Weimar 1953, S. 77.
39 An Ch. von Stein, 4. 6. 1782.
40 An Lavater, 19. 2. 1781.
41 Er nannte sie ehrlicherweise selbst »Spekulationen«, vgl. an Ch. von Stein, 14. 8. und 27. 8. 1784.
42 Vgl. W. Voigt / U. Sucker, *Johann Wolfgang von Goethe als Naturwissenschaftler*, Leipzig 1979, S. 48.
43 An Ernst II. von Gotha, 20. 12. 1784.
44 WA 1,51,122.
45 An Ch. von Stein, 10. 8. 1782.
46 K. Frhr. von Lyncker, *Am Weimarischen Hofe unter Amalien und Karl August. Erinnerungen*, Berlin 1912, S. 50, Anm.
47 An Ch. von Stein, 12.–14. 9. 1780.
48 An Ch. von Stein, 17.–19. 9. 1782. – Ein gutes Jahr später hieß es zu demselben Thema in nur etwas variierter Form: »Ich stecke mitten unter meinen Geschäfften noch immer so voll Leidenschafften, Liebhabereyen, Erfindungen, Einfälle, Grillen und Plane daß mir würcklich manchmal das Leben sauer wird.« (An Jacobi, 12. 11. 1783.)
49 WA 1,51,69.
50 Es scheint, daß Goethe sowohl zu Klinger wie zu Lenz äußerte, daß sie nicht weiter gemeinsam in Weimar bleiben könnten – wahrscheinlich um seine eigene Position nicht zu gefährden bzw. völlig unhaltbar werden zu lassen. Die Darstellungen der Vorgänge in den Quellen fallen nicht ganz einheitlich aus; vgl. neben Goethes Briefen z. B. K. A. Böttiger, *Literarische Zustände und Zeitgenossen*, Berlin ²1998, S. 35 und 45 f., oder, etwas differierend, N. M. Karamsin, *Briefe eines russischen Reisenden*, übers. von J. Richter, Berlin ²1964, S. 132 f., der die Spannungen zwischen Goethe und Lenz als eigentlichen Grund für dessen Abschied bezeichnet.
51 An Ch. von Stein, 26. 1. 1786.
52 An Kayser, 23. 1. 1786.

53 An Kayser, 22./23. 12. 1785.
54 An Ch. von Stein, 26. 1. 1786.
55 An Ch. von Stein, 24. 1. 1786.
56 An Kayser, 22./23. 12. 1785.
57 WA 1,32,145.


# Kapitel 6


1 An Ch. von Stein, 9./10. 7. 1786.
2 WA 3,1,147.
3 Vgl. BG 3,73.
4 WA 3,1,175.
5 An Carl August, 18. 9. 1786.
6 An das Ehepaar Herder, 13.–16. 12. 1786.
7 Eckermann, 3. 5. 1827.
8 WA 3,1,275 f.
9 WA 3,1,266.
10 WA 3,1,266.
11 Vgl. WA 3,1,246 f.
12 Vgl. WA 3,1,250 f.
13 Vgl. an Ch. von Stein, 29./30. 12. 1786: »Immer muß ich wieder-
   hohlen: ich glaubte wohl hier etwas rechts zu lernen, daß ich
   aber soweit in die Schule zurückgehen müßte glaubt ich nicht
   [...]. Ich bin wie ein Baumeister der einen Thurm aufführen
   wollte und ein schlechtes Fundament gelegt hatte; er wird es
   noch bey Zeiten gewahr und bricht gerne wieder ab, was er
   schon aus der Erde gebracht hat [...]«. Eine bildliche Beschreibung des radikalen Umbruchs, der nun stattfand.
14 An Ernst II. von Gotha, 6. 2. 1787.
15 An Herzog Carl August, 11. 8. 1787.
16 WA 3,1,230 f.
17 An Ch. von Stein, 24. 9. 1780.
18 An J. G. Herder, 13. 1. 1787.
19 WA 1,31,67.
20 WA 1,31,77.
21 An Ch. von Stein, 25. 5. 1787.
22 An Kayser, 14. 7. 1787.

23 Vgl. BG 3,113.

24 WA 3,1,331.

25 An den Freundeskreis, 7. 11. 1786.

26 An Herzog Carl August, 12. 12. 1786.

27 WA 1,30,211.

28 WA 1,30,263.

29 WA 1,30,242.

30 Vgl. Kap. 14 im vorliegenden Band: »Rückblick und Selbststilisierung«.

31 WA 1,1,234 f. (2. *Römische Elegie*).

32 J.-J. Rousseau, »Die Bekenntnisse«, in: J.-J. R., *Die Bekenntnisse. Die Träumereien*, München 1978, S. 311.

33 1914 im 53. Band der 1. Abteilung der Weimarer Ausgabe mit der ausdrücklichen Anmerkung, es geschehe »reiner Wissenschaftlichkeit« (Vollständigkeit) halber (WA 1,53,452).

34 An Herzog Carl August, 25. 1. 1788.

35 An Seidel, 15. 5. 1787.

36 An Seidel, 17. 11. 1787.

37 An Herzog Carl August, 27./29. 5. 1787.

38 An Seidel, 8. 12. 1787.

39 An Herzog Carl August, 7./8. 12. 1787.

40 An Herzog Carl August, 25. 1. 1788.

41 An Seidel, 26. 1. 1788.

42 An Herzog Carl August, 17./18. 3. 1788.

43 Vgl. auch die Briefe an Carl August vom 25. 1. 1788: »Die Hauptabsicht meiner Reise war: mich von den phisischen moralischen Übeln zu heilen die mich in Deutschland quälten und mich zuletzt unbrauchbar [!] machten«, und vom 16. 2. 1788: »Gebe der Himmel daß ich mich nie wieder appesantire [...]« – ein später Reflex auf den Vorwurf des Herzogs, »daß ich ans Brod gewöhnt sey, und mich deswegen nicht weit verlaufen mögte« (wie es am 11. 3. 1781 an Ch. von Stein geheißen hatte).

44 An Carl August, 17./18. 3. 1788.

45 WA 1,32,276 f.

46 An Carl August, 6./7. 7. 1787.

47 P. Maisak, *Johann Wolfgang Goethe. Zeichnungen*, Stuttgart 1996, S. 12 ff. u. ö., betont mit Recht die Rolle, die Liebhaberei (oder auch »Dilettantismus«) hier bei Goethe spielt.

48 Dies ergibt sich aus der Formulierung in Goethes Antwort-

schreiben: »Wegen meiner Ausgaben dient folgendes zur Nachricht.« (WA 4,8,332)

49 Goethe sprach wörtlich von einem »surplus«. – Vgl. an Carl August, 25. 1. 1788.

50 An Herzog Carl August, 28. 3.–2. 4. 1788.

51 »Noch andres, wie z. B. die Äußerung Machiavellens, war mit einem Federstrich ausgelöscht.«

52 An Knebel, 24. 5. 1788.

53 Sein Tagebuch weist am 14. Oktober in Venedig den Eintrag auf: »due ore dopo Notte« (WA 3,1,297). Wortwörtlich ins Deutsche übertragen heißt das: zwei Stunden nach Nacht. Es klingt im Italienischen nicht weniger komisch! – *due ore dopo di calar* (oder simpler: *far*) *della notte.*

54 WA 3,1,299.

55 Vgl. VB 2,158 f.

56 GG 1,494.

57 Vgl. GG 3/1,214.

58 WA 1,10,116 (V. 289 ff.).

59 VB 1,361.

60 Ebd.

61 VB 1,370.

62 An Meyer, 19. 9. 1788; der genannte Brief an Tischbein ist nicht erhalten.

63 An Herder, 15. 4. 1790; wie sehr dieses Urteil durch seine damalige Stimmung bedingt war, kann man dem Brief vom 14. 10. 1786 an Seidel entnehmen. Damals, auf der ersten Italienreise, nannte er Venedig »diese wundervolle Stadt«.

64 Er äußerte selbst, daß sie sich mehr nach der Art Martials »als nach der bessern griechischen« neigten: an Körner, 21. 10. 1790.

65 WA 1,1,308. – In einem Brief an Herder vom 3. 4. 1790 schrieb Goethe, er sei inzwischen »[e]in wenig intoleranter gegen das Sauleben dieser Nation als das vorigemal«.

## Kapitel 7

1 An F. H. Jacobi, 21. 7. 1788.
2 WA 1,53,385 (BA 13,866).
3 WA 1,53,386.
4 An F. H. Jacobi, 3. 10. 1788.
5 WA 1,33,187.
6 Ebd.
7 *Schillers Briefe*, hrsg. von F. Jonas, Bd. 1, Stuttgart [o. J.], S. 408.
8 VB 1,359.
9 VB 1,365.
10 WA 1,32,460.
11 VB 1,370.
12 VB 1,390 f.
13 An Herzog Carl August, 16. 2. 1788.
14 GG 1,530.
15 Vgl. GG 1,819.
16 WA 1,33,196.
17 WA 1,33,189.
18 Nach M. Dazzi, »Goldoni in der Gesellschaft seiner Zeit«, in: *Sinn und Form* 10 (1958) S. 846 ff. (Im Jahr 1791 standen in Weimar der Darbietung von 13 verschiedenen Lustspielen nur 3 Tragödien gegenüber, 1792 kamen auf 14 Komödien 4 Tragödien.)
19 R. Steiger, *Goethes Leben von Tag zu Tag. Eine dokumentarische Chronik*, Bd. 3, Zürich/München 1984, S. 20.
20 VB 2,28.
21 Vgl. GG 1,864.
22 VB 2,94.
23 Vgl. die Äußerung Caroline Herders vom 5. 8. 1788: »Ich nahm ihre Partie [die Charlotte von Steins], [...] ich glaube aber nicht, daß er ihr entgegengeht.« (VB 1,358)
24 An Carl August, 6./7. 7. 1787: »ohne Ihren freundlichen Zuruf [...] wäre ich schon jetzt von Rom abgegangen.«
25 An Carl August, 11. 8. 1787: »nun glaube ich nicht zu fehlen, wenn ich Sie ersuche: mich noch biß Ostern in Italien zu laßen.« – In der Korrespondenz an Ch. von Stein findet sich gleichzeitig der Beginn einer längeren Lücke.
26 An Ch. von Stein, 1. 6. 1789.

27 An Ch. von Stein, 8. 6. 1789.

28 VB 2,6.

29 VB 2,64.

30 VB 2,97.

31 So selbst der gelegentlich zur Apologie neigende H. Tümmler, »›Ilmenau‹ – letztes gemeinsames Wirkungsfeld«, in: H. T., *Goethe, der Kollege*, Köln 1970, S. 56.

32 Nach F. Hartung, *Das Großherzogtum Sachsen unter der Regierung Carl Augusts*, Weimar 1923, S. 25.

33 H. Tümmler (Anm. 31).

34 Vgl. W. Flemming, *Goethe und das Theater seiner Zeit*, Stuttgart [u. a.] 1968, S. 242.

35 1803 entstanden, 1824 von Eckermann redaktionell überarbeitet.

36 Vgl. dazu und zum Folgenden WA 1,40,154.

37 An J. F. Reichardt, 30. 5. 1791.

38 Vgl. J. Wahle, *Das Weimarer Hoftheater unter Goethes Leitung*, Weimar 1892, S. 202.

39 Vgl. ebd., S. 203 f. – W. Maas bat dann um Entlassung aus ihrem Vertrag, wobei sie von Iffland unterstützt wurde; Goethe wollte einer vorzeitigen Aufhebung aber nicht zustimmen (vgl. WA 4,17,138 f.).

40 Zit. nach L. Schrickel, *Geschichte des Weimarer Theaters von seinen Anfängen bis heute*, Weimar 1928, S. 131 (an von Hendrich, 21. 3. 1803).

41 Nach W. Flemming, *Goethe und das Theater seiner Zeit*, Stuttgart [u. a.] 1968, S. 211.

42 Daß die skeptischen Äußerungen über Iffland keinesfalls völlig falsch gewesen sein können, zeigt Goethes Bemerkung an Schiller aus dem April 1798 (WA 4,18,79): »Ifflands Spiel macht mir ein unendliches Vergnügen, weil mir die Einschränkungen seines Talents [!], an denen sich so manche stoßen, im mindesten nicht im Wege sind [. . .]«.

43 An Schiller, 28. 4. 1798 (vgl. auch an Meyer, 23. 3. 1798).

44 Ein paar Zahlen: In Leipzig lebten wie in Frankfurt a. M. etwa 35 000 Einwohner, das französische Straßburg war eine starke Festung und daher größer: rund 50 000 Einwohner. Dies entsprach etwa der Bevölkerung Veronas; Bologna hatte schon an die 80 000 Bewohner, Venedig war mit rund 100 000 Einwohnern fast eine Metropole. Rom wurde auf etwa 150 000 Einwohner geschätzt, ähnlich Palermo, und Neapel dürfte mit seinen

damals rund 200 000 Bewohnern die größte Stadt gewesen sein, die Goethe je zu Gesicht bekam. Im deutschen Reich hatte nur Berlin etwa 100 000 Einwohner, Wien etwa 150 000.

45 WA 3,1,242.
46 GG 1,628.
47 K. von Lyncker, *Am Weimarischen Hofe unter Amalien und Karl August. Erinnerungen*, Berlin 1912, S. 46 f.
48 Vgl. GG 2,505.
49 GG 2,1154.
50 So etwa G. A. Craig, *Über die Deutschen*, München 1982, S. 348.
51 An A. von Gotha, 3. 1. 1800.
52 GG 2,904.
53 Zit. nach S. Unseld, *Goethe und seine Verleger*, Frankfurt a. M. ²1993, S. 125.
54 Göschen schrieb: »Mann versteht die Iphigenia nicht [!] die Geschwister sind langweilig. Der Triumph der Empfindsamkeit ist veraltet und kommt zu spät die Vögel sind zu dunkel.« (Zit. nach S. Unseld, ebd., S. 128.)
55 WA 1,10,199 (V. 2329 f.).
56 WA 1,10,135 (V. 743 ff.).
57 Vgl. an Schultz, 10. 1. 1829.
58 An Göschen, 4. 7. 1791.
59 Der Begriff war schon in der Biedermeierzeit en vogue und tauchte etwa in Immermanns *Münchhausen* wiederholt auf.
60 *Schillers Briefe* (Anm. 7) S. 39.
61 Goethe/Schiller, *Der Briefwechsel*, hrsg. von S. Seidel, München 1984, Bd. 1, S. 206 (9./11. 7. 1796).
62 Ebd., 16. 5. 1795.
63 An Reichardt, 25. 10. 1790.
64 An Knebel, 9. 7. 1790.
65 An Reichardt, 29. 7. 1792.
66 An J. H. Meyer, 18. 3. 1797.
67 WA 2,4,295 f.
68 An Reichardt, 29. 7. 1792.
69 Vgl. GG 2,234.
70 Eckermann, 2. 5. 1824.
71 Eckermann, 19. 2. 1829.

# Kapitel 8

1 VB 1,441.
2 Vgl. K. Frhr. von Lyncker, *Am Weimarischen Hofe unter Anna Amalien und Karl August. Erinnerungen*, Berlin 1912, S. 133.
3 An C. G. Voigt, 10. 9. 1792.
4 An Jacobi, 18. 8. 1792.
5 An Jacobi, 3. 3. 1790.
6 Wie die meisten Angaben zur Revolution nach F. Furet / D. Richet, *Die Französische Revolution*, Frankfurt a. M. 1968, S. 247.
7 An Ch. Vulpius, 15. 10. 92.
8 BA 9,65.
9 Ebd.
10 An Lavater, 9. 8. 1782.
11 Vgl. dazu generell und grundlegend O. Brunner, *Land und Herrschaft*, Wien ⁵1965.
12 WA 1,33,266.
13 BA 13,864 f.
14 VB 1,435.
15 Vgl. GG 3/2,268.
16 An Reichardt, 29. 7. 1792.
17 WA 1,23,146.
18 An Schiller, 17. 3. 1798.
19 Wie das folgende Zitat nach GG 1,520 ff. (BG 3,456 ff.).
20 WA 1,33,91.
21 VB 1,357 f.
22 GG 1,492 f.
23 VB 1,440.
24 WA 1,2,271.
25 Vgl. GG 1,901.
26 VB 2,104.
27 GG 1,628.
28 An Voigt schrieb er am 25. 10. 1797: »wenn man Gebäude liebt, so muß man nach Rom gehen. Was wir in Deutschland, ja aller Orten, der Natur aufdringen und der Kunst abgewinnen wollen, sind alles vergebliche Bemühungen. Verzeihen Sie mir diese gleichsam hypochondrischen Reflexionen [...]«.
29 Vgl. WA 3,1,268.
30 An Schiller, 15. 12. 1795.

31  VB 2,66.

32  Vgl. GG 1,545.

33  VB 2,125.

34  An J. G. Herder, Mai 1794.

35  Vgl. GG 1,622.

36  VB 2,52.

37  Goethe selbst geht voraus. In einem Brief an Lichtenberg vom
    26. 12. 1796 findet sich die Bemerkung, der vierte Band seines
    Romans erfülle »vielleicht nur einen geringen Theil jener Erwar-
    tungen [...] welche die ersten Bände erregten.« Vgl. auch den
    Brief an Schiller vom 9. 7. 1796, s. Anm. 41.

38  Vgl. W. Krauss, *Das Schauspiel meines Lebens*, Stuttgart 1958,
    S. 256: »Das Schlimmste ist, sich selber zu spielen.«

39  W. Shakespeare, *Hamlet*, Bd. 1: Text. Englisch/Deutsch, Stutt-
    gart 1984 [u. ö.], S. 202/203.

40  WA 1,23,210.

41  Natürlich lassen sich dafür Ursachen finden: Wilhelm ist in den
    *Lehrjahren* für die Schauspielerei zwar zu schade, aber er ist
    weiterhin »ein junger Autor« und die Gräfin will »die Abschrift
    seiner Stücke« (WA 1,21,320); er ist mithin Kulturträger. Über
    die höheren Stände heißt es hingegen: »Wie will der Weltmann
    bei seinem zerstreuten Leben die Innigkeit erhalten, in der ein
    Künstler bleiben muß [...]« (WA 1,22,19 f.)! Der Aristokrat
    kann sich nicht zum Autor bilden, und der Schriftsteller Wil-
    helm Meister benötigt zu seiner Vervollkommnung die Vorzüge,
    die ihm ein höherer Stand verschafft (WA 1,22,22 f.); die ab-
    schließende Synthese von Bürgertum und Adel, bei der Goethes
    eigenes Vorbild Pate stand, ist daher zum beiderseitigen Vorteil:
    der Künstler erhält sein Adelsprädikat, die Aristokratie nimmt
    einen Repräsentanten der Kultur in ihre Reihen auf. Daß der
    Roman die dazu erforderlichen Vorgänge strukturell nur schwer
    motivieren kann, der Geheimbund jene »Maschinerie« bleibt,
    die, wie Goethe selbst schreibt, den »Verdacht eines kalten Ro-
    manbedürfnisses« kaum verbergen kann (an Schiller, 9. 7. 1796),
    verwundert freilich nicht. Denn schließlich war das Kunststück
    zu vollführen, den »in einem feinen Bürgerhause« (WA 1,21,86)
    erzogenen Helden erst in eine dubiose Theatertruppe zu verset-
    zen – um einen Teil der literarischen Substanz der ersten Fas-
    sung zu retten –, und ihn dann in die Aristokratie emporzukata-
    pultieren.

42 WA 1,23,132.
43 Ebd.
44 WA 1,20,7.
45 GG 2,360.
46 WA 1,22,149 ff.
47 WA 1,22,151.
48 GG 2,849.
49 GG 1,644.
50 VB 2,59.
51 VB 2,110.
52 GG 1,734.
53 GG 1,906: »puisse être si mal logé«.
54 Die Form des lyrischen Romans fand sich schon in *Sophiens Reise von Memel nach Sachsen* (1769–73) von Johann Timotheus Hermes.
55 VB 2,53.
56 Fieldings entsprechendes Selbstbewußtsein – als Begründer einer neuen literarischen Gattung – drückte sich in der Bemerkung aus: »I am, in reality, the founder of a new province of writing [...]« (H. Fielding, *The History of Tom Jones a Foundling*, Oxford 1974, Vol. 1, S. 77).
57 An F. H. Jacobi, 17. 10. 1796.

## Kapitel 9

1 Vgl. P. Lahnstein, *Schillers Leben*, München 1981, S. 306.
2 Vgl. VB 2,269. – Die Inflationsrate war damals sehr gering. Es gab gelegentlich zwar starke Teuerungen, die durch Verknappungen, Mißernten, Kriege o. ä. ausgelöst wurden, aber danach pflegten die Preise wieder auf das frühere Niveau zurückzugehen. Kreditzinsen waren unter seriösen Partnern daher sehr niedrig: 4 % jährlich stellten, wie man aus Goethes Briefen erfährt, den Standard dar. Umgekehrt rentierten sich die Kapitalanlagen von Johann Caspar Goethe, dem Vater des Dichters, auch nur mit etwa 4 %.
3 GG 1,433.
4 GG 1,432.

5 GG 1,463.
6 Vgl. VB 1,400.
7 GG 1,460.
8 Zit. nach: Schiller/Goethe, *Der Briefwechsel*, hrsg. von S. Seidel, München 1984, Bd. 1, S. 12.
9 Ebd., S. 404.
10 WA 3,1,197: »Der Künstler hatte einen grosen Gedancken aus-zuführen, ein groses Bedürfniß zu befriedigen [...] und er konnte gros und wahr in der Ausführung seyn [...]. Aber wenn das Bedürfniß klein, wenn der Grundgedancke unwahr ist, was will der grose Künstler dabey und was will er daraus machen? er zerarbeitet sich den kleinen Gegenstand gros zu behandeln, und es wird was, aber ein Ungeheuer, dem man seine Abkunft immer anmerckt.«
11 Schiller/Goethe (Anm. 8) Bd. 1, S. 411.
12 Schiller/Goethe (Anm. 8) Bd. 1, S. 395.
13 VB 2,30.
14 Vgl. GG 1,852.
15 Vgl. WA 1,10,116 (V. 289 ff.).
16 Eckermann, 3. 5. 1827.
17 Das wurde von einer Allianz aus Paukern und Professoren im-mer wieder nachgebetet.
18 WA 1,23,249 f.
19 An Schiller, 15. 11. 1796.
20 An Schiller, 9. 5. 1798.
21 Schiller/Goethe (Anm. 8) Bd. 2, S. 96.
22 Vgl. W. H. Bruford, *Die gesellschaftlichen Grundlagen der Goethezeit*, Frankfurt a. M. [u. a.] 1975, S. 261 f. – Das übliche Zeitschriften-Honorar lag damals bei etwa 15 Reichstaler pro Bogen, die *Horen* zahlten für »normale« Mitarbeiter, z. B. A. W. Schlegel, 20 Rtl. pro Bogen, Goethe erhielt 40 Rtl.!
23 GG 1,669. – Die Äußerungen von Rolf Engelsing: »In seiner mittleren Lebensperiode erzielte Goethe im Jahr etwa 1500 bis 2000 Taler Einnahmen durch literarische Arbeit zusätzlich zu seinem Diensteinkommen, manchmal weniger [...].« (R. E., »Wieviel verdienten die Klassiker? Zur Entstehung des Schrift-stellerberufs in Deutschland«, in: *Neue Rundschau* 87, 1976, H. 1, S. 132) sind m. E. zu optimistisch. 1500 oder gar 2000 Taler pro Jahr waren durch literarische Arbeiten nur zu verdienen, wenn es gelang, für ein Werk wie z. B. *Hermann und Dorothea*

eine ungewöhnliche Summe zu erhalten. Erst in der Verbindung mit Cotta und nach 1800 wurden Goethes Honorare höher, für *Die Natürliche Tochter* erhielt er im Jahr 1803 z. B. 2200, für *Die Wahlverwandtschaften* (1808/09) 2500, für die anschließende Autobiographie nicht weniger als 12 000 Taler!

24 An Schiller, 3. 1. 1798.
25 An Schiller, 16. 5. 1795.
26 GG 2,362.
27 VB 2,54.
28 Vgl. an Schiller, 3. 5. 1795.
29 Schiller/Goethe (Anm. 8) Bd. 1, S. 82 f.
30 Schiller/Goethe (Anm. 8) Bd. 1, S. 124.
31 An Schiller, 21. 11. 1795; Goethe war nicht zuletzt über die Miß-achtung seiner Verdienste verärgert: »die geheime Fehde des Verschweigens, Verruckens und Verdruckens [...]« (ebd.).
32 Schiller/Goethe (Anm. 8) Bd. 1, S. 124. Dies bezieht sich direkt auf die Bemerkung in Goethes vorangegangenem Brief über »eine Art Kriegserklärung gegen die Halbheit« (ebd., S. 121). Die Anmerkung in WA 4,10,427 zu 353,13 ff. ist nicht haltbar.
33 Vgl. den Brief von Gentz an Adam Müller vom 20. 8. 1818 in GG 3/1,77 f.
34 An Schiller, 28. 10. 1795.
35 An Schiller, 30. 12. 1795.
36 So – aus anderem Anlaß – in: Schiller/Goethe (Anm. 8) Bd. 1, S. 128.
37 WA 1,5.1,240.
38 VB 2,89.
39 A. W. Schlegel, *Briefe von und an A. W. Schlegel*, hrsg. von J. Körner, 2 Bde., Zürich 1930, Bd. 1, S. 53.
40 Herder gab im Jahr 1796 in seinen *Briefen zur Beförderung der Humanität* noch ein Beispiel für diese alte Form der Lite-raturkritik. Goethe nahm sie gar nicht gut auf; er spottete in seinen Briefen über den »Freund Humanus«; vgl. an Schiller, 14. 6. 1796, und an Meyer, 20. 6. 1796.
41 Schiller/Goethe (Anm. 8) Bd. 2, S. 35.
42 An Meyer, 20. 6. 1796.
43 GG 1,713 f.
44 An Schiller, 28. 6. 1797.
45 An Schiller, 23. 8. 1797.
46 GG 1,628 f.

47 VB 2,128.
48 An G. Hufeland, 10. 1. 1798.
49 An Schiller, 6. 1. 1798.
50 An Schiller, 7. 2. 1798.
51 GG 1,731.
52 An Schiller, 25. 7. 1800.
53 Zit. nach *Die ästhetische Prügeley. Streitschriften der antiromantischen Bewegung*, hrsg. von R. Schmitz, Göttingen 1992, S. 300.
54 An Schiller, 31. 10. 1798.
55 An Cotta, 7. 11. 1798.
56 An Cotta, 16. 7. 1798.
57 In der Einleitung zu den *Propyläen* wurde ausdrücklich der
   Grundsatz verfochten, »daß wir uns so wenig als möglich vom
   classischen Boden entfernen« (WA 1,47,6).
58 Da diese Kunstströmung in Italien ›verismo‹ genannt wird, ist
   ›naturalismo‹ dort bezeichnenderweise bis heute ein negativer
   Begriff.
59 WA 1,35,86.
60 Vgl. P. Maisak, *Johann Wolfgang Goethe. Zeichnungen*, Stuttgart
   1996, S. 15.
61 Vgl. B. Böschenstein, »Goethes *Natürliche Tochter* als Antwort
   auf die Französische Revolution«, in: *Bausteine zu einem neuen
   Goethe*, hrsg. von P. Chiarini, Frankfurt a. M. 1987, S. 93 f.
62 WA 1,35,83.
63 WA 1,35,144.
64 Nach R. M. Kiel, *Die deutsche Klassik und ihr Publikum*, Diss.
   München 1977, S. 308.
65 An Zelter, 8. 8. 1804.
66 WA 1,10,264 (V. 361 ff.).
67 WA 1,10,380 (V. 2900).
68 Vgl. W. Emrich, »Goethes Trauerspiel *Die natürliche Tochter*.
   Zur Ursprungsgeschichte der modernen Welt«, in: *Aspekte der
   Goethezeit*, hrsg. von St. A. Corngold [u. a.], Göttingen 1977,
   S. 163 ff.
69 Vgl. WA 1,10,311 (V. 1369), 325 (V. 1724 f.), 308 (V. 1294 f.).
70 An Schiller, 28. 7. 1796.
71 An Schiller, 27. 7. 1799.
72 An Schiller, 29. 7. 1797.
73 An Meyer, 5. 12. 1796.
74 Unglücklich ist auch die Vorstellung von der »Demarkations-

linie« (so Gebhardt, *Handbuch der deutschen Geschichte*, hrsg.
von H. Grundmann, Bd. 3, Stuttgart ⁹1993, S. 34 ff.), die nach
dem Basler Frieden von 1795 Mittel- und Norddeutschland
zum Süden und zu den Kriegsgeschehnissen hin abgetrennt haben soll und hinter der man sich die Schriftsteller der Weimarer
Klassik in Ruhe, Frieden und Muße an ihren literarischen Werken dachte; denn Goethe und Schiller betrachteten die Grenzli-
nien, die in den Friedensverträgen verliefen, nicht als Schutz-
wälle, die sie vor den Wirren der Zeit bewahrt hätten!

75 Vgl. den Brief an Ch. Vulpius vom 7. 5. 1799.

76 VB 2,146 (in GG 1,725 gekürzt).


## Kapitel 10


1 VB 2,66.

2 Schiller/Goethe, *Der Briefwechsel*, hrsg. von S. Seidel, München
1984, Bd. 1, S. 81.

3 An Schiller, 15. 4. 1797.

4 An Schiller, 12. 4. 1797; publiziert in den *Noten und Abhandlungen zu besserem Verständniß des West=östlichen Divans*, die,
wie andere Alterswerke, auch die Funktion eines Sammel-
beckens für das »Vermischte« erhielten; WA 1,7,154 ff.

5 Eckermann, 11. 10. 1828.

6 Zit. nach W. Bode, *Goethes Leben. 1749–1771*, Berlin 1922, S. 88.

7 WA 1,26,72 f.

8 Vgl. an Ch. von Stein, 5. 6. 1784.

9 Vgl. W. Hagen, »Goethes Werke auf dem Markt des deutschen
Buchhandels«, in: *Goethe-Jahrbuch* 100 (1983) S. 11 ff.

10 Vgl. WA 1,35,95.

11 VB 2,159.

12 Nach J. Körner, *Romantiker und Klassiker*, Berlin 1924, S. 99,
Anm. 7.

13 Nach R. Haym, *Die Romantische Schule*, Berlin 1870 [Nachdr.
Darmstadt 1977], S. 246.

14 Zit. nach M. Frank, *Das Problem »Zeit« in der deutschen Romantik*, München 1972, ²1990, S. 38.

15 Vgl. an Eichstädt, 16. 1. 1805, wo sich anläßlich einer Rezension

die Bemerkung findet, sie sei eigentlich nur »ein Versichern des
Verfassers, daß ihm das nicht zu Kopfe will, was andre denken
und lehren, welche Versicherung man, höflicher oder gröber,
von allen Philosophen hören kann, deren Individualität gegenwärtig den deutschen philosophischen Parnaß entzweyt.«

16 Vgl. dazu K. Schulz, »Voraussetzungen kultureller Vermittlung
in der Frühromantik. Kosmopolitismus und Nationalismus bei
den Brüdern Schlegel«, in: *Recherces germaniques* 19 (1989)
S. 38 ff. [u. ö.].

17 Kritische Friedrich-Schlegel-Ausgabe, Bd. 2, hrsg. von H. Eich-
ner, München [u. a.] 1967, S. 7 f.

18 Schiller/Goethe (Anm. 2) Bd. 1, S. 341.

19 *Friedrich Schlegels Briefe an seinen Bruder August Wilhelm*,
hrsg. von O. Walzel, Berlin 1890, S. 301.

20 In dem Brief von Dorothea Veit an Schleiermacher vom
9. 12. 1799 (GG 1,735) heißt es: »Von Ihnen hat er [Goethe] gesagt, Sie gehörten sehr zum Berge, nämlich zu Schlegels.« Daß
auch Goethe den Schlegelschen Jargon aufgegriffen und von der
Bergpartei gesprochen haben soll, scheint freilich unwahrscheinlich. In der neueren Literatur zu Schlegel werden die Vorgänge
meist in etwas gemilderter Form dargestellt: »Geschmacksdikta-
tur« bzw. »Literaturkritik in der Form der Zensur« (so R. Zons,
»Das Schöne soll sein«, in: E. Behler / J. Hörisch, *Die Aktualität
der Frühromantik*, Paderborn 1987, S. 213). Das Originalvoka-
bular der Brüder Schlegel (»Annihilation« etc.) ist noch radikaler.

21 VB 2,168.

22 Der Anlaß war die Frage der Versorgung von Herders zahlreichen Kindern gewesen. Daß Goethe sich in diesem Punkt die
auf Sparsamkeit bedachte Sicht Carl Augusts zu eigen machte, wurde ihm insbesondere von Herders Frau sehr übelgenommen.

23 An Schiller, 25. 7. 1798.

24 Vgl. *Briefe von und an A. W. Schlegel*, hrsg. von J. Körner,
2 Bde., Zürich 1930, Bd. 1, S. 90 (2. 5. 1799).

25 Nach R. Haym (Anm. 13) S. 720.

26 Vgl. die Bemerkungen Goethes an Schiller, 2. 5. 1799.

27 WA 1,35,121.

28 An Bertuch, 12. 1. 1802.

29 WA 1,35,120.

30 Vgl. GG 1,310f. – Sein Bericht scheint etwas ausgeschmückt; er
   schmeckt nach rührendem bürgerlichen Familienstück und ist in
   einigen Einzelheiten auch nicht zuverlässig.
31 Vgl. N. Gogol, *Die toten Seelen*, übers. von W. Kasack, Stuttgart
   1993, S. 14.
32 GG 2,447 (1809).
33 An Zelter, 23. 2. 1817.
34 Vgl. WA 13,2,1 ff.
35 GG 2,671 (1811).
36 Zit. nach A. von Kotzebue, *Schauspiele*, hrsg. von J. Mathes,
   Frankfurt a. M. 1972, S. 588.
37 An Schiller, 19. 1. 1802.
38 VB 2,220.
39 An Schiller, 9. 5. 1802.
40 Vgl. GG 1,854 f.; das Weimarer Theater hatte bis 1798 nur Par-
   terresitze für rund 400 Zuschauer gehabt. In diesem Jahr wurden
   vor der Uraufführung des *Wallenstein* balkongestützte Logen in
   den Saal eingezogen; danach nahm der Raum etwa 200 Personen
   mehr auf. In einem undatierten Schreiben an Kirms (vgl. WA
   4,18,5 f.) beklagt sich Goethe, daß das Theater bei einer *Hamlet*-
   Aufführung überfüllt gewesen sei und erteilt die Anweisung,
   daß anstatt der 731 Zuschauer, die er gezählt habe, künftig nur
   noch 600 eingelassen werden dürften.
41 Zit. nach: *Die ästhetische Prügeley. Streitschriften der antiromantischen Bewegung*, hrsg. von R. Schmitz, Göttingen 1992,
   S. 203 ff. – Vor dieser Publikation hatte man auf die Angaben
   A. Kobersteins zurückzugreifen, vgl. A. K., *Grundriß der Geschichte der deutschen National-Litteratur*, Bd. 3, Leipzig ⁴1866,
   S. 2502 ff.
42 Vgl. GG 1,880.
43 VB 2,236.
44 VB 2,235.
45 VB 2,235.
46 An Zelter, 4. 8. 1803.
47 WA 1,35,152.
48 Nach einem Zeugnis I. H. Fichtes von 1862, das sich auf münd-
   liche Überlieferung beruft, war Goethe bei der Entlassung die
   treibende Kraft gewesen (vgl. GG 1,725). Der Dichter äußerte
   sich in den Briefen der damaligen Zeit zweimal ausgesprochen
   negativ über Fichte. In einem Konzept an W. von Humboldt

hieß es am 16. 9. 1799, Fichte habe zuerst »einen albernen Streich gemacht«, indem er einen Aufsatz publizierte, »der nach dem hergebrachten Sprachgebrauch atheistisch genug war«, dann sei er »auch noch grob gegen das Gouvernement« geworden und »so erhielt er seinen Abschied«. An Schlosser hatte Goethe vorher, am 30. 8. 1799, von einer »unverschämte[n] Präoccupation« gesprochen und konzediert: »Und ich für meine Person gestehe gern, daß ich gegen meinen eignen Sohn votieren würde, wenn er sich gegen ein Gouvernement eine solche Sprache erlaubte.« Fichte selbst äußerte in seinen Briefen erheblichen Unmut über Goethes Verhalten ihm gegenüber, machte, von der Forderung nach Diskretion geleitet, aber keine näheren Angaben.

49 Nach WA 4,16,467.
50 Wie die folgende Stelle aus dem Brief an Carl August vom 1. 9. 1803 (WA 4,16,283 ff.).
51 VB 2,269.
52 GG 1,787.
53 Vgl. GG 1,999 f.
54 G. Schmidt, *Die Krankheit zum Tode. Goethes Todesneurose*, Stuttgart 1968.
55 Vgl. dazu generell und ausführlich Ph. Ariès, *Geschichte des Todes*, München 1980.
56 WA 1,32,290.
57 An Knebel, 24. 12. 1824.
58 An Zelter, 30. 10. 1824.
59 An C. W. von Fritsch, 7. 1. 1826
60 An Schiller, 9. 8. 1797.
61 So W. H. Bruford, *Kultur und Gesellschaft im klassischen Weimar 1775–1806*, Göttingen 1966, S. 300; eine schon sozialhistorisch orientierte Darstellung, die in diesem Punkt noch ganz vom deutschen Klassik-Mythos und Goethe-Kult geprägt ist.
62 Th. Storm, *Sämtliche Werke*, 2 Bde., München 1951, Bd. 1, S. 574.

## Kapitel 11

1 An F. A. Wolf, 30. 8. 1805.
2 WA 1,27,116.
3 WA 1,27,212.
4 WA 1,27,300.
5 WA 1,28,217.
6 WA 1,29,46.
7 WA 1,28,27.
8 Ebd.
9 An Schiller, 28. 7. 1796.
10 Eckermann, 11. 3. 1828.
11 Vgl. GG 1,901.
12 Schiller/Goethe, *Der Briefwechsel*, hrsg. von S. Seidel, München 1984, Bd. 2, S. 182.
13 An Schiller, 22. 12. 1798.
14 An Schiller, 24. 8. 1799.
15 An Schiller, 22. 12. 1798.
16 Nach Riemers Bericht: GG 2,138 ff.
17 Vgl. GG 2, S. 146 f.
18 Vgl. GG 1,790 f.
19 GG 2,19 f.
20 GG 2,607.
21 Vgl. GG 2,534.
22 Vgl. VB 2,355.
23 Vgl. GG 1,733: ein Brief Christiane Vulpius' von 1799.
24 BaG 2,191.
25 GG 2,1136 f.
26 VB 2,360.
27 GG 2,978.
28 Vgl. dazu auch K. R. Eissler, *Goethe. Eine psychoanalytische Studie*, Bd. 1, Frankfurt a. M. 1983, S. 161.
29 Eckermann, 5. 3. 1830.
30 Vgl. WA 1,36,269 ff.
31 Vgl. GG 2,336 ff. und 343 ff.
32 Vgl. GG 3,2,546.
33 WA 1,36,274.
34 Vgl. GG 2,338.
35 GG 2,352 f.

36 Er mündete in diesem Fall in die Übertragung des Prometheus-Mythos auf Napoleon – vgl. dazu H. Blumenberg, *Arbeit am Mythos*, Frankfurt a. M. 1979. Aus dieser Perspektive ließe sich dann sagen, daß (so Blumenberg, S. 537) eigentlich nur die Begegnung mit Napoleon wichtig gewesen sei, nicht das, was bei ihr gesprochen wurde: denn das tatsächliche Gespräch muß verhältnismäßig trivial verlaufen sein; »trivial« angesichts der späteren literarischen Überformung, nach der der Dichter mit der Verkörperung eines Mythos zusammengetroffen war.

37 Vgl. GG 2,335 ff.

38 GG 2,335.

39 Ebd.

40 Vgl. GG 2,355.

41 Vgl. WA 1,36,272.

42 GG 2,411.

43 GG 2,843 f.

44 GG 2,691 (22. 9. 1811).

45 GG 2,825 (31. 7. 1813).

46 GG 2,844 (9. 11. 1813).

47 GG 2,505 – die literarische Kritik Humboldts galt übrigens den *Wahlverwandtschaften*.

48 S. Boisserée, *Ansichten, Risse und einzelne Theile des Doms zu Köln*, 4 Lieferungen, Stuttgart 1822–31.

49 GG 2,645 f.

50 An Zelter, 2. 9. 1812.

51 GG 2,735.

52 GG 2,1036.

53 GG 2,1020.

54 GG 3/1,648.

55 Vgl. GG 3/1,161.

56 Vgl. W. Bode, »Goethes Kapellmeister«, in: *Stunden mit Goethe*, hrsg. von W. Bode, Bd. 7, Berlin 1911, S. 241 ff.

57 Die Hofkapelle umfaßte noch im Jahr 1820 ganze 30 Mitglieder (vgl. H. Eberhardt, *Goethes Umwelt*, Weimar 1951, S. 26). Damals war Sachsen-Weimar schon Großherzogtum; zuvor dürfte sie noch kleiner gewesen sein. Und die Kapelle des Hof-, Stadt- und Landmusikus war selbstverständlich kleiner als die fürstliche.

58 Eines der namhaftesten Beispiele eines adeligen Liebhaberkomponisten, dessen Werke weit über Dilettantenniveau lagen, dürfte

der Holländer Unico Wilhelm Graf van Wassenaer (1692–1766) sein, dessen Concerti grossi auf Grund ihrer hohen Qualität lange dem Profi G. B. Pergolesi (1710–1736) zugeschrieben wurden.

59 Vgl. F. Hennenberg, *Wolfgang Amadeus Mozart*, Leipzig 1970, S. 7.

60 Goethe vollzog hier nicht den Prozeß der Ablösung von Repräsentation, Rhetorik und Mimesis, mit dem sich im letzten Viertel des 18. Jahrhunderts die reine Instrumentalmusik als autonome Größe zu etablieren begann. Vgl. C. Dahlhaus, *Die Idee der absoluten Musik*, Kassel 1978, sowie J. Neubauer, *The Emancipation of Music from Language*, New Haven/London 1986.

61 Vgl. GG 1,955.

62 Vgl. M. von Albrecht, *Goethe und das Volkslied*, Darmstadt ²1985, S. 123.

63 Vgl. an Zelter, 2. 5. 1820.

64 Vgl. W. Salmen, *Johann Friedrich Reichardt. Komponist, Schriftsteller, Kapellmeister und Verwaltungsbeamter der Goethezeit*, Freiburg [u. a.] 1963, S. 84 ff.

65 Schiller/Goethe (Anm. 12) Bd. 1, S. 154.

66 WA 1,5/I,236 (Xenion 216). – Vgl. auch W. Salmen (Anm. 64) S. 88.

67 Dem Pianisten und Komponisten Johann Nepomuk Hummel (1778–1837), der in Goethes Altersjahren, ab 1820, Weimarer Hofkapellmeister war, wurden in dem thüringischen Kleinstaat immerhin 1800 Taler pro Jahr zugebilligt.

68 Wie die nächste Angabe nach W. Salmen (Anm. 64) S. 42.

69 Zit. nach W. Salmen (Anm. 64) S. 177.

70 Reichardt beging in Berlin auch die Ungeschicklichkeit, sich nach dem Tod des musikalisch sehr konservativen Friedrich II., 1786, nicht um eine neue Vertrauensbasis mit dem künstlerisch aufgeschlossenen Nachfolger, Friedrich Wilhelm II., zu bemühen. – Der Angriff Goethes auf ihn erscheint darum aber nicht besser.

71 Goethe konzedierte dies auch – vgl. den schon zitierten Brief an Prinz August von Gotha vom 3. 1. 1800.

72 An J. F. Reichardt, 5. 2. 1801.

73 GG 1,853.

74 GG 3/1,880 f.

75 Nach S. Fisch, *Goethe und die Musik*, Frauenfeld 1949, S. 35.

76 GG 3/1,73 (ein Bericht von F. von Gentz).

## Kapitel 12

1 Vgl. WA 1,45,175 ff.
2 GG 2,306.
3 GG 2,455.
4 WA 3,3,365.
5 WA 3,3,377 f.
6 WA 1,20,111.
7 Vgl. M. Proust, *Auf der Suche nach der verlorenen Zeit*, übers. von E. Rechel-Mertens, Frankfurt a. M. 1979, S. 3569 f.
8 An Christiane Vulpius, 20. 7. 1803.
9 Vgl. WA 1,20,56.
10 WA 1,20,3.
11 WA 1,20,14.
12 Ebd.
13 WA 1,20,142 f.
14 Eckermann, 21. 1. 1827.
15 WA 1,20,189.
16 Vgl. C. G. Jung, *Psychologische Typen*, 9., rev. Aufl. Olten/Freiburg 1967 (*Gesammelte Werke*, Bd. 6), S. 360 ff. u. ö.
17 WA 1,20,69.
18 WA 1,20,78.
19 WA 1,20,91 f.
20 Vgl. etwa F. Riemann, *Grundformen der Angst*, München [u. a.] 1986, S. 59 ff.
21 WA 1,20,51.
22 WA 1,20,219.
23 Vgl. WA 1,20,270 ff.
24 WA 1,20,370.
25 Vgl. WA 1,20,413 ff.
26 WA 1,20,415.
27 WA 1,20,416.
28 WA 1,20,370.
29 GG 2,409.
30 So Humboldt, ebd.
31 Ebd.
32 GG 2,1084 f.
33 An J. H. Meyer, 22. 7. 1805.
34 GG 2,727 (17. 6. 1812).

35 GG 2,1084.
36 GG 2,383 (19. 11. 1808).
37 WA 1,45,175.
38 GG 2,284 (Jan. 1808).
39 Eckermann, 29. 1. 1826.
40 Einer der engsten Freunde, Knebel, äußerte mit einer angehängten Entschuldigung: »Goethe war Egoist im höchsten Grad: –
aber er mußte es sein, denn er wußte, welchen Schatz er zu verwahren hatte. –« (*K. L. von Knebels literarischer Nachlaß und
Briefwechsel*, hrsg. von Varnhagen von Ense und Th. Mundt,
Leipzig 1835–36, Bd. 3, S. 478.) Er sprach aus Erfahrung; es ist
überliefert, daß sich der Schriftsteller eine Reihe von Handzeichnungen bei ihm auslieh, die Knebel nie wieder zu Gesicht bekam (vgl. *K. L. von Knebels literarischer Nachlaß*, ebd., Bd. 1,
S. XXXVIII). Verf. hält es nicht unbedingt für seine Aufgabe,
diese Äußerungen zu beurteilen, muß sich allerdings wundern,
daß es nach Angaben, die man in dieser Edition findet, Aufzeichnungen Knebels gibt, die anscheinend bis heute nicht vollständig publiziert sind.
41 An Zelter, 11. 5. 1820.
42 WA 1,6,5.
43 WA 2,13,314.
44 An Zelter, 29. 10. 1825.
45 GG 2,990.
46 Nach Eckermann, 11. 3. 1818.
47 GG 3/1,330.
48 Goethe war damals 72 oder, nach einer älteren, heute selten gewordenen Ausdrucksweise, die Mendelssohn gebraucht, im 73. Jahr.

## Kapitel 13

1 VB 2,640.
2 GG 2,825.
3 WA 1,36,148 (*Tag= und Jahres=Hefte*, 1819).
4 WA 1,42.2,234.
5 GG 2,1045.
6 GG 2,353.

7 Vgl. die Tabelle bei H. Eberhardt, *Goethes Umwelt*, Weimar 1951, S. 24 f.

8 Vgl. an Carl August, 5. 10. 1816.

9 Vgl. Eckermann, 27. 3. 1831.

10 An Zelter, 16. 12. 1817.

11 Zit. nach *Briefwechsel des Herzogs-Großherzogs Carl August mit Goethe*, hrsg. von H. Wahl, 3 Bde., Berlin 1915–18, Bd. 2, S. 419 f.

12 GG 3/1,77.

13 WA 1,36,149.

14 GG 3/2,73.

15 GG 3/2,60.

16 Eckermann, 3. 1. 1827.

17 WA 1,28,216.

18 An Zelter, 2. 9. 1812.

19 An Schiller, 7. 11. 1798.

20 GG 2,844.

21 WA 1,28,213.

22 WA 1,27,244.

23 Eckermann, 24. 9. 1827.

24 Eckermann, 3. 10. 1828.

25 An Carl August, 12. 4. 1822.

26 Zu ihnen gehörte u. a. Hegel, der aus prinzipiellen Gründen eine schlechte Meinung von der Kunst und Literatur der Romantik hatte und der von »der höchsten Fratzenhaftigkeit« sprach, »zu welcher der Humor in den *Hoffmannschen* Produktionen sich steigerte.« (G. W. F. Hegel, *Werke*, Bd. 11, Frankfurt a. M. 1970, S. 215; Rezension zu *Solgers nachgelassenen Schriften und Briefwechsel* von 1828.)

27 WA 1,42.2,87.

28 Eckermann, 2. 4. 1829; ebenso WA 1,42.2,246: »Classisch ist das Gesunde, romantisch das Kranke«.

29 WA 1,42.2,247.

30 WA 3,13,95 f. (20. 6. 1831).

31 Vgl. an Schiller, 31. 1. 1798 (– jene, die an das Alberne und Absurde grenzten).

32 An Zelter, 26. 6. 1824.

33 GG 3/1,695 und 696.

34 An Zelter, 31. 10. 1831.

35 WA 1,48,201.

36  WA 1,4,107.
37  Diese Überlegung gilt auch für das oben (S. 123) angeführte
    Gedicht *Wandrers Nachtlied*. Dessen Wirkung beruht nicht
    zuletzt darauf, daß die abschließende Zeile »Ruhest du auch«
    die Aussage ins Metaphysische weitet und unterschwellig ein
    »Memento mori« anklingen läßt.
38  An Reich, 20. 2. 1770.
39  In einem Brief an Meyer vom 14. 7. 1797 hatte er an dem Kunst-
    historiker Hirt dagegen gelobt, »daß er den Kunstwerken auch
    das charakteristische und leidenschaftliche als Stoff zuschreibt,
    welches durch den Mißverstand des Begriffs von Schönheit und
    göttlicher Ruhe allzusehr verdrängt worden war.«
40  An Auguste zu Stolberg, 3. 8. 1775.
41  WA 1,10,3 (V. 12).
42  Vgl. J. C. Adelung, *Grammatisch-kritisches Wörterbuch der
    Hochdeutschen Mundart*, Leipzig ²1798 (reprogr. Nachdr. Hil-
    desheim [u. a.] 1970), Sp. 1155: »romantisch« komme »aus dem
    Franz. romanesque, welches gleichfalls [gemeint ist: wie »ro-
    manhaft«] von Roman abstammt, aber nur in engerer Bedeu-
    tung von vorzüglich angenehmen und gleichsam bezaubernden
    Gegenden üblich ist, so wie sie in Romanen und Ritterbüchern
    beschrieben werden.« Adelung fügt als Beispiele an: »Eine ro-
    mantische Gegend. Der romantische Styl, in der Mahlerey, die
    Vorstellung einer Gegend mit Ruinen.« (Ebd.)
43  Vgl. GG 1,952.
44  An Zelter, 21. 1. 1826.
45  GG 3/1,651.
46  GG 3/1,221.
47  GG 3/2,254.
48  GG 2,384.
49  An Zelter, 29. 3. 1827.
50  Eckermann, 18. 7. 1827.
51  Eckermann, 23. 7. 1827.
52  An Boisserée, 11. 11. 1827.
53  An Zelter, 19. 10. 1821.
54  Eckermann, 21. 7. 1827.
55  GG 3/2,48.
56  GG 3/2,201 f.
57  GG 2,263.
58  An Rapp, 16. 4. 1798.

59　Vgl. F. von Bassermann-Jordan, *Goethe und der Wein*, Ansbach 1932, S. 7.

60　GG 3/1,501.

61　Vgl. W. Bode, »Drei Kurzsichtige [= Goethe, Schiller, Wieland]«, in: *Stunden mit Goethe*, hrsg. von W. Bode, Bd. 4 (1908) S. 65 ff.; Goethes Lorgnette taucht im Brief an Meyer vom 22. 9. 1794 auf, der ersucht, bei einem Dresdner Optiker ein zweites Exemplar fertigen zu lassen: »sie besteht aus zwey Gläsern die aber so wenig concav geschliffen sind daß sie fast gar nicht verkleinern.« Die Kurzsichtigkeit muß folglich ziemlich gering gewesen sein.

62　WA 1,31,120.

63　Vgl. WA 1,30,232.

64　C. Schuchardt, *Goethe's Kunstsammlungen*, Jena 1848.

65　Vgl. E. Trunz, »Goethe als Sammler«, in: E. T., *Weimarer Goethe-Studien*, Weimar 1980, S. 7 ff.

66　GG 2,550.

67　Vgl. H. Ruppert, *Goethes Bibliothek*, Weimar 1958.

68　E. Trunz (Anm. 65) S. 16.

69　WA 1,31,34.

## Kapitel 14

1　Vgl. GG 3/1,548.

2　GG 3/1,581.

3　Vgl. WA 1,41.2,265.

4　GG 3/1,217.

5　An C. F. von Reinhard, 15. 9. 1820.

6　GG 3/1,760.

7　An Schiller, 16. 1. 1804.

8　GG 3/1,139.

9　GG 3/1,141: »a sort of dignified stiffness, which he means should pass for genuine dignity«.

10　Der Name ist in den Übersetzungen zu Wolkonski(y) korrumpiert; die weibliche Form ist natürlich Wolkonskaja.

11　GG 3/2,411.

12　GG 3/2,411.

13 An J. J. von Willemer, 6. 10. 1816.
14 GG 3/1,126.
15 GG 3/1,823.
16 GG 3/2,96.
17 WA 3,10,59.
18 An Boisserée, 27. 1. 1823.
19 GG 3/1,582.
20 GG 3/2,596.
21 Eckermann, 17. 3. 1830 (Soret, 19. 3. 1830; GG 3/2,592).
22 Vgl. GG 3/2,234 f.
23 An Zelter, 29. 1. 1830.
24 *Goethes Briefe*, hrsg. von K. R. Mandelkow, Bd. 4, München ²1976, S. 350 f.
25 An Zelter, 9. 11. 1829.
26 An Bachmann, 2. 2. 1822.
27 GG 3/1,247.
28 Vgl. GG 3/1,768.
29 Vgl. GG 3/1,771 f.
30 Zit. nach G. Schmidt, *Die Krankheit zum Tode. Goethes Todesneurose*, Stuttgart 1968, S. 79 (folgt dem Bericht Sorets vom 14. 2. 1830 [GG 3/2,562 ff.], der sich in all seinen Details noch seltsamer liest)
31 Vgl. GG 3/2,679.
32 An Zelter, 9. 6. 1831.
33 WA 1,27,241 f.
34 WA 1,27,242.
35 An Schiller, 26. 10. 1794.
36 Vgl. BA 2,131 ff. und S. 661 f. (nach WA und anderen Quellen).
37 WA 1,42.2,54.
38 GG 2,1044 f.
39 GG 2,1045.
40 GG 1,675.
41 Vgl. E. Beutler, »Catharina Elisabeth Goethe«, in *Goethe. Briefe aus dem Elternhaus*, hrsg. von E. Beutler, Zürich [u. a.] 1960, S. 247 ff.
42 Briefkonzept an Ludwig I. von Bayern, 11. 1. 1830.
43 An Zelter, 16. 2. 1818.
44 An Engelhardt, 3. 2. 1826.
45 An M. von Willemer, 3. 1. 1828.
46 Dies gilt m. E. noch für F. Sengle, *Das Genie und sein Fürst. Die*

*Geschichte der Lebensgemeinschaft Goethes mit dem Herzog Carl August*, Stuttgart 1993; die politische Komponente, die in der Verbindung Goethes und Carl Augusts im ersten Weimarer Jahrzehnt eine wichtige Rolle spielte, kommt zu kurz.

47 An Ludwig I. von Bayern, 14. 4. 1829.
48 BaG 2,492.
49 Vgl. GG 3/2,312.
50 Vgl. GG 3/1,771 (V. Cousin); GG 3/2,275 (E. Seebeck).
51 GG 3/2,62: »a suitable mansion for such a mind«.
52 Eckermann, 11. 3. 1828.
53 Eine ähnlich merkwürdige Entstehungsgeschichte bietet Bachs h-moll-Messe, die den Zeitgenossen unbekannt war. Die Entstehung zog sich über viele Jahre hin und ergab sich zu einem großen Teil überdies aus Adaptionen bzw. Travestien früherer Kompositionen des Meisters. Man übertreibt nicht, wenn man sagt, daß das Werk gelegenheitsweise zusammengestückelt wurde und doch eines der bedeutendsten Werke der (Kirchen-) Musik darstellt.
54 Weiteres dazu in: Goethe. *Werke. Frankfurter Ausgabe*, Bd. 7/2: *Faust*, Kommentare von Albrecht Schöne, Frankfurt a. M. 1994, S. 43 ff. u. ö.
55 Eckermann, 6. 5. 1827.
56 Ebd.
57 An Herzog Carl August, 5. 11. 1789. Die Äußerung widerspricht der Auffassung, daß der Faust-Plan von Anfang mehr oder minder deutlich festgestanden habe (so etwa E. Grumach, »Prolog und Epilog im Faustplan von 1797«, in: *Goethe-Jahrbuch* 14/15, 1953, S. 63 ff.). Auch der philologisch gut fundierte Kommentar A. Schönes (Anm. 54) ist damit nicht zu vereinbaren.
58 WA 1,14,80 (V. 1656 ff.).
59 Dies und die beiden folgenden Zitate nach WA 1,14,81 (V. 1675 ff., V. 1690 f., V. 1692 ff.).
60 WA 1,14,82 (V. 1699 ff.).
61 An Zelter, 20. 11. 1829.
62 WA 1,14,122 (V. 2495 f.).
63 WA 1,14,23 (V. 357 ff.).
64 WA 1,14,22 (V. 327 ff.).
65 WA 1,15.1,314 (V. 11544 ff.).
66 WA 1,15.1,330 (V. 11936 f.).

Kapitel 15

1 J. G. Herder, *Sämtliche Werke*, hrsg. von B. Suphan, Bd. 5, Berlin 1891, S. 512.

2 C. Günzler, »Die Bedeutung des Aristotelischen Hylemorphismus für die Naturbetrachtung Goethes«, in: *Zeitschrift für philosophische Forschung* 21 (1967) S. 208.

3 WA 1,27,217 f.

4 An Schiller, 8. 12. 1798.

5 Man hat behauptet, daß Goethes Werk »sich der Moderne versage«; vgl. H. Schlaffer, »Goethes Versuch, die Neuzeit zu hintergehen«, in: *Bausteine zu einem neuen Goethe*, hrsg. von P. Chiarini, Frankfurt a. M. 1987, S. 20. – Das kann allenfalls in Teilen gelten, nicht aber für die Grundlagen von Goethes Weltbild.

6 WA 1,14,27 (V. 364).

7 WA 1,14,28 (V. 377 ff.).

8 Vgl. R. C. Zimmermann, *Das Weltbild des jungen Goethe*, Bd. 1, München 1969, S. 75 ff.

9 An Hermann, 6. 2. 1770.

10 An Jacobi, 9. 6. 1785.

11 Vgl. v. a. H. B. Nisbet, *Goethe and the Scientific Tradition*, London 1972, S. 8 ff.

12 Vgl. den oben zitierten Brief an Ernst II. von Gotha, 20. 12. 1784: »ein Laye.«

13 Goethe verglich erst die Schädel verschiedener Tiere daraufhin, wie weit bei ihnen schon ein Verwachsungsprozeß eingetreten war – vgl. an Merck, 19. 12. 1784: »daß schon bey Affen sich Fälle finden, wo die äußere Sutur des ossis intermaxillaris kaum sichtbar ist«.

14 Vgl. den Brief an Merck vom 13. 2. 1785 über den Naturforscher und Anatom Samuel Thomas Sömmerring (1755–1830): »Er will mir's gar ausreden. Ohe!«

15 Nach G. Benn, »Goethe und die Naturwissenschaften« (1932), in: G. B., *Essays, Reden, Vorträge*, Wiesbaden [u. a.] 1977, S. 177.

16 WA 2,6,277.

17 WA 2,6,120.

18 Man kann drei Fälle unterscheiden: 1. Unter dem Einfluß eines biblisch geprägten Weltbilds wollte man die Naht, die auf den Zwischenkieferknochen verwies, nicht näher beachten. 2. Im

Zeichen des Emanatismus gelang selbst dem wissenschaftlichen
Amateur Goethe der Nachweis des richtigen Zusammenhangs.
3. Da der Emanatismus keine Evolution benötigte, schlossen die
biologischen Vorstellungen des Schriftstellers den Entwicklungs-
gedanken aus. – Diesen drei Fällen liegt ein Muster zugrunde: alle
Erkenntnis scheint hermeneutisch geprägt; der Mensch nimmt
nur das wahr, was auf irgendeine Weise mit seinem Weltbild und
seinen Vorstellungen verknüpft ist. Daher setzen wissenschaftliche Revolutionen einen Wandel der Denkweise voraus und nichts
ist ihnen hinderlicher als der Glaube an Autoritäten und die
Unverbrüchlichkeit bestehender Lehrmeinungen. In diesen Zusammenhang gehört auch Einsteins Diktum, »daß selbst Forscher von kühnem Geist und von feinem Instinkt durch philosophische Vorurteile für die Interpretation von Tatsachen gehemmt
werden« (zit. nach A. Fölsing, *Albert Einstein. Eine Biographie*,
Frankfurt a. M. 1993, S. 149). Die Wendung »philosophische Vorurteile« stellt eine Metapher dar; die Vorurteile müssen nicht
notwendigerweise philosophischer Art sein und wären in einem
allgemeineren Sinn als Einschränkungen oder Einschnürungen
des jeweiligen hermeneutischen Horizonts zu bezeichnen.

19 WA 2,6,277 f.
20 WA 2,1,72 f.
21 GG 2,75 (C. Voght, 5. 8. 1806).
22 Vgl. W. Heisenberg, »Die Goethesche und die Newtonsche Farbenlehre im Lichte der modernen Physik«, in: W. H., *Wandlungen in den Grundlagen der Naturwissenschaften*, 9., erw. Aufl.
   Stuttgart 1959, S. 88 und 105.
23 An Reichardt, 17. 11. 1791.
24 Vgl. GG 3/1, 431 f.
25 Zit. nach A. Schöne, Goethes Farbentheologie, München 1987,
   S. 107.
26 Vgl. R. C. Zimmermann, »Goethes Verhältnis zur Naturmystik
   am Beispiel seiner Farbenlehre«, in: *Epochen der Naturmystik*,
   hrsg. von A. Faivre und R. C. Zimmermann, Berlin 1979, S. 334.
27 WA 2,1,XVI.
28 Dies und die theologischen Implikationen, die Goethe damit
   verband – die Durchsetzung der reinen Lehre vom Licht als
   quasi-lutherische Reformation gegen die erstarrte Orthodoxie
   der Newtonschen Schule – wird behandelt von A. Schöne, *Goethes Farbentheologie*, München 1987.

29 GG 3/1,371.
30 WA 2,3,314.
31 Vgl. u. a. auch A. Meyer-Abich, *Biologie der Goethezeit*, Stuttgart 1949, S. 9 ff.
32 Zit. nach E. A. Boucke, *Goethes Weltanschauung auf historischer Grundlage*, Stuttgart 1907, S. 30.
33 An Hegel, 8. 7. 1817.
34 BaG 2,334 (2. 10. 1822).
35 An von Leonhard, 18. 1. 1822.
36 Vgl. *Bedeutende Förderung durch ein einziges geistreiches Wort*: WA 2,11,58 ff.
37 An Zelter, 17. 5. 1829.
38 WA 2,11,130.
39 WA 2,11,101.
40 GG 3/1,371.
41 WA 1,42.2,153.
42 WA 2,3,135.
43 WA 2,11,151.
44 Repräsentativ ist etwa J. C. P. Erxleben, *Anfangsgründe der Naturlehre*, Göttingen ²1777 (3.–6. Aufl. bearb. von G. Ch. Lichtenberg, Göttingen 1784–94).
45 So auch bei dem jungen Goethe! – Vgl. Kap. 2.
46 M. Planck, »Das Wesen des Lichts«, in: M. P., *Vorträge und Erinnerungen*, Suttgart ⁵1949, Nachdr. Darmstadt 1970, S. 114.
47 Vgl. WA 2,4,201 ff.
48 Goethe bat Fichte (24. 6. 1794) damals, daß »Sie mich endlich mit den Philosophen versöhnen«; doch ein paar Monate später richtete er an Jacobi (8. 9. 1794) schon die ersten Klagen über dessen »sonderbare Produktion« und urteilte: »Ich bin zu wenig oder vielmehr gar nicht in dieser Denckart geübt und kann also nur mit Mühe und von fern folgen.«
49 WA 2,11,55.
50 An Schweigger, 25. 4. 1814.
51 Vgl. Kant, *Werke*, hrsg. von W. Weischedel, Bd. 1, Wiesbaden ⁵1960, S. 219 ff.
52 Wenn man das Spiel wiederholt und das (nach physikalischem Lehrgebäude näherungsweise, d. h. mit den relativistischen Ergänzungen Einsteins gültige) Gravitationsgesetz Newtons auf das heutige Weltbild – mit dem ›Urknall‹ – anwendet, erhält man folgendes: Da die Gravitation mit dem Quadrat der Entfer-

nung abnimmt (F~r⁻²), müßte im Moment der Entkoppelung
von Strahlung und Materie eine starke Bremswirkung eingetreten sein, die mit zunehmender Ausdehnung quadratisch, also
um den Faktor⁻², abnahm. Bildlich ergibt sich eine Kurve mit einem immer flacher (quasilinear) verlaufenden Ast.

53 BaG 2,172 (11.11.1815, an Goethe).
54 BaG 2,222 (20.7.1817, an Goethe).
55 BaG 2,296 (24.2.1821, an Goethe). – Witzigerweise schrieb Einstein nicht ganz hundert Jahre später, am 10.3.1914: »Die Natur
zeigt uns von dem Löwen nur den Schwanz. Aber es ist mir un-
zweifelhaft, dass der Löwe dazu gehört, wenn er sich auch wegen
seiner ungeheuren Dimensionen dem Blicke nicht unmittelbar
offenbaren kann. Wir sehen ihn nur wie eine Laus, die auf ihm
sitzt.« (Zit. nach A. Fölsing [Anm. 18], S. 365 f.) Um dieses Bild
aufzugreifen: der »Laus« bleibt nichts übrig, als bei einem Detail
anzufangen und daraus Rückschlüsse über die Gestalt des Ganzen zu versuchen. Die Vorstellungen über die erkenntnistheore-
tischen Möglichkeiten sind hier sehr viel bescheidener geworden
als in jenen Zeiten, die dem Menschen eine bruch- und lückenlose
Einsicht in die metaphysische Ordnung der Dinge zutrauten.
56 Eckermann, 10.2.1830.
57 An Zelter, 31.12.1829.
58 GG 3/2,36.
59 An Langer, 24.11.1768.
60 An Langer, 17.1.1769.
61 An Lavater, 22.6.1781.
62 Ebd.
63 Vgl. an Lavater, 29.7.1782.
64 An Lavater, 9.8.1782: »Ausschließliche Intoleranz!«
65 An Ch. von Stein, 6.4.1782.
66 An Herder, 4.9.1788.
67 An Herder, 15.3.1790.
68 An Jacobi, 5.5.1786.
69 GG 2,21.
70 An Ch. von Stein, 2.2.1787.
71 An Reinhard, 22.6.1808.
72 Ebd.
73 Teilweise mit glänzenden kulturellen Resultaten: Antonio Vi-
valdi (1678–1741)!
74 Damit scheint freilich auch die Versorgung des akademischen

Nachwuchses schwieriger geworden zu sein: so findet man
hier die vielen »verkrachten« Theologiestudenten (Lenz, Hegel,
Hölderlin), die für das Geistesleben eine so große Rolle spielten.

75 WA 1,24,253.
76 Ebd.
77 GG 3/1,603.
78 Ebd.
79 GG 2,151.
80 An Boisserée, 22.3.1831.
81 An Jacobi, 10.5.1812.
82 GG 3/2,611.
83 An C.H. Schlosser, 19.2.1815.
84 GG 1,909.
85 GG 3/1,603.
86 Eckermann, 1.9.1829.
87 GG 2,771 – aus Falks Bericht, der wohl die ausführlichste Darstellung ist (= GG 2,769–778).
88 GG 2,774.
89 Eckermann, 17.3.1830.
90 WA 1,35,86.
91 GG 3/1,371.


Kapitel 16


1 Vgl. Literaturhinweise, S. 594.
2 So F. Meinecke, *Die Entstehung des Historismus*, München
  ²1946, S. 469: »Wir wären heute nicht das, was wir sind, ohne
  Goethe. Das läßt sich [...] nicht peinlich beweisen«.
3 Tiecks Laufbahn als Schriftsteller trägt von ihren Anfängen an,
  den für Rambach in Kommission gefertigten Kapiteln zeitgenössischer Modeliteratur, ausgesprochen professionelle Züge.
  Trotzdem: 1.) der Vorwurf des Dilettantismus, 2.) daß Tieck
  stets viel zu vielen literarischen Einflüssen erlegen sei (– was sich
  bei Goethe in ähnlicher Weise sagen ließe, diesem aber nie zum
  Vorwurf gemacht wurde!), 3.) daß ihn schon das ungesunde geistige Klima in der Stadt Berlin verdorben habe! – Eine ähnlich
  üble Behandlung ist selten einem bedeutenden Schriftsteller zuteil geworden!

4 WA 1,41.1,135.

5 VB 3,346 f.

6 Nach *G. Ch. Lichtenbergs ausgewählte Schriften*, hrsg. von E. Reichel, Leipzig [1879], S. 194.

7 WA 1,21,238.

8 Beide Orte spielen vor allem in der Musikgeschichte eine Rolle. In der Dresdner Hofkapelle saßen zeitweise Johann Georg Pisendel, einer der berühmtesten Geiger seiner Zeit, der Lautenist Silvius Leopold Weiß, und Jan Dismas Zelenka, der zwar lediglich im Continuo spielte, das zu jener Zeit meist den instrumental am wenigsten versierten Musikern zugewiesen wurde, von allen aber der originellste Komponist war. Inzwischen hat man aus dieser glänzenden Runde noch den Flötisten Buffardin, Johann David Heinichen und Veracini wiederentdeckt. Die Blüte hielt allerdings nicht lange an; etwa ab 1750 galten die Mannheimer mit ihrem famosen »crescendo« als das führende Orchester.

9 An Herder, 20. 3. 1783.

10 »Patriotischer Beitrag zur Methyologie der Deutschen nebst einer Vorrede über das Methyologische Studium überhaupt« – allen »Rothen Nasen« gewidmet – in: G. Ch. Lichtenberg, *Schriften und Briefe*, Bd. 3, München 1972, S. 317 ff.

11 Nach G. Ch. Lichtenberg (Anm. 6) S. 211.

12 Nach G. Ch. Lichtenberg (Anm. 6) S. 501.

13 Eine Ausnahme scheint die Musik gewesen zu sein. Zwar galt auch auf diesem Gebiet Italien lange als führend, und die deutschen Meister des Früh- und Hochbarock verbrachten dort oft ihre Studienjahre, aber die Musikkultur überstand den Krieg doch erstaunlich gut. Vielleicht trug dazu ein glücklicher Umstand bei: das überaus lange Leben von Heinrich Schütz (1585–1672).

14 B. Russell, *Philosophie des Abendlandes*, Darmstadt 1951, S. 610.

15 T. Mann, *Betrachtungen eines Unpolitischen*, Frankfurt a. M. 1956, S. 244.

16 Ebd., S. 224: »Republik meint nichts anderes als die Herrschaft der Politik«.

17 Ebd., S. 249.

18 Ebd., S. 235.

19 An Zelter, 25. 12. 1829: »Es wäre nicht nachzukommen, was Goldsmith und Sterne gerade im Hauptpuncte der Entwicklung auf mich gewirkt haben.«

# Literaturhinweise

Im folgenden wird nur eine knappe Auswahl aus der riesigen Literatur über Goethe angeführt. Der Leser soll eine ungefähre Vorstellung davon bekommen, was über die hier behandelten Themen publiziert wurde.

Zur Vereinfachung werden im Text und in den Anmerkungen Goethes Briefe und die Eckermann-Gespräche, wie weithin üblich, nur mit Datumsangabe, weitere Quellen-Zitate nach einigen Standard-Ausgaben unter folgenden Siglen angeführt:

WA   [*Weimarer* oder *Sophienausgabe*]   Werke. Hrsg. im Auftrage der Großherzogin Sophie von Sachsen. Abt. 1–4. 133 Bde. in 143 Tln. Weimar 1887–1919. Repr. Nachdr. München 1987. Erg. durch: 3 Nachtrags-Bde. zu Abt. 4 [Briefe und Register]. Hrsg. von Paul Raabe. München 1990.

BA   [*Berliner Ausgabe*]   Poetische Werke. Kunsttheoretische Schriften und Übersetzungen. Hrsg. von einem Bearbeiterkollektiv unter Leitung von Siegfried Seidel [...]. 22 Bde. Berlin/Weimar 1960–78. Dazu: Suppl.-Bd. 1978.

AS   Goethes amtliche Schriften. Hrsg. von Willy Flach und Helma Dahl. 4 Bde, Weimar 1950–87.

GG   Goethes Gespräche. Eine Sammlung zeitgenössischer Berichte aus seinem Umgang. Auf Grund der Ausg. und des Nachlasses von Flodoard Frhr. von Biedermann erg. und hrsg. von Wolfgang Herwig. 5 Bde. Zürich [u. a.] 1965–87.

VB   Goethe in vertraulichen Briefen seiner Zeitgenossen. Auch eine Lebensgeschichte. Zusammengest. von Wilhelm Bode. Textrev. Neuausg. hrsg. von Regine Otto und Paul-Gerhard Wenzlaff. 3 Bde. Berlin/Weimar 1979.

BG   Goethe. Begegnungen und Gespräche. Hrsg. von Ernst und Renate Grumach. 3 Bde. Berlin 1965–77.

BaG   Briefe an Goethe. Hrsg. von Karl Robert Mandelkow. 2 Bde. Hamburg 1965–69. 2., durchges. und verb. Aufl. München 1982.

## Allgemeines

Aspekte der Goethezeit. Fs. Victor Lange. Hrsg. von Stanley A. Corngold. Göttingen 1977.

Bausteine zu einem neuen Goethe. Hrsg. von Paolo Chiarini. Frankfurt a. M. 1987.

Beutler, Ernst: Essays um Goethe. 7., verm. Aufl. Zürich [u. a.] 1980.

Biedrzynski, Effi: Goethes Weimar. Zürich 1992.

Bode, Wilhelm: Goethes Leben. 7 bzw. 9 Bde. Berlin 1919–25 bzw. 1929. (Die umfangreichste Goethe-Biographie; von W. Bode in 7 Bänden bis zum Jahr 1790 geführt, nach dessen Tod [1922] von Valerian Tornius bis 1798 erweitert.)

Borchmeyer, Dieter: Die Weimarer Klassik. Eine Einführung. 2 Bde. Königstein i. Ts. 1980.

– Weimarer Klassik. Porträt einer Epoche. Weinheim 1994.

Boyle, Nicholas: Goethe. The Poet and the Age. Bd. 1. Oxford 1991. – Dt.: Goethe. Der Dichter in seiner Zeit. Bd. 1: 1749–1790. München 1995.

Conrady, Karl Otto: Goethe. Leben und Werk. 2 Bde. Königstein i. Ts. 1982–85.

Eissler, Kurt Robert: Goethe. A Psychoanalytic Study. 1775–1786. 2 Bde. Detroit 1963. – Dt.: Goethe. Eine psychoanalytische Studie. 1775–1786. 2 Bde. Basel [u. a.] 1983–85.

Friedenthal, Richard: Goethe. Sein Leben und seine Zeit. München [u. a.] 1963.

Fuchs, Albert: Goethe-Studien. Berlin 1968.

Goethe im zwanzigsten Jahrhundert. Hrsg. von Hans Mayer. Frankfurt a. M. 1987.

Goethe-Handbuch in vier Bänden. Hrsg. von Bernd Witte [u. a.]. Stuttgart 1996 ff.

Goethe-Handbuch. Hrsg. von Julius Zeitler. 3 Bde. Stuttgart 1916–1918. – 2., vollk. neugest. Aufl. m d. Titel: Goethe, seine Welt und Zeit in Werk und Wirkung. Hrsg. von Alfred Zastrau. Bd. 1. Stuttgart 1961.

Goethe-Wörterbuch. Hrsg. von der Deutschen Akademie der Wissenschaften zu Berlin, der Akademie der Wissenschaften in Göttingen und der Heidelberger Akademie der Wissenschaften. Bd. 1 ff. Berlin/Stuttgart 1978 ff.

Goethezeit. Studien zur Erkenntnis und Rezeption Goethes und seiner Zeitgenossen. Fs. Stuart Atkins. Hrsg. von Gerhart Hoffmeister. Bern [u. a.] 1981.

Graham, Ilse: Goethe, portrait of the artist. Berlin [u. a.] 1977.

Griewank, Karl: Dem Tüchtigen ist diese Welt nicht stumm. Beiträge zum Goethe-Bild. Jena 1949.

Hoffmeister, Gerhart: Goethe und die europäische Romantik. München 1984.

Hohoff, Curt: Johann Wolfgang von Goethe. Dichtung und Leben. München 1989.

Kunisch, Hermann: Goethe-Studien. Berlin 1991.

Lukács, Georg: Goethe und seine Zeit. Bern 1947.

Pyritz, Hans: Goethe-Studien. Hrsg. von Ilse Pyritz. Köln [u. a.] 1962.

Schöne, Albrecht: Götterzeichen, Liebeszeichen, Satanskult. München 1982.

Schulz, Gerhard: Die deutsche Literatur zwischen Französischer Revolution und Restauration. 2. Tle. München 1983–1989.

Sengle, Friedrich: Das Genie und sein Fürst. Die Geschichte der Lebensgemeinschaft Goethes mit dem Herzog Carl August von Sachsen-Weimar-Eisenach. Ein Beitrag zum Spätfeudalismus und zu einem vernachlässigten Thema der Goetheforschung. Stuttgart 1993.

– Neues zu Goethe, Essays und Vorträge. Stuttgart 1989.

Staiger, Emil: Goethe. 3 Bde. Zürich [u. a.] 1952 ff.

Steiger, Robert: Goethes Leben von Tag zu Tag. Eine dokumentarische Chronik. 8 Bde. Zürich/München 1982–96.

Studien zur Goethezeit. Fs. Erich Trunz. Hrsg. von Hans-Joachim Mähl. Heidelberg 1981.

Studien zur Goethezeit. Fs. Lieselotte Blumenthal. Hrsg. von Helmut Holtzhauer [u. a.]. Weimar 1968.

Texte, Motive und Gestalten der Goethezeit. Fs. Hans Reiss. Hrsg. von John L. Hibberd [u. a.]. Tübingen 1989.

Trunz, Erich: Ein Tag aus Goethes Leben. Acht Studien zu Leben und Werk. München 1990. – Teilw. schon veröffentlicht in E. T.: Weimarer Goethe-Studien. Weimar 1980.

– Weimarer Goethe-Studien. Weimar 1980.

Ueding, Gert: Klassik und Romantik. Deutsche Literatur im Zeitalter der Französischen Revolution. 1798–1815. München [u. a.] 1987.

Viëtor, Karl: Goethe. Dichtung. Wissenschaft. Weltbild. Bern 1949.
Wahl, Hans: Goethe im Bildnis. Leipzig 1936.
Wertheim, Ursula: Goethe-Studien. Berlin 1990.


## Herkommen und Elternhaus

Goethe, Johann Wolfgang: Briefe aus dem Elternhaus. Hrsg. von
    Ernst Beutler. Zürich [u. a.] ²1973. (1. Erg.-Bd. der Artemis-Ge-
    denkausgabe.)
Rothe, Friedrich: Goethe und seine Vaterstadt Frankfurt. Frank-
    furt a. M. 1948.
Die Stadt Goethes. Frankfurt am Main im XVIII. Jahrhundert.
    Hrsg. von Heinrich Voelcker. Frankfurt a. M. 1932.


## Sturm und Drang

Bräuning-Oktavio, Hermann: Goethe und Johann Heinrich Merck.
    Darmstadt 1970.
Genton, Elisabeth: Goethes Straßburger Promotion. Basel 1971.
Hammer, Carl: Goethe and Rousseau. Lexington 1973.
Huyssen, Andreas: Drama des Sturm und Drang. Kommentar zu
    einer Epoche. München 1980.
Keller, Harald: Goethes Hymnus auf das Straßburger Münster und
    die Wiedererweckung der Gotik im 18. Jahrhundert. München
    1974.
Pascal, Roy: The German Sturm und Drang. Manchester 1953. –
    Dt.: Der Sturm und Drang. Stuttgart 1963.
Sturm und Drang. Ein literaturwissenschaftliches Studienbuch.
    Hrsg. von Walter Hinck. Kronberg i. Ts. 1978.
Sturm und Drang. Eine Begriffsbestimmung. Hrsg. von Manfred
    Wacker. Darmstadt 1985.

## Zur Geschichte der Editionen und einzelner Werke

Die Drucke von Goethes Werken. Bearb. von Waltraud Hagen: Berlin ²1983.

Goethe, Johann Wolfgang: Faust. 2 Bde. Hrsg. von Albrecht Schöne. Frankfurt a. M. 1994. (Sämtliche Werke. Frankfurter Ausgabe. Bd. 7/1: Texte. Bd. 7/2: Kommentar.)

Hagen, Waltraud: Goethes Werke auf dem Markt des deutschen Buchhandels. In: Goethe-Jahrbuch 100 (1983) S. 11–58.

Mason, Endo C.: Goethe's Faust. It's Genesis and Purport. Los Angeles 1967.

Persichino, Salvatore: Dall' *Urfaust* al *Faust*. Firenze 1973.

Quellen und Zeugnisse zur Druckgeschichte von Goethes Werken. Bearb. von Waltraud Hagen. 4 Bde. Berlin 1966–86.

Unseld, Siegfried: Goethe und seine Verleger. Frankfurt a. M. 1991.

## Zum Erzählwerk

Adler, Jeremy: »Eine fast magische Anziehungskraft.« Goethes *Wahlverwandtschaften* und die Chemie seiner Zeit. München 1987.

Blackall, Eric A.: Goethe and the Novel. Ithaca, N. Y., [u. a.] 1976.

Goethes Erzählwerk. Interpretationen. Hrsg. von Paul Michael Lützeler und James E. McLeod. Stuttgart 1985 [u. ö.].

Goethes Narrative Fiction. The Irvine Goethe Symposium. Hrsg. von William J. Lillyman. Berlin 1983.

Goethes Roman *Die Wahlverwandtschaften*. Hrsg. von Ewald Rösch. Darmstadt 1975. (Aufsätze 1906–71.)

Reiss, Hans: Goethes Romane. Bern [u. a.] 1963.

## Zu den Dramen

Arens, Hans: Kommentar zu *Faust II*. Heidelberg 1989.

Atkins, Stuart: Goethe's *Faust*. A Literary Analysis. Cambridge, Mass., 1958.

Aufsätze zu Goethes *Faust I*. Hrsg. von Werner Keller. Darmstadt 1974. ²1984.

Emrich, Wilhelm: Die Symbolik von *Faust II*. Sinn und Vorformen. Berlin 1943. Wiesbaden ⁴1978.

Goethes Dramen. Interpretationen. Hrsg. von Walter Hinderer. Stuttgart 1992.

Lohmeyer, Dorothea: Faust und die Welt. Der zweite Teil der Dichtung. München 1975.

Schanze, Helmut: Goethes Dramatik. Theater der Erinnerung. Tübingen 1989.

Schlaffer, Heinz: Faust Zweiter Teil. Die Allegorie des 19. Jahrhunderts. Stuttgart 1981. Sonderausg. 1989.

Scholz, Rüdiger: Goethes *Faust* in der wissenschaftlichen Interpretation von Schelling und Hegel bis heute. Ein einführender Forschungsbericht. Rheinfelden 1983.

## Zur Lyrik

Gedichte von Johann Wolfgang Goethe. Hrsg. von Bernd Witte. Stuttgart 1998.

Göres, Jörn: Goethes Mondgedichte. Bonn 1989.

Interpretationen zum Westöstlichen Divan Goethes. Hrsg. von Edgar Lohner. Darmstadt 1973. (Aufsätze 1922–73.)

Lohner, Edgar: Studien zum Westöstlichen Divan Goethes. Darmstadt 1971.

Vaget, Hans R.: Goethe – Der Mann von 60 Jahren. Königstein i. Ts. 1982.

Wertheim, Ursula: Von Tasso zu Hafis. Probleme von Lyrik und Prosa des *West-östlichen Divans*. Berlin 1965. Neuausg. 1983.

Wünsch, Marianne: Der Strukturwandel in der Lyrik Goethes. Die systemimmanente Relation der Kategorien »Literatur« und »Realität«. Stuttgart 1975.

## Zu Weimar

Bode, Wilhelm: Der Weimarische Musenhof 1756–1781. Berlin 1918.

Böttiger, Carl August: Literarische Zustände und Zeitgenossen. Hrsg. von Karl Wilhelm Böttiger. 2 Bde. Leipzig 1838. Repr. Nachdr. Frankfurt a. M. 1972. – Neuausgabe: Karl A. B.: Literarische Zustände und Zeitgenossen. Hrsg. von K. Gerlach und R. Sternke. Berlin ²1998.

Bradish, Joseph A. von: Goethes Beamtenlaufbahn. New York 1937.

Bruford, Walter H.: Die gesellschaftlichen Grundlagen der Goethezeit. Frankfurt a. M. / Weimar 1936. – Neuausg.: Frankfurt a. M / Berlin 1975.

– Kultur und Gesellschaft im klassischen Weimar 1775–1806. Göttingen 1966.

Bürgin, Hans: Der Minister Goethe vor der römischen Reise. Seine Tätigkeit in der Wegebau- und Kriegskommission. Weimar 1933.

Burkhard-Wuhrmann, W.: Über Goethes Anteilnahme und Mitwirken am wirtschaftlichen Geschehen seiner Zeit. Mitteilungen der List-Gesellschaft 3 (1960/62) S.155–255.

Eberhardt, Hans: Goethes Umwelt. Forschungen zur gesellschaftlichen Struktur Thüringens. Weimar 1951.

– Weimar zur Goethezeit. Gesellschafts- und Wirtschaftsstruktur. Weimar 1980.

Hartung, Fritz: Das Großherzogtum Sachsen unter der Regierung Carl Augusts 1775–1828. Weimar 1923.

Lyncker, Karl Frhr. von: Am Weimarischen Hofe unter Anna Amalien und Karl August. Erinnerungen. Berlin 1912.

Wilson, W. Daniel: Geheimräte gegen Geheimbünde. Stuttgart 1991.

## Zur Politik Sachsen-Weimars

Aretin, Karl Otmar von: Heiliges Römisches Reich 1776–1806. Reichsverfassung und Staatssouveränität. 2 Bde. Wiesbaden 1967.
– Das Alte Reich 1648–1806. 3 Bde. Stuttgart 1993–97.
Crämer, Ulrich: Carl August von Weimar und der deutsche Fürstenbund. Wiesbaden 1961.
Haussherr, Hans: Der Minister Goethe und die äußere Politik Carl Augusts. In: Historische Zeitschrift 169 (1949) S. 299–336.
Schubart-Fikentscher, Gertrud: Goethes amtliche Schriften. Eine rechtsgeschichtliche Untersuchung. Berlin 1977.
Staat und Gesellschaft im Zeitalter Goethes. Fs. Hans Tümmler. Hrsg. von Peter Berglar. Köln [u. a.] 1977.
Tümmler, Hans: Goethe in Staat und Politik. Köln [u. a.] 1964.
– Goethe, der Kollege. Köln [u. a.] 1970.
– Das klassische Weimar und das große Zeitgeschehen. Köln [u. a.] 1975.
– Goethe als Staatsmann. Göttingen 1976.

## Politik und Revolution

Badelt, Otto: Das Rechts- und Staatsdenken Goethes. Bonn 1966.
Baioni, Giuliano: Classicismo e Rivoluzione. Goethe e la Rivoluzione francese. Napoli 1969.
Bergstraesser, Arnold: Goethes Image of Man and Society. Chicago 1949. Neuausg. Freiburg i. Br. 1962.
David, Claude: Goethe und die Französische Revolution. In: Deutsche Literatur und Französische Revolution. Hrsg. von C. D. Göttingen 1974. S. 63–86.
Die französische Revolution im Spiegel der deutschen Literatur. Hrsg. von Claus Träger. Leipzig 1979.
Krippendorf, Ekkehart: »Wie die Großen mit den Menschen spielen«. Versuch über Goethes Politik. Frankfurt a. M. 1988.
Mommsen, Wilhelm: Die politischen Anschauungen Goethes. Stuttgart 1948.

## Biographien

Andreas, Willy: Carl August von Weimar. Ein Leben mit Goethe. 1757–1783. Stuttgart 1953.

Bode, Wilhelm: Carl August von Weimar. Jugendjahre. Berlin 1912.

– Charlotte von Stein. Berlin ⁵1920.

Damm, Sigrid: Cornelia Goethe. Frankfurt a. M. 1988.

Engels, Anni: Aja. Rätin Goethe. 1731–1808. Iserlohn 1988.

Hahn, Karl-Heinz: Jakob Friedrich von Fritsch. Minister im klassischen Weimar. Weimar 1953.

Kleßmann, Eckart: Christiane. Goethes Geliebte und Gefährtin. München 1992.

Parth, Wolfgang W.: Goethes Christiane. Ein Lebensbild. München 1980.

Tümmler, Hans: Carl August von Weimar. Goethes Freund. Eine vorwiegend politische Biographie. Stuttgart 1978.

Völker, Werner: Der Sohn. August von Goethe. Frankfurt a. M. / Leipzig 1992.

## Zu Goethes Lebensweise

Bassermann-Jordan, Friedrich von: Goethe und der Wein. Ansbach 1932.

Beutler, Ernst: Das Goethesche Familienvermögen von 1687 bis 1885. In: E. B.: Essays um Goethe. Zürich 1947. 7., verm. Aufl. Zürich [u. a.] 1980. S. 393–403.

Engelsing, Rolf: Wieviel verdienten die Klassiker? Zur Entstehung des Schriftstellerberufs in Deutschland. In: Neue Rundschau 87 (1976) 124–136.

Frede, Lothar: Goethe, der Sammler. Köln [u. a.] 1969.

Goethes Wohnhaus. Hrsg. von Gisela Maul und Margarete Oppel. München 1996.

Jericke, Alfred: Das Goethehaus am Frauenplan. Weimar 1958.

– Goethe und sein Haus am Frauenplan. Weimar 1959. ²1964.

Müller-Schönau, Hermann Benedictus: Sportsmann Goethe. Leipzig 1936.

Ruppert, Hans: Goethes Bibliothek. Katalog. Weimar 1958.

Schleif, Walter: Goethes Diener. Berlin [u. a.] 1965.

Schmidt, Gerhard: Die Krankheit zum Tode. Goethes Todesneurose. Stuttgart 1968.

Schreckenbach, Hans-Joachim: Goethes Autographensammlung. Weimar 1961.

Stadtlaender, Christ: »Die kleine Welt« am Frauenplan. Der Alltag Goethes. München 1966. Neuaufl. Zürich 1987.

Veil, Wolfgang: Goethe als Patient. Jena 1939. Stuttgart ³1963.

## Zur Klassik

Die ästhetische Prügeley. Streitschriften der antiromantischen Bewegung. Hrsg. von Rainer Schmitz. Göttingen 1992.

Begriffsbestimmung der Klassik und des Klassischen. Hrsg. von Heinz Otto Burger. Darmstadt 1972.

Borchmeyer, Dieter: Höfische Gesellschaft und französische Revolution bei Goethe. Kronberg i. Ts. 1977.

Heussler, Alexander: Klassik und Klassizismus in der deutschen Literatur. Studie über zwei literaturhistorische Begriffe. Bern 1952.

Kiel, R. M.: Die deutsche Klassik und ihr Publikum. Diss. München 1977.

Die Klassik-Legende. Hrsg. von Reinhold Grimm und Jost Hermand: Frankfurt a. M. 1971.

Koberstein, August von: Grundriß der Geschichte der deutschen Nationallitteratur. 5., umgearb. Aufl. von Karl Bartsch. Bd. 1–5. Leipzig 1872–84. Repr. Nachdr. Nendeln 1974.

Mason, Eudo C.: Hölderlin und Goethe. Frankfurt a. M. 1975.

Richards, David B.: Goethe's Search for the Muse. Amsterdam 1979.

»Unser Commercium«. Goethes und Schillers Literaturpolitik. Hrsg. von Wilfried Barner [u. a.]. Stuttgart 1984.

Weber, Johannes: Goethe und die Jungen. Über die Grenzen der Poesie und vom Vorrang des wirklichen Lebens. Tübingen 1989.

Weisinger, Kenneth D.: The Classical Facade: A Nonclassical Reading of Goethe's Classicism. University Park, Penn., 1988.

## Zu Goethes Ästhetik

Einem, Herbert von: Goethe und Palladio. In: H. v. E.: Beiträge zu
  Goethes Kunstanschauung. Hamburg 1956. S. 179 ff.
– Goethe, Palladio und England. München 1971.
Ermann, Kurt: Goethes Shakespeare-Bild. Tübingen 1983.
Goethe und die Tradition. Hrsg. von Hans Reiss. Frankfurt a. M.
  1972.
Jolles, Matthijs: Goethes Kunstanschauung. Bern 1957.
Menzer, Paul: Goethes Ästhetik. Köln 1957.
Perls, Hugo: Goethes Ästhetik und andere Aufsätze zu Literatur
  und Philosophie. Bern [u. a.] 1969.
Pfeiffer-Belli, Wolfgang: Goethes Kunstmeyer und seine Welt. Zü-
  rich [u. a.] 1959.
Pyritz, Hans: Goethes römische Ästhetik [1951]. In: H. P.: Goethe-
  Studien, Köln [u. a.] 1962. S. 17 ff.
Scheidig, Walther: Goethes Preisaufgaben für bildende Künstler
  1799–1805. Weimar 1958.
Stelzer, Otto: Goethe und die bildende Kunst. Braunschweig 1949.
Wagner, H. R.: Goethes Ästhetik. Diss. Berlin 1970.

## Zum Weimarer Theater

Carlsson, M. A.: Goethe and the Weimar Theatre. London [u. a.]
  1978.
Flemming, Willi: Goethe und das Theater seiner Zeit. Stuttgart
  1968.
Kindermann, Heinz: Theatergeschichte der Goethezeit. Wien 1949.
Knudsen, Hans: Goethes Welt des Theaters. Berlin 1949.
Linder, Jutta: Ästhetische Erziehung. Goethe und das Weimarer
  Hoftheater. Bonn 1991.
Sichardt, Gisela: Das Weimarer Liebhabertheater unter Goethes
  Leitung. Weimar 1957.
Wahle, Julius: Das Weimarer Hoftheater unter Goethes Leitung.
  Weimar 1892.

## Goethe und die Kunst

Abert, Hermann: Goethe und die Musik. Stuttgart 1922.

Albrecht, Michael von: Goethe und das Volkslied. Darmstadt 1972. ²1985.

Blume, Friedrich: Goethe und die Musik. Kassel 1948.

Corpus der Goethezeichnungen. Hrsg. von Gerhard Femmel [u. a.]. 7 Bde. in 10 Tln. Leipzig 1958–73.

Fisch, Samuel: Goethe und die Musik. Frauenfeld 1949. (Mit Notenbeispielen von Vertonungen.)

Guttmann, Alfred: Musik in Goethes Wirken und Werken. Berlin 1949.

Maisak, Petra: Johann Wolfgang Goethe. Zeichnungen. Stuttgart 1996.

Moser, Hans J.: Goethe und die Musik. Leipzig 1949.

Spaethling, Robert: Music and Mozart in the Life of Goethe. Columbia, S. C., 1987.

## Weltbild/Naturwissenschaften

Benn, Gottfried: Goethe und die Naturwissenschaften [1932]. In: G. B.: Gesammelte Werke in vier Bänden. Bd. 1: Essays, Reden, Vorträge. Stuttgart 1977. ⁸1994. S. 162 ff.

Bollacher, Martin: Der junge Goethe und Spinoza. Tübingen 1969.

Boucke, Ewald A.: Goethes Weltanschauung auf historischer Grundlage. Stuttgart 1907.

Danckert, Werner: Goethe. Der mythische Urgrund seiner Weltschau. Berlin 1951.

Dilthey, Wilhelm: Aus der Zeit der Spinozastudien Goethes. In: W. D.: Gesammelte Schriften. Bd. 2. Leipzig [u. a.] ³1923. S. 391 ff.

Goethe and the sciences. A reappraisal. Hrsg. von F. Armine. Dordrecht 1987.

Goethe und die Wissenschaften. Bearb. von Helmut Brandt. Jena 1984.

Nisbet, Hugh B.: Goethe and the Scientific Tradition. London 1972.

Schmidt, Alfred: Goethes herrlich leuchtende Natur. Philosophi-

sche Studie zur deutschen Spätaufklärung. Tl. 1. München [u. a.]
1984.

Schmidt, Karl: Betrachtungen über Goethes Weltschau. Zürich
1958.

Schöne, Albrecht: Goethes Farbentheologie. München 1987.

Schrimpf, Hans Joachim: Das Weltbild des späten Goethe. Stuttgart
1956.

Sherrington, Charles: Goethe on Nature and Science. Cambridge
1942. ²1949.

Spranger, Eduard: Goethes Weltanschauung [1932]. In: E. S.: Goethe. Seine geistige Welt. Tübingen (Neuausgabe) 1967.

Steiner, Rudolf: Goethes Weltanschauung. Weimar 1897. Dornach
⁵1963.

Wells, George A.: Goethe and the Development of Science, 1750–
1900. Alphen 1978.

Zimmermann, Rolf Christian: Das Weltbild des jungen Goethe.
Studien zur hermetischen Tradition des deutschen 18. Jahrhunderts. 2 Bde. München 1969–79.

Zu den naturwissenschaftlichen Arbeiten Goethes

Bräuning-Oktavio, Hermann: Vom Zwischenkieferknochen zur
Idee des Typus. Goethe als Naturforscher in den Jahren 1780–
1786. Leipzig 1956.

Gögelein, Christoph: Zu Goethes Begriff von Wissenschaft, auf
dem Wege der Methodik seiner Farbstudien. München 1972.

Heisenberg, Werner: Die Goethesche und die Newtonsche Farbenlehre im Lichte der modernen Physik [1941]. In: W. H.: Wandlungen in den Grundlagen der Naturwissenschaft. 9., erw. Aufl.
Stuttgart 1959. S. 85 ff.

Meyer-Abich, Adolf: Biologie der Goethezeit. Stuttgart 1949.

Voigt, Wolfram / Ulrich Sucker: Johann Wolfgang von Goethe als
Naturwissenschaftler. Leipzig 1979.

## Naturmystik/Esoterik

Gray, Ronald D.: Goethe, the Alchemist. Cambridge 1952.
Lepinte, Christian: Goethe et l'occultisme. Paris 1957.
Strelka, Joseph: Esoterik bei Goethe. Tübingen 1980.
Zimmermann, Rolf Christian: Goethes Verhältnis zur Naturmystik
  am Beispiel seiner Farbenlehre. In: Epochen der Naturmystik.
  Hrsg. von Antoine Faivre und R. Ch. Z. Berlin 1979. S. 333 ff.


## Christentum/Religion

Mayer, Reinhold: Goethe, der Heide und Christ. Stuttgart ²1965.
Meinhold, Peter: Goethe zur Geschichte des Christentums. Freiburg 1958.
Möbus, Gerhard: Die Christus-Frage in Goethes Leben und Werk.
  Osnabrück 1964.
Thielicke, Helmut: Goethe und das Christentum. München 1982.
Wulf, Berthold: Maximen des Christentums. Goethes religiöse
  Welterfahrung. Stuttgart 1975.


## Goethe und die Antike

Goethe und die Antike. Eine Sammlung. Hrsg. von Ernst Grumach.
  2 Bde. Berlin 1949.
Schadewaldt, Wolfgang: Goethestudien. Natur und Altertum. Zürich [u. a.] 1963.
Wegner, Max: Goethes Anschauung antiker Kunst. Berlin 1949.

## Alter/Altersproduktivität

Blank, Hugo: Goethe und Manzoni. Weimar und Mailand. Heidelberg 1988.

Flitner, Wilhelm: Goethe im Spätwerk. Bremen 1957.

Goethe und Manzoni. Deutsch-italienische Kulturbeziehungen um 1800. Hrsg. von Werner Ross. Tübingen 1989.

Henkel, Arthur: Entsagung. Eine Studie zu Goethes Altersromanen. Tübingen 1954.

Kallienke, Gerhard S.: Das Verhältnis von Goethe und Runge im Zusammenhang mit Goethes Auseinandersetzung mit der Frühromantik. Hamburg 1973.

Mommsen, Katharina: Goethe und die arabische Welt. Frankfurt a. M. 1988.

Schmitz, Hermann: Goethes Altersdenken im problemgeschichtlichen Zusammenhang. Bern 1959.

Schrimpf, Hans Joachim: Goethe. Spätzeit, Altersstil, Zeitkritik. Pfullingen 1966.

Stöcklein, Paul: Wege zum späten Goethe. Bern 1949.

Trunz, Erich: Studien zu Goethes Alterswerken. Frankfurt a. M. 1971.

Urzidil, Johannes: Das Glück der Gegenwart. Goethes Amerikabild. Zürich [u. a.] 1958.

Victor, Walther: Carl Friedrich Zelter und seine Freundschaft zu Goethe. Berlin 1960.

## Goethe und Napoleon

Berglar, Peter: Goethe und Napoleon. Die Faszination des Geistes durch die Macht. Darmstadt 1968.

Redslob, Erwin: Goethes Begegnung mit Napoleon. Baden-Baden 1954.

## Weltliteratur

Schrimpf, Hans Joachim: Goethes Begriff der Weltliteratur. Stutt-
    gart 1968.
Strich, Fritz: Goethe und die Weltliteratur. Bern 1946. ²1957.

## Zu Goethes Nachwirkung

Leppmann, Wolfgang: Goethe und die Deutschen. Vom Nachwir-
    ken eines Dichters. Stuttgart 1962.
Mandelkow, Karl Robert: Goethe in Deutschland. Rezeptions-
    geschichte eines Klassikers, Bd. 1: 1773–1918. Bd. 2: 1919–82.
    München 1980–89.

# Personenverzeichnis

KARLHEINZ SCHULZ, Jahrgang 1957, promovierte in München über *Goethes und Goldonis »Torquato Tasso«* und hat sich seither intensiv mit der Literatur der Goethe-Zeit befaßt.

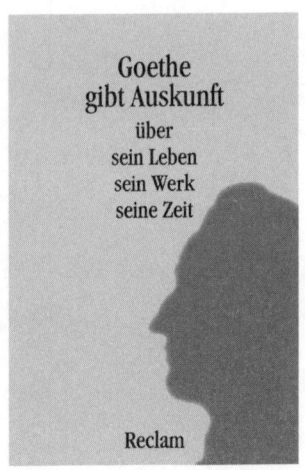

Goethe
gibt Auskunft
über
sein Leben
sein Werk
seine Zeit

Reclam

**Die Dokumentarbiographie:
Originaltexte Goethes zu seinem Leben,
seinem Werk, seiner Zeit**

**Goethe gibt Auskunft**
über sein Leben, sein Werk, seine Zeit
Herausgegeben von Benedikt Jeßing
391 S. 76 Abb.
UB 9743
DM 16,–/ öS 117,–/sFr 15,–
ISBN 3-15-009743-6

## Goethes zeichnerisches Werk –
## opulent präsentiert, detailgetreu erläutert

**Johann Wolfgang Goethe**
**Zeichnungen**
Von Petra Maisak.
336 Seiten.
Mit 206 z.T. farbigen Abbildungen.
Format 26 x 39 cm.
Leinen mit Schutzumschlag im Leinenschuber.
DM 178,–
ISBN 3-15-010422-X